마고는 이렇게 말했다
만인을 위한, 그러나 그 누구의 것도 아닌 책

Thus Spoke Mago: A Book for All and None

만인을 위한,
그러나 그 누구의 것도 아닌 책

Thus Spoke Mago: A Book for All and None

마고는 이렇게 말했다

최민자 지음

**21세기 새로운 계몽의 시대를 여는
생명의 대서사시(大敍事詩)!**

서문

새로운 계몽의 시대를 향하여

"그대가 찾아 헤매는 것은 찾아 헤매는 사람 그 자신이다." 아시시의 성 프란치스코(St. Francis of Assisi)의 말이다. 이 말은 전 인류에게 던지는 심오한 메시지인 동시에 인류 역사의 전 과정을 은유적으로 나타내고 있다.

사람들은 지쳐 있다. 엄청난 무력감이 우리를 덮치고 있다. 너무도 오랜 세월 동안 '에고(ego)의 성(城)'을 쌓느라 생명력이 고갈되었기 때문이다. 우주를 항행하고 있는 지구호는 지금 가라앉고 있다.

그럼에도 세계 도시 곳곳에는 높고 거대한 '에고의 성(城)'을 쌓아 하늘에 닿으려는 '현대판 바벨탑' 건설이 한창이다. 그러나 기억하라, 인간들의 욕망이 투영된 바벨탑 건설은 결국 혼돈 속에서 막을 내렸다는 것을!

생명력이 고갈된 이들에게는 백약(百藥)이 무효다. 이들을 다시 일으켜 세워 삶을 노래하게 할 수 있는 것은 오직 영감(靈感, inspiration)이다. 왜냐하면 영감은 우리가 생생하게 살아있게 하는 창조적 생명력의 원천이기 때문이다.

영감은 어둠을 밝히는 빛이다. 영감은 인류의 집단무의식에 닿아 있다. 영감은 에고에서 일어나지 않는다. 고도의 몰입 상태에서 오직 이 육체만이 자기라는 에고 의식이 사라져 텅 비어 있을 때 일어난다.

인류 역사의 전 과정은 단순한 물질세계의 흥망성쇠의 과정이 아니라 '참나'를 찾아가는 영적(靈的) 여정이다. 영감은 이러한 영적 여정에 빛을 비추어준다.

아래 내용은 이 책 본문 속에 나오는 한 노인의 독백이다. 그의 독백은 우리 모두의 존재론적 물음인 동시에 세상 사람들의 목소리를 대변하는 것이기도 하다.

운명이여, 나의 혹독한 운명이여! 나는 평생을 불운에 시달렸다. 언제나 행운은 나를 비웃으며 바람처럼 지나갔다. 나는 행운의 멸시와 천대 속에서 굶주림과 모멸감으로 피폐해져 갔다. 그래서 젊은 날 나는 부모를 원망하고 세상을 원망했다.

운명이여, 나의 냉혹한 운명이여! 날이 갈수록 행운의 손길은 거칠고 사나워졌다. 그는 무지막지한 철퇴로 나를 후려치곤 했다. 내 몸은 만신창이가 되고 마음은 갈기갈기 찢겨 타 들어갔다. 아, 나는 두려움 없게도 하늘을 원망하기 시작했다.

오, 운명이여, 나의 평생의 벗인 운명이여! 마침내 행운은 나의 형체마저 지워버리고 끝내는 내 영혼마저 맹수들이 우글거리는 들판에 내던져 버렸다. 아, 나는 내가 누구인지도 알 수 없게 되었다. 아, 나는 누구인가! 내가 누구인지 묻고 있는 이 나는, 나는 정녕 누구인가!

독백하는 노인은 자신의 영혼을 다하여 저토록 간절하게 묻고 있다. '나는 누구인가'라고. 그가 간구하는 것은 젊은 날의 치기 어린 그것과는 차원이 다른 것이다. 그는 새로운 세상으로 나아가는 문 앞에 서 있다.

삶과 죽음, 행운과 불운, 성공과 실패, 기쁨과 슬픔, 사랑과 증오, 건강과 병 등 물질세계의 모든 이원성은 언제나 짝하여 함께 다닌다.

왜 그런가? 이원성으로부터 자유로워지기 위해서는 이원성 의식[분리의식]이 초래하는 온갖 죄악과 질병과 고통과 죽음을 처절하게 맛보아야 하기 때문이다. 그런 연후에야 비로소 그것들을 넘어선 무언가를 갈구하게 되기 때문이다.

그것은 '나는 누구인가'라는 궁극적인 자기 정체성에 대한 물음으로부터 시작된다. 자기 자신이 누구인지를 알아야 새로운 세상을 열 수 있기 때문이다.

새로운 세상으로의 길은 곧 '참나'로의 길이다. 우주의 실체는 의식[에너지, 파동]이므로 '참나'는 곧 참본성이요 신성[神]이며 영성[靈]이다. '참나'는 곧 하나인 생명[神·天·靈]이다.

모든 이원성의 화해와 지식의 대통합은 연금술(鍊金術, alchemy)의 궁극적 목표이기도 하다. 물질을 다루는 황금 변성과 인간의 영성(靈性)을 고양시키는 훈련은 실제 연금술에서는 결국 하나다.

연금술의 대전제는 모든 물질이 단 하나의 에너지장(場)으로 이루어져 있다는 것이다. 이 하나인 에너지장[氣海, 파동의 대양]이 바로 『장자(莊子)』「지북유(知北遊)」에서 말하는 '천하를 관통하는 일기(一氣)'[1]이며, 이는 곧 하나인 생명이다.

이론물리학자이자 양자역학의 성립에 핵심적 기여를 한 막스 플랑크는 이 미묘한 에너지를 '의식과 지성을 가진 정신(conscious and intelligent Mind)'이라고 명명했다.

인간이든 동식물이든 광물이든 별이든 그 무엇이든지 간에 바로 이 하나인 에너지장(場)이 스스로 형태를 바꾼 것이다. 마치 하나인 바닷물이 무수한 파도로 나타나듯이.

'하나는 전체, 전체는 하나'는 연금술의 경구(警句)다.

이는 우리 고유의 '생명 코드[마고 코드, 天符 코드]'인 '하나는 셋(一卽三), 셋은 하나(三卽一)'와 같은 원리다. 여기서 셋은 천·지·인, 즉 우주만물[多]을 가리키므로 전체다.

'일즉삼·삼즉일'은 곧 천·지·인 삼신일체다. 우주만물이 하나라는 말이다. 마치 무수한 파도가 하나인 바닷물이듯이.

연금술이든 철학이든 과학이든 종교든, 모두 '하나는 셋(一卽三), 셋은 하나(三卽一)', 즉 천·지·인 삼신일체라는 생명 코드를 근간으로 삼고 있다.

연금술에서 물질적 변환을 통해 정신적 변환이 일어나고 또 그 역(逆)도 가능한 것은 물질과 비물질이 본래 하나이기 때문이다.

붓다와 예수는 '사랑의 연금술'에 통달함으로써 정신적 변환을 통해 마침내 물질세계를 초극했다.

현대물리학의 거성(巨星) 알버트 아인슈타인의 특수상대성이론은 질량-에너지 등가원리를 밝힌 것으로 E=mc²(에너지=질량×광속의 제곱)이라는 방정식으로 나타난다. 현대물리학의 기초가 되는 이 방정식은 바로 연금술의 핵심 원리를 공식화한 것으로 물질의 궁극적 본질이 비물질과 하나임을 보여준다.

연금술을 비과학적이라고 일축하는 것은 과학을 물리(물질) 영역에 국한시킨 '닫힌 의식'에 기인한다. 연금술이 탄생한 알렉산드리아 시대부터 이슬람 세계, 그리고 중세 유럽 세계와 근대 과학혁명, 나아가 현대 과학혁명에 이르기까지 각 시대의 선구자들은 모두 '열린 의식'의 소유자였으며 연금술의 오의(奧義)에 통달해 있었다.

근대 과학의 초석을 마련한 아이작 뉴턴은 '마지막 연금술사'로 불린다. 그는 고전역학이나 광학 외에 연금술에도 심취해 연금술을 다룬 많은 자료들을 남겼다. 오늘날의 화학을 뜻하는 'chemistry'는 연금술 'alchemy'에서 유래한 것이다. 연금술은 근대 화학이 발달할 수 있는 토양을 마련하는 데 크게 기여했다.

근대 자연과학의 발달로 연금술의 시대는 끝나고 18세기가 되면서 연금술은 오컬트 세계에서만 주목을 받게 되었다. 그런데 20세기에 들어와 스위스의 정신과 의사이자 분석심리학의 창시자인 칼 구스타프 융이 연금술을 심리학적으로 연구함으로써 연금술에 대한 관심이 되살아나게 되었다.

융은 인간의 심리적인 성장 과정과 '현자의 돌'의 제조 과정을 대응 관계로 보았다. 융에 따르면 심리적인 성장 과정에서 마주하게 되는 여러 가지 이미지 중 제일 먼저 마주하는 무의식은 「그늘(진정한 자신과 마주하는 고통)」이다. 이는 '현자의 돌'의 제조 과정에서 흑화(Nigredo, 부패)에 대응한다.

다음으로 「그늘」에서 해방되어 완전히 긍정적인 상태로 접어드는 단계는 백화(Albedo, 재생)에 대응한다. 마지막으로 인간 내부의 정반대 요소가 통일되어 최고의 단계에 도달함으로써 심리적 완성 상태에 이르는 단계는 적화(Rubedo, 현

자의 돌의 완성)에 대응한다.²

지금은 영감이 필요한 시대다. 한 독자가 내게 물었다. 왜 그렇게 많은 책을 쓰느냐고. 내가 답했다. 숨을 쉬는 이유가 바로 그것이기 때문이라고. 어느 날 내가 명상 상태에 있었을 때 압도적인 영감이 나를 덮쳤다. 순간 내 손은 노트북 자판 위에서 빠르게 움직이기 시작했다. 그렇게 해서 나온 것이 이 책이다.

이 책은 21세기 새로운 계몽의 시대를 여는 생명의 대서사시(大敍事詩)이다. 인간 존재의 세 중심축인 신과 세계와 영혼(天地人 三才), 즉 종교와 과학과 인문은 현대 과학의 발달에도 불구하고 에고 의식[분리의식]이 만들어낸 물신(物神)들에 의해 여전히 점령당해 있다.

하여 이 책은 인간 존재의 세 중심축에 대한 통섭적 재조명을 통해 새로운 계몽의 시대를 열기 위한 작업의 일환으로 기획된 것이다. 제1부는 신(神)들의 황혼, 제2부는 '생명'의 놀이, 제3부는 영원으로의 회귀(回歸), 총 3부로 구성된다. 제1부는 신에 대한 것이고, 제2부는 세계에 대한 것이며, 제3부는 영혼에 대한 것이다. 다만 몰입 효과를 가져오기 위해 서사시 형식을 취하였다.

이 서사시는 인류 역사의 여명기에 파미르고원 일대에 마고성(麻姑城) 시대를 열었던 '마고(麻姑, Mago)'라는 인물이 지구 대격변과 대정화의 시기에 들어선 현 인류에게 동서고금의 철학과 사상, 과학과 종교를 하나로 회통(會通)시켜 가르침을 주는 내용이다.

마고를 비롯한 여러 등장인물을 통해 고대로부터 현대에 이르기까지 인류 문명을 물질세계와 의식세계의 양 차원에서 통섭적으로 성찰하고 환안(桓安)이라는 등장인물과의 문답을 통해 21세기 인류가 나아갈 길을 제시한다. 특히 우리 한민족의 역할과 사명을 강조한다.

마고성이 있는 곤륜산에서부터 타클라마칸 사막, 천산천지(天山天池), 알타이산맥, 바이칼호수 등 우리 한민족의 시원과 관련된 지역으로 영혼의 순례를 하면서 겪은 이야기와 그 과정에서 마고가 가르침을 주는 내용을 담고 있다.

마고는 말한다. "21세기 인류가 전 지구적 위기에 실효적 대처를 하지 못하는 것은 자원이나 과학기술, 전문 인력이 부족해서가 아니라, 생각과 행동이 전체적이지 못하고 특정 개인이나 특정 집단의 이익에 초점이 맞춰져 있기 때문이다"라고.

또한 그는 말한다. "생명이 단순히 개체화된 물질적 생명체[입자]가 아니라 비분리성·비이원성을 본질로 하는 영성[파동, 에너지場] 그 자체라는 사실을 이해하지 못하면, 인류 사회의 진화라는 것도 문명의 외피만 더듬는 외적·기술적 수준에 머무르게 된다"고.

'마고는 이렇게 말했다'라는 책 제목은 대지와 생명을 관장하는 여신(女神)으로 통하는 마고의 현대적 부활의 의미를 함축한다. 이 책은 19세기 독일의 철학자 프리드리히 니체의 대표작 『차라투스트라는 이렇게 말했다』의 21세기 버전이기도 하고, 13~14세기 이탈리아의 시인이자 르네상스의 선구자인 알리기에리 단테의 거작 『신곡(神曲)』의 21세기 버전이기도 하다. 이에 대해서는 이 책 말미 〈해제(解題)〉에서 다시 논하기로 한다.

마고의 현대적 부활은 우주의 시간대가 천지비괘(天地否卦, ䷋)인 선천(先天) 건도(乾道) 시대에서 지천태괘(地天泰卦, ䷊)인 후천(後天) 곤도(坤道) 시대로 이행하는 과정에서 나타나는 자연스러운 현상이다. 우주 1년(一元)의 이수(理數)를 처음으로 밝혀낸 송대(宋代)의 대유학자 소강절(邵康節, 이름은 雍)*에 의하면 이러한 선·후천의 순환은 일원인 12만9천6백 년을 주기로 천지개벽의 도수(度數)에 따라 우주가 봄·여름·가을·겨울의 '개벽'으로 이어지는 것이다.[3] 우주력(宇宙曆) 전반 6

---

* '이기지종(理氣之宗)' 또는 '역(易)의 조종(祖宗)'으로 일컬어지는 소강절의 상수(象數)학설에 기초한 우주관과 자연철학은 주돈이(周敦頤, 호는 濂溪)의 태극도설과 더불어 동양 우주론의 바탕을 이루고 있다. 그의 사상은 『皇極經世書』를 통해 세상에 알려졌고, 주자(朱子, 이름은 熹)에 의해 성리학의 근본이념으로 자리 잡게 되었다.

개월(春夏)을 생장·분열의 선천시대라고 한다면, 후반 6개월(秋冬)은 수렴·통일의 후천시대로 천·지·인 삼재의 융화에 기초한 정음정양(正陰正陽)의 시대다.

'마고(麻姑)'[4]라는 인물을 이 책의 화자(話者)로 설정한 것은, 생명과 '여성성(女性性, 즉 靈性)'은 평화를 구현하는 핵심 기제이며 '마고'라는 이름 속에 현대세계의 제1 명제라 할 수 있는 '생명·여성·평화'의 이미지가 함축되어 있기 때문이다. 한국학 코드의 원형인 '마고 코드'에 필자가 주목하는 것은, 새로운 계몽의 시대를 여는 '마스터 알고리즘(master algorithm)'이 내재해 있기 때문이다. 마고 코드는 생명의 네트워크적 본질에 기초해 있으므로 '생명 코드(Life code)'라 이름할 수도 있고, 하늘의 이치에 부합하는 코드라는 점에서 '천부(天符) 코드'라 이름할 수도 있다.

통섭적 사유체계에 입각한 마고 코드는 우리 상고시대 수천 년 동안 국가 통치엘리트 집단의 통치 코드였을 뿐만 아니라 생명학·통섭학의 효시(曉示)로서 오늘날 세계시민사회가 공유할 수 있는 '보편 코드'이며 '통합학문'의 시대를 여는 단초가 되는 것이다. 만물의 제1원인(The First Cause)인 '생명'에 대한 명료한 인식을 바탕으로 전 지구적 위기에 대응하고, 인공지능(AI) 윤리와 생명윤리가 준수되는 새로운 규준(norm)의 휴머니즘을 통해 새로운 문명을 창출해내는 것, 바로 여기에 마고 코드의 현재적 의미와 가치가 있다.

마고 코드의 정수(精髓)는 우주 '한생명'을 표징하는 '하나는 셋(一卽三), 셋은 하나(三卽一)', 즉 천·지·인 삼신일체의 원리다. 천·지·인 삼재의 삼(三)은 우주만물을 나타내는 기본수이므로 '일즉삼·삼즉일'은 곧 '일즉다(一卽多)·다즉일(多卽一)'이다. 이 원리는 마치 하나인 바닷물에서 무수한 파도가 일어났다가 다시 그 하나인 바닷물로 돌아가듯이, 하나인 근원[一]에서 우주만물[三, 多]이 나왔다가(一卽三) 다시 그 하나인 근원으로 돌아가는(三卽一) 과정이 끝없이 순환 반복되는 생명의 역동적 본질[5]을 나타낸 것이다.

마고성 시대에서 환국(桓國)·배달국(倍達國)·단군조선(檀君朝鮮)으로 이어지는 과정에서 마고 코드는 전 세계로 퍼져나갔다. 삼신일체가 서방으로 나가 기독교의 삼위일체[聖父·聖子·聖靈]가 되고, 남방으로 나가 힌두교의 트리무르티(Trimurti: 브라흐마·비슈누·시바)⁶가 되고 불멸의 음성 '옴(OM)'⁷이 되었다. 또한 유교의 삼극[無極·太極·皇極]이 되고, 불교의 삼신불[法身·化身·報身]이 되고, 동학 '시(侍: 모심)'의 삼원 구조[內有神靈·外有氣化·各知不移]가 되었으니, 마고 코드는 가히 인류 정신문화의 총화라 할 수 있다.

살생하던 화살을 버리고 '참나'를 잡는 영혼의 화살을 얻은 일화가 있다.

어느 날 마조도일(馬祖導一)*이 암자 근처를 산책하던 중 사슴 한 마리가 쫓기듯 달아나는 것을 보았다. 곧이어 한 사냥꾼이 달려와서 마조에게 사슴을 못 보았느냐고 물었다. 그러자 마조가 되물었다.
"활을 잘 쏘는가?"
사냥꾼이 별일이라는 듯이 쳐다보며 그렇다고 대답하자, 이번에는 이렇게 물었다.
"화살 하나로 몇 마리나 잡는가?"
"화살 하나로 한 마리를 잡지 몇 마리를 잡겠소?"
사냥꾼이 퉁명스럽게 대답하자, 마조가 비아냥거리듯 말했다.
"활을 잘 못 쏘는군."
사냥꾼은 마조에게 활을 잘 쏘느냐고 물었다. 그러자 마조가 능청스런 표정으로 말했다.
"나야 아주 잘 쏘지."
대체 몇 마리나 잡느냐고 사냥꾼이 묻자, 마조는 담담하게 말했다.
"나야 화살 하나로 한 무리는 잡지."

---

* 조사선(祖師禪)의 개조(開祖)인 마조도일은 8세기 당나라 승려로 그의 스승은 남악회양(南嶽懷讓)이며 기라성 같은 많은 제자를 배출했다.

그러자 사냥꾼은 반격의 기회를 잡은 듯 의기양양하게 말했다.

"살생을 금하는 스님이 활은 무슨 활이며, 그렇게 한 무리를 잡아서 대체 어쩌겠다는 거요?"

그때를 놓칠세라 마조가 일격을 가했다.

"자네는 짐승은 잘 잡으면서 왜 자기 자신은 못 잡는가?"

엉겁결에 사냥꾼이 되물었다.

"어떻게 하면 나를 잡을 수 있겠습니까?"

"지금 잡았지 않은가?"

마조가 빙그레 웃으며 대답하자 사냥꾼은 순간 멍해졌다.

"예?"

마조가 쏜 화살이 사냥꾼에게 명중한 것이다. 결국 사냥꾼은 활을 버리고 새로운 사냥을 위해 마조를 따라나섰다. 새로 얻은 영혼의 화살로 자기 자신을 잡기 위한 것이었다. 그가 바로 마조의 대표적인 제자 중 한 사람인 석공혜장(石鞏慧藏)이다.

우리 모두는 사냥꾼이다. 평생을 돈이니, 권력이니, 명예니, 인기니 하는 유령을 잡으려 안달할 것인가 불멸인 '참나'를 잡을 것인가, 그 선택은 우리의 몫이다. 영혼의 화살, 그것은 자기 자신만 쏠 수 있다. 자신 외엔 그 누구도 자기 자신을 잡을 수가 없다.

우리가 의식하든 의식하지 못하든, 삶의 세계에서 벌어지는 모든 일은 의식계[본체계]와 물질계[현상계]의 유기적 통합성이 빚어낸 결정체다. 양자역학으로 대표되는 포스트 물질주의 과학은 이러한 삶의 세계를 들여다보기 시작했다. 죽음조차도 생명의 전일적 흐름 속에 흡수되어 버리는 궁극적 의미의 삶, 그 세계의 진실을 들여다보기 시작한 것이다.

치기(稚氣)와 기교가 아닌, 진리의 반석 위에서 새로운 계몽의 시대는 열릴 것이다. 치열하게 사유하고 필사적으로 살아남아 오롯한 지혜의 눈으로 세상사를 깊이 들여다볼 수 있어야 한다. 새로운 계몽의 시대는 높이 오르는 것이 문제가 아니라 깊이 들어가는 것이 문제가 되는 시대다. 무엇이 되느냐가 문제가 아니라 어떻게 사느냐가 문제가 되는 시대다.

인류 사회가 처한 문제를 본질적으로 해소하기 위해서는 자연과 인간, 인간과 인간의 연대성을 회복하여 전 지구적 파트너십이 발휘되도록 해야 한다. 이러한 연대성 회복을 위해서는 생명 패러다임으로의 대전환이 절실하게 요구된다.

지금은 동트기 직전의 새벽이다. 영혼의 정화를 통해, 전 지구적 연대를 통해 대조화와 상생의 시대를 열어야 할 시점이다. '생명세계'로 출항하는 방주(方舟)에 여러분의 동승(同乘)을 기대하며, 이 책을 새로운 계몽의 시대를 간구하는 모든 분들과 함께 나누고 싶다.

끝으로, 이 책이 출판되기까지 성심을 다한 '도서출판 모시는사람들'의 박길수 대표와 편집진 여러분의 노고에 감사드린다.

2025년 4월
우주 가을의 초입(初入)에서 최민자

추신: 신조어 해설

● 생명의 3화음적 구조

'생명의 3화음적 구조(the triadic structure of Life)'라는 용어는 최민자의 저서 『천부경·삼일신고·참전계경』(서울: 모시는사람들, 2006)에서 『천부경』 81자의 구조를 천·지·인 삼신일체, 즉 생명의 본체[天]-작용[地]-본체·작용의 합일[人]이라는 세 구조로 나누면서 만든 신조어다. 여기서 '인(人)'의 실체는 천(天)과 지(地), 즉 생명의 본체와 작용이 하나임을 아는 일심(一心, 自性, 神性, 聖靈)이다. 저자가 『천부경』을 생명경(生命經)이라고 명명한 것은 천부경이 '생명의 3화음적 구조'에 기반해 있다고 본 까닭이다.

천·지·인 삼신일체는 기독교의 삼위일체[聖父·聖子·聖靈], 불교의 삼신불[法身·化身·報身], 유교의 삼극[無極·太極·皇極], 동학 '시(侍: 모심)'의 삼원 구조[內有神靈·外有氣化·各知不移] 등의 형성에 근본적인 설계원리를 제공했다. 이들 모두 천·지·인 삼신일체와 마찬가지로 '생명의 3화음적 구조'로 이루어져 있다. 이러한 논리구조는 일심(一心, 聖靈·報身·不移)이라는 메커니즘을 설정하여 생명의 본체[眞如, 聖父·法身·神靈]와 작용[生滅, 聖子·化身·氣化]을 하나로 회통(會通)시킴으로써 생명의 전일성과 자기근원성, 즉 우주 '한생명'을 논증한 것이다.

힌두교에서 생명의 본체인 유일신 브라흐마와 그 작용인 우주만물[아트만, Ātman]의 합일을 나타낸 불멸의 음성 '옴(OM)'은 천·지·인 삼신일체, 즉 우주 '한생명'의 의미를 함축하고 있다. 힌두교에서는 만물을 창조하고 유지하며 해체하는 신성[一心]의 세 측면을 각각 브라흐마(Brāhma, 창조의 신), 비슈누(Vishnu, 유지의 신), 시바(Śiva, 파괴의 신)의 삼신으로 명명하는데, 이는 삼신이 따로 존재하는 것이 아니라 유일자 브라흐마의 세 기능적 측면을 나타낸 것으로 트리무르티(Trimurti: 삼신일체 또는 삼위일체)를 의미한다.

『육조단경(六祖壇經)』에는 법신불·화신불·보신불의 삼신불이 자기 본성(自性) 속에 있음을 분명히 밝히고 있다. 여기서 '불(佛)'은 물질과 정신이 하나가 된 마음(一心, 一氣)이다. 말하자면 일심의 세 측면을 삼신불이라고 명명한 것이다. 천·지·인 삼신일체, 성부·성자·성령 삼위일체, 신령·기화·불이 삼원 구조 모두 삼신불과 마찬가지로 일심[神性]의 세 측면을 각각 다르게 명명한 것이다. 따라서 신(神)과 천(天)과 만물의 성(性, 神性, 一心)은 분리할 수 없는 하나다. 신·인간 이원론이 성립될 수 없는 이유가 여기에 있다.

『대승기신론(大乘起信論)』에서는 일심(一心, 自性)의 세 측면을 삼대(三大)인 '체(體)·용(用)·상(相)'으로 나타내고 있다. '체'는 우주만물의 근원인 법신(法身, 聖父·神靈), '용'은 작용 또는 기능인 화신(化身·應身, 聖子·氣化), '상'은 형태 및 속성인 보신(報身, 聖靈·不移)을 일컫는 것이다. 법신인 '체'를 진제(眞諦, 본체계)라고 한다면, 화신인 '용'은 속제(俗諦, 현상계)다. 진제와 속제의 관계는 곧 본체와 작용의 관계이며, 이 양 세계를 관통하는 원리가 내재된 것이 보신인 '상'이다.

일심의 세 측면인 '체·용·상'은 본체-작용-본체·작용의 합일이라는 '생명의 3화음적 구조'를 나타낸 것이다. 이는 유교의 삼극인 무극(無極)·태극(太極)·황극(皇極)으로도 나타낼 수 있다. 무극이 생명의 근원을 지칭한 것이라면, 태극은 음양의 역동적인 상호작용이 일어나는 자리이고, 황극은 이 양 세계를 관통하는 원리가 내재된 것이다. 대공지정(大公至正)의 왕도(王道)를 표징하는 황극은 현상계를 경영하는 원리로서 생명의 본체인 무극과 그 작용인 태극의 합일을 추동하는 메커니즘이다.

천리(天理)에 순응하는 정치 대법을 아홉 개 조항으로 집대성한 『서경(書經)』의 홍범구주(洪範九疇)에서는 제5주 건용황극(建用皇極)을 홍범 아홉 개 조항의 중앙에 위치시킴으로써 군왕이 중심에서 바른 도를 세운다는 뜻에서 왕도는 곧 중정(中正)의 도(道)임을 논리 구조적으로 명료하게 보여준다.

생명의 본체-작용-본체·작용의 합일이라는 '생명의 3화음적 구조'는 천·

지·인 삼신일체의 천도(天道)가 인간 존재 속에 구현되는 함의를 지니고 있다. 『천부경』의 중핵을 이루는 '인중천지일(人中天地一)'은 생명의 본체·작용의 합일을 나타낸 것으로 사람이 천지를 품어 하나가 된 일심의 경지, 즉 천·지·인 삼신일체의 천도를 체득한 것을 의미한다.

천·지·인 삼신일체는 생명의 본체인 하늘[一, 天·神·靈]과 그 작용인 우주만물[三, 多]이 하나라는 함의를 지니고 있으므로 '하나는 셋(一卽三), 셋은 하나(三卽一)'로도 나타낼 수 있다. 삼신일체, 삼위일체, 삼신불, '시'의 삼원 구조 모두 하늘과 우주만물이 하나, 즉 우주 '한생명'임을 표징한다. 이러한 원리를 체현(體現)하면 하늘의 뜻이 땅에서도 이루어져 홍익인간·재세이화·광명이세·이화세계를 실현할 수 있게 되므로 동·서양 모두가 그토록 강조하는 것이다.

삼신일체, 즉 삼위일체를 체현하면 새 하늘과 새 땅이 열린다. '새 하늘'은 변화된 의식 상태이며, '새 땅'은 그것이 물질세계에 구현된 것이다. 천·지·인은 본래 삼신일체이지만, 물질세계에 구체적 현실태로 나타나기 위해서는 삼신일체의 천도(天道)가 인간 존재 속에 구현되어야 한다. 복본(復本: 참본성[性, 神性, 一心]을 회복함)의 중요성이 여기에 있다.

● 생명의 공식

'생명의 공식(the formula of Life)'이라는 용어는 '하나는 셋(一卽三), 셋은 하나(三卽一)'[천·지·인 삼신일체]라는 한국학 고유의 코드가 생명의 전일적 흐름(holomovement)을 나타내는 기본공식과도 같은 것이라 생각하여 저자가 만든 신조어다. 또한 이 코드는 유일 실체인 생명의 역동적 본질에 기초해 있으므로 저자는 '생명 코드'라고 명명하였다. 이 '생명 코드'는 동아시아 문명의 새벽을 열었으며, 오늘날 양자역학으로 대표되는 포스트 물질주의 과학의 패러다임과 상통한다.

'하나는 셋(一卽三), 셋은 하나(三卽一)'의 원리는 만물의 제1원인인 하늘[神, 一]과 우주만물[천·지·인, 三]의 합일을 함축한 우주 '한생명'의 공식이다. 하늘과 우주만물이 합일인 것은―마치 바닷물과 파도의 관계와도 같이―우주만물이 하나의 근원에서 나와(一卽三) 다시 그 하나의 근원으로 돌아가는(三卽一) 과정이 끝없이 순환 반복되기 때문이다. 이러한 생명의 순환을 함축한 '생명의 공식'을 이해하기 위해서는 일심(一心)의 원천으로 돌아가야 한다.

우주만물이 하나라는 말은 견고한 물질적 외피를 두고 하는 말이 아니다. 그것은 하나인 에너지의 바다(氣海, 에너지場, 一氣, 一心)에서 우주만물이 파도처럼 일어났다가 다시 그 하나인 에너지의 바다로 돌아가는 과정이 순환 반복되는 존재의 실상을 말한 것이다. 이러한 '생명의 공식'을 이해하는 관건이 되는 것이 물질에서 의식으로의 방향 전환이다. 우주의 실체는 의식[에너지, 파동]이기 때문이다.

저자가 우주의 본질인 생명[神·天·靈]을 '스스로(自) 그러한(然)' 자라고 명명한 것은 자기원인에 의해 스스로 생성되고 변화하여 돌아가는, 자생자화(自生自化)하는 존재이기 때문이다. 생명의 자기조직화(self-organization)에 의해 우주만물이 생겨난 것이므로 생명은 전일적이고 자기근원적이다. 우주만물은 유일 실체인 생명이 다양한 모습으로 물질화한 것이다. 무수한 파도를 관통하는 바닷물이 하나이듯, 우주만물을 관통하는 생명은 하나다.

우주만물은 생명의 본체인 영(Spirit, 靈·神·天) 자신의 설계도가 스스로의 우주 지성[性]·우주의 창조적 에너지[命, 氣]·우주의 근본 질료[精]의 삼위일체의 작용으로 형상화되어 나타난 것이다. 따라서 만유는 '물질화된 영(materialized Spirit)'이다. 무수한 사상(事象)이 펼쳐진 '다(多, 三)'의 현상계와 일체가 에너지로서 접혀있는 '일(一)'의 본체계는 외재적 자연과 내재적 자연, 작용과 본체의 관계로서 상호 조응해 있으며 상호관통한다.

생명은 곧 신(生命卽神)이며 분리할 수 없는 유일 실체이므로 일신(一神),

즉 유일신이다. 따라서 유일신은 특정 종교에서 말하는 고유명사가 아니라 이 우주에 두루 편재해 있는 에너지의 바다[에너지場, 파동의 대양], 즉 하나인 '생명'을 지칭하는 보통명사다. 생명 즉 신은 만유의 본질로서 내재해 있는 동시에 만물이 화생(化生)하는 근본원리[至氣]로서 작용하므로 사람과 우주만물을 떠난 그 어디에 따로이 존재하는 것이 아니다.

'하나는 셋(一卽三), 셋은 하나(三卽一)'의 원리로 표상되는 '생명의 공식'은 우주만물이 하나인 에너지장[氣海, 파동의 대양, 一氣]으로 연결된 우주 '한생명'임을 나타낸 것으로 생명이 곧 영성(靈性, 神性)임을 이해하는 바탕이 되는 것이다. 이러한 '생명의 공식'에 대한 이해는 인공지능 윤리와 생명윤리가 준수되는 새로운 규준의 휴머니즘에 입각한 새로운 계몽의 시대를 여는 단초가 되는 것이다.

새로운 계몽의 시대는 의식의 대변환과 함께 촉발될 것이다. 지구 자기장의 급격한 약화와 슈만공명주파수 상승 등 현재 나타나고 있는 다양한 징후들로 볼 때 우리는 지금 지구 자기장이 역전할 수 있는 지자극(地磁極) 역전의 시대에 살고 있다. 지난 수십 년간 축적된 연구 결과에 따르면 인간의 생체 리듬과 지구의 주파수는 긴밀한 함수관계에 있으므로 지구 자기장의 변화는 우리의 뇌 구조와 신경계, 면역체계와 인지능력 그리고 DNA 구조에 중대한 영향을 미친다.

슈만공명주파수(평균 7.83Hz)가 이미 11Hz를 넘어섰고 또 계속 상승하고 있으므로 일상의 베타파 의식 상태(14~30Hz)에서도 조금만 각성하면 우주와 공명할 수 있게 된다. 이는 파동에너지인 생각의 현실화가 그만큼 빨라진다는 것이며, 우리의 '변화된' 의식과 선택이 새로운 문명을 형성하는 것을 의미한다. 우주 '한생명'에 대한 이해를 높이고 사랑, 감사, 평화와 같은 긍정적인 에너지를 확충해 나간다면 정신개벽과 사회개벽이 이루어져 새로운 계몽의 시대가 열리고, 마침내 우주 문명으로 진입하게 될 것이다.

차례

서문: 새로운 계몽의 시대를 향하여 / 5
추신: 신조어 해설 / 15

제1부 | 신(神)들의 황혼 Twilight of the Gods —— 23

제1장 타클라마칸 사막에서의 명상
Meditation in the Taklamakan Desert —————— 25
무(Mu), 사무치도록 그리운 이름이여 Mu, a Name I Miss So Much —— 27
생명의 낮과 밤 Day and Night of Life —————— 43
사랑의 연금술 The Alchemy of Love —————— 66

제2장 아홉 개의 문이 있는 성(城) A Castle with Nine Gates —— 83
마음의 아홉 구멍 Nine Holes in the Mind —————— 85
죽음의 덫 Death Trap —————— 101
물질의 공성 The Voidness of Matter —————— 118

제3장 물신(物神)들의 황혼 Twilight of the Material Gods —— 137
'창조'라는 놀이 The Game Called 'Creation' —————— 139
과학이라는 이름의 물신 The Material Gods Called Science —— 157
우상의 황혼 Twilight of the Idols —————— 176

마고는 이렇게 말했다

제2부 | '생명'의 놀이 The Play of 'Life' ─── 203

제4장 '생명의 놀이'의 미학 The Aesthetics of 'The Play of Life' ─── 205

- 생명의 놀이의 규칙 The Rules of the Play of Life ─── 207
- 체험의 놀이판 The Playground of Experience ─── 222
- 생명의 정원 The Garden of Life ─── 241

제5장 생명정치와 생명문화 Life Politics and Life Culture ─── 261

- '메타 경계' 출현 The Emergence of 'Meta Boundary' ─── 263
- 생명권력 대(對) 벌거벗은 생명 Life Power vs. Naked Life ─── 286
- 생명권과 생명문화 Right to Life and Life Culture ─── 304

제6장 생명과 평화 Life and Peace ─── 327

- 무경계를 향하여 Toward 'No Boundary' ─── 329
- 문명의 대전환과 생명 패러다임
  The Great Transformation of Civilization and Life Paradigm ─── 347
- 우주시대와 지구생명공동체 Space Age and Global Life Community ─── 372

제3부 | 영원으로의 회귀 Return to Eternity ——— 401

제7장 지혜의 길과 행위의 길
The Path of Wisdom and The Path of Action ——————— 403

빛의 세계와 어두움의 세계
The World of Light and the World of Darkness ——————— 405

티끌 속에서 티끌 없는 곳으로 From Dust to Dustless ——————— 421

무주(無住)의 덕 The Virtue of Muju ——————— 437

제8장 삶이라는 이름의 희생제 A Sacrifice Called Life ——————— 457

생존의 빚 The Debt of Survival ——————— 459

자유의지와 필연 Free Will and Inevitability ——————— 476

초월적 '지금' 의식 Transcendental 'Now' Consciousness ——————— 494

제9장 마침내, 존재여! Finally, Ever ONE! ——————— 513

카르마의 그물 The Net of Karma ——————— 515

존재의 패러독스 The Paradox of Being ——————— 533

마침내, 존재여! Finally, Ever ONE! ——————— 570

● 해제 / 592   ● 주석 / 603   ● 찾아보기 / 625

제1부
신(神)들의 황혼
Twilight of the Gods

제1장 타클라마칸 사막에서의 명상
Meditation in the Taklamakan Desert

제2장 아홉 개의 문이 있는 성(城)
A Castle with Nine Gates

제3장 물신(物神)들의 황혼
Twilight of the Material Gods

아, 이 사제들이 지은 오두막들을 보라. 그들은 향기로운 그들의 동굴을 교회라고 부른다! 아, 이 날조된 빛이여, 곰팡내 나는 공기여! 이곳에서는 영혼이 드높은 곳을 향해 비상하는 것을 허락하지 않는다!…그들은 자신들과 모순되고 해를 끼치는 그 존재를 신이라 불렀다.…그리고 그들은 인간들을 십자가에 못 박는 것 말고는 달리 그들의 신을 사랑하는 방법을 몰랐다!

Oh, just look at these huts that these priests have built themselves, Churches they call their sweet-smelling caves! Oh this counterfeit light! oh this musty air! here, where the soul may not fly up to its height!…They called God that which contradicted and harmed them.…And they knew no other way of loving their God than by nailing men to the Cross!

- Friedrich Nietzsche, *Thus Spoke Zarathustra*
: A Book For All and None(1883)

제 1 장

타클라마칸 사막에서의 명상
Meditation in the Taklamakan Desert

- 무(Mu), 사무치도록 그리운 이름이여 Mu, a Name I Miss So Much
  - 생명의 낮과 밤 Day and Night of Life
  - 사랑의 연금술 The Alchemy of Love

진리를 간구하는 그대 지상의 형제들이여! 신의 죽음을 선포한다고 해서 인간 생명이 약동하는 것은 아니다. 신의 죽음에 대한 선포는 설령 그것이 은유라 할지라도 그대들이 최후의 낭만주의자임을 보여주는 것일 뿐이다. 근원으로 들어가라. 신이라는 이름은 하나인 '진리'를 가리키는 무수한 손가락 중 하나에 지나지 않는다. 그러니 신이라는 이름에 목숨 걸지 말라! 신이 무엇인지도 모르면서 신의 죽음을 선포하는 것은 진리를 영원히 미궁에 빠뜨리는 것이다!

후천개벽기 벽두에 무 대륙은 만 년의 정화(淨化) 기간을 끝내고 완전히 정화된 몸으로 후천시대를 열기 위해 수면 위로 그 모습을 드러낼 것이다. 그 신성한 땅에 무 제국의 후신이자 마고성의 후신인 환국을 부활시키라! 무 제국의 문명이 파멸된 것처럼 낡은 문명은 파괴되고 새로운 '사랑의 문명'이 무 대륙과 동북 간방(艮方)에 세워질 것이다. 정음정양((正陰正陽)의 후천 곤도(坤道) 시대가 되면 여성적 원리에 의해 스스로 다스려지는 대통합의 생명시대가 열릴 것이다. 진리가 삶 속에서 살아 숨 쉬고 만인이 생명의 미덕을 노래하는 대조화의 시대가 열릴 것이다!

- 본문 중에서

상처는 빛이 그대에게 들어오는 곳이다.
The wound is the place where the light enters you.

- Rumi, 13th century Persian mystic thinker and poet

무(Mu), 사무치도록 그리운 이름이여

그날도 마고(麻姑, Mago)는 타클라마칸 사막을 걸었다. 들어가면 다시는 나올 수 없다는 죽음의 사막, 그 광막한 타클라마칸을 영원의 순례자처럼 걸었다. 마고성(麻姑城)은 그가 수행하는 산속의 동굴이었고, 타클라마칸은 그가 수행하는 세상의 동굴이었다.

어느덧 어스름이 내리고 세상은 어둠 속으로 사라졌다. 정적에 휩싸인 사막의 형형한 달빛 속으로, 광풍이 몰아치는 아득한 태고의 시간 속으로 마고도 사라졌다.

달빛을 우러르며 마고는 이렇게 말했다.

영겁의 허적(虛寂) 속으로 휘몰아치는 타클라마칸의 광풍(狂風)이여! 그대가 내 영혼의 지진계를 뒤흔들어 놓을 때, 슬프도록 아름다운 달빛 세레나데는 지친 내 영혼을 어루만지는 도다. 심연과도 같은 생명의 근원에 가

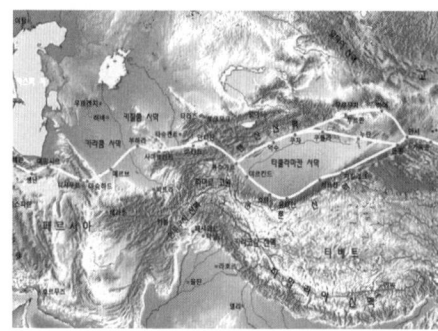

〈그림 1.1〉 파미르고원, 실크로드와 타클라마칸 사막 (출처: 위키백과)

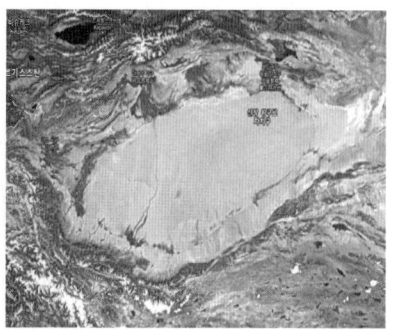

〈그림 1.2〉 타클라마칸 사막 위성지도 (출처: 구글 지도)

닿으라고, 죽음마저도 삼켜버리는 의식(意識)의 불꽃이 되라고.

사막의 예술가 타클라마칸의 광풍이여! 그대 마법의 손에서 타클라마칸은 매일매일 새롭게 태어난다. 그대가 빚어놓은 크고 작은 모래언덕은 바람에 일렁이는 물결이 되어 불모의 땅에 생명의 기운을 불어넣는 도다.

사막의 예술가여, 그대가 이끄는 타클라마칸 악단이 연주하는 장엄한 '생명 교향곡'을 내게 들려다오!

그러자 타클라마칸 악단은 진열을 정비하고서 '생명 교향곡'을 연주하기 시작했다. 끊어질 듯 이어지며 영혼을 전율케 하는 연주는 혹한의 겨울밤 사막을 진동시켰다. 만물은 잠에서 깨어나 이 경이로운 연주에 깊이 공명하며 생명의 환희에 휩싸였다.

그렇게 연주는 밤새도록 이어지다가 새벽녘이 다 되어서야 끝이 났다.

그대 악단의 연주는 만물을 소생케 하는 거역할 수 없는 우주의 숭고한 기운을 닮았도다! 일체 번뇌망상을 하나로 꿰뚫어 단숨에 생명의 정수에 가 닿게 하는 그 불가사의한 리듬과 운율의 정화력(淨化力)에 나는 압도되었노라!

시작도 끝도 없는 영원한 생명의 순환 속에서 시공간은 빛을 잃고 삶과 죽음은 하나로 융해되어 흐르는 도다.

마고가 이렇게 말하는 순간, 그의 시야에 'M'자가 크게 확대되어 나타났다가 사라지면서 '무 제국 최후의 날'[1] 영상이 마치 영사기를 돌리듯 펼쳐지기 시작했다. 마고가 절규하듯 말했다.

무(Mu, Ma)*, 사무치도록 그리운 이름이여! 그대는 죽음의 수의를 뒤집어쓰듯 물속에 잠겨버리고 말았다. 폭풍 속의 나뭇잎처럼 대지가 흔들려 신전과 궁궐들이 무너져내리고 기념비와 동상들이 뒤집어졌다.

도시들은 폐허의 더미로 변하였고 사방에서 거대한 파도가 밀려들어 평원을 휩쓸고 대륙 전체를 휘감아 버렸다.

마침내 대륙은 대양의 파도처럼 높이 솟구쳐 올랐다가 '불바다'를 이룬 지옥의 밑바닥으로 엄청난 굉음과 함께 가라앉아 버렸다.

---

* 50년 이상에 걸친 조사와 연구, 특히 인도, 티벳, 위구르, 미얀마, 이집트 등의 사원에서 발굴, 해독한 나칼(Naacal)의 점토판을 토대로 제임스 처치워드가 펴낸 『잃어버린 무 대륙 *The Lost Continent of Mu*』(1926)에 의하면, 무 대륙은 하와이 북부로부터 남쪽으로 뻗어내린, 태평양 한가운데에 있는 광대한 제국이었다. 이스터섬과 피지섬을 잇는 선이 남쪽 경계를 이루며 동서로는 8천 킬로미터 이상, 남북으로는 5천 킬로미터 이상 되는 면적을 가지고 있었고, 대륙은 해협과 수로를 사이에 끼고 세 부분으로 나뉘어 있었다. 여러 면에서 현대 문명보다 앞선 초고대 문명을 꽃피우며 수만 년 동안 축복과 풍요에 넘치던 인류의 모국인 무 대륙은 약 1만 2천 년에서 1만 2천5백 년 전 지진과 화산폭발로 6천 4백만 명의 사람들과 함께 태평양 속으로 잠겨버렸다. 처치워드는 나칼의 점토판에 대한 해독에서 고대인들이 사용한 '무(Mu)'가 "무우(Moo), 마(Ma), 어머니, 육지, 평원, 국토, 입 등을 의미한다"고 했다. 그렇다면 원래 '무(Mu)' 제국은 곧 '마(Ma)' 제국, 다시 말해 '마고의 나라'라는 뜻이 된다. 우리나라 정사(正史)인 『高麗史』 권36 「世家」 제36 충혜왕(忠惠王) 후(後)5년(1344) 정월조(正月條) 기록에는 당시 '고려'라는 국호가 엄연히 존재했음에도 불구하고 백성들 사이에선 우리나라를 '마고의 나라(麻古之那)'로 지칭하며 노래로 지어 부른 것이 나온다. '마고의 나라' 마(Ma) 제국이 곧 무(Mu) 제국이라면 우리는 무 제국의 정통 계승자가 되는 것이다.

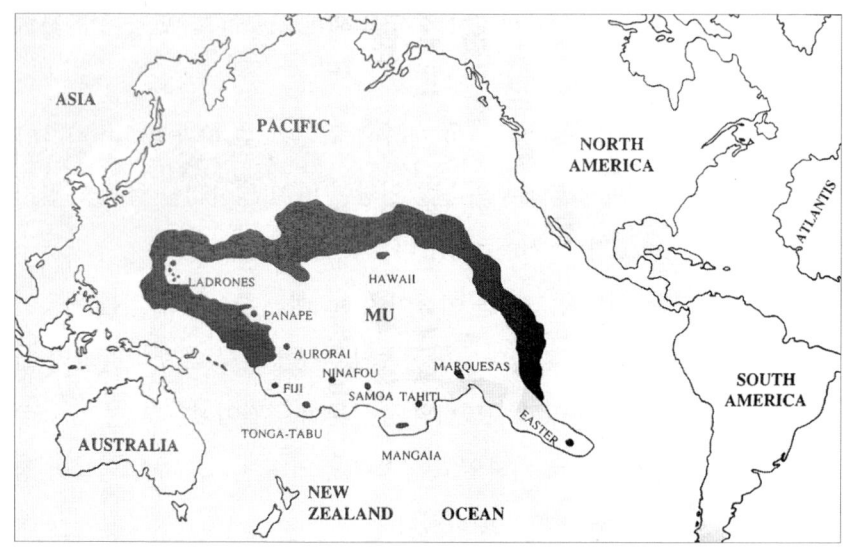

〈그림 1.3〉 무(Mu) 대륙의 지리적 위치
(출처: James Churchward, *The Lost Continent of Mu*(1926))

    가련한 무 제국이여, 나의 영원한 연인 '태양의 제국'이여! 그대는 쿠이(Kui)*의 나라, 신(神)들의 모국이다.
    그대의 자랑이었던 아름다운 도시들과 신전, 궁궐들, 그 모든 빛나는 예술과 과학, 학문은 이제 한낱 과거의 꿈이 되고 말았다.

---

* 'Kui'는 발음 그대로 하면 '쿠이' 또는 '구이'다. 우리나라는 예로부터 '구이(九夷)' 또는 '동이(東夷)'로 불렸다. 공자(孔子)도 우리 문화를 흠모하여 '영원불멸의 군자국 구이(九夷, 東夷)에 가서 살고 싶다(吾欲之君子不死之國九夷)'고 했다. 쿠이는 구(句)자와 같은 뜻으로 구리, 구려(句麗國[卒本扶餘]), 고구려, 고리, 고려가 모두 '구이(九夷, Kui)'라는 문자에서 나왔다. 코리아(Korea)도 고려를 영자(英字)로 표기한 것이다. 현재 중국 남부에 주로 거주하는 소수민족인 묘족(苗族, 三苗)은 그 뿌리가 우리와 같은 동이족이며, 치우(蚩尤)천황이 다스리던 구려(句麗, 九黎, 九夷)의 후예다. 지금도 치우천황을 기리는 정통 구전가요가 전해져 오고 있다고 한다.

기쁨과 환희로 넘치던 제국의 영화로웠던 날들, 전 세계의 종교와 과학, 학문과 예술, 상업과 교역의 중심지로서 수만 년 동안 장대한 문명을 구가했던 제국의 영광은 시간의 바람을 타고 흩어져 전설이 되고 서사시가 되었다.

한때 인간이 다스리던 대륙의 땅은 이제 물고기들과 바다 생물들의 서식지로 변해버렸다. 궁궐과 아름다운 정원이 있던 곳에는 산호초와 해초가 자라고 있을 것이다.

빛나는 보석과 찬란한 의상으로 몸을 휘감은 사람들이 누비던 도시의 거리는 불길과 연기 속에서 탄식과 울부짖음으로 진동했다.

무 제국 최후의 날 지옥의 불처럼 끓어오르는 바닷물을 바라보며 이 가련한 존재들이 느꼈을 공포와 절망은 정녕 죽음보다도 더 깊은 것이었으리라!

이제 무 대륙의 잔해들은 수면 위 여기저기에 흩어져 섬과 제도(諸島)가 되어 그 빛나던 제국의 영광과 처참한 운명을 읊어줄 시인을 기다리는 신세가 되었다.

수천만의 인구 가운데 몇 안 되는 생존자들은 모든 것을 잃은 채 새로 생겨난 불모의 섬들 위에 아슬아슬하게 매달려 살아남은 자의 슬픔과 고통을 노래하고 있으리라.

타클라마칸의 달빛이여, 그대는 보았는가? 저들에게 밀어닥친 가혹한 운명의 장난을!

비탄에 잠긴 마고를 향해 타클라마칸의 광풍이 천둥 같은 소리로 외쳤다.

위대한 '라 무(Ra Mu)'*여! 탄생과 소멸은 나의 광폭한 춤사위 속에서 하나가 된다. 나는 하룻밤 사이에 거대한 모래성을 쌓고서는 이내 허물어버린다.

그렇게 나는 매일매일 모래로 만다라(Mandala)를 그리며 명상을 하고 있다. 인간들은 이곳 타클라마칸을 그들 영혼의 피난처로 삼아 내 명상법을 배워 만다라의 대가(大家)가 되기도 한다.

무 제국의 탄생과 소멸도 내 춤사위 속에서 날려 흩어져 버리는 모래알과도 같은 것이다. 그러니 위대한 '라 무'여, 슬퍼하지 말지어다!

이 세상은 만다라를 그리는 화선지와도 같은 것. 만다라의 대가가 될 때까지 잔혹한 시간의 수레바퀴는 돌고 또 돌아서 탄생과 소멸을 반복하게 될 것이다.

위대한 사명자, '라 무'여! 그대는 무 대륙이 파멸되기 전에 이 모든 것을 예견하지 않았던가? 그대는 인류의 모국인 무 제국의 찬란한 문명을 후세에 전하기 위해 파미르고원 일대에 마고성 시대를 열었다.

훗날 '마고'라는 그대의 이름은 대지와 출생을 관장하는 태모(太母: 최초의 어머니)이자 인류 구원의 여성성(女性性)으로 자리매김할 것이다. 그리고 '마고성'은 낙원국가 '마고의 나라(麻姑之那)'로 서사시가 되어 인구에 회자될 것이다.

마고[2]는 그가 대제사장이자 황제인 '라 무(Ra Mu)'였을 당시 대륙의 파멸을 예언했었다. 그때를 떠올리며 마고는 생각에 잠겼다.

---

* 무 제국에서는 왕을 '라(Ra: 태양을 의미함)'라고 칭했으며, 왕은 '라 무(Ra Mu)'라는 칭호를 갖고 대제사장과 황제의 역할을 겸하였다.

무 대륙이 파괴되기 전 수백 년 동안 대륙의 파멸 징조로 보이는 불길한 일들은 점점 자주 일어났다. 나와 현명한 사제들의 예언을 믿었던 사람들은 본토를 떠나 아시아, 아프리카 그리고 아메리카 등지로 배를 타고 가서 재앙을 면했다.

무 제국의 전성기에 지구상의 다른 모든 국가는 무 제국의 식민지이거나 식민 통치를 받는 제국이었다. 무 제국의 식민 통치를 받는 제국 가운데 위구르 제국은 으뜸가는 제국이었다.

무 제국의 사람들은 대양을 동서남북으로 가로질러 세계 도처를 누비고 다닌 훌륭한 항해사들이었다. 또한 뛰어난 건축술을 발휘하여 세계 곳곳에 거대한 석조 신전과 궁궐을 짓고 기념비를 세우기도 했다.

훗날 사람들은 여러 기록과 고사본들을 통해 물속에 잠기지 않은 대륙의 잔해들에 남아 있는 신전과 유적, 조상(彫像)과 종교적 의미를 담은 상징물들이 시간의 모래 위에 새겨진 무 대륙의 발자취임을 알게 되리라.

위대한 무 제국의 사람들은 높은 문화 수준과 교육 수준을 자랑했다. 온전한 영예의 도리를 배우고 이를 따름으로써 자신들의 우수성을 남김없이 발휘했다.

여성적 원리(feminine principle, 女性性 즉 靈性)에 의해 다스려진 무 제국의 사람들은 만물의 연결성과 생명의 영원성을 이해했다.

제국의 황금기에 사람들은 내면의 신성과 완벽하게 조화를 이루는 고도의 영적인 삶을 영위했기에 고통이나 질병은 존재하지 않았다.

그러나 수만 년의 세월이 흐르면서 무 제국의 사람들은 점차 안락함에 젖고 미혹에 빠져 물질에 대한 탐착이 뿌리를 내리고 영혼의 샘은 말라만 갔다.

어두운 기운의 장막이 무 대륙에 드리워지면서 대륙은 부분적으로 파괴되기 시작했고 제국의 파국은 필연으로 다가왔다. 부정한 기운은 정화되어야 하고 또 정화될 수밖에 없는 것이 우주섭리 아니던가!

결국 수만 년 동안 축복과 풍요에 넘치던 대륙은 지진과 화산폭발로 밤 사이에 완전히 파괴되어 동틀 무렵에 수천 만의 사람들과 함께 태평양 바닷물 속으로 침몰해 버렸다.

내가 말하지 않았던가! 우리의 마음과 행위가 세상 전체와 연결되어 있다는 사실을 잊을 때, 그리고 우리의 꿈과 삶이 전체의 질서와 어우러질 때 풍요롭게 된다는 사실을 외면할 때, 그대들은 그대들의 하인과 금은보화와 함께 죽어갈 것이라고.

내가 말하지 않았던가! 단지 먹기 위해, 즐기기 위해 사는 것의 허망함을, 그 죄악성을 알지 못할 때, 그리고 많이 갖는 것보다 많이 주는 것이 더 훌륭한 일이라는 것을 잊을 때, 그대들은 생명의 수원(水源)으로부터 단절되어 말라 죽어갈 것이라고.

내가 말하지 않았던가! 지혜가 없는 공허한 이성, 미덕이 없는 껍질뿐인 명예, 행복으로 위장한 감각적 쾌락에 몸을 내맡길 때, 그리고 무 제국이 불길한 화려함으로 진동할 때, 그대들은 무 대륙과 함께 끝내는 파국을 맞게 될 것이라고.

내가 말하지 않았던가! 노동 그 자체가 명상이나 기도라는 것을 잊을 때, 그리고 노동이 영혼의 위대한 시(詩)라고 말하는 것을 비웃을 때, 그대들은 물을 버리고 해갈(解渴)을 구하는 자의 극심한 고통에 빠지게 될 것이라고.

내가 말하지 않았던가! 학문을 해서 날로 지식이 늘고, 사업을 해서 날로 재산이 늘고, 권력을 잡아서 날로 지위가 높아진다고 해서 공허감이 메꾸어질 수 있는 것은 아니라고.

인간이 느끼는 근원적인 갈증은 공존공생(共存共生)의 우주 법칙에 역행함으로써 우주로부터 버림받은 데서 오는 공허감인 까닭에 이 세상 그 어떤 것으로도 대체될 수 없다고.

마고가 이런 생각에 잠겨있는 동안, 주변 사구(砂丘)는 어느새 붉은빛으로 물들여져 곧 일출(日出)이 있을 것임을 예고했다. 이윽고 광막한 사막의 지평선 위로 눈부신 태양이 떠올랐다.

마고는 태양을 향해 두 팔을 벌리고 서서 눈을 감은 채 따사로운 온기를 온몸으로 느끼며 독백했다.

'생명의 난로'인 태양이 쉼 없이 지구에 '불타는 사랑'을 퍼붓지 않는다면 그 어떤 생명체도 존재할 수 없다. 식물은 햇빛을 받아들여 저장하고, 동물은 직간접으로 식물을 먹어 햇빛에너지를 몸 안에 받아들이는 방식으로 살아간다.

태양은 모든 에너지의 근원이며, 우주만물은 '태양의 아이들(children of the Sun)'이다. 햇빛은 이 땅에 존재하는 모든 생명체의 실제 근원이다.

그리고는 태양을 향해 이렇게 말했다.

친애하는 태양이여! 그대는 무 제국에 대해 알고 있을 것이다. 무 제국은 그대 태양을 닮은 '태양의 제국'이었다! 내 그대에게 태양의 제국인 무 제국에 대해 이야기해 주겠노라.

그러자 태양은 웃으며 고개를 끄덕였다.

마고는 무 제국에 대해 이야기하기 시작했다.

그대 태양이여! 수만 년 동안 고도의 영적 문명을 자랑하던 무 제국은 무 대륙이 파괴되자 새로운 거점이 필요했다. '무(Mu)' 제국은 곧 '마(Ma)' 제

〈그림 1.4〉 파미르고원
(출처: https://pixabay.com/photos/tajikistan-animals-field-city-4620903/)

국, '마고의 나라'*였다.

나는 무 제국을 부활시키기 위해 동서(東西) 가교의 요충지[3]인 파미르고원(Pamir Mountains) 일대**에 마고성(麻姑城) 시대를 열었다. 마고성은 본래 무

---

* 『桓檀古記』「三聖紀全」하편과「太白逸史」桓國本紀에는 '마고의 나라'가 열린 시기를 추측하게 하는 내용이 나온다. 고기(古記)를 인용하여 환인씨의 나라 환국(桓國, BCE 7199~BCE 3898)의 강역은 남북이 5만 리, 동서가 2만여 리인데, 일곱 대를 전하여 지난 햇수가 모두 3,301년 혹은 63,182년이라고 한 것이 그것이다. 여기서 3,301년은 환인 7대의 역년만을 계산한 것이고, 63,182년은 전(前)문화시대까지 합산한 전체 역년으로 이해하는 것이 타당하다. 말하자면 63,182년은 '마고의 나라'인 무(Mu, Ma) 제국과 그 후신인 마고성 시대부터 환인 7대까지의 전체 역년으로 이해하는 것이다. 그렇게 보면 '마고의 나라'가 열린 시기는 2025년 현재로부터 69,105년(63,182+3,898(BCE 3898 배달국 개창)+2,025) 전이니 약 7만 년 전이라 할 수 있다. 마고와 마고성 시대, 무 제국과 마고문화의 연계성에 대해서는 최민자, 『한국학강의: 메타버스 시대를 여는 지혜의 보고(寶庫)』(서울: 모시는사람들, 2022), 제2부 참조.
** 중국의 가장 오래된 지리서인 『山海經』에는 서왕모(西王母: 서쪽에 사는 王母라는 뜻으로 중국에서는 麻姑를 西王母라고도 부름)가 곤륜허(崑崙墟) 북쪽에 있다고 하고, 『符都誌』제8장에는 천산주 남쪽이라고 하고 있으므로 파미르고원 일대인 것으로 추정할 수 있다.

제국의 분조(分朝)*가 있던 곳으로, 하늘[천·지·인 三神]에 제사 지내던 소도성(蘇塗城)이었다.

그대가 보듯이, '세계의 지붕'인 파미르고원은 동쪽으로는 타클라마칸 사막이 이어지고, 동북으로는 천산산맥과 알타이산맥이 이어지며, 동남으로는 곤륜산맥과 히말라야산맥 그리고 티베트고원을 통하여 중국·인도 대륙과 접하고, 서남으로는 술라이만산맥과 이란고원을 통하여 메소포타미아와 연결되며, 서북쪽으로는 아랄해와 카스피해에 이른다.

실로 문명의 씨앗을 뿌리기에 적합한 위치가 아닌가?

비록 무 대륙은 바닷물 속으로 침몰해버렸지만, 무 제국의 수준 높은 천문학과 역(易)사상, 상수학(象數學), 역법(曆法), 기하학, 수학, 문자, 음악, 정치제도, 도시 건설 기술 등은 마고성 시대로 그대로 이어졌다.

마고성은 거석문화와 신전, 피라미드 건축 기술도 그대로 이어받았다. 또한 무 제국의 습속과 문화, 신화와 전설, 제례 의식까지도 그대로 물려받아 지켜오고 있다.

무 대륙은 쿠이(Kui)의 나라, 신(神)들의 모국(母國)이라고도 불렸다.

무 제국은 곧 무(巫) 제국이고, 무교(巫敎, 神敎)는 무 제국의 국교였다. '무(巫)'는 천·지·인 삼신(三神)을 의미한다. '3'은 무 제국의 정체성을 나타내며 마고 문화를 상징하는 숫자다.

그것은 천지의 주재자를 받들어 근본에 보답하는 신앙의 표현이었다.

---

* 마고성 시대가 열리기 전부터 무 제국은—마치 백제가 일본열도를 경영하기 위해 동조(東朝: 동쪽 조정)를 두었듯이—실크로드의 핵심지역인 이 일대에 분조(分朝)를 두었을 것으로 보인다. 당시 신장 지역의 위구르는 무 제국에 속했던 주요 제국이었다. 제임스 처치워드에 의하면 위구르 제국은 무 제국이 파멸되기 전에 그 절반이 붕괴되고 나머지 절반은 무 대륙의 침몰에 이어 붕괴되었다.

제국의 신관(神官)들은 신이 곧 생명(神卽生命)이며 영성[靈, 神性] 그 자체라는 진리의 정수에 통달해 있었다.

무 제국에는 종교와 과학, 학문의 중심지였던 일곱 개의 대도시가 있었다. 무 제국을 상징하는 '3'은 우주만물의 기본수이고, 일곱 도시의 '7'은 생명수이다.

이러한 천수(天數)의 이치를 귀하게 여긴 것은 천·지·인 삼신일체의 천도(天道)를 구현하고자 하는 염원이 있었기 때문이다. 예로부터 행해져 온 삼칠일(3x7=21) 기도는 하늘과 사람과 만물이 '한생명'임을 깨달아 사람다운 사람이 되기 위한 것이었다.

그러자 마고의 이야기를 듣고 있던 태양이 이렇게 말했다.

바다 한가운데에 고야국(姑射國)이 있었다는 것은 나도 알고 있다. 막고야산(藐姑射山)의 '고야', 마고야산(麻姑射山)의 '고야', 그리고 고야국(姑射國)의 '고야'는 모두 그대 마고를 지칭한 것이 아닌가? 그렇다면 '고야국'은 그대 '마고의 나라'가 아닌가?

그대는 대지와 출생을 관장하는 생명의 여신(女神)으로 이미 널리 알려져 있다. 나는 견오(肩吾)와 연숙(連叔)이라는 도인이 그대에 대해 이런 이야기를 하는 것을 들은 적이 있다.

"막고야산(藐姑射山: 마고산, 삼신산)에 신인(神人)이 살고 있는데 피부는 얼음이나 눈처럼 희고 단아하기는 처녀 같으며 곡식을 먹지 않고 바람을 호흡하고 이슬을 마시며 구름을 타고 용을 몰아 사해 밖에서 노닌다. 정신을 한데 모으면 만물이 병들지 않게 하고 해마다 곡식이 잘 여물게 한다."[4]

이어 태양은 이렇게 말했다. 위대한 무 제국의 정통 계승자, '라 무'여! 마고성은 그 위용(威容)도 대단하거니와, 한때는 지상의 낙원국가로 알려졌다. 그 낙원국가에 대한 이야기를 들려줄 수 있겠는가?

태양의 요청에 마고는 이야기를 계속했다.

뭇 생명이 피어나게 하는 사랑의 화신, 태양이여! 그대도 보았듯이, 마고성은 지상에서 가장 높은 큰 성인 까닭에 마고대성(麻姑大城)이라고 불렀다. 마고대성은 천부(天符)*를 받들어 선천(先天)을 계승했다.

마고성은 천제의식을 거행하는 순수한 신단(神壇)인 천부단(天符壇)을 중심으로 적을 방어하는 군사적 목적을 겸비한 사방의 보단(堡壇)이 있고, 보단과 보단 사이는 각각 세 겹의 도랑으로 연결되어 있다. 도랑의 사이는 천 리(千里, 약 400km)이고, 도랑의 좌우에 각각 관문을 설치하여 지키게 했다.⁵

그대도 알고 있듯이, 마고성은 지유(地乳)를 마시며 사는 인간이 만든 최초의 낙원국가였다. 성안의 모든 사람은 품성이 순정(純情)하여 능히 조화를 알고, 지유를 마시므로 혈기가 맑았으며 그 수명이 한이 없었다.

마고성의 사람들은 이 우주가 거대한 에너지의 바다(氣海)이며 분리된 것은 아무것도 없다는 것을 알고 있었다. 그들은 삼신사상의 가르침을 깊이 이해했다.

삼신사상은 하늘(天·神·靈, 一)과 우주만물[三, 多]이 하나**라는 것으로, '하

---

* 천부란 하늘의 이치(天理), 즉 천수의 이치(天數之理)에 부합한다는 의미이다. 천수의 이치는 천도(天道)를 숫자로 풀이하여 나타낸 것이다. 천도를 일(一)부터 십(十)까지의 숫자로 풀이하여 나타낸 것이『天符經』이고, 금척(金尺)과 같이 천부경을 새겨서 천권(天權)을 표시한 것이 천부인(天符印)이다. 고대로부터 제왕의 권위를 상징하는 신표(信標)로서 전승되어 오는 천부인 3종(種)은 청동검·청동거울·곡옥(曲玉)이다. 천부를 받든다는 것은 천·지·인 삼신일체의 천도를 따르며 천부경이나 천부인 같은 신표를 받든다는 의미로 보면 된다. 김시습(金時習)의〈澄心錄 追記〉에는 우리 역사상 왕권과 결부되는 것으로 간주되는 금척에 천부경이 새겨져 있음을 확연하게 보여준다.

** 하늘(天·神)과 우주만물이 하나라는 것은 물질적 외피가 아니라 우주만물의 참본성[性, 神性, 靈性]이 곧 하늘이라는 말이다.

나는 셋(一卽三), 셋은 하나(三卽一)', 즉 천·지·인 삼신일체의 원리에 기초한 것이다.

나의 딸 궁희(穹姬)는 황궁(黃穹)과 청궁(靑穹)을 낳았고, 소희(巢姬)는 백소(白巢)와 흑소(黑巢)를 낳았다. 마고성은 몇 대를 거치는 사이에 열두 개 파를 형성했으며 인구도 증가했다. 인구 증가에 따른 식량 부족으로 마침내 '오미의 변(五味之變)'[6]이 발생하게 되었다.

어느 날 백소(白巢)족의 지소(支巢)가 젖을 마시려고 유천(乳泉)에 갔는데, 사람은 많고 샘은 작으므로 다른 사람에게 양보하여 마시지 못하는 일이 다섯 차례나 반복되면서 배가 고파 보금자리 난간의 넝쿨에 달린 포도를 따 먹게 되었다.

이는 살아 있는 생명을 해친 최초의 사건이자 포도 속에 담긴 다섯 가지 감각적인 맛에 취해 참본성[神性]을 잃게 된 역사적 사건이었다. 지소의 말을 듣고 포도를 따 먹은 사람들은 피와 살이 탁해지고 심기가 어지러워져서 마침내 천성을 잃게 되었다.

열매를 먹고 사는 사람들은 모두 이(齒)가 생겼으며 그 침은 뱀의 독과 같이 되어버렸다. 이 사건으로 백소족의 사람들이 크게 놀라 곧 금지하고 지키며 살피니(守察), 이는 하늘의 이치에 부합하는(天符) 기존 자재율(自在律)의 파기를 의미하는 것이었다. 이때 열매를 먹는 습관과 수찰을 금지하는 법이 시작되었다.[7]

사람들이 원망하고 타박하니, 지소가 크게 부끄러워하며 거느린 무리를 이끌고 성을 나가 멀리 가서 숨어버렸다. 또 포도 열매를 먹은 자와 수찰(守察)을 하지 아니한 자 모두 성을 나가 각지로 흩어져갔다.

그런데 성을 떠난 사람들 가운데 과오를 뉘우친 사람들이 복본(復本: 참본성을 회복함)하고자 성 밖에 이르러 젖샘을 얻으려고 성곽 밑을 파헤치니 샘

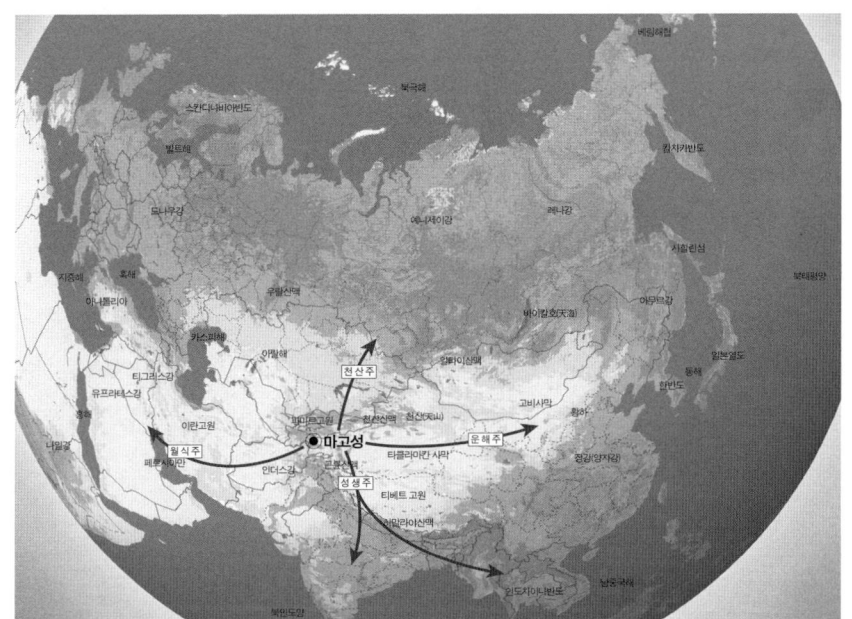

〈그림 1.5〉 파미르고원 마고성(麻姑城)과 문화 전파 경로

의 근원이 사방으로 흘러내렸다. 그러나 곧 단단한 흙으로 변하여 마실 수 없게 되었다.

그로 인해 성(城)안에서도 마침내 젖이 마르게 되니 사람들이 동요하여 풀과 과일을 다투어 취하므로 혼탁함이 극에 이르러 마고성의 청정함을 보존하기가 어렵게 되었다. 이에 마고성의 종주족인 황궁이 내 앞에 와서 사죄하며 '오미의 변'에 대한 책임을 지고 복본(復本)할 것을 서약했다.

그러고는 마고성을 보전하기 위해 여러 종족들과 출성(出城)을 결의하고서 열두 개 파(12지파)는 네 파로 나뉘어 이동하게 되었다. 이때 황궁이 청궁, 백소, 흑소에게 천부(天符)를 신표로 나누어주고 복본을 명하자, 각기 권속을 이끌고 동서남북 사방으로 흩어지게 되었다.

청궁은 권속을 이끌고 동쪽 사이의 문을 나가 운해주(雲海洲: 파미르고원의 동쪽인 중원지역)로 가고, 백소는 권속을 이끌고 서쪽 사이의 문을 나가 월식주(月息洲: 파미르고원의 서쪽인 중근동 지역)로 갔다.

흑소는 권속을 이끌고 남쪽 사이의 문을 나가 성생주(星生洲: 파미르고원의 남쪽인 인도 및 동남아 지역)로 가고, 황궁은 권속을 이끌고 북쪽 사이의 문을 나가 천산주(天山洲: 파미르고원의 북동쪽인 천산산맥 지역)로 갔다.[8]

마고성에서의 출성(出城)은 곧 낙원의 상실이었다. 해혹복본(解惑復本: 미혹함을 풀고 참본성을 회복함)을 맹세하고 마고성을 떠나 분거(分居)한 나의 종족들은 이제 기나긴 영적(靈的) 여정을 시작하게 되었다.

그대의 빛을 아낌없이 달(月)과 나누는 자비의 화신, 태양이여! 부디 나의 종족들이 해혹복본할 수 있도록 축복해다오! 나의 종족들이 길을 잃지 않도록 그대의 빛을 비추어다오!

마고의 목소리에는 처연함이 짙게 배어 있었다. 태양은 고요한 눈빛으로 마고를 바라보았다. 태양의 얼굴은 위엄과 예지로 빛나고 있었다. 태양이 말했다.

잃어버린 참본성과 잃어버린 마고성에 대한 복본의 맹세를 하고 출성(出城)하여 기나긴 영적 여정을 시작하는 마고성 이야기는 실로 가슴 저미게 하는 한편의 대서사시 같도다.

위대한 무 제국의 정통 계승자, '라 무'여, 슬퍼하지 말지어다! 나는 태초의 시간부터 아득한 미래의 시간까지 지상에 펼쳐지는 생명의 파노라마를 하나로 꿰뚫고 있노라!

그대가 무 제국의 정통을 이어받아 마고성 시대를 열었듯이, 마고성의 종주족인 황궁씨와 그의 아들 유인(有仁)씨의 천산주(天山洲) 시대를 거쳐 환인(桓仁)·환웅(桓雄)·환검(桓儉, 檀君)이 마고성의 정통을 이어받아 환국·배달국·단군조선 시대를 열 것이다.

그렇게 그대 마고의 맥은 계속 이어질 것이다. 그 과정에서 천·지·인 삼신일체의 삼신사상('한'사상, 神教)은 동·서양의 문화·문명을 발흥시키는 모체가 될 것이다.

삼신일체가 서방으로 나가 기독교의 삼위일체가 되고, 남방으로 나가 힌두교의 트리무르티(Trimurti: 브라흐마·비슈누·시바)가 되고 불멸의 음성 '옴(OM)'이 될 것이다. 또한 유교의 삼극(무극·태극·황극)이 되고, 불교의 삼신불이 되고, 동학 '시(侍: 모심)'의 삼원 구조(내유신령·외유기화·각지불이)가 될 것이다.

또한 삼신일체의 가르침에 토대를 둔 마고성의 천부(天符)문화는 세계 도처에 뿌리를 내리게 될 것이다. 그리하여 훗날 '태양의 제국'은 그대 '마고의 나라'의 후예들에 의해 다시 부활할 것이다. 그때가 되면 세상의 어둠은 제국의 강력한 빛 속으로 사라질 것이다.

위대한 '라 무'여! 그대 종족들에게 축복 있으라!
그대 이름에 영광 있으라!

생명의 낮과 밤

다음날 마고는 그를 보좌하는 신관(神官)을 대동하고 타클라마칸 사막을 걸었다. 비록 죽음의 사막이라고는 하지만, 타클라마칸은 잊혀진 인류의 역사와 문화를 가슴 깊숙이 간직한 채 오늘도 묵묵히 생명의 서(書)를 써 내려가고 있었다.

어느새 저녁노을이 사구(砂丘)에 붉게 번졌다. 멀리 보이는 모래언덕에서 노닐던 야생낙타는 노을 속으로 사라졌다. 붉게 물들여진 크고 작은 모래언덕은 불어오는 바람에 잔잔히 물결치며 생명의 영원성을 노래하고 있었다.

생명의 낮이 오면 만물은 본체계에서 나와 활동을 시작하고, 생명의 밤이 오면 다시 본체계로 돌아간다.
탄생에서 죽음까지의 과정은 매일매일 낮과 밤의 주기에 따라 반복되고, 매 순간 들숨과 날숨으로 반복된다.
생사란 생명의 낮과 밤의 주기일 뿐, 생명은 결코 죽지 않는다. 다만 형태와 모습만이 변할 뿐이다.
생명의 흐름은 영원히 이어진다. 영성인 동시에 물성으로, 전체성인 동시에 개체성으로, 내재성인 동시에 초월성으로 스스로를 표현하며.

그것은 차라리 시간의 벽을 허물고 만난 한 폭의 그림이었다. 마고는 생각했다. 겨울 사막의 일몰이 저토록 아름다운 것은, 치열하게 사유하고 필사적으로 살아남은 사막의 강인한 생명력이 흐르고 있기 때문일 것이라고. 일출에서 일몰까지 삶과 죽음의 경계를 치열하게 탐색하다가 장렬하게 산화해가는 그 모습은 실로 거룩하기까지 했다.
모래언덕의 노래에 화답하여 마고는 생명의 영원성을 이렇게 노래했다.

비존재[靈性]와 존재[物性]를 거침없이 넘나드는 그대는, 죽음마저도 삼켜버리는 그대는, 그대는 정녕 순수 현존(pure presence)이다.
천변만화(千變萬化)가 그대의 놀이이며 만물만상이 그대의 모습이다. 그대는 영원히 타오르는 의식(意識)의 불꽃이다.

만유 속에서 그 자신을 보고, 그 자신 속에서 만유를 보는 그대는, 그대는 무(無)의 향기다.

죽음은 삶이라는 나무 위에 맺어지는 열매라고 했던가! 돌아갔다고 해서 영 간 것이 아니요, 태어났다고 해서 영 온 것이 아니다. 슬프다, 존재여! 왜 사는지도 모르고 죽어가야 한다는 것은, 그리고 다시 태어남을 반복해야 한다는 것은.

정녕 생명이 무엇인지를 안다면 기실은 가는 것도 없고 오는 것도 없다. 우주에 충만해 있는 창조적 에너지의 흐름 그 자체가 생명이다! 일체가 '에너지'로서 접혀있는 본체계[의식계]와 에너지가 '물질화'되어 펼쳐진 현상계[물질계]는 본체와 작용의 관계로서 하나의 고리로 연결된 원궤다.

생명은 태어나지도 죽지도 않으며, 더럽지도 깨끗하지도 않으며, 늘어나지도 줄어들지도 않는다.[9] 인간의 감각은 의식을 탐구하는 학습기제이며 육체의 소멸에 이르러 그 탐구는 절정에 이른다.

육체라는 허물을 벗게 되면 지구학교에서 학습한 내용을 의식 차원에서 스스로 평가하고, 카르마(karma, 業)의 물결에 따라 의식의 진화에 최적 조건인 곳으로 에너지가 이동하게 된다. 이른바 '양자도약(quantum leap)'이 일어나 새로운 자궁 속으로 에너지가 이동하는 것이다.

그렇게 해서 새로운 인생이 시작되고 또 학습 기간이 끝나면 다시 돌아가는, 펼쳐진 세계와 접혀진 세계의 연출이 순환 반복되는 것이다.

그리하여 종국에는 알게 될 것이다. 내재와 초월, 전체성과 개체성, 우주의 본원과 현상 그 자체가 밤과 낮의 관계와도 같이 하나의 고리로 연결되어 있다는 것을! 실재하는 것은 오직 이 순간뿐이다.

마고가 이런 생각에 잠겨있는 동안, 사막에는 어느새 어둠이 내렸다.
마고가 신관을 향해 말했다.

'타클라마칸'이라는 지명과 관련된 이야기를 하겠노라. 단군조선 변방의 제후였던 기준(箕準: 箕子의 후손인 箕조의 아들)이 위만의 속임수에 빠져서 정권을 탈취당하고 제후의 자리를 빼앗기자, 번조선의 상장(上將) 탁(卓)은 오가(五加)와 백성을 이끌고 월지(月支)로 대거 이동하여 중마한(中馬韓: 후삼한의 중심이 마한이란 뜻)을 세웠다.[10]

단군조선 시대에는 진한이 중앙본국으로서 삼한의 맹주였으나, 열국시대에는 마한이 최대 중심국가로서 후삼한의 맹주가 되었다. 열국시대의 후삼한(後三韓)은 그 본류가 대륙에 있었다.

백제 시조 온조왕 27년(CE 8)에 멸망한 마한은 단군조선의 분조(分朝)였던 전삼한(前三韓)의 마한이었다. 고구려와 함께 요동을 침공했던 마한은 온조왕에 의해 멸망했다가 다시 부흥한 것이 아니라, 후삼한(後三韓)의 맹주인 대륙의 중마한(中馬韓)이었다.

중마한(中馬韓)이 위치한 월지(또는 月氏)는 감숙성(甘肅省, 간쑤성) 서부와 청해성(青海省, 칭하이성) 경계 지역에 살았던 부족 이름이다.[11] 하여 이 일대에는 마한의 '마(馬, 瑪)'와 관련된 지명이 널리 분포되어 있다.

파미르고원 동쪽에 있는 타클라마칸 사막의 '마칸(瑪干)'은 '마한(馬韓)'과 같은 말이다, 고조선 문명권에서는 제왕을 '한(Han)' 또는 '칸(Khan)'이라고 호칭했기 때문이다. '馬'가 아닌 '瑪'를 사용한 것은 마한이 후삼한의 최대 중심국가였기 때문이다.

타클라마칸의 '클라'는 '큰 나라'라는 뜻이다. 따라서 타클라마칸은 '큰 나라 마한'이라는 의미가 된다.[12] 이처럼 타클라마칸이라는 지명은 한민족과 깊은 관련이 있다.

말을 마치자 마고는 하늘을 바라보았다. 수많은 별과 은하수가 밤하늘을 수놓고 있었다. 그는 모래언덕에 앉아 마법과도 같이 펼쳐진 사막의 밤하늘에서 별자리를 찾고 있었다. 그때 타클라마칸 악단이 연주하는 '생명교향곡'이 연주되기 시작했다.

얼마 안 되어 마고는 북쪽 하늘에 일곱 개의 밝은 별이 국자 모양으로 늘어선 북두칠성(北斗七星) 별자리를 찾았다.

마고는 북두칠성을 향해 이렇게 말했다.

일월성신(日月星辰)을 다스리는 하늘의 주재신, 북두칠성이시어! 그대는 무 제국의 사람들이 세계 도처를 누비고 다닌 훌륭한 항해사들이었다는 것을 잘 알고 있을 것이다. 그들이 길을 잃지 않도록 나침반 역할을 해 준 것에 대해 감사하노라!

그대는 무 제국의 천문학과 역(易)사상, 상수학(象數學)과 역법(曆法)의 발전에도 기여했노라! 그대와 관련된 신화와 전설, 문화적 상징은 예술과 문학에 깊은 영감을 불어넣어 실로 지상에서의 삶을 아름답고도 풍성하게 했노라!

또한 그대는 인간의 길흉화복(무병장수·자손번창·천재지변 등)을 주관하는 것으로 지상에 잘 알려져 있다. 그래서 예로부터 무병장수·자손번창 등을 기원하며 액운을 막아달라고 정화수를 떠 놓고 치성을 올리는 칠성기도가 행해져 왔다.

또한 우리의 생명이 북두칠성으로부터 왔고 죽으면 다시 그곳으로 돌아간다는 믿음이 있었기에, 사람이 죽으면 시신을 칠성판(七星板)*에 눕히는

---

* 염습한 시신을 눕히기 위해 관(棺) 속 바닥에 까는 얇은 널판으로, 북두칠성을 본떠 일곱 개의 구멍이 뚫려 있다.

〈그림 1.6〉 황해남도 은천군 정동리 우녕동 별자리 고인돌. 북두칠성이 선명하다.[13]
(사진: 한국의 정신과 문화 알리기회)

습속도 생겨났다. 이러한 칠성문화는 아주 오래전부터 전해진 것이다.

그러자 북두칠성이 마고 일행을 환영하며 말했다.

무 제국의 정통 계승자 '라 무(Ra Mu)'여! 그대 생명의 여신(女神)이어! 오늘 그대가 올 줄 알고 타클라마칸 악단에 '생명 교향곡'을 신청해 놓았노라. 침묵의 소리를 닮은 이 곡을 감상하면서 사막의 밤을 함께 즐겨보지 않겠는가?

그대 종족들이 전승해 온 칠성문화는 앞으로도 계속해서 이어질 것이다. '라 무'여! 그대도 알고 있듯이, 북두칠성은 그대 선조들이 지구로 이주하기 전의 고향별이다. 이러한 사실은 잊혀진 지 오래되어 신화와 전설로만 전해지겠지만, 고향을 그리워하는 습속은 남아 있을 것이다.

칠성판에 북두칠성이 새겨졌듯이, 후대에 나타난 고인돌에도 북두칠성이 새겨진 것을 나는 보노라! 고향별로 돌아가고자 하는 염원이 담긴 것이 아니겠는가?

어디 그뿐인가. 사람 얼굴에 있는 칠규(七竅: 일곱 구멍), 인간의 일곱 가지 감정인 칠정(七情), 망자(亡者)가 삼악도(三惡道)에 들지 않고 좀 더 나은 세상에 태어나기를 비는 기도의식인 49재 즉 칠칠재(七七齋), 그리고 후대에 백제왕이 왜왕에게 하사한 칠지도(七支刀) 등, 이들 모두는 '칠성'과 관련이 있다.

그러나 후대로 갈수록 사람들은 칠성문화를 미신으로 치부하며 천시하게 되었다.

그리고는 덧붙여 말했다.

내게는 만 년 전의 일도, 만 년 후의 일도 모든 시간이 바로 지금이다. 지상에서 말하는 과거와 현재, 그리고 미래는 동시적으로 존재한다.

2차원에서 공이 굴러가면 공 전체가 보이지 않고 지면에 닿는 공의 단면만 보이지만, 3차원에서 보면 굴러가는 공 전체가 보인다. 마찬가지로 지상에서의 3차원의 삶이란 것도 전체가 보이지 않고 현상계라는 단면만 보이지만, 더 높은 차원에서는 전체가 보인다.

현재 보이는 단면에만 집착하여 일희일비(一喜一悲)하다 보면 전체를 놓치게 되어 왜 사는지도 모르고 삶과 죽음의 계곡을 오가게 된다.

그때 마고를 보좌하는 신관이 북두칠성을 향해 말했다.

천상과 지상의 연결자, 위대한 북두칠성이시어! '생명의 낮과 밤'에 대해 설해 주소서!

그러자 북두칠성은 마고를 쳐다보며 말했다.

생명의 여신 앞에서 생명에 대해 이야기하는 것이 좀 그렇긴 하지만, 그대의 신관이 요청하는 것이니 몇 마디 하겠노라.

북두칠성은 진지한 표정을 지으며 이야기를 계속했다.

매미가 허물을 벗듯이 육체적 죽음이 일어나면 그토록 견고하게 보이던 물질세계도 만져지지 않는 한갓 그림자일 뿐임을 알게 된다. 의식이 육체를 벗어난 사후세계에서의 체험은 매우 생생하며 자신의 전 생애를 입체적, 광각적(廣角的)으로 순식간에 재생하게 된다.

이는 마치 스크린에 영사된 홀로그램 이미지는 만져지지 않는 그림자에 불과하지만, 사진건판(寫眞乾板)은 만질 수 있을 뿐만 아니라 더 본질적인 실체인 것과도 같다.

사후에 출몰하는 공포스러운 환영(幻影)들은 살아생전에 축적된 자신의 부정적인 의식이 만들어낸 것들이다. 의식의 자기투사(self-projection)이며 자업자득의 인과법칙이 작용한 것이다.

유일한 심판은 자기심판(self-judgment)이며 자신의 죄책감과 후회에서 일어나는 것이다. 심판자와 피심판자의 구분은 부정한 의식[分別智]이 만들어낸 것이다.

'생명'의 사전에는 죽음이란 없다. 생명의 낮과 밤이 존재할 뿐, 죽음이란 실재하는 것이 아니다!

가을이 되면 나무가 수기(水氣)를 뿌리로 돌리듯, 일체 생명은 본래의 뿌리로 돌아감으로써 영원한 생명을 유지한다. 만물이 생장하고 변화하는 이 모습이 기실은 모두 그 근원으로 되돌아가는 작용이다.

이승이든 저승이든 다 인간의 의식이 지어낸 이미지 구조물이다. 의식이 깨어나지 못하면 살아서나 죽어서나 환영 속을 떠돌게 된다!

우주의 본질인 생명에 뿌리를 내리지 않은 현상계의 그 어떤 것도 생태적 지속성을 띨 수가 없다. 반(反)생명적인 것은 곧 반우주적인 것이며 우주에 역행하는 그 어떤 것도 생명력을 지닐 수가 없기 때문이다. 생명의 원천과 연결되지 못한 것은 결국 허구다.

반(反)생명적 사고의 전형은 생명이 죽는다고 생각하는 것이다! 이는 시간이 다하면 해체되는 육체[물질]를 실체로 간주하는 데서 오는 것이다. 육체는 실체가 아니다. 우주의 실체는 의식이다!

이 우주에서 일어나는 일체 물질현상과 정신현상은 모두 하늘기운의 조화 작용이다. 거기엔 어떠한 선(善)도 악(惡)도 없다. 선과 악이 생겨나고 행과 불행이 그림자처럼 따르는 것은 '나'라는 생각이 자리 잡는 순간부터다.

춘하추동의 사시가 순환하는 것과 같이 우주자연과 하나가 되어 삶의 흐름에 몸을 맡기게 되면 불길할 것도 해로울 것도 하나 없는 그야말로 매일매일이 참 좋은 날이 된다. 그리되면 삶과 죽음을 하나의 연결된 고리로 보게 되므로 생사로부터 해방되게 된다.

정처 없이 사막을 떠돌던 영혼들도 북두칠성의 이야기에 깊이 공명하며 경건함에 젖어 들었다.

곧이어 북두칠성은 신관을 바라보며 단호한 어조로 말했다.

인간 세계의 가장 근원적인 문제는 인간이 스스로를 그 근원인 생명으로부터 분리시킨 데 있다!

생명이 죽는다고 생각하는 반(反)생명적 사고로 인해 생명은 개체화된 물질적 육체 속에 유폐(幽閉)되고 말았다. 그로 인해 '나'와 '너', '우리'와 '그들'이라고 하는 가공의 분리(illusory separation)가 생겨났다.

그리하여 물질주의에 탐닉하게 되고 시스템적 사고를 할 수 없게 됨에 따라 인간과 인간, 인간과 우주자연, 인간과 신(神)이 조각조각 분리된 것이다.

그러나 하나인 바닷물과 무수한 파도가 분리될 수 없듯이, 유일 실체인 생명과 삼라만상은 분리될 수 없다!

우주만물이 파도라면, '생명 즉 신'은 무수한 파도를 잇는 바닷물이다.

하나인 바닷물이 무수한 파도를 관통하듯이, 유일 실체인 생명은 우주만물을 관통한다.

따라서 생명은 없는 곳이 없이 실재한다. 우주만물은 에너지의 바다(氣海, 에너지場)에서 일어나는 파도와도 같은 것이다.

우주의 본질인 생명은 신(神) 또는 하늘(天)로 불리기도 하고, 영(靈)으로 지칭되기도 한다. 우주의 실체는 의식[에너지, 파동]이므로 신은 곧 신성[영성, 참본성]이며 신 의식[전체의식, 보편의식]이고 하늘기운[混元一氣, 至氣]이다.

유일 실체[유일신]란 분리할 수 없는 에너지장(場)을 일컫는 것이다. 영(靈)은 곧 영성[신성]이며 참본성[一心]이다. 이를 통틀어 참된 이치, 즉 진리라고 하는 것이다.

우주의 본질인 생명은 내재적 본성인 신성인 동시에 만물을 화생(化生)시키는 근본원리[至氣]로서 작용한다. 생명은 물질과 에너지의 패턴이라는 기본 구조 속에 '우주 지성'이 내재한 것이다.

우주만물은 '영(靈)' 자신의 설계도가 스스로의 지성[性]·에너지[命, 氣]·질료[精]의 삼위일체의 작용으로 물질화된 것이다!

인간들이 물질주의에 탐닉할수록 생명은 개체화·물질화되고, 신은 짚신이나 나막신 수준의 물신(物神)으로 전락한다. 하늘은 그저 의미 없는 허공이 되어버린다.

신(神)이라는 이름을 넘어서지 않고서는 결코 신에 이를 수 없다는 것이 신의 역설이다!

인간의 의식 수준이 얼마나 진리에서 멀어져 있는가를 보여주는 일화가 있다.

두 사람이 죽어 저승으로 갔다. 한 사람은 기독교인이고, 다른 한 사람은 이슬람교인이었다. 옥좌에 앉은 존귀한 존재에게 기독교인이 먼저 말했다.

"오, 하느님 아버지시여! 저는 평생 당신의 이름으로 기도하고 당신만을 믿으며 살았습니다. 그러니 천국으로 들어가게 해 주소서."

그러자 옆에 있던 이슬람교인이 말했다.

"오, 알라(Allah)시여! 저는 당신이 유일신임을 믿습니다. 그러니 천국으로 들어가게 해 주소서."

그러자 존귀한 존재는 이렇게 말하는 것이었다.

"나는 본래 무명(無名)이다. 어찌하여 그대들은 내게 이런저런 이름 붙이기를 좋아하는가? 진실로 나를 믿는 자는 이름에 연연해하지 않는다. 나를 믿는다는 것은 이름을 버린다는 것이고, 이는 곧 단순[순수]해진다는 것이다. 어린아이처럼 단순해지지 않고서는 결단코 천국에 들어가지 못하리라."

신관은 생각에 잠겼다.

우리가 의식하든 의식하지 못하든, 세속적인 삶을 살든 수행자로서의 삶을 살든, 종교라는 통로를 통하든 통하지 않든, 우리 모두는 본신인 신(神)으로 가는 도상에 있다. 어떤 사람은 오늘, 또 어떤 사람은 내일, 그리고 또 다른 사람은 모레…, 거기에 이를 것이다.

언젠가 '존재의 집'에 이르게 되면 알게 될 것이다. 마치 소를 타고 소를 찾아 헤매는 것처럼, 우리의 본신인 신을 찾아 천지사방을 헤매었다는 것을!

그에게도 소를 타고 소를 찾아 헤매던 시절이 있었다. 그는 그때 일을 떠올렸다.

종일토록 '콧구멍 없는 소'를 찾아 헤매었건만, 소는 보지 못하고 다리가 쉬도록 아지랑이 능선만 밟고 다니다가 집으로 돌아와 웃음 짓고 의식의 등불 밝히니, '콧구멍 없는 소'가 그 모습을 드러내며 말했다.

"나는 그대의 신성이다."

"그러면 당신은 신(神)이십니까?"

내가 되묻자 그는 이렇게 말했다.

"신이라고 부르지 말라. 나를 신이라고 부르는 것은 그대 의식이 아직도 이분화되어 있기 때문이다. 의식이 물질 차원에 가까울수록 나는 형상화된다. 그대 의식 속에서 신이라는 형상을 지워버리면 나는 곧 그대 자신이다."

탐욕과 무지, 어리석음은 의식의 등불을 밝히면 사라지는 어둠이었던가. 실물과 그림자가 분리될 수 없는 하나이듯, 신과 우리는 본래 하나다. 사실 따로이 신이라고 부를 필요도, 신을 믿을 필요도 없는 것이다.

'콧구멍 없는 소'란 고삐에 얽매이지 않는 자유로운 의식, 즉 우리의 내재적 본성인 신성이다. '콧구멍 없는 소'와 만나기 위해서는 오직 내면으로 들어가는 길이 있을 뿐, 천지사방을 헤맨다고 해서 찾을 수 있는 것이 아니다.

돈, 권력, 명예, 인기 등 이 세상 그 어떤 것도 '콧구멍 없는 소'로 가는 길이 아님을 알게 될 때, 그리하여 진정한 포기가 일어날 때, 그때 비로소 내면으로의 길은 열리게 된다. 그러기 위해 탄생과 죽음을 반복하며 학습을 계속하게 되는 것이다.

먹장구름이 푸른 하늘을 물들일 수 없듯이, 그 무엇에 의해서도 우리의 신성은 더럽혀질 수 없다. 그러나 억압적이고 파괴적이며 가학적(加虐的)인 신에 길들여진 사람은 신이 곧 신성임을 이해하지 못한다. 인류 역사상 신이란 용어만큼 논쟁적이며 파괴로 치달은 것도 없다.

그럼에도 신을 따르고 추종하는 자들은 피학적(被虐的)인 것에 너무도 길들여진 나머지 스스로가 중독되어 있다는 사실을 알아차리지 못한 채 오히려 그러한 중독에서 쾌감을 얻고 삶의 동력을 얻는다.

억압적이고 파괴적이며 가학적인 신의 속성은 단지 주파수가 낮은 저차원의 인간 의식이 신이라는 이름에 투사된 것일 뿐이다.

신관이 이런 생각에 몰입해 있는 동안, 타클라마칸 악단의 '생명 교향곡'은 잔잔히 계속 이어지고 있었다. 마고는 나지막한 소리로 이렇게 읊조렸다.

우리가 떠나온, 다시금 돌아갈 저 너머의 세상을, 영혼의 창을 통해 바라볼 수 있어야 한다. 세상사 모두 눈꽃(雪花)이다. 우리 영혼이 빛으로 충만할 때 세상사라는 눈꽃은 녹아 없어진다.

눈꽃은 바라볼 수는 있지만 소유할 수는 없다. 정녕 무심(無心)으로 눈꽃을 바라볼 수 있으면 우리 영혼은 환희의 비상을 하게 될 것이다.

이어 마고는 그의 신관을 향해 이렇게 말했다.

왜 사람들은 탈춤 추기를 좋아하는가? 그것은 얼굴에 탈을 쓰고 마음의 탈[가식, 위선]을 벗기 때문이다. 그러나 평소에는 모두 얼굴에는 탈을 벗고 마음에는 탈을 쓰고 있다.

자기를 부정하는 것보다 더 큰 타락은 없다. 그대도 나와 함께 보았듯이, 탈춤 마당이 한바탕 무르익으면 춤추는 자와 보는 자가 사라지고 생명의 물결이 출렁인다.

어디 탈춤뿐이랴! 중요한 것은 얼마나 순수하게, 얼마나 깊이 행위에 몰입하느냐에 있다. 그러나 도박에 몰입하는 것과 명상에 몰입하는 것은 의식의 질이 다르다.

초월로 통하는 문은 수없이 많다. 명상이나 기도만이 아니라 모든 분야에서 각자의 천품 계발을 통하여 얼마나 순수하고도 깊게 행위에 몰입할 수 있느냐가 관건이다.

나무꾼이든, 뱃사공이든, 직공(織工)이든, 도자기공이든, 중요한 것은 천품[天職]을 찾아내어 전념함으로써 종교적인 행위를 하지 않고도 노동 그 자체가 명상이나 기도가 되어 초월의 문으로 진입할 수 있게 되는 것이다.

이윽고 북두칠성이 마고를 바라보며 말했다.

위대한 '라 무'여! 무(Mu, Ma) 제국은 인류의 모국이기도 하지만 신(神)들의 모국이라고도 불렸다. 무 제국은 곧 무(巫) 제국이고, 무교(巫敎, 神敎)는 무 제국의 국교였던 것으로 알고 있다. '무(巫)'는 천·지·인 삼신(三神)을 의미하는 것이 아닌가?

이에 마고가 답하여 이렇게 말했다.

예지(叡智)로 빛나는 시간의 종결자, 북두칠성이시어! 그대가 바로 보았도다. 무 제국은 곧 무(巫) 제국이다. 무교(巫敎)는 무 제국의 국교로서 천지의 주재자인 천·지·인 삼신을 받들어 근본에 보답하는 신앙이었다.

그러자 북두칠성이 쓸쓸한 표정을 지으며 말했다.

그대도 알고 있듯이, 우주에서 일어난 모든 것은 보이지 않는 질서 속으로 접혀 들어가 있다. '접힌 질서' 속에는 과거·현재·미래 우주의 전 역사가 다 담겨있다.

이 접힌 질서는 인간과 우주의 모든 활동을 정보 파동에 의해 기록하고 지속적으로 자동 업데이트하여 보관하는 일종의 우주도서관이자 우주를 창조한 슈퍼컴퓨터라 할 수 있다. 이를 지상에서는 '아카식 레코드(Akashic Records)'라 부르기도 한다.

그대는 이 우주도서관에 접속할 수 있는 방법을 알고 있으니, 보았을 것이다. 이 신성한 무교가 어떻게 변질되었는지를!

마고는 말없이 고개를 끄덕이며 담담한 표정으로 이렇게 말했다.

무 제국의 전통을 이어받은 마고성의 삼신사상은 천신교(天神敎), 신교(神敎), 수두교(蘇塗敎), 대천교(代天敎, 부여), 경천교(敬天敎, 고구려), 진종교(眞倧敎, 발해), 숭천교(崇天敎·玄妙之道·風流, 신라), 왕검교(王儉敎, 고려), 배천교(拜天敎, 遼·金), 주신교(主神敎, 만주) 등으로 불리며 여러 갈래로 퍼져나가게 된다.

사람이 태어나면서 삼신[천·지·인]으로부터 받은 세 가지 참됨(三眞), 즉 성(性)·명(命)·정(精)을 일컫는 삼진날(삼진날, 陰 3월 3일), 천·지·인의 상생 조화를 나타낸 삼태극(三太極), 고구려의 삼족오(三足烏), 백제의 삼족배(三足杯), 천부인(天符印) 3개, 진한·번한·마한의 삼한, 고려의 '삼경'제(三京制), 원방각(圓方角), 삼우제(三虞祭), 삼신산, 삼각산, 삼세번 등 '삼(三)'을 표상하는 명칭은 수없이 많다.

이들 모두 삼신사상에서 나온 것이다. 삼신사상은 만물의 근원에 대한 가르침이라 하여 신교(神敎)라 불리기도 했다.

그대가 명쾌하게 밝혔듯이, 유일 실체인 생명[神·天·靈, 一]은 우주만물[三]과 분리될 수 없으므로 '하나는 셋(一卽三), 셋은 하나(三卽一)'다. 따라서 삼신사상은 곧 '한'사상이다.

'한'은 전일(全一)·광명(빛·밝)·대(大)·고(高)·개(開)·다(多)·하나(天地人, ONE)·하늘(天·神·靈)·생명[靈性]·한마음(一心: 근원성, 포괄성, 보편성)·순백(白)·동방(東方)·뿌리(柢, 근본)·영원·무경계(無境界)·제왕(汗, Khan) 등을 의미한다.

요컨대, '한'은 인류 보편의 가치개념들을 포괄하고 있다. '한'사상이 인류 보편의 사상이 될 수 있는 근거가 여기에 있다.

이러한 '하나는 셋(一卽三), 셋은 하나(三卽一)', 즉 천·지·인 삼신일체의 원리로 표상되는 무 제국의 삼신사상, 즉 '한'사상을 정통으로 이어받은 민족이 바로 한민족('한'족)이다. 한민족은 마고성의 종주족인 황궁(黃穹)의 후예들이다.

북두칠성 그대도 알고 있듯이, 황궁은 '오미의 변(五味之變)'에 대한 책임을 지고 복본(復本: 참본성을 회복함)할 것을 서약하고는 마고성을 보전하기 위해 여러 종족들과 출성(出城)을 결의하여, 마침내 네 파로 나뉘어 동서남북 사방으로 흩어지게 되었다.

고도의 영적인 문명을 구가했던 무 제국은 그 전성기에 이미 '신(神)들의 모국'으로 알려져 있었다. 무 대륙이 파괴된 이후 무 제국을 정통으로 계승한 마고성의 종족들이 동서남북 사방으로 흩어지면서 삼신사상[神敎]은 다시 세계 곳곳에 문명의 씨앗을 뿌렸다.

이후 황궁과 유인의 천산주 시대를 거쳐 환국·배달국·단군조선으로 이어지는 과정에서도 천·지·인 삼신일체의 삼신사상은 세계 곳곳으로 퍼져 나갔다.

환하게 광명한 정치를 하는 나라 환국(桓國)이라는 국호는 바로 '태양의 제국'을 의미한다. 태양의 제국인 무 제국이 한때 부활한 것이다.

환국은 마고성의 천부문화(天符文化)를 정통으로 계승하여 파나류산(波奈留山, 天山)을 도읍으로 천해(天海: 바이칼호)를 포함하여 남북 5만 리, 동서 2만 리의 광대한 땅을 12연방으로 나누어 다스리며 장대한 문명의 꽃을 피웠다.*

---

* 『桓檀古記』, 「太白逸史」 제2 桓國本紀. 환국의 역사적 실재를 말해주는 「太白逸史」의 내용은 『桓檀古記』, 「三聖紀全」 하편에 나오는 내용과 일치한다. 「太白逸史」는 『三聖密記』를 인용하고 「三聖紀全」 하편은 고기(古記)를 인용하여 환국의 실재를 전하고 있지만, 그 내용이 동일하다는 것은 다양한 경로를 통해 환국의 실재가 전해져왔음을 말

마고는 잠시 침묵하다가 마치 과거를 회상하듯 이야기를 계속했다. 그의 이야기 속에서 시간의 벽은 해체되어 '영원한 현재'로 피어나고 있었다.

〈그림 1.7〉 수메르인의 씨름하는 형태의 청동 향로 (출처: Osama Shukir Muhammed Amin FRCP(Glasg), https://commons.wikimedia.org/wiki/File:Copper-bronze_cast,_a_statuette_of_2_wrestlers_balancing_jars_on_their_heads._From_Khafajah,_Iraq,_Early_Dynastic_period,_2600-2370_BCE._Iraq_Museum,_Baghdad.jpg, CC BY-SA 4.0)

〈그림 1.8〉 고구려 각저총 벽화에 그려진 씨름도 (출처: 한국학중앙연구원, https://www.kogl.or.kr/recommend/recommendDivView.do?recommendIdx=67148&division=img#, 공공누리제1유형)

환국 말기에 12연방 중의 하나인 수밀이국(須密爾國) 사람들은 수학, 천문학, 역(易)사상과 상수학(象數學), 역법(曆法), 종교, 철학, 정치제도, 지리, 기하학, 물리학, 언어학, 음악, 건축, 거석(巨石), 세석기(細石器), 빗살무늬 토기 등 선진문물을 가지고 일찍이 나의 종족들이 분거(分居)해 살고 있던 메소포타미아 지역으로 이동하여 수메르 문명14을 발흥시켰다.

수메르는 마고성을 떠나 동서남북으로 이동해 간 네 파 중에서 중근동 지역인 월식주에 정착한 백소(白巢)족이 살았던 지역이다. 바로 이 수메르 문명이 서양 기독교 문명의 모태가 된다.

마고의 이야기를 듣고 있던 북두칠성은 수메르 문명에 관심을 보이며

해준다.

말했다.

특히 수메르인들의 종교문학과 의식(儀式)이 서양문명의 뿌리라고 할 수 있는 기독교에 상당한 영향을 미치게 되지 않는가?

그대가 바로 보았도다! 그것들은 신들의 모국인 무 제국으로부터 마고성으로, 그리고 환국으로 전해진 것을 나의 후예들이 그곳으로 이동하면서 가지고 간 것이다. 제사장이나 왕을 호칭하는 수메르어 '인(En)' 또는 '엔(En)'은 모두 환인(桓仁)의 '인(仁)'으로부터 유래한 것이다.

이렇게 답하고는 마고는 이야기를 계속했다.

나의 후예들은 다양한 선진문물을 가지고 그곳으로 이동하여 찬란한 문명의 꽃을 피웠다. 하여 후세 사람들은 인류의 문화·문명사에서 최초의 중요한 것들은 모두 동방에서 이주해 간, 자신들을 '검은 머리 사람들(웅상기가(ùĝ saĝ gíg-ga))'이라고 불렀던 수메르인들의 발명품이라고 여기게 된다.

그리고 수메르인들은 인류의 뿌리에 대한 비밀을 간직하고 있는 민족이며[15] 수메르어는 세계 주요 언어의 기원인 것으로 여겨지게 된다.

그러나 때가 되면 밝혀질 것이다. 세계 주요 언어의 기원은 무 제국이라는 것이. 수메르어와 황궁족의 후예인 한민족의 언어가 같은 뿌리라는 것도 밝혀질 것이다.

수메르어는 무 제국의 언어가 마고성으로, 그리고 환국으로 전해진 것을 나의 후예들이 그곳으로 이동하면서 가지고 가서 형성된 것이다. 또한 환국은 배달국·단군조선으로 계속 이어지면서 한민족의 언어가 형성된 것이기에 수메르어와 한민족의 언어는 그 뿌리를 공유할 수밖에 없는 것이다.

예컨대 수메르어 '딩기르(Dingir)'는 몽골어 '텡그리(Tengri, 하늘)'와 같고, 텡그리는 우리말의 '당골레(또는 당골)'이며 모두 단군과 같은 뜻이다.

이집트와 바빌로니아 등에 영향을 주었던 수메르의 수학·천문학·기하학 등은 마고 문화와 그 후속 문화인 수밀이국의 문명에서 나간 것이다.

북두칠성 그대도 알고 있듯이, 지상에서 가장 높은 성(城)인 마고성은 지구라트와 피라미드의 원조. 지구라트나 피라미드의 건축 기술은 수학·천문학·상수학·기하학 등이 바탕이 된 것이다.

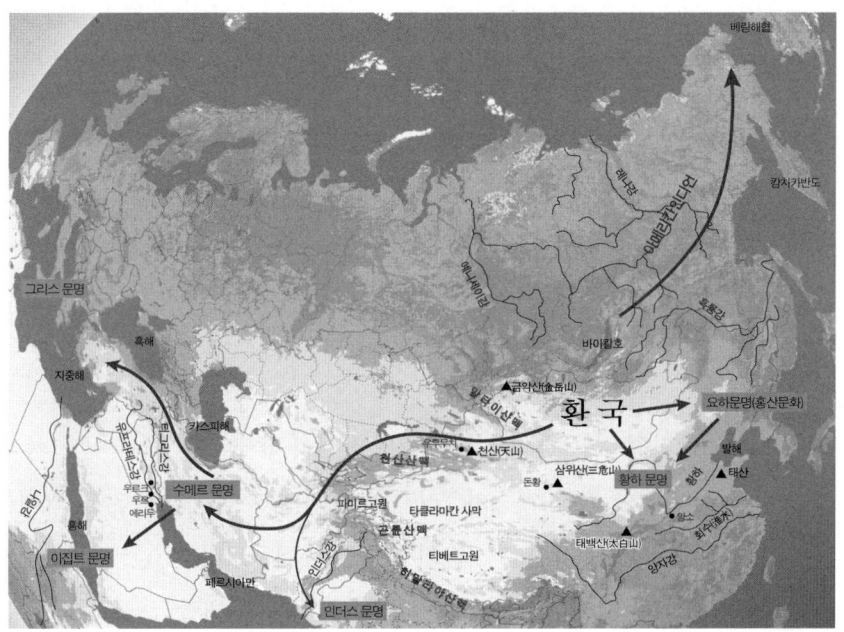

〈그림 1.9〉 파나류의 나라(波奈留之國) 환국의 문명 전파 경로

또한 최초의 수비학(數秘學)은 피타고라스 수비학이 나타나기 수천 년 전 수메르 남부의 칼데아에서 기원한 것이다. 이 칼데아 수비학의 뿌리는 환국시대, 더 정확하게는 마고성 시대로부터 전승된, 일(一)부터 십(十)까지의 숫자로 천도(天道)를 풀이한 『천부경(天符經)』이다.

무 제국의 정통을 계승한 마고성의 천부문화(天符文化)는 환국·배달국·

단군조선으로 계승되어 수천 년 동안 유라시아를 관통하며 위대한 문명의 꽃을 피웠다.

나의 후예들은 당시는 육교였던 베링해협을 건너 북아메리카와 중앙아메리카를 거쳐 남아메리카에까지 퍼져 살면서 서양인들이 아메리카 대륙에 들어오기 전까지 거대한 문명을 건설했다.[16]

그러나 후대로 갈수록 '천부'의 이치를 익히지 아니하고 물질주의에 경도(傾倒)되어 천부문화는 본래의 심오한 의미를 잃어버리고 미신으로 치부되며 천시되게 되었다.

말을 마친 마고는 한동안 허공을 바라보며 침묵에 휩싸였다.

얼마 후 그는 확신에 찬 목소리로 이렇게 말했다.

그러나 때가 되면 아스라한 기억의 심연 속에서 떠올리게 될 것이다. 마고성을 떠나며 했던 '해혹복본(解惑復本: 미혹함을 풀어 참본성을 회복함)'의 그 굳은 맹세를!

마고의 이야기에 깊은 감명을 받은 북두칠성이 말했다.

위대한 무 제국의 정통 계승자, '라 무'여! 생명의 영원성을 닮은 그대, 생명의 여신이여! 그대야말로 시간의 진정한 종결자로다.

무 제국의 정통이 마고성으로 이어지고 다시 환국·배달국·단군조선으로 이어지는 과정에서 천·지·인 삼신일체의 천부문화*는 유라시아 전역과 아메리카 대륙에까지 위대한 문명의 씨앗을 뿌리게 되는 도다.

그대 종족이 역사의 장에 써 내려간 장대한 대서사시는 참으로 아름답

---

* 천부문화란 하늘의 이치(天理) 또는 천수의 이치(天數之理)에 부합하는 문화, 즉 천·지·인 삼신일체의 천도(天道)에 부합하는 문화라는 뜻이다. 마고 문화를 필두로 마고 문화를 계승한 환국·배달국·단군조선의 문화를 총칭하는 것이다.

고도 나를 전율케 하는 도다!

위대한 '라 무'여! 그대는 고대 수메르의 역사가 파미르고원의 서쪽인 중근동 지역 월식주로 이동해 간 백소씨 후예들의 역사이며, 또한 환국 말기 황궁씨의 후예로서 12연방 중의 하나인 수밀이국 사람들이 선진문물을 가지고 그곳으로 이주하여 성립된 왕조들의 역사라고 했다.

그렇다면 파미르고원의 남쪽인 인도 및 동남아 지역 성생주(星生洲)로 이동한 흑소(黑巢)씨의 후예들은 어떻게 되었는가?

이에 마고는 아득한 기억을 떠올리듯 찬찬히 말을 이어갔다.

동서남북 사방으로 흩어진 나의 종족들은 칡을 캐서 식량을 만드는 등 혹독한 시련을 겪으며 오랜 세월이 지난 뒤에야 각 주에 정착하게 된다. 나는 간간이 그들의 소식을 전해 듣기도 했다.

성생주로 이동한 흑소족의 후예들은 백소족의 후예들과 마찬가지로 마고성에서 소(巢)를 만들던 풍속대로 도처에 신전과 피라미드를 건설했다. 그들이 신앙한 힌두교의 트리무르티는 삼신일체의 변용이며 본질적으로 삼신일체나 삼위일체와 상통한다.

북두칠성 그대도 알고 있듯이, 힌두교에서는 만물을 창조하고 유지하며 해체하는 신성의 세 측면을 각각 브라흐마(Brāhma, 창조의 신), 비슈누(Vishnu, 유지의 신), 시바(Śiva, 파괴의 신)의 삼신으로 명명한다.

그렇다고 삼신이 따로 존재하는 것이 아니라 유일자 브라흐마의 세 기능적 측면을 나타낸 것으로 트리무르티를 의미한다.

생명의 본체인 유일신 브라흐마와 그 작용인 우주만물[아트만, Ātman]의 합일을 나타낸 불멸의 음성 '옴(OM)'은 어머니, 엄마를 뜻하는 옴마, 오마니, 오마이의 축약어이며 모두 마고의 '마(Ma)'에서 유래한 것이다.

마고가 이야기를 마치자, 북두칠성은 마고를 향해 말했다.

진정한 시간의 종결자, '라 무'여! 그대가 들려주는 이야기는 실로 원대하고도 심오한 비전을 보여주는 도다. 그대의 이야기는 거역할 수 없는 흡입력을 지녔도다!

이번에는 마고성을 떠나 동서남북으로 이동해 간 네 파 중에서 파미르 고원의 동쪽인 중원지역 운해주로 이동해 간 청궁(靑穹)씨 후예들의 역사에 대해 들려줄 수 있겠는가?

그러자 마고는 이야기를 계속했다.

고대 중국의 역사는 청궁족의 후예들의 역사다. 또한 황궁족의 후예인 동이족(東夷族)의 여러 지류가 선진문물을 가지고 중원으로 흘러 들어가 성립된 왕조들의 역사다.

배달국 제5대 태우의(太虞儀) 환웅(桓雄)의 막내아들 태호복희(太皞伏羲), 고시(高矢)의 방계 자손인 동이(東夷) 소전(少典)의 아들 염제신농(炎帝神農), 그리고 동이 소전의 후손 황제헌원(黃帝軒轅)은 모두 동이인(東夷人)이며 중원으로 나가 삼황(三皇)이 되었다.

또한 헌원의 후손인 소호(小昊)·전욱(顓頊)·제곡(帝嚳)·당요(唐堯, 요임금)·우순(虞舜, 순임금)도 모두 동이인으로 오제(五帝)가 되었다. 이렇듯 중국이 시조로 받드는 '삼황오제(三皇五帝)'는 모두 동이족의 여러 지류가 중원으로 흘러 들어가 성립된 것이다.

마고의 이야기를 들으며 신관은 생각에 잠겼다.

일체가 자연법인 카르마의 물결을 타고 흐르는 것이니, 인간 사회의 지배관계란 선도 악도 아니며 단지 거칠고 방종한 자아를 길들여 의식을 확장시키는 교육기자재일 뿐이다.

무수한 국가의 명멸과 문명의 부침(浮沈)과 전쟁과 평화라는 대조적 체험을 통해 인류가 의식(意識)의 담금질을 해온 것도, 의식의 확장을 통해 그 하나인 '참나[大我]'에 이르기 위한 것이 아니던가.

마고의 이야기는 계속 이어지고 있었다.

마고성을 떠나 동서남북으로 흩어진 나의 후예들은 상호 교류하며 천부(天符)의 이치를 익히고 믿음을 돈독히 했다. 단군조선 시대에 이르러서도 임검씨가 사해를 순행하며 동서남북으로 분거해 간 나의 종족들을 차례로 방문하여 '천부'의 이치를 익혀 알게 했다.

이러한 순행의 습속은 신라 화랑들에게도 이어져 월식주·성생주·운해주·천산주의 여러 지역으로 원행하며 이들 종족과의 믿음을 돈독히 했다.

마고의 이야기를 듣고 있던 북두칠성이 찬탄하며 말했다.

대지와 생명을 관장하는 태모(太母), '라 무'여! 마고성으로부터 전해진 천부문화를 정통으로 이어받은 한민족에 대해서는 나도 대략은 알고 있노라. 그들은 태생적으로 '생명'을 문화적 유전자로 이어받은 민족으로서 새로운 역사를 창조할 운명을 지니고 있노라!

신들의 모국인 무 제국의 시대로부터 마고성 시대로, 그리고 환국·배달국·단군조선의 환단(桓檀: 天地의 광명이란 뜻)*시대로 전승된 천·지·인 삼신일체의 천부문화는 하늘의 이치를 지상에 구현하려는 염원을 담은 것이기에 장대한 정신이 살아 숨 쉬는 문화였다.

천부문화가 꽃피던 시기에 국가 통치엘리트 집단은 신이 곧 생명(神卽生命)이며 영성 그 자체라는 진리의 정수에 통달해 있었다.

마고성을 떠날 때 했던 '해혹복본(解惑復本)'의 맹세를, 만 년이 넘도록 잊

---

* 『桓檀古記』, 「太白逸史」 神市本紀에서는 "하늘로부터의 광명을 환(桓)이라 하고, 땅으로부터의 광명을 단(檀)이라 한다"고 하여 환단(桓檀)을 천지(天地)의 광명이란 뜻으로 풀이했다. 이는 곧 하늘의 이치(天理)가 인간 세상에 구현되는 것이다.

지 않고 묵묵히 천부(天符)의 이치를 익히며 때를 기다리는, 저 순연(純然)하고도 향기로운 영혼이여!

그대 한민족에 축복 있으라!

그렇게 '시간의 종결자'들의 이야기는 밤이 이슥하도록 계속되었다.

사랑의 연금술

별빛이 쏟아져 내리는 사막의 밤은 태고의 신비를 내뿜고 있었다. 만물은 환희의 비상(飛翔)을 꿈꾸며 '자아(自我)'라는 껍질을 벗고 영혼의 영약(靈藥)을 달이고 있었다.

그 내음은 유위법(有爲法)에 길들여진 존재를 생명의 근원으로 인도하는 강렬한 무위법(無爲法)이었다. 또한 그 내음은 끝없이 사막을 떠도는 상처받은 영혼들을 치유하는 묘약(妙藥)이기도 했다.

마고는 모래언덕을 걸으며 이렇게 독백했다.

나는 사랑한다. 신은 곧 생명이며 영성(靈性) 그 자체라는 것을 깊이 이해하는 자를. 영성은 전체성이므로 사랑을 모독하지 않을 것이기 때문이다.

나는 사랑한다. 침묵을 사랑하는 자를. 그는 말로써 사랑을 기만하지 않을 것이기 때문이다.

나는 사랑한다. 많이 갖는 것보다 많이 주는 것이 더 훌륭한 일이라는 것을 아는 자를. 그는 사랑에 상처 주지 않을 것이기 때문이다.

나는 사랑한다. 물질에 영혼을 팔지 않는 자를. 그는 사랑을 배신하지 않을 것이기 때문이다.

나는 사랑한다. 용서하는 자를. 그는 사랑을 모독하지도, 기만하지도, 상처 주지도, 배신하지도 않을 것이기 때문이다.

나는 사랑한다. 인간의 제자리는 제자의 자리라는 것을 아는 자를. 그는 겸손의 미덕을 키울 것이기 때문이다.

나는 사랑한다. 최고의 정의(正義)는 사랑이라는 것을 아는 자를. 그는 세상에 평화를 가져올 것이기 때문이다.

나는 사랑한다. '생명'의 사전엔 죽음이란 없다는 사실을 아는 자를. 그는 자유인이기 때문이다.

나는 사랑한다. 번뇌는 깨달음을 싹트게 하는 씨앗이라는 것을 아는 자를. 번뇌의 대해(大海)에 들고서야 일체를 관통하는 영적(靈的)인 지혜의 보물을 얻을 수 있기 때문이다.

나는 사랑한다. 무 제국을. 자신의 모든 빛을 아낌없이 나누는 태양을 닮은 제국, 바로 '태양의 제국'이기 때문이다.

나는 사랑한다. 모든 살아 있는 것을. 그것은 전체인 생명을, 진리를, 사랑을 개별적으로 체험하는 것이기 때문이다.

마고의 말이 끝나자, 곧이어 그의 신관이 마고의 운율에 맞추어 독백했다.

나는 사랑한다. 신은 곧 사랑이며 진리 그 자체라는 것을 깊이 이해하는 자를. 그는 사랑을 모독하지 않을 것이기 때문이다.

나는 사랑한다. 기다릴 줄 아는 자를. 그는 사랑을 기만하지 않을 것이기 때문이다.

나는 사랑한다. 자신의 눈물을 잊고 타인의 눈물을 닦아주는 자를. 그는 사랑에 상처 주지 않을 것이기 때문이다.

나는 사랑한다. 자기 자신을 깊이 사랑하는 자를. 그는 사랑을 배신하지 않을 것이기 때문이다.

나는 사랑한다. 유일 실체인 '생명'을 사랑하는 자를. 그는 사랑을 모독하지도, 기만하지도, 상처 주지도, 배신하지도 않을 것이기 때문이다.

나는 사랑한다. 우주만물의 참본성이 곧 신(神·天·靈)이며 생명이며 진리라는 것을 아는 자를. 그는 순천(順天)의 삶을 살 것이기 때문이다.

나는 사랑한다. 일체 만유가 신의 자기현현(self-manifestation)임을 아는 자를. 그는 분리의식에서 벗어날 것이기 때문이다.

나는 사랑한다. 천상과 지상의 연결자 북두칠성을. 그는 지상에서의 삶을 아름답고 풍성하고 예지(叡智)로 가득 차게 하기 때문이다.

나는 사랑한다. 무 제국의 정통 계승자 '라 무'를. 그의 시간은 '영원한 현재'이므로 시간의 함정에 빠지지 않을 것이기 때문이다.

나는 사랑한다. 광막한 타클라마칸 사막의 밤을. 행위자는 사라지고 행위만 남는 곳이기 때문이다.

나는 사랑한다. 모든 죽어가는 것을. 그것은 새로운 생명의 씨앗을 품는 것이기 때문이다.

사랑에 바치는 헌시(獻詩)를 감상하고 있던 북두칠성이 말했다.

아름답도다, 장쾌(壯快)하도다!

위대한 '라 무(Ra Mu)'와 그의 신관이 바치는 헌시(獻詩)에 사랑은 깊이 감동했도다!

그리고는 이어 말했다.

나의 벗 가운데 태춘(太椿)이란 나무가 있다. 그의 시간은 만 년 동안은 봄이고 다시 만 년 동안은 가을이다. 그대 '라 무'의 시간은 '영원한 현재'이니, 다음에 그 나무의 목신(木神)과 함께 이야기를 나누면 즐거움이 배가 될 것 같은데, '라 무'여! 어떤가?

이에 마고가 미소 지으며 고개를 끄덕였다.

잠시 후 북두칠성은 나지막한 소리로 읊조렸다.

풀잎에서 떨어진 이슬방울이 강으로 흘러가듯, 모든 존재에 내재하는 개체 생명은 존재의 강으로 흘러간다.

하여 이슬방울이 강물과 하나 되어 강물 속으로 사라지듯, 개체 생명은 신(神)과 하나 되어 우주 속으로 사라진다. 전체 속으로 융해되어 존재계와 하나가 되는 것이다.

모든 존재에 내재하는 개체 생명의 동질성을 깨달은 자는 그 어떤 환영(幻影)이나 슬픔도 없으며, 유일 실체인 신(神)과 한 호흡 속에 있게 된다.

지상에서의 모든 반목과 갈등은 우주만물에 내재하는 그 하나인 '참나'를 깨닫지 못한 데 있다.

북두칠성은 마고와 그의 신관을 번갈아 바라보며 이야기를 계속했다.

'라 무'여! 그대가 명징하게 밝혔듯이, 후대로 갈수록 천·지·인 삼신일체[一卽三·三卽一]의 천부(天符)문화가 미신으로 치부되며 천시되게 된 것은, 물질주의 장막에 가려 신의 실체를 인식하지 못하게 되었기 때문이다.

신은 곧 생명이므로 유일 실체인 신을 인식하지 못하면 생명의 전일성 또한 파악할 수 없게 된다.

신[天]의 자기복제[자기조직화]를 통한 우주만물의 형성과정은 신(神)이 기(氣)로, 다시 정(精)으로 에너지가 물질화하는 과정이다. 이 과정에서 신은 우주만물에 편재하게 되므로 신과 우주만물은 분리 자체가 근원적으로 불가능하게 된다.

그러나 내재적 본성인 신성의 자각적 주체가 되면, 다시 말해 천·지·인 삼신일체의 천도를 깨닫게 되면, 정(精)은 기(氣)로, 다시 신(神, 神性)으로 화하게 된다.

'인내천(人乃天)', 즉 '사람이 곧 하늘[神]'임을 깨닫게 되는 것이다. 우주의 실체는 의식이므로 참본성['참나']이 곧 하늘임을 알게 되는 것이다.

그리고는 신관을 바라보며 힘주어 말했다.

진리는 본래 무명(無名)이다. 신이니 하늘이니 생명이니 영(靈)이니 하는 이 모든 이름은 '진리'라는 달(月)을 가리키는 손가락과도 같은 것이다. 세상의 모든 경전도 진리를 가리키는 손가락에 지나지 않는다.

손가락에 의지하여 손가락을 여읜 달(月)을 보는 것과도 같이, 이들 이름에 의지하여 이름 없는 '진리'를 보고자 하는 것이다. 이는 마치 심(心)이라는 이름에 의지하여 무심(無心)을 이루는 것과도 같은 것이다.

북두칠성의 음성은 점점 고조되어 갔다.

보라, 지상의 인간들을! 그들은 마치 '진리'를 가리키는 손가락 자체가 진리인 양 목숨을 건 투쟁을 벌이고 있다. 어떤 명망 있는 학자는 '신은 없다'라고 폭탄선언(?)을 하며 마치 거대한 진리를 발견한 것인 양 의기양양하게 '신'이라는 이름을 폐기처분해 버렸다.

그러나 그대 지상의 형제들이여! 신이라는 이름을 폐기처분한다고 해서, 또는 '신은 없다'라고 주장한다고 해서 만물의 근원에 대한 규명의 필요성이 사라지는 것은 아니다. 이는 진리를 영원히 미궁에 빠뜨리는 것이다.

진리에 목마른 그대들이여, 진리를 미궁에 빠뜨리지 말라! 진리를 가리키는 손가락 너머를 보라. 진리는 있음과 없음의 저 너머에 있다!

북두칠성의 이야기를 듣고 있던 신관은 정신이 번쩍 들었다. 그는 진리라는 것에 대해 이론적으로만 알고 있었을 뿐, 실제로는 매 순간 놓치고 있었다. 어둠 속으로 한 줄기 광명이 비치는 듯했다.

그때 마고는 북두칠성의 말에 동조하며 이렇게 말했다.

예지로 빛나는 지혜의 화신, 북두칠성이시어! 그대는 지상에서 일어나는 문제의 본질을 정확하게 꿰뚫었도다.

이 세상에서 일어나는 모든 문제의 본질은 우주만물을 관통하는 하나인 '참나'를 깨닫지 못하고 서로 다른 것으로 분리시킨 데 있다. '참나'는 물성과 영성 그 어느 것에도 구애받지 않는 원궤의 중심축으로서 생성·유지·파괴의 전 과정을 주재한다.

그 하나인 '참나[참자아]'에 이런저런 이름을 붙이고 있지만 모두 같은 것이다. 그것은 우주의 본질인 생명이며 신(神)이며 하늘(天)이며 영(靈)이다. 이 모든 이름은 하나인 '참나'를 가리키는 손가락들이다.

북두칠성 그대도 거듭 강조했듯이, 우주의 실체는 의식[에너지, 파동]이므로 생명은 우주만물을 잇는 에너지장[氣海, 파동의 대양]을 일컫는 것이다. 그것은 분리할 수 없는 하나인 까닭에 유일 실체 또는 유일신이라고도 부른다.

이 우주가 최적화된 컴퓨터 프로그램처럼 작동하는 것은 전지전능한 '우주 지성'이 내재해 있기 때문이다.

하늘은 곧 하늘기운[混元一氣: 무어라 형용할 수 없는 태초의 한 기운]이며, 영(靈)은 곧 영성[신성, 참본성, 一心]이다. 따라서 만유의 참본성이 곧 하늘이며 신이고 '참나'이므로 우주는 '한생명'이다. 그 하나인 '참나'를 깨달을 때 비로소 사랑은 전체적이 된다.

오로지 이 육체만이 '나'라고 하는 생각에서 지역사회, 국가, 인류까지도 '나'라고 생각함으로써 이들의 기쁨과 아픔을 모두 '나' 자신의 것으로 느낄 수 있게 된다.

나아가 우주자연과도 공명함으로써 하늘과 별과 바람과 돌과 풀 한 포기까지도 모두 '나' 자신으로 느끼게 되는 것이다. 그리하여 하늘(天)과 사람(人)과 만물(物)을 하나로 느끼는 전체의식에 이르게 된다.

그리고는 그의 신관을 바라보며 힘주어 이렇게 말했다.

사랑의 본성은 마치 비가 대지를 고루 적시고 태양이 사해를 두루 비추듯 평등무차별한 것이기에, 사랑의 실천을 통하여 주관과 객관, 물질과 정신, 삶과 죽음은 비로소 하나가 된다. 그렇기에 우리는 삶의 흐름에 몸을 맡기며 매일매일 사랑을 실천하는 연습을 하는 것이다.

사랑이 없으면 죽음에서 죽음으로 떠돌게 된다! 비극의 탄생은 사랑의 부재(不在)에 기인한다. 세상의 모든 반목과 갈등 또한 사랑의 부재에 기인하는 것이다. 실로 사랑은 모든 것이다. '참나'는 곧 사랑이다.

예지로 가득 찬 북두칠성과 마고의 이야기는 신관에게 깊이 스며들었다. 있음과 없음의 이분법적인 논리적 사유에 빠져 순간순간 진리를 놓쳤던 그에게 '진리를 미궁에 빠뜨리지 말라!'는 북두칠성의 말은 가슴에 비수처럼 와 꽂혔다.

또한 사랑을 그저 단순한 미덕으로만 여겼던 그에게 '사랑이 없으면 죽음에서 죽음으로 떠돌게 된다!'는 마고의 말은 깊은 울림으로 다가왔다.

순간 그는 머릿속이 환해지면서 얼마 전 비몽사몽간에 보았던 장면이 떠올랐다. 온 세상이 암흑천지여서 아무것도 볼 수가 없는데, 순간 장면이 바뀌며 그 암흑천지를 배경으로 온 우주를 관통하는 거대한 천연색 무지개가 영원히 사라지지 않을 것처럼 영롱하게 걸려 있는 것이었다.

그는 마음속으로 생각했다. '칠흑 같은 어둠의 세상을 가로질러 찬연히 펼쳐진 무지개의 향연, 새 세상의 서곡이던가!'

그는 마고성의 촉망받는 신관(神官)이었다. 또한 그는 마고의 가르침을 받은 마고의 애(愛)제자이자 그의 호위무사이기도 했다. 탁월한 예지력과 통찰력, 그리고 신실함을 두루 갖춘 온유한 인물이었기에 그는 한때 마고의 후계자로 지목되기도 했다.

그러나 그의 주된 관심은 삶과 죽음의 계곡을 덧없이 오가는 무의식적인 삶, 그 미망의 삶을 끝내는 '영적 상승(spiritual ascendance)'에 있었다. 하여 이 우주를 관통하는 의식(意識)의 대운하를 건설하고자 치열하게 사유하고 필사적으로 명상과 수행에 매진했다.

그는 '생명은 전체적인 것, 거기엔 어떤 분열도 경계선도 없다'고 수없이 되뇌었다. 그러면서도 그는 '이것'이 곧 다른 '모든 것'이라는 진리를 여전히 놓치고 있었다. 하여 '이것이냐 저것이냐'의 문제가 항상 그를 따라다녔다.

그런데 북두칠성은 이를 알고 이분법의 망령에 빠져 잠들어 있는 그의 의식을 사랑의 죽비로 흔들어 깨운 것이다. 또한 마고는 사랑의 진수(眞髓)를 삶과 연결시키지 못하는 그에게 사랑이야말로 미망의 삶을 끝장내는 영약(靈藥)이며 모든 것임을 일깨워 주었다.

그는 삶의 귀에 대고 이렇게 속삭였다.

그렇다! 의식이 잠들어 있으면 아무것도 변화되지 않는다. 이 세상에는 오직 깨인 자와 깨이지 않은 자가 있을 뿐, 성인과 악인, 좋은 것과 나쁜 것이 따로 있는 것이 아니다. 무지(無知)의 바람이 고요해지면 일체 현상은 본질 속으로 흡수되기 마련이다.

왜 '참나[眞我, 大我]'에 이르고자 하는가? 그것은 마치 그 자신은 조금도 움직이지 않으면서 만상을 담는 거울과도 같이 세상사에 일희일비하지 않고 관조함으로써 지고의 자유와 영적인 충만감 속에 있게 되기 때문이다.

그리하여 마침내 죽음에서 죽음으로 떠도는 미망의 삶을 끝장내기 때문이다.

　혹한의 겨울밤 사막은 밤새도록 영혼의 영약(靈藥)을 달이는 짙은 내음으로 진동했다. 북두칠성과 마고의 이야기는 그 영약을 달이는 화력(火力)이 되었다. 순간 침묵이 그를 에워쌌다. 그의 내부로부터 서서히 변성이 일어나고 있었다. 그에게는 영원히 잊지 못할 아름다운 추억의 밤이었다.

　이윽고 자리로 돌아온 북두칠성이 천둥 같은 소리로 외쳤다. 그의 목소리에는 엄청난 기운이 뿜어져 나오고 있었다.
　진리를 간구(懇求)하는 그대 지상의 형제들이여! 신의 죽음을 선포한다고 해서 인간 생명이 약동하는 것은 아니다. 그것은 신과 인간을 분리시킨 서구의 이원론적인 형이상학으로 퇴행하는 것이다. 신이라는 이름을 지워버리면 신은 곧 그대들 자신이며 우주만물 그 자체다.
　신의 죽음에 대한 선포는 설령 그것이 은유라 할지라도 그대들이 최후의 낭만주의자임을 보여주는 것일 뿐이다. 근원으로 들어가라. 신이라는 이름은 하나인 '진리'를 가리키는 무수한 손가락 중 하나에 지나지 않는다.
　그러니 신이라는 이름에 목숨 걸지 말라! 신이 무엇인지도 모르면서 신의 죽음을 선포하는 것은 진리를 영원히 미궁에 빠뜨리는 것이다!
　사랑하는 형제들이여, 기억하라! 모든 신의 원류는 하나다. 그것은 신들의 모국이자 인류의 모국인 무 제국에서 기원한 것이다.
　무 대륙이 사라진 이후 각기 다른 언어와 종교, 국가적 정서를 지니게 되었지만, 초기 신화에 나오는 신은 이름이 같았다.
　그 당시 신은 산스크리트어로는 디아우스(Dyaus), 그리스어로는 제우스(Zeus), 라틴어로는 요비스(Jovis), 독일어로는 티우(Tiu)라는 이름을 가지고 있었다.

아리안족의 선조들은 '빛과 하늘(Light and Sky)'이라는 이름으로 신을 경배했다.[17] 그들은 일체 만유가 다 하늘, 즉 신의 자기현현이므로 신 아닌 것이 없다고 보았다.

숭배하는 행위도 신이고, 바쳐지는 제물도 신이다. 제물인 신이 신에 의해 신의 불길에 타는 것이다.[18] 전지전능한 신[神性]이 우주만물에 편재해 있다고 본 것이다.

이는 그대들 과학계에서 말하는 '양자 신(quantum God)'이라는 개념과도 같은 것이다. 또한 이는 우주만물의 참본성이 곧 신이라고 내가 말한 것과 일맥상통한다.

그러나 시간이 흐르면서 단순하고도 순수한 신에 대한 경배는 인류 최초의 종교 기록들이 사제나 신관들에 의해 왜곡되고 또 그들이 타락함에 따라 점차 자연 숭배나 우상숭배로 전락해 버렸다. 나중에는 심지어 인간을 제물로 바치는 행위까지 나타나게 되었다.

또한 지상에서의 모든 제례(祭禮) 의식도 무 대륙에서 유래한 것이다. 조상의 영혼을 기리는 제례는 무엇보다 중요하게 여겨졌다. 조상 숭배라고 하는 세계 공통의 습속은 천·지·인 삼신일체의 삼신사상을 근간으로 삼은 무 제국에서 기원한 것이다.

유카탄주(州) 욱스말(Uxmal)에 있는 마야 문명을 보라! 거룩한 신비의 사원에서 행해진, 조상에게 제물을 바치는 조상 숭배 의식과 모든 신성한 제례 의식, 그것들은 무 제국에서 기원한 것이다.

이러한 천·지·인 삼신일체[一卽三·三卽一]의 삼신사상은 그대로 마고성으로 이어졌다. 그대들은 마고성 시대를 신화나 전설, 또는 아득한 원시시대로 치부한다.

그러나 기억하라! 마고성 시대는 사라진 무 대륙에서 이룩한 고도의 영적인 문명을 정통으로 계승, 발전시켜서 지상낙원을 이루며 찬란한 문명을 꽃피웠다. 그것은 그대들이 자랑하는 과학 문명보다도 훨씬 앞선 고차원의 문명이었다!

그러한 문명은 유라시아와 아메리카 대륙에까지 널리 퍼져나갔다. 세계 각지의 신화, 전설, 종교, 철학, 정치제도, 역(易)사상과 상수학, 역법(曆法), 천문, 지리, 기하학, 물리학, 언어학, 수학, 음악, 건축, 거석(巨石), 세석기(細石器), 빗살무늬 토기 등 거의 모든 분야에서 마고 문화 즉 천부(天符)문화의 잔영을 찾아볼 수 있다.

이러한 마고성의 천부문화를 정통으로 계승한 민족이 한민족('한'족)이다. 한민족은 마고성 시대 이래 만 년이 넘도록 국가 차원에서 천부문화를 대대로 이어받아 체계적으로 발전시켰다. 내 그대들에게 분명히 밝히거니와, 한민족의 천부문화는 세계가 잃어버린 영혼이다!

지상의 형제들이여, 한민족의 천부문화를 깊이 연구하도록 하라. 왜냐하면 그것은 그대들이 다시 돌아가야 할 생명의 뿌리 문화이기 때문이다. 수만 년 동안 축적된 무 제국의 영광이 그 속에 들어있노라!

그리고는 이어 이렇게 덧붙였다.

그대들은 내가 말하고 있는 '지금 여기'의 시제를 이해하지 못한다. 나는 전체와 모든 부분을 동시에 이해한다. 그것은 순간적인 '전체'다! 마치 2차원 평면에서 3차원 입체 공간을 이해할 수 없듯이, 그대들은 천상의 시간을 이해하지 못한다.

오직 이 육체가 자기라는 반(反)생명적 사고로 인해 스스로를 시공(時空)의 인큐베이터 속에 유폐시켜버렸기 때문이다.

지상에서 과거, 현재, 그리고 미래라고 부르는 것은 현상계의 단면만 보는 그대들의 분리의식이 만들어낸 환영(幻影)일 뿐이다. 나는 항상 '지금 여기'에 그대들과 함께 있다.

잠시 후 마고는 북두칠성의 말을 이어받아 이렇게 말했다.

오, 진리의 화신인 그대 북두칠성이시어! 그대는 인류 문명의 궤적을 장쾌하게 하나로 꿰뚫었도다. 예지로 넘치는 그대의 이야기에 나는 실로 깊이 감동했노라!

한민족에 대해 몇 마디 첨언하겠노라. 한민족은 마고성의 종주족인 황궁족의 후예다. 나의 종족들이 동서남북 사방으로 흩어질 때 황궁은 파미르고원의 북동쪽인 천산산맥 지역 천산주(天山洲)로 갔다.

황궁과 그의 아들 유인의 천산주 시대를 거쳐 환국·배달국·단군조선 시대를 거치며 천부문화는 대내외적으로 찬란한 문명의 꽃을 피웠다. 이들 동이(東夷)의 나라는 '영원불멸의 군자국'으로 알려졌다.

나의 후예인 한민족이 '태양의 제국'인 무 제국의 정통 계승자임은 국호와 역대 제왕의 칭호에서도 드러난다. 환국이라는 국호는 심오하고도 심원한 의미를 담고 있다. 환국(桓國)의 '환'은 '하나됨(全一)', 광명(빛·밝)*이란 뜻이다.

'하나됨'은 천·지·인 삼신일체를 의미하므로 '환'은 곧 '한'이며 '하나'인 생명 그 자체다. 생명은 곧 영성(靈性)임을 국호에 함축한 것이다. 광명은 밝고 환하게 빛남을 뜻하므로 환국은 밝고 환하게 빛나는 정치를 하는 나라, 즉 '태양의 제국'이라는 함의를 갖는다.

환국을 세운 환인(桓仁), 배달국을 세운 환웅(桓雄), 단군조선을 세운 환검(桓儉, 檀君)—이들 칭호의 '환'에도 모두 같은 의미가 내포되어 있다.

---

* 『桓檀古記』, 「太白逸史」 桓國本紀: "桓國注 曰桓者 全一也 光明也."

고구려 고분 벽화에 그려진 '일중삼족오(日中三足烏)'—삼족오(세발까마귀)를 태양 속에 그려 넣은—는 태양을 숭배하는 천손족(天孫族), 즉 밝달족=박달족=배달족임을 나타낸 것이다.

단군조선으로부터 부여·고구려에 이르기까지 이들이 삼족오(三足烏)를 국조(國鳥)로 삼은 것은, 그것이 '하나는 셋(一卽三), 셋은 하나(三卽一)', 즉 천·지·인 삼신일체의 삼신사상을 표징하는 것이었기 때문이다.

삼신사상, 즉 '한'사상은 천·지·인 삼신일체에 기초한 경천숭조(敬天崇祖: 하늘을 공경하고 조상을 숭배함)의 '보본(報本: 근본에 보답함)'사상이다. 이러한 사상은 환단(桓檀: 환국·배달국·단군조선)시대를 관통하는 핵심 사상으로서 당시 문명의 표준을 형성했다.

또한 이 시대는 '천부중일(天符中一)'*을 국시(國是)로 삼아 홍익인간(弘益人間)·재세이화(在世理化)·광명이세(光明理世)의 이상을 실현하고자 했다. 삼신사상은 단군이 제사를 지내며 종묘(宗廟)에 고(告)한 서고문(誓告文)에도 잘 나타나 있다.

마고가 이렇게 말하는 순간, 그의 시야에 33세 단군 감물(甘勿)의 '서고문'이 펼쳐졌다.

그대 북두칠성이시여, 삼신사상이 농축된 감물 단군의 '서고문'을 읽겠노라!

---

* 천부중일은 『天符經』의 정수(精髓)인 '인중천지일(人中天地一: 천·지·인 삼신일체의 天道가 인간 존재 속에 구현된 一心의 경지)'을 축약한 '중일(中一)'과 『天符經』의 '천부(天符: 하늘의 이치에 부합함)'의 합성어로 홍익인간·재세이화·광명이세의 이상을 함축한 것이다. '천부중일'을 국시로 삼은 것은 정치의 주체인 인간의 마음이 밝아지지 않고서는 밝은 정치가 이루어질 수 없고 따라서 홍익인간의 이상 또한 실현될 수 없기 때문이다. 한마디로 성통공완(性通功完), 즉 참본성이 열려야 사회적 공덕을 완수할 수 있게 되는 것이다.

삼성(환인·환웅·환검)의 높으신 은덕(三聖之尊)

삼신(천·지·인)의 공덕과 나란하시도다(與神齊功)

삼신께서 이루신 공덕(三神之德)

삼성으로 해서 더욱 크시도다(因聖益大)

본체와 현상이 한 몸이고(虛粗同體)

개체와 전체가 하나이니(個全一如)

지혜와 생기(生氣)를 함께 닦으면(智生雙修)

몸과 혼이 함께 확충되고(形魂俱衍)

참된 가르침 이에 세워지면(眞教乃立)

믿음이 오래가서 저절로 밝아진다(信久自明)

승세(乘勢)를 몰아 높은 경지 이르면(乘勢以尊)

빛을 돌리어 스스로를 비춘다(回光反躬)

저 우뚝한 백악(巍彼白岳)

만고의 푸르름이여(萬古一蒼)

열성조(列聖朝)께서 대를 이어 일어나시어(列聖繼作)

예악문화를 흥륭(興隆)케 하시고(文興禮樂)

그 규모 이처럼 키웠으니(規模斯大)

그 도술 깊고도 넓도다(道術淵宏)

하나를 잡아 셋을 포함하고(執一含三, 一卽三)

셋이 모여 하나로 돌아가니(會三歸一, 三卽一)

하늘의 가르침 크게 펼쳐서(大演天戒)

영세토록 법으로 삼으오리다(永世爲法)

마고의 말이 끝나자, 북두칠성은 고양된 목소리로 말했다.

참으로 훌륭한 '서고문'이로다! 삼신사상의 정수(精髓)가 녹아 있도다. 무제국의 찬란한 문명이 만 년이 지나도 이토록 잘 보존되어 꽃을 피우다니, 위대한 '라 무'여, 그대의 공덕이 실로 크도다!

그리고는 신관(神官)을 향해 진지한 어조로 말했다.

그대 신관이여! 이 밤을 즐기고 있는가? 오늘 타클라마칸 사막의 밤은 위대한 '라 무'가 그대를 위해 마련한 자리다. '라 무'는 그대를 많이 아끼고 있노라. 나도 그대의 장대한 기상을 아끼노라.

'하나는 셋(一卽三), 셋은 하나(三卽一)', 즉 천·지·인 삼신일체의 원리는 동·서양의 문화·문명을 발흥시키는 모체가 될 것이다.

이 삼신일체의 원리에서 전 세계의 종교와 철학사상 및 문화가 수많은 갈래로 나뉘어 제각기 발전하여 꽃피우고 열매를 맺었다가, 우주의 가을이 되면 인류의 모든 문명은 다시 그 하나인 생명의 뿌리로 돌아갈 것이다. 그러나 그 '생명'이 무엇인지 알지 못하면 돌아갈 향처(向處)를 알 수 없게 된다.

그대 영육(靈肉)이 맑고 고결한 자여! 그때가 되면 그대는 지상에 다시 환생할 것이다. 기억하라! 우주의 본질은 생명이고 그 원리는 사랑이다. 신은 곧 생명이며 영성 그 자체다. 신은 사랑이다.

이 단순한 진리는 그대를 통해 서사시가 되어 삶을 생명의 환희에 젖게 할 것이다. 생명의 영원성을 노래하게 할 것이다. 이 노래가 지상에 울려 퍼질 때 새로운 세상이 열리리라. '사랑의 문명(Civilization of Love)'이 꽃피어 나리라!

천도의 운수가 그렇게 정해져 있노라! 그대의 사명을 완수하면 그대의 탄생은 파괴될 것이다. 지상에서의 환생의 주기가 끝나게 될 것이기 때문이다. 이는 곧 기나긴 영적 여정이 마무리되는 것이다. 그리하여 마침내 근원의 빛과 하나가 될 것이다.

그대 신관에게 축복 있으라!

북두칠성이 말을 마치자, 신관은 미소 띤 얼굴로 목례했다.
잠시 후 마고가 자리에서 일어섰다.
나의 마지막 계승자여, 나는 그대를 환안(桓安)이라 부르노라. 후천개벽기 벽두에 그대는 다시 이 땅에 환생할 것이다.
내 그대에게 내밀(內密)한 사명을 전하노니, 치기와 기교가 아닌 진리의 반석 위에 환하게 광명한 정치를 하는 나라, 환국(桓國)을 부활시키라! 그것은 곧 '태양의 제국'인 무 제국의 부활이며 마고성의 부활이다.
후천개벽기에 무 대륙은 만 년의 정화(淨化) 기간을 끝내고 완전히 정화된 몸으로 후천시대를 열기 위해 수면 위로 그 모습을 드러낼 것이다.
그 신성한 땅에 무 제국의 후신이자 마고성의 후신인 환국을 부활시키라! 무 제국의 문명이 파멸된 것처럼 낡은 문명은 파괴되고 새로운 '사랑의 문명'이 무 대륙과 동북 간방(艮方)에 세워질 것이다.
음양상극(陰陽相克)의 선천 건도(乾道) 시대가 가고 정음정양(正陰正陽)의 후천 곤도(坤道) 시대가 되면 여성적 원리에 의해 스스로 다스려지는 대통합의 생명시대가 열릴 것이다.
진리가 삶 속에서 살아 숨 쉬고 만인이 생명의 미덕(美德)을 노래하는 대조화의 시대가 열릴 것이다! 이 원대한 비전을 달성하기 위해 무 제국의 사람들이 그대와 함께 집단으로 환생할 것이다.
환안, 나의 마지막 계승자여! 내 그대에게 이르노니, 그대 사명자의 길은 험난하고 많은 인내를 요구할 것이다. 기다리고, 기다리고, 또 기다려야 할 것이다. 이 모든 과정은 그대 안에 내재한 빛을 더욱 밝혀서 우주만물에 방사되도록 하기 위한 것이다.

　때가 되어 봉인(封印)이 풀리면 내가 말하는 모든 것은 그대를 통해 서사시가 되어 인구에 회자될 것이다. 그리고 이 생명의 대서사시는 새 하늘과 새 땅을 여는 포문이 될 것이다.

　신성한 땅, 무 대륙에 축복 있으라!
　나의 마지막 계승자 환안(桓安), 그대에게 영광 있으라!

　마고는 이렇게 말했다.

제 2 장

아홉 개의 문이 있는 성(城)
A Castle with Nine Gates

- 마음의 아홉 구멍 Nine Holes in the Mind
- 죽음의 덫 Death Trap
- 물질의 공성 The Voidness of Matter

소리의 진정한 종결자, 천둥이여! 그대의 깊은 목소리는 얼마나 고요하고도 다정하게 내게 말을 거는가.
침묵의 소리를 닮은 그대 천둥이여! 그대는 내게 묻지도 않고 따지지도 않는다. 활짝 열린 문을 통해 나는 스스럼없이 그대의 뜰을 거니노라.
오, 하늘음악(天樂)을 노래하는 예술가, 천둥이여! 그대의 강력한 파동 속에서 만물은 비로소 안식을 얻는 도다.
세상의 정화자(淨化者), 천둥이여! 그대의 정결한 숨결은 세상이 내는 소음과 사악한 눈빛을 지워버리는 도다.
오, 대성(大聲)이 무성(無聲)임을 설파하는 그대 나의 벗이여! 나는 언제나 그대의 고요하고도 다정한 목소리를 그리워하노라.

- 본문 중에서

어제 나는 영리했다. 그래서 세상을 바꾸고 싶었다.
오늘 나는 지혜롭다. 그래서 나 자신을 바꾸고 있다.
Yesterday I was clever, so I wanted to change the world.
Today I am wise, so I am changing myself.

- Rumi, 13th century Persian mystic thinker and poet

마음의 아홉 구멍

마고는 북두칠성이 말한 태춘(太椿)이란 나무가 있는 곳으로 가기 위해 신관이자 그의 호위무사인 환안(桓安)을 대동하고 길을 나섰다. 그곳에서 그 나무의 목신(木神)과 북두칠성과 회동하기로 했기 때문이다.

그곳은 마고성으로부터 아주 먼 거리였지만 이들에게는 문제가 되지 않았다. 마고는 육체의 진동을 높였다가 떨어뜨리는 방식으로 비물질과 물질의 경계를 넘나들며 형체나 파동의 상태로 스스로를 자유롭게 나타낼 수 있었다. 환안 또한 그의 스승인 마고로부터 이러한 비법을 전수받았기에 먼 거리도 순간이동이 가능했다.

하지만 세상 구경도 할 겸 일단은 걸어보기로 했다. 한참을 걸어가는데 흰색 도포를 입은 노인이 마고를 알아보고 단시(短詩)로 하례를 올렸다.

오래도록 '마고의 나라(麻姑之那)'에 살면서 즐거이 선인(仙人)의 백성 되었네. '라 무(Ra Mu)'의 덕은 그르침 없고 다스림은 편벽됨 없으니, 삼신(三神) 섬기며 태평을 즐긴다네.

이에 마고가 화답했다.

기쁘게 받아들이노라. 짐이 덕을 닦음이 일천하여 백성들의 여망에 보답하지 못할까 두렵노라.

마고는 다시 길을 재촉했다. 푸른 하늘이 천장처럼 걸려 있는 텅 빈 겨울 숲을 지나고 평원을 지나 어느 마을 어귀로 들어섰다. 마을 공터에는 수행자로 보이는 중년의 한 사람이 마을 사람들에 둘러싸인 채 큰 소리로 이야기하고 있었다.

여러분, 잘 들으시오. 아홉 개의 문이 있는 성(城)에서 여러분들이 편안하게 살 수 있는 방법을 알려 주겠소.

그러자 사람들이 서로 처다보며 웅성거리기 시작했다.

그러자 그 수행자는 이야기를 계속했다.

아홉 개의 문이란 우리 몸에 있는 아홉 구멍(九竅)을 말하는 것이니, '아홉 개의 문이 있는 성(城)'이란 곧 우리 육체를 뜻하는 것이오.

무리 중에 한 사람이 손을 치켜들며 말했다.

이야기를 계속해 보시오.

마을 사람들이 관심을 보이자 수행자는 열정적으로 말했다.

그런데 몸에만 아홉 구멍이 있는 것이 아니라 마음에도 아홉 구멍이 있소이다!

또 다른 사람이 손을 치켜들며 큰 소리로 말했다.

마음에도 아홉 구멍이 있소이까?

그렇소이다. 탐욕과 성냄과 어리석음의 삼독(三毒: 貪·瞋·癡)에 빠진 사람에게 육체는 불타는 집과도 같이 고통스러운 것이 되는 것이오. 왜 그렇게 된다고 생각하시오? 눈, 코, 입, 귀, 요도, 항문은 통로일 뿐이고 기실은 모두 마음의 작용이기 때문에 그런 것이오. 그래서 마음에도 아홉 구멍이 있다고 한 것이오.

그러자 마을 사람들이 알겠다는 듯이 고개를 끄덕였다.

수행자는 힘차게 이야기를 계속했다.

마음을 바르게 하면 태양의 밝은 빛에 구름과 안개가 걷히는 것과도 같고, 큰 바다가 넘실거림에 티끌이 사라지는 것과도 같이 되는 것이오. 그렇게 되면 육체는 '아홉 개의 문이 있는 성'과도 같이 평온한 거처가 되는 것이오.

마을 사람들은 서로 마주 보고 고개를 끄덕이며 공감을 표했다.

수행자는 마을 사람들을 환기시키며 우렁찬 목소리로 이렇게 덧붙였다.

자, 끝까지 잘 들으시오. 그러나 마음이 바르지 못하면 영혼이 가난하게 되고 영혼이 가난해지면 육체라는 집은 빈민굴이 되어 걸신(乞神)으로 우글거리게 되고, 그 숱한 걸신을 먹여 살리자니 매일 먹이감을 사냥하지 않으면 안 되게 되는 것이오.

마치 '걸신증' 환자처럼 허덕이며 계속해서 먹을 것을 찾지만, 끝내는 정상적인 방법으로는 그것을 충족시킬 수가 없기 때문에 큰 도적이 되는 것도 마다하지 않게 되는 것이오.

마침 그때 수행원을 대동하고 그곳을 지나가던 관리(官吏) 한 사람이 자기 욕을 하는 줄 알고 수행자를 쳐다보며 두 주먹을 불끈 쥐고 분개하면서 지나갔다.

얼마나 지났을까. 큰 강이 마고와 환안의 시야에 들어왔다. 두 사람은 순식간에 일리강(伊犁河)으로 이동해 있었다. 일리강은 천산산맥에서 발원하여 신장 위구르 지역을 지나 카자흐스탄으로 흘러가는 강이다. 강이지만 소용돌이가 세게 치는 곳도 있었다. 그곳에는 상인들의 발길이 분주하게 오가고 있었다. 따사로운 하오의 햇살이 겨울의 싸늘한 볼을 어루만졌다.

강가를 거닐며 마고가 먼저 입을 열었다.

환안, 그대는 마음의 아홉 구멍이 어떻게 해서 생겨나게 되었다고 보는가?

환안이 대답했다.

위대한 나의 스승, '라 무(Ra Mu)'시어! 처음에 하늘로부터 받은 성품은 참됨과 망령됨이 없었습니다. 사람이 그것을 받은 뒤로부터 순수함과 순수하지 못함이 생겨났습니다. 이는 마치 천강(千江)에 달(月) 하나가 똑같이 비치고 같은 비에 젖지만 만 가지 초목이 다 달리 피어나는 것과 같습니다.

마음의 아홉 구멍이 생겨나게 된 것은 육감(六感)이 희롱하여 물욕(物慾)이 영대(靈臺)를 가렸기 때문입니다. 허망한 생각의 먼지가 본성(本性)의 문을 가리면, 마음속 이글거리는 삼독(三毒)의 불길이 자신을 태우고 결국 세상을 태워버리게 되는 것입니다.

그러자 마고는 이렇게 말했다.

그대가 바로 보았다. 인간이 탐욕과 성냄과 어리석음의 '삼독'에 빠지게 되는 것은, 일체 현상이 근원적 일자[一·神·天·靈]가 다양하게 나타난 것임을 알지 못하기 때문이다. 만물은 동일한 궁극적 실재가 모습을 달리하여 나타난 것이다.

따라서 물질세계의 모든 것은 그 스스로의 실체가 없다. 그것들은 카오스(chaos, 혼돈)*라고도 불리는 실재 세계로부터 생성되어 나온 것이다.

이는 마치 파도가 그 스스로의 실체가 없지만, 실체인 바닷물로부터 생성되어 나오는 것과도 같은 것이다. 바닷물의 움직임을 파도라고 명명하지만, 파도의 움직임은 없고 물의 움직임만 있을 뿐이다.¹

마찬가지로 우주만물은 유일 실체인 생명[神·天·靈, 混元一氣, 至氣]이 다양한 모습으로 나타난 것들에 이런저런 이름을 붙인 것일 뿐이다. 무수한 파도를 관통하는 바닷물이 하나이듯, 우주만물을 관통하는 생명은 하나다.

따라서 우주만물은 '물질화된 영(materialized Spirit)'이다. 분리할 수 없는 하나인 영(靈·神·天), 즉 생명이 다양한 모습으로 물질화한 것이다. 정확하게 말하면, 우주만물은 물질처럼 보이는 영(靈)일 뿐이다.

이런 이치를 깨닫게 되면 이 우주에는 오직 하나인 '영'만이 존재할 뿐, 보이는 물질은 보이지 않는 '영'의 그림자에 불과한 것임을 알게 된다.

환안, 그대도 알고 있듯이, 이러한 생명의 물질화 현상을 파동과학적으로 표현한 것이 율려(律呂)다. 율려는 핵 주위를 회전하는 전자의 파동을 은유적으로 표현한 '에너지 무도(舞蹈)'와도 같은 것이다.

특정한 성질을 갖는 물질이 되려면 파동이 상호작용함으로써 규칙적인 원자 배열이 만들어져야 하는데, 그 규칙성을 부여하는 설계도가 우주의 창조 원리[理]인 '율(律)'이고 그 율에 따라 진동(呂)하여 에너지의 바다에 녹아 있는 질료가 응축되어 하나의 결정 구조가 생겨난 것이 물질이다.

그러나 '율'과 '려'는 설명의 편의상 구분된 것일 뿐, '이치(理)'와 '기운(氣)'의 관계와 마찬가지로 '하나이면서 둘(一而二)이고 둘이면서 하나(二而一)'인

---

* 혼돈과 질서의 경계인 카오스의 가장자리는 무질서하고 불규칙한 것처럼 보이지만 자기조직화(self-organization)에 의해 무질서 속의 질서가 창발되는 임계점이다.

묘합 구조로 이루어져 있다. 이 세상에 분리된 것은 아무것도 없다. 하나인 '영[생명]'의 자기현현일 뿐이다.

이러한 이치에 어둡게 되면 나와 너, 이것과 저것을 분리시키게 되어 탐욕과 성냄과 어리석음의 '삼독'의 불길이 자신을 삼키고 마침내 온 세상을 삼켜버리게 되는 것이다.

환안, 그대도 기억하지 않는가. 해혹복본(解惑復本: 미혹함을 풀고 참본성을 회복함)을 맹세하고 마고성을 떠나 동서남북 사방으로 흩어진 마고성의 종족들을. 하나인 참본성[一心]을 회복하지 않고서는 물질의 미망에서 벗어날 수 없기 때문이다.

현상의 세계 저 너머에 있는 유일 실체[유일신]인 생명은 모든 것이다. 생명[神]은 물질을 통하여 자기 자신을 나타낸다. 우리 육체를 통하여 생명은 사랑을 느끼고, 연민의 정을 느끼고, 기쁨을 느끼고, 슬픔을 느끼고, 목마름을 느낀다.

또한 육체의 감각기관을 통해 보고 듣고 말하고 냄새 맡고 호흡한다. 우주에서 일어나는 일체 물질현상과 정신현상 모두가 혼원일기(混元一氣, 至氣)인 생명의 조화 작용이다. 우리의 감각기관은 의식을 탐구하는 수단이며 그런 점에서 감각 작용은 의식의 진화[영적 진화]와 관계된다.

마고가 말을 마치자, 환안은 깊은 감동에 젖어 들었다. 그는 이렇게 독백했다.

생명은 없는 곳이 없이 실재한다. 우리가 호흡하는 공기, 붉은 꽃과 푸른 잎, 돌과 바람과 티끌과 똥오줌 속에까지 생명이 없는 곳이 없다.

호수 위의 물안개, 연꽃 사이로 불타오르는 원색의 저녁놀, 영혼을 적시는 희열, 폭풍우 같은 분노, 문명이라는 이름의 화산…, 이 모두 생명의 나타남이다.

그럴진대 그 이름으로 실상(實相)을 구분함은 생명을 죽이는 일이요, 신을 죽이는 일이다. 다만 일심의 도(道)는 지극히 가까우면서도 또한 지극히 먼 것이어서, 찰나에 저절로 만나게 되는가 하면 억겁을 지나도 이르지 못한다. 그것의 비밀은 바로 의식의 깨어있음에 있다.

갑자기 굵은 빗방울이 떨어지는가 싶더니 금새 그치고 거대한 무지개가 하늘을 가로질러 떴다. 환안은 보았다. 얼마 전 비몽사몽간에 보았던 그 거대한 무지개의 향연이 일리강 하늘에 걸린 무지개 위로 오버랩되어 나타난 것을.

하늘을 가로지르는 무지개의 환상적인 향연에 일리강은 아름다운 한 폭의 그림이 되어 환안의 가슴 속에 펼쳐졌다. 강둑에 있는 나무 아래에는 두 신선이 앉아서 세월을 낚고 있었다.

마고는 무지개를 바라보며 이렇게 말했다.

가시권에서 비(非)가시권에 이르기까지 우주섭리[理]에서 벗어나 존재할 수 있는 것은 이 세상에 아무것도 없다.

비바람이 몰아치고 무지개가 뜨고 꽃이 피고 시드는 자연현상에서부터 눈을 감고 뜨고 호흡하고 똥오줌을 누는 인체현상, 온갖 거짓과 위선과 부패가 판을 치는 사회현상, 역사의 무대에서 무수하게 명멸하는 국가현상, 지구가 태양을 공전하고 태양계는 은하세계를 2억5천만 년 주기로 회전하며 은하세계는 은하단을 향하여 회전운동을 하는 천체현상에 이르기까지, 그 어느 것 하나도 우주섭리에서 벗어나 있는 것은 없다.

한마디로 천지운행 그 자체가 우주섭리요, 생명의 조화(造化) 작용이다.

어느새 일몰이 내렸다. 사람들의 내왕도 차츰 끊어지고 고즈넉한 일리강은 겨울 석양으로 붉게 물들어 찬연히 빛나고 있었다. 두 사람은 강둑에 앉았다. 그리고는 어둠의 장막이 짙게 드리울 때까지 일리강을 바라보며 침묵에 잠겼다.

이윽고 두 사람은 태춘(太椿)이란 나무가 있는 곳으로 순식간에 이동했다. 북두칠성도 거기에 와 있었다. 주변은 달빛과 별빛이 어우러져 신비스러운 분위기를 자아내고 있었다.

먼저 나무의 목신(木神)이 입을 열었다.

그대들 모두를 환영하노라! 북두칠성은 오랜 세월 동안 도담(道談)을 나눠온 나의 절친이다. 그리고 무 제국의 정통 계승자, 그대 '라 무(Ra Mu)'의 낙원국가에 대해서도 익히 들어 잘 알고 있노라.

나의 시간은 만 년 동안은 봄이고 다시 만 년 동안은 가을이다. 그동안 숱한 사람들이 나의 그늘에 와서 쉬기도 하고 때론 며칠씩 머무르면서 명상도 하고 세상 이야기도 들려주곤 했노라.

이 세상에서 그대는 이미 생명의 여신으로 등극했노라. 그대의 치적(治績)을 듣고 나는 찬탄을 금치 못했노라. 위대한 '라 무'여, 이렇게 대면하게 되어 반갑도다!

잠시 후 목신은 큰소리로 두 번 연속해서 말했다.

거목(巨木)이여, 거목이여!

주변엔 태춘에 버금가는 거목이 없었기에 환안은 주변을 두리번거렸다.

그때 목신이 환안을 바라보며 말했다.

그대를 부른 것이다. 그대가 바로 거목 아닌가.

환안은 의아한 눈빛으로 목신을 바라보았다.

그러자 목신이 말했다.

그대는 거목이고 또 거목이 되어야 할 운명이다. 그대의 '라 무'와 북두칠성은 그대를 위하여 오늘 이 자리를 마련한 것이다. 그대는 정녕 모르는가?

환안은 마고와 북두칠성을 번갈아 바라보며 감사의 목례를 했다.

이어 마고가 말했다.

친애하는 그대 목신이여! 그대의 명성에 대해서는 내 일찍이 들은 바가 있노라. 이렇게 대면하게 되어 반갑도다. 그대의 농축된 지혜를 나누어주길 바라노라!

북두칠성은 목신과 자주 만나는 사이인지라 옆에서 그냥 빙그레 웃고 있었다.

목신은 좌중을 번갈아 바라보며 이야기를 계속했다.

얼마 전 두 수행자가 이곳에 와서 며칠간 머무르면서 이런 이야기를 하는 것을 들었노라. '불과 7백 년 산 팽조(彭祖)는 장수한 사람으로 아주 유명하여 세상 사람들이 이 태춘이란 나무에 견주려 하는데, 이 어찌 슬픈 일이 아니겠는가'라고 했다.

그대 '라 무'의 시간은 '영원한 현재'이니 예외이긴 하지만, 대체로 인간의 시간에 대한 인식의 지평은 너무도 협소해서 수만 년 전은 말할 것도 없고 수천 년 전이란 시간도 아주 오래된 원시시대로 여겨진다.

태평양 속으로 침몰한 무 대륙도 머지않아 신화나 전설로만 여겨질 것이다. 무 대륙의 잔해들이 수면 위에 흩어져 섬과 제도(諸島)가 되어 그 불모의 땅 위에 모든 것을 잃은 채 살아남은 자들은 원시시대부터 새롭게 시작했을 것이다.

그렇다고 무 제국의 영광이 역사적 사실이 아니라고 말할 수는 없지 않은가?

이곳 숲의 나이는 약 5백만 년이다. 숲의 여신은 수백만 년 동안 지구상에 펼쳐지는 생명의 파노라마를 지켜보았다고 했다. 그는 종종 내게 이런 말을 했노라. 이 지구상에는 수백만 년 전부터 인류가 존재했다고.

외계문명과 연결되어 초고대 문명을 꽃피웠지만, 자연재해와 인재(人災)가 겹쳐 결국 사라져버렸다고. 그리고는 다시 새로운 문명이 일어나고 또 사라지고, 또다시 새로운 문명이 일어나고 또다시 사라지는 과정이 반복되었다고 했다.

대서양상에 존재했던 아틀란티스(Atlantis) 대륙의 문명, 빙기가 오기 전의 고대 남극 문명, 페루의 나스카 지상 그림, 고대 이집트의 오시리스 숫자, 이집트의 피라미드와 스핑크스 등 전 세계에 걸쳐 불가사의한 문명의 유산은 계승돼왔다.

또한 인더스 문명을 꽃피운 고대 도시 모헨조다로('죽음의 언덕'을 뜻함)의 유적에서 발굴된 유골들 가운데 매우 특이한 형태를 보이는 인골군(人骨群)은 모헨조다로가 고대 핵전쟁의 전장이었음을 시사한다.[2]

고온 가열의 증거와 함께 일시에 급격하게 이상한 죽음을 당한 것이라는 고고학자들의 보고 내용은 인도의 대서사시 『마하바라타』나 『라마야나』에 나오는 고대 핵전쟁을 시사하는 대목과 일치한다.

지구 문명이 외계문명과 교류했다는 증거는 도처에 산재해 있지만, 인간의 인식 범위 밖이기 때문에 사실로 받아들여지지 않는 것이다.

이 무한한 우주 공간에서 티끌보다도 작은 이 지구라는 땅덩이에만 생명체들이 살고 있다고 생각한다면, 북두칠성 그대도 말했듯이, 이 얼마나 공간의 낭비인가!

이 우주는 무수한 다차원으로 이루어져 있다. 생명체 진화의 역사는 물리적인 지구 차원에 국한된 것이 아니라 전 우주적 차원에서 연동되어 진행되고 있다.

이 우주는 분리 자체가 불가능한 자기생성적 네트워크체제로 이루어져 있는 까닭에 지구와 지구 생명체 역시 우주적 진화에 동참하고 있을 뿐, 지구 생명체만의 '나홀로' 진화란 성립되지 않는다.³

목신은 이야기를 계속했다.

생명 작용은 식물에 있어서나 인간에 있어서나 근본적으로 동일하다. 그런데 인간들은 식물이나 광물에는 의식이 없다고 생각하며 함부로 대하곤 한다. 그러나 그대들도 알고 있듯이, 의식[에너지, 파동]은 없는 곳이 없이 실재한다.

만물이 만물일 수 있게 하는 제1원인은 흔히 신(神·天·靈) 또는 생명이라고 불린다. 우주의 실체는 의식이므로 신은 곧 신 의식[신성]이다.

생명은 곧 영성[신성]이며 만물의 참본성이다. 생명은 만물의 참본성으로 내재하는 동시에 초월하여 생성·유지·파괴의 전 과정을 주도한다.

따라서 신이 없는 곳이 없고 생명이 없는 곳이 없다. 생물에서 무생물에 이르기까지 의식이 없는 곳이 없이 두루 편재하는 것은, 혼원일기(混元一氣)인 신 의식, 즉 생명이 우주만물을 관통하고 있기 때문이다. 그렇지 않다면 만물은 만물일 수가 없게 된다.

'라 무'여, 그대는 듣는가? 저 윙윙거리는 바람소리를, 숲속에서 들려오는 이름 모를 새들의 울음소리를, 수행자들을 삼매(三昧)에 들게 하는 저 거대한 침묵의 소리를!

이 모두는 신 의식의 나타남이요, 생명의 나타남이다.

거목(巨木)이여, 무수한 국가의 명멸(明滅)과 문명의 부침(浮沈)에 담긴 함의가 무엇이라고 보는가? 그것은 단순한 물질세계의 흥망성쇠의 과정이 아니다. 이 우주가 '한생명'임을 깨달아가는 영적(靈的) 여정이다.

삶과 죽음, 전쟁과 평화, 사랑과 증오, 성공과 실패, 행복과 불행, 건강과 질병이라는 대조적 체험을 통해 인간의 의식은 더욱 맑고 밝고 확대되고 강화되게 하는 연단(鍊鍛)의 과정이다.

그리하여 궁극에는 깨닫게 될 것이다. '하나는 셋(一卽三), 셋은 하나(三卽一)', 즉 천·지·인 삼신일체라는 것을!

'라 무'여, 무 제국으로부터 마고성으로 전해진 신성한 가르침이 바로 천·지·인 삼신일체 아닌가. 그러나 후대로 갈수록 인간의 의식 속에는 물신(物神)이라는 강력한 미신이 똬리를 틀게 되어 이러한 가르침은 외면당할 것이다.

그러나 이러한 과정조차도 영적 여정의 한 부분이다. 삶은 영적 진화에 가장 적절한 상황만을 창출해낸다. 좋은 경험과 나쁜 경험이라는 구분은 에고(ego)의 해석일 뿐이다. 그렇지 않은가? 매 순간 수용적이고 적극적인 자세로 임해야 하는 것은 이 때문이다.

그때 갑자기 마른하늘에 천둥번개가 치기 시작했다. 천지를 진동시키는 그 장엄한 소리에 이 세상의 소리란 소리는 모두 빛을 잃고 사라졌다. 그것은 미망에 빠진 인간들을 뒤흔들어 깨우는 강력한 진언(眞言)이었다.

그러자 마고가 하늘을 바라보며 이렇게 말했다.

소리의 진정한 종결자, 천둥이여! 그대의 깊은 목소리는 얼마나 고요하고도 다정하게 내게 말을 거는가.

침묵의 소리를 닮은 그대 천둥이여! 그대는 내게 묻지도 않고 따지지도 않는다. 활짝 열린 문을 통해 나는 스스럼없이 그대의 뜰을 거니노라.

오, 하늘음악(天樂)을 노래하는 예술가, 천둥이여! 그대의 강력한 파동 속에서 만물은 비로소 안식을 얻는 도다.

세상의 정화자(淨化者), 천둥이여! 그대의 정결한 숨결은 세상이 내는 소음과 사악한 눈빛을 지워버리는 도다.

오, 대성(大聲)이 무성(無聲)임을 설파하는 그대 나의 벗이여! 나는 언제나 그대의 고요하고도 다정한 목소리를 그리워하노라.

그러자 북두칠성이 말했다.

이 얼마나 아름다운 헌시(獻詩)인가!

위대한 '라 무'여! 그대 생명의 여신은 우주만물과 스스럼없이 소통하는 소통의 달인이로다. 그대의 고혹적인 '헌시'에 나의 벗이기도 한 천둥은 실로 찬탄을 금치 못하는 도다!

목신도 북두칠성의 말에 거듭 공감을 표하며 고개를 끄덕였다.

순간 번갯불이 번쩍이며 숲을 환하게 비췄다.

그때 환안이 번갯불을 바라보며 이렇게 읊조렸다.

영(靈)이여, 그대 나의 고향인 '영'이여! 삶의 절실한 탄원을 외면하고서 그대에게로 돌아갈 수는 없기에, 번갯불 사이로 그대를 들여다보노라.

연꽃처럼 아름답고 향기로운 '영'이여! 황량한 가슴을 부여잡고 그대에게로 돌아갈 수는 없기에, 천둥소리에 실어 그대를 불러보노라.

오, 영(靈)이여! 그대 진리여, 사랑이여! 정녕 눈물 없이는 그대에게로 돌아갈 수 없다. 다만 그대의 이름을 부르고 또 부르노라. 오, '영'이여, 시작도 끝도 없는 영원한 생명이여!

이윽고 목신이 깊은 감동에서 깨어나 말했다.

이 얼마나 아름답고도 가슴 저미게 하는 헌시(獻詩)인가!

그대의 '헌시'에 영(靈)은 눈물지으며 들었도다.

그대 고결한 사명자여, 그대는 정녕 거목이로다!

그러자 환안이 미소 지으며 목례했다.

목신은 환안의 '헌시'에 단시(短詩)로 화답했다.

한 송이 꽃에서 아름다움에 눈을 뜨고, 그 아름다움에서 기쁨과 사랑이 피어난다.

오, 연꽃 속의 보석이여!

오욕(汚辱)에 물들지 않은 진리의 꽃이여! 그대 자비의 향기여!

그대는 정녕 영(靈)의 화신이로다.

천둥번개는 계속되었다. 북두칠성과 목신(木神), 그리고 마고와 환안의 4자 회동을 경축하기라도 하는 듯이 숲속을 환하게 밝히고 장엄한 생명 교향곡을 연주했다. 그 신비스러운 빛과 영혼을 울리는 소리의 향연은 온 세상을 침묵시켰다.

마고는 이렇게 독백했다.

침묵이여, 그대는 기억하는가? 내가 광막한 밤의 대지를 홀로 걷고 있었을 때 그대가 내게 다가와 다정하게 동행했던 때를.

침묵이여, 그대는 기억하는가? 그대가 생명의 영원성을 노래했을 때 내가 환희에 찬 모습으로 그대 곁에서 덩실덩실 춤추던 때를.

침묵이여, 그대는 기억하는가? 황량한 벌판을 바다 삼아 적막(寂寞)의 갈매기가 시름없이 날아드는 그 길을 함께 명상하며 끝없이 걸었던 때를.

침묵이여, 그대는 기억하는가? 안개꽃으로 회생하는 겨울나무를 갈대 삼아 인욕(忍辱)의 세월이 적삼처럼 걸려 있던 그곳에서 '기다리고, 기다리고, 또 기다려라'라고 했던 그대의 말을.

침묵이여, 그대는 기억하는가? 강물에 빠진 달그림자를 건지러 '존재의 강물'에 뛰어들었다가 '존재'가 되었다는 전설 같은 이야기를 함께 나누던 때를.

침묵이여, 그대는 기억하는가? 언젠가 '자유(自由)'를 잡기 위해 나 자신이 설치해 놓은 덫에 걸려 죽음의 수렁 속에서 허우적대고 있었을 때 그대가 다가와 '진리가 그대를 자유롭게 하리라'라고 했던 그대의 말을.

침묵이여, 그대는 기억하는가? 하늘과 땅을 잇는 이승의 구석진 통곡이 꺼져가는 마지막 가슴을 부여잡고 삶의 들녘에서 허무(虛無)를 추수하던 그 광경을.

침묵이여, 그대는 기억하는가? 폭우처럼 눈발이 쏟아지던 그날 태고의 시간 속을 거닐며 함께 곤륜산(崑崙山)을 오르던 때를.

침묵이여, 그대는 기억하는가? 무지(無知)의 바람이 고요해진 어느 날 내가 마음의 밭을 가는 농부로 변신하고 철옹성 같은 에고(ego)의 성(城)이 허물어져 내리던 것을.

오, 영원한 나의 벗 침묵이여, 그대는 기억하는가? 생명이 약동하는 어느 봄날에 붉은 꽃으로 물든 들녘에서 '삶은 춤추는 자이고 그대는 춤이다'라고 했던 그대의 말을.

이윽고 목신이 입을 열었다.

위대한 '라 무'여! 그대는 생명의 여신답게 물질과 비물질, 존재와 비존재의 경계를 거침없이 넘나드는 도다. 하여 그대 곁에서는 막힘이 없이 모든 것이 툭 트여 밝고도 시원하도다!

뒤이어 북두칠성이 번갯불로 환해진 숲속을 가리키며 말했다.

보라, 번갯불과 천둥소리로 정화된 저 숲의 정갈한 몸을, 약동하는 생명력을! 위대한 '라 무'여, 참으로 아름다운 밤이 아닌가?

사념의 구름이 걷히고 맑디맑은 향기가 그대들과 나를 푹 적시는 도다. 아, 얼마나 기다려왔던가. 가슴 깊은 곳으로부터 깨끗한 숨을 쉬며 만물과 터놓고 이야기할 수 있기를!

그러자 목신이 북두칠성의 말에 동조하듯 고개를 끄덕이며 말했다.

실로 천둥번개는 우리에게 많은 영감과 창조적 생명력을 선물한다. 지구가 지속적으로 우주와 공명하며 우주 에너지를 받아들일 수 있는 것도, 지구가 바로 이 천둥번개를 이용해 공명주파수를 일정하게 유지하는 까닭이다.

따라서 공명주파수가 일어나는 전리층은 '생명장으로서의 에너지원'이며, 지구상의 모든 생명체는 그 영향을 받게 된다.

그리고는 이어 북두칠성과 '라 무'를 번갈아 바라보며 말했다.

그대들도 알고 있듯이, 머지않아 만여 년이 지나면 지구 대격변과 대정화의 주기가 도래할 것이다. 그때가 되면 지구 자기장의 급속한 감소와 자기장의 교란으로 지자극(地磁極) 역전 현상, 즉 지구 극이동(pole shift)이 일어나게 된다.

지자극 역전 시 지구 자전축의 변화도 함께 일어날 것이다. 공전궤도가 타원형에서 정원형(正圓形)으로 바뀌는 정역(正易)의 시대, 이른바 재조정의 시기가 도래하는 것이다.

목신은 형형한 눈빛으로 환안을 응시했다.

거목이여! 알고 있는가? 지금 그대가 영혼의 순례를 하고 있다는 것을. 때가 되면 모든 것을 알게 될 것이다.

그리고는 지그시 눈을 감았다. 침묵이 흘렀다. 목신이 다시 눈을 뜨더니 뭔가를 꺼내어 환안에게 주었다.

　도가(道家)의 징표인 벽조목(霹棗木: 벼락 맞은 대추나무)이다. 한 오백 년 되었노라.

　그리고는 이어 말했다.

　무 제국의 정통 계승자 '라 무'여, 그대 이름에 영광 있으라!
　사명자 거목이여, 그대에게 축복 있으라!

죽음의 덫

　어느 가을날 마고는 신관이자 그의 호위무사인 환안을 대동하고 파미르 고원 일대를 섭렵하며 민생 시찰을 하고 있었다. 마고성은 곤륜·천산·히말라야·힌두쿠시 등의 대 산맥이 사방으로 뻗어있는 파미르고원 일대에 광활하게 펼쳐져 있었으므로 그는 이 일대를 정기적으로 시찰했다.

　마고성의 중앙본부가 있는 곤륜산(崑崙山)은 해발고도가 7,000여m에 이르고 그 산맥의 길이는 동서로 2,500여km에 이르는 만산(萬山)의 시조다. 이 신령스러운 산에는 예로부터 수행자들이 곳곳에 은거하고 있었다.

　마고는 곤륜산 기슭에 있는 어느 마을을 지나고 있었다. 그곳에는 여러 사람이 모여 웅성거리고 있었다. 다가가서 보니, 사슴 한 마리가 덫에 걸려 퍼득이고 있었다.

　무리 중의 한 사람이 나서서 말했다.

　여러분, 오늘 운이 좋게도 내가 놓은 덫에 사슴 한 마리가 걸렸소. 오랜만에 마을 잔치를 벌이고자 하니 모두 그리들 아시오.

그때 수행자로 보이는 한 사람이 지나가다가 이 광경을 보고 마을 사람들을 향해 말했다.

곤륜산 마을의 주민들이여, 내 말 들으시오. 이 세상에는 저렇게 동물을 잡는 덫만 있는 것이 아니라 사람을 잡는 덫도 있으니 조심해야 할 것이오.

그러자 마을 주민들이 의아한 눈길로 수행자를 쳐다보았다. 그중 한 사람이 말했다.

사람을 잡는 덫이 있다는 소리는 평생 처음 들었소. 이야기를 계속해 보시오.

수행자는 이야기를 계속했다.

죽음의 신 야마(Yama)가 설치한 '죽음의 덫'이 바로 그것이오. 죽음의 덫에 걸려 저 사슴처럼 퍼득이며 죽어가는 사람들을 나는 많이 보았소.

또 다른 사람이 물었다.

어떻게 하면 그 죽음의 덫에 걸리지 않을 수 있겠소?

그 수행자는 이렇게 답했다.

자, 잘 들으시오. 야마가 설치한 죽음의 덫은 바로 이런 사람들을 잡기 위한 것이오. 악행을 일삼는 사람, 쾌락이나 부귀영화에 눈먼 사람, 탐욕과 성냄과 어리석음의 삼독(三毒)에 빠져 자신을 태우고 끝내는 세상도 태워버리는 사람이 바로 그들이요.

그러나 만물을 자기와 한 몸으로 느끼고 따뜻하게 대하며 이웃과도 아낌없이 사랑을 나누는 사람은 결코 죽음의 덫에 걸리는 일이 없게 되는 것이오.

고개를 갸우뚱하며 서로를 바라보는 마을 주민들을 뒤로 한 채 수행자는 길을 떠났다.

마고는 곤륜산 기슭을 걸으며 다른 마을로 향했다. 가는 도중에 너럭바위가 있어 두 사람은 거기에 앉았다.

마고가 물었다.

환안, 그대는 '죽음의 덫'에 걸리는 것과 걸리지 않는 것의 의미가 무엇이라고 보는가?

환안이 대답했다.

위대한 나의 스승, '라 무'시어! 죽음의 덫에 걸린다는 것은 계속해서 죽음의 지배하에 놓이게 되는 것을 의미합니다. 야마가 설치한 죽음의 덫은 쾌락이나 부귀영화와 같이 곧 사라져버릴 일시적인 것들에 전 존재를 거는 사람들을 잡기 위한 것입니다.

죽음의 덫에서 벗어나기 위해서는 악행을 그만두고 감각을 잠재우고 내면의 밭을 갈아야 할 것입니다. 그리하여 만물을 자기와 한 몸으로 느끼고 '나눔'과 '섬김'을 실천하는 순천(順天)의 삶을 살게 되면 불생불멸인 '참나'와 하나가 되는 삶이므로 결코 죽음의 덫에 걸리지 않을 것입니다.

마고는 이렇게 말했다.

그대가 바로 보았다. 죽음의 덫에 걸리는 것은 '참나[참자아]'가 아니라 오직 이 육체만이 자기라고 생각하는 미망(迷妄)이다. 죽음조차도 소멸시키지 못하는 그 미망을, 삶은 '참나'에 대한 깨달음을 통하여 소멸시킨다.

환안, 그대도 알고 있듯이, 우리가 의식하든 의식하지 못하든, 궁극적인 존재 이유는 영적 진화[의식의 진화]다. 우리는 우주의 본질인 생명이라는 피륙의 한 올이므로 우주의 진행 방향인 영적 진화에서 이탈할 수 없게 되어 있다.

우주의 진행 방향이 영적 진화인 것은, 전지전능한 우주 지성에 의해 그렇게 설계되어 있기 때문이다. 영적 진화의 요체는 '참나'에 대한 깨달음에 있다. 정녕 자신이 누구인지를 알지 못하면 인간의 자기실현은 불가능하기 때문이다.

인간의 궁극적 자기실현이란 참본성[神性, 靈性, 自性, 一心]을 회복하는 것, 즉 '참나'가 되는 것이다. '참나'가 되면 생명의 뿌리와 연결되므로 창조적 생명력을 발휘할 수 있게 된다.

'참나'의 자각적 주체가 되지 못하면 결국 죽음에서 죽음으로 떠돌게 된다. 그러나 '참나'는 경전 공부나 학문, 지식에 의해서는 깨달을 수가 없다. 왜냐하면 그것들은 '참나'를 가리키는 손가락에 지나지 않기 때문이다. '참나'인 진리는 손가락 너머에 있다.

'참나'의 자각적 주체가 되려면 참본성이 열려야 한다. 참본성이 열리면 홍익인간·재세이화의 이상을 구현할 수 있게 된다. 이것이 바로 성통공완(性通功完), 즉 참본성이 열려 사회적 공덕을 완수하는 것이다.

말하자면 '성통공완'은 정제된 행위의 길을 통해 궁극적으로는 영혼의 완성에 이르게 하는 요체다. 인간의 자기실현이란 이를 두고 하는 말이다.

참본성이 열리기 위해서는, 그대가 말했듯이, 악행을 그만두고 감각을 잠재우고 마음 밭을 갈아야 한다.

사람이 죽으면 '돌아가셨다'고 한다. 완전히 소멸된 것이 아니라 영(靈)의 본래 자리로 되돌아갔다는 말이다. 이는 인간이 단순한 육적 존재가 아니라 영적 존재임을 말해준다.

천·지·인 삼신일체라는 것은 하늘과 땅과 우주만물이 하나의 기운[一氣, 에너지場]으로 연결되어 있다는 것, 즉 우주 '한생명'이라는 말이다. 형태가 다른 무수한 파도가 하나인 바닷물로 연결되어 있듯이.

파도의 실체가 바닷물이듯, 우주만물의 실체는 하나인 에너지장[混元一氣, 至氣], 즉 생명이다. 이 세계의 다양성은 생명의 전일성을 깨닫게 하는 학습기제다.

생명은 영성 그 자체로서 거기엔 어떠한 분열도 경계선도 없다. 하나인 생명으로부터 분리되어 있다는 분리의식[에고 의식]이 죄악과 질병과 빈곤과 죽음을 낳는다. 인간이 느끼는 모든 제약은 분리의식에서 오는 것이다.

이 세상은 마음의 스크린 위에 투영된 빛의 장난일 뿐, 보고 듣고 느끼는 것은 실체가 아니라 환영(幻影)이다. 실체는 영원히 타오르는 의식의 불꽃이다.

실체는 감각기관에 포착되지 않는다. 모든 문제와 답은 삶 속에 있다. 삶과 죽음은 동전의 양면과 같아서 삶의 의미를 깨우치게 되면 죽음에 대해서도 자연히 알게 된다.

삶은 춤추는 자이고 그대는 삶에서 묻어나오는 춤이다. 그대가 춤추는 자가 되려는 것은 삶을 거스르는 것이다.

삶은 언제나 영적 진화에 가장 적절한 상황을 창출한다. 그러니 삶에 저항하지 말라, 삶과 하나가 되라!

마고는 다시 길을 재촉했다. 어느 마을 공터에 이르렀다. 거기에선 두 사람이 열띤 논쟁을 벌이고 있었다. 수행자들이 많이 은거하고 있는 곤륜산 기슭에서 흔히 볼 수 있는 광경이었다.

한 사람이 질문했다.

자네는 어떤 병이 '죽음에 이르는 병'이라고 보는가?

다른 사람이 답했다.

강한 집착과 소유욕에서 오는 '소유병'이야말로 죽음에 이르는 병이라고 할 수 있지 않겠는가.

다시 질문자가 말했다.

자네 말도 일리는 있네. 무한한 소유욕을 충족시킬 수는 없을 테니까. 그런데 삶 자체를 무기력하게 만드는 근원적인 공허감이야말로 죽음에 이르는 병이 아니겠는가.

다른 사람이 답했다.

자네 말도 일리는 있네. 그런데 내가 말한 '소유병'과 자네가 말한 근원적인 공허감은 그 뿌리가 같지 않겠는가. 모두 심리적인 결핍증에서 비롯되는 것이 아닐까?

또다시 질문자가 말했다.

그렇다면 그러한 심리적인 결핍증은 어디서 비롯된 것일까?

……

생각에 잠긴 두 사람을 뒤로 한 채 마고는 다른 마을을 향해 떠났다. 도중에 마고는 환안에게 질문했다.

환안, 그대는 소유병과 근원적인 공허감의 뿌리가 무엇이라고 보는가?

환안이 대답했다.

위대한 나의 스승, '라 무'시어! 소유병은 '닫힌 자아(closed self)'에게서 나타나는 전형적인 유형의 병입니다. '닫힌 자아'는 스스로의 폐쇄성으로 인한 분리감이 소외감과 불안으로 이어져 소유욕에 사로잡히게 됩니다.

그러나 이 우주는 분리할 수 없는 전체입니다. 우주가 우주를 소유할 수 없듯이 자기는 자기를 소유할 수 없습니다. 우주만물을 자기와 한 몸으로 느끼게 되면 이 세상 그 어느 것도 소유할 수 있는 것이 아님을 알게 될 것입니다.

'라 무'께서도 말씀하셨듯이, 우주의 본질은 생명이며 그것은 분리할 수 없는 에너지장(場)이요 기운의 바다(氣海)이며 파동의 대양입니다. 우주의 실체는 의식이므로 소유라는 것 자체가 하나의 착각입니다. 이러한 착각이 바로 인간의 모든 불행의 단초가 되는 것입니다.

생명은 영성 그 자체이므로 전체성입니다. 소유는 물질주의를 대변하는 개념입니다. 소유라는 개념에 내재된 분리성은 스스로를 생명의 뿌리로부터 단절시켜 삶의 생기를 잃게 하는 것입니다.

집착과 소유욕이 강해질수록 그것은 충족될 수 없는 것이기에 역설적으로 심리적인 결핍증에 시달리게 되는 것입니다.

심리적인 결핍증을 수반하는 근원적인 공허감이란 것도 생명의 뿌리로부터 단절된 데서 오는 것이므로 소유병과 그 뿌리가 같은 것입니다.

그러자 마고는 이렇게 말했다.

그대가 바로 보았다. 원초적 생명력으로부터 단절되어 근원적인 공허감과 무력감에 사로잡히는 것, 그것이 바로 우주(神)로부터 버림받았다는 것이다.* 그것은 죽음에 이르는 병이다.

생명의 뿌리로부터 단절되어 창조적 생명력을 잃고 끝없이 심리적인 결핍증에 시달리는 것, 그것이 바로 우주로부터 버림받았다는 것이다. 그것은 죽음에 이르는 병이다.

소유라는 착각에 빠져 쾌락과 부귀영화만을 사냥하며 '공허한 자아'를 확대 재생산해내는 것, 그것이 바로 우주로부터 버림받았다는 것이다. 그것은 죽음에 이르는 병이다.

무한대의 욕구 충족을 위해 황금의 감옥에 스스로를 유폐시키고 '무한경

---

* 우주의 본질은 생명이므로 '우주로부터 버림받았다'는 것은 생명의 뿌리로부터 단절되었다는 것을 의미한다. 생명은 곧 신(神·天·靈)이므로 이는 곧 '신으로부터 버림받았다'는 뜻이 된다. '신으로부터 버림받았다'는 것은 내재적 본성인 신성과 조화를 이루지 못하고 빗나간 삶을 살았다는 것을 의미한다.

쟁'이라는 물신(物神) 숭배자들의 미신과 착각에 빠져 인생을 소진하는 것, 그것이 바로 우주로부터 버림받았다는 것이다. 그것은 죽음에 이르는 병이다.

소유라는 짐에 눌리어 무소유의 자유를 잊어버리고, 작은 것을 얻기 위해 큰 것을 놓치고, 오로지 높이 오르고 무엇이 되느냐에 전 존재를 거는 것, 그것이 바로 우주로부터 버림받았다는 것이다. 그것은 죽음에 이르는 병이다.

그리고는 환안을 바라보며 말을 이었다.

인류의 역사란 '닫힌 자아'에서 '열린 자아(open self)'로의 전환, 즉 자아의 확장 과정이며, 이는 곧 '닫힌 사회(closed society)'에서 '열린 사회(open society)'로의 전환을 의미한다. 이는 우주 진화의 과정과 그 맥을 같이 한다.

'열린 사회'의 적(敵)은 바로 '닫힌 자아'다. '닫힌 자아'는 패쇄·구속·집착·배척의 부정적인 의식이므로 사회를 어둡게 만들고 활력을 잃게 한다.

반면 '열린 자아'는 개방·자유·사랑·포용의 긍정적인 의식이므로 사회를 밝게 만들고 활력이 넘치게 한다. 스스로를 긍정적인 삶의 주체로 인식하는 '열린 자아'야말로 '열린 사회'의 초석이다.

'닫힌 사회'에서는 소유 그 자체가 목적이 되므로 '닫힌 자아'는 소유를 향해 질주한다. '열린 사회'에서는 소유가치보다는 사용가치를 중요시하므로 '열린 자아'는 소유의 필요성을 느끼지 않는다.

'닫힌 사회'에서는 자연을 정복의 대상으로 삼는 까닭에 자연과 인간의 조화를 이루기 어렵다. '열린 사회'에서는 인간을 자연의 일부로 보는 까닭에 자연친화적인 삶을 영위한다.

'닫힌 사회'에서는 에고(ego)의 만족이 가치의 척도이지만, '열린 사회'에서는 우주자연과의 합일이 그 척도다. '닫힌 사회'는 부귀영화를 지향하지만, '열린 사회'는 영적 진화를 지향한다. 공동진화가 삶의 목표인 '열린 사회'는 '섬김'과 '나눔'을 실천하는 사랑의 장(場)이다.

마고 일행은 어느덧 장터에 이르렀다. 그곳에는 5일장이 열리고 있었다. 큰 장터는 상인들의 흥정 소리와 그곳을 찾은 손님들의 웃음소리와 이야기 소리가 더해져 활기차고 정겨운 분위기를 자아내고 있었다. 장터는 단순히 물건을 사고파는 곳을 넘어 지역 주민들의 소통 공간이기도 하기에 민생을 살피기에는 안성맞춤이었다.

노점상들에는 곤륜산 기슭의 맑은 공기와 비옥한 토양에서 자란 신선한 농산물과 지역 특산물이 가득 진열되어 있었다. 또한 곳곳에 다채로운 먹거리를 파는 노점상들도 있었고, 수작업으로 만든 각종 생활용품과 전통 공예품을 파는 노점상들도 눈에 띄었다.

마고 일행이 노점상들 사이를 걸어가는데 지역 주민으로 보이는 사람들이 이야기를 나누고 있었다. 그중 한 사람이 말했다.

올해도 만물이 병들지 않고 곡식이 잘 여물어 풍성한 수확을 거두었으니, 이 모두 위대한 '라 무'의 은덕이 아니겠소. 우리는 복 받은 백성이오.

마고 일행이 전통 공예품을 파는 노점상 앞을 지나가는데 상인이 진열된 물건을 가리키며 두 사람을 향해 말했다.

아름다운 자매님들, 곤륜산에서 나는 옥(玉)으로 만든 이 빗을 보세요. 참 예쁘지 않습니까?

마고는 그 상인에게 미소로 답하고 계속해서 노점상들 사이를 걸었다. 노점상들이 끝나는 지점에 이르자 한쪽에 사람들이 많이 모여 있었다. 다가가서 보니, 줄타기 광대의 공연이 시작을 앞두고 있었다.

마고가 환안에게 말했다.

환안, 그대는 기억하는가? 줄타기 광대의 공연을 함께 보았던 때를.
그러자 환안이 고개를 끄덕이며 대답했다.
마고가 다시 말했다.
시뻘겋게 입을 벌리고 있는 삶의 심연 위를 아슬아슬하게 줄타기하는 광대를 보면서 처연한 생각이 들었노라. 우리 모두의 모습이 아니겠는가.
그리고는 청명한 가을하늘을 바라보며 마고는 이렇게 독백했다.

그대는 보는가, 형상 아닌 지극한 형상을.
육이 영을 부인하고, 이성이 신성을 부인하고, 물질이 정신을 부인하는 환멸의 끝—일체의 환상이 멸해진 그 끝에는 실존의 태양이 붉게 타오르는 도다.

그대는 듣는가, 소리 아닌 지극한 소리를.
허위가 진실을 기만하고, 지식이 삶을 기만하고, 삶이 죽음을 기만하는 환멸의 끝—일체의 환상이 멸해진 그 끝에는 희열의 원음이 은은히 울려 퍼지는 도다.

그대는 말하는가, 도리 아닌 지극한 도리를.
소유가 사랑을 희롱하고, 사리(私利)가 신의를 희롱하고, 탐욕과 성냄과 어리석음이 심신을 희롱하는 환멸의 끝—일체의 환상이 멸해진 그 끝에는 긍정 아닌 대긍정이 무소유의 소유를 노래하는 도다.

눈으로 보지 말고 마음[無心]으로 보며, 귀로 듣지 말고 마음[無心]으로 들으며, 입으로 말하지 말고 마음[無心]으로 말할지어다.

마고 일행은 다음 마을을 향해 다시 이동했다. 마을 어귀에 이르자 두 사람이 언쟁을 벌이고 있었다. 그 옆으로 한 사람이 지나가고 있었다. 언쟁을 벌이던 한 사람이 지나가던 행인을 불러세웠다.

보시오, 내 말 좀 들어보시오.

지나가던 행인이 말했다.

무슨 일인데 그러시오?

그러자 그는 큰소리로 전후 사정을 설명하며 자기가 옳고 상대방은 그르다고 주장했다. 행인은 그 말을 듣고 고개를 끄덕이며 그가 옳다고 했다.

그러자 언쟁을 벌이던 다른 한 사람이 또 전후 사정을 설명하며 자기가 옳고 상대방은 그르다고 주장했다. 행인은 그 말을 듣고 고개를 끄덕이며 그 역시 옳다고 했다.

그러자 언쟁을 벌이던 두 사람은 마고 일행에게로 왔다. 그중 한 사람이 행인을 가리키며 말했다.

저 사람은 우리 둘 다 옳다고 하는데 옳은 사람은 한 사람이 되어야 하지 않겠소?

그러자 마고는 세 사람을 번갈아 쳐다보며 이렇게 말했다.

그대도 옳고, 그대도 옳고, 또한 그대도 옳다.

멍한 표정을 한 세 사람을 뒤로 한 채 마고 일행은 다음 마을을 향해 다시 이동했다. 환안은 마음속으로 생각했다.

나와 너, 이것과 저것을 구분하고 편착하는 마음, 오직 이 육체만이 자기라고 생각하고 집착하는 그 마음이야말로 천 길 불길 속으로 떨어지게 하는 화근이다. 그러나 그러한 마음은 너무도 강렬한 것이어서 죽음조차도 소멸시키지 못하니…. 그래서 삶이 존재하는 것이다.

말이 말을 낳고, 그 말이 또 말을 낳는 세상이다. 에고는 말이 쌓인 것이다. 말없이 살면 에고는 떨어져 나간다. 에고, 즉 전체와 분리된 개체라는 착각이 사라지면 저절로 신성을 깨닫는다. 따로 신을 믿을 필요가 없는 것이다.

마고가 말했다.

이 세상의 모든 논쟁은 큰 진리가 가려진 데서 생겨난다.

그리고는 이어 이렇게 말했다.

한 현자는 10년 예정으로 묵언수행을 시작했다. 10년째 되던 날 많은 사람들이 그의 말을 듣기 위해 구름처럼 몰려들었다. 그러나 그 현자는 끝내 한마디도 할 수 없었다. 뿐만 아니라 세상을 떠날 때까지 한마디도 하지 않았다고 한다. 말이 사라져 버린 것이다. 에고가 완전히 떨어져 나간 것이다.

그러자 환안이 말했다.

위대한 나의 스승, '라 무'시어! '천지는 가장 큰 아름다움을 가지고 있지만 말이 없고, 사계(四季)는 명백한 법을 가지고 있지만 따지지 않으며, 만물은 완전한 질서 원리를 가지고 있지만 말하지 않는다'[4]고 했습니다.

'라 무'께서도 말씀하셨듯이 진리는 오직 마음에서 마음으로만 전달할 수 있을 뿐입니다. 말이나 문자는 '진리의 달(月)'을 가리키는 손가락에 불과한데 '진리의 달' 자체라고 보는 데서 무수한 논쟁이 일게 되는 것입니다.

마고가 고개를 끄덕이며 공감을 표했다.

몇 개의 마을을 더 지나 마고 일행은 강가에 이르렀다. 그곳에는 한 노인이 구부정한 자세로 앉아 석양을 바라보며 독백하고 있었다.

운명이여, 나의 혹독한 운명이여! 나는 평생을 불운에 시달렸다. 언제나 행운은 나를 비웃으며 바람처럼 지나갔다. 나는 행운의 멸시와 천대 속에서 굶주림과 모멸감으로 피폐해져 갔다. 그래서 젊은 날 나는 부모를 원망하고 세상을 원망했다.

운명이여, 나의 냉혹한 운명이여! 날이 갈수록 행운의 손길은 거칠고 사나워졌다. 그는 무지막지한 철퇴(鐵槌: 쇠몽둥이)로 나를 후려치곤 했다. 내 몸은 만신창이가 되고 마음은 갈기갈기 찢겨 타 들어갔다. 아, 나는 두려움 없게도 하늘을 원망하기 시작했다.

오, 운명이여, 나의 평생의 벗인 운명이여! 마침내 행운은 나의 형체마저 지워버리고 끝내는 내 영혼마저 맹수들이 우글거리는 들판에 내던져버렸다. 아, 나는 내가 누구인지도 알 수 없게 되었다. 아, 나는 누구인가! 내가 누구인지 묻고 있는 이 나는, 나는 정녕 누구인가!

이윽고 마고가 환안을 향해 말했다.

저 독백하는 가락이 너무 구슬프지 않은가. 그의 독백은 세상 사람들의 목소리를 대변하고 있지 않은가?

하지만 그는 새로운 세상으로 나아가는 문 앞에 서 있다. 자신의 영혼을 다하여 저토록 간절하게 묻고 있지 않은가. '나는 누구인가'라고. 그가 간구하는 것은 젊은 날의 치기 어린 그것과는 차원이 다른 것이다.

삶과 죽음, 행운과 불운, 성공과 실패, 기쁨과 슬픔, 사랑과 증오, 건강과 병, 평화와 전쟁 등 물질세계의 모든 이원성은 언제나 짝하여 함께 다닌다.

왜 그런가? 이원성으로부터 자유로워지기 위해서는 이원성 의식[분리의식]이 초래하는 온갖 죄악과 질병과 고통과 죽음을 처절하게 맛보아야 하기 때문이다. 그런 연후에야 비로소 그것들을 넘어선 무언가를 갈구하게 되기 때문이다.

그것은 '나는 누구인가'라는 궁극적인 자기 정체성에 대한 물음으로부터 시작된다. 자기 자신이 누구인지를 알아야 새로운 세상을 열 수 있기 때문이다.

새로운 세상으로의 길은 곧 '참나'로의 길이다. 우주의 실체는 의식[에너지, 파동]이므로 '참나'는 곧 참본성이요 신성[神]이며 영성[靈]이다. '참나'는 곧 하나인 생명[神·天·靈]이다.

잠시 생각에 잠긴 후 마고는 다시 말을 이었다.

그대는 연금술에 대해 들어보았을 것이다. 모든 이원성의 화해는 연금술의 궁극적 목표이기도 하다. 물질을 다루는 황금 변성과 인간의 영성(靈性)을 고양시키는 훈련은 실제 연금술에서는 결국 하나다.

인공적인 방법을 통해 원자핵의 구성이 바뀌면 원소 변성이 일어난다. 예컨대 납(Pb)의 양성자 수는 82인데, 납의 원자핵에서 양성자를 세 개만 제거하면 양성자 수가 79가 되어 금(Au)이 만들어진다. 또 양성자 수가 29인 구리와 양성자 수가 50인 주석(Sn)의 원자핵을 융합시키면 양성자 수가 79인 금이 된다. 이것이 황금 변성이다.

연금술사는 물질을 다루는 작업 끝에 그 자신에게서도 변성이 일어나는 것을 본다. 도가니에서 일어나는 일이 의식이나 영혼 속에서도 일어나는 것이다. 황금 변성과 불로불사(不老不死)를 가능하게 하는 '현자의 돌(philosopher's stone)'을 만드는 과업이 완수되고 연금술사는 깨달은 자가 되는 것이다.

연금술의 대전제는 모든 물질이 단 하나의 에너지장(場)으로 이루어져 있다는 것이다. 이 하나인 에너지장[氣海, 파동의 대양]이 바로 '참나'요 생명이다. 그것은 단순한 에너지장이 아니라 전지전능한 우주 지성이 내재해 있는 에너지장이다.

인간이든 동식물이든 광물이든 별이든 그 무엇이든지 간에 바로 이 하나인 에너지장이 형태를 바꾼 것이다. 마치 하나인 바닷물이 무수한 파도로 나타나듯이. '하나는 전체, 전체는 하나'는 연금술의 경구다.

이는 '생명 코드'인 '하나는 셋(一卽三), 셋은 하나(三卽一)'와 같은 원리다. 여기서 셋은 천·지·인, 즉 우주만물[多]을 가리키므로 전체다. 우주만물이 하나라는 말이다. 마치 무수한 파도가 하나인 바닷물이듯이.

연금술이든 철학이든 과학이든 종교든, 모두 '하나는 셋(一卽三), 셋은 하나(三卽一)', 즉 천·지·인 삼신일체라는 생명 코드를 근간으로 삼고 있다.

연금술에서 물질적 변환을 통해 정신적 변환이 일어나고 또 그 역(逆)도 가능한 것은 물질과 비물질이 본래 하나이기 때문이다.

연금술을 비과학적이라고 일축하는 것은 과학을 물리(物質) 영역에 국한시킨 '닫힌 의식'에 기인한다. 각 시대의 선구자들은 모두 '열린 의식'의 소유자였으며 연금술의 오의(奧義)에 통달해 있었다.

말을 마치자 마고는 연민의 정을 담은 눈빛으로 노인의 뒷모습을 바라보았다.

운명이여, 그대 나의 동반자인 운명이여! 봄이 오면 곤륜산 온통 붉은 꽃으로 물들 때 그대는 내게 다가와 속삭였노라. '그대의 아름다운 정원도 짧은 한 철이다'라고.

운명이여, 그대 나의 그림자인 운명이여! 무 대륙이 죽음의 수의를 뒤집어쓰듯 물에 잠겨버릴 때 그대는 내게 다가와 속삭였노라. '나는 영원히 그대와 함께 할 것이다'라고.

운명이여, 그대 삶의 설계자인 운명이여! 짓누르는 삶의 무게에 내 영혼이 흔들릴 때 그대는 내게 다가와 속삭였노라. '그대는 춤이어라. 춤추는 자가 되려고 하지 말라'라고.

운명이여, 그대 파괴의 설계자인 운명이여! '태양의 제국'이 파괴되어 내가 비탄에 빠져 있을 때 그대는 내게 다가와 속삭였노라. '파괴는 생성의 또 다른 이름이다'라고.

운명이여, 그대 운명의 여신이여! 예기치 않은 불운이 나의 거처로 찾아들어 운명을 탓하고 있을 때 그대는 내게 다가와 속삭였노라. '운명이란 인간이 붙인 이름일 뿐 그대 자신이 만든 것이다'라고.

운명이여, 그대 행운의 화신인 운명이여! 행운이 나의 거처로 찾아들어 함께 덩실덩실 춤추고 있을 때 그대는 내게 다가와 속삭였노라. '행운은 불운의 또 다른 이름이다'라고.

운명이여, 그대 풍요의 화신인 운명이여! 마고성이 풍요로움으로 넘쳐 내가 환희에 차 있을 때 그대는 내게 다가와 속삭였노라. '빈곤의 씨앗을 뿌리지 말지어다'라고.

운명이여, 그대 양손잡이인 운명이여! 희망과 절망이 교차하며 내가 질식해 가고 있을 때 그대는 내게 다가와 속삭였노라. '모든 이원성은 언제나 짝하여 함께 다닌다'라고.

운명이여, 그대 새 세상의 개척자인 운명이여! 과중한 업무로 내가 잠 못 이루고 있을 때 그대는 내게 다가와 속삭였노라. '새 세상은 더 많은 즐거움을 통해서 열린다'라고

운명이여, 그대 연금술사인 운명이여! 모든 이원성의 화해와 지식의 대통섭에 내가 몰입해 있을 때 그대는 내게 다가와 속삭였노라. '연금술의 대전제는 모든 물질이 단 하나의 에너지장(場)으로 이루어져 있다는 것이다'

〈그림 2.1〉 곤륜산 주봉 쿤구르산(公格尔山)[출처: https://commons.wikimedia.org/wiki/File:Karakorum-d04.jpg, CC BY-SA 2.5 es]

라고.

　운명이여, 그대 시험관인 운명이여! 시험관인 그대 앞에서 내가 시험을 치르고 있을 때 그대는 내게 다가와 속삭였노라. '이 세상은 인간의 의식이 그린 대로 만들어진다'라고.

　오, 운명이여, 그대 나의 영원한 벗인 운명이여! 내가 감정의 질병에서 헤어나지 못하고 있을 때 그대는 내게 다가와 속삭였노라. '자비와 용서가 그대를 자유롭게 하리라'라고.

　그대 운명의 수레바퀴에 치여 고통하는 자여, 경축하노라!
　이제 그대는 새로운 세상이 열리는 문 앞에 서 있노라.

　마고는 이렇게 말했다.

물질의 공성(空性)

마고는 몇 가지 업무를 끝낸 뒤 마고성의 자랑인 '왕의 정원'을 거닐었다. 곤륜산에 광활하게 펼쳐진 이 천상의 화원에는 기화이초(奇花異草: 진귀한 꽃과 풀)가 가득하고 난조(鸞鳥: 전설 속의 새)가 날고 있었다. 또한 영지(靈芝)와 난혜(蘭蕙) 등 불로장생의 효험이 있는 약초도 즐비했다. 불로장생의 복숭아 '반도(蟠桃)'가 열리는 반도원(蟠桃園)도 있었다.

곤륜산에는 아름다운 옥(玉)이 많이 나므로 난간이나 누각들도 모두 옥으로 만들어 화려함을 더했다. 마고는 예천(醴泉) 샘물을 마시고 요지(瑤池)라고 불리는 호수 주위를 산책하는 것을 즐겼다.

마고는 그를 수행하고 있는 환안에게 말했다.

그대도 알고 있듯이, 신(神·天)은 곧 생명이고 영(靈)이며 사랑이고 진리다. 그러나 이 말을 제대로 이해하는 사람은 드물다. 이해하기 어려운 근본적인 이유가 무엇이라고 보는가?

그러자 환안이 대답했다.

위대한 나의 스승, '라 무'시어! 이해하기 어려운 근본적인 이유는 상호 연관된 두 가지로 볼 수 있습니다. 그 하나는 신, 생명, 영(靈), 사랑, 진리는 분리할 수 없는 전체의식의 영역에 속하므로 분리의식에 기반한 물질세계의 말이나 문자로는 정확하게 그 의미를 전달할 수 없다는 데 있습니다.

'라 무'께서도 말씀하셨듯이, 말이나 문자는 진리를 가리키는 손가락일 뿐입니다. 진리는 손가락 저 너머에 있습니다. 손가락 너머를 보지 못하고 말이나 문자에 매달리게 되면 소모적인 논쟁을 일삼게 되는 것입니다.

진리를 이해하기 어려운 이유 중 다른 하나는 물질주의에 경도(傾倒)되어 있기 때문입니다. 의식이 열려 있는 사람은 말이나 문자에 의지해서 그 너머에 있는 진리를 볼 수가 있습니다. 그러나 물질주의에 경도되어 의식이 닫혀 있는 사람은 말이나 문자에 매달리게 되므로 진리를 제대로 이해하기 어려운 것입니다.

'라 무'께서도 특히 강조하셨듯이, 우주의 실체는 의식[에너지, 파동]이므로 신은 곧 신성이며 참본성[一心]입니다. 영(靈)은 곧 영성입니다. 이 모두는 분리할 수 없는 하나인 에너지장(場)을 지칭한 것으로 이는 곧 제1원인[神·天·靈]인 생명입니다. 하나인 생명이 바로 '참나', 즉 참본성입니다.

그러나 물질주의에 경도되면 신과 신성[참본성, 일심], 영과 영성, '참나'와 참본성, 그리고 생명을 각기 다른 것으로 이해하게 됩니다.

신과 영, 그리고 '참나'를 견고한 물질 차원에서 인식하게 되므로 신이 곧 신성이며 참본성이고 일심(一心)이라는 것을 이해할 수가 없는 것입니다. 그로 인해 신과 인간과 만물을 분리시키게 된 것입니다.

그러자 마고가 말했다.

그대가 바로 보았다. 물질주의에 빠지게 되는 것은 물질의 공성(空性)을 이해하지 못하기 때문이다. 물질이 견고한 것이 아니라 기실은 텅 비어 있다는 사실을 알지 못하면, '하나는 셋(一卽三), 셋은 하나(三卽一)', 즉 천·지·인 삼신일체의 원리를 이해할 수 없게 된다.

여기서 '하나(一)'와 '셋(三)'은 전체와 부분, 파동과 입자, 숨겨진 질서[의식계, 본체계]와 드러난 질서[물질계, 현상계], 대우주(macrocosm)와 소우주(microcosm)의 유비적(類比的) 대응관계를 나타낸다.

이러한 대응관계를 이해하면 사실 그대로의 우주와 인간 그리고 사물을 이해하게 되므로 삶의 세계의 문제들에 대해 실효성 있는 대안을 마련할 수 있게 된다.

실제 삶의 세계는 물리 세계가 의식과의 접합을 통해 드러난 질서(사물의 현상적 측면과 관련된 감각적·지각적·경험적 판단의 영역)와 그 배후의 숨겨진 질서(사물의 근본 이치와 관련된 초논리·초이성·직관의 영역)가 상호 긴밀하게 작용한다.

마치 무수한 파도들(部分)을 잇는 바닷물(全體)과도 같이 우주만물을 잇는 에너지장(場), 즉 매트릭스(Matrix)는 언제 어디에나 이미 실재하며, 바로 이 에너지장[氣海, 파동의 대양]에 의해 우리 모두는 하나로 연결되어 있다. 이 미묘한 에너지는 '의식과 지성을 가진 정신'으로 불린다.

『장자(莊子)』「지북유(知北遊)」에서는 '만물이 하나이고, 하나의 기운(一氣)이 천하를 관통한다'⁵고 했는데, 이 일기(一氣)가 바로 유일 실체인 에너지장이다. 무수한 파도의 실체['참나']가 하나인 바닷물이듯이, 우주만물의 실체['참나']는 하나인 에너지장[一氣], 즉 생명[神·天·靈]이다.

환안, 그대도 알고 있듯이, 물질은 개별적인 원자들로 구성된 실재가 아니다. 장(場)이 유일한 실재이며 물질은 장이 극도로 강하게 집중된 공간의 영역에 의해 성립된 것이다. 우주만물은 분자, 원자, 전자, 아원자 입자들의 쉼 없는 운동으로 진동하는 에너지장이다.

물질의 공성(空性)을 이해하면 물질과 비물질, 주체와 객체의 이분법은 성립되지 않는다. 우리가 육체의 진동을 높였다가 떨어뜨리는 방식으로 비물질과 물질의 경계를 넘나들며 형체나 파동의 상태로 스스로를 나타낼 수 있는 것도 바로 이 물질의 공성에 기반한 것이 아닌가.

물질의 공성(空性)이란 모습이 없는 참본성, 즉 공(空)과 색(色), 무(無)와 유(有)를 상호관통하는 진여성(眞如性)을 일컫는 것이다. '진공묘유(眞空妙有)', 즉 텅 빈 것은 묘하게 있다고 하지 않는가.

우리가 육체 또는 물질이라고 지각하는 것은 특정 주파수대의 에너지 진동에 지나지 않으며 99.99%는 텅 비어 있다. 물질[氣·色·有]은 그 궁극적 본질이 비물질[理·空·無]과 하나이므로 입자인 동시에 파동으로서의 속성을 지닌다.

　삼라만상은 유일 실체인 에너지장(場), 즉 '하나(一)'가 다양한 형태로 나타난 것이므로 '하나는 셋(一卽三)'이라고 한 것이다. 또한 삼라만상[천·지·인, 三]은 그 근원인 '하나(一)'로 돌아가므로 '셋은 하나(三卽一)'라고 한 것이다.

　만물만상은 끝없이 상호 연결되어 있으며 서로가 서로를 비추는 상즉상입(相卽相入, mutual interfusion)의 구조로 연기(緣起)하고 있다. 만물의 제1원인[神·天·靈]인 '하나(一)'는 비이원적인(nondual) 영원한 실재의 차원을 지칭한 것이다. 그것은 하나인 마음, 즉 한마음(一心)이며 참본성이다.

　우주의 실체인 의식은 우주 전체에 꽉 차 있으니 우주의식 또는 전체의식이라 부르기도 하고, 없는 곳이 없이 두루 편재해 있으니 보편의식이라 부르기도 한다. 또한 만유의 근원을 이루는 것이라 하여 근원의식이라 부르기도 하고, 분리할 수 없는 하나로서 의식의 순도(純度)가 높으니 순수의식이라 부르기도 한다.

　신(神) 의식 또는 초(超)의식이라고도 불리는 이들 의식은 서로 다른 것이 아니라 의식의 특징적 측면을 여러 가지로 나타낸 것이다. 모두 하나인 참본성[神性, 靈性], 즉 일심(一心, 一氣)을 지칭한 것이다. 일심(한마음)은 에너지의 유일한 근원이며, 자연법의 창시자이고, 알파이며 오메가(AΩ)이다.

　일심은 물질(입자, 드러난 질서)과 정신(파동, 숨겨진 질서)이 하나가 된 마음이다. 일심은 입자와 파동, 드러난 질서와 숨겨진 질서를 하나로 잇는 에너지장이다. 일심은 모든 것을 이루는 근본 질료이자 모든 것을 담고 있는 그릇이다. 물질(입자)이란 정확하게 말하면 물질처럼 보이는 의식(파동)일 뿐이다.

　말을 마치자 마고는 누각으로 올랐다. 그리고는 허공을 향해 두 팔을 벌리고 서서 이렇게 말했다.

보라, 억압적이고 파괴적이며 가학적(加虐的)인 신(神)에 길들여진 자들을. 그들에게 일심(一心)이란 아무런 능력도 발휘하지 못하는 한갓 인간의 마음일 뿐이다.

가학적인 신에 중독된 그대들이여, 알고 있는가? 그대들은 저차원의 에고 의식이 빚은 물신(物神)을 섬기며 스스로의 신성[神]을 기만하고 모독했다!

'유일신'이나 '알라(Allah)'를 특정 종교의 신으로 간주하는 그대들이여, 알고 있는가? 그대들은 보편자인 신을 종교의 성벽 속에 가두고 학대했다!

이런저런 이름을 붙여 진리를 재단하기를 좋아하는 그대들이여, 알고 있는가? 종교의 정수(精髓)를 꿰뚫으면 거기엔 이미 종교라는 이름은 없다는 것을!

'군림하는 신'을 받드는 그대들이여, 알고 있는가? 일체 현상은 오직 의식의 작용일 뿐이며(萬法唯識) 유일한 심판은 자기심판(self-judgment)이라는 것을! 진리에 대한 이해를 통해 해방된 마음속에는 더 이상은 군림하는 신은 존재하지 않는다는 것을!

'신은 없다'라고 주장하는 그대들이여, 알고 있는가? 신은 있음과 없음의 저 너머에 있다는 것을! 신이란 서둘러 폐기처분해야 할 존재가 아니라 이해를 통하여 신에 대한 미망에서 벗어나는 것이 새로운 계몽의 시대로 가는 첩경이라는 것을!

정치충돌과 종교충돌을 야기하는 그대들이여, 알고 있는가? 의식의 기운이 밝으면 사랑과 자비의 신을 인식하게 되고, 의식의 기운이 어두우면 분노와 파괴의 신을 인식하게 된다는 것을!

마고는 누각에 앉아서 '왕의 정원'을 내려다보며 이야기를 계속했다. 옆은 안개가 정원을 감싸고 있었다.

환안, 그대는 보는가, 저 안개를. 안개 속을 걸으면 알 수 있듯이, 안개는 위치라는 것이 없다. 따라서 어디에도 존재하지 않거나 또는 모든 곳에 존재하는 비국소성(nonlocality)[초공간성]을 띤다.

마찬가지로 '양자장(quantum field)'이라고 불리는 에너지장(energy field)이 작용하는 차원에서는 분리 자체가 근원적으로 불가능하기 때문에 위치라는 것이 없다. 따라서 양자계(quantum system)는 비국소성을 띠며 파동인 동시에 입자로서의 속성을 지닌다. 이러한 비국소성은 물질의 공성(空性)을 확연하게 보여준다.

파동과 입자, 전체와 부분, 의식계[본체계]와 물질계[현상계]가 분리될 수 없는 하나인 것은 생명의 본질 자체가 내재성인 동시에 초월성이며, 전체성인 동시에 개체성이며, 우주의 본원인 동시에 현상 그 자체로서 본체와 작용을 상호관통하는 완전한 소통성인 데에 기인한다.

환안, 그대도 알고 있듯이, 물질을 잘게 쪼개고 쪼개어 더 이상 물질의 성질을 갖지 않는 경계에 이르면 전자는 입자인 동시에 파동으로 나타나게 되므로 어느 한쪽으로 분류할 수가 없다. 주체와 객체의 이분법이 성립되지 않으므로 '이것'이 곧 다른 '모든 것'이다.

물질의 공성을 깨닫게 되면 생(生)·주(住)·이(異)·멸(滅) 사상(四相)의 변화가 그대로 공상(空相)임을 깨달아 생사를 여의게 되어 걸림이 없는 의식에 이르게 된다.

그러나 매 순간 깨어있는 의식이 아니고서는 결코 이를 수 없는 묘각(妙覺)의 경지다. 지금 이 순간 온전히 몰입할 수 있을 때 그러한 깨달음은 저절로 일어나게 된다.

마고는 환안을 바라보며 이야기를 계속했다.

이 세상 그 어떤 것도 마음을 떠나 존재할 수 있는 것은 없으므로 '마음은 모든 것(mind is all)'이다. 하지만 형상의 세계에 살고 있는 인간에게 물질은 유일하고도 구체적인 현실이며 모든 것이기 때문에 우주의 실체가 의식이라는 사실을 순간순간 놓치게 된다.

그러나 기억하라! 만물이 비롯되는 유일 실체인 '하나(一)'를 신이라고 부르든, 생명이라고 부르든, 영(靈)이라고 부르든, 도(道)라고 부르든, 근원적 일자(一者)라고 부르든, 궁극적 실재라고 부르든, 그 밖의 다른 어떤 이름으로 부르든, 그것들은 우주의 실체인 의식[에너지, 파동]을 달리 명명한 것이다.

그래서 하나인 마음(한마음), 즉 일심(一心, 一氣) 이외에 다른 실재가 있는 것이 아니라고 한 것이다. 일심은 분리할 수 없는 에너지장(場), 즉 에너지의 바다(氣海)이다.

우주만물은 에너지의 바다[전체]에서 파도[부분]처럼 일어났다가 다시 그 근원인 에너지의 바다로 돌아가므로 하나인 에너지의 바다, 즉 일심을 벗어나는 것이 아니다.

환안, 그대여! 생멸성(生滅性)과 진여성(眞如性)을 다 포괄하는 이 일심의 바다에 대해 이야기해 보겠는가?

그러자 환안이 대답했다.

위대한 나의 스승, '라 무'시어! 일심(한마음)은 만물이 만물일 수 있게 하는 제1원인[神·天·靈]인 까닭에 에너지의 유일한 근원입니다. 일심은 태허(太虛)와도 같고 대양(大洋)과도 같아서 일체를 포괄하며 그 속에서 진여와 생멸은 어우러져 하나가 됩니다.

천국과 지옥이란 것도 일심의 바다를 벗어난 것이 아닙니다. 우주만물은 한 기운 한 마음으로 꿰뚫어진 까닭에 사상(四相: 生住異滅)이란 것도 일심일 뿐입니다. 일심의 바다는 모든 곳에 두루 편재(遍在)합니다. 우주 전체가 일심의 바다요 파동의 대양입니다.

따라서 일심은 만물의 제1원인이므로 근원의식이라 부르기도 하고, 포괄성을 띠므로 전체의식 또는 우주의식이라 부르기도 하는 것입니다. 또한 없는 곳이 없이 두루 편재하므로 보편의식이라 부르기도 하고, 청정하고 공적(空寂)하므로 순수의식이라 부르기도 하는 것입니다.

인간의 마음은 맑고 깨끗하며 고요한 진여성(眞如性)을 본바탕으로 하고 있지만, 망념이 일어나 여러 형태의 생멸을 짓게 된 것입니다. 그러나 먹장구름이 푸른 하늘을 물들일 수 없듯이, 생멸을 짓더라도 하나인 진성(眞性)은 파괴되지 않는 까닭에 생멸하는 마음 가운데에도 진여성은 포괄되어 있습니다.

마음의 본체는 진여성인 동시에 생멸성이므로 그 체가 둘이 아닙니다. 수신과 헌신적 참여를 통해 일심의 원천으로 돌아가면 본래의 공심(空心)을 얻게 되므로 널리 인간 세상을 이롭게 할 수 있는 것입니다.

환안이 말을 마치자 마고는 이렇게 말했다.

그대가 바로 보았다. 그런데 혹자는 이렇게 반문할지도 모른다. '그런 난해하고 복잡한 이론은 몰라도 선량하게 살아가는 사람들이 많이 있지 않은가'라고.

그렇다. 그런 이치는 알지 못해도 양심과 도덕에 따라 선량하게 사는 사람들도 있다. 그러나 이 단계는 의식의 빛이 충분히 강하다고 할 수는 없다.

사람은 누구나 자신의 영적 진화[의식의 진화]의 단계에 따라 갈구하는 바가 다르다. 이는 마치 유치원생은 미적분학에 관한 지식을 필요로 하지 않지만, 상급반 학생이 되면 필요로 하게 되는 것과도 같은 것이다.

영적으로 진화할수록 자연히 더 정밀(精密)한 이치를 갈구하게 된다. 왜냐하면 그 표적인 불멸을 꿰뚫기 위해서는 거기에 이르는 길을 정밀하게 제시하는 지도가 필요하기 때문이다.

그러나 정밀한 지도만으로는 불멸인 진리에 이를 수가 없다. 정밀한 지도를 나침반으로 삼아 매일매일 사랑을 실천하는 연습이 필요하다. 그리하여 진리[根本智]에 대한 충분한 자각을 한 사람은 마침내 그 표적인 진리를 꿰뚫어 온몸으로 나눔과 섬김을 실천하게 된다.

말을 마치자 마고는 자리에서 일어서 '왕의 정원'을 가리키며 이렇게 말했다.

보라, 저 봄꽃이 개화하는 '왕의 정원'을! 영성(靈性)이 계발될수록 봄(seeing)은 깊어지고 '봄'이 깊어지면 궁극적인 개화가 일어난다. 봄(觀, seeing)은 곧 봄(春, spring)이다. 영성의 개화가 일어나는 것이니 우주의 봄이다.

'봄'은 '보는 자가 사라지고 '봄' 그 자체만 남을 때 절정에 이른다. 보는 주체가 사라지니 대상도 사라지고, 주체와 대상이 모두 사라지니 사념의 구름 한 점 없는 투명한 하늘마음이 드러난다. 달을 듣는 강물과도 같이 하늘마음은 진리의 달을 듣는다.

봄(spring)의 얼굴을 닮은 그대 진리여! '봄(seeing)'은 곧 '하늘을 들음(聽天)'이다. 하늘의 파동에 자신을 동조시키는 것이다. 나무 위에 있는 까치집을 보라. 엉성하지만 비가 새지 않는다. 왜인가? 까치에게는 에고가 없으니 까치집을 지을 때 하늘기운이 함께 한 까닭이다.

이원성을 넘어선 진정한 앎에서 존재계 자체에 대한 전적인 수용이 일어난다. 사물을 있는 그대로 보는 관조(觀照)가 일어난다. '봄'은 곧 '앎

(knowing)'이다. 전체성인 앎은 파편인 지식(knowledge)에서 일어날 수 없다.

'봄'은 지성(intelligence)에서 일어난다. 지식이 두뇌의 뉴런(neuron, 신경세포)이라면, 지성은 시냅스(synapse, 신경세포 連接)의 연결이다. 사람은 각성이 될수록 시냅스가 확장되어 사고 능력이 증폭되고 포괄적 이해력이 향상되어 궁극에는 참앎에 이르고 '봄'이 일어난다.

지식이 이원적이라면, 지성은 전체적이다. 전체성인 지성에서 '봄'이 일어난다. '봄'이 무르익어 절정에 이르면 '보는 자'는 존재계 속으로 사라지고, 존재계는 '보는 자' 속으로 사라진다. 전 존재계가 들꽃 속으로, 모래알 속으로, 티끌 속으로 사라진다.

온 세상이 생명의 불꽃으로 타오른다. 포괄하지 않음도 없고 포괄되지 않음도 없다. 소통성의 완성이다. 무위이화(無爲而化)의 덕(德)과 그 기운과 하나가 된다. '무위이무불위(無爲而無不爲: 함이 없으면서도 하지 않음이 없음)'다.

진리의 화신인 생명이여! 그대의 한 기운(一氣, 一心)이 천하를 관통한다. 그대를 경외(敬畏)하는 마음이 저절로 일어난다. 지혜의 빛이 세상을 비춘다. '나'를 잊고, '나'를 잃지 않는다. 사랑이 꽃피고 헌신적 참여가 일어난다. 무궁(無窮)의 품속에서 노닌다.

전체성인 '봄'은 순간 포착이다. 오는 것은 모두 그대로 비추고 지나가 버리면 흔적도 남기지 않는 거울이다. 묻지도 따지지도 않는다. 탓하지도 않는다. 상처 주는 일도 없고 상처받는 일도 없다.

보라, 진리와 기만이 동거하고 있는 종교의 실상을! 종교인들이여, 그대들은 아는가. 역사상 인류가 받은 상처 가운데 결정적인 것은 대개 종교와 무관하지 않다는 사실을. 진실한 그대 신앙인들이여, 종교라는 문을 통하여 종교라는 이름을 넘어서라!

종교는 '봄'이고 또 '봄'이어야 한다. 종교의 본질은 전체성이다. '봄'이 결여된 신앙은 인간을 공포와 전율로부터 해방시킬 수 없다. 진실한 신앙인은 종교라는 이름에 의해 속박당하지 않는다. 그는 삶 속에서 종교적 진리를 구현한다. 이 세상은 분리의식인 에고가 약화되는 것만큼 보인다.

영적 시력이 약해지면 온갖 충돌이 일어난다. 있는 그대로의 사물이 보이지 않고 세상이 보이지 않게 되어 일어난 불상사다. 영적 시력이 약화되면 영적 청력도 약화되어 하늘소리를 듣지 못하고 어두운 기운의 달콤한 유혹에 빠진다.

'봄'은 이념이나 종교, 과거나 미래와 같은 프리즘을 통해 보는 것이 아니다. '지금 여기'에 존재하는 순수의식 상태다. '봄'에서 일어나는 행위는 공중을 나는 새처럼 흔적을 남기지 않는다. 사념의 장막에서 일어나는 행위는 전체적이지 않으므로 또 다른 카르마를 만들어낸다.

진리를 간구(懇求)하는 그대들이여, 객관적 세계의 모든 것은 그대들의 의식을 비추는 거울이며 내면으로 들어가기 위한 하나의 방편이다.

불멸인 영혼은 필멸인 물질적 육체 속으로 들어가 의식의 담금질을 통해 앎을 높여간다. 긍정성과 부정성, 이 양극단의 변증법적 통합에 의해 참앎이 일어난다.

공동체적 삶의 중요성을 인식하는 것은 분절적인 지식이 아니라 사물을 전체적으로 통찰하는 지성이다. 지성은 앎이고 '봄'이며 영성(靈性)의 꽃이 피어나게 하는 토양이다.

지금 이 순간에도 우주는 스스로의 완성을 열망하며 만유 속에서 만유의 본성으로 살아 퍼득인다. 일체 이원성을 넘어선 여실한 대긍정의 경계를 향하여 인류의 험난한 의식의 항해는 지금도 계속되고 있다.

마고는 누각에서 내려와 '왕의 정원'을 거닐었다. 싱그러운 봄의 향기를 심호흡하며 마고가 말했다.

환안, 그대는 기억하는가. 곤륜산 기슭에 울려 퍼지던 '하나는 셋(一卽三), 셋은 하나(三卽一)'라는 노래를. 그 순연(純然)하고도 평화로운 노랫소리에 진정 나는 행복했노라!

그 노래 속에서 삶과 죽음은 하나인 '생명'으로 피어나 곤륜산에 영원의 빛을 비추었노라! '생명의 나무'가 되어 온 우주에 뿌리를 내렸노라!

오, 생명이여, 꽃의 영광을 노래하는 시인이여! 내게 들려다오. 그대가 피워낸 '생명의 정원' 이야기를, 그 사랑의 이야기를.

생명이여, 내 심장 속에서 살아 숨 쉬는 순수 현존(pure presence)이여! 내게 들려다오. 죽음마저 삼켜버린 그대의 모험담을, 그 웅혼한 이야기를.

생명이여, 뭇 생명을 싹틔우는 파동의 대양이여! 내게 말해다오. 알파이며 오메가인 그대 생명의 비밀을, 그 장대한 이야기를.

생명이여, 영원히 타오르는 의식(意識)의 불꽃이여! 내게 보여다오. 만물 만상인 그대의 참모습을, 그 신비스러운 자태를.

생명이여, 존재의 강물이여, 물방울이여! 내게 보여다오. 천변만화(千變萬化)하는 그대의 놀이를, 그 오묘한 우주섭리를.

오, 생명이여, 그대 나 자신이여! 나는 생명권을 선언하노라. "모든 생명은 자연적이고 불가양도적(inalienable)이며 불가분적인(inseparable) 신성불가침의(sacred and inviolable) 생명권(right to Life)을 갖는다."

마고는 이야기를 계속했다.

'하나는 셋(一卽三), 셋은 하나(三卽一)'라는 이 원리는 생명의 전일적 흐름을 이해하는 기본공식과도 같은 것이다. 하여 이를 '생명의 공식(the formula of Life)'이라 명명하노라. 유사 이래 모든 철학과 사상, 과학과 종교는 바로 이 '생명의 공식'의 틀 안에서 전개된 것이다.

제1원인인 '하나(一)'는 그 스스로의 지성[性]·에너지[命, 氣]·질료[精]의 삼위일체의 작용으로 물질화하는 과정에서 만물 속에 만물의 참본성으로 내재하게 되므로 우주만물[三, 즉 天·地·人]과 하나다. 그러므로 '하나는 셋(一卽三)'이다. 또한 우주만물[三]은 그 근원인 '하나(一)'로 돌아가므로 '셋은 하나(三卽一)'다.

'하나는 셋, 셋은 하나'는 곧 천·지·인 삼신일체다. 우주만물이 분리될 수 없는 하나라는 말이다. 여기서 삼신은 천·지·인 삼신(三神, 三才, 三極, 三元)을 말한다.

만유의 근원인 '하나(一)'는 본체는 일신(一神, 유일신, 유일자)이지만, 그 작용은 천·지·인 삼신이다. 이 단순명료한 진리가 우리 삶의 대전제를 이루는 것이다.

그러면 사람들은 이렇게 말할지 모른다. '우주만물이 하나라는 말은 수없이 들었다. 그런 거창한 말이 나의 생존과 무슨 상관이 있단 말인가?'라고.

환안, 그대도 알고 있듯이, 이 우주는 인간이 의식이라는 붓으로 그린 그림대로 만들어진다. 의식은 이 세상의 모든 것을 싹틔우는 에너지의 바다이다.

우주만물이 하나라는 말이 인간 개개인과 상관이 없다고 생각하는 것은, 이 세상을 분리된 견고한 물질들의 집합체로 보기 때문이다.

마고는 허공을 바라보며 독백했다.

분리의식에 사로잡힌 그대들이여, 이 세상을 분리된 물질들의 집합체로 보게 되면 결국 하나인 우주 생명의 뿌리로부터 단절되게 된다.

그것이 바로 우주로부터 버림받았다는 것이다. 그리되면 온갖 죄악과 질병과 고통과 죽음의 수렁 속을 떠돌게 된다.

행복이 넘치는 세상을 꿈꾸는 그대들이여! '하나는 셋(一卽三), 셋은 하나(三卽一)'라는 이 원리는 새로운 세상을 여는 진언(眞言)이다. 이 진언을 마음 속 깊이 새기라!

우주만물이 하나라는 말은 견고한 물질적 외피를 두고 하는 말이 아니다. 그것은 하나인 에너지의 바다에서 우주만물이 파도처럼 일어났다가 다시 그 하나인 에너지의 바다로 돌아가는 존재의 실상을 말한 것이다. 시간이 지나면 곧 사라져버리는 물질적 외피는 존재의 실상이 아니다.

그대들은 끊임없이 천강(千江)에 비친 무수한 달그림자에 대해서만 이야기한다. 그러나 나는 하늘에서 교교(皎皎)히 빛나는 하나인 달과 강물에 비친 무수한 달그림자의 관계에 대해 이야기한다.

'하나(一)'는 하나인 에너지의 바다(氣海, 에너지場)이며 파동의 대양이다. 그것은 곧 하나인 생명이다. 생명은 곧 신(生命卽神)이며 분리할 수 없는 유일실체이므로 일신(一神), 즉 유일신이라고 부르는 것이다.

따라서 유일신은 특정 종교에서 말하는 고유명사가 아니다. 이 우주에 두루 편재하는 에너지의 바다, 즉 하나인 '생명'을 지칭하는 보통명사다.

사랑하는 그대들이여, 시작도 끝도 없는 영원한 '생명'을 종교의 성벽 속에 가두는 것이야말로 신성모독이다!

형제들이여, 신(神)이 머무르는 하늘은 저 허공에 따로이 있는 것이 아니다. 신은 만유의 본질로서 내재해 있는 동시에 만물이 화생(化生)하는 근본원리[至氣]로서 작용하므로 사람과 우주만물을 떠난 그 어디에 따로이 존재하는 것이 아니다.

우주만물은 지기(至氣)인 유일신의 화현(化現)이므로 우주만물과 유일신은 둘이 아니다. 따라서 신이 머무는 하늘궁전(天宮)은 우주만물의 중심에 존재한다.

 그것은 태양과도 같이 광명한 마음의 근본자리를 가리키는 것이다. 우리들 자신의 깊은 의식이 천궁으로 통하는 문이다. 삼라만상은 모두 에너지의 바다인 의식 속에서 일어났다가 사라지는 파도와도 같은 것이다.

 마고는 '하나는 셋, 셋은 하나'를 계속해서 되뇌었다. 그리고는 먼 곳을 응시하며 말했다.

 '하나는 셋, 셋은 하나', 즉 천·지·인 삼신일체의 원리는 한마디로 물질의 궁극적 본질이 비물질과 하나라는 것이다. 참으로 물질의 공성(空性)을 명징하게 드러내고 있지 않은가!

 모든 철학과 사상, 과학과 종교에서 말하는 진리는 바로 이 원리에서 발원한 것이다. 동·서양은 천·지·인 삼신일체의 원리로 각기 진리의 틀을 짜기 시작했다. 환하게 밝은 정치를 하는 동방의 어진(仁) 이들이 나타나 한동안 세상을 평화롭게 다스렸다.

 '하나는 셋(一卽三, 一卽多)'의 원리가 발현되면서 '생명의 나무'는 하나의 뿌리에서 수많은 진리의 가지들이 생겨났고 정치와 종교와 학문의 세계에선 진리의 외피를 두고 목숨을 건 쟁탈전이 벌어졌다. 세상은 극명하게 이원화되고 '삶과 죽음의 투쟁'이 한동안 지구를 휩쓸었다.

 이제 인류는 우주의 가을, 일체 생명이 그 뿌리로 돌아가는 우주 가을의 초입에 들어서 있다. 다시 '셋은 하나(三卽一, 多卽一)'의 원리가 발현되어 무성했던 '생명의 나무'는 열매를 맺고 영원한 생명을 기약하며 수기(水氣)를 뿌리로 돌리고 있다.

 말을 마치자 마고는 환안에게 말했다.

환안, 그대여! 만 가지 법이 하나인 마음(一心)의 법으로 돌아간다는 말의 의미가 무엇이라고 보는가?

그러자 환안이 대답했다.

위대한 나의 스승, '라 무'시어! 그것은 많은 나뭇가지가 하나의 뿌리로 돌아가듯이, 무수한 진리의 가지들도 하나의 진리로 되돌아간다는 것입니다.

거울에 비친 형상과 거울을 분리시킬 수 없듯이, 마음의 거울에 비친 만상과 마음을 분리시킬 수 없습니다. 그래서 만법귀일(萬法歸一), 즉 만 가지 법이 하나인 마음의 법으로 돌아간다고 하는 것입니다.

거울이 모든 형상을 받아들이고 바다가 모든 강줄기를 받아들이듯이 일심은 만물만상을 포용합니다. 하나가 곧 일체요, 일체가 곧 하나입니다.

보이는 만물만상은 보이지 않는 유일 실체의 그림자입니다. 따라서 유일 실체를 떠나서 만물만상이 있는 것도 아니요, 만물만상을 떠나서 유일 실체가 있는 것도 아닙니다.

일심의 원천으로 돌아가 가는 것도 오는 것도 없는 유일 실체인 그 '하나(一)'를 깨닫게 되면 삶과 죽음의 순환고리에서 벗어나 불멸에 이르게 되는 것입니다.

간밤의 꿈이 더 큰 꿈(실제라고 여기는 현실)을 깨기 위한 하나의 암시이듯, 우주만물의 그림자는 더 큰 그림자(실제라고 여기는 현실세계)를 지우기 위한 하나의 암시입니다.

일심의 근원으로 돌아가면 우주만물이 다 하늘을 모시고 있음(侍天)을 저절로 알게 되므로 평등성지(平等性智)가 드러나게 됩니다. 그리되면 널리 인간 세상을 이롭게 하는 홍익인간·재세이화의 이상을 구현할 수 있게 되는 것입니다.

그러자 마고가 말했다.

그대가 바로 보았다. '하나(一)와 셋(三)'의 관계는 흔히 신(神·天)과 우주만물의 관계로 보기도 한다. '생명의 나무'의 뿌리와 줄기·가지·잎이 분리될 수 없는 하나이듯, 신과 우주만물의 관계도 분리될 수 없는 하나다.

이를 일러 천인합일(天人合一), 인내천(人乃天), 삼신일체 또는 삼위일체라고 한다. 여기서 인(人)은 사람만이 아니라 우주만물을 통칭하는 대명사다.

우주만물이 곧 하늘이라는 말은 우주만물을 관통하는 하나인 참본성[神性, 一心]이 곧 하늘이라는 말이다.

'하나(一)'에서 삼라만상이 피어나고 생장·분열하여 '죽음'이라는 열매를 맺게 되지만 그로써 끝나는 것이 아니다.

그 열매는 다시 씨앗인 '하나'가 되고 그 '하나'에서 천·지·인 삼극(三極)이 갈라져 나오는 과정이 다함이 없이 순환 반복되는 것이다. 이러한 생명의 역동적 본질을 나타낸 것이 '하나는 셋, 셋은 하나'라는 원리다.

'하나는 셋, 셋은 하나'라는 '생명의 공식'은 생명의 본체와 작용의 전일적 관계, 즉 생명의 전일성과 자기근원성을 이해하는 기본 틀이다.

삼(三)은 천·지·인, 즉 우주만물을 나타내므로 일즉삼(一卽三)·삼즉일(三卽一)은 곧 일즉다(一卽多)·다즉일(多卽一)이다.

여기서 하나(一)는 생명의 본체를 나타낸 것이고, 셋(三) 또는 다(多)는 그 작용을 나타낸 것이므로 하나와 셋(三, 多)은 하나다.

따라서 본체의 측면에서는 유일신이고 작용의 측면에서는 천·지·인 삼신(三神) 또는 다신(多神, 우주만물)이 되는 것이다.

우주만물의 근원인 '하나(一)'는 곧 '한'이며 환(桓: 全一·광명)이다. 그래서 '하나(一)'인 참본성이 열리면 환하게 밝아진다고 하는 것이다. '한'은 하나인 생명, 즉 영성이라는 의미도 함축되어 있다.

'한'은 만물의 제1원인이므로 하늘(天·神·靈)이라는 의미도 있다. 그래서 나의 후예인 '한'족(한민족)을 천손족(天孫族)이라고 하는 것이다. 참본성이 열리면 광명하게 되므로 '한'은 '개(開)'라는 의미도 있다.

'한'에는 동방, 뿌리라는 의미도 있으며, 영원이라는 의미도 있다. '한'은 더없이 높고 밝고 광대한 이념을 함축하고 있으므로 완전한 소통성이다. 또한 '한'은 제왕(汗, Khan)의 의미도 함축되어 있다.

'한'은 그 본질이 비분리성·비이원성이므로 가장 근원적이면서(근원성) 이 세상 그 어떤 것도 포괄하지 않음이 없고(포괄성) 또한 없는 곳이 없이 실재하는(보편성) '하나(一)'인 마음, 즉 한마음(一心)이다.

말을 마치자 마고는 오랜 시간 동안 말없이 '왕의 정원'을 거닐었다. 정원의 끝에 이르자 그는 하늘을 향해 두 팔을 벌렸다.

'태양의 제국' 환국(桓國)이여, 그대 이름에 축복 있으라!
나의 후예, 한민족에 영광 있으라!

마고는 이렇게 말했다.

제 3 장

물신(物神)들의 황혼
Twilight of the Material Gods

- '창조'라는 놀이 The Game Called 'Creation'
- 과학이라는 이름의 물신 The Material Gods Called Science
- 우상의 황혼 Twilight of the Idols

보라, 신(神)은 자신을 닮은 인간을 창조했고, 인간은 자신을 닮은 신을 창조했다!…인간의 불안과 고통, 두려움과 분노의 투사체로서 탄생한 '물신'은 분노와 파괴의 신이 되어 세계 곳곳을 누비고 다니며 인간을 억압하고 파괴하고 학대했다.

신(神)으로 위장한 물신(物神)은 인간 이성(理性)을 억압하고 학대했다. 이성으로 위장한 '물신'은 신을 종교의 성벽 속에 가두고 학대했다. 그리하여 마침내 참본성인 신성을 부인하기에 이르렀다!

그러나 육체적 죽음이 일어났다고 해서 그 창조행위가 끝나는 것은 아니다. 의식체로서의 삶이 시작되기 때문이다. 의식 속에 있던 생각의 씨앗들이 꽃 피어나기 때문이다.

오, 시작도 끝도 없는 창조의 덧없음이여, 창조의 비극이여! 이 '창조'라는 놀이는 언제 끝날 것인가? 슬프다! 에고의식[분리의식]이 창조해낸 '물신'들의 장난으로 사람들은 '참나'가 누구인지 알 수 없게 되었다.

사랑하는 형제들이여! '물신'들이 사라지면 '참나'는 스스로 그 모습을 드러낸다. 그러니 의식의 상승을 통해 신과 인간, 즉 내재적 본성인 신성과 인간 이성의 불협화음을 종식시키라!

- 본문 중에서

> 천국은 (면죄부를 통한) 평화의 보장 속에서가 아니라
> 고난을 통해서만이 들어갈 수 있다.
> And thus to enter heaven through many tribulations
> rather than in the security of peace
>
> - Martin Luther, "Article 95" in *Ninety-Five Theses*

'창조'라는 놀이

마고는 천산 북쪽의 산기슭에 자리한 우루무치(烏魯木齊)를 지나고 있었다. '아름다운 목장'이라는 이름에 걸맞게 산과 물이 도시 주변을 둘러싸고 광활한 평야가 펼쳐져 있었다. 그곳을 지나 마고는 천산산맥 보거다(博格達) 산봉의 허리에 위치한 고산 호수 천지(天池)로 향했다.

'천산의 보석'으로 알려진 천산천지(天山天池)에는 마고의 여름 궁전이 있었으므로 그곳을 향해 가고 있었다. 고봉(高峰)의 만년설과 빙하, 울창한 삼림이 어우러진 비경의 천산에는 예로부터 많은 수행자들이 은거하고 있었다.

천산천지를 향해 가는 도중에 마고는 두 사람이 논쟁을 벌이는 것을 보았다.

한 사람이 질문했다.

무슨 종교를 믿고 있소?

제3장 물신(物神)들의 황혼 | **139**

다른 사람이 답했다.

난 일심(一心)을 믿고 있소.

다시 질문자가 말했다.

그건 종교가 아니지 않소? 신이 없는 종교라니.

다른 사람이 답했다.

그렇게 말하는 사람은 어떤 신을 믿고 있소?

다시 질문자가 말했다.

천지창조를 하고 인간에게 복을 내리는 신을 믿고 있소.

다른 사람이 말했다.

그 신을 보았소?

다시 질문자가 말했다.

보이지 않아도 신은 무조건 믿어야 하는 것이오.

그러자 다른 사람이 말했다.

그렇다면 그건 마음속의 신이 아니오?

……

생각에 잠긴 두 사람을 뒤로 한 채 마고는 천산천지를 향해 떠났다. 도중에 마고는 그를 수행하는 환안에게 질문했다.

환안, 그대는 논쟁을 벌이던 그 두 사람의 신이 서로 다르다고 보는가?

환안이 대답했다.

위대한 나의 스승, '라 무(Ra Mu)'시어! '라 무'께서도 말씀하셨듯이, 인간은 의식(意識)이라는 붓으로 갖가지 형상을 분별하여 그리고는 그것을 보고 놀라거나 두려워합니다. '마음'이라는 화선지에 신(神)의 형상을 그려 놓고 놀라는가 하면, 마귀의 형상을 그려 놓고 두려움에 떨기도 합니다.

마찬가지로 산에 있는 바위는 하나의 자연석에 불과하지만, 그 바위에 신의 형상을 조각하게 되면 신이라는 생각이 들면서 함부로 그 위에 앉을 수 없게 됩니다. 바위 속에 그 어떠한 화(禍)나 복(福)도 있는 것이 아닌데, 단지 그의 마음이 그렇다고 생각하는 것입니다.

논쟁을 벌이던 그 질문자가 말하는 신은 다른 모든 신과 마찬가지로 인간이 '마음'이라는 화선지에 그린 그림입니다. 자신의 불안과 고통, 두려움과 분노가 투영된 신을 만든 것입니다.

인간은 자신이 극심한 어려움에 처하거나 간절하게 갈망하는 것이 있을 때 '마음'이라는 화선지에 신의 형상을 그리게 됩니다.

논쟁을 벌이던 그 두 사람도 각자의 의식 수준에 상응하는 신을 '마음'이라는 화선지에 그린 것입니다.

어떤 사람은 자신의 모든 요구를 들어주는 카리스마 넘치는 신의 형상을 그려 놓고는 자신이 그것에 중독되어 있다는 사실을 알아차리지 못한 채 오히려 그러한 중독에서 쾌감을 얻고 삶의 동력을 얻는 광신자가 됩니다.

또 어떤 사람은 자신의 분노와 증오심과 파괴성이 투영된 신의 형상을 그려 놓고는 그 신에 절대복종하고 스스로 기뻐하며 그 신의 노예가 되어 자신을 학대하는 피학증(被虐症, masochism)에 시달리게 되는 것입니다.

또 다른 사람은 사랑과 자비심과 연민의 정이 투영된 신의 형상을 그려 놓고 일심으로 기도하며 자신의 눈물을 잊고 타인의 눈물을 닦아주는 사람이 되게 해 달라고 기원합니다.

환안은 계속해서 말을 이어갔다.

이러한 현상은 집단의 경우에도 마찬가지로 나타납니다.

어떤 집단은 분노와 증오심과 파괴성이 투영된 신의 형상을 그려 놓고는 신의 이름으로 처단하고 복수하고 파괴로 치달으며 자신들이야말로 신의 총아(寵兒)라고 호언장담합니다.

또 어떤 집단은 사랑과 자비심과 연민의 정이 투영된 신의 형상을 그려놓고 하늘과 사람과 만물이 하나가 되어 홍익인간·재세이화의 이상세계를 실현할 수 있기를 일심으로 간구합니다.

'라 무'께서도 말씀하셨듯이, 개인이든 집단이든, 의식의 기운이 밝으면 사랑과 자비의 신을 인식하게 되고, 의식의 기운이 어두우면 분노와 파괴의 신을 인식하게 되는 것입니다.

환안은 점점 더 고양되어갔다.

위대한 나의 스승, '라 무'시어! 신은 곧 내재적 본성인 신성이므로 신을 믿는다는 것은 우리의 참본성인 신성과 조화를 이루는 삶을 살게 된다는 것입니다.

그러나 의식의 기운이 어두우면 신을 믿더라도 분노와 파괴의 신을 인식하게 되므로 신성과 부조화를 이루는 삶을 살게 되는 것입니다.

위대한 '라 무'시어, 신은 곧 생명이므로 신을 믿는다는 것은 하늘과 사람과 만물이 하나가 되어 생명을 살리는 삶을 산다는 것입니다.

그러나 의식의 기운이 어두우면 신을 믿더라도 하나인 생명을 서로 분리된 것으로 인식하므로 탐욕과 성냄과 어리석음에 빠져 생명을 죽이는 삶을 살게 되는 것입니다.

오, '라 무'시어, 신은 곧 사랑이므로 신을 믿는다는 것은 유일 실체인 '생명'을 사랑하는 삶을 산다는 것입니다.

타인을 모독하지도, 기만하지도, 상처 주지도, 배신하지도 않는 삶을 산다는 것입니다. 자비와 용서로 일관된 삶을 산다는 것입니다.

위대한 '라 무'시어, 신은 곧 진리이므로 신을 믿는다는 것은 하늘의 이치에 순응하는 순천(順天)의 삶을 산다는 것입니다.

신이 우주만물의 참본성으로 내재해 있음을 깨달아 우주만물이 곧 신임을 체현(體現)하는 삶을 산다는 것입니다.

환안이 말을 마치자 마고가 말했다.
환안, 그대여, 무르익었도다!
그리고는 이어 이렇게 말했다.
유사 이래 그 숱한 지성들이 지칠 줄 모르고 천착해 온 두 개의 주제를 꼽는다면 그것은 아마도 '신(神·天)'과 '생명'일 것이다. 인간의 삶과 가장 밀착된 주제임에도 불구하고 이에 따르는 세 가지 역설이 있다.

첫째는 그것들이 무엇인지 명료하게 알지 못한다는 것이다. 둘째는 그럼에도 이미 알고 있다고 전제한다는 것이다. 셋째는 신과 생명을 서로 다른 것으로 인식한다는 것이다.

만일 신과 생명이 무엇인지를 안다면 이 세상은 뒤집어진다. 세상이 거꾸로 되어 있으니 뒤집어지면 제자리를 찾는 셈이다. 존재혁명, 영혼혁명이 일어난다는 말이다.

환안, 그대여, 이 세 가지 역설에 대해 이야기해 보겠는가?
그러자 환안이 대답했다.
위대한 나의 스승, '라 무'시어! 첫째, 신과 생명이 무엇인지 명료하게 알지 못하는 것은 육안으로 확인할 수 있는 물질이 아니기 때문입니다. 신이나 생명이라는 개념은, '라 무'께서도 말씀하셨듯이, (진리의) 달을 가리키는 손가락에 불과한 것입니다.

손가락에 의지하여 손가락을 여윈 달을 보는 것과 같이, 언설에 의지하여 언어가 끊어진 법을 볼 수 있어야 알 수 있는 것입니다. 신이나 생명은 감각세계의 변화 저 너머에 있는 영원불변의 진리이기 때문입니다.

그러나 우리의 의식이 '몸' 단계에 머물러 있으면 신이나 생명을 물질 차원에서 인식하게 됩니다. 예컨대 백인은 신을 백인으로 인식하고 흑인은 신을 흑인으로 인식하며 황인은 신을 황인으로 인식합니다.

우리의 의식이 '몸' 단계에 머물러 있으면 신을 개체화·물질화된 형태로 인식하고 '내 종교, 내 집단의 신'으로 구획 짓게 됩니다. 또한 생명을 물질적 육체에 귀속되는 것으로 인식하여 육체적 죽음이 일어나면 생명이 끝났다고 생각하는 것입니다. 그러나 천지만물이 생겨나기 전에도 생명[靈, 靈性]은 있었습니다!

둘째, 신과 생명이 무엇인지 이미 알고 있다고 전제하는 것은, 종교의식을 통해서든 일상생활 속에서든, '신'과 '생명'은 우리와 너무도 밀착되어 있기 때문입니다. 그것은 마치 인간이면서도 인간에 대해 너무 모르고 있거나, 너무 잘못 알고 있거나, 상당히 알고 있다고 착각하는 것과도 같은 것입니다.

그러나 자주 만난다고 해서 상대방을 잘 알 수 있는 것이 아니듯, 우리에게 친숙한 단어라고 해서 반드시 명료하게 파악할 수 있는 것은 아닙니다. 그럼에도 우리는 친숙하기 때문에 이미 알고 있다고 착각하는 것입니다.

이미 알고 있다는 것은 자신의 의식 수준에 상응하는 형태로 알고 있다는 것입니다. 의식이 '몸' 단계에 머물러 있는 사람은 물질 차원에서 신을 인식하게 됩니다. 따라서 신을 이런저런 형상으로 인식하고, 생명을 육체에 귀속된 것으로 인식하게 되는 것입니다.

반면 의식이 '영(靈, Spirit)' 단계인 사람은 신을 형상도 속성도 없는 무속성(無俗性)의 '영' 그 자체로 인식하고, 생명을 시작도 끝도 없고, 태어남도 죽음도 없으며, 없는 곳이 없이 실재하는 우주의 본질 그 자체로 인식하게 됩니다.

이처럼 차원이 다른 신과 생명을 인식하게 되는 것은 영적 진화(spiritual evolution 또는 의식의 진화)의 단계가 서로 다른 데에 기인합니다.

신이 무엇인지 이미 알고 있다고 전제하다 보니, 신이 무엇인지에 대한 인식론적 고찰 없이 '신은 있다' 혹은 '신은 없다'라는 존재론적 차원의 문제로 일축하게 됩니다.

신이 무엇인지도 모르는데, 있는지 없는지 어찌 알 수가 있겠습니까. 창조주와 피조물이라는 뿌리 깊은 이원론(dualism)에 사로잡혀 있으면 신은 인간과는 분리된 의인화된 형상으로 정형화되므로 신이 무엇인지에 대한 의문조차 일어나지 않습니다.

셋째, 신과 생명을 서로 다른 것으로 인식하는 것은, 이들을 물질 차원에서 인식하기 때문입니다. 신은 형상과 속성을 가진 의인화된 형태로 인식하고, 생명은 단순히 물질적 육체에 귀속된 것으로 인식하는 것입니다. 신은 곧 생명이며 영성 그 자체인데, 이들을 영적 차원이 아닌 육적 차원에서 서로 다르게 인식하는 것입니다.

신은 곧 생명이고, 영(靈, 靈性, 神性)이고, 진리이고, 사랑입니다. 흔히 신을 생명의 본체라고 말하기도 하는 것은, 신의 자기현현(self-manifestation)이 곧 우주만물이므로 생명의 본체인 신과 그 작용인 우주만물이 하나라는 것을 설명하기 위해서 본체와 작용이라는 이분법의 도구를 사용한 것입니다.

우주만물의 개체성은 신의 속성이 변용되어 나타난 것입니다. 신(神·天·靈) 즉 생명은 '자기원인'에 의해 스스로 생성되고 변화하여 돌아가는, 말하자면 자생자화(自生自化)하는 제1원인(또는 제1원리)입니다.

제1원인은 우주 지성[性]이자 우주의 창조적 에너지[命, 氣]이며 우주의 근본 질료[精]로서, 지성·에너지·질료 이 셋은 제1원인의 삼위일체입니다. 이러한 제1원인의 삼위일체의 작용으로 물질세계가 형성된 것입니다.

생명[神]은 우주만물의 성(性, 神性, 靈性)입니다. '성'은 생명이 만물에 배분된 것입니다. 따라서 신 즉 생명은 곧 우주만물의 참본성[一心], 즉 '참나'입니다. 이 세상에서 오직 '참나'만이 홀로 존귀한 것입니다. '유아독존(唯我獨尊)'이란 이를 두고 하는 말입니다.

이러한 개념들은 모두 영적 진화의 수준에 따라 다르게 인식됩니다. 영적 시력이 낮을수록 물질 차원에서 분리적으로 인식하게 되므로 이기적인 목적을 앞세우게 됩니다. 영적 시력이 높을수록 영적 차원에서 전체적으로 인식하게 되므로 개체와 전체의 조화를 도모하게 됩니다.

이러한 생명의 전일성과 자기근원성을 인식하지 못한 채 분리의식의 투사체인 물신(物神)들에 의해 점령당하면 개인이든 국가든 지구든, 결국 파멸로 치닫게 되는 것입니다.

신이 곧 생명이며 우주만물의 참본성[神性, 靈性, 一心]임을 깨달을 때 하늘과 사람과 만물을 하나로 느끼는 전체의식에 이르게 되어 홍익인간·재세이화의 이상세계를 구현할 수 있는 것입니다.

환안이 말을 마치자 마고는 이렇게 말했다.

환안, 그대여, 인고(忍苦)의 세월이 빛을 발하기 시작하는 도다!

마고 일행은 천산천지를 향해 계속 걸었다. 얼마를 더 가니 높다란 너럭바위 위에서 중년이 넘어 보이는 한 사람이 탄식하며 외치고 있었다.

나는 지쳤다. 죽을 기력마저 없을 정도로 나는 완전히 지쳤다! 젊은 날 나는 청운의 꿈을 안고 도시의 불길한 화려함 속으로 두려움 없이 뛰어들었다.

 돈과 권력과 명예 사이를 줄타기하며 나는 능숙한 광대가 되었다. 아, 그런데 이 무슨 운명의 장난이란 말인가! 나는 줄타기하다가 시뻘건 삶의 심연 속으로 곤두박질치고 말았다.

 나는 지쳤다. 거대한 해일 같은 무력감이 나를 덮치고 있다! 만신창이가 된 몸을 이끌고 나는 새로운 삶을 꿈꾸며 천산의 동굴 속으로 찾아들었다.

 도(道)를 구하는 마음은 나날이 열렬해졌고, 그럴수록 도는 더욱 멀어질 뿐이었다. 정신은 더욱 아득해졌고 매일 밤 나는 동굴 바닥과 벽을 치며 무언의 통곡을 했다.

 아, 나는 지쳤다. 압도적인 삶의 무게에 내 영혼은 흔들리고 있다! 마음은 갈가리 찢겨 타들어갔다. 마음이 타니 동굴이 탔다. 이 세상이 타고 우주가 탔다.

 나는 내 시체를 끌며 무덤 속에서 살아가고 있다. 아, 광대여, 시인이여! 그대는 정녕 아직도 못다 부른 삶의 노래가 남아 있기라도 한 것인가?

 이윽고 마고가 환안을 향해 말했다.
 그대여, 저 독백하는 가락이 너무 애달프지 않은가. 운명의 장난에 항거하는 세상 사람들의 함성처럼 들리지 않는가?
 침묵이 흘렀다. 얼마 후 두 사람은 순식간에 천산천지로 이동해 있었다. 천산산맥의 눈이 녹으면서 만들어진 천지는 보거다봉의 옥패(玉佩)로도 불리는데 해발고도가 1,900m가 넘고 호숫물이 맑고 투명하여 옥처럼 푸르렀다.
 사방이 웅장한 산맥으로 둘러싸여 있고 곳곳에 들꽃이 만발해 있었다.

천지 주변에 자라고 있는 침엽수림은 보거다봉의 만년설과 어우러져 장관을 이루었다. 여름이면 마고는 고산 호수인 천지에서 뱃놀이를 즐기곤 했다.

마고는 누각으로 올라섰다. 그는 석양에 물든 천지를 내려다보며 이렇게 말했다.

보라, 신(神)은 자신을 닮은 인간을 창조했고, 인간은 자신을 닮은 신을 창조했다! 인간 존재의 세 중심축인 신과 세계와 영혼은 인간의 부정적인 의식이 창조해낸 물신(物神)들의 교묘한 장난에 놀아나고 있다.

인간의 불안과 고통, 두려움과 분노의 투사체로서 탄생한 '물신'은 분노와 파괴의 신이 되어 세계 곳곳을 누비고 다니며 인간을 억압하고 파괴하고 학대했다.

신(神)으로 위장한 물신(物神)은 인간 이성(理性)을 억압하고 학대했다. 이성으로 위장한 '물신'은 신을 종교의 성벽 속에 가두고 학대했다. 그리하여 마침내 참본성인 신성을 부인하기에 이르렀다!

그러나 육체적 죽음이 일어났다고 해서 그 창조행위가 끝나는 것은 아니다. 의식체로서의 삶이 시작되기 때문이다. 의식 속에 있던 생각의 씨앗들이 꽃 피어나기 때문이다.

오, 시작도 끝도 없는 창조의 덧없음이여, 창조의 비극이여! 이 '창조'라는 놀이는 언제 끝날 것인가? 슬프다! 에고 의식[분리의식]이 창조해낸 '물신'들의 장난으로 사람들은 '참나'가 누구인지 알 수 없게 되었다.

사랑하는 형제들이여! '물신'들이 사라지면 '참나'는 스스로 그 모습을 드러낸다. 그러니 의식의 상승을 통해 신과 인간, 즉 내재적 본성인 신성과 인간 이성의 불협화음을 종식시키라!

〈그림 3.1〉 천산천지
(출처: 螺钉, https://commons.wikimedia.org/wiki/File:Tianchi_Lake_of_Tian_Shan.jpg, CC BY-SA 4.0)

마고는 말을 마치자 천산을 향해 크게 외쳤다.

그대 천산의 신성한 영(靈)이시여! 오늘 천지에서 우리가 회동하기로 하지 않았는가?

그러자 천산의 신령(神靈)이 답했다.

위대한 무 제국의 정통 계승자, '라 무'여! 환영하노라, 다시 만나게 되어 반갑도다!

그리고 그대 신관도 환영하노라.

천산 신령이 다가오자 마고가 말했다.

천산 신령이시여! 다시 만나게 되어 반갑도다. 그대도 뱃놀이에 흥취가 있으니 오늘 천지에서 뱃놀이하면서 이야기를 나누도록 안배해 두었노라.

그러자 천산 신령이 말했다.

그대의 안배에 감사하노라.

그리고는 이어 말했다.

〈그림 3.2〉 김홍도의 〈낭원투도(閬苑偸桃)〉[1]
동방삭이 마고의 낭원에서 반도복숭아를 훔친 그림
(사진: 간송미술관)

위대한 '라 무'여! 그대는 신선계(神仙界)에서 존경받는 인물로 잘 알려져 있다. 그대는 삼천 년에 한 번씩 삼월 삼짇날(음력 3월 3일)에 깨달은 진인들을 곤륜산 요지(瑤池)에 초대해서 반도승회(蟠桃勝會)라는 잔치를 연다고 들었노라.

초대된 손님들에게 삼천 년에 한 번 열리는 불로장생의 복숭아 '반도(蟠桃)'를 선물하는데, 많은 신선들이 이 열매 덕분에 신선이 되었다고 들었노라.

그런데 동방삭(東方朔)이란 자가 그대의 반도원(蟠桃園)에 들어가 반도복숭아를 훔쳐 먹고 삼천 갑자년(십팔만 년)을 살았다고 하는데, 그게 사실인가?

그러자 마고가 말했다.

먼 훗날 반도승회가 열렸을 때 그 자리에 반도복숭아를 훔쳐간 그 자가 참석해서 내가 알아보았노라.

그때 마고의 여름 궁전에서 뱃놀이 준비가 끝났다는 기별이 왔다. 하여 모두 안내하는 곳으로 이동했다. 어느새 어둠이 내렸다. 모두 승선하자 배는 천천히 미끄러지듯 움직이기 시작했다. 휘영청 밝은 보름달이 차가운 호수 수면 위를 비추면서 비경을 만들어내고 있었다.

마고가 먼저 입을 열었다.

천산의 신성한 영(靈)이시어, 이것이 바로 선경(仙境) 아니겠는가. 참으로 아름다운 밤이로다!

천산 신령이 말했다.

그렇도다. 텅 빈 대자연의 넉넉한 품은 존재 그 자체만으로 우리를 정화시키고 환희심에 젖게 하지 않는가! 한 송이 들꽃에서 우리는 천국을 들여다본다. 생명은 환희요 허(虛)다. 자연은 인간이 본받아야 할 영원한 스승이다.

문명이란 거짓스러워지는 훈련이다. 왜냐하면 그것은 인위·비순수·부자연으로 가득 차 있기 때문이다. 물신(物神)의 등장은 정신의 자기분열의 표징이다.

스스로의 영적 이미지로서가 아닌, 육적 이미지로서 그려낸 물신이 우상이다. 그러나, 기억하라! 우리는 본래 순수의식이며 전체의식이다.

천산 신령은 계속 말을 이어갔다.

'라 무'여, 나는 그대가 천지 누각에서 '창조'라는 놀이에 대해 설파하는 것을 들었노라. 참으로 장쾌한 법문이었다!

그렇도다. 명상 수행에 정통한 사람이 아니라면 인간이 사후(死後)에 보게 되는 환영(幻影)들이 바로 '자신의 생각에서 나온 그림자들'이라는 사실을 깨닫기란 거의 불가능하다.

이 세상이나 저 세상이나 다 인간의 의식이 지어낸 이미지 구조물이다.

의식이 잠들어 있으면 살아서나 죽어서나 환영(幻影) 속을 떠돌게 된다.

오, 시작도 끝도 없는 창조의 눈물이여!

그리고는 환안을 향해 말했다.

그대, 신관(神官)이여! 그대는 인간 세상에서 말하는 천국과 지옥이란 것도 인간의 의식 밖에 존재하는 그 무엇이 아니라는 것을 잘 알고 있을 것이다. 그것에 대해 이야기해 보겠는가?

그러자 환안이 대답했다.

천산의 신성한 영(靈)이시여! 그렇습니다. 천국과 지옥은 시공(時空) 개념이 아니라 인간의 의식 상태를 일컫는 것입니다. 이 마음 하나가 천국이요 지옥이라는 말이 바로 그것입니다.

천국은 개체성과 전체성이 하나가 된 걸림이 없는 자유로운 의식의 영역입니다. 지옥은 걸림으로 가득 찬 구속의 영역입니다.

일심의 본체인 진여심(眞如心, 本覺)이 천국이라면, 그 작용인 생멸심(生滅心, 不覺)은 지옥입니다. 지옥이 물질 차원에 갇힌 에고(個我)의 영역[어두움의 세계]이라면, 천국은 불가분의 전체성이 드러난 근원의식의 영역[빛의 세계]입니다.

천산의 신성한 '영'이시여! 그렇다고 이 두 영역이 분리된 것은 아닙니다. 생멸심 속에도 하나인 진성(眞性, 참본성)은 파괴되지 않고 그대로 보존되므로 어떤 계기에 빛을 발하여 깨달음이 일어날 수 있기 때문입니다. 천국과 지옥, 진여심과 생멸심은 서로가 서로를 비추는 상호적인 관계에 있습니다.

천국의 문은 누구에게나 항상 공평하게 열려 있지만, 문제는 영적(靈的) 시력이 낮은 사람은 그 문을 찾을 수 없다는 데 있습니다.

물질에 대한 욕망이 크면 클수록 영적 시력은 더욱 약해져서 결국 물질의 노예가 되어 사는 것이 천국이라고 착각하게 되는 것입니다.

천국과 지옥을 생전의 죄과(罪過)에 따라 사후에 가는 곳이라고 한 말은 틀렸다고 할 수는 없지만 정확하지는 않습니다.

사는 동안 마음을 부정한 심상으로 가득 채운 사람은 살아서도 지옥을 경험하고 또한 육체를 벗어버린다고 해서 의식의 작용이 멎는 것은 아니므로 사후에도 의식체(靈體)로서 지옥을 경험하게 되는 것입니다.

천산의 신성한 '영'이시여! 천국과 지옥은 인간의 의식 상태를 말하는 것이므로 삶과 죽음을 관통하는 개념입니다.

중요한 것은 일체 현상이 하나인 마음의 바다(氣海)에서 일어나는 것이며 천국과 지옥이란 것도 인간 의식의 창조물이라는 사실을 알아차리는 것입니다.

이 사실을 알아야 의식의 상승을 통해 천국으로 가는 직로(直路)가 뚫리게 되는 것입니다. 그렇지 않고 자신의 의식 밖에서 구원의 신(神)을 찾게 되면, 자신의 욕망이 지어내는 끝없는 창조행위에 갇히게 되는 것입니다. 하나인 마음, 즉 일심(一心, 一氣, 에너지場)이 유일 실체이며 유일신입니다!

천국과 지옥은 인간의 의식이 투사된 것이므로 그 설계자는 자신의 의식입니다. 인간이 사후에 영계에 들어가면 의식의 주파수대가 같은 세계로 스스로 이동하게 됩니다. 영체가 되어서도 유유상종하게 되는 것입니다.

순천(順天)의 삶을 산 긍정적인 의식이 집결된 곳이 천국이고, 역천(逆天)의 삶을 산 부정적인 의식이 집결된 곳이 지옥입니다. 각 세계의 환경은 같은 주파수대에 있는 집단의식의 투사체로서 나타난 것입니다.

천국이 평화롭고 아름다운 것은 거기에 집결된 의식이 사랑의 빛을 발하기 때문입니다. 지옥이 고통스럽고 공포로 가득 찬 것은 거기에 집결된 의식이 탐욕과 노여움과 어리석음의 어두움을 투사하고 있기 때문입니다.

이 우주는 의식의 진화 단계에 따라 무수한 세계가 있습니다. 진리[根本智]에 대한 충분한 자각은 없다 할지라도 양심과 도덕에 따라 선량하게 산 사람은 사후에도 그러한 의식의 빛에 상응하는 천국에 태어납니다. 그러나 이 단계는 의식의 빛이 충분히 강하지 못하므로 최상의 천국이라고 할 수는 없습니다.

진리에 기초한 자각적 삶을 산 사람은 의식의 빛이 더 강하므로 보다 상위의 천국에 태어납니다. 온몸으로 섬김과 사랑을 실천하여 사랑의 화신이랄 수 있는 사람은 의식의 빛이 가장 강하므로 최상의 천국에 태어납니다. 이처럼 천국에도 의식의 단계에 따라 다양한 층이 있을 수 있으며 지옥의 경우에도 마찬가지입니다.

환안이 말을 마치자 천산 신령이 말했다.

그대가 정확하게 보았다. 일체 현상이 오직 마음이 지어낸 것임을 알아차릴 때 일심의 원천인 천국으로 들어갈 수 있는 문도 열리게 된다.

그리고는 이어 마고를 바라보며 이렇게 말했다.

'산'은 '살아있는', 그래서 생명을 느끼게 하는 그 무엇이다. 천산은 온갖 사연을 가지고 찾아드는 사람들을 다 품고 있다. 예로부터 높은 산은 하늘로 통하는 문으로 여겨져 그곳에서 제천(祭天)의식이 거행되었다.

그대 '라 무'의 마고성 시대에도 그러하거니와, 그대의 후예들에게도 고산(高山) 숭배의 습속은 이어질 것이다. 특히 천산산맥은 그대의 후예인 한민족의 시원지가 될 것이다. 그리고 천산천지는 그들의 정신적 성지가 될 것이다.

그대도 알고 있듯이, '오미의 변(五味之變)' 이후 마고성의 종주족인 황궁은 권속을 이끌고 천산산맥 지역인 천산주로 왔다. 황궁과 유인의 천산주

시대를 거쳐 환인은 천산을 도읍으로 환국을 세우게 될 것이다. 그렇게 그대 후예의 맥은 계속 이어질 것이다.

침묵이 흘렀다. 환한 달빛 속에서 천산천지는 인간 세상이 아닌 별천지로 피어나고 있었다.

이윽고 천산 신령이 다시 말을 이었다.

머지않아 만여 년이 지나면 지천태괘(地天泰卦)의 후천(後天) 곤도(坤道) 시대가 도래할 것이다. 우주의 가을이 오면 천지가 뒤집히는 후천 대개벽이 일어나게 된다.

그때가 되면 나무가 수기(水氣)를 뿌리로 돌리듯 하나의 생명 뿌리에서 수많은 갈래로 나뉘어 제각기 발전하여 꽃피우고 열매를 맺은 지구 문명은 다시 그 하나인 생명의 뿌리로 돌아갈 것이다.

그러나 그 시기의 지구 문명은 물질만능주의에 휩쓸려 그 정신적 토대가 허물어져 있을 것이다. 하여 생명이 무엇인지 알지 못하니 돌아가야 할 곳을 알 수 없게 된다.

인간들은 자신들이 받드는 신(神) 또는 하늘(天)이 바로 우주의 본질인 생명이며 우주만물의 참본성[神性, 靈性, 一心]임을 알지 못한 채 신이라는 이름으로 생명을 모독하고 기만하고 파괴하는 일을 서슴지 않았다.

천·지·인은 본래 삼신일체이지만, 물질세계에 구체적인 현실로 나타나기 위해서는 삼신일체의 천도(天道)가 인간 존재 속에 구현되어야 한다. 이는 곧 천·지·인 삼신일체의 천도를 체득하는 것으로 일심(一心)의 경지에 이르는 것이다.

하여 우주 '한생명'을 이해하는 기본공식인 '하나는 셋(一卽三), 셋은 하나(三卽一)', 즉 천·지·인 삼신일체의 원리는 삼위일체(성부·성자·성령), 삼신불(법신·화신·보신), 삼극(무극·태극·황극), 트리무르티(Trimurti: 브라흐마·비슈누·시바),

시(侍)의 삼원 구조(내유신령·외유기화·각지불이) 등 다양한 이름으로 퍼져나가 동·서 문명의 근간이 되었다.

하지만 인류가 물질주의에 경도됨으로 인해 삼신사상['한'사상, 神敎] 본래의 가르침은 그 본질이 왜곡되어 신이 곧 우주의 본질인 생명이며 우주만물의 참본성임을 알지 못하게 되었다.

천·지·인 삼신사상은 신들의 모국이자 인류의 모국인 무(Mu, Ma) 제국에서 발원하여 그 정통이 마고성으로 이어졌고, 다시 환국·배달국·단군조선의 한민족으로 이어진 것이다.

다행히 한민족이 마고성 시대로부터 만 년이 넘도록 유라시아를 관통하며 천·지·인 삼신일체 사상을 국가통치체계에 조직적이고도 체계적으로 반영함으로써 그 정신문화적 유산을 남겨 놓았기에 '생명 코드'의 진실을 알 수 있게 된 것이다.

한민족의 역사가 단순히 지나간 한 민족집단의 역사가 아니라 인류의 '오래된 미래'인 것은, 그 속에 인류가 돌아가야 할 생명의 뿌리 문명이 숨쉬고 있기 때문이다.

후천대개벽기에 새 하늘과 새 땅을 열기 위해서는 허물어진 정신적 토대를 구축하는 작업이 선행되어야 한다. 그 바탕이 되는 것이 바로 '하나는 셋(一卽三), 셋은 하나(三卽一)', 즉 천·지·인 삼신일체의 원리다. 이는 곧 우주만물이 하나라는 원리다.

선계(仙界)에서는 마고 종족의 발원지가 곤륜산이고 그 후예인 한민족의 발원지가 천산산맥이므로 곤륜산 신령과 나의 의견을 청취하고자 했다.

하여 나와 곤륜산 신령은 이 문제에 대해 심도 있게 논의했다. 천·지·인 삼신일체의 원리를 정통으로 계승한 한민족이 새로운 세상의 정신적 토대를 구축해야 하고, 또 이 일을 위해서는 일꾼이 필요하다는 데에 의견을 같이 했다.

그리고는 마고를 향해 말했다.

그대가 오늘 나와 회동하고자 한 것도 바로 이 일 때문이 아닌가?

천산 신령은 다시 환안을 향해 말했다.

새로운 세상을 열기 위해서는 많은 일꾼이 필요할 것이다. 무 제국의 정통 계승자 '라 무'는 새 세상의 정신적 토대를 구축하는 일에 그대 신관을 추천했노라.

곤륜산 신령과 나는 그대 신관이 이 일의 적임자라는 것에 합의하고 선계에 보고했노라.

그러자 마고는 천산 신령을 향해 말했다.

천산의 신성한 영(靈)이시여, 그대에게 감사하노라!

천산 신령은 이렇게 덧붙였다.

그대 신관은 '진리의 강'을 건너는 나룻배이고 또 나룻배여야 한다. '진리의 언덕'에 오르고 오르지 않고는 각자의 몫이다.

그대는 자신의 눈물을 잊고 타인의 눈물을 닦아주는 사람이어야 한다!

무 제국의 정통 계승자 '라 무'여, 그대 이름에 영광 있으라!

새 시대의 사명자여, 그대에게 축복 있으라!

과학이라는 이름의 물신(物神)

다음날 마고성은 귀빈을 맞을 채비를 하느라 부산하게 움직였다. 마고가 곤륜산 신령과 북두칠성을 마고성 '왕의 정원'으로 초대했기 때문이다.

늦은 오후가 되자 '왕의 정원'에 있는 호수 요지(瑤池)에 곤륜산 신령이 당도했다. 마고가 환영 인사를 건넸다.

오, 만산(萬山)의 조종(祖宗)인 곤륜산의 신성한 영(靈)이시여! 만사를 제쳐두고 이렇게 왕림해 주시니 참으로 기쁘고 반갑도다. 그대를 환영하노라!

그러자 곤륜산 신령이 말했다.

위대한 무 제국의 정통 계승자, '라 무'여! 그대는 신선계(神仙界)에 널리 알려진 존경받는 인물이다. 그대의 아름다운 정원에 초대해 주어 기쁜 마음으로 왔노라. 반갑도다, '라 무'여!

그리고는 이어 이렇게 말했다.

'라 무'여, 북두칠성이 당도할 때까지 한담(閑談)을 즐겨보는 것이 어떻겠는가?

마고가 웃으며 고개를 끄덕이자, 곤륜산 신령은 이야기를 계속했다.

'라 무'여, 그대 후예 중에 진묵(震黙)이라는 대사(大師)가 있는데 그의 장대한 춤사위가 나를 취하게 했노라. 그의 시풍이 표일(飄逸)하고 호방하여 찬탄했노라! 그는 곤륜산 이름을 들먹이는 선시(仙詩)를 읊으며 춤을 추었노라.

하늘은 이불, 땅은 요, 산은 베개	天衾地席山爲枕
달은 촛불, 구름은 병풍, 바다는 술독이라	月燭雲屛海作樽
크게 취해 거연히 춤을 추나니	大醉居然仍起舞
긴소매 곤륜산에 걸릴까 저어하네	却嫌長袖掛崑崙

진묵 대사가 선계에 들어오면 그와 더불어 술잔을 기울여 볼까 하노라.

곤륜산 신령은 석양에 붉게 물든 호수 요지(瑤池)를 들여다보며 이야기를 계속했다.

'라 무'여! 그대는 이 '요지'에서 세상을 들여다본다고 들었노라. 그래서 세상은 요지경(瑤池鏡)이란 말이 생겨나게 되었다.

'라 무'여, 어제 나는 그대가 천산천지 누각에서 '창조'라는 놀이에 대해 설파하는 것을 들었노라. 세상 사람들에 대한 그대의 깊은 연민의 정을 느낄 수 있었도다.

그런데 세상 사람들은 물질계의 단면만 볼 뿐, 의식계와의 관계성은 놓치고 있다. 그러한 관계성을 놓치면 결국 실물은 놓치고 그림자만 보는 격이니 문제에 대한 실효성 있는 방안을 강구하기는 어려울 것이다.

그때 북두칠성이 만면에 웃음을 띠며 당도했다.

마고가 환영 인사를 건넸다.

오, 일월성신(日月星辰)을 다스리는 하늘의 주재신, 북두칠성이시여! 만사를 제쳐두고 이렇게 왕림해 주시니 참으로 기쁘고 반갑도다. 그대를 환영하노라!

그러자 북두칠성이 말했다.

위대한 무 제국의 정통 계승자, '라 무'여! 신선계의 거두(巨頭)인 생명의 여신이여! 그대의 아름다운 정원에 초대해 주어 즐거운 마음으로 왔노라. 다시 만나게 되어 반갑도다!

북두칠성은 오랜 친분이 있는 곤륜산 신령과도 서로 인사를 나누었다. 환안도 북두칠성과 곤륜산 신령에게 하례를 올렸다. 그리고는 모두 자리에 앉았다.

그때 정원의 약초 담당자가 곤륜산 신령과 북두칠성 앞에 봉황이 새겨진 아름다운 옥그릇을 내려놓으며 말했다.

봉산(蜂山)의 돌에서 나오는 물인 석수(石髓)와 옥수(玉樹)의 열매, 영지(靈芝)와 난혜(蘭蕙) 등 불로장생의 효험이 있는 약초로 만든 진액입니다. 음미하소서!

그러자 곤륜산 신령은 진액을 한 모금 마신 후 말했다.

음, 향이 참으로 깊고도 그윽하도다!

북두칠성도 한 모금 마신 후 말했다.

음, 이 맛은 옥황상제가 계시는 천상의 화원에서 마신 진액과 같도다.

그러자 마고가 말했다.

내가 천상의 화원에서 진액 만드는 비법을 전수받았노라.

그리고는 이어 말했다.

곤륜산은 나의 종족들의 시원(始元)이자 나의 후예들의 원적(原籍)이다. 그리고 북두칠성은 나의 선조들의 고향별이니 나의 선조들의 '시원'이자 나의 '원적'이며 나의 후예들의 '원적'이기도 하다.

곤륜산 신령이시여, 그리고 북두칠성이시여, 오늘 이 회동은 참으로 뜻깊도다. 그대들에게 감사하노라!

그러자 곤륜산 신령이 말했다.

그대들은 최근 신선계의 동향을 잘 알고 있을 것이다. 머지않아 만여 년 후에—우주력(宇宙曆)으로는 한 달* 정도 후에—닥칠 후천대개벽기의 틀을 짜느라 부산하게 움직이고 있다.

후천대개벽은 단순한 천지개벽이 아니라 전 인류적이고 전 지구적이며

---

* 송대(宋代)의 대유학자 소강절에 의하면 우주의 1년이 지구의 시간으로 12만9천6백 년이고 1개월은 1만8백 년이니, 만여 년 후는 우주력(宇宙曆)으로는 1개월 정도 후가 된다.

전 우주적인 존재혁명[영혼혁명]이 될 것이다. 하늘과 땅이 뒤집히고 뒤집힌 세상이 바로 서게 될 것이다.

그것은 세계사에서 누락된 동양이 제자리를 찾고, 문명사에서 누락된 한민족이 제자리를 찾고, 인간사에서 누락된 여성이 제자리를 찾는 것이다.

인간이 제자리를 찾고 자연이 제자리를 찾고 종교가 제자리를 찾고 국가가 제자리를 찾고 지구가 제자리를 찾는 것이다. 그리되면 우주 공동체의 일원으로 편입되어 우주 문명으로 진입하게 될 것이다.

강자가 약자를 억누르고 민의(民意)가 제대로 반영되지 못하며 빈부격차가 심하고 여성 억압과 자연 억압이 만연한 시대를 마감하는 것이다. 그리하여 일체 대립물의 통합이 이루어져 종교적 진리가 정치사회 속에 구현되는 성속일여(聖俗一如)·영육쌍전(靈肉雙全)의 시대를 여는 것이다.

이어 북두칠성이 세 사람을 번갈아 바라보며 말했다.

우리는 시간의 관계에서 자유로우니 후천개벽기를 현시점으로 놓고 이야기해 보는 것이 어떻겠는가? 그렇게 통시적(通時的)으로 접근하는 것이 후천개벽기에 일할 일꾼인 신관에게도 도움이 되지 않겠는가?

이에 모두 찬의를 표하자 북두칠성은 이야기를 계속했다.

후천개벽기가 되면 인간 존재의 세 중심축인 신과 세계와 영혼, 즉 종교와 과학과 인문은 에고 의식[분리의식]이 만들어낸 물신(物神)들에 의해 완전히 점령당하게 된다. 오랜 시간에 걸쳐 강화된 에고가 그 필연적인 소멸에 앞서 더욱 강해지기 때문이다.

그러한 물신들의 발흥은 근대 서구의 기계론적 세계관에 힘입은 바 크다. 근대 서구의 세계관과 가치체계는 16, 17세기에 그 본질적 형태가 형성되었다.

그것은 르네상스와 종교개혁, 과학혁명, 계몽주의 및 산업혁명 등 일련의 서구 문명의 흐름과 연결되어 수백 년간 서구 문화를 지배한 기초적 패러다임이 되었으며 여타 세계에도 심대한 영향을 끼쳤다.

후천개벽기의 물질문명은 물질적 가치를 지상(至上)가치로, 경제적 발전을 진보로 보는 근대 서구 문명의 전 세계적 확산에 기인한다.

그러나 근대 서구의 휴머니즘과 계몽주의에 내재된 개체화·물질화된 생명관이 초래한 반생명적·반윤리적인 물신(物神) 숭배는 전 세계를 죽음의 소용돌이로 몰아넣었다.

그러자 곤륜산 신령이 말했다.

유럽의 문화가 선진문화로 거듭나게 된 것은 근대 이후의 일이다. 그전까지는 동양의 문화가 훨씬 앞서 있었다. 인류의 4대 발명품으로 꼽히는 화약, 나침반, 인쇄술, 종이는 모두 동양에서 비롯되어 서양으로 전수된 것이 아닌가.

십자군 원정(11~13세기)을 통해 천문학, 기하학, 수학 등 사라센(이슬람)의 선진 과학기술과 문물이 도입되어 유럽인들의 지성을 자극하고 이성에 눈을 뜨게 하는 계기가 되었다. 나아가 유럽의 과학 및 학문의 발달에 커다란 영향을 미침으로써 르네상스의 새벽을 열었다.

또한 동양의 나침반이 유럽으로 전래되어 폐쇄적이었던 중세 유럽의 세계관을 타파하고 대항해시대를 열어 신대륙의 발견으로 이어졌고, 동양에서 유입된 화약 기술에 기초해 무기를 만들어내기 시작했다.

유럽의 양피지가 종이로 대체되고 각지에 대학이 세워지면서 필사본 책에 대한 수요도 늘어나 지식의 전파 속도도 빨라졌다.

과학기술의 발전이 경제적 측면에 응용되면서 자본주의의 발달을 가져오고 또한 이를 운용하기 위한 제도로서의 민주주의가 나타나게 되면서 바야흐로 근대 민족국가, 나아가 근대 국민국가로 일컬어지는 근대세계가 열리게 된 것이다.

마고가 말했다.

그렇도다! 근대 이전까지는 동양의 문화가 훨씬 앞서 있었다. 세계에서 최초로 우주의 본질인 생명의 물질화 현상을 파동과학적 표현인 율려(律呂)로 나타냄으로써 현대물리학의 전일적 실재관의 원형을 제공했던 나라, 이 나라가 바로 한민족의 나라이다.

9천 년 이상 전부터 홍익인간·재세이화의 이상을 함축한 '천부중일(天符中一)'을 국시(國是)로 삼아 의식과 제도, 정신과 물질의 전일성을 추구했던 나라, 생명이 곧 영성(靈性)임을 갈파한 천·지·인 삼신일체의 원리로 동·서양의 철학사상과 종교에 근본적인 설계원리를 제공했던 나라, 이 나라가 바로 한민족의 나라이다.

요하문명(遼河文明)의 대표 문화로 꼽히는 홍산문화(紅山文化) 유적이 말해주듯, 중원문화의 새벽을 열고 동·서양의 문화·문명을 발흥시킨 모체였던 나라, 이 나라가 바로 한민족의 나라이다.

종교·철학사상·정치제도·역(易)사상·상수학(象數學)·역법(曆法)·천문·지리·기하학·물리학·언어학·수학·음악·건축·거석(巨石)·세석기(細石器)·빗살무늬 토기 등 선진문물을 가지고 각지로 퍼져나가 우리 천부(天符)문화의 잔영을 세계 도처에 드리우게 했던 나라, 이 나라가 바로 한민족의 나라이다.

마고는 계속해서 말을 이어갔다.

서양에서는 서로마제국의 오현제(五賢帝) 시대(96~180)를 인류 역사에서 가장 행복한 시기였다고 말하기도 하지만, 로마제국의 바탕을 이룬 것은 그리스 문화였다. 그리스 철학의 발상지는 본토가 아니라 동방과 서방의 교차지점인 이오니아였으며 이집트의 수학이나 바빌로니아의 천문학의 영향을 받았다.

또한 이집트나 바빌로니아는 수메르 문명의 자장권(磁場圈) 내에 있었다. 고대 수메르 문명은 환국(桓國) 12연방 중의 하나인 수밀이국 사람들이 선진문물을 가지고 수메르 지역으로 이주하여 성립된 왕조들의 문명이었다.

그러자 북두칠성이 말했다.

그렇도다! 프랑스의 계몽사상가 볼테르가 '모든 예술의 요람이자 서양이 모든 것을 빚지고 있는 동양'이라고 갈파했듯이, 서구 문명이 동양에서 기원했다는 학설이 점차 힘을 얻으면서 '유럽중심주의(Eurocentrism)'가 비판받고 있다.

서양 문화·문명의 태생적 우월성을 강조하며 이른바 서구적 보편주의의 거울로 동양 정신을 해석하는 시도가 비판받으면서 세계사 재인식에 대한 논의가 확산되고 있다.

동양이 세계사의 중심으로 재부상한다는 의미가 내포된 '리오리엔트(ReOrient)'라는 용어가 확산되고 '문화적 르네상스'가 부상하고 있다.

이것이 바로 곤륜산 신령 그대가 말한 '세계사에서 누락된 동양이 제자리를 찾고, 문명사에서 누락된 한민족이 제자리를 찾는 것' 아니겠는가!

또한 후천개벽기에 '라 무' 그대가 생명의 여신으로 불리며 부활하는 것은, 곤륜산 신령 그대가 말한 '인간사에서 누락된 여성이 제자리를 찾는 것'을 상징적으로 말해주는 것 아니겠는가!

그러자 분위기는 점점 고조되어 갔다.

북두칠성이 계속해서 말했다.

한 가지 분명하게 밝혀두어야 할 것이 있노라. '라 무' 그대도 알고 있듯이, 사람들은 '마고(麻姑)'와 '서왕모(西王母)'가 다른 인물인 것으로 알고 있다. 중국에서 곤륜산에 사는 생명의 여신을 '서왕모'라고 부르니 그대의 후예들도 따라서 그렇게 부르는 것이다.

치우(蚩尤: 배달국 제16대 慈烏支 혹은 蚩尤天王)가 군주로 있던 구려족(九黎族)에서 분화해 나간 하화족(夏華族: 고대 漢族)은 마고를 금모낭낭(金母娘娘)으로 부르다가 다시 서왕모(西王母)로 바꾸어 불렀다.

따라서 마고와 서왕모는 동일 인물이다. 그런데 문제는 그대 '라 무'의 후예인 한민족이 선조들의 시원(始元)이자 자신들의 원적(原籍)인 곤륜산을 중국의 서왕모가 사는 성지로 생각하고 있다는 것이다.

이는 마고성의 정통을 이어받은 한민족의 정체성과 관계되는 문제이다. 곤륜산 신령이여, 그렇지 않은가!

그러자 곤륜산 신령이 말했다.

그렇도다! 자기 조상이 누구인지도 모르고 자기 '원적'이 어디인지도 모르고 있으니 참으로 안타깝도다. 이 문제는 간단한 것이 아니니 다음 기회에 다루는 것이 좋겠노라.

마고가 고요한 목소리로 말했다.

영혼을 잃고 땅에 뿌리박혀 울던 자가 영혼을 찾으면 그것이 개벽의 시작이다!

침묵이 흘렀다. 이윽고 북두칠성이 말했다.

역사는 스스로의 완성을 열망하며 인류의 집단무의식 속에서 살아 퍼득인다.

오, 역사여, 왜 그대는 그토록 잔혹한 생명의 서(書)를 써 내려가고 있는가.

이 땅이 피로 물들지 않은 곳이 있었던가.

이 땅이 눈물로 얼룩지지 않은 곳이 있었던가.

이 대기가 탄식으로 찢기지 않은 곳이 있었던가.

마침내 지구 가이아(Gaia)는 대정화와 대통섭의 새로운 문명을 예고하며 지구 리셋(reset)에 착수했다.

그대 한민족이여, 수만 년의 역사를 잃어버리고 영혼을 잃어버리고 한 조각 땅에 뿌리박혀 우는 그대들이여! 영혼을 찾으라, 그것이 개벽의 시작이다!

사랑하는 형제들이여, 그대들은 북두칠성이 고향별이라는 것을 잊어버렸지만, 나는 언제나 그대들을 잊지 않고 그리워하노라.

곤륜산 신령이 말했다.

자, 이제 과학이라는 이름의 물신(物神)이 등장하게 된 배경에 대해 살펴보는 것이 어떻겠는가?

이에 모두 찬의를 표하자 곤륜산 신령이 말을 이어갔다.

대개 16세기에 시작하여 17세기에 그 정점에 이른 근대 과학혁명은 기계론적 세계관에 힘입어 과학기술의 비약적인 발전과 함께 물질적 풍요의 혜택을 가져왔다.

그러나 기계론적 세계관에 입각한 합리적 정신과 과학적 방법은 모든 현상을 분할 가능한 입자의 기계적 상호작용으로 파악함으로써 정신까지도 물질화하는 결과를 초래했다. 그로 인해 반생태적·반윤리적인 물질주의가 만연하게 되었다.

이러한 근대적 사유의 특성은 데카르트-뉴턴의 기계론적 세계관에 함축되어 있다. 17세기 르네 데카르트는 사유를 본질로 하는 정신(res cogitans)과 연장을 본질로 하는 물질(res extensa)을 구분함으로써 정신·물질 이원론의 극단적인 공식화를 초래했다. 이러한 그의 철학은 근대 과학의 탄생과 발전에 크게 기여했다.

또한 현대에 이르기까지 서양의 일반적 사고방식에도 지대한 영향을 미쳤다. '나는 생각한다 그러므로 나는 존재한다(Cogito, ergo sum)'라는 그의 명제는 인간 존재를 전체적 유기체로서가 아니라 자신의 마음과 동일시하게 함으로써 자신을 육체에 내재하는 고립된 자아로 인식하게 했다.

이러한 기계론적 세계관은 아이작 뉴턴에 의해 더욱 확고해졌다. 고전 물리학에 있어 사물의 본질적 속성은 뉴턴의 기계론적 우주 모형에 의해 설명된다.

그것은 3차원적인 절대적 공간, 절대적 시간 속에서 움직이고 있는 물질적 입자, 이른바 '질점(質點)'으로 인식되는 더 이상 쪼갤 수 없는 단단한 원자들의 운동과 그 상호작용인 것으로 나타난다.

곤륜산 신령은 계속 말을 이어갔다.

데카르트와 뉴턴에 의해 확립된 기계론적 세계관은 과학혁명의 급속한 진행을 가져왔다. 반면, 종교와 과학과 인문, 즉 신과 세계와 영혼 세 영역(天地人 三才)의 통합성을 자각하지 못하므로 해서 인간과 인간, 인간과 우주자연의 연대성을 상실케 하는 단초를 제공했다.

중세에는 말할 것도 없고 갈릴레이 시대까지도 신의 이름으로 종교가 과학을 심판하는 위치에 있었다. 과학과 종교의 심대한 불화를 보여주는 대표적인 사례는 천동설에서 지동설로의 전환이다.

르네상스 시대 천문학자 니콜라우스 코페르니쿠스는 지구중심설이 아닌 태양중심설을 주창하며 천동설을 지동설로 대체했다.

그리하여 중세적 우주관에서 근대적 우주관으로의 이행을 촉발함으로써 기독교 세계가 세계의 중심이고 지구가 우주의 중심이라는 중세의 닫힌 우주관을 폐기하는 결과를 초래했다.

코페르니쿠스의 지동설에 영향을 받은 자연철학자 브루노는 교황청의 회유에도 굴복하지 않고 끝까지 지동설을 주장하다가 화형을 당하기도 했다.

이후 천문학자 갈릴레오 갈릴레이가 지동설을 과학적으로 입증하면서 천동설은 치명타를 입게 되고 결국 1616년 그는 로마 교황청의 종교재판에 회부되어 지동설의 포기를 명령받았다. 그가 교황청에 의해 공식 복권된 것은 그의 사후 350년만인 1992년에 이르러서이다.

그러나 정신·물질 이원론에 입각한 근대 과학의 탄생과 더불어 물질문명의 비약적인 진보로 과학이 신을 심판하게 되고 드디어는 인간 이성의 궁극적인 승리를 선언하게 되었다.

그때 북두칠성이 말했다.

과학과 신의 관계는 곧 물질과 정신의 관계이며 이성과 신성의 관계가 아닌가. 물질은 그 궁극적 본질이 비물질이므로 정신과 둘이 아니다. 순수한 이성은 내재적 본성인 신성(참본성, 일심)과 조화를 이루므로 신성과 둘이 아니다.

그런데 근대의 '도구적 이성'은 신성과 조화를 이루지 못하므로 해서 결국 계몽주의가 인성(人性)까지도 물화(物化)하는 새로운 야만상태를 초래하게 된 것이다. 이것이 바로 물신(物神)이 발흥하게 된 배경이 아닌가.

그러자 마고가 말했다.

그렇도다. 인류 역사는 신성과 이성의 변증법의 역사다. 신성과 이성이 잠재적 조화를 이루었던 제정일치 시대, 세속적 권위에 대한 신적 권위의 가치성이 정립된 중세 초기, 신성에 의한 이성 학대가 만연했던 중세, 신적 권위에 대한 세속적 권위의 가치성이 정립된 근대 초기, 이성에 의한 신성 학대가 만연한 근대 이후 물질만능주의 시대로 진행된 것이다.

무 제국 시대로부터 마고성 시대, 그리고 환국·배달국·단군조선 시대에 이르기까지 국가통치의 근간이 되었던 원리는 이성과 신성의 조화에 기반한 '천·지·인 삼신일체의 원리다. 내재적 본성인 신성을 회복함으로써 널리 인간 세상을 이롭게 하는 광명한 정치를 펴고자 했다.

그러자 곤륜산 신령이 환안을 향해 말했다.

후천개벽기 시점에서 지난 만 년을 돌이켜보니 지구촌의 모든 문제의 발단은 인간 이성이 내재적 본성인 신성(참본성)과 조화를 이루지 못하고 물질주의에 탐닉함으로써 역천(逆天)의 삶을 산 데 있다. 신관이여, 그대가 이 문제에 대해 이야기해 보겠는가?

그러자 환안이 서사시로 답했다.

이성(理性)이여! 그대의 본명은 신성(神性)이다. 인간의 본신이 신이므로. 그러나 인간은 신이 무엇인지 알지 못한다. 그냥 신을 찾아 헤매고 있다. 마치 나귀를 타고 나귀를 찾아 헤매는 것처럼!

이성이여! 그대는 선악과(善惡果)를 따먹는 순간부터 낙원[根本智]에서 멀어지고 드디어는 번뇌의 대해(大海)에 들게 되었다. 선과 악이라는 분별지(分別智)가 작용하면서 나와 너, 이것과 저것이 구분되고 대립하여 죄악에 빠져들게 되었기 때문이다.

그대 이성이여, 기억하는가? 신(神)의 가면을 쓴 물신(物神)이 인간 이성을 학대하는 굿판을 벌이던 것을! 이제 그대는 이성의 가면을 쓴 물신(物神)이 되어 신을 학대하는 굿판을 벌이고 있다. 그리고는 마침내 그대의 본신인 신성을 부인하기에 이르렀다.

오, 이성이여! 그대는 신의 이름을 부르며 신이 그대 편이기를 기도했다. 이단자(異端者)라는 이유로 수백만 명의 사람들을 신의 이름으로 고문하고 죽였다. 그것이 바로 신을 학대하고 모독하고 기만하는 행위라는 것을 알아차리지 못한 채!

그대 이성이여! 무한하고 조건 없는 신의 사랑을 그대는 참을 수가 없다. 신의 사랑은 오직 그대를 향한 것이어야 한다고 생각하기에! 그대는 신성을 모독하는 것 말고는 달리 그대의 신을 사랑하는 방법을 알지 못한다.

이성이여, 그대는 온갖 분열과 불협화음을 획책하고 조장하는 원천이 되었다. 그대는 일체를 도구의 대상으로 파악하고 계측, 수량화하여 인성(人性)까지도 물화(物化)시켜버렸다. 그대 '도구적 이성'은 '도구적 합리성'과 짝하여 '계몽'이라는 이름으로 신성을 모독했다!

그대 이성이여! 논리의 세계에 갇힌 그대에게 이 세상은 한갓 무수하게 분리된 '존재의 섬'일 뿐이다. 이 세상에서 그대가 새로이 이루어야 할 것은 아무것도 없다. 본래의 신성을 회복하는 일만이 있을 뿐이다.

그대 이성이여! 기억하라, 그대의 본신은 신성[神]이라는 것을! 신성은 죽일 수도 없고 죽을 수도 없다. 생명의 영원성을 깨닫게 되면 다른 사람을 죽이거나 죽일 수 있다는 생각은 하지 않게 된다.

이성이여! 그대는 선과 악을 심판하는 심판자가 아니다. 그대는 본래 사랑이고 사랑이어야 한다. 에고 의식[분리의식]은 물신(物神)이 탄생하는 모판이다. 오직 이 육체만이 자기라는 생각을 내려놓을 때 온 세상은 생명과 평화의 기운으로 가득 차게 된다.

오, 그대 이성이여! 신의 절대성·중심성이 허구인 것처럼, 이성의 절대성·중심성 또한 허구다. 진실은 이성과 신성의 조화에 있다. 사랑하는 그대여, 의식의 문을 활짝 열어젖히고 밖으로 나오라. 이토록 눈부시게 광명이 비치고 있지 않은가!

　환안이 말을 마치자 곤륜산 신령이 찬탄하며 마고를 향해 말했다.
　그대 '라 무'가 후천개벽기 일꾼으로 신관을 추천해서 천산 신령과 나는 신관이 그 소임을 맡을 적임자라고 판단하고 합의하여 선계(仙界)에 보고했노라. '라 무'여, 역시 그대의 안목은 탁월하도다!
　마고가 곤륜산 신령을 향해 말했다.
　곤륜산의 신성한 영(靈)이시여, 그대에게 감사하노라!
　곤륜산 신령이 다시 말했다.
　그대 '라 무'도 지적했듯이, 후천개벽기인 지금은 이성에 의한 신성 학대가 만연한 물질만능주의 시대다. 근대 물질문명의 진보 과정은 과학기술과 밀접한 관련을 지닌 '도구적 이성'의 기형적 발달을 극명하게 보여준다.
　생태계 파괴, 무한경쟁, 생산성 제일주의, 공동체 의식 쇠퇴와 같은 근대 산업문명의 폐해는 바로 도구적 이성의 발흥에 따른 것으로 근대적 합리성이란 단지 '도구적 합리성'에 지나지 않음을 확연히 보여준다.
　그러자 북두칠성이 말했다.
　지금은 진리가 주관의 늪에 빠져 신음하는 문명의 대전환기이다. 중세적 인간이 신을 맹신했던 것과 마찬가지 방식으로 근대적 인간은 이성을 맹신하고 있다.
　그러나 한 가지 분명한 사실은 중세적 인간이나 근대적 인간 그 어느 쪽도 신과 이성의 불가분성을 인식하지 못했다는 것이다.
　우리가 거듭 강조하는 바이지만, 우주의 실체는 의식[에너지, 파동]이므로 신은 곧 신성(神性, 靈性)이며 우주만물의 참본성[一心]이다.
　흔히 기독교는 신이 있는 종교이고, 불교는 신이 없는 인간 차원의 종교라고 말한다. 그러한 구분은 신이 곧 내재적 본성인 신성이며 일심(一心)임을 알지 못하는 데서 오는 것이다.

기독교와 불교는 지향하는 바가 다르지 않다. 불교의 '불(佛)'은 물질과 정신이 하나가 된 마음, 즉 일심(一心)을 일컫는 것이다.

기독교에서 성령(聖靈, 一心)이 임하면 성부와 성자가 한 분 하느님인 것을 알게 된다고 한 것도 일심의 경지를 나타낸 것이다. 모두 일심(한마음)의 세계를 지향한다.

신은 인간과 분리된 외재적인 존재가 아니라 내재적인 동시에 초월적인 존재이다. 신과 인간, 신성과 이성의 분리는 우주의 실체가 의식임을 인식하지 못한 데서 오는 것이다. 유사 이래 신을 섬기는 의식이 보편화된 것은 우리의 본신이 곧 신[神性]이기 때문이다.

이기적인 욕구 충족을 위해서가 아니라 영혼의 정화를 위해서, 마치 신에게 바치는 번제의식(燔祭儀式)과도 같이 정성을 다함으로써 신성이 발현될 수 있는 까닭이다. 지구촌에 만연한 인간성 상실은 곧 내재적 본성인 신성 상실에서 비롯되는 것이다.

그러자 마고가 말했다.

전 지구촌에 만연한 물신(物神) 숭배 사조와 종교적 타락상은 인간적 권위와 신적 권위의 회복을 각기 기치로 내건 서구의 르네상스와 종교개혁이 결국 미완성인 채로 끝나버렸음을 실증적으로 보여주는 것이다.

곰팡이 슨 문화와 사상이 난무하는 시대, 과학기술과 도덕 간의 심연 속에서 이제 우리는 다시 인간을 찾아야 한다. 이는 곧 제2의 르네상스이다.

종교 이기주의와 세속화·상업화·기업화로 삶의 향기를 잃어버린 시대, 이성과 신성 간의 심연 속에서 이제 우리는 다시 신[神性, 참본성]을 찾아야 한다. 이는 곧 제2의 종교개혁이다.

잃어버린 우리 영혼의 환국(桓國), 홍익인간의 이념으로 환하게 밝은 정치를 하는 나라인 한민족의 환국, 나아가 인류의 환국을 찾기 위하여, 미완성으로 끝나버린 서구의 르네상스와 종교개혁을 완수해야 한다.

서구의 르네상스와 종교개혁이 신 중심의 세계관에서 인간 중심의 세계관으로의 이행을 촉발함으로써 유럽 근대사의 기점을 이루었다면, 제2의 르네상스, 제2의 종교개혁은 물질에서 의식으로의 방향 전환을 통해 지구촌 차원의 새로운 정신문명 시대를 여는 계기가 될 것이다.

따라서 유럽적이고 기독교적인 서구의 르네상스나 종교개혁과는 그 깊이와 폭이 다를 수밖에 없다. 그것은 전 인류적이요 전 지구적이며 전 우주적인 존재혁명이 될 것이다.

이제 인류는 제2의 르네상스, 제2의 종교개혁을 통해 신성과 이성의 통합시대를 열어야 할 시점에 와 있다.

만물의 제1원인인 신(神·天)은 만물 속에 만물의 참본성[神性]으로 내재해 있으므로 만물과 분리된 것이 아니다. 바로 우리 자신이며 우주만물 그 자체다.

내재적 본성인 신성의 자각적 주체가 되면 신성과 이성의 화해는 저절로 일어난다. 따라서 신적 권위와 인간적 권위의 회복 또한 자연히 이루어지게 되므로 따로이 인간의 권위나 신의 권위를 회복할 필요가 없는 것이다.

그렇게 되면 생명의 전일성과 유기적 통합성을 깨달아 순천(順天)의 삶을 지향하게 된다. 분별지(分別智)가 사라지고 근본지(根本智)가 드러남으로써 지식과 삶의 근원적인 화해가 이루어지는 것이다.

마고가 말을 마치자 곤륜산 신령이 이어 말했다.

그렇도다. 근대 휴머니즘과 계몽주의는 기계론적·환원론적 세계관에 경도된 나머지 원대한 이상과는 달리 그러한 이상을 발현시킬만한 내재적 추동력을 지니지 못했다.

'이성에 의한 무한한 진보'라는 믿음 자체가 파편화된 생명관으로 인하여 모든 것을 도구적 기능으로 환원시켜버렸기 때문이다.

르네상스(14~16세기)는 중세 봉건 이데올로기의 붕괴과정과 결부된 운동이라는 점에서 일종의 사회개혁 운동이며 종교개혁과 불가분의 관계를 갖는다.

로마 교황의 면죄부 발매에 반대하여 1517년 마르틴 루터가 비텐베르크 성(城) 교회 정문에 게시한 '95개조 논제(Ninety-Five Theses)'는 순식간에 전 독일에 퍼져 종교개혁 운동의 발단이 되었으며, 나아가 중세 봉건 질서 해체를 촉발함으로써 유럽 근대사를 여는 포문이 되었다.

그는 중세를 풍미했던 스콜라 사변신학을 지칭하는 '영광의 신학'에 반기를 들고 '천국은 면죄부를 통해서가 아니라 고난을 통해서만이 들어갈 수가 있다'며 그리스도의 '십자가의 신학'을 갈파했다.

독일 비텐베르크대학교 신학 교수였던 그는 양검론(兩劍論)에 의거해 신국과 지상국가, 정신적 권위와 세속적 권위를 구분하고 양 권위의 영역의 한계를 설정했다.

그리하여 군주의 독립된 정치적 권위를 인정함으로써 중세 그리스도교적 보편사회의 모순적 속성으로부터 일탈하고자 했다.

그는 법황을 정점으로 하는 위계주의적 권위를 거부하고 교회의 권위남용을 비난하며 법황제도의 전면적인 급진적 개혁을 주장했다.

그리하여 유럽 사회의 봉건적 사회구조를 붕괴시키고 결과적으로 근대 민족국가의 형성을 촉발하는 계기를 제공했다.

그에게 있어 종교의 본질은 내적 경험이며 외형적인 것은 종교적 목적을 달성하기 위한 보조 수단에 불과했다. 신앙은 개인적인 것이며 신(神)과의 관계에선 직접적인 것으로 성서의 해석에 의해서만 신을 이해할 수 있는 것으로 보았다.

또한 만인은 신을 신앙하거나 신의 말씀을 이해하는 데 있어 평등하며 교회는 신도들의 공동체이고 교회의 수장은 신과 그리스도라고 보았다. 하여 신과 개인과의 사이에 법황·사교(司敎)·승려가 개재하는 것을 반대했다.

말하자면 그는 종교적 직접시대를 연 인물이다. 이러한 그의 실존적인 고뇌에도 불구하고 종교개혁은 루터가 지향하던 이상을 끝내 실현하지 못했다.

신 중심의 세계관이 지배한 중세로부터 인간 중심의 세계관이 지배하는 근대로 이행하면서, 특히 근대 과학의 비약적인 발달로 인간 이성의 오만함이 극에 이르렀기 때문이다.

곤륜산 신령이 말을 마치자 이어 북두칠성이 말했다.

물질주의 과학이 발달하면서 인간은 마침내 엄청나게 밀도가 높은 '군림하는 신(神)'을 자신의 의식 속에서 창조해냈다. 그것이 자신의 의식의 투사영(投射影)임을 알지 못한 채!

그들은 위대한 물신(物神)의 탄생을 경축하기 위해 세계 곳곳에 성소(聖所)를 짓기 시작했다. 그리하여 신(神)의 이름으로 내가 속해 있는 집단, 민족과 국가, 종교만을 내세우며 다른 모든 것은 근절되어야 할 악으로 간주하는 대담한 행보를 보였다.

그러나 개인 이기주의와 집단이기주의가 득세하면서 지구촌은 '위험사회'로 변모했다. 전쟁과 기후변화와 자연재앙 그리고 감염병 팬데믹이 덮치면서 사람들은 불행한 의식에 빠져들게 되었다.

유럽에서 교회가 죽어가고 있다며, '더 이상 유럽을 기독교 국가라고 말하기 어려워졌다'라는 진단이 나오기도 했다. 신자 수가 대폭 줄었기 때문이다. 매각된 교회는 서점, 카페, 레스토랑, 호텔, 극장 등 다양한 용도로 사용되지만, 때론 나이트클럽이나 스트립바 등의 장소로 변하기도 한다.

기독교 국가에서 나타나고 있는 이러한 현상은 인식 코드, 즉 세계관과 사고방식 및 가치체계가 바뀌는 패러다임 전환과 그 맥을 같이한다. 이러한 패러다임 전환은 우주의 실체가 의식임을 밝혀낸 현대물리학에 의해 주도되고 있다.

특히 양자역학으로 대표되는 포스트 물질주의 과학이 등장하면서 인간 존재의 세 중심축인 신과 세계와 영혼을 점령하고 있는 과학이라는 이름의 물신은 황혼기를 맞게 되었다.

우상의 황혼

곤륜산 신령이 말했다.

무엇이 우상(偶像)인가? 물신(物神)이 우상이다.

우주만물의 근원을 흔히 신이라고 부르는 것이고, 신의 자기현현이 곧 우주만물이므로 신과 우주만물은 분리 자체가 근원적으로 불가능하다.

분리하는 순간, 그것은 분리의식 속에서 물질화된 물신이 되므로 모든 종교에서 그토록 경계하는 우상숭배에 빠지게 된다.

우상숭배란 경천(敬天)의 도(道)를 바르게 알지 못하는 데서 오는 것이다. '경천', 즉 하늘을 공경함이란 허공을 향해 상제(上帝)를 공경하는 것이 아니라, 우주만물에 대한 차별 없는 사랑과 공경의 원천인 바로 그 하나인 마음

(一心)을 공경하는 것이다. 말하자면 참본성을 따르는 것이요, 내재적 본성인 신성을 경배하고 따르는 것이다.

그런데 세상 사람들은 각자의 분별지(分別智)가 만들어낸 '내 종교만의 하느님'과 같은 짚신이나 나막신 수준의 물신(物神)을 경배하고 있으니, 모든 경전에서 경계하는 우상숭배에 빠진 것이다. 이러한 물신의 등장은 정신의 자기분열의 표징이다.

역사상 물신들의 발흥은 다양한 형태로 나타나지만, 모두 나와 너, 우리와 그들을 분리하는 에고 의식(분리의식)에 기인한다.

그 대표적인 사례로는 로마 가톨릭교회가 이단자를 탄압하기 위해 13세기에 전 그리스도교 국가를 대상으로 설치한 '이단심문(異端審問, 종교재판)'에 의해 약 삼백 년 동안 수백만 명의 사람들이 고문을 당하고 죽임을 당한 것, 그리고 16~17세기 유럽에서 일어난 가톨릭과 개신교 사이의 악명 높은 종교전쟁을 들 수 있다.

역사상 얼마나 숱한 자들이 종교를 표방하며 진리를 농락하고 인간의 영혼에 치명상을 입혔는지를 우리는 알고 있다. 그러한 농락은 지금도 계속되고 있다.

다양한 집단이 저마다의 하늘을 섬기며 종교적·정치적 충돌을 일삼는 것은, 탐욕과 분노와 어리석음이라는 맹독성 물질로 인해 분리의 환영(幻影)에 사로잡혀 있기 때문이다.

곤륜산 신령이 이어 말했다.

물질계에서 말하는 '나'란 전체와 분리된 개체로서의 '나'이다. 그래서 물질계에서는 붓다의 탄생게(誕生偈)로 알려진 '천상천하유아독존(하늘 위와 하늘 아래 오직 나만이 홀로 존귀하다)'의 '유아(唯我)'도 보편적 실재로서의 유일자('참나')로 인식하지 않고 개체로서의 '나'로 인식하는 우(愚)를 범한다.

여기서 '나'는 육체적 자아로서의 붓다 개인이 아니라 '참나'인 생명, 즉 영성[靈] 그 자체를 지칭한 것이다. '참나'인 생명[神·天·靈]은 분리할 수 없는 절대유일의 하나인 까닭에 '유아(唯我)'라고 한 것이다. 바로 이 '유아'가 곧 유일신이다.

'유아'는 만유의 본질로서 내재해 있는 동시에 다함이 없는 기화(氣化)의 작용으로 만유를 생멸(生滅)케 하는 불생불멸의 유일자[유일신]이니, 이 세상 그 무엇에도 비길 데 없이 존귀한 것이다. '천상천하유아독존'이라고 하는 경구에 진리의 정수가 담겨있다.

성경에 나오는 '나' 역시 개체로서의 '나'가 아니라 보편적 실재로서의 '참나'를 지칭한 것이다. 그럼에도 '나'를 예수라는 개체로 인식함으로써 종교 충돌을 유발하고 결과적으로 진리의 근간을 훼손했다.

존재의 더 깊은 차원에서 보면 전체와 분리된 개체로서의 '나'는 실재하는 것이 아니다. 미시세계인 양자계는 우리의 내적 자아의 세계이며, 비국소성(nonlocality, 비분리성)[초공간성]이 양자적 실재의 본질이다.

따라서 불가분의 전체성이 실재이고, 분리성은 환상이다. 우주의 실체는 의식[에너지, 파동]이므로 우주만물에 편재해 있는 하나인 참본성[神性, 一心]이 곧 하늘(님)이며 신이고 생명[靈性]이며 '참나'[유일자·유일신·唯我]이다.

'신(神)인가 인간인가'라는 식의 신·인간 이원론은 '신'이 곧 만물의 '성(性, 신성)'임을 알지 못하는 데서 오는 것이다. 만물의 참본성이 곧 신이므로 신·인간 이원론은 성립될 수가 없다.

전체성인 진리를 분리성에 기반한 인간의 두뇌로 이해하기는 실로 어려운 것이다. 이와 관련하여 4~5세기 교부철학(敎父哲學, patristic philosophy)의 대성자(大成者)인 아우구스티누스에 관한 일화가 있다.

삼위일체를 궁구하던 아우구스티누스가 머리도 식힐 겸 해변을 거닐고 있었다. 그때 한 작은 아이가 모래밭에 구덩이를 파고는 조가비로 바닷물을 퍼서 자신이 파 놓은 구덩이에 붓곤 하는 것을 보았다. 그 아이는 계속해서 그 일을 반복했다.

아우구스티누스가 무엇을 하는 것이냐고 묻자, 그 아이는 이렇게 답하는 것이었다.

"저 바닷물을 죄다 퍼서 이 구덩이에 채울 거예요!"

그 말을 들은 아우구스티누스가 말했다.

"그 작은 조가비로 그 작은 구덩이에 무슨 수로 저 바닷물을 다 퍼다 붓는다는 말이냐? 그건 불가능하고 어리석은 일이다."

그러자 그 아이는 이렇게 답하는 것이었다.

"그 작은 머리에 무슨 수로 삼위일체의 신비를 다 퍼다 부으려고 하십니까? 사람의 머리로 하느님을 이해하려 하는 것보다 더 불가능하고 어리석은 일이 있을까요?"

그리고는 이내 사라졌다.

마고가 환안을 향해 말했다.

이 일화는 무척이나 은유적이다. 사람의 머리로 삼위일체의 신비나 하느님[진리, 생명]을 이해할 수 없다는 것은, 우리의 앎이 '몸' 단계에 머물면 생명은 곧 '몸' 그 자체가 되어버리기 때문이다.

의식이 진화하여 우리의 앎이 '영(靈)' 단계에 머물면 생명은 곧 '영'이 되므로 생명이 무엇인지를 이해할 수 있게 된다.

이 일화에 나오는 삼위일체에 대해 자세히 살펴보겠노라. 여기서 하느님은 우주만물의 근원인 '하나(一)'를 의미하고, 삼위일체는 천·지·인 삼신일체와 같은 것이다.

성부·성자·성령은 삼위일체로서 천·지·인과 조응한다. 이는 주기도문에서 "…뜻이 하늘(天)에서 이루어진 것 같이 땅(地)에서도 이루어지이다…"라고 한 데서도 명징하게 드러난다.

여기서 천(天)과 지(地)는 기도하는 주체인 인(人)과 연결된다. '인(人)'의 실체는 물질적 육체가 아니라 생명의 본체인 천(天)과 그 작용인 지(地)가 하나임을 아는 일심(一心, 참본성, 神性)이다. 참사람의 실체는 참본성, 즉 일심이다.

그래서 기독교에서도 성령이 임해야, 다시 말해 일심의 경지에 이르러야 성부와 성자가 한 분 '하나'님이라는 것을 알 수 있다고 한 것이다.

기도하기 전후에 신자가 가슴에 긋는 성호(聖號)는 천·지·인의 연결성을 상징적으로 보여준다. 즉, 성부와 성자와 성령의 이름으로 이마, 가슴, 가슴 좌우에 긋는 성호는 각각 천, 지, 인을 상징하는 것이다.

천(天, 성부)과 지(地, 성자)는 이마(天·圓, ○)에서 가슴(地·方, □)으로 직선으로 연결된다. 인(人, 성령)은 좌우로 그음으로써 삼각형을 이루게 된다. 이는 『천부경(天符經)』에서 사람과 우주만물[人物]을 상징하는 각(人·角, △)에 해당하는 것이다.

이 원방각(圓方角: ○□△)은 천·지·인 삼신일체(삼위일체)를 상징하는 것으로 삼일도(三一圖, ⓐ)의 도형으로 나타난다.

천·지·인 셋(三神)은 본래 각각 있는 것이 아니고 '하나(一)'인 혼원일기(混元一氣, 一氣, 至氣)에서 나온 것이니 작용으로만 삼신(三神)이고 그 근원은 '하나(一)', 즉 유일신이다.

이것이 곧 삼신사상, 즉 '한'사상이다. '하나는 셋(一卽三), 셋은 하나(三卽一)', 즉 천·지·인 삼신일체다.

천·지·인의 구조를 보면, '천(天)'은 불교의 법신(法身), 기독교의 성부(聖父), 동학의 내유신령(內有神靈)과 조응하는 개념으로 생명의 본체[의식계, 본체계]를 지칭한다.

'지(地)'는 불교의 화신(化身, 應身), 기독교의 성자(聖子), 동학의 외유기화(外有氣化)와 조응하는 개념으로 생명의 작용[물질계, 현상계]을 지칭한다.

'인(人)'은 불교의 보신(報身), 기독교의 성령(聖靈), 동학의 각지불이(各知不移)와 조응하는 개념으로 본체와 작용의 합일을 추동하는 메커니즘으로 설정된 것이다. '인(人)'의 실체는 천(天)과 지(地), 즉 본체와 작용이 하나임을 아는 일심(一心, 自性, 聖靈)이다.

이러한 생명의 본체[天]-작용[地]-본체·작용의 합일[人]을 '생명의 3화음적 구조(the triadic structure of Life)'*라 명명하노라. 천·지·인 삼신일체, 기독교의 삼위일체, 불교의 삼신불, 동학 '시(侍)'의 삼원 구조는 모두 '생명의 3화음적 구조'로 이루어져 있다.

'생명의 3화음적 구조'는 일심(一心, 報身·聖靈·不移)이라는 메커니즘을 설정하여 생명의 본체[眞如, 法身·聖父·神靈]와 작용[生滅, 化身·聖子·氣化]을 하나로 회통(會通)시킴으로써 생명의 전일성과 자기근원성, 즉 우주 '한생명'을 논증한 것이다.

육조 혜능(六祖慧能)의 설법 내용을 기록한 『육조단경(六祖壇經)』에는 법신

---

* '생명의 3화음적 구조'라는 용어는 필자의 저서 『천부경·삼일신고·참전계경』(서울: 모시는사람들, 2006)에서 천부경 81자의 구조를 천·지·인 삼신일체, 즉 생명의 본체-작용-본체·작용의 합일이라는 세 구조로 나누면서 처음 사용한 신조어다. 천·지·인 삼신일체는 기독교의 삼위일체[聖父·聖子·聖靈], 힌두교의 트리무르티[브라흐마·비슈누·시바], 불교의 삼신불[法身·化身·報身], 유교의 삼극[無極·太極·皇極], 동학 '시(侍: 모심)'의 삼원 구조[內有神靈·外有氣化·各知不移] 등의 형성에 근본적인 설계원리를 제공했다.

불·화신불·보신불의 삼신불이 자기 본성(自性) 속에 있음을 분명히 밝히고 있다.²

여기서 '불(佛)'은 물질과 정신이 하나가 된 마음(一心)이다. 말하자면 일심의 세 측면을 삼신불이라고 명명한 것이다. 삼신일체, 삼위일체, '시'의 삼원 구조 모두 삼신불과 마찬가지로 일심의 세 측면을 각각 다르게 명명한 것이다.

『대승기신론(大乘起信論)』에서는 일심(一心, 自性)의 세 측면을 '체(體, 法身·聖父·神靈)·용(用, 化身·聖子·氣化)·상(相, 報身·聖靈·不移)*으로 나타내고 있다.

일심(一心)의 세 측면인 '체·용·상'은 곧 천·지·인의 세 지극한 이치를 나타낸 것으로 이는 유교의 삼극인 무극(無極)·태극(太極)·황극(皇極)으로도 나타낼 수 있다.

무극이 생명의 근원을 지칭한 것이라면, 태극은 음양의 역동적인 상호작용이 일어나는 자리이고, 황극은 이 양 세계를 관통하는 원리가 내재된 것이다. 대공지정(大公至正)의 왕도(王道)를 표징하는 황극은 현상계를 경영하는 원리로서 생명의 본체인 무극과 그 작용인 태극의 합일을 추동하는 메커니즘이다.

천리(天理)에 순응하는 정치 대법을 아홉 개 조항으로 집대성한 『서경(書經)』의 홍범구주(洪範九疇)에서는 제5주 건용황극(建用皇極)을 홍범 아홉 개 조

---

* '체'는 우주만물의 근원인 법신(法身), '용'은 작용 또는 기능인 화신(化身, 應身), '상'은 형태 및 속성인 보신(報身)을 일컫는 것이다. 법신인 '체'를 초논리·초이성·직관의 영역인 진제(眞諦)라고 한다면, 법신의 '용'인 '화신'은 감각적·지각적·경험적 영역인 속제(俗諦)다. 진제와 속제의 관계는 곧 본체와 작용의 관계이며, 이 양 세계를 관통하는 원리가 내재된 것이 법신의 '상'인 '보신'이다. 따라서 보신은 본체인 법신과 그 작용인 화신의 합일을 추동하는 메커니즘이다.

항의 중앙에 위치시킴으로써 군왕이 중심에서 바른 도를 세운다는 뜻에서 왕도는 곧 중정(中正)의 도(道)임을 논리 구조적으로 명료하게 보여준다.

삼신일체, 삼위일체, 삼신불, '시'의 삼원 구조 모두 생명의 본체인 하늘(天·神·靈)과 그 작용인 우주만물이 하나, 즉 우주 '한생명'임을 표징한다. 이러한 원리를 체현(體現)하면 하늘의 뜻이 땅에서도 이루어져 홍익인간·재세이화·광명이세를 실현할 수 있게 되므로 동·서양 모두가 그토록 강조하는 것이다.

말하자면 삼신일체, 즉 삼위일체를 체현하면 새 하늘과 새 땅이 열린다는 것이다. '새 하늘'은 변화된 의식 상태이며, '새 땅'은 그것이 물질세계에 구현된 것이다.

그러자 북두칠성이 말했다.

법신·화신·보신, 성부·성자·성령, 내유신령·외유기화·각지불이, 무극·태극·황극에 대해서는 알고 있었지만, 이를 '생명의 3화음적 구조'로 관통하는 법문은 처음 들었노라. 과연 생명의 여신이로다!

곤륜산 신령도 고개를 끄덕이며 공감을 표했다.

곤륜산 신령이 말했다.

한민족의 삼대 경전 중의 하나인 『삼일신고(三一神誥)』에는 우주만물의 근원인 '하나(一)', 즉 하늘(天·神)에 대해 이렇게 나와 있다.

"푸르고 푸른 것이 하늘(天)이 아니며, 검고 검은 것이 하늘이 아니다. 하늘은 형상도 바탕도 없고, 시작도 끝도 없으며, 위아래 사방도 없어 텅 비어 있으나 없는 곳이 없고 포용하지 않는 것이 없다."[3]

하늘은 육안으로 보이는 그런 유형적인 것이 아니다. 형상도 바탕도 없다고 한 것은 하늘의 무규정성을, 시작도 끝도 없다는 것은 하늘의 영원성·근원성을 일컫는 것이다.

위아래 사방도 없다는 것은 하늘의 무한성을, 없는 곳이 없다는 것은 하늘의 보편성을, 포용하지 않는 것이 없다는 것은 하늘의 포괄성을 일컫는 것이다.

여기서 '없는 곳이 없다(無不在)'라는 말은 기독교의 '무소부재(無所不在)'와 일치한다. 차이점이 있다면 기독교에서는 하늘에 인격을 부여하여 '하늘'님이 되면서 절대적 권위를 갖는 인격체로서 인간 세계를 군림하게 되었다는 것이다. 그러나 인격체가 되면 '하늘'님은 인간화되어 '무소부재'일 수도 없고, 절대·영원일 수도 없다.

또한 『삼일신고』에는 "소리 내어 기운을 다하여 원하고 기도한다고 해서 '하나'님을 친견할 수 있는 것이 아니다. 자성(自性)에서 '하나'님의 씨를 구하라. 너희 머릿골에 내려와 계시니라"[4]고 나와 있다.

소리 내어 기운을 다하여 원하고 기도한다고 해서 '하나'님을 친견할 수 있는 것이 아니라고 한 것은, 자성(自性, 神性, 참본성)에 대한 자각이 없이 허공만 바라보고 사심으로 비는 기도행위는 공허한 광야의 외침과도 같이 헛되다는 것이다.

그런 까닭에 「마태복음」(7:21)에서는 "나더러 주여 주여 하는 자마다 다 천국에 들어갈 것이 아니요, 다만 하늘에 계신 내 아버지의 뜻대로 행하는 자라야 들어가리라"[5]고 한 것이다.

우주의 실체는 의식이므로 '아버지' 즉 신(神)이란 내재적 본성인 신성(神性), 즉 참본성[自性]을 의미한다. '하나'님은 오직 참본성에 대한 직관적 지각을 통해서만이 닿을 수 있는 영역인 까닭에 "자성에서 씨['하나'님의 씨앗(子)]를 구하라"고 한 것이다.

자성에 대한 직관적 지각을 통해서만이 '하나'님을 친견할 수 있다는 의미이다. '하나'님을 친견한다는 것은 곧 내재적 본성인 신성이 발현되는 것을 의미한다.

내재적 본성인 신성을 깨달을 때 비로소 신은 그 모습을 드러낸다는 말이다. 하늘(天)이 명한 것이 '성(性)'이므로(天命之謂性)⁶ 참본성을 떠난 그 어디에서도 '하나'님을 친견할 수 있는 것이 아니다.

한마디로 참본성[性]이 곧 하늘(天)이요 신(神)이다.⁷

"너희 머릿골에 내려와 계시니라"고 한 것은, 자성에 대한 지각이 직관의 영역인 우뇌의 작용에 기인하며 우주 순수의식이 우뇌로 연결되어 있음을 말해주는 것이다.

그것의 요체는 마음을 비움에 있다. 만유의 중심에 내려와 있는 신성을 자각함으로써, 전체와 분리된 개체라는 생각이 사라짐으로써 저절로 작동하게 되는 것이다. '하나'님은 곧 신성이며 전체의식[보편의식·근원의식·우주의식·순수의식]인 까닭이다.

'하나'님은 인간의 중심에 내려와 계시니 일신강충(一神降衷)이다. 인간의 중심에 내려와 계신 '하나'님의 진성(眞性)을 통하면 태양과도 같이 광명하게 되니 성통광명(性通光明)이다.

이는 곧 사람이 하늘임을 알게 되는 것이다. '성통(性通)'은 홍익인간·재세이화의 구현이라는 '공완(功完)'을 이루기 위한 전제조건인 동시에 인간의 자기실현을 위한 필수조건이다.

북두칠성이 말했다.

만물의 근원인 하늘[神]의 실체에 대해 『삼일신고』는 명료하게 보여주는 도다. 그대 '라 무'도 알고 있듯이, 환국(桓國) 12연방 중의 하나인 수밀이국은 천·지·인 삼신일체의 천부(天符)사상으로 수메르 문명을 발흥시켰다.

BCE 2000년경 역사의 뒤안길로 사라졌던 수메르인들이 다시 현대 역사의 무대로 호출된 것은 성경의 창세기가 수메르 전승의 히브리 버전 복제판*임이 드러났기 때문이다.

　19세기 후반 성경 속에 나오는 노아의 홍수를 고고학적으로 입증하기 위한 발굴작업에서 다량의 점토판 문서들이 출토되었는데 그것들을 해독하는 과정에서 그러한 사실이 드러난 것이다.

　이를 계기로 수메르에 대한 관심이 문명 일반의 문제로까지 확산되고 후속 발굴작업과 함께 인류학적·언어학적·문헌학적인 연구들이 지속적으로 이어졌다. 특히 수메르인들의 종교문학과 의식이 기독교에 상당한 영향을 미쳤다는 사실은 이미 밝혀진 바이다.

　그리스도교 교의가 그리스어를 사용하는 헬레니즘의 세계와 라틴어를 사용하는 로마제국으로 전파된 것은 유럽의 사상적·문화적 및 정신적 전통에서 커다란 의미를 갖는다.

　그것은 그리스도교가 명실공히 헤브라이즘의 울타리를 벗어나 유럽적이고 서구적인 종교로 변모해 가는 것을 의미한다.

　또한 의지적·윤리적·종교적 특성을 띤 신(神) 중심의 헤브라이즘이 이성적·과학적·미적 특성을 띤 인간 중심의 헬레니즘과 융합하여 유럽 사상과 문화의 2대 원류로서 유럽의 정신적 전통을 형성했다는 점에서 그 의미가 실로 크다.

---

* 성경의 창세기가 수메르 전승의 히브리 버전 복제판이라면 그 원형은 마고 문화[神敎文化]에 있을 것이다. 고대 수메르의 역사는 파미르고원 서쪽인 중근동 지역 월식주로 이동해 간 마고성(麻姑城)의 백소씨 후예들의 역사이며 또한 환국(桓國) 말기 황궁씨의 후예로서 12연방 중의 하나인 수밀이국 사람들이 선진문물을 가지고 수메르 지역으로 이주하여 성립된 왕조들의 역사인 것으로 추정된다.

그리스도교 공인(313)에 이어 니케아(Nicaea) 종교회의(325)에서 삼위일체 교리는 정통 교리로 규정되었다. 교부철학의 토대 위에 그리스도교 교의는 조직화 되었고 교부철학의 대성자인 아우구스티누스 등 정통파의 확립이 이루어져 이 파의 설이 중세 천여 년의 신조가 되었다.

이로부터 교회에 복종하고 봉사하는 교회 중심의 도덕이 자리 잡게 되었고, 이러한 교회 중심의 생활 태도는 보편적인 중세 문화발전의 커다란 원동력이 되었으며, 십자군(十字軍, Crusades) 시대에 와서 그 절정에 달했다.

아우구스티누스는 신과 세계와 인간의 세 관계, 즉 자연적[형이상학적]·이성적[인식론적]·도덕적[윤리학적] 관계를 통해 그의 삼위일체의 신조를 보여준다. 그가 말한 신과 세계와 인간의 세 관계의 본질은 곧 천·지·인의 관계적 본질이며 삼위일체[삼신일체]라는 것이다.

그는 『삼위일체론』에서 성부·성자·성령 삼위(三位)의 관계를 육적(肉的)으로 유추할 수는 없으며,[9] 삼위 모두 동등한 불변의 영원[10]임을 설파했다. 이는 성부·성자·성령의 삼위일체가 천·지·인 삼신일체의 원리와 일맥상통함을 보여주는 것이다.

삼위일체 교의는 '신은 사랑(God is love)'[『요한일서』(4:8)]이라는 말로 압축될 수 있다. 따라서 사랑을 실천하지 않으면 신을 알 수가 없으므로 삼위일체 또한 이해할 수가 없다. 이는 경천애인(敬天愛人)의 실천을 강조하는 삼신일체의 원리와 일맥상통한다.

아우구스티누스는 "신을 사랑하는 것과 이웃을 사랑하는 것, 그 사랑의 근원은 같다"[11]라고 말한다. 따라서 신·인간 이원론은 성립되지 않는다.

사랑이 완전해지면 사랑하는 자와 사랑받는 자, 주관과 객관의 경계가 사라지므로 누가 누구를 사랑한다는 말은 성립되지 않는다. 오직 사랑의 진동만이 물결칠 뿐이다.

「마가복음」(12:28-31)과 「마태복음」(22:36-40)에는 한 율법학자와 예수의 문답을 통해 신은 오직 한 분임을 분명히 밝히고 있다.

신은 곧 생명(「요한복음」(14:6))[12]이므로 신이 한 분(一神, 唯一神)이라는 의미는 생명이 분리할 수 없는 하나임을 밝힌 것이다.

한 율법학자가 물었다.
"모든 율법 중에서 첫째가는 계명이 무엇입니까?"
예수가 답했다.
"첫째는…신은 한 분이신 주님이시니 네 마음을 다하고 목숨을 다하고 뜻을 다하고 힘을 다하여 주 너의 신을 사랑하라. 둘째는 네 이웃을 네 자신과 같이 사랑하라. 이보다 더 큰 계명은 없다."[13]

진리는 곧 사랑이다. 또 「마태복음」(28:19)에서는 "너희는 가서 모든 민족을 제자로 삼아 성부와 성자와 성령의 이름으로 세례를 베풀라"[14]라고 함으로써 한 분이신 신이 곧 세 분임을 밝히고 있다. 이는 '하나는 셋(一卽三), 셋은 하나(三卽一)'의 이치로 삼위일체의 교의를 밝힌 것이다.

초대 교회 교부학자들이 주장한 삼위일체는 오늘날 교회의 핵심 교리일 뿐만 아니라 진리의 정수다. 진리는 보편성 그 자체인 까닭에 특정 종교에 귀속될 수가 없다. 삼위일체 교의를 특정 종교의 전유물로 귀속시키게 되면 삼위일체 교의 자체에 배치되므로 그것은 더 이상 진리일 수가 없게 된다.

「요한복음」(4:23)에도 "진실한 예배자들이 영(靈, spirit)과 진리(truth)로 예배할 때가 오나니 곧 이때라. 신은 이렇게 예배하는 자들을 찾고 있다"[15]고 기록되어 있다. 생명의 본체를 흔히 신이라고 부르는데, 신은 곧 '영'이고 생명이고 진리이고 사랑이다.

　북두칠성은 환안을 향해 말했다.

　그대 신관이여, '진실한 예배자들이 영(spirit)과 진리(truth)로 예배할 때가 온다' 그리고 '신은 이렇게 예배하는 자들을 찾고 있다'는 말의 의미가 무엇이라고 보는가?

　그러자 환안이 서사시로 답했다.

　진실한 예배자들이여! 그대들은 내게 이렇게 말한다.

　"신은 곧 영(靈)이다(「요한복음」(4:24)). 우주의 실체는 의식이므로 '영'은 곧 영성(靈性)이다. 영성은 종교라는 외피를 필요로 하지 않으며 신학이라는 이론을 필요로 하지도 않는다. 그러나 영성 없는 종교나 신학은 알맹이 없는 껍데기에 불과하다. 영성은 특정 종교나 신학의 전유물이 아니다"라고.

　진실한 예배자들이여! 그대들은 내게 이렇게 말한다.

　"신은 곧 진리다(「요한복음」(14:6)). 삼위일체는 진리의 정수(精髓)다. 진리는 보편성이므로 특정 종교에 귀속되지 않는다. 삼위일체 교의가 특정 종교의 전유물이 되면 삼위일체 교의 자체에 배치되므로 더 이상 진리일 수가 없게 된다. 이는 곧 진리 그 자체인 신을 기만하는 것이고 모독하는 것이다"라고.

　진실한 예배자들이여! 그대들은 내게 이렇게 말한다.

　"신은 곧 '영'이며 진리다. 진실한 예배자들은 '영'과 '진리'로 예배한다. 그것은 우주만물에 편재해 있는 하나인 참본성[性], 즉 일심(一心)이 곧 하늘(님)이며 신이며 생명[靈性]이며 '참나'임을 가슴으로 느끼는 것이다. 그것은 하늘의 뜻이 땅에서 이루어지는 직로(直路)가 뚫리는 것이다"라고.

　진실한 예배자들이여! 그대들은 내게 이렇게 말한다.

"신은 '영'과 '진리'로 예배하는 자들을 찾고 있다. 이웃을 사랑하는 것이 곧 신을 사랑하는 것임을 아는 예배자들을 찾고 있다. 신은 상벌을 내리는 외재적 존재가 아니라 만물의 참본성으로 내재하는 동시에 초월한 존재임을 아는 예배자들을 찾고 있다. 삼위일체 교의를 모독하지 않는 진실한 예배자들을 찾고 있다"라고.

오, 진실한 예배자들이여! 그대들은 내게 이렇게 말한다.

"인류 형제들이여! 보라, 무한하고 조건 없는 사랑인 신의 품속에서는 이방인도 없고, 죄인도 없고, 전쟁도 없고, 죽음도 없다. 신이라는 이름마저 그 사랑의 빛 속으로 사라져버린다!"라고.

동굴과 우상(偶像)에 갇힌 그대들이여, 훨훨 비상하는 자유로운 영혼이 되어 광휘로 열리는 새 시대의 새벽을 함께 맞지 않겠는가?

그러자 북두칠성이 찬탄하는 목소리로 말했다.

그대 사명자여, 무르익었도다!

곤륜산 신령과 마고도 깊은 공감을 표했다.

곤륜산 신령이 말했다.

성부·성자·성령 삼위일체는 천·지·인 삼신일체와 동일한 구조적 맥락에서 이해될 수 있다. '라 무' 그대는 이를 '생명의 3화음적 구조'라고 명명했다. 삼위(三位), 즉 삼신(三神)은 작용으로만 셋이며 그 본체는 하나이므로 '한 분 하늘(님)', 즉 유일신이라고 한 것이다.

만물의 제1원인인 신은 곧 우주의 본질인 생명이고(「요한복음」(14:6)) 생명은 분리할 수 없는 전체성, 즉 에너지장(場)이므로 유일신이란 특정 종교의 신이 아니라 생명의 전일적 흐름을 의인화하여 나타낸 것이다. 말하자면 유일신은 우주만물에 편재해 있는 '하나(一)'인 참본성[性, 一心]을 나타내는 대명사이다.

천·지·인 삼신은 곧 일신(一神, 유일신)이므로 삼신사상이 곧 '한'사상이다. 삼신사상, 즉 '한'사상은 하늘의 이치에 부합하는 사상이므로 천부사상이라고 불리기도 하고, 만물의 근원인 신에 대한 가르침이므로 신교(神敎)라고 불리기도 한다.

생명의 본체는 분리할 수 없는 절대유일의 하나, 즉 영성(靈性) 그 자체이므로 전일성의 속성을 띠지만, 그 본체의 자기복제로서의 작용으로 물성(物性)인 우주만물이 생겨나는 것이니 전일성은 동시에 다양성의 속성을 띠게 된다.

전일성과 다양성, 영성과 물성을 통섭하는 원리가 바로 성령(聖靈)이요 일심(一心)이며 참본성[神性]이다. 참본성을 회복하면 전일성과 다양성, 영성[본체계, 의식계]과 물성[현상계, 물질계]을 넘나드는 생명의 순환고리를 이해하게 되므로 생명이 분리할 수 없는 하나라는 것을 알게 된다.

'라 무'여, 그대 종족들이 마고성을 떠나며 했던 '해혹복본(解惑復本)'의 맹세가 심대한 의미를 지니는 것은 바로 이 때문이 아니겠는가.

그러자 마고가 말했다.

그렇도다. 해혹복본이란 미혹함을 풀어 참본성을 회복하는 것이다. 그것은 내재적 본성인 신성 회복을 통해 생명의 전일성과 자기근원성을 체득함으로써 인류의 삶을, 이 세상을 근본적으로 바꾸는 것이다.

그것은 기존의 낡은 교의나 철학을 떠나 있으며, 에고(個我)가 만들어 낸 일체의 장벽을 해체할 것을 선언한다. 그것은 우주 '한생명'에 대한 선언이요, 영원에 대한 갈파(喝破)이며, 미망의 삶을 잠재우는 진혼곡(鎭魂曲)이요, 진정한 문명의 시작을 알리는 신곡(神曲)이다.

마고는 이어서 말했다.

우주의 본질인 생명은 시작도 끝도 없는 영원한 '에너지 무도(energy dance)'일 뿐이므로 창조하는 주체도 없고 창조되는 객체도 없다. 우주는 넘실거리는 파동의 대양―교향곡 그 자체일 뿐, 작곡한 자가 따로 있는 것이 아니다.

생명은 '스스로(自) 그러한(然)' 자이다. 생명의 자기조직화(self-organization)에 의해 우주만물이 생겨난 것이니 생명은 전일적이고 자기근원적이다.

창조하는 주체와 창조되는 객체의 이분법은 에고 의식[분리의식]의 산물일 뿐, 실재하는 것이 아니다. 상대계인 물질세계의 언어로 그렇게 표현된 것일 뿐이다.

신(神)·천(天)·영(靈)은 천지만물이 생겨나기 전에도 있었던 우주의 본질인 '생명'을 나타내는 대명사들로서 '영원한 현재'다. 따라서 시간의 역사 속에서는 그 기원을 찾을 수가 없다. 상대계인 물질계가 생겨나면서 시간이라는 개념도 생기게 된 것이다.

이 세상에 분리되어 존재하는 것은 아무것도 없다. 젊은 시절 한때 쾌락에 빠져 방황했던 아우구스티누스가 "내가 밖을 내다보는 동안 신은 내 안에 있었다!"고 한 그의 고백은 신과 인간이 분리될 수 없는 하나임을 말해준다.

삼신일체와 삼위일체는 생명의 영성을 바탕으로 생명의 전일성과 자기근원성을 밝히고 있다는 점에서 그 핵심 원리는 본질적으로 상통한다. 다만 인간의 분별지(分別智)로 인해 그 진의가 제대로 파악되지 못하고 있다.

마고가 말을 마치자 곤륜산 신령이 다시 말했다.

삼신일체와 그것의 서구적 변용인 삼위일체는 인간 존재의 세 중심축인 신과 세계와 영혼, 즉 종교와 과학과 인문의 근간이 되는 원리라는 점에서 동·서융합에 대한 비전을 명징하게 보여준다.

그런데 십자군 원정(11~13세기)의 실패로 교황의 권위가 크게 실추되면서 교회의 교리에 대한 비판적인 회의가 일고, 특히 십자군 원정으로 인한 사라센[이슬람] 문화의 유입은 유럽인들의 지성을 자극하고 이성에 눈을 뜨게 하여 그리스도교 교리체계 전반에 대한 비판적 정서를 낳았다.

이처럼 절대적 진리로 인식되고 있던 그리스도교 교리가 회의적이 되고 교회가 위기에 처하게 되자, 교리의 우월성과 신앙의 정당성을 철학적·이론적 논증을 통해 설명하고 조직화할 필요가 생겨나면서 스콜라철학이 등장하게 되었다.

토마스 아퀴나스로 대표되는 스콜라철학은 중세철학과 학문의 절정을 이룬 중세의 종합적 세계관이다. 이론으로 신앙을 변호하고, 철학으로 교회를 옹호하며, 합리적 논증으로 교리를 지지함으로써 신앙[계시]과 이성, 종교와 철학의 유기적인 조화를 강조했다.

스콜라철학은 초기(11~12세기)·전성기(13세기)·말기(14~15세기)의 세 시기로 구분할 수 있다. 스콜라철학은 이른바 보편논쟁(普遍論爭, controversy of universal)으로 불리는 보편[神]의 문제로 일관했다.

보편논쟁은 스콜라철학의 핵심에 대한 논쟁으로 이 보편의 문제는 중세철학 전체를 관통하는 가장 중요한 문제였다.

이 세 시기는 크게 실재론(實在論, realism)과 유명론(唯名論, nominalism)으로 대별된다. 초기와 전성기는 실재론이 지배적이었고, 말기는 유명론이 지배적이었다.

첫 번째 시기인 스콜라철학의 초기에는 「보편은 실재이고 개체[사물]에 앞서 존재한다」는 보편실재론(universal realism)이 지배적이었다. 말하자면 보편은 개체의 참다운 본질이며 개체에 앞서 실재한다는 것으로 플라톤적 실재론의 부활이다.

두 번째 시기인 전성기에는 「보편은 실재이고 개체[사물] 안에 존재한다」는 온건실재론(moderate realism)이 지배적이었다. 말하자면 보편은 실재이되, 개체에 앞서는 것이 아니라 개체 안에 실재한다는 것으로 아리스토텔레스적 실재론의 부활이다.

세 번째 시기인 말기에는 「보편은 명칭이고 개체[사물] 뒤에 존재한다」는 유명론이 지배적이었다. 말하자면 보편은 개체 간에 공통된 명칭(e.g. 인류)일 뿐이며, 실재하는 것은 오직 경험적 개체라는 것이다.

그리고는 환안을 향해 말했다.

그대 신관이여! 스콜라철학의 세 가지 관점에 대해 견해를 피력해 보겠는가?

환안이 대답했다.

만산의 조종(祖宗)인 곤륜산의 신성한 영이시여! 「보편은 실재이고 개체에 앞서 존재한다」는 첫 번째 관점은 논리적으로 모순입니다.

왜냐하면 보편이 실재인 것은 무소부재(無所不在), 즉 없는 곳이 없이 '언제 어디에나' 실재하기 때문인데 그러한 실재를 개체에 '앞서' 존재한다고 한 것은 초시공(超時空)의 영역인 보편을 시공의 영역으로 제한하는 것이기 때문입니다.

「보편은 실재이고 개체 안에 존재한다」는 두 번째 관점도 논리적으로 모순입니다.

왜냐하면 보편은 안과 밖, 위와 아래 등 없는 곳이 없이 실재하므로 개체 '안에' 존재한다고 한 것은 무한인 보편을 유한으로 국한시키는 것이기 때문입니다.

「보편은 명칭이고 개체 뒤에 존재한다」는 세 번째 관점 또한 논리적으로 모순입니다.

왜냐하면 보편은 무규정자이므로 '명칭'이 아니며, 무소부재이므로 개체 '뒤'에 존재한다고 말할 수 없기 때문입니다.

보편논쟁은 한마디로 이사(理事)·체용(體用)의 문제입니다. 이는 곧 보편과 특수, 전체와 개체, 실재와 현상, 의식과 존재, 정신과 물질의 관계성에 대한 문제입니다.

일(一)과 다(多), 이(理)와 사(事), 정(靜)과 동(動), 진(眞)과 속(俗), 공(空)과 색(色) 등의 상호 대립하는 범주와 마찬가지로 본체[體]와 작용[用]이라는 불가분의 관계로 분석될 수 있습니다.

보편은 개체에 '앞서' 존재하는 것도 아니고, 개체 '뒤에' 존재하는 것도 아니며, 개체 '안'에 존재하는 것도 아니고, 개체 '밖'에 존재하는 것도 아닙니다.

보편[神]과 개체는 바닷물과 파도의 관계와도 같이 분리 자체가 근원적으로 불가능합니다. 한마디로 '하나는 셋(一卽三), 셋은 하나(三卽一)', 즉 천·지·인 삼신일체입니다.

곤륜산 신령이 찬탄하며 말했다.
그대 사명자여, 훌륭하도다!
북두칠성과 마고도 깊이 공감했다.
북두칠성이 말했다.
신앙과 이성의 유기적인 조화를 강조한 스콜라철학이 말기에 이르러서는 다시 신앙과 이성이 분리됨으로써 르네상스와 종교개혁, 그리고 근대철학이 싹트게 되었다.
근대 과학은 물질[色, 有]과 비물질[空, 無]의 궁극적 본질이 하나라고 보는 동양의 일원론적이고 유기론적인 세계관을 불합리하다고 비판하면서 정신·물질 이원론에 입각한 데카르트-뉴턴의 기계론적 세계관의 합리성을 옹호했다.

그러나 물질만능주의 사조를 타고 맹휘를 떨치던 물신(物神)은 20세기에 들어 실험물리학의 발달로 주체와 객체의 이분법의 허구가 드러나면서 황혼기를 맞게 되었다. 과학적 합리주의에 기초한 기계론적 세계관이 현대 과학의 도전을 받게 되었기 때문이다.

과학적 합리주의가 함축하고 있는 과도한 인간중심주의와 이원론적 사고 및 실증주의적인 과학적 방법론의 한계성이 지적되면서 전일적 패러다임(holistic paradigm)으로의 대체 필요성이 역설된 것이다.

아인슈타인의 상대성이론과 양자론(양자역학)에 이르러 데카르트적 분리 (Cartesian division)와 뉴턴의 3차원적 절대 시공(時空)의 개념은 폐기되고 4차원의 '시공' 연속체가 형성되어 우주는 본질적으로 역동적이며 불가분적인 전체로서, 정신적인 동시에 물질적인 하나의 실재로서 인식되게 되었다.

현대물리학이 주도하는 패러다임 전환에 힘입어 근대 분과학문의 경계를 허물고 지식의 융합을 통해 복합적이며 다차원적인 세계적 변화의 역동성에 대처하려는 움직임이 전 세계적으로 일고 있다. 그에 따라 동양의 통섭적 세계관에 대한 관심도 증폭되고 있다.

양자역학으로 대표되는 포스트 물질주의 과학의 통섭적·시스템적 세계관은 동양의 통섭적·유기론적 세계관과 본질적으로 상통한다. 과학과 의식[영성]의 접합을 추구하는 양자역학은 포스트 물질주의 과학에서 폭넓은 호응을 얻고 있으며 동·서융합의 구체적 비전을 제시한다.

현대물리학의 전일적 실재관(holistic view of reality)의 특성은 이 우주가 부분들의 단순한 조합이 아니라 유기적 통일체이며 우주만물은 개별적 실체성을 갖지 않고 전일적 흐름 속에서만 파악될 수 있다는 것이다. 말하자면 이 우주는 상호연결된 관계의 망(網)이며 분리성은 실재하지 않는다는 것이다.

이러한 전일적 실재관은 '하나는 셋(一卽三), 셋은 하나(三卽一)', 즉 천·지·인 삼신일체의 원리와 본질적으로 상통한다. 물신(物神)의 본질이 분리성이라면, 실재의 본질은 연결성이다.

그때 마고가 말했다.

실재를 향한 현대 과학의 여정은 '마음의 과학'이라고 명명할 정도로 차원 전환을 보이고 있다. 이는 이 우주가 오직 마음일 뿐이라고 한 동양의 현자들과 견해를 같이하는 것이다.

사실 수천 년 전부터 『천부경』이나 인도의 베단타 철학, 불교 철학 등에서는 우주의 실체가 의식이며, 보이는 물질계는 보이지 않는 의식계의 투사영임을 설파해 왔다.

그러나 이러한 관점은 20세기 초 양자론의 선구자들이 등장할 때까지 서구 사상에 거의 영향을 미치지 못했다. 근대 과학혁명과 더불어 기계론적 세계관의 등장으로 물질주의 과학이 지구촌을 점령함에 따라 물질계가 존재의 유일한 차원으로 인식되었기 때문이다.

20세기에 들어 실험물리학이 발달하면서 물질의 궁극적 본질이 비물질과 하나이며, 원자도 우주도 인간의 신체도 물리적 성질을 가지고 있지 않다는 것이 밝혀졌다.

그리하여 물질세계가 보이지 않는 에너지장을 바탕으로 하고 있고, 이 에너지장은 비국소성[비분리성]을 갖고 시공을 초월하여 하나의 장(場, field)으로 연결되어 있다는 것을 알게 되었다.

견고한 물질계가 실재라는 환상이 깨어지면서 미시세계인 양자계가 존재의 또 다른 차원으로 인식되게 된 것이다.

사실 물질이라는 것은 다양한 형태로 나타나는 에너지 현상일 뿐이므로 에너지[파동, 의식]를 변화시킴으로써 물질계의 일체 현상을 바꿀 수 있다.

이렇듯 현대 과학은 분리된 물리 세계에서 연결된 삶의 세계로 사고의 지평을 확장하기 시작했다. 철학사상 및 형이상학과도 소통하기 시작했다.

21세기 과학혁명은 과학과 의식의 접합을 추구하는 특성을 갖는 까닭에 필연적으로 삶 자체의 혁명, 즉 존재혁명의 과제를 수반한다.

그리고는 덧붙여 이렇게 말했다.

우주 가을의 초입에 들어서면 지구촌은 물신이 무소불위(無所不爲)의 권력을 휘두르며 인류의 우상숭배에 힘입어 최고신으로서 군림하게 된다.

종교의 세속화·상업화·기업화 현상, 유일신 논쟁, 창조론과 진화론 논쟁, 유물론과 유심론 논쟁, 신·인간 이원론, 물질만능주의 등은 우리의 참본성인 유일신의 실체를 직시하지 못하는 데서 오는 것이다.

일체 만물은 혼원일기(混元一氣, 至氣)인 유일신에서 나와 다시 유일신으로 돌아간다. 유일신은 특정 종교의 신이 아니라 진리 그 자체이며 만물의 참본성[神性, 靈性, 一心]을 일컫는 것이다.

해가 뜨면 풀잎에 맺힌 이슬방울이 사라지듯, 신과 세계와 영혼의 통합성에 대한 자각이 이루어지면 물신은 저절로 그 모습을 감추게 될 것이다.

그러자 곤륜산 신령이 말했다.

역사의 무대 위에서 무수히 명멸하는 다양한 패러다임은 표면적으로는 기술적 진보 또는 사회적·경제적 및 지적(知的) 조건의 변화에 따른 것처럼 보일 수 있다.

그러나 보다 근원적으로는 상대계에서의 일체 변화가 그것이 물질 차원이든 정신 차원이든 영적 진화[의식의 진화]를 위한 최적 조건의 창출과 관계된다.

우주의 실체는 의식이며, 그 진행 방향은 영적 진화이고, 인간은 그러한 지향성을 갖는 우주의 불가분의 한 부분이기 때문이다.

천·지·인은 본래 일체이므로 과학 또한 우주 진화의 궤도에서 벗어날 수 없다. 동·서양의 숱한 지성들이 자연의 필연적 법칙성의 원리 규명에 천착한 것은 그러한 원리를 자각할 수 있을 때 '진인사대천명(盡人事待天命)'의 지혜가 발휘되어 자유의지와 필연이 하나가 되는 조화로운 세상을 열 수 있기 때문이다.

그러나 현대 과학은 인간 존재의 세 중심축인 종교와 과학과 인문, 즉 신과 세계와 영혼 세 영역의 연관성 및 통합성에 대한 자각이 여전히 결여되어 있다.

따라서 생명현상을 분리된 개체나 종(種)의 차원에서 인식함으로써 단순한 물리현상으로 귀속시키기도 한다.

이어 곤륜산 신령은 환안을 향해 말했다.

그대 신관이여, 우주 전체 질량 중 현대물리학으로 설명되는 것은 4퍼센트에 불과한 것으로 나타난다. 물리(物理) 세계를 제대로 이해하기 위해서는 어떤 과제가 있다고 보는가?

그러자 환안이 대답했다.

만산의 조종(祖宗)인 곤륜산의 신성한 영이시여! 물리 세계는 성리(性理)에 대한 인식의 바탕이 없이는 명쾌하게 설명될 수가 없습니다. 왜냐하면 사물의 이치란 곧 물성(物性)을 일컫는 것이므로 사물의 이치와 성품의 이치는 마치 그림자와 실물의 관계와도 같이 상호 조응하기 때문입니다.

유·불·선에서 물리는 각각 기(氣)·색(色)·유(有)로 나타나고, 성리는 각각 이(理)·공(空)·무(無)로 나타납니다. 전일적·유기론적 세계관에 기초한 동양의 인식 체계에서 물리와 성리는 각각 물질과 정신, 작용과 본체, 필변과 불변이라는 불가분의 표리관계로서 통합된 형태로 나타납니다.

따라서 물리 세계를 제대로 이해하기 위해서는 현대물리학적 사유와 동양적 사유의 상호 피드백을 통해 물리와 성리, 거시세계와 미시세계를 통섭하는 보편적인 지식체계를 구축할 필요가 있습니다.

이러한 양 세계를 통섭하는 보편적인 지식체계의 구축은 이원론의 유산 극복을 통해 인간 존재의 세 중심축인 신과 세계와 영혼의 연관성 및 통합성에 대한 자각을 일깨울 수 있을 것입니다. 이러한 자각은 물신(物神)의 속박에서 벗어나 삶 자체의 혁명을 가져오는 추동력이 될 것입니다.

21세기 과학혁명이 초래할 새로운 문명은 과학과 의식[영성]의 접합을 통해 과학의 윤리성에 대한 논의를 촉발시키고 인간의 자기실현을 위한 새로운 이성주의(rationalism)를 탐색할 것입니다. 이는 제2의 르네상스, 제2의 종교개혁으로 이어져 서구의 르네상스와 종교개혁을 완수할 것입니다.

그러자 곤륜산 신령이 말했다.

그대가 바로 보았다. 물질의 구조와 정신의 구조 사이에는 명백한 유사성이 있다. 일체 현상은 의식이 지어낸 이미지 구조물이기 때문이다.

역사상 그토록 많은 사람들이 신에 대한 논쟁을 일삼았던 것은, 만물이 만물일 수 있게 하는 제1원인인 신을 알지 못하고서는 인간의 자기실현은 불가능하기 때문이다. 중세의 보편논쟁 또한 신에 대한 명료한 인식에 이르기 위한 하나의 과정이었다.

신의 영광을 드러낸다는 것은 내재적 본성인 신성의 발현을 통해 자아실현을 한다는 것이다. 신은 '있음'과 '없음'의 상대계(相對界) 저 너머에 있는 까닭에 '신은 없다'라고 하는 주장은 문제의 본질을 벗어난 것이다. 신이라는 이름이 사라진다고 해서 생명의 근원에 대한 논쟁이 종식되는 것은 아니기 때문이다.

역사상 신이라는 이름으로 자행된 그 숱한 기만과 폭력, 살육과 파괴가 단순히 신이라는 이름을 서둘러 폐기처분한다고 해서 사라질 수 있는 것은 아니다. 신이라는 이름은 생명이라는 진리를 담고 있는 용기에 불과한 것이기 때문이다.

역사상 등장했던 폭군적인 신들은 피학적(被虐的, masochistic) 집단의식의 투사체로서 나타난 것일 뿐이다. 신을 어떻게 인식할 것인가의 문제에 대한 진지한 고려 없이 무신론자냐 유신론자냐에 천착하는 것으로는 결코 신이라는 미망에서 벗어날 수가 없다.

신을 향한 경배란 신이라는 이름이 함축하고 있는 생명의 근원에 대한 경배다! 이러한 경배는 앞으로도 계속될 것이다.

그리고는 환안을 향해 말했다.

그대 사명자여! 오늘 이 '왕의 정원'의 밤은 위대한 '라 무'가 그대를 위해 마련한 자리다. '라 무'는 그대의 영혼을 깊이 신뢰하노라. 나도 그대의 오롯한 지혜를 신뢰하노라.

천·지·인 삼신일체의 원리는 죄악(罪惡)의 바다를 건너는 영적(靈的)인 지혜의 배이다. '하나는 셋(一卽三), 셋은 하나(三卽一)'이므로 삼신이 곧 유일신, 즉 유일 실체다. 신은 곧 생명이므로 유일 실체는 분리할 수 없는 하나인 생명[靈性]이다.

그러나 후천대개벽기에 이르면 인간 존재의 세 중심축인 신[天]과 세계[地]와 영혼[人], 즉 종교와 과학과 인문은 물신(物神)들이 횡행하는 무대가 되면서 유기적 통합성을 상실하고 생명력을 잃게 된다.

머지않아 후천대개벽기에 지구는 리셋될 것이다. 지구 리셋은 인간 정신을 리셋하기 위한 것이다. 분리된 육체적 자아[小我]를 기반으로 한 근대 휴머니즘의 망령과 질곡에서 자유로워지기 위해서는 인간 존재의 세 중심축이 유기적 통합성을 회복해야 한다.

그렇게 되면 일체의 분리성이 사라진 '참나[참자아, 大我]', 즉 영성 그 자체로서의 정체성을 깨닫게 될 것이다. 그리하여 '참나'가 곧 하늘(天·神·靈)이며 생명이고 진리라는 것을 알게 될 것이다.

또한 '참나'가 물질현상[개체성]이면서 동시에 물질현상의 원인이 되는 정신적인 원리[전체성]이고, 만물의 참본성으로 내재해 있으면서 동시에 만물을 화생(化生)시키는 근본원리[至氣]¹⁶로서 작용한다는 사실을 알게 될 것이다.

종교의 문제든 과학의 문제든 인문의 문제든, 궁극적으로는 모두 생명[神·天·靈]의 문제로 귀결된다. 따라서 자아실현을 위해서도, '사랑의 문명'을 꽃피우기 위해서도, 생명의 근원성·포괄성·보편성에 대한 이해를 높여가야 한다.

그대 순연(純然)하고 향기로운 영혼이여! 때가 되면 이 모든 것은 그대를 통해 서사시가 되어 지식과 삶의 화해를 촉구하게 될 것이다. 이성과 신성의 조화에 기반한 새로운 이성주의를 추동해 낼 것이다. 그리하여 미완성으로 끝나버린 서구의 르네상스와 종교개혁을 완수할 것이다.

그리고 마침내 이 생명의 대서사시는 새로운 세상을 여는 포문이 될 것이다.

무 제국의 정통 계승자 '라 무'여, 그대 이름에 영광 있으라!
새 시대의 사명자여, 그대에게 축복 있으라!

제2부

'생명'의 놀이
The Play of 'Life'

제4장 '생명의 놀이'의 미학
The Aesthetics of 'The Play of Life'

제5장 생명정치와 생명문화
Life Politics and Life Culture

제6장 생명과 평화
Life and Peace

철인들이 국가의 왕이 되거나, 아니면 현재의 왕이나 권력자가 진정으로 충분히 철학을 해서 정치권력과 철학이 완전히 일치되기 전까지는…국가나 인간 종족이 해악에서 벗어날 수가 없을 것이다.

Until philosophers rule as kings in cities or those who are now called kings and leading men genuinely and adequately philosophize, that is, until political power and philosophy entirely coincide,…cities will have no rest from evils, Glaucon, nor, I think, will the human race.

- Plato, *Republic(Politeia)*, Book V, 473c-d.

제 4 장

'생명의 놀이'의 미학
The Aesthetics of 'The Play of Life'

- 생명의 놀이의 규칙 The Rules of the Play of Life
- 체험의 놀이판 The Playground of Experience
- 생명의 정원 The Garden of Life

생명의 놀이여, 시작도 끝도 없는 영원의 종결자 그대여! 천지가 창조되기 전에도 생명의 놀이는 있었다. 그대가 없었다면 어찌 우주만물이 생겨날 수 있으리오!
생명의 놀이여, 평등무차별한 자연법의 창시자 그대여! 물질적 우주가 탄생하기 전에도 생명의 놀이는 있었다. 그대가 없었다면 어찌 이 우주가 우주일 수 있으리오!
생명의 놀이여, 잠시도 끊어짐이 없는 정성(精誠)의 화신 그대여! 삼라만상이 생겨나기 전에도 생명의 놀이는 있었다. 그대가 없었다면 어찌 삼라만상이 삼라만상일 수 있으리오!
생명의 놀이여, 놀이의 미학(美學)의 완성자 그대여! 이 세상의 아름다움은 그대로부터 태어났다. 그대가 없었다면 어찌 기쁨과 사랑이 싹틀 수 있으리오!
오, 생명의 놀이여, 창조적 에너지의 원천인 그대여! 이 세상의 창조성은 그대로부터 온 것이다. 그대가 없었다면 어찌 인류 문명이 꽃피어날 수 있으리오!

- 본문 중에서

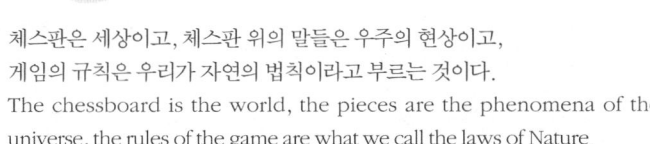

> 체스판은 세상이고, 체스판 위의 말들은 우주의 현상이고,
> 게임의 규칙은 우리가 자연의 법칙이라고 부르는 것이다.
> The chessboard is the world, the pieces are the phenomena of the universe, the rules of the game are what we call the laws of Nature.
>
> - Thomas H. Huxley, *A Liberal Education*(1868)

'생명의 놀이'의 규칙

마고는 중앙아시아에서 북동아시아에 걸쳐 있는 알타이산맥을 지나고 있었다. 금이 풍부하게 매장되어 있어 '알타이 황금 산맥(Golden Mountains of Altai)'으로도 불리는 이곳에서는 전통적인 유목 생활과 함께 밀과 옥수수 재배가 이루어지고 있었다.

산맥의 길이가 2,000km에 이르는 이 드넓은 산악 지역은 중앙아시아와 북극해 사이의 분수령이다. 호수가 많고 산악 타이가, 빙하 지역, 산악 초원, 고산 툰드라와 스텝 등 다양한 생태계를 자랑하는 곳이다.

알타이 지역은 수천 년 동안 아시아 여러 민족의 형성에 중요한 역할을 했을 뿐만 아니라 다양한 민족과 언어들의 접합점이었기 때문에 문화인류학적으로나 언어학적으로 중요하게 여겨지는 곳이다. 튀르크어, 몽골어, 만주-퉁구스어를 비롯해 한국어-일본어 모두 알타이 어족에 속한다

마고는 산기슭을 걸으며 그를 수행하고 있는 환안에게 말했다.

〈그림 4.1〉 알타이산맥(출처: Александр Байдуков, https://commons.wikimedia.org/wiki/File:Altai_reserve._The_object_of_UNESCO_world_heritage_site_Golden_mountains_of_Altai.jpg, CC BY-SA 4.0)

　오늘 그대와 나는 황궁족의 후예인 한민족이 이동하게 될 경로를 따라 영혼의 순례를 하고 있는 것이다. 목적지는 바이칼호수다.

　파미르고원 마고성에서 천산주로 간 황궁족의 후예들은 여러 시기에 여러 갈래로 동진(東進)하여 알타이산맥과 바이칼호수 지역에 이르고 그들 본류는 다시 이동하여 시베리아와 만주를 비롯해 동부아시아 지역에서 활약하게 된다.

　그러다가 마지막에는 요하(遼河)를 중심으로 한 요동·요서 지역에서 다시 한반도로 이동, 정주(定住)하게 된다. 이처럼 한민족의 역사는 광활한 북방 초원과 긴밀하게 연계되어 있다.

　말을 마치자 마고는 한동안 침묵했다. 그 침묵 속으로 과거와 미래가 '영원한 현재'로 피어나고 있었다. 환안은 시간의 벽이 해체되어 피어나는 영상들을 바라보았다. 그때 저만치 앞에서 밭을 경작하는 사람의 노랫소리가 들려왔다.

세상은 '생명'의 놀이터요 산다는 것은 '생명'의 놀이다. 놀이의 규칙은 자연의 법칙이어라.

내 눈물을 닦아주는 자 그 누구던가? 신(神)도 아니요, 권력자도 아니다. 그건 저 숲속에서 불어오는 바람이더라.

상처받은 영혼을 치유하는 자 그 누구던가? 신도 아니요, 권력자도 아니다. 그건 내 영혼을 어루만지는 따사로운 햇살이더라.

아, 죽음의 공포에서 벗어나게 하는 자 그 누구던가? 신도 아니요, 권력자도 아니다. 그건 내가 다시 돌아가게 될 흙이더라.

삶과 죽음을 관통하는 그 노랫소리를 뒤로 한 채 마고 일행은 평원을 향해 말없이 걸었다. 이윽고 마고가 입을 열었다.

이곳에 사는 사람들은 거의 백만 년에 이르는 오랜 세월 동안 자연과 하나가 된 삶을 살면서 자연과 강한 유대감을 가지고 있다. 주어진 삶에 저항하지 않고 긍정적으로 수용하며 꿋꿋하게 개척해 나가는 것이다.

완전몰입형 가상현실(virtual reality, VR)이란 것이 바로 우리가 사는 세상이다. 삶이라는 꿈속에서 또 꿈을 꾸며 꿈이라는 삶을 체험하다가 아침이 되어 그 꿈에서 깨어나지만, 여전히 삶이라는 꿈속일 뿐이다.

삶이라는 꿈속에서 살다가 그 꿈속에서 다시 돌아가는 것이다. 꿈은 현실이라는 더 큰 꿈을 깨기 위한 하나의 암시이다. 죽음이라는 충격과 마주하는 순간, 현실이라고 생각했던 세상사마저도 한바탕 어지러운 봄꿈임을 알게 되리라.

마고가 환안을 향해 말했다.

환안, 그대여! 밭을 경작하던 사람이 '놀이의 규칙은 자연의 법칙'이라고 한 말은 무엇을 의미한다고 보는가?

환안이 대답했다.

위대한 나의 스승, '라 무(Ra Mu)'시어! 생명은 '있음(being)'의 상태가 아니라 '됨(becoming)'의 과정입니다. 생명의 전일적 흐름은 시작도 끝도 없는 영원성 속에서 일어나는 생명의 장대한 '놀이(play)'입니다.

무시간성(timelessness) 속에서 일어나는 그 장대한 놀이의 미학(美學)은 놀이의 '규칙(rule)'에 있습니다. 그 규칙은 만물이 동등한 내재적 가치를 지니며 그 어떤 것도 도구적 위치에 있지 않고 대등한 참여자로서 영원한 우주적 무도(cosmic dance)*에 참여하는 것입니다.

'놀이의 규칙은 자연의 법칙'이라고 한 말이 바로 이것입니다. 자연의 법칙은 태양이 사해를 두루 비추고 비가 대지를 고루 적시듯 평등무이(平等無二)한 까닭에 귀천빈부의 차별이 없이 똑같이 적용되는 것입니다.

'참나'를 회복하는 것이 중요한 것은, '참나'가 지닌 지혜의 검(劍)은 마치 산호 가지마다 영롱한 달빛으로 함뿍 젖은 것과도 같이[1] 평등무차별성을 드러내기 때문입니다. 하여 자연이 존재 그 자체만으로 영혼을 치유하듯, '참나'는 세상을 평온하게 할 수가 있는 것입니다.

그러자 마고가 말했다.

그대가 바로 보았다. 참본성을 회복하는 것이 중요한 것은, 이 세상은 한 개인이나 특정 집단의 야망을 충족시키기 위해 존재하는 것이 아니기 때문이다.

이 우주는 분리할 수 없는 파동의 대양[氣海]이다. 우주만물은 분자, 원

---

* 덴마크의 이론물리학자 닐스 보어는 원자가 원자핵 주위를 끝없이 회전하는 전자 파동으로 이루어져 있다고 생각했는데, 이 전자 파동을 우주가 쉼 없이 율동적인 운동을 하며 진동하는 모습으로 은유적으로 표현한 것이 '우주적 무도', 즉 '에너지 무도'이다.

자, 전자, 아원자 입자들의 쉼 없는 운동으로 진동하는 에너지장(場)으로서 그 파동의 세계가 벌이는 우주적 무도에 동등한 참여자로서 참여하고 있다. 생명은 비분리성·비이원성을 본질로 하는 영원한 '에너지 무도(舞蹈)'이다.

에너지는 한 형태에서 다른 형태로 변화할 수는 있지만 어떠한 물리적 변화에서도 모든 물체가 지닌 에너지의 총량은 불변이므로(에너지 보존의 법칙) 우주에서 사라지는 것은 아무것도 없다. 생명의 흐름은 영원히 이어진다. 생명은 결코 죽지 않는다.

이 우주는 전지(omniscience)·전능(omnipotence)의 우주 지성에 의해 작동되는 진행 방향만 있을 뿐 목적도 없고 시간도 없다. 물질적 우주가 생겨나면서 시간이 생겨났다. 거칠고 밀도가 높은 몸을 가진 인간이 이런저런 해석을 붙이면서 우주의 목적이란 것이 생겨났다.

하지만 우주의 본질인 생명은 스스로 생성되고 변화하여 돌아가는 '스스로(自) 그러한(然)' 자이므로 그 어떤 인위적인 목적도 설정하지 않으며 오직 '자기원인'에 의해 무위이화(無爲而化)의 작용을 할 뿐이다.

우주의 진행 방향은 영적 진화(spiritual evolution 또는 의식의 진화)이다. 그러한 진행 방향은 생명 자체에 합목적적으로 자기조직화하는 칩, 즉 '우주 지성'이 내장되어 있기 때문이다. 그래서 생명이라는 피륙의 한 올인 인간도 전체적으로 보면 영적 진화의 방향에서 이탈할 수 없게 되어 있다.

이러한 '보이지 않는 우주'에 대한 이해가 깊어지면, 영원성의 무대에서 펼쳐지는 '생명의 놀이'의 미학에 대해서도 더 깊이 음미할 수 있게 된다.

그때 평원을 지나가던 한 사람이 큰 소리로 독백했다.

삶이여, 그대는 놀이다. 어제도 오늘도 똑같이 반복되는 공허한 놀이다.

규칙이 증발해버린 놀이다.

 너무도 작은 영혼에 너무도 큰 권력이 주어져 있다. 권력자에게 법은 거미줄에 불과하지만, 보통사람에게는 쇠사슬이다. 유전무죄(有錢無罪)요 무전유죄(無錢有罪)다.

 어망(漁網)은 큰 고기는 잡히고 작은 고기는 빠져나가지만, 법망(法網)은 큰 고기는 빠져나가고 작은 고기만 잡는다. 작은 도적은 감옥에 가지만, 큰 도적은 왕좌를 차지한다.

 아, 인간은 자유롭게 태어났음에도 도처에서 사슬에 얽매어있다! 우리의 땀은 헛된 것이 되었고 밭과 심장은 시커멓게 타들어 가고 있다. 아, 누구를 위한 정치이며, 무엇을 위한 정치란 말인가?

 마고가 환안을 향해 말했다.
 환안, 그대여! '규칙이 증발해버린 놀이'란 무엇을 뜻하는가?
 환안이 대답했다.
 위대한 나의 스승, '라 무'시어! '규칙이 증발해버린 놀이'란 사회적 삶이 부정의(不正義)로 가득 차 있다는 뜻입니다. 부정의가 만연해 있다는 것은 순천(順天)의 삶에서 멀어져 있다는 것입니다. 그런 상태에서는 자유로울 수도, 행복할 수도 없는 것입니다.
 마고가 고개를 끄덕이며 말했다.
 그렇도다. 에고 의식(분리의식)이 생겨나면서 인간은 '생명의 놀이'의 규칙도 잊어버렸다. 만물은 동등한 내재적 가치를 지니며 그 어떤 것도 도구적 위치에 있지 않고 대등한 참여자로서 영원한 우주적 무도(舞蹈)에 참여한다는 놀이의 규칙은 전설이 되어버렸다.
 그리고는 이렇게 말했다.

생명[神·天·靈]의 장대한 놀이여! 이 우주는 시작도 끝도 없이 영원하며 오는 것도 가는 것도 없다고 그대는 말한다.

우주의 시작과 끝, 삶과 죽음의 이원성은 물질의 관점 속으로 들어온 인간의 해석일 뿐이다. 생명은 분리할 수 없는 파동의 대양이며 만물은 그 파동의 대양에서 일어나는 파도다.

그대는 말한다. 생명의 비분리성·비이원성은 파동체인 우주만물의 본질이며 일체 만물은 모두 파동으로 연결되어 있다고. 우리는 단 한 순간도 연결되지 않은 적이 없다고!

우리는 이미 완전히 연결되어 있으며 분리성은 상대성과 물질성이라는 관점 속으로 들어온 이후에 생겨난 것이다.

오, 생명의 놀이여! 그대는 존재성과 비존재성, 물성과 영성 그 어느 것에도 구애됨이 없이 생성·유지·파괴의 전 과정을 주재한다.

우주만물은 내재된 필연적 법칙성에 따라 생성과 소멸을 끝없이 순환 반복하지만, 그 실체인 우주의 창조적 에너지의 흐름은 영원히 이어진다.

그대의 놀이는 우리가 잠들어 있을 때도 계속되고, 육체적 죽음이 일어나도 계속된다. 가시권에서 비가시권에 이르기까지, 극대로부터 극미에 이르기까지 놀이는 촌음(寸陰)도 쉬지 않고 계속된다.

일원(一元: 宇宙曆 1년)인 12만9천6백 년을 주기로 천지개벽의 도수(度數)에 따라 우주가 봄·여름·가을·겨울의 '개벽'으로 이어지는 우주의 순환도 그대의 놀이다.

지구가 태양을 공전하고 태양계는 은하 세계를 2억5천만 년 주기로 회전하며 은하 세계는 은하단을 향하여 회전운동을 하는 천체의 순환도 그대의 놀이다.

천시(天時)와 지리(地理)에 조응하는 생명계의 순환과 카르마의 작용이 불러일으키는 의식계의 순환도 그대의 장대한 놀이다.

오, 생명의 놀이여! 그대는 삶과 죽음을 관통하여 일어난다. 그대의 놀이에서는 죽음조차도 진화의 한 과정일 뿐이다.

이 세상의 천변만화(千變萬化)가 그대의 장대한 놀이이며, 만물만상이 그대의 다양한 모습이다. 그대는 해와 달이요 별이다. 불이요 물이며 바람이다. 소년이요 소녀이며 노인이다. 꽃 속의 향기다.

그대는 모든 존재의 심장 속에서 영원히 타오르는 의식(意識)의 불꽃이다. 그대는 희로애락애오욕(喜怒哀樂愛惡慾)의 감정이다.

귀로 듣고 눈으로 보고 입으로 말하고 코로 냄새 맡고 손으로 잡고 발로 걷고 뛰고 하는 것, 이 모두 그대가 감각기관을 통해 놀이하는 것이다.

우주적 견지에서 보면 죽음은 소우주인 인간이 '하나됨'을 향해 진화하는 과정에서 단지 다른 삶으로 전이하는 것에 불과하다.

생명의 불꽃이 사라지면 육체라는 하드웨어 안에 머물던 우리의 영혼은 죽음의 순간에 생각한 바로 그 세계로 간다.

오, 생명의 놀이여! 그대는 말한다. '참나[神·天·靈]'인 생명은 태어나지도 죽지도 않는 순수 현존이므로 죽음의 지배하에 놓이지 않는다고.

죽음이란 자기 자신을 '참나'로, 순수의식으로 인식하지 못하고 에고와 욕망을 뿌리로 한 삶을 사는 사람에게 일어나는 것이다.

이어서 마고는 말했다.

환안, 그대여! 『까타 우파니샤드』에 나오는 나치케타스 이야기[2]는 삶과 죽음의 저 너머에 이르는, 영원한 평화에 이르는 길을 제시한다.

브라만 사제인 바쟈스라바사는 천국에 가기 위해 자기 재산을 사람들에게 나눠주기로 했다. 늙고 병든 소들을 나눠주는 것을 본 아들 나치케타스는 그러한 이름뿐인 자선 행위로는 천국에 갈 수 없다고 생각했다.

어린 아들은 아버지에게 물었다.

"전 누구에게 주실 건가요?"

아무 대답이 없자, 아들은 두 번 세 번 반복해서 물었다.

그러자 아버지는 홧김에 이렇게 말했다.

"죽음의 신에게 줄 것이다."

이 말을 들은 나치케타스는 아버지가 또 무슨 목적으로 자기를 죽음의 신에게 바치려 할까 하고 생각했다.

결국 아버지가 내뱉은 말 때문에 아들은 죽어 죽음의 신 야마에게로 갔다. 야마는 그에게 세 가지 소원을 말하라고 했다.

그러자 그는 첫 번째 소원으로, 다시 집에 돌아가기를 바란다고 했다. 두 번째 소원으로, 천상으로 인도하는 영적인 지혜의 불의 신비한 힘에 대해 알고 싶다고 했다. 그리고 세 번째 소원으로, 죽음의 비밀에 대해 알고 싶다고 했다.

야마는 첫 번째와 두 번째 소원은 쾌히 들어주었으나, 세 번째 소원에 대해서는 그렇게 쉽게 알 수 있는 문제가 아니라고 하면서 다른 소원을 말하라고 했다. 부귀영화, 자손의 번창, 수명장수 등 이 세상의 온갖 환락을 다줄 것이니 그것만은 묻지 말아 달라는 것이었다.

그러자 나치케타스는 말했다.

"오, 죽음의 신이시여! 이제 당신을 본 이상 부귀영화나 수명장수가 다 무슨 소용이겠나이까. 오직 한 가지, 죽음의 비밀에 대해 알고 싶을 뿐입니다."

그제서야 야마는 나치케타스가 신심이 돈독한 구도자임을 알고 삶과 죽음의 저 너머에 이르는 길과 영원불멸의 '참나'인 아트만(Ātman)에 대해 설하기 시작했다.

"삶과 죽음의 저 너머에 이르는, 영원한 평화에 이르는 유일하고도 완전한 길은 인류가 자기 자신을 아트만으로, 순수의식으로 인식하는 것이다. 아트만 속에는 그 어떤 차별성도 존재하지 않으며, 오직 전체성만이 물결칠 뿐이다.

그러나 이 광대무변한 영원불멸의 아트만은 경전 공부나 학문, 지식에 의해서는 결코 깨달을 수 없다. 악행을 그만두지 않고는, 감각을 잠재우지 않고는, 마음을 모으고 내면의 밭을 갈지 않고는 결코 거기에 이를 수 없다."

그러자 나치케타스가 물었다.

"아트만이란 무엇입니까?"

야마가 말했다.

"아트만은 생명의 본체인 유일자 브라흐마(Brāhma)의 자기현현이다. 유일자 브라흐마와 그 작용인 아트만은 마치 숲[전체성]과 나무[개체성]의 관계와도 같이 분리 자체가 근원적으로 불가능하다. 브라흐마는 이 세상의 모든 것이며 아트만이 곧 브라흐마이다.

브라흐마도 '참나'이고 아트만도 '참나'이다. '참나'인 생명은 본체[브라흐마, 대우주]와 작용[아트만, 소우주]의 이중성을 갖지만 동시에 이중성을 초월해 있다. 유일자 브라흐마와 브라흐마의 자기현현인 아트만은 불가분의 하나, 즉 불멸의 음성 '옴(OM)'이다."

마고가 환안을 향해 말했다.

환안, 그대여! 나치케타스 이야기의 핵심은 무엇이라고 보는가?

환안이 대답했다.

위대한 나의 스승, '라 무'시어! 나치케타스 이야기의 핵심은 브라흐마가 곧 아트만이요, 아트만이 곧 브라흐마라는 것입니다.

유일자[유일신] 브라흐마[一]의 자기현현이 아트만[三], 즉 우주만물이므로 신과 우주만물은 분리할 수 없는 하나라는 것입니다. '하나는 셋(一卽三), 셋은 하나(三卽一)', 즉 천·지·인 삼신일체라는 것입니다.

아트만은 개체화된 물질적 외피가 아니라 영성(靈性) 그 자체, 즉 생명[神·天·靈]입니다. 만물이 만물일 수 있게 하는 제1원인인 생명, 즉 유일 실체[브라흐마]가 우주만물의 참본성으로 내재해 있는 것을 두고 아트만이라고 부르는 것이니, 브라흐마와 아트만은 하나라는 것입니다.

브라흐마와 아트만이 바닷물과 파도의 관계와도 같이 분리할 수 없는 하나라는 것은 분리성에 기반한 물질적 관점으로는 이해하기 어렵습니다. 일체가 하나인 에너지의 바다에서 우주만물이 파도처럼 일어났다가 다시 그 에너지의 바다로 되돌아가는 과정이 끝없이 순환 반복되는 것입니다.

브라흐마와 아트만이 하나임을 불멸의 음성 '옴(OM)'으로 나타낸 것은, 이 우주가 파동의 대양, 즉 에너지의 바다(氣海)임을 말해주는 것입니다. 우주의 실체는 견고한 물질이 아니라 의식, 즉 에너지이며 파동입니다.

그러자 마고가 말했다.

그대가 바로 보았다. 생명은 개체화된 물질적 육체 속에 갇혀 있는 것이 아니라 우주만물을 관통하는 영성 그 자체다. 마치 하나인 바닷물이 무수한 파도를 관통하듯이. 바로 이 영성이 '참나'인 생명이고 하늘(님)이며 신이다.

죽음의 신 야마가 강조한 것도 바로 이 '참나'인 영성에 대한 인식이다. 영성에 대한 인식이 없이는 신[一]이 곧 우주만물[三]이며 우주만물[三]이 곧 신(一)임을, 브라흐마가 곧 아트만이며 아트만이 곧 브라흐마임을 결코 이해할 수 없다.

거듭 강조하는 바이지만, '하나는 셋(一卽三), 셋은 하나(三卽一)', 즉 천·지·인 삼신일체의 원리에 대한 이해는 영성에 대한 인식을 전제로 한다. 우주만물의 참본성인 영성[神性, 一心, 一氣]을 이해할 때 공감 의식이 확장되어 우주만물을 '나' 자신으로 느끼게 되므로 진정한 자아실현이 이루어진다.

그러나 이성과 논리의 세계에 갇혀서는 광대무변한 '참나'를 깨달을 수 없다. 실재는 경계가 없기 때문이다. 경전이나 학문, 지식은 표월지지(標月之指), 즉 (진리의) 달을 가리키는 손가락일 뿐, 진리 그 자체가 아니다. 손가락에 의지하여 손가락을 여읜 달을 볼 수 있어야 한다.

환안, 그대도 느끼고 있듯이, 경전이나 학문, 지식에 대한 강한 집착은 그 자체를 진리로 굳게 믿는 건강하지 못한 의식을 수반하는 까닭에 어떤 점에서는 물질에 대한 집착보다도 더 큰 문제를 야기하기도 한다.

야마가 제시한 길은 '생명의 놀이'의 규칙을 잘 준수하는 것과 일맥상통한다. 생명은 비이원성(nonduality)을 본질로 하는 영원한 '에너지 무도'이다. 그 무도회에서는 어떤 차별성도 존재하지 않으며 전체성만이 물결칠 뿐이다. 이것이 바로 옛사람들이 말한 천리(天理)에 순응하는 삶이다.

'참나'는 본체[理]와 작용[氣], 진여성과 생멸성의 이중성을 갖지만 동시에 이중성을 초월해 있다. 이러한 이중성을 깨닫게 되면 그 어떤 환영(maya)이나 슬픔도 없다. 오직 '참나'의 존재성에 대한 확신을 통해서만 '참나'를 인식할 수 있고, 그렇게 인식할 때 '참나' 또한 그 본질을 드러낸다.

이러한 '참나'의 존재성에 대한 확신은 '참나'와 하나가 된 순천(順天)의 삶을 추구할 때 일어난다. 온전한 삶의 요체는 바로 이 '참나'에 대한 자각에 있다.

'참나'를 자각한다는 것은 곧 참본성을 통하는 것이니 '성통(性通)'이다. '성통'이 이루어지면 홍익인간·재세이화의 이상이 구현되는 것이니 '공완(功完)'이다.

말하자면 '성통공완'은 정제된 행위의 길을 통해 궁극적으로는 영혼의 완성에 이르게 하는 요체다. 인간의 자기실현이란 이를 두고 하는 말이다.

환안, 그대여! 생명의 장대한 놀이에 대한 이해가 깊어질수록 세상을 바라보고 사물을 받아들이는 관점 자체도 바뀌게 된다. 그리하여 삶과 죽음에 대한 깊은 통찰이 일어나게 된다. 영적 견지에서 보면 귀천빈부란 존재하지 않는다. 각자가 영적 진화에 적합한 조건에 태어났을 뿐이다.

그런 점에서 일체는 평등무차별하다. 시련의 용광로를 통해서만이 우리의 정신은 비로소 빛나는 금강석이 될 수 있다. 인생이 주는 시련의 교육적 의미에 대해 진지하게 생각할 수 있다면, 삶을 보다 긍정적이고도 적극적으로 수용할 수 있을 것이다.

어느새 마고 일행은 평원을 지나 알타이산맥의 자작나무 삼림에 자리 잡은 작은 마을로 들어섰다. 마을 어귀에는 곧게 뻗은 자작나무가 빽빽이 들어서 있었다. 그 한쪽에는 오방색 천을 휘감은 솟대가 있는 성소[서낭당, 성황당]도 눈에 띄었다.

마고가 말했다.

알타이 지역 곳곳에는 마을을 수호하는 신을 모셔 놓은 성소가 있다. 그 곁에는 저렇게 신목(神木)이 세워져 있는 곳도 있고, 장승이 세워져 있는 곳도 있다.

두 사람은 다시 발길을 옮겼다. 얼마를 더 가니 몇 군데 너럭바위 위에서는 여러 사람이 모여 작업을 하고 있었다.

너럭바위 옆을 지나며 마고가 무엇을 하는지를 묻자 그들 중 한 사람이 대답했다.

자작나무 껍질에 그림을 그리고 글씨를 쓰고 있답니다. 나무껍질이 하얗고 윤기가 나며 얇게 벗겨져서 이런 작업을 하기에 안성맞춤이거든요.

그리고는 맞은편 너럭바위를 가리키며 말했다.

저기 너럭바위 위에서는 자작나무 껍질로 모자, 장신구 등 공예품을 만들고 있어요. 장날이 되면 모두 내다 팔 물건들이지요. 자작나무 목재는 단단하고 결이 고울 뿐만 아니라 벌레도 거의 먹지 않아 가구도 만들고 조각도 하고 경판의 재료로 사용되기도 한답니다. 또한 방수성이 뛰어나 각종 생활 용구의 재료로도 사용되지요.

마고는 고개를 끄덕이며 미소로 답했다.

다시 길을 걸으며 마고가 말했다.

언젠가 눈 덮인 들판의 자작나무숲을 끝없이 걸은 적이 있었노라. 오늘 이 자작나무 숲을 걸으니 그때의 감회가 새롭도다.

마고는 생각에 잠겼다. 얼마 후 그는 다시 말했다.

알타이산맥은 한민족과 관련이 깊은 곳이다. 파미르고원 마고성에서 천산주로 간 황궁족의 후예인 한민족은 여러 시기에 여러 갈래로 이동하여 서쪽으로는 알타이산맥, 동쪽으로는 바이칼호 일대에 퍼져 살면서 알타이 지역 원주민들과 융합하여 알타이어 문화권을 형성하게 된다.

그리하여 흉노,[3] 선비(鮮卑),[4] 돌궐[5], 몽골,[6] 금(金), 청(淸)[7] 등의 대제국을 건설해 유라시아를 동서로 관통하며 활약하게 된다. 흉노족(훈족)과 몽골족 그리고 선비족은 단군조선에서 갈라져 나간 동이족의 일파이다. 흉노를 계승한 돌궐, 신라가 멸망한 후 발해 유민들과 결합하여 세운 금(金)나라, 금(金)이 멸망한 후 다시 청(淸)이라는 국호로 부활했으니, 이들 모두 한민족과 깊은 관련이 있다.[8]

유라시아 초원길을 향해 걸으며 마고가 말했다.

인간은 사물로 인해 고통받는 것이 아니라 그것을 받아들이는 관점으로 인해 고통받는 것이다. '생명의 놀이'에 대한 관점도 다 다르지 않은가. 행복과 불행은 관점의 문제다.

천시(天時)와 인사(人事), 즉 하늘의 때와 세상일의 연계성을 깨달아 사람이 해야 할 일을 다 하고 하늘의 명을 기다리는 것이 인간이 해야 할 바다.

마고는 하늘을 우러르며 두 팔을 치켜올렸다.

생명의 놀이여, 시작도 끝도 없는 영원의 종결자 그대여! 천지가 창조되기 전에도 생명의 놀이는 있었다. 그대가 없었다면 어찌 우주만물이 생겨날 수 있으리오!

생명의 놀이여, 평등무차별한 자연법의 창시자 그대여! 물질적 우주가 탄생하기 전에도 생명의 놀이는 있었다. 그대가 없었다면 어찌 이 우주가 우주일 수 있으리오!

생명의 놀이여, 잠시도 끊어짐이 없는 정성(精誠)의 화신 그대여! 삼라만상이 생겨나기 전에도 생명의 놀이는 있었다. 그대가 없었다면 어찌 삼라만상이 삼라만상일 수 있으리오!

생명의 놀이여, 놀이의 미학(美學)의 완성자 그대여! 이 세상의 아름다움은 그대로부터 태어났다. 그대가 없었다면 어찌 기쁨과 사랑이 싹틀 수 있으리오!

오, 생명의 놀이여, 창조적 에너지의 원천인 그대여! 이 세상의 창조성은 그대로부터 온 것이다. 그대가 없었다면 어찌 인류 문명이 꽃피어날 수 있으리오!

하늘의 빛이여, 땅의 영광이여! 그대 빛날 때 그대 영광 빛을 얻으소서!

마고는 이렇게 말했다.

체험의 놀이판

마고 일행은 유라시아 초원길로 들어섰다. 초원길은 동유럽에서 몽골, 만주까지 뻗어있는 유라시아 스텝(Eurasian Steppe)을 통과하는 교역로다. 실크로드의 간선로라고 알려진 이 초원길은 나무는 거의 없고 풀만 무성한 평원 지역으로 오랫동안 기마유목민족 국가들이 활약한 무대였다.

사방이 툭 트인 광활한 평원은 초원으로 이어져 있고 야생화가 바람 따라 물결치고 있었다. 야생화 들녘은 몽환적인 아름다움과 싱그러움을 뿜어내는 천상의 화원과도 같았다. 그곳에선 말들이 풀을 뜯고 있었다.

마고가 야생화를 바라보며 말했다.

〈그림 4.2〉 유라시아 초원길(출처: 위키백과)

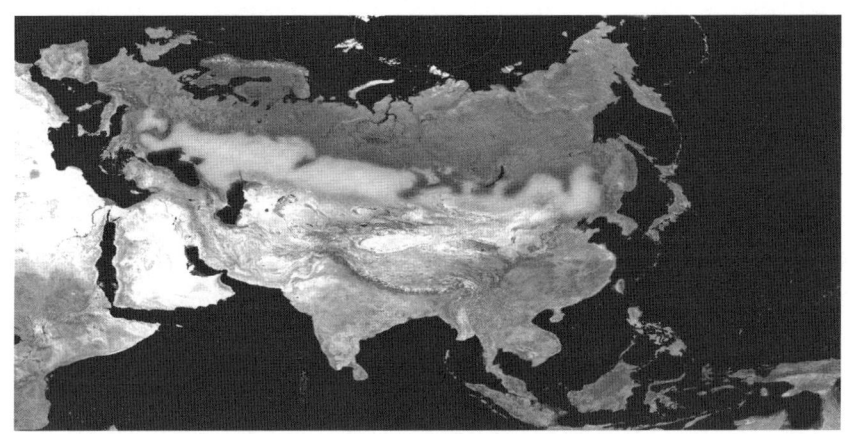

〈그림 4.3〉 유라시아 스텝의 위치(출처: 위키백과)

환안, 그대여! 여기 야생화를 보라. 자세히 보면 예쁘게 잘 자란 꽃들도 있지만, 어떤 것은 꽃잎이 이지러져 있고, 어떤 것은 줄기가 휘었으며, 어떤 것은 벌레가 먹었고, 어떤 것은 시들고 말라비틀어진 다양한 개체들로 이루어져 있지 않은가.

그렇다고 이들을 다 뽑아버린다면 천상의 화원은 사라져 버릴 것이다. 야생화 들녘의 아름다움은 '자기조화'에서 오는 것이다. 인간계도 이와 같다. 세상에 존재하는 모든 것은 나름대로 존재 이유와 가치를 지니고 있다.

세계사의 무대는 '삶과 죽음의 투쟁'이 난무하는 '에고'들의 싸움판이다. 앎을 존재로서 체험하기 위한 '체험의 놀이판'이기도 하다. 우리가 사는 물질세계가 '사상누각(沙上樓閣)'임은 그것이 허물어지기 전까지는 알지 못한다. 그래서 존재로서의 체험이 필요한 것이다.

그 치열한 체험을 통해 인류는 자신의 내면으로 들어가는 입구를 발견하게 된다. 그러나 인간은 육안으로 보이는 물질세계에 너무 집착한 나머지지, '보이는 우주[현상계, 물질계]'를 창조해내는 '보이지 않는 우주'에 대해서는 알 수 없게 되었다.

정치가 표방하는 제 가치가 실현될 수 없는 것은, 그들의 앎이 '몸' 단계에 머물러 있는 관계로 '그들' 개인이나 '그들' 집단의 특수이익만 추구하기 때문이다.

두 사람은 초원의 길을 계속 걸었다. 얼마를 더 가니 양떼들이 풀을 뜯으며 이동하고 뒤에서는 한 젊은 목동이 양떼를 몰며 노래를 부르고 있었다.

내겐 꿈이 있었네, 별처럼 빛나는 꿈이 있었네! 끝없는 초원길을 달리며 서역인들과 만나고 더 넓은 세상을 가슴 속에 품고 싶었네.

내겐 꿈이 있었네, 빛처럼 순수한 꿈이 있었네! 나의 노래를 부르고, 나의 춤을 추고 나의 존재를 축복하는 시인이 되고 싶었네.

아, 내겐 꿈이 있었네, 순수한 영혼의 꿈이 있었네! 남들과 경쟁하지 않고 나만의 창조성을 꽃피우며 나는 그저 나 자신이고 싶었네.

마고가 말했다.

환안, 그대여! 저 순수한 영혼의 노랫가락이 참으로 아름답지 않은가. 그 아름다움은 바로 자기조화에서 오는 것이다. 이 세상은 체험의 놀이판이다. 무엇을 체험하기 위함인가?

그러자 환안이 대답했다.

위대한 나의 스승 '라 무'시여! 체험의 놀이판인 물질세계가 존재하는 것은 앎을 존재로서 체험하기 위한 것입니다. 정신은 오직 물질을 통해서만 스스로를 구현할 수 있는 까닭에 앎을 존재로서 체험하지 않으면 영성과 물성이, 하늘과 우주만물이 하나임을 알 수가 없는 것입니다.

생명의 본체와 작용, 영성과 물성의 이분법은 앎의 원을 완성시키기 위한 방편일 뿐, 진정한 앎은 이원성을 넘어서 있습니다. 이러한 사실을 알지 못한 채 선과 악의 진실게임에 빠져들게 되면 '삼사라(samsara, 生死輪廻)'가 일어나게 되는 것입니다.

삶은 선도 악도, 행도 불행도 아닙니다. 그것은 다만 에고의 해석일 뿐입니다. 우주 속의 그 어떤 것도 분리할 수 있는 것이 아닌데 에고라는 잣대로 분리하는 데서 오는 것입니다. 에고는 분별지(分別智)의 다른 이름입니다.

삶과 죽음, 선과 악, 성공과 실패, 행복과 불행의 이원화된 의식은 모두 '분별지'의 산물입니다. 모든 관점을 통섭할 수 있을 때, 그리하여 선악과 시비를 넘어설 수 있을 때, 바로 그때 완전한 앎이 일어납니다.

사람은 누구나 타고난 기질에 따라 행동하게 되어 있으며 시행착오와 자기성찰의 과정을 통해 궁극적인 앎에 이르게 됩니다. 심(心)에 입각하여 무심(無心)을 이룸으로써 근본지(根本智), 즉 보편의식에 이르게 되는 것입니다.

환안이 말을 마치자 마고가 말했다.

그대가 바로 보았다. 인간은 자유의지에 따라 자신의 창조성을 꽃피우며 살아갈 권리가 있다. 그러나 있는 그대로의 세계를 직시하지 못하는 왜곡된 인식 상태에서 의지의 자유란 자폭테러와도 같이 참담한 결과를 초래할 수 있다.

의지의 자유란 의지 스스로 자유가 있는 것이 아니라 인식의 지시를 따르는 것이라는 점에서 의지는 필연적으로 인식에 예속된다. 완전한 인식에 도달하면, 의지의 완전한 자유가 달성된다. 그러기 위해 시행착오를 반복하며 앎을 존재로서 체험하게 되는 것이다.

자기원인에 의해 존재하는 '사물의 최종 근거', 흔히 신(神)이라고도 부르는 이 최종 근거에 대한 인식은 전체[一]와 개체[三]의 조화성을 인식하기 위한 필수조건이다. .

사물의 최종 근거, 즉 만물의 근원은 절대유일의 하나이므로 신은 유일신이다. 따라서 유일신은 특정 종교나 특정 집단의 유일신이 아니라 우주 만물의 근원을 지칭하는 많은 대명사 중의 하나일 뿐이다.

환안, 그대여! 동서고금의 사상과 철학, 종교와 과학의 공통된 관심사는 '사물의 최종 근거'인 제1원인에 집중되어 있다. 흔히 신(神·天·靈, 즉 생명)이라고도 부르는 제1원인은 앎의 절정이며, 우주의 관계적 그물망을 이해하는 관건인 까닭이다.

이 앎의 절정에서 인간은 비로소 생명의 전일성과 자기근원성을 깨닫게 되어 공동선을 실현할 추동력을 지닐 수 있게 된다. 진리의 정수를 관통하게 되므로 사실 그대로의 존재를 인식할 수 있게 되는 것이다.

우주의 실체는 의식이므로 신은 곧 보편의식[神性]이다. 인류 의식이 이러한 수준으로 업그레이드되지 않고서는, 다시 말해 내재적 본성인 신성을 깨닫지 않고서는 신을 인식할 수가 없다.

물리학이 물리적 세계의 구조가 마야(幻影) 또는 '유심(唯心)'이라는 것을 규명하기 위해 먼 길을 온 것도 이러한 앎의 절정에 이르기 위한 것이다.

우주 가을의 초입(初入)에 이르면 서양의 논리적 과학과 동양의 초논리적 직관은 극적인 해후를 하게 된다. 영성의 과학적 재발견이 이루어지는 것이다.

말을 마치자 마고는 드넓은 초원을 향해 이렇게 말했다.

보라, 동·서양의 사상과 철학, 종교와 과학은 '사물의 최종 근거'인 제1원인[神·天·靈, 즉 생명]을 밝히는 데 집중되어 있다.

오, 성리(性理)여, 이성(理性)이여! 그대들은 쌍둥이다. 인간의 지적 능력을 통칭하는 서양의 '이성'은 동양의 '성리'를 뒤집어 놓은 것이다. 그대 둘 다 '이(理, 제1원인)'와 '성(性, 神性, 靈性, 一心, 참본성)'의 관계성에 착안하고 있다.

'이'와 '성'의 관계성은 곧 자연법칙과 도덕법칙, 우주와 인간의 관계성을 의미한다. 이러한 우주의 관계적 그물망을 이해하지 못하고서는 이성의 힘이 발휘될 수 없다. 자연법칙에서 벗어나 존재할 수 있는 것은 없기 때문이다.

'이'와 '성'은 곧 제1원인인 신(神)과 참본성의 관계다. 신은 만유의 중심에 참본성[神性]으로 내재해 있으면서 동시에 만물을 화생(化生)시키는 근본원리[至氣]로서 작용한다. 따라서 신과 참본성, 즉 '이'와 '성'은 하나다.

오, 신이여, 생명[神·天·靈]이여! 그대는 만물의 참본성, 즉 '참나'이기에 만물과 분리될 수 없다. 우주만물은 곧 신이며 '한생명'이다.

'이성(理性)'에 근거하든 '성리(性理)'에 근거하든, 자연법칙과 도덕법칙의 조화성을 깨닫지 않고서는 온전한 이성의 힘이 발휘될 수 없다.

'하나는 셋(一卽三), 셋은 하나(三卽一)', 천·지·인 삼신일체여! 그대는 자연법칙과 도덕법칙, 신과 우주만물의 합일을 나타내는 우주 '한생명'의 공식이다.

마고는 말을 마치자 다시 환안을 향해 말했다.

환안, 그대여! 우주 '한생명'을 인식하지 못한 채 오직 이 육체가 자기라는 에고 의식[분리의식]에 사로잡혀 있으면 이성은 진정한 이성이 아니라 이성의 가면을 쓴 물신(物神)에 불과한 것이 된다. 왜 그런가?

그러자 환안이 대답했다.

위대한 나의 스승 '라 무'시어! 에고 의식은 마음의 파편화에 기인하는 것으로 근본적으로 영성(靈性)이 결여된 데서 생기는 것입니다. '참나'는 실재이고 전체이며 '지금 여기'와 연결되는 반면, 에고 의식은 관념이고 파편이며 과거와 연결됩니다.

물신은 나와 너, 이것과 저것을 분리하는 에고 의식의 산물이므로 '참나'에 대한 자각은 에고 의식에서 일어날 수 없습니다. '참나'에 대한 자각이 일어나지 않으면 이성은 진정한 이성이 아니라 물신에 불과한 것이 됩니다.

'라 무'께서도 말씀하셨듯이, '계몽'이라는 이름으로 전개된 서양의 이성주의·과학적 합리주의·객관주의는 물질주의 과학을 토대로 정신·물질 이원론에 입각한 까닭에 물신의 등장을 촉발시키고 세계를 물질화·파편화시켰습니다.

'복본(復本)', 즉 참본성을 회복한다는 것은 하나인 '참나'를 자각한다는 것입니다. 불멸의 '참나'를 자각한다는 것은 곧 생명의 뿌리를 이해하는 것이고, 에고가 만들어낸 일체의 장벽을 해체하는 것이며, 생명의 낮과 밤의 순환을 이해하는 것입니다.

그것은 한마디로 미망(迷妄)의 삶을 끝장내는 것입니다. 그리하여 완전한 소통·자치·자율에 기초한 생명시대를 여는 것입니다.

환안이 말을 마치자 마고가 말했다.

그대가 바로 보았다. 하나인 참본성이 곧 하늘이며 신이고 불멸의 '참나'임을 알지 못하고서는 마음을 밝힐 수도, 세상을 밝힐 수도 없다.

그때 한 중년이 넘은 목동이 소떼를 몰고 지나가며 독백했다.

저 들꽃처럼 순수한 내 젊은 날의 초상이여! 사랑스러운 눈길들이여, 무지개의 나날들이여! 어찌하여 그대들은 그토록 황망하게 나를 떠나버렸단 말이냐?

저 소떼처럼 순진무구한 내 젊은 날의 초상이여! 그대 사랑스러운 눈길들을 외면할 수 없어, 그대 무지개의 나날들을 지워버릴 수 없어, 나는 찾고 또 찾았노라. 내 청춘의 무덤들 사이를 배회하며!

저 초원처럼 푸르른 내 젊은 날의 초상이여! 사랑스러운 눈길들이여, 무지개의 나날들이여! 마침내 그대들은 내게 일깨워 주었노라. 이 세상은 단지 체험의 놀이판이라는 것을!

아, 사랑이여, 눈물이여, 그리움이여! 그대들은 언제나 내 가슴 속에서 빛나는 별이 되어, 순수한 빛이 되어, 순결한 사랑이 되어 살아 숨 쉬노라!

마고는 말없이 한참을 걸었다. 이윽고 환안을 향해 말했다.

환안, 그대여! 이 세상이 체험의 놀이판임을 체득한 자의 독백이 아닌가. 그대가 말해 보겠는가? 이 체험의 놀이판에 대해서.

그러자 환안이 서사시로 답했다.

오, 체험의 놀이판이여! 그대의 놀이판에서는 이긴 자도 없고 진 자도 없다! 단지 윤회(輪廻)의 놀이를 하고 있을 뿐이다. 윤회의 윤무(輪舞)를 하고 있을 뿐이다.

그대 체험의 놀이판은 선도 악도, 행도 불행도 아니다. 그것은 다만 에고의 해석일 뿐이다. 에고라는 잣대로 분리하는 데서 오는 것이다.

그대 체험의 놀이판에서는 좋은 체험과 나쁜 체험이 따로 있는 것이 아니다. 그것은 다만 분별지(分別智)의 해석일 뿐, 거칠고 방종한 자아를 길들이는 것이다.

그대 체험의 놀이판은 근본지(根本智)로 돌아가기 위한 학습의 장이다. '근본지'로 돌아가 참본성과 하나가 되면 그 어떤 비탄이나 갈망, 두려움이나 분노에 사로잡히는 일도 없다.

그대 체험의 놀이판에서는 부(富)·권력·명예·인기 등 이 세상 모든 것이 에고의 자기 확장을 위한 학습기제다. 종국에는 에고가 무르익어 떨어져 나가게 하는 동인(動因)이다.

오, 체험의 놀이판이여! 그대 체험의 놀이판은 어두움의 본질이 드러나는 곳이다. 육체의 병을 치료하기 위해서는 병의 원인이 밝혀져야 하듯, 영적(靈的) 치유를 위해서는 어두움의 본질이 드러나야 하기 때문이다.

그대 체험의 놀이판에서는 귀천빈부란 존재하지 않는다. 각자가 영적 진화에 적합한 조건에 태어났을 뿐이다. 물형계는 순수의식에 이르기 위해 통과하는 과정일 뿐이다.

그대 체험의 놀이판은 영원이라는 시간의 무대 위에서 펼쳐지는 장엄한 드라마다. 육체라는 옷이 낡아 해체되면 또 다른 육체의 옷을 바꿔 입는 전생(轉生)의 과정을 되풀이하면서, 마침내 공적(空寂)한 일심의 본체로 돌아갈 때까지….

그대 체험의 놀이판에서 영혼의 홀로서기는 성장의 필수요건이다. 고난 속에서도 깨끗하고 착하고 일관된 자긍자존(自矜自尊)의 삶이야말로 인간이 가질 수 있는 최대의 영광이다.

그대 체험의 놀이판은 자연법인 카르마의 지배하에서 자아실현을 하는 곳이다. 씨앗의 껍질이 터져야 싹이 나오듯이, 에고라는 껍질이 터져 스스로 비료가 되어야 진리의 나무에 많은 열매가 열린다.

오, 체험의 놀이판이여! 그대의 놀이판에서 영적 진화란 과정의 산물이다. 중요한 것은 결과가 아니라 그 과정에서의 동기와 의도의 순수성과 일관성, 그리고 최선을 다하는 성실성이다.

그대 체험의 놀이판은 티끌 속에서 티끌 없는 곳으로 가는 길이다. '참나'로 가는 길은 영혼의 세계에서가 아니라 삶을 통해 실현될 수 있다. 능동적인 삶 속에서 정신적 율동이 나타난다.

그대 체험의 놀이판에서 '지금' 의식의 요체는 집중에 있다. 그 속에 삶의 기술과 죽음의 기술이 다 들어 있다. 매 순간 깨어있는 의식으로 살고 죽음의 순간에도 두 눈을 똑똑히 뜨고 영혼이 육체를 떠나는 모습을 지켜볼 수 있어야 한다.

그대 체험의 놀이판은 그림자나 메아리와 같은 것이다. 보이지 않는 유일 실체를 알지 못하고서는 무의미한 소모적인 행위에 인생을 소진할 뿐이다.

그대 체험의 놀이판에는 깨인 자와 아직 깨이지 않은 자가 있을 뿐, 성인과 악인, 좋은 것과 나쁜 것이 있는 것이 아니다. 존재계는 분리될 수 없는 하나요, 하나의 흐름이며 순환이다.

그대 체험의 놀이판에서 진정한 아름다움이란 '나'를 잊고 '나'를 잃지 않는 데서 나온다. 아름다운 삶이란 이 육체가 자기라는 생각을 초월하여 하늘의 파장에 동조하는 삶이다.

환안이 말을 마치자 마고가 말했다.

환안, 그대의 생각이 정연(整然)하도다. 무분별한 에고의 영역에서 추구하는 일체 행위는 영원히 붙잡을 수 없는 신기루를 붙잡으려는 것과 같다.

화산폭발이나 대지진, 태풍이나 해일로 인해 수많은 인명이 희생되었다 할지라도 거기에는 선도 악도 없다. 단지 자연현상일 뿐이다.

전체와 분리된 '나'라는 생각이 자리 잡는 순간, 내가 존재한다고 생각하는 순간, 선과 악이 생겨나고 행과 불행이 그림자처럼 따른다. 그러나 삶은 선도 악도, 행도 불행도 아니다.

영적 건강의 척도는 분별지(分別智)로부터의 해방에 있다. '나'가 사라지면 '너'도 사라지고 '이것'이 사라지면 '저것'도 사라져 허허공공(虛虛空空)하게 되니, 생명의 전일성이 그 모습을 드러내게 된다.

우주만물은 존재의 강물이 되어 흐른다. 미워하고 분노하고 슬퍼하고 두려워하는 마음은 밖으로부터 오는 것이 아니다.

분리할 수 없는 존재계를 에고의 잣대로 분리하고 있으니, 실은 분리하는 그 마음을 미워하고, 그것에 대해 분노하고, 슬퍼하고, 두려워하는 것이다.

왜 두려워하는가? 우주로부터 버림받을 것이 자명하다는 것을 잠재의식은 알고 있기 때문이다. 이러한 분리의식 속에선 그 어떤 행복감이나 영적 충만감이 싹틀 수가 없다.

왜냐하면 '나'는 물방울인 동시에 존재의 강물이기 때문이다!

선과 악은 그 뿌리가 다른 것이 아니다. 악은 선의 결여이며 선을 강화하기 위한 한 요소일 수 있다. 물질 차원의 에고에 갇혀서는 선과 악의 저 너머에 있는 유일 실체를 깨닫지 못한다.

순수하고도 헌신적인 행위의 길을 통해 죽음조차도 삼켜버리는 유일 실체를 깨달음으로써 우리는 신과 하나가 되고 삶과 죽음의 저 너머에 이르게 된다.

환안, 그대여! 우주자연과 인간의 새로운 관계를 정립할 수 있기 위해서는 에너지 흐름의 방향을 에고에서 '초아(超我)'로, 무분별한 에고의 영역에서 이성적 분별력을 넘어선 초분별의 영역으로 바꾸어야 한다.

이성적 분별력까지도 넘어서야 하는 것은, 지선(至善)의 영역이 이성적 분별로 닿을 수 있는 논리의 영역이 아니라 초분별로서만이 닿을 수 있는 직관의 영역이기 때문이다.

에고와 '초아(超我)'의 관계는 생사(生死)와 열반(涅槃)의 관계와 같다. 생사는 원래 열반을 그 체로 하기 때문에 마음의 본체가 둘이 아니며 동시적으로 존재한다. 단지 두 뜻으로 마음을 다루었을 뿐이다.

마찬가지로 에고는 생사의 영역이고 '초아'는 열반의 영역으로 그 마음의 본체가 둘이 아니다. 에고와 '초아'의 관계는 또한 불각(不覺)과 본각(本覺), 생멸(生滅)과 진여(眞如)의 관계와도 같은 것이다. 모두 일심(一心)의 작용이다.

단지 에너지 흐름의 방향을 바꾸기만 하면 된다. 그것은 곧 물질에서 의식으로의 방향 전환을 의미한다.

마고는 계속해서 말했다.

환안, 그대여! 한민족('한'족)의 3대 경전인『천부경(天符經)』·『삼일신고(三一神誥)』·『참전계경(參佺戒經)』은 환단(桓檀: 환국·배달국·단군조선)시대의 정치대전이자 만백성의 삶의 교본으로서 홍익인간(弘益人間)·재세이화(在世理化)·광명이세(光明理世)의 이상세계를 구현하는 정신적·물적 토대가 되는 경전이다.

이들 경전은 시공간을 초월하여 체험의 놀이판인 이 세상에서 자아실현과 공동체의 이상을 실현할 수 있는 보편적인 토대가 되는 것으로, 천·지·인 삼신일체에 기초해 있다.

이는 홍익인간이라는 단군조선의 건국이념에 잘 나타나 있다. 홍익인간은 '널리 인간 세상을 이롭게 한다'는 의미이다. 그것은 인간의 존엄성에 기초하여 사회적 신분이나 성(性)차별, 부족[민족] 차별 또는 국가 차별을 넘어서 전 인류 사회의 평화와 행복이라는 이상을 담고 있다.

치자와 피치자, 개인과 국가가 일체가 되어 만물의 근원인 하늘을 공경하고 조상을 받드는 경천숭조(敬天崇祖)의 보본(報本)사상과 그 맥이 닿아 있다.

'보본'이 중요한 것은, 생명의 뿌리인 근본에 보답하는 마음이 없이는 널리 인간 세상을 이롭게 하는 마음이 일어날 수가 없기 때문이다. 모두가 하나인 생명의 뿌리에서 나왔다는 사실에 대한 인식이 없이는 생명의 전일성을 체득할 수가 없기 때문이다.

홍익인간은 전일(全一)·광명(빛·밝)·대(大)·고(高)·개(開)·생명 등의 의미를 함축한 환(桓) 또는 한(ONE, 天地人)의 이념과 그 맥이 닿아 있다.

조화(造化)·교화(敎化)·치화(治化)의 시대를 연 환인·환웅·환검(桓儉, 단군)의 '환'과 환국(桓國)의 '환'은 환하게 밝음을 뜻하는 것으로 광명한 정치의 이념을 표상한다.

환안, 그대여! 홍익인간의 가르침은 환국에서 배달국으로, 그리고 다시 단군조선으로 전해진 것이다.[9] 환국을 세운 환인(桓仁)*은 마고성(麻姑城)의 종주족인 황궁(黃穹)의 손자이자 유인(有仁)의 아들이다.

단군조선의 개국은 소도(蘇塗, 수두)를 행하는 '환웅 천손족(天孫族, '한'족)'이 원주민인 '곰 토템족('맥(貊)'족)'과 융화, 통혼하여 출생한 사람이 무진년(BCE

---

* 『符都誌』에는 桓因, 有因으로 나오지만, 본래는 桓仁, 有仁이었다가 후에 불교의 영향을 받아 '仁'이 '因'으로 바뀐 것이다. 당시에는 감군(監群: 무리의 우두머리)을 인(仁)이라 했으므로 원의(原義)를 살리는 취지에서 '仁'이라고 표기하기로 한다. '인(仁, En)'은 고대에 왕이나 제사장을 의미하는 것이었다. 『桓檀古記』, 「太白逸史」 桓國本紀에는 '仁이란 任을 이르는 말이니 널리 사람을 구제하고 세상을 밝히는 일을 맡으려면 반드시 어질어야 한다'라고 나와 있다.

2333)에 아사달의 단목(檀木) 아래에서 구환(九桓)의 백성들의 추대를 받아 환웅 때부터 전해온 표징(信標)을 이어받고 왕으로 세워져 이루어진 것이다.

환인·환웅·환검(단군)*으로 이어진 '천손족'인 '한'족(한민족)은 천·지·인 삼신일체에 뿌리를 둔 환(桓) 또는 '한'의 이념과 깊이 연계되어 있으며 그 뿌리는 마고성이다.

하늘을 숭배하는 '한'족은 '곰토템'족인 맥족과는 달리 '새토템'족이다. 새는 천상과 지상을 연결하는 매개이며 신의 대리자로 여겨졌다. 새토템은 그 기원이 마고성이다.

삼신사상의 표징이라 할 수 있는 삼족오(三足鳥: 세발까마귀)는 새토템의 대표적인 것이다. 고구려 벽화에서 삼족오를 태양 속에 그려 넣은 '일중삼족오(日中三足鳥)'는 태양을 숭배하는 천손족, 즉 밝달족=박달족=배달족임을 나타낸 것이다.

마고성은 하늘[천·지·인 삼신]**에 제사 지내는 소도성(蘇塗城)이다. 소도성의 솟대(소도) 문화는 고조선 문명권의 보편적인 문화 유형이었다. 솟대는 꼭대기에 솟대임을 표시하는 징표로 '새(鳥)'를 앉혔다. 이는 마고 문화가 지속적으로 전승되었다는 것을 의미한다.

환안, 그대여! 홍익인간이라는 광대한 이념은 광명이세·재세이화·이화

---

* 환단(桓檀: 환국·배달국·단군조선) 시대는 환인 7대(BCE 7199~BCE 3898), 환웅 18대(BCE 3898~BCE 2333), 단군 47대(BCE 2333~BCE 238)로 이어졌다.

** '삼신'이라고 하니 흔히 신이 셋인 것으로 생각하는데, 각각의 세 신(神)이 있는 것이 아니라 천·지·인 셋을 두고 삼신이라고 하는 것이다. 천·지·인은 셋이므로 곧 우주만물을 나타내는 기본수 '삼(三)'이고 또 신은 무소부재(無所不在) 즉 없는 곳이 없이 실재하므로 만물 속에 만물의 본질로서 내재해 있으니, 천·지·인 삼신이 되는 것이다. '하나는 셋(一卽三), 셋은 하나(三卽一)', 즉 천·지·인 삼신일체이므로 삼신이 곧 일신(一神), 즉 유일신이다. 삼신사상이 곧 '한'사상이다.

세계(理化世界)라는 정치이념과 깊은 관계가 있다. 모두 밝은 정치라는 동일한 의미를 내포하고 있다.

'광명이세'는 광명한 이치가 인간 세상에 구현되는 것이다.

'하늘로부터의 광명을 환(桓)이라 하고, 땅으로부터의 광명을 단(檀)이라 한다'[10]고 하여 환단(桓檀: 환국·배달국·단군조선)을 천지의 광명이란 뜻으로 풀이하기도 한다.

하늘의 광명이란 무엇인가? 참본성이 열려 환하게 되는 것이다. 성통광명(性通光明)이다.

땅의 광명이란 무엇인가? 참본성이 열려 사회적 공덕을 완수하는 것이다. 성통공완(性通功完)이다. 이는 곧 하늘의 이치(天理)가 인간 세상에 구현되는 것이다.

천·지·인 삼신일체의 천도(天道)를 체득하면 홍익인간·광명이세의 이상이 실현되는 것이다.

'재세이화(在世理化)'는 이 세상에 이치가 구현되는 것이고, '이화세계(理化世界)'는 이치가 이 세상에 구현되는 것이니, 모두 동일한 의미이다.

이렇듯 홍익인간·광명이세·재세이화·이화세계는 한민족('한'족)의 3대 경전과 마찬가지로 천·지·인 삼신일체에 기초해 있다.

말을 마치자 마고는 이렇게 노래 불렀다.

    산에는 꽃 피네 꽃이 피네(山有花 山有花)
    지난해에 만 그루 심고 올해도 만 그루 심었네(去年種萬樹 今年種萬樹)
    봄이 오면 불함산 온통 붉은 꽃으로 물들고(春來不咸花萬紅)
    천신(天神) 섬기며 태평을 즐긴다네(有事天神樂太平)[11]

마고는 환안을 바라보며 말했다.

환안, 그대여! 이게 무슨 노래인지 알겠는가? 단군조선 시대에 백성들이 부르던 애환가(愛桓歌)라는 노래다. 애환가는 신가(神歌)의 한 종류다.

제16대 위나(尉那) 단군은 무술 28년(BCE 1583)에 구환(九桓)의 여러 한(汗, 왕)들을 영고탑(寧古塔)에 모이게 하여 삼신상제께 제사 지내고 환인, 환웅, 치우와 단군왕검을 배향하였다.

닷새 동안 백성들과 함께 대연회(國中大會)를 열어 불을 밝히고 밤새워 경(천부경·삼일신고·참전계경)을 봉송하고 마당밟기(踏庭, 地神밟기)를 하였다. 한쪽에는 횃불을 줄지어 밝히고 또 한쪽에는 둥글게 춤을 추며 바로 이 애환가(愛桓歌)를 불렀다.

환안, 그대여, 참으로 아름답지 않은가! 이처럼 국중대회를 열어 하늘에 제사 지내고 근본에 보답하는 소도의식(蘇塗儀式)은 마고성 시대 이래 지속적으로 전승되었다.

이러한 소도의식을 통해 천인합일·군민공락(君民共樂)을 이루어 국권을 세우고 정치적 결속력을 강화하며 국운의 번창을 기원했다.

제3대 가륵(嘉勒) 단군은 경자 2년(BCE 2181)에 말과 글을 읽는 소리를 통일시키기 위해 삼랑 을보륵에게 명하여 정음(正音) 38자를 정선(精選)토록 하여 이를 가림토(加臨土)¹²*라 하였다.

배달국 시대부터 사용되어 오던 상형표의(象形表意) 문자인 진서(眞書)**가 있었지만, 서로 말이 통하지 않고 글자를 이해하기 어려운 경우가 많았기

---

* 『檀奇古史』에는 '재위 2년 봄에 을보륵에게 명하여 國文正音을 精選토록 하였다'고 기록되어 있다.

** 여기서 眞書란 배달국 시대에 있었던 사슴 발자국 모양을 딴 鹿圖文을 일컫는 것이다. 가림토(일명 篆字)는 이 녹도문을 보완하여 만든 것이다.

때문이다.

가림토 38자는 세종 25년(1443)에 창제한 훈민정음(訓民正音: 백성을 가르치는 바른 소리) 28자의 모태가 되는 것이다. 가림토는 전자(篆字)라고도 하였는데, 언문(諺文) 28자는 옛 전자(篆字)를 본뜬 것이다.*

제34대 오루문(奧婁門) 단군 병오 원년(BCE 795)에는 오곡이 풍성하게 잘 여물어 만백성이 기뻐하며 도리가(兜里歌)를 지어 불렀다.

하늘에는 아침 해가 밝은 빛 비추고(天有朝暾明光照耀)
나라에는 성인이 덕의 가르침 널리 펴시네(國有聖人德敎廣被)
큰 나라 우리 배달 성조시여(大邑國我倍達聖祖)
많고 많은 사람들이 가혹한 정치 모르고(多多人不見苛政)
즐겁고 평화롭게 노래하니 늘 태평성대로세(熙皞歌之長太平)

그리고는 이어 이렇게 말했다.

단군 삼신을 흔히 신격화의 일종으로 해석하여 부정적으로 보기도 하지만, 신(神)은 인간과 분리되어 따로이 존재하는 그 무엇이 아니다.

만물은 에너지의 바다(氣海, 에너지場)에서 일어나는 파도다. 바닷물과 파도가 분리될 수 없듯이, 유일 실체[一氣, 에너지場, 유일신]와 만물은 분리될 수 없다.

유일 실체는 만물의 참본성[神性, 靈性, 一心]으로 내재하는 동시에 만물을

---

* 『世宗實錄』 세종 25년조와 훈민정음 해례본이 나온 세종 28년조에 '자방고전(字倣古篆)', 즉 언문(諺文) 28자가 옛 전자(篆字)를 본뜬 것이라고 나와 있다(『世宗實錄』 第102卷, 世宗 25年條(1443)와 世宗 28年條(1446)).

화생(化生)시키는 근본원리[至氣]로서 작용한다.

따라서 우주만물의 참본성이 곧 신이다. 환인·환웅·단군(환검)은 천·지·인 삼신일체의 천도(天道)를 체현(體現)한 존재, 즉 참본성을 깨달은 존재라 하여 단군 삼신이라 부르는 것이다.

단군조선의 천제(天祭, 祭天)의식은 하늘을 공경하고 조상을 받드는 경천숭조(敬天崇祖)의 보본(報本)사상의 발로였다. 만물의 근원인 하늘에 감사하고 조상의 은덕에 감사하는 것이다.

감사하는 마음이 깊어지면 우리 내면은 긍정과 사랑으로 가득 차게 된다. 그리하여 참본성이 열리게 된다. 따라서 천신에 제사 지내는 일은 귀신을 섬기는 일과는 전혀 무관한 것이다.

환안은 생각했다.

이 세상 모든 왜곡된 인식의 근원은 하늘[神]과 우주만물이 하나임을 알지 못하는 데 있다.

그러나 하늘과 우주만물이 하나라는 것은, 우주의 실체가 의식[파동, 에너지]이며 우리가 물질이라고 지각하는 것이 특정 주파수대의 에너지 진동에 불과하다는 사실을 이해하지 못하고서는 공허하게 여겨질 수밖에 없다.

'라 무'께서 물질에서 의식으로 에너지 흐름의 방향 전환을 그토록 강조하는 것은 이 때문이 아닌가!

그리고 환안은 알고 있었다. '라 무'의 시제는 '영원한 현재'이며 지구가 리셋 주기에 들어가는 후천개벽기에 초점을 맞춰 이야기하고 있다는 것을!

그때 마고가 말했다.

환안, 그대여! 생명이란 것이 비분리성·비이원성을 본질로 하는 영원한 '에너지 무도(舞蹈)'임을 인식할 수 있다면, 또한 그것이 바로 신(神)이고 천

(天)이며 만물의 성(性, 참본성)임을 이해할 수 있다면, 천지만물 간에 그 어떤 분리도 존재하지 않음을 알게 된다.

그리되면 새로운 규준의 휴머니즘에 입각한 새로운 계몽의 시대가 열릴 것이다. 그 바탕이 되는 것이 '하나는 셋(一卽三), 셋은 하나(三卽一)'*, 즉 천·지·인 삼신일체의 원리다.

생명의 전일적 흐름을 나타내는 이 '생명의 공식'은 세계적 난제를 푸는 '마스터 알고리즘'이다!

마고는 광활한 초원을 향해 두 팔을 벌렸다.

보라, 인류 보편의 가치개념들을 함축한 '한'의 원리를! 이 원리는 신과 세계와 영혼 세 영역(天地人 三才)의 유기적 통합성에 대한 자각에 기초하여 세계시민사회가 공유하는 '공감'의 새로운 문명을 창출해 낼 것이다.

천·지·인 삼신일체의 가르침에 토대를 둔 3대 경전(천부경·삼일신고·참전계경)은 한민족 정신문화의 뿌리이자 세계 정신문화의 뿌리가 되는 근본원리를 담고 있다.

동서고금의 사상과 철학, 과학과 종교의 정수를 함축한 '한'사상(삼신사상)은 전 지구적 차원의 대통섭을 단행할 수 있는 비옥한 철학적·사상적·정신문화적 토양이 갖추어져 있다.

형제들이여! 『천부경』에서 근원적 일자인 유일신에 이름을 붙이지 않고 그냥 '하나(一)'라고 한 것은 무수한 진리의 가지들을 하나의 진리로 되돌리

---

* 여기서 '하나'는 곧 '한'이며 '하늘'(님)이고 '하나'(님)이다. 따라서 '하나는 셋(一卽三), 셋은 하나(三卽一)'의 원리는 하늘(一)이 우주만물(三)이고 우주만물(三)이 하늘(一)이라는 뜻이므로 하늘과 우주만물이 하나, 즉 우주 '한생명'이라는 말이다.

기 위한 우리 국조(國祖)의 심원한 뜻이 담겨진 것이다.

가을이 되면 나무가 수기(水氣)를 뿌리로 돌리듯, 일체 생명은 본래의 뿌리로 돌아감으로써 영원한 생명을 유지한다.

우주 가을의 초입에서『천부경』으로의 원시반본(原始返本)이 이루어지고 있는 것도 사상적 원시반본을 통하여 우리 인류가 영원한 생명을 체득하기 위한 것이다.

미회(未會: 우주의 陰 8월)인 우주 가을의 초입에서도 여전히 사상적 질곡에서 헤어나지 못하는 인류에게『천부경』은 '표월지지(標月之指)'로 다가서고 있다.

사랑하는 형제들이여! 지금 이 순간에도『천부경』은 숫자로써 숫자가 끊어진 법을 보여주고자 무진등(無盡燈)으로 타오르고 있다.

오, '하나(一)'의 진리가 용해되어 흐르는 새로운 역사의 시작이로다!

마고는 이렇게 말했다.

생명의 정원

마고 일행은 바이칼호수로 가는 길목인 이르쿠츠크(Irkutsk)로 이동했다. 이르쿠츠크는 바이칼호 서쪽, 앙가라 강변에 위치한 시베리아의 중심지이다. 이르쿠츠크에서 가까운 부리야트족 마을을 지나면서 마고가 말했다.

환안, 그대여! 바이칼호 일대에 사는 부리야트족은 동이(東夷)의 원(原)종족이다. 그 원류가 시작된 곳은 바이칼호에서 가장 큰 섬이자 천군(天君)의 성지로 유명한 알혼섬이다.

단군조선의 정통을 계승한 해모수(解慕漱)는 단군조선의 제후국인 고리국(藁離國) 출신이다. 부여국의 모체인 고리국의 위치는 바이칼호 동쪽의 몽골 내륙이다.

몽골족의 일파인 부리야트족은 스스로를 '코리'라고 부르는데 이들은 부여, 고구려와 뿌리가 같은 한민족이다. '선녀와 나무꾼' 이야기나 솟대·신목(神木) 등 풍습도 비슷하고 이들이 간직한 샤머니즘의 원형은 한민족과 유사한 점이 많다.

두 사람은 계속 걸었다. 마을마다 제의(祭儀)가 행해지는 신성 지역인 소도(蘇塗, 수두)가 눈에 띄었고 솟대·신목들이 있었다.

마고가 말했다.

인간의 존엄성과 가치는 지구가 명실공히 '생명의 정원(the Garden of Life)'으로서 기능할 때 비로소 구현될 수 있다.

그러나 과학기술의 발전은 핵무기·생화학무기 등의 개발이나 유전자공학(gene engineering)의 발전에서 보듯, 이윤 극대화를 위한 경제적 효율성의 논리와 구조적으로 결합되어 생태적 효율성의 문제는 방기되어 있다.

생명에 대한 무지와 경시 또는 모독은 사실 그대로의 존재태를 반영하지 못하는 왜곡된 인식의 산물로서 자연 억압과 인간 억압을 추동하는 근본 원인이 되고 있다.

그리하여 국가안보 내지는 성전(聖戰, 지하드)이라는 미명하에 온갖 폭력이 자행됨으로써 인류의 생명권은 이제 심대한 위기에 처하게 되었다.

왜곡된 신성이 인간 이성을 학대하며 신학이 무소불위의 권력을 휘두르던 중세의 불합리한 상황과, 근대 이후 왜곡된 이성이 내재적 본성인 신성[참본성]을 학대하며 근대 과학이 무소불위의 권력을 휘두르는 서구적 근대의 불합리한 상황이 무엇이 다르단 말인가!

인간은 단순한 지구적 존재가 아니라 우주의 본질과 천지운행의 원리에 조응하는 우주적 존재이다. 우주의 본질인 생명에 뿌리를 내리지 않은 현상계의 그 어떤 것도 생명력을 지닐 수 없다.

투기적 금융자본과 이윤 극대화의 논리가 지배하는 세계자본주의 체제의 반생명적인 문화가 시들 수밖에 없는 것은 이 때문이다.

말을 마치자 마고는 이렇게 말했다.

자, 이제 바이칼호 알혼섬으로 향하노라.

두 사람은 마주 보며 고개를 끄덕였다.

〈그림 4.4〉 바이칼호(Lake Baikal)
(출처: МариНовик, https://commons.wikimedia.org/wiki/File:Байкал,_Иркутская_область.jpg, CC BY-SA 4.0)

바이칼호는 2,500만 년이라는 세계에서 가장 오래된 역사를 지닌 호수이며, 수심이 1,700여m로 세계에서 가장 깊은 호수이기도 하고, 수심 40여m까지도 투명하게 보일 정도로 세계에서 가장 깨끗한 호수이기도 하다. 약 330여 개의 강이 바이칼호로 흘러들지만, 밖으로 나가는 수로는 앙가라

강 하나뿐이다.

　부리야트 언어로 '풍요로운 호수'라는 뜻을 가진 바이칼호는 세계 유일의 민물 종인 바이칼 물범(Baikal seal)을 비롯해 다양한 동식물 고유종이 서식하는 생물종 다양성의 보고(寶庫)다. '성스러운 바다', '시베리아의 푸른 눈', '세계의 민물 창고', '시베리아의 진주' 등으로 불리기도 한다.

　침엽수림과 산악 스텝 지대, 툰드라 지대, 소나무 숲과 낙엽송 삼림, 만년설의 봉우리, 호숫가에 만발한 갖가지 색상의 야생화들로 둘러싸인 호수 유역의 경관은 원초적인 자연의 아름다움과 태고의 신비를 내뿜고 있었다.

　마고 일행은 바이칼호수 안에 있는 가장 큰 섬인 알혼섬에 도착하여 섬 안쪽의 메마른 스텝 지대를 지나 부르한 바위를 향해 가고 있었다. 곳곳에는 오방색 천을 휘감은 솟대와 장승의 대열, 그리고 천신에 제사 지내는 소도(성황당, 서낭당)가 눈에 띄었다.

　이윽고 시야가 탁 트이면서 알혼섬의 '부르한 곶' 끝에 우뚝 솟아있는 커다란 바위 두 개가 나타났다. 소도제천(蘇塗祭天) 바위인 부르한 바위다. 부르한 바위 주변 언덕에는 오방색 천을 휘감은 13개의 솟대(세르게)가 세워져 있었다.

　부르한 바위는 지기(地氣)가 매우 강력해서 천군(天君)의 기도처로 알려진 곳이다. 순간 환안은 강한 지기(地氣)가 발바닥으로 쑥쑥 들어오는 것을 느꼈다. 천군이 하늘에 제사 지내는 곳은 땅의 기운이 강력하여 하늘과 소통이 잘 된다는 것은 알고 있었지만, 강하게 느껴지는 기감(氣感)이 예사롭지 않다고 생각했다.

　부르한 바위 주변은 바이칼의 푸른 물빛과 곶, 바위 절벽과 바위, 나무가 절묘하게 어우러져 한 폭의 그림 같은 풍광을 자아내고 있었다. 인적이 끊

〈그림 4.5〉 바이칼호 알혼섬 부르한 바위 (출처: Виктория Шерина, https://commons.wikimedia.org/wiki/File:Olkhonsky_District_Shamanka_Rock.jpg, CC BY-SA 4.0)

어지고 풀벌레 소리마저 사라진 마알간 알혼섬의 정적(靜寂).

 그 정적을 깨고 부르한 바위 앞에 선 환안의 입에서 갑자기 말문이 터지기 시작했다.

 바이칼의 심장, 알혼섬이여! 그대는 부리야트족과 바이칼인들의 원류가 시작된 곳이다. 그들의 영혼의 고향이며 민속 문학의 산실이다.

 천군(天君)의 성지, 알혼섬이여! 그대는 천손 코리족의 발원지이다. 부리야트족의 일파인 코리족이 동(東)으로 이동하여 부여족의 선조가 되고 고구려의 뿌리가 되었다. 그대는 정녕 한민족의 시원이다.

 신령스러운 부르한 바위여! 소도제천(蘇塗祭天) 바위인 그대 '부르한'은 '불한'이고 '불칸'이다. '부르' 또는 '불'은 '밝'·'광명'의 뜻이고, '한' 또는 '칸'은 제왕을 의미한다.

 부르한이여, '불한'이여! 그대는 광명한 제왕이다. 환하게 밝은 정치를 하는 제왕이다. 그대는 태양을 숭배하는 천손족이다. 밝달족이요 박달족이며 배달족이다!

오, 부르한이여, '불한'이여! 그대는 홍익인간·재세이화·광명이세를 구현하려는 뜻을 세우고 세상에서 제일 깨끗한 바이칼호수에서 매일 목욕재계하며 그대 바위 속 동굴에서 치성(致誠)을 올렸다!

보라, 부르한 바위 바로 위 하늘에서 밝게 빛나는 북두칠성을! 그대 '부르한'은 그대의 고향별인 북두칠성을 천장처럼 바위 위에 걸어놓고 치성을 올렸다!

부르한이여, '불한'이여! 그대의 정성(誠)이 하늘에 닿아서 환하게 밝고 어진 이(桓仁)가 '태양의 제국' 환국(桓國)을 세워 광명한 정치를 하였다.

부르한이여, '불한'이여! 그대의 믿음(信)이 하늘에 닿아서 환하게 밝은 영웅(桓雄)이 배달국을 세워 광명한 정치를 하였다.

부르한이여, '불한'이여! 그대의 사랑(愛)이 하늘에 닿아서 환하게 밝은 이(桓儉, 檀君)가 단군조선을 세워 광명한 정치를 하였다.

부르한이여, '불한'이여! 그대는 세계에서 가장 오래되고 가장 깊고 가장 깨끗한 바이칼호수에, 그 심장인 알혼섬에 영원히 사라지지 않을 한민족의 제단을 세웠다!

그대 부르한이여, '불한'이여! 온 세상이 생명의 환희로 넘치고 '사랑의 문명'이 꽃피어날 때까지 그대의 치성은 계속되어야 한다.

오, 부르한이여, '불한'이여! 한민족 최고의 순간은 아직 오지 않았다. '태양의 제국' 환국은 더 강력한 모습으로 부활할 것이다!

한민족의 수호신 부르한 바위여, 그대 이름에 영광 있으라!

환안이 말을 마치자 마고가 감동하여 말했다.

환안, 그대여, 마침내 열리기 시작하는 도다!

알혼섬에는 어둠이 내렸다. 바이칼호수 수면은 달빛과 별빛으로 찬연히 빛나고 있었다. 달빛과 별빛에 함뿍 젖은 부르한 바위는 신비스러운 기운을 내뿜고 있었다. 마고는 환안과 함께 부르한 바위 바로 위 하늘에서 밝게 빛나는 북두칠성을 바라보았다.

마고는 이렇게 말했다.

환단(桓檀)시대의 정치대전이자 만백성의 삶의 교본인 3대 경전이 천·지·인 삼신일체의 원리에 기초한 것은, 생명을 가꾸고 꽃피우는 '생명의 정원'으로서의 기능을 다하기 위함이었다.

하늘과 우주만물이 하나라는 사실을 알지 못하고서는 생명을 살리는 정치를 할 수가 없고 인간의 존엄성과 가치 또한 구현될 수 없다. 생명을 살리는 밝은 정치의 이상은 인류의 집단무의식 속에 영원히 꺼지지 않는 불씨로 남아 있다.

자, 그러면 천·지·인 삼신일체의 원리에 기초한 한민족 3대 경전을 일별하겠노라.

보라, 웅혼한 기상과 장대한 정신이 살아 숨 쉬는 환단시대의 진면목을! 환단시대를 꽃피웠던 한민족 3대 경전[13] 속에는 이 우주를 관통하는 의식(意識)의 대운하(grand canal)를 건설할 광대무변한 '한'의 정신세계가 용해되어 흐르고 있다.

『천부경』*은 우주만물의 창시창조(創始創造)와 생성, 변화, 발전, 완성의

---

* 『천부경』 원문 81자가 모두 수록된 문헌과 자료는 〈태백일사본(太白逸史本)〉, 〈묘향

원리를 밝힌 총 81자로 이루어진 한민족 으뜸의 경전이다.

中 本 衍 運 三 三 一 盡 一
天 本 萬 三 大 天 三 本 始
地 心 往 四 三 二 一 天 無
一 本 萬 成 合 三 積 一 始
一 太 來 環 六 地 十 一 一
終 陽 用 五 生 二 鉅 地 析
無 昴 變 七 七 三 無 一 三
終 明 不 一 八 人 匱 二 極
一 人 動 妙 九 二 化 人 無

『천부경』 81자

『천부경』은 천·지·인 삼신일체의 천도를 밝힘으로써 '천부중일(天符中一)'[14*]의 이상을 명징하게 제시한 전 세계 경전의 종주(宗主)요, 철학사상의 원류이며, 진리의 모체가 되는 인류의 경전이다.

우주의 본질인 생명의 순환과 성통광명(性通光明)의 이치를 밝힌 생명경(生命經)이다. 삼신일체의 천도에 부합하는 경으로 우주의 조화 원리를 밝

산 석벽본(妙香山石壁本)〉,『최문창후전집(崔文昌候全集)』의〈최고운 사적본(崔孤雲 事跡本)〉,〈노사전 비문본(蘆沙傳 碑文本)〉,〈농은 유집본(農隱 遺集本)〉 등이 있다.〈농은 유집본〉에는『천부경』 81자가 한자(漢字)의 초기 형태인 갑골문(甲骨文, 象形文字)으로 수록되어 있다. 언어학자 박대종은 漢字의 기원인 갑골문으로 쓰여진〈농은 유집본〉의 천부경문(天符經文)에 대한 연구를 통해 갑골문의 뿌리가 단군조선 이전의 환웅시대까지 거슬러 올라간다는 사실을 밝혀냈다(《일요시사》, 2002년 9월 29일자, 제350호). 이는 한자(漢字)가 우리 글임을 알 수 있게 한다.

* 『天符經』의 '천부(天符: 하늘의 이치에 부합함)'와『天符經』의 정수(精髓)인 '인중천지일(人中天地一: 천·지·인 삼신일체의 天道를 체득함)'의 '중일(中一)'을 축약한 것으로 홍익인간·재세이화의 이상을 함축한 의미로 사용된 것이다.

히고 있다는 점에서 조화경(造化經)이라고도 불린다.

『천부경』은 한민족 정신문화의 뿌리이자 인류 정신문화의 뿌리가 되는 근본원리를 담고 있다. 『삼일신고』와 『참전계경』을 비롯한 한민족 고유의 경전과 역(易)사상에 근본적인 설계원리를 제공했다.

환단시대의 정치대전이자 만백성의 삶의 교본*으로서 한민족의 삶과 정치세계와 정신세계를 관통했던 『천부경』을 알지 못하고서는 국가적·민족적 정체성이 확립될 수 없다.

사랑하는 형제들이여! 내 진실로 그대들에게 이르노니, 『천부경』은 우리의 국혼(國魂)이다!

보라, 고구려 안장왕 때 조의선인(皁衣仙人)의 애창곡이었던 '다물흥방지가(多勿興邦之歌)'의 가사 내용에도 천부경의 핵심 키워드인 '인중천지일(人中天地一)'이 나오고 있지 않은가.

"사람 속에 천지가 하나됨이여, 마음은 신과 더불어 근본이 되도다(人中天地爲一兮 心與神卽本)."

보라, 조선 정조 5년 구월산 삼성사에 올린 치제문(致祭文)[15]에도 "천부보전(天符寶篆)이 지금에 이르러서는 사실적 물증이 없으나 우리 동국역사에서는 신성하게 일컬어지며 세세로 전해져 왔다"라고 기록되어 있지 않은가.

---

* 『桓檀古記』, 「삼성기」·「단군세기」·「태백일사」 등은 『天符經』이 우리 국조(國祖)인 환웅천황과 단군왕검의 제왕적 권위를 상징하는 징표로서 천제의 즉위식이나 제천의식 거행 시 '천부보전(天符寶篆)'으로 받들어진 성스러운 경이었음을 밝히고 있다. 또한 나라를 다스리는 만세의 경전으로서 만백성을 교화시키고자 『天符經』과 『三一神誥』를 가르쳤다는 사실도 전하고 있다. 발해국 시조 대조영(大祚榮, 高王)의 아우 반안군왕(盤安郡王) 대야발(大野勃)의 『檀奇古事』에도 『天符經』과 『三一神誥』의 원리와 그 가르침이 나타나 있다. 이는 『天符經』과 『三一神誥』의 지속적인 전승과 심대한 가치를 짐작하게 한다.

'하나는 셋(一卽三), 셋은 하나(三卽一)',¹⁶ 즉 천·지·인 삼신일체의 원리에 기초한 『천부경』은 일체 생명이 하나의 뿌리에서 나와 다시 하나의 뿌리로 돌아가는 우주 '한생명'임을 명징하게 보여준다.

우주의 순환, 천체의 순환, 생명체의 순환, 그리고 의식계의 순환과 더불어 일체 생명의 비밀을, 그 어떤 종교적 교의나 철학적 사변이나 언어적 미망(迷妄)에 빠지지 않고 단 81자로 열어 보이고 있다.

『천부경』은 수천 년 동안 국가 통치엘리트 집단의 정치대전이자 만백성의 삶의 교본으로서 전 세계에 찬란한 문화·문명을 꽃피우게 했다.

지구촌의 종교 세계와 학문 세계를 아우르는 진리 전반의 문제와 정치 세계의 문명충돌 문제의 중핵을 이루는 유일신 논쟁, 창조론·진화론 논쟁, 유물론·유심론 논쟁, 신·인간 이원론, 종교적 타락상과 물신 숭배 사조, 인간소외 현상 등에 대해 그 어떤 종교적 교의나 철학적 사변이나 언어적 미망에 빠지지 않고 단 81자로 명쾌하게 그 해답을 제시한다.

『천부경』은 말한다. 진리 그 자체인 유일신은 특정 종교의 신도 아니요 섬겨야 할 대상도 아니다. 우주만물에 편재해 있는 '하나'인 참본성[性]이 곧 하늘[天]이요 신[神]이니 우주만물을 떠나 따로이 하늘이나 신이 존재하는 것이 아니라고.

『천부경』의 삼신일체 원리는 유일신 논쟁을 침묵시킬 만한 난공불락의 논리구조와 '천지본음(天地本音)'¹⁷*을 담고 있다. 『천부경』이야말로 모든 종교와 진리의 진액이 응축된 경전 중의 경전이다.

---

* '천지본음'이란 우주 삼라만상의 기원을 일컫는 것이다. 여기서 '음(音)'은 소리이며 일종의 파동이다. '음'이 천지를 창조했다는 설은 생명의 파동적 성격에 대한 이해를 전제한 것이다.

『천부경』은 말한다. 천·지·인 삼신(三神)이 곧 일신(一神)이며, 일신은 만유의 참본성[性, 一心]으로 내재하는 동시에 만유를 초월하여 만유를 생멸(生滅)케 하는 불생불멸의 유일자[유일신]라고.

그대는 천·지·인 삼신일체의 천도가 인간 존재 속에 구현된 '중일(中一)'[18]의 이상을 제시한다. 그대는 무수한 진리의 가지들이 결국 하나의 진리로 되돌아감을 보여준다. 그대는 세계시민주의(cosmopolitanism)의 씨앗을 뿌렸다.

『천부경』은 인간 존재의 '세 중심축'인 신과 세계와 영혼의 유기적 통합성을 자각하게 하고 '오래된 미래'의 비전을 명징하게 제시함으로써 세계시민사회가 공유하는 새로운 문명을 창출해 낼 것이다.

『천부경』 81자는 하늘의 이치에 부합하는 세 주제로 구성된다.*

상경(上經) 「천리(天理)」는 천·지·인 혼원일기(混元一氣)인 '하나(一)'에서 우주만물이 나오는 '하나는 셋(一卽三, 執一含三)'의 이치를 드러낸다.

중경(中經) 「지전(地轉)」은 음양 양극 간의 역동적인 상호작용으로 천지운행이 이루어지고 음양오행이 만물을 낳는 과정이 끝없이 순환 반복되는

---

* 『天符經』은 본래 81자가 모두 연결되어 장이 나뉘어 있지 않았지만, 필자는 그 의미를 좀 더 명료하게 풀기 위하여 상경(上經) 「天理」, 중경(中經) 「地轉」, 하경(下經) 「人物」의 세 주제로 나누어 살펴보았다. 상경 「天理」는 '一始無始一析三極無盡本 天一一地一二 人一三 一積十鉅無匱化三'으로 구성되어 있고, 중경 「地轉」은 '天二三地二三人二三 大三合六生七八九 運三四成環五七'로 구성되어 있으며, 하경 「人物」은 '一妙衍萬往萬來 用變不動本 本心本太陽昻明人中天地一 一終無終一'로 구성되어 있다. 『天符經』 81자는 '생명의 3화음적 구조(the triadic structure of life)'로 이루어져 있다. '생명의 3화음적 구조'라는 용어는 필자가 천부경 81자의 구조를 궁구하다가 그것이 생명의 본체-작용-본체·작용의 합일을 나타낸 것이라 생각되어 그렇게 명명한 신조어다. 이러한 논리구조는 '일즉삼(一卽三)·삼즉일(三卽一)', 즉 천·지·인 삼신일체의 원리가 인간 존재 속에 구현되는 함의를 지니고 있다. 『天符經』은 81자로 이루어진 까닭에 필자는 『구구경(九九經)』이라 부르기도 한다.

'하나(一)'의 이치와 기운의 조화(造化) 작용을 나타낸다.

하경(下經)「인물(人物)」은 우주만물의 근본이 '하나(一)'로 통하는 '셋은 하나(三卽一, 會三歸一)'의 이치와 소우주인 인간의 대우주와의 합일을 통해 하늘의 이치가 인간 속에 징험(徵驗)됨을 보여준다.

상경「천리」가 가능태라면, 하경「인물」은 구체적 현실태로서 '천부중일(天符中一)'의 이상을 명징하게 제시한다.

『삼일신고』는 삼일(三一)사상을 본령(本領)으로 삼고 삼신(三神) 조화(造化)의 본원과 세계 인물의 교화를 상세하게 밝힌 총 366자로 이루어진 한민족 고유의 경전이다.

『삼일신고』는 환단(桓檀)시대의 정치대전이자 만백성의 삶의 교본으로서 일신강충(一神降衷)·성통광명(性通光明)·재세이화·홍익인간의 원리를 밝히고 있다.

'하나'님[神·天·靈]은 인간의 중심에 내려와 계시니 '일신강충'이요, 이는 곧 '하나'님이 인간의 참본성으로 내재해 있음을 말하는 것이다.

인간의 중심에 내려와 계신 '하나'님의 진성(眞性, 참본성)을 통하면 태양과도 같이 광명하게 되니 '성통광명'이요, 이는 곧 사람이 하늘임을 알게 되는 것이다.

'성통(性通)'은 재세이화·홍익인간의 구현이라는 '공완(功完)'을 이루기 위한 전제조건인 동시에 인간의 자기실현을 위한 필수조건이다. 성통이 개인적 수신에 관한 것이라면, 공완은 사회적 삶에 관한 것으로 이 둘은 동전의 양면과 같은 것이다.

『삼일신고』는 모든 종교와 진리의 모체가 되는 원리를 담고 있다는 점에서 『천부경』과 더불어 인류의 경전이다.

삼일사상을 본령으로 삼아 마음을 밝히고 세상을 밝히는 성통공완(性通功完)에 이르는 길을 제시한 것이라 하여 교화경(教化經)이라고도 불린다. 삼일사상은 우주만물(三)이 '하나(一)'라는 사상으로 인내천(人乃天)* 사상과 상통한다.

『삼일신고』의 다섯 가지 큰 지결(旨訣)[19]은 천부(天符)에 근본을 두고 있으며, 그 궁극적인 뜻은 천부중일(天符中一)의 이상에서 벗어나지 않는다.[20] 이는 삼즉일(三卽一)의 이치를 드러낸 『천부경』 하경(下經) 편을 중점적으로 다루고 있음을 보여주는 것이다.

보라, 단군 자신이 백성들을 위하여 홍익인간의 이념을 풀이한 단군8조(檀君八條)[21]에도 『삼일신고』의 가르침이 풀이되어 있지 않은가.

보라, 발해국 시조 대조영(大祚榮, 高王)의 아우 반안군왕(盤安郡王) 대야발(大野勃)의 『단기고사(檀奇古事)』에도 『삼일신고』의 가르침이 기록되어 있지 않은가.

『삼일신고』는 말한다. 하늘을 공경하는 경천(敬天)의 도(道)는 허공을 향해 상제를 공경하는 것이 아니라 내재적 본성인 신성[참본성]을 경배하고 따르는 것이라고.

하늘(天)과 성(性, 一心, 참본성)과 신(神)은 별개가 아니며 만물의 제1원인인 '하나(一)'를 다양하게 명명한 것일 뿐이라고 그대는 말한다.

하늘의 실체를 알지 못하면 경천의 도를 바르게 실천할 수 없고 따라서 인간의 자기실현은 불가능하게 되므로 하늘에 대한 가르침을 『삼일신고』의 첫머리에 둔 것이다.

---

* 인내천의 '人'은 천인합일의 '人'과 마찬가지로 사람과 우주만물을 총칭하는 대명사로서의 '人[人物]'이다. 따라서 우주만물이 곧 하늘['하나(一)']이라는 말이다.

『삼일신고』는 말한다. 신은 만유의 중심에 내려와 있는 신성인 동시에 만유를 화생(化生)시키는 근본원리[至氣]로서 분리할 수 없는 하나이므로 일신(一神, 유일신)이요 이는 곧 하늘이며 참본성이라고.

소리 내어 기운을 다하여 원하고 기도한다고 해서 '하나'님을 친견할 수 있는 것이 아니라, 자성(自性)에 대한 직관적 지각을 통해서만이 내재적 본성인 신성[神]이 발현될 수 있다고 그대는 말한다.

『삼일신고』는 말한다. 천궁(天宮)은 태양과도 같이 광명한 마음의 근본자리이며 우주만물의 중심에 존재한다고.

마음을 밝히고 세상을 밝혀서 홍익인간·재세이화의 이념을 자각적으로 실천하고 공덕을 완수한 자만이 '하나'님과 하나가 될 수 있고 지상천궁(地上天宮)을 세울 수 있게 된다고 그대는 말한다.

그대는 말한다. 무위(無爲)의 천지창조와 더불어 우주만물이 화생(化生)하는 시작도 끝도 없는 전 과정 자체가 한 이치 기운(一理氣, 一神)의 조화(造化) 작용이라고.

『삼일신고』는 말한다. 느낌을 그치고(止感), 호흡을 고르며(調息), 부딪침을 금하여(禁觸) 오직 한뜻으로 나아가 망령됨을 돌이켜 참됨에 이르고 마침내 크게 하늘기운을 펴나니, 참본성이 열리고 공덕을 완수함(性通功完)이 바로 이것이라고!

『참전계경』은 환단(桓檀)시대의 정치대전이자 만백성의 삶의 교본으로서 『천부경』의 '인중천지일(人中天地一)', 『삼일신고』의 '성통공완(性通功完)'을 이루는 구체적인 방법을 366사(事)로써 제시한다.

여덟 가지 이치(八訓: 誠·信·愛·濟·禍·福·報·應)에 따른 삼백예순여섯 지혜로 홍익인간·재세이화를 구현하는 방법을 제시한 것이라 하여 팔리훈(八理訓),

366사(事) 또는 치화경(治化經)이라고 불리기도 한다.

『참전계경』은 배달국 신시(神市)시대에 환웅천황이 오사(五事: 穀·命·刑·病·善惡)와 팔훈(八訓: 誠·信·愛·濟·禍·福·報·應)[22]을 중심으로 삼백예순여섯 지혜로 백성들을 가르친 것을 신지(神誌)가 기록한 것이며, 이를 고구려의 국상(國相) 을파소가 다시 정리하여 전해진 것이다.[23]

『참전계경』은 환웅천황 때부터 백성들을 가르치는 기본 경전으로서 고구려에 이어 '해동성국(海東盛國)' 발해에 이르기까지 국운을 융성하게 하고 나라의 기상을 떨치게 한 원동력이 되었던 경전이다.

보라, 일연(一然)의 『삼국유사(三國遺事)』에는 환웅천황이 신시를 개천하고 인간의 360여사를 주재하며 재세이화(在世理化) 한 것으로 기록되어 있다.[24]

보라, 북애자(北崖子)의 『규원사화(揆園史話)』에는 "신시씨(神市氏, 배달국 환웅천황)가 세상을 다스린 것이 더욱 오래지만 치우(蚩尤)·고시(高矢)·신지(神誌)·주인(朱因) 제씨(諸氏)가 어울리어 인간의 366사를 다스렸다"[25]고 기록되어 있다.

보라, 「삼성기전」 하편에는 "환웅이 무리 3천을 거느리고 태백산 꼭대기 신단수 아래에 내려오니 그곳을 일러 신시(神市)라 하고, 그를 환웅천황이라 한다. 풍백(風伯)·우사(雨師)·운사(雲師)를 거느리고, 곡식·생명·질병·형(刑)·선악 등 무릇 인간의 360여 가지의 일을 주관하시어 재세이화, 홍익인간 하였다"[26]고 기록되어 있다.

보라, 「태백일사」 고구려국본기에는 "을파소가 국상(國相)이 되어 영준(英俊)한 이들을 뽑아서 선인도랑(仙人徒郎)으로 삼았는데 교화를 맡은 이를 참전(參佺)이라 하여 무리들 가운데서 뽑아 계(戒)를 지키도록 하며 삼신을 받드는 일을 맡겼다"[27]고 기록되어 있다.

『참전계경』의 의미는 제331사에 나오는 종(倧)과 전(佺)에 관한 설명에서 명료하게 드러난다.

"종(倧)이 소중한 것은 나라의 근본이기 때문이며, 전(佺)이 소중한 것은 백성을 가르치는 것이기 때문이다. 나라 다스리는 근본원리가 모두 여기에서 나온 것이다."28

'倧(倧訓)'이 『천부경』·『삼일신고』와 같은 경전이라고 한다면, '佺(佺戒)'은 '倧'을 이루는 구체적인 실천 방법을 제시한 『참전계경』, '단군8조' 등을 말하는 것이다.

『참전계경』의 가르침은 한마디로 참전계경 제345사에 나오는 '혈구지도(絜矩之道)'로 압축될 수 있다.

'혈구지도'란 남을 나와 같이 헤아리는 추기탁인(推己度人)의 도이다. 즉, 내 마음으로 미루어 남의 마음을 헤아리는 것으로 재세이화·홍익인간을 구현하는 방법을 제시한 것이다.

부여의 구서(九誓) 제2서에 나타난 우애와 화목과 어짊과 용서함(友睦仁恕)29은 『참전계경』 제345사, '단군8조(檀君八條)' 제2조30의 가르침과도 일치하는 것으로 '혈구지도'로 압축될 수 있다.

『대학(大學)』「전문(傳文)」치국평천하(治國平天下) 18장에 나타난 효(孝)·제(悌)·자(慈)의 도(道)는 『참전계경』 제345사의 가르침과도 일치하는 것으로 군자가 지녀야 할 '혈구지도'로 압축될 수 있다.

「북부여기(北夫餘紀)」에서 해모수(解慕漱) 20년 신사(辛巳)에 '새 궁궐 366칸을 지어 천안궁이라 이름하였다'라는 대목은 366사로써 재세이화·홍익인간 하려는 의지를 나타낸 것이다.

'366'이란 숫자는 삼일신고 366자(字)인 동시에 참전계경 366사(事)로서 '천궁'을 지상에 건설하려는 의지를 상징적으로 나타낸 것이다.

'참전계(參佺戒)'는 천·지·인 삼신일체에 기초하여 경천숭조(敬天崇祖)하는

'보본(報本)'의 계(戒)이며,『천부경』·『삼일신고』와 마찬가지로 생명을 가꾸고 꽃피우는 '생명의 정원'을 일구기 위한 것이다.

『참전계경』의 8강령(八綱領: 誠·信·愛·濟·禍·福·報·應)은『천부경』·『삼일신고』와 마찬가지로 천·지·인 삼신일체에 기초하여 하늘과 사람과 만물을 하나로 관통하고 있음을 보여준다.

8강령의 논리구조는 전(前) 4강령 성·신·애·제와 후(後) 4강령 화·복·보·응이 인과관계를 이루고 있으며, 성·신·애·제 4인(因)과 화·복·보·응 4과(果)는 그 성(性)이 따로 있는 것이 아니고 오직 일심(一心)일 따름이다.

'4인(因)·4과(果)'는 제문(諸門)에 의지하여 일성(一性)을 나타낸 것이므로 단선적인 구조가 아니라 상호의존(interdependence)·상호전화(interchange)·상호관통(interpenetration)하는 원궤(圓軌)를 이루고 있다.

시작도 끝도 없는 영원한 '하나(一)'의 조화 기운과 하나가 되는 것, 바로 여기에 마음을 밝히고 세상을 밝히는 '인중천지일(人中天地一)'·'성통공완(性通功完)'의 비밀이 있다.『참전계경』은 거기에 이르는 구체적인 길을 366사로써 제시한다.

천·지·인 삼신일체 원리의 대표적 출처인『천부경』·『삼일신고』·『참전계경』이 환단(桓檀)시대로부터 지금까지 면면히 전해져 오는 것은, 이들 3대 경전이 한민족 정신세계의 총화를 표징하는 것이기 때문이다.

보라, '단군8조(檀君八條)'와 홍익인간의 이념과 소도문화(蘇塗文化) 그리고 경천숭조의 보본사상과 현묘지도(玄妙之道)를 기반으로 한 조의국선(皂衣國仙)의 국풍이 부여의 구서(九誓)와 삼한의 오계(孝·忠·信·勇·仁)와 고구려의 조의국선의 정신 및 다물(多勿, 恢復) 이념과 백제와 가야의 소도의식(蘇塗儀式)과 신라 화랑도의 세속오계(世俗五戒)로 이어지지 않았는가.

보라, 우리 민족이 여러 차례의 국난을 겪으면서도 단군 사당에 제사하며 국가의 대행사인 축제 때에는 세년가(世年歌)³¹라는 노래로 단군 이래의 사적(史蹟)을 전해오지 않았는가.

또한 정사(正史)인 『고려사(高麗史)』 기록에 당시 '고려'라는 국호가 엄연히 존재했음에도 백성들 사이에선 '마고의 나라(麻姑之那)'를 노래로 지은 '아야요(阿也謠)'*라는 노래가 불렸다고 기록되어 있지 않은가.

그리고 임진왜란 때 일본에 잡혀간 17성씨(姓氏)가 합의해서 '옥산궁(玉山宮)'³²이라는 단군 사당을 짓고 매년 음력 8월 15일 단군제를 지냈다는 사실이 밝혀지지 않았는가.

이는 우리의 천부(天符) 코드[마고 코드, 생명 코드]가 지속적으로 전승되어 왔음을 말해주는 것이다.

만물의 근원인 하늘에 감사하고 조상의 은덕에 감사하는 마고성의 삼신사상['한'사상, 蘇塗敎, 神敎]은 환단(桓檀)시대로 이어지고 다시 부여, 고구려, 백제, 신라, 발해[大震國], 돌궐, 고려, 요나라, 금나라, 조선, 청나라, 일본 등 세계 각지에 널리 전파되어 세계 정신문화의 형성에 지대한 영향을 미쳤다.

형제들이여! 상고시대 조선은 세계의 정치적·종교적 중심지로서, 사해의 공도(公都)로서 세계 문화의 산실(産室) 역할을 하였다.

『천부경』에서 천지 포태(胞胎)의 이치와 기운을 풀이한 일(一)부터 십(十)까지 숫자들의 순열 조합은 우주섭리가 써 내려가는 생명의 대서사시요,

---

* "아야 마고지나 종금거하시래(阿也 麻古之那 從今去何時來)", 즉 "아아 '마고의 나라' 이제 떠나가면 언제 돌아오려나"라는 이 짧은 '아야요(阿也謠)'라는 노래는 충혜왕이 귀양길에서 독을 먹고 죽자 백성들이 마고성(麻姑城)의 복본을 기원하며 '마고의 나라'를 노래로 지어 부른 것이다.

천·지·인 혼원일기(混元一氣)가 연주하는 생명의 교향곡이다!

일체 생명은 우주적 생명이며, 이 우주는 '참여하는 우주'이다. 그 뉘라서 천지에 미만(彌滿)해 있는 이 우주적 무도(舞蹈)를 그치게 할 수 있으리오!

사랑하는 형제들이여!『천부경』에서 근원적 일자인 '하나(一)'가 생명의 물레를 돌리는 이 우주의 가없는 파노라마를 일(一)부터 십(十)까지의 숫자로 풀이한 것은 진리가 언설의 경계를 넘어서 있는 까닭이다.

강을 건너기 위해서는 나룻배가 필요하나 언덕에 오르기 위해서는 배를 버려야 하듯, 진리의 언덕에 오르기 위해서는 이 숫자들마저도 버려야 한다.

오, 생명이여, 진리여, 사랑이여, 그대 이름에 영광 있으라!

그대 한민족에 축복 있으라!

마고는 이렇게 말했다.

제 5 장

생명정치와 생명문화
Life Politics and Life Culture

- '메타 경계' 출현 The Emergence of 'Meta Boundary'
- 생명권력 대(對) 벌거벗은 생명 Life Power vs. Naked Life
- 생명권과 생명문화 Right to Life and Life Culture

대지에서 인간으로 산다는 것, 그건 인간이 대지의 '생명 헌장'에 서명하는 것이다. 생명을 모독하지도, 기만하지도, 상처 주지도, 배신하지도 않겠다는 대지와의 서약이다.
그대 거룩한 이여! 뭇 생명을 낳고 기르는 그대 생명의 대지여! 풍성하고 드넓은 그대의 품이 없었다면 어찌 저 들꽃이 생명을 싹틔울 것이며, 저 사슴이 뛰놀 수 있으리오! 어찌 인간이 체험의 놀이판을 벌일 수 있으리오!

대지에서 인간으로 산다는 것, 그건 인간이 대지의 숨결 속으로 녹아드는 것이다. 대지와 한 호흡이 되어 생명의 정원을 가꾸고 꽃피우며 즐거움을 노래하는 것이다.
그대 숭고한 이여! 뭇 생명이 열매를 맺고 돌아가는 그대 생명의 대지여! 선악의 너머에 있는 그대의 영원한 품이 없었다면 어찌 저 꽃들이 두려워 시들 수 있을 것이며, 저 동물들이 두려워 생명의 놀이를 멈출 수 있으리오! 어찌 인간이 두려워 눈을 감을 수 있으리오!

대지에서 인간으로 산다는 것, 그건 인간이 전체인 생명을, 진리를, 사랑을 개별적으로 체험하는 것이다. 만물과 하나 되어 생명의 교향곡을 연주하는 것이다.
그대 순결한 이여! 상처받은 영혼을 어루만지며, 벌거벗은 생명을 부둥켜안으며 통곡하는 그대 생명의 대지여! 그대를 더럽히는 모든 것을, 그대를 슬프게 하는 모든 것을 나는 미워하노라! 아, 그대를 더럽히는 이 미워하는 마음을 정녕 미워하노라!

- 본문 중에서

타자와 공감할 때 우리는 희망과 고통을 공유하는 체험을 한다.
그런 감정을 통해서 우리는 서로에 대해 배우고 배려하게 된다.
When we empathize with another we are experiencing our shared hopes and sufferings. It is the feeling by which we come to learn about and care for one another.

- Jeremy Rifkin, *The Age of Access* (2001)

'메타 경계' 출현

마고는 신장 지역의 최남단 지역을 시찰하고 있었다. 이 지역은 위구르 제국이 붕괴하기 전 남쪽 경계선의 일부에 해당하는 곳이었다. 위구르는 성경에 나오는 '대홍수'가 일어났을 당시 무 제국에 속했던 주요 식민제국이었다. 그러나 위구르 제국은 무 제국이 파멸하기 전에 그 절반이 붕괴했고 나머지 절반은 무 대륙의 침몰에 이어 붕괴했다.[1]

마고는 이전에도 이 지역을 시찰한 적이 있었다. 당시는 권력 공백으로 인해 혼란이 가중되고 있었다. 어느 마을을 지나가고 있는데 마을 사람들이 많이 모여 다툼을 벌이고 있었다.

마을 사람들 가운데 한 사람이 나서서 말했다.
"이 물줄기는 우리 지역을 통과하고 있으니 우리 지역 사람들만 이용할 수 있는 것이오."

그러자 다른 한 사람이 말했다.

"우리 마을은 대대로 이 물을 이용해 농사도 짓고 했는데, 그러면 우리는 어떻게 살란 말이오? 인근 마을 사람끼리 너무 하는 것 아니오?"

그러자 또 다른 한 사람이 나서서 말했다.

"이미 지역의 경계선이 이전과 다르게 그어졌으니 어쩔 수 없는 것 아니겠소? 더욱이 가뭄이 심해 우리 마을 사람들도 물이 부족한 상태이니…."

마고는 다른 마을로 향했다. 가는 도중에 그를 수행하고 있는 환안을 향해 말했다.

환안, 그대여! 이 세상의 모든 문제는 경계선을 긋는 데서부터 시작된다. 개인 간의 문제든 집단 간의 문제든, 모두 나와 너, 우리와 그들이라고 하는 경계선을 긋는 데서부터 문제가 발생하는 것이다.

다툼을 벌이던 그 마을의 경우에도 지역의 맹주들이 권력투쟁을 벌이며 지역의 경계선을 다시 그으면서 생겨난 불상사다. 자연적 조건이나 지역적 특수성을 고려하지 않고 이해관계에 따라 인위적으로 그은 경계선은 많은 문제를 야기할 수밖에 없다.

그 대표적인 사례가 중동지역이다. 제1차 세계대전 중 영국은 아랍인들에게 오스만제국과의 전쟁에 협력하는 조건으로 팔레스타인 지역의 독립국가 건설을 약속했고, 유대인들에게도 같은 지역에 유대 국가 건설을 약속했다.

전쟁이 끝나고 오스만제국이 붕괴하자 영국과 프랑스는 그들이 맺은 비밀 협정(사이크스 피코 협정(1916))에 따라 중동을 분할 통치하는 경계선을 그었다. 경계선의 북쪽은 프랑스가, 남쪽은 영국이 지배하게 된 것이다.

사실 이 협정 이전에는 요르단, 레바논, 이라크, 사우디아라비아, 쿠웨이트, 팔레스타인 등의 나라들은 존재하지도 않았다. 서구 열강들은 많은 민족과 종파가 얽혀 있는 이 지역의 특수성을 고려하지 않고 자신들의 이해관계에 따라 인위적으로 국경을 설정한 것이다.

1948년 유엔의 결정에 따라 팔레스타인은 이스라엘이 관할하는 유대 국가와 팔레스타인이 관할하는 아랍국가로 양분되었다.

서구 열강들의 이중적 외교와 분할 통치 그리고 유엔의 결정은 아랍국가들과 이스라엘 사이의 갈등을 심화시키고 수니파와 시아파의 갈등에 따른 종교적·정치적 분열과 맞물려 중동지역 내 분쟁의 단초가 되었으며 중동전쟁의 주요 배경 중 하나가 되었다.

특히 예루살렘의 통제권 문제는 중동분쟁의 핵심 쟁점 중 하나가 되어 왔다. 예루살렘은 유대교(통곡의 벽), 기독교(성묘교회), 이슬람교(바위의 돔), 세 종교의 성지로서 '평화의 도시'라는 뜻이다. 그러나 그 이름과는 달리 분쟁이 끊이지 않은 도시다.

팔레스타인 지역 유대인과 아랍인 간 갈등의 뿌리는 로마 시대로 거슬러 올라간다. 팔레스타인 지역에서 팔레스타인인과 함께 살던 유대인들을 로마가 추방한 것이다. 제1차 세계대전 후 오스만제국이 해체되자 시오니즘(Zionism: 팔레스타인 지역에 유대인 국가 건설을 목표로 한 민족주의 운동)이 부상하면서 유대인들은 다시 자신들의 땅으로 귀환하여 1948년 이스라엘 국가를 세웠다.

그러나 이에 반발한 아랍국가들과의 갈등으로 인해 수차례에 걸쳐 중동전쟁이 일어났다. 2023년 팔레스타인 무장정파 하마스의 이스라엘 본토 공격으로 다시 시작된 중동전쟁은 서구 열강들뿐만 아니라 전 세계 주요 국가들이 직간접으로 관련되어 있어 매우 복잡한 양상을 띠고 있다.

환안, 그대여! 인위적인 경계선의 또 하나 사례를 든다면 남중국해다.

중국은 마오쩌둥(毛澤東)이 남중국해 주변을 따라 그은 U자 형태의 9개 선(線)인 남해구단선(南海九段線, Nine-dashline)을 근거로 남중국해 영유권을 주장함으로써 남중국해 도서(島嶼) 영유권 분쟁의 파고가 다시 거세졌다.

중국은 남해구단선을 근거로 인공섬을 조성해 군사시설화에 나서는 한편, 남중국해를 중국의 영해로 간주하고 2021년 9월 1일부터 이 수역을 통과하는 선박에 대해 신고를 의무화함으로써 남중국해와 해양 수로의 중요성은 더욱 커지게 되었다.

이에 영국의 항공모함까지 가세하여 미국의 '항행(航行)의 자유(freedom of navigation)' 작전을 지지하는가 하면, 독일 또한 이에 가세하고 동남아시아 국가들도 대중(對中) 전선에 합류하는 추세다. 남중국해는 많은 선박이 지나가는 뱃길이므로 해상충돌이 예상된다.

마고 일행은 길을 따라 계속 걸었다. 길 곳곳에는 삶의 터전을 잃고 떠도는 유랑민들이 눈에 띄었다. 특히 맨발로 걸으며 음식을 구걸하는 여성들과 어린아이들의 참담한 모습은 그 누구로부터도 관심이나 보살핌을 받지 못하는 투명인간처럼 보였다.

마고가 말했다.

환안, 그대여, 초점 잃은 저들의 눈빛을 보라! 저들은 그 누구를 원망하거나 증오할 기력조차 없다. 삶 속을 유랑하는 저들의 참담한 모습은 인간과 인간 사이에 뚜렷하게 그어진 경계선을 보여주고 있지 않은가!

정치적 혼란과 삶의 환경 파괴와 빈곤의 악순환에 따른 유랑민들의 발생은 후천 가을의 초입까지도 계속될 것이다. 인구 증가와 사회구조적 복잡성 및 다양한 이해관계의 충돌로 인해 그 규모는 점점 더 커질 것이다.

보라, 유럽으로 밀려들고 있는 저 수많은 난민들을! 저들을 모두 수용할 수도, 그렇다고 인도적 차원에서 외면할 수도 없는 상황이다 보니, 저들은 유럽의 골칫거리가 되고 있다.

유엔난민기구(UNHCR)가 발표한 보고서 내용에 따르면, 2017년 말 기준 전 세계 난민 누적 인원은 6,850만 명으로 제2차 세계대전 난민 5,000만 명보다 많다.[2] 2023년 말 기준 강제이주 상태인 사람은 약 1억 1,730만 명으로 집계되고 있다.[3]

유럽 내 최대 난민 수용국인 독일에서는 난민을 겨냥한 인종 테러가 급증하면서 이방인 혐오 현상(제노포비아, Xenophobia)으로 몸살을 앓고 있다. 이주민 수가 지속적인 증가세를 보이는 주요 요인으로는 시리아·미얀마 내전, 수단 분쟁, 우크라이나 전쟁, 가자지구 전쟁 등이 꼽힌다.

특히 시리아의 경우, 2011년 '아랍의 봄'으로 일컬어지는 아랍권의 반정부 민주화 시위의 파장이 밀어닥치면서 전면적인 내전 상황으로 치닫게 되었다.

시리아 내전은 장기독재에 대한 저항, 종교갈등, 민족갈등, 중동 역내·역외 국가들의 이해관계가 맞물린데다가 이슬람국가(IS)가 본거지로 삼으려는 곳이기도 해서 매우 복잡한 양상을 띨 수밖에 없었다.

2024년 12월 시리아의 바샤르 알아사드 정권 붕괴 사태 이후 유럽 각국은 시리아 독재정권의 붕괴를 이유로 들어 시리아 피란민 망명 절차를 중단했다. 그러나 실상은 내부에서 이들 난민을 둘러싼 사회적 갈등이 커지고 있는 데다가 대규모 이민 정책에 반대하는 우파 정당들이 득세한 것도 이러한 조치에 영향을 미쳤다.

시리아에서는 독재정권이 반군에 무너지면서 내전 종식의 기대가 크지만, 시리아 주요 반군 중에는 이슬람 극단주의자들이 많고 적대적인 세력도 있어 시리아의 미래는 여전히 불투명하다.

마고가 환안을 향해 말했다.

환안, 그대는 이 모든 경계선이 환상에 불과한 것임을 알고 있을 것이다. 우주 가을의 초입에서도 이런 경계선이 뚜렷하게 나타나는 것은 왜인가?

환안이 대답했다.

위대한 나의 스승, '라 무(Ra Mu)'시어! 수렴·통일의 후천시대로 진입하는 우주 가을의 초입에서도 경계선이 뚜렷하게 나타나는 것은, 소유와 존재를 동일시하는 에고 의식[분리의식]이 그 필연적인 소멸에 앞서 더욱 맹휘를 떨치고 있기 때문입니다.

삶은 의식의 진화에 가장 도움이 되는 경험만을 우리에게 준다는 사실을 명심하고 그 과정이 우리에게 주는 교훈의 의미를 깊이 새기며 반성적 자기성찰을 통해 하늘의 광명을 땅에서 구현하는 새로운 시대를 열어야 할 것입니다.

그러자 마고가 말했다.

그렇도다. 소강절(邵康節, 이름은 雍)이 『황극경세서(皇極經世書)』에서 원회운세(元會運世)*의 수(數)로 천지운행의 원리를 밝혔듯이, 하늘의 때(天時)와 세상일(人事)은 상호 조응해 있다. 천지만물뿐 아니라 인간사도 생장·분열과 수렴·통일을 순환 반복하는 원회운세라는 천지운행의 원리와 상합하고 있다.

후천개벽은 천지개벽과 함께 정신개벽·사회개벽을 수반하게 된다. 후천개벽기에 들어가는 우주 가을의 초입에는 지구 전체가 새로운 기운과 이에 저항하는 낡은 기운이 부딪치면서 엄청난 소용돌이를 만들어낼 것이다.

---

* 서문 미주 3) 참조.

내가 후천개벽기에 초점을 맞춰 이야기하는 것은, 그 시기가 지구 문명이 대전환을 이루어 우주 문명으로 진입하는 중대한 시기이기도 하고 또 그대가 일해야 할 시기이기 때문이다.

마고는 길 안쪽에 있는 너럭바위로 가서 앉았다.

자, 이제 인류 역사의 전개 과정을 '메타 경계'의 출현이라는 관점에서 일별하겠노라.

인류 역사의 전개 과정은 '메타 경계'의 출현과 맥을 같이 한다. 메타 경계란 '경계 위의 경계(boundary on a boundary)'로서, 그 작용하는 방식은 이러하다. 첫 번째 또는 기본적인 유형의 경계는 다른 사물들 사이에 구분하는 선을 긋고 그것들을 하나의 집단 또는 범주로 구성하고 나서 여러 가지 이름을 붙이는 것이다.

첫 번째 유형의 경계가 만들어진 뒤엔 그 위에 두 번째 유형의 경계를 긋고 그것들을 셀 수 있게 된다. 첫 번째 경계가 사물의 범주를 만들어낸다면, 두 번째 경계는 사물의 '범주의 범주(class of classes)'를 만들어낸다. 예컨대 10이라는 수는 열 개로 이루어진 모든 집단을 나타내는 또 하나의 집단이라는 것이다.

그러므로 그것은 범주의 범주, 경계 위의 경계가 된다. 이렇게 해서 인간은 수로써 새로운 유형의 경계, 보다 추상적이고 보편화된 '메타 경계'를 만들어냈다. 모든 경계에는 정치적, 기술적인 힘이 수반되기 때문에 자연에 대한 경계 긋기, 분류하기, 이름 붙이기는 기술적인 힘에 의한 자연 지배의 시작이었다.

그러나 모든 경계는 기술적, 정치적인 힘을 수반하는 동시에 소외, 파편화, 갈등도 수반한다. 무언가를 지배하기 위해 경계를 설정할 경우, 그

지배하려는 대상으로부터 자신을 분리시키고 소외시켜야만 하기 때문이다.[4]

이렇게 해서 '우리'와 '그들'로 이분화된 세계가 시작되었다. 경계 설정을 통해 '아(我, self)'와 '비아(非我, other)'의 두 대립하는 자의식(自意識)은 에고(ego) 내에서와 마찬가지로 인간 사회의 역사 속에서도 면면히 나타난다.

이는 역사 과정의 참 동인(動因)이 되는 원리이기도 하다. 그 최후의 단계에서는 대립을 이루는 특수적 자의식이 통합을 이루어 보편적 자의식이 되면서 정신은 자유를 현실로서 실감하게 된다.

아담과 이브의 타락은 인류가 지식의 나무에서 선악과(善惡果)라는 열매를 따 먹었을 때 발생하게 되는 이원론적 상황에 대한 인간 정신의 종속을 의미한다. 이는 경계 긋기에서 시작되었다. 타락이란 분별지(分別智)의 작용에 따른 파편화(fragmentation)를 의미하는 것으로 이른바 원죄(original sin)라는 것이 그것이다.

모든 죄악과 불행은 파편화된 지식에서 비롯된 것이니, '선악과'를 따먹은 것이 원죄라고 한 것은 적절한 비유이다. 선과 악이라는 '분별지'가 작용하는 순간부터 경계 긋기가 시작되고 인간 정신이 이원론적 상황에 종속되면서 '나'와 '너', '이것'과 '저것'이 구분되고 대립하게 되어 마침내 스스로 낙원에서 멀어지게 되었기 때문이다.

아담과 이브가 그은 경계는 단지 여러 범주들을 분류하는 아주 단순한 종류의 경계였을 뿐 그러한 경계를 충분히 활용하지도 못했고 사물들의 이름 짓기에 착수하지도 못했다.

이들의 후예인 인류는 작도법과 경계선 구축법이라는 유산을 물려받아 또다시 경계선을 만들고, 여러 세대가 지나면서 더욱 정교하고 추상적인 경계를 만들어내게 되었다.

위대한 지도제작자와 경계선 구축자들이 출현한 것은 고대 그리스에서였다. 이오니아의 자연철학자들은 종래의 신화적·의인관적 사고방식에서 벗어나 수학·천문학 등의 과학적 사유체계에 입각하여 우주자연의 변화와 그 변화하는 현상의 배후에서 작용하는 궁극적인 원리, 즉 아르케(archē)에 대해 깊은 관심을 가졌다.

환안, 그대여! 소피스트(Sophist)[5]의 출현으로 아테네를 중심으로 한 그리스 철학의 물줄기가 피시스(physis, 자연)에서 노모스(nomos, 인위)로 바뀌면서 경계 긋기가 시작되었다. 그 이전의 자연철학자들과는 달리 소피스트는 물리적 대상이 아닌, 사회의 도덕적·규범적 문제들, 나아가 인간의 본질을 철학적 탐구의 대상으로 삼았다.

자연적인 사물을 뜻하는 '피시스'와 인위적인 법률·습관·제도를 뜻하는 '노모스'는 BCE 4~5세기 그리스에서 유행한 대립 개념이다.

소피스트는 피시스 대 노모스를 자연 대 인위의 의미로 파악하여 땅(地)·물(水)·불(火)·바람(風)과 같은 주제가 아니라 도덕·종교·법률·제도·습관 등을 새로운 주제로 다루며 그리스 철학에 새로운 기운을 불러일으켰다.

소피스트는 각 개인의 인식 주관과 관점에 따른 상대성을 강조했다. 대우주보다는 소우주에 초점을 맞추어 우주자연의 문제보다는 인간과 문명, 관습의 문제를 다루며 범주화와 경계 긋기를 이어나갔다.

소피스트들에 의해 시작된 '피시스'에서 '노모스'로의 전환은 소크라테스에 의해서도 계속되었다. 그러나 진리의 상대성을 강조한 소피스트들과는 달리, 소크라테스는 진리의 절대성과 보편성을 강조했다.

소크라테스에 의해 다뤄진 철학의 인간학적 주제는 그의 제자인 플라톤과 플라톤의 제자인 아리스토텔레스에 의해 체계화되면서, 정교하게 범주화된 경계들을 만들어냄으로써 서구 문화의 철학적 토대가 마련되었다.

플라톤의 도덕적 이상주의는 감각적 지각의 세계와 이데아의 세계를 극명하게 대비시킨 '동굴의 비유'[6]에서 잘 드러난다.

통치 계급의 지혜의 덕[7]에서 이성이 발휘되고, 전사 계급의 용기의 덕[8]에서 기개가 발휘되며, 생산 계급의 절제(moderation)의 덕[9]에서 욕구 억제가 발휘된다. 이들 세 덕성의 조화를 유지하는 제4의 요소가 정의(justice)[10]다. 정의를 실천하는 도덕적인 국가에서 '선의 이데아(Idea of the Good)'*가 실현된다.

아리스토텔레스는 육체를 질료로, 영혼을 형상으로 보고 육체를 영혼의 자기실현을 위한 수단으로 간주함으로써 신과 물질적 우주의 긴밀한 연계성을 강조했다. 형상과 질료[11]는 아리스토텔레스 범주론의 골간을 이루는 것이다. 그의 범주론은 세계에 대한 총체적 분류로서 실체·분량·성질·관

---

* 『국가론』 제6권에는 「善의 이데아」의 의미를 설명하기 위해 '태양의 비유'가 등장하고, 「선의 이데아」를 인식하기 위한 앎의 대상과 단계들을 설명하기 위해 '선분(線分)의 비유'가 사용된다. '보는' 감각(sense of sight)과 '보이는' 힘(power to be seen)은 서로 빛으로 연결되어 있으며, 태양 빛을 잘 받는 사물이 뚜렷이 보이듯, 「선의 이데아」는 인식하는 자에게 진리와 존재를 통찰하는 힘을 부여한다는 것이 '태양의 비유'다(Republic, Book VI, 508d-e). '線分의 비유'는 이데아 인식의 네 단계를 최하의 무지로부터 최고의 인식으로까지 발전해가는 과정을 '분할된 선'으로 묘사한 것이다. 우선, '의견[판단]의 대상이 되는 영역'과 '인식[이해]되는 영역'의 두 부류로 구분하는데, 전자는 가시적인 감각 대상의 영역이고, 후자는 지성으로 알 수 있는 사유의 영역이다(Republic, Book VI, 509d-e). 이들을 재분할하여 의견의 대상이 되는 영역은 '영상들(그림자)'과 '실물들(동식물 및 인공물)'(Republic, Book VI, 509e-510a)로 구분하고, 인식되는 영역은 '수학적인 것들'과 '이데아 또는 형상들'(Republic, Book VI, 510c-511d)로 구분한다. '영상들', '실물들', '수학적인 것들', '이데아 또는 형상들'에 상응하는 주관의 상태는 각각 '상상(臆測)', '신념', '추론적 사고', '지성적 앎'의 네 단계(Republic, Book VI, 511e)로 구분한다. 플라톤은 시공을 초월한 불변의 실재, 즉 이데아에 대한 인식이 참된 인식이며, 이러한 초감각계는 지성에 의해 인식되는 세계로서 우리의 감각기관으로는 포착할 수 없다고 한다.

계·장소·시간·위치·상태·능동·수동이라는 열 가지 범주를 설정한다.

여기서 형상(形相, form)은 '그 자체로서' 존재하는 실체이고, 질료(質料, matter)는 실체인 형상에 '부대해서' 우연히 존재하는 분량·성질·관계·장소·시간·위치·상태·능동·수동의 아홉 가지 범주이다. 아리스토텔레스는 실체를 포함한 이 열 가지 범주를 세계의 분석 틀로 삼아 존재에 대한 이론을 전개했다.

환안, 그대여! 서구 철학사에서 플라톤과 아리스토텔레스는 위대한 지도제작자이며 경계선 구축자였다. 역사의 새벽에 그들은 자연 속의 거의 모든 과정과 사물을 작도하고 분류하여 경계를 설정해놓음으로써 이 세계는 마치 분리된 사물과 사건의 복합체인 것처럼 보였다. 이렇게 설정된 범주와 경계들은 우리의 앎을 심화시키고 확장시킴으로써 종국에는 무경계에 이르게 하는 통로가 된다.

여기서 우리는 수(數)를 통해 좀 더 미묘하고 추상적인 새로운 유형의 경계로 나아갈 수 있게 된다. 사과, 펜, 별 같은 이름이 사물을 대표할 수 있다면, 1, 2, 3과 같은 수는 개별적 사물의 특성을 초월할 수 있다. 예컨대 사과 하나에 하나를 더하면 두 개의 사과가 되고, 별 역시 하나에 하나를 더하면 두 개의 별이 된다. 둘이라는 수는 두 개로 된 모든 집단에 똑같이 적용되므로 개체적 특성을 초월하게 된다.

수학자이자 철학자 피타고라스는 모든 다양한 사물과 사상의 범주들을 검토한 결과, 수(數)가 세계의 모든 것을 설명하는 기본 원리임을 알아냈다. 그는 만물의 근원이 수라고 보고 수를 인격화 또는 물화시킨 수비학(數秘學)을 발전시켰다. 그에게 자연 연구란 자연에 내재한 수의 조화를 밝혀내는 일이었다. 피타고라스의 사상은 플라톤을 통해 서양 철학 전체에 지대한 영향을 미쳤다.

인류 의식의 진화 과정에서 구체적인 사물로부터 마음을 해방시키는 일은 전체성과 개체성, 보편성과 특수성의 관계성에 대한 통찰을 통해 사물의 존재성을 명료하게 파악할 수 있게 한다는 점에서 매우 중요하다.

이런 일은 범주 설정이나 이름 짓기 등 첫 번째 유형의 경계를 통해서도 어느 정도까지는 가능했지만, 두 번째 유형의 경계인 추상적인 수에 의해 더 극적으로 진행되었다.

환안, 그대여! 이러한 일련의 경계 설정 과정은 존재의 자기실현화 과정에서 주관적인 생각의 영역으로부터 객관적인 제도의 영역으로 나아가는 '외현화(externalization)'의 과정인 동시에 '삶과 죽음의 투쟁'에 합류하는 과정이기도 하다.

이 세상의 그 어떤 조직이나 집단도 모두 수(數)에 의해 단순 그루핑 될 수 있다는 점에서 수는 새로운 유형의 경계라 할 수 있다. 그것은 경계 위에 세워진 또 다른 경계, 보다 추상적이며 보편화된 메타 경계이다.

환안, 그대여! 추상적인 수에 의한 이 미묘한 새로운 유형의 메타 경계는 구체적인 물질세계를 초월해 있었기 때문에 인류는 추상 대 구체, 이상 대 현실, 보편 대 특수라고 하는 두 개의 분리된 세계 속에서 살게 되었다.

2천 년이 넘도록 이러한 이원론은 여전히 조화를 이뤄내지 못한 채 합리주의 대 낭만주의, 관념 대 경험, 지성 대 본능, 질서 대 혼돈, 정신 대 물질의 전장(戰場)이 되었다. 이러한 구별은 적절하고 이성적인 선(線)에 기초해 있었지만, 그 선은 통상 경계와 전장으로 변질되었다.

수, 계산, 측정 등의 새로운 메타 경계는 17세기 갈릴레오 갈릴레이와 요하네스 케플러의 시대에 이르기까지는 자연과학자들에 의해 실제로 사용되지는 못했다. 그리스 시대와 고전물리학자들 사이의 중간 시기를 유럽 교회 세력이 지배하고 있었기 때문이다.

토마스 아퀴나스의 영향을 받은 교회는 자연을 측정하거나 과학적인 셈법을 적용하지 않고 범주로써 분류하는 아리스토텔레스의 논리학에 가까운 입장을 취했다.

그러나 17세기 무렵 교회는 쇠퇴의 길을 걸었고, 이 시기에 등장한 케플러는 '측정'을 통해 아리스토텔레스가 그은 경계 위에다가 메타 경계를 그었다.

17세기 과학자들은 수(數)와 측정이라는 메타 경계를 부활시키고 더욱 세련되게 발전시켰을 뿐만 아니라 완전히 새로운 독자적인 경계를 도입했다.

그들은 대수학(algebra)으로 알려진 메타-메타 경계(meta-meta-boundary), 즉 메타 경계 위에 또 하나의 새로운 경계를 발명해냈다.[12]

즉, "첫 번째 경계가 범주를 만들어내고, 메타 경계는 수(數)라고 부르는 '범주의 범주'를 만들어내며, 제3의 메타-메타 경계는 변수(變數)라고 부르는 '범주의 범주의 범주'를 만들어낸다. 변수는 수학 공식에서 일반적으로 x, y, z로 나타낸다.

수가 '모든 사물'을 나타낼 수 있는 것과 마찬가지로 변수는 '모든 수'를 나타낼 수 있다. '다섯'이 다섯 개로 이루어진 모든 사물을 나타낼 수 있듯이, x는 모든 범위의 모든 수를 나타낼 수 있다."[13]

초기 과학자들은 대수학을 사용함으로써 여러 요소를 계산하고 측정하였으며, 이론과 법칙 및 원리로 표현되는 측정치들 사이의 추상적인 관계를 규명할 수도 있게 되었다. 이들 법칙은 어떤 의미에서는 첫 번째 유형의 경계로 분할된 모든 사물과 사상을 지배하거나 통제하는 것처럼 보였다.

환안, 그대여! 새로운 유형의 메타-메타 경계는 근대 유럽에 새로운 지식과 더불어 폭발적인 기술력과 정치력을 가져다줌으로써 역사상 유례없는 지적 혁명으로 요동치게 했다.

뉴턴의 법칙이나 케플러의 법칙 등에 나타난 바와 같이 과학적 법칙을 공식화하는 과정은 세 가지 유형의 경계에 기초해 있었으며, 각각의 경계는 이전의 경계 위에 더 추상적이고 일반화된 형태로 설정되었다.

이 세 가지 유형의 경계는 "첫째로는 분류하는 경계를 그어서 여러 다른 사물과 사건들을 인식한다. 둘째로는 분류된 요소들 가운데 측정할 수 있는 것들을 찾아낸다. 이 메타 경계는 질을 양으로, 범주를 범주의 범주로, 요소들을 측정치로 변환시킨다.

셋째로는 두 번째 단계의 숫자들과 측정치들 사이의 관계를 탐구함으로써 그것들을 모두 포괄하는 대수 공식을 만들어낸다. 이 메타-메타 경계는 측정치를 결론으로, 수를 원리로 전환시킨다."[14]

그러나 각 단계의 새로운 경계가 더 일반화된 지식과 그에 따른 더 큰 힘을 가져다주긴 했지만, 자연에 대한 인간의 지배력은 인간을 자연으로부터 근본적으로 분리시키는 결과를 초래했다.

16, 17세기 유럽에서 일어난 '과학혁명'이라 불리는 지적·문화적 전환기의 과학은 '최초의 경계와 메타 경계와 메타-메타 경계'를 기반으로 대상들을 정밀하게 측정하고 계산하여 과학적 법칙과 원리를 만들어냄으로써 자연을 통제하고 정복하려는 실천적 시도에 초점을 두었다.

데카르트-뉴턴의 기계론적 세계관에 입각한 합리적 정신과 과학적 방법은 모든 현상을 분할 가능한 입자의 기계적 상호작용으로 파악하여 드디어는 정신까지도 물질화하는 결과를 초래함으로써 물신 숭배가 전 지구적으로 만연하게 되었다.

근대 물질문명의 진보 과정은 과학기술과 밀접하게 관련된 '도구적 이성'의 기형적 발달을 극명하게 보여주는 것으로 생태계 파괴, 생산성 제일주의, 무한경쟁, 공동체 의식 쇠퇴와 같은 심각한 폐해를 낳았다.

그리하여 반(反)생태적 패러다임이 사회 전반을 주도하게 되고, 힘의 논리에 입각한 권력정치(power politics)가 횡행하면서 인류는 총체적인 인간 실존의 위기에 처하게 되었다.

권력정치는 '최초의 경계와 메타 경계와 메타-메타 경계'를 기반으로 한 수직사회의 전형을 보여주는 것으로 제로섬(zero-sum) 게임에 입각해 있다.

권력정치는 헤게모니 장악을 목표로 지배자와 피지배자, 강대국과 약소국, 선진국과 후진국을 이원화시켜 약육강식의 논리가 지배하는 대립적이고 분절적인 세계를 낳았다.

대의정치 또한 권력과 자유의 부조화라는 어두운 유산을 남겼다. 과연 대의정치가 지역·계급·신분·집단 등의 특수이익이 아닌, 전 국민의 일반이익을 대표하는 것이라고 말할 수 있을 것인가에 대한 비판의 목소리가 높아진 지 오래다.

루소는 국가의 본질이 자유와 권력의 조화에 있는 것으로 보았다. 그러나 치자와 피치자 사이의 경계가 뚜렷해질수록 권력과 자유의 부조화도 커지게 된다.

그런데 환안, 그대여! 20세기에 들어 실험물리학의 발달로 실재가 무(無)경계라는 사실이 밝혀지면서 세계가 재해석되고 있다.

역사의 무대에서 메타 경계의 출현은 관계성에 대한 인식을 통해 무경계를 통찰하기 위한 영적 진화의 여정으로서의 의미가 있다는 사실이 인식되기 시작한 것이다.

말을 마치자 마고는 환안을 향해 말했다.

모든 경계는 에고의 자기 확장을 통해 종국에는 에고가 무르익어 떨어져 나가게 하는 학습기제다. 에고가 무르익어 떨어져 나가면 모든 경계는 환상에 지나지 않음을 알게 된다. 그러나 거기에 이르기까지 의식은 처절한 자기분열의 과정을 통과해야 한다.

　환안, 그대여! 의식의 자기분열 과정을 온몸으로 겪어온 민족집단의 극단적인 사례가 있다. 바로 한민족이다. 이들은 스스로가 누군지, 어떻게 해서 존재하게 되었는지를 알지 못한다. 집단적 기억상실증에 걸려 있기 때문이다.

　그러자 환안이 말했다.

　위대한 나의 스승, '라 무'시어! 개인도 아니고 한 민족집단이 집단적 기억상실증에 걸린다는 것이 가능한 일입니까?

　마고가 말했다.

　그렇게 된 것은 한민족의 역사가 외적의 강압과 내부의 사대주의자들, 그리고 폭력으로 정권을 쟁취한 자들이 자신들의 비리를 합리화하려는 기만책으로 인해 위조되고 탈취된 적이 많았기 때문이다.

　그러나 이렇게 된 결정적인 원인은 일제(日帝)가 조선의 국권을 강탈한 경술국치(庚戌國恥, 1910) 이후 조선총독부에 조선사편수회(1922년에 설치된 조선사편찬위원회는 1925년에 조선사편수회로 개편됨)를 설치하고 1938년까지 활동하면서 조선사 편찬이 아니라 조선사 말살을 주목적으로 했기 때문이다.

　당시 일본에 의한 조선학 연구는 제국주의적 관학(官學)으로 기획된 것으로, 민족정신의 말살을 통해 일제의 한반도 침략을 정당화하고 그 지배를 영속화하기 위해 정치적 목적으로 이용한 극단적 사례다.

　일인(日人)들은 환국·배달국·단군조선 시대와 북부여에 이르기까지 무려 7천 년이 넘는 역사를 신화라는 이유로 잘라 없애버렸다.

일인들은 '석유환국(昔有桓國)', 즉 '옛날에 환국이 있었다'를 '석유환인(昔有桓因)', 즉 '옛날에 환인이 있었다'로 변조하고 이를 정본으로 내세워 한민족의 상고사를 말살하기에 이른 것이다.

〈그림 5.1〉 1512년 중종 임신본 『삼국유사』
(국보 제306-2호, 서울대 규장각 소장본)

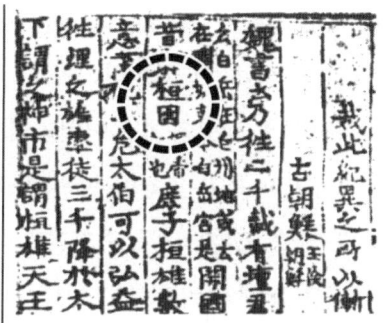
〈그림 5.2〉 1921년 변조된 경도제대 영인본 『삼국유사』

말하자면 "옛날에 환국의 서자 환웅이 있어(昔有桓國庶子桓雄)"를 "옛날에 환인의 서자 환웅이 있어(昔有桓因庶子桓雄)"로 변조하고, 급기야 '환인의 첩의 아들(서자) 환웅'을 유도하기에 이른 것이다.

여기서 '서자'라는 말에 대해 중국의 사원(辭原)은 서자란 '태자의 스승, 기타 높은 벼슬의 명칭'이라고 설명하고 있다. 『삼국사기』「신라본기」 제7 문무왕 14년(674) 기록에는 당나라 유인궤(劉仁軌)의 관직이 좌(左)서자로 나와 있다.[15]

환안, 그대여! '석유환국'의 중요성은 우선 환국의 역사적 실재를 명기하고 있다는 점, 그리고 뒤이은 문장과 연결해 보면 환국에 높은 서자 벼슬을 하는 환웅이 있었고 환웅이 배달국 신시(神市)시대를 열어 마지막 환웅 대에 이르러 웅녀와 혼인하여 단군을 낳아 고조선을 개국하는 일련의 역사적 연맥(緣脈), 즉 환국·배달국·단군조선으로 이어지는 맥을 읽을 수 있

제5장 생명정치와 생명문화 | 279

게 하는 단초를 제공한다는 점에 있다.

그런데 '석유환인'으로 변조되면, 옛날에 환인이 있었고 환인의 첩의 아들(서자) 환웅이 신시시대를 열어 마지막 환웅 대에 이르러 웅녀와 혼인하여 단군을 낳아 고조선을 개국했다는 식으로 읽히게 되어 역사적 사실이 아닌 '단군신화'가 되어버리기 때문이다. 이처럼 일제는 한민족 상고사의 이어진 맥을 교묘하게 끊어버리려고 했다.

총독이 나서고 관청이 동원돼 조선 황실과 민간에 비장된 역사서와 만주의 역사자료가 모두 수거되고 대마도주(島主) 종백작가(宗伯爵家)가 소장한 조선 관계 사료 전부도 이들에 의해 몰수되어 일본 궁내청 문고로 옮겨지거나 불태워졌다. 그리하여 한민족의 역사는 상고사와 단군 관련 자료들이 완전히 고갈되어 치명적인 타격을 입었다.[16]

일제강점기에 일본이 저지른 잔혹한 만행은 이루 헤아릴 수 없이 많다. 한반도 각처에 산재한 단군조선 삼한의 고대 사료 등 51종 20여만 권을 수거해 불태워 없애거나 일본 왕실로 가져갔다. 또한 한국의 고대사를 말살하고 반도조선사(현행 국사)를 편찬한 후 왜곡된 국사의 증서(證書)를 영원히 은폐하기 위해 창경궁 장서각에 있던 도서들[17]을 일본 왕실로 반출해감으로써 한민족은 마침내 집단적 기억상실증에 걸리고 말았다.

조선사편수회는 1938년 조선사 35권을 완성해 각급 학교에서 교육하게 했다. 이는 일본 왕실의 조상이 한민족이고 한민족이 장구한 역사를 가진 선진강대국이었다는 사실을 완전히 말살하기 위한 민족말살정책의 일환이었다.

일인들은 일본의 왕실 계보 14대도 조작했다. 일본의 다니가와 겐이치(谷川健一)가 밝혔듯이, 일본 왕가의 제1대 진무(神武)부터 제14대 주아이(中

哀)까지는 모두 가공의 인물이고 제15대 오진(應神, CE 390~430)*이 제1대 실존 왜왕이며 그는 한민족 혈맥이다.

1909년(순종 3) 일제는 청나라와 간도협약을 체결하면서, 남만주철도 부설권과 푸순 탄광 채굴권을 얻는 대가로 간도를 청나라에 팔아넘겼다.

또한 일제는 하북성(河北省, 허베이성) 난하(灤河: 베이징 근처) 옆 갈석산(碣石山)에 세워졌던 점제현신사비(秥蟬縣神祠碑)[18]를 평양 근처 온천군으로 옮겨놓고 『삼국사기』 중요 지명의 열대패 삼수고(洌帶浿三水考) 논문을 발표하게 했다.

그리하여 한사군의 하나인 낙랑군이 한반도의 평양에 존재했다는 학설을 입증하는 자료라고 주장함으로써 만주 서쪽 난하에서 출발하는 광활한 영토를 점유했던 한민족의 역사를 반도 안으로 좁혀 놓았다.

이 외에도 중국에 있는 고대의 광개토대왕릉 비문을 파괴·변조하는가 하면, 이 변조된 비문과 『일본서기(日本書紀)』 등의 기록을 근거로 왜(倭)가 4세기 후반 한반도 남부에 진출하여 임나일본부(任那日本府)를 설치하고 한반도 남부를 지배했다는, 이른바 임나일본부설이라는 터무니없는 주장을 해 왔다.

환안, 그대여! 고대 일본의 역사는 고대 한민족의 나라가 일본 왕조의 발상지이며 일본 민족의 시원이라는 말로 압축될 수 있다. 일본이라는 국호는 백제 멸망 후 백제 본조(本朝)의 잔여 대집단이 왜(倭)의 땅 동조(東朝: (백제의) 동쪽 조정)로 건너가서 처음 만든 것이다.

일본이라는 국호가 사용되기 전의 왜(倭) 땅에 백제의 왕실이 가 있었다

---

* 일본 역사에서는 제1대 실존 왜왕 오진의 즉위 연도를 120년 끌어올려 CE 270년이라고 하고 있다. 즉, 재위 기간을 CE 270~310이라고 보는 것이다.

는 사실은 왜 땅에 백제의 동조(東朝)가 있었다는 『일본서기』 권26 제명(齊明) 7년(661) 여름 4월조의 기록에 의해 입증된다.

이는 백제국 본조(本朝)가 왜(倭) 땅의 동조에 사자를 보내어 동조에 있던 백제의 태자와 구원병을 돌려보내 달라고 요청했다는 고구려 승려 도현(道顯)의 『일본세기(日本世紀)』 기록을 『일본서기』가 인용한 것이다.

일본이라는 국호의 어원은 원래 백제를 일컫던 '구다라', 즉 큰 해(大日)라는 뜻의 고대 한민족의 말을 한자로 옮긴 것이다. 『삼국사기』와 중국 25사(史) 등에는 일본이라는 국호가 CE 670년에야 처음 생겨 671년에는 점차 주변에도 알려진 것으로 나온다.

고조선 말기 이후 여러 시기에 선진문물을 가지고 왜(倭) 땅으로 건너간 한인(韓人)들이 왜(倭) 토착 사회에 큰 영향과 변동을 가져와 국가형성의 담당자 역할을 하고 정치적 지배집단을 형성했다는 것은 잘 알려진 사실이다. 일인들은 이들을 도래인(渡來人)이라고 불렀다.

한국 법학계의 태두이자 우리 상고사 복원에 큰 발자취를 남긴 무호(無號) 최태영(崔泰永)은 일본 왕실의 조상이 한민족임을 부정할 수 없는 결정적 증거를 10세기 일본의 성문 법령집인 『엔기시키(延喜式)』의 기록에서 최초로 찾아냈다.

『엔기시키』는 일본 전역의 신사[사당]에 모신 조상 위패를 조사해 계통대로 기록해 놓은 것이다. 『엔기시키』 기록에 의하면 "일본 궁내성(宮內省)에 조상신 세 분이 모셔져 있는데(宮內省坐 神三座), 원신(園神)은 가락국을 포함한 신라 조상신을 말하고, 한신 2좌(韓神 二座)는 백제 조상신 두 분을 말한다."[19]

일인들은 일본 궁내성에 신라·가야계의 소노카미(園神) 1좌(座)와 백제계의 가라카미(韓神) 2좌를 모시고 정례(定例)의식 때는 물론 국난에 처할 때면 반드시 이들에게 제사를 지냈다고 한다.

　소노카미 1좌와 가라카미 2좌의 위상은 일본 헤이안(平安)시대에 편찬된 사서인『일본기략(日本紀略)』(11세기 후반~12세기 초반)과 나라(奈良)시대와 헤이안시대에 편찬된 육국사(六國史)의 하나인『일본삼대실록(日本三代實錄)』(901)*에서 '원한신제(園韓神祭)를 지냈다'는 기록과 일치한다.

　일본에서 가장 높이 모시는 이세신궁(伊勢神宮)의 아마테라스 오미카미(天照大神)에 뒤이어 궁내성에 모신 36좌의 일본 조상신 가운데 앞자리에 위치한다는 것이다.

　일본 왕이 있는 일본 대궐 안에 신라·가야에서 간 조상과 백제에서 간 조상을 사당에 모셔 놓고 제사를 지냈다는 것은 일본 왕가의 혈통이 어디서 비롯됐는가를 보여주는 가장 확실한 증거가 아니겠는가.

　『엔기시키』에는 일본 대궐 제례의 모든 내용과 절차가 소상히 적혀 있는데, 제문도 우리와 똑같은 형식이며 제물도 비슷하다고 한다.

　더욱이『엔기시키』에서 통일신라계 신(神)인 소노카미(園神)를 3좌의 첫머리에 올린 것은, 일본이 통일신라의 처위(處位)를 인정하지 않을 수 없는 중대한 시점이 있었다고 볼 수 있다.**

---

*　『日本三代實錄』은 나라시대(奈良時代, 710~794)와 헤이안시대(平安時代, 794~1185)에 편찬된 正史인 六國史의 하나이다. 六國史란『日本書紀』,『續日本紀』,『日本後紀』,『續日本後紀』,『日本文德天皇實錄』의 五國史에 이어 여섯 번째로 편찬된『日本三代實錄』을 합한 것이다.

**　1994년 중국 산동반도 적산(赤山)에 필자 등이 추진한「장보고기념탑」이 준공될 즈음 이루어진 강의에서 무호 선생은 "…일본의 궁내성(宮內省)에 백제계 신(神)인 가라카미(韓神)의 사당을 마련하고 제사를 지낸 것은 당연한 일이지만, 신라계의 신(神)인 소노카미(園神)를 함께 받들었다는 것은 생각해 볼 일이다.『엔기시키(延喜式)』라는 성문 법령집이 생기기 전부터 근세에 이르기까지, 그것도 궁내성에 사당을 마련해 놓고 제사를 지낸 것으로 보아 일찍이 일본과 신라 간에 밀접한 관계가 있었고, 후에도 일본이

『고사기(古事記)』(712)에도 한신(韓神)·원신(園神)으로 추정되는 신이 나오고, 일본의 가요를 선집한『고전 신악가(神樂歌)』(859)에도 한신과 원신을 왕실에서 제사 지내며 부르는 축가가 실려 있다고 한다.[20]

어떤 제도보다 보수적인 제례에 대한 기록을 통해, 그것도 10세기 초의 일본 법령집에서 3좌의 신라·가야계 조상신과 백제 조상신이 기록되어 있음을 확인한 것은, 영원히 묻힐뻔했던 역사적 진실을 드러내 밝혔다는 점에서 그 의미가 실로 크다.

지금도 일본 왕가의 즉위식에서 일인들이 '3종 신기(神器)'라고 부르는 천부인(天符印) 3종(種), 즉 청동검·청동거울·곡옥(曲玉)의 세 가지를 물려받음으로써 왕권 계승을 공식화한다는 것은 그들의 시원을 말해주는 것이 아닌가.

이 천부인 3종은 제왕의 권위를 상징하는 것이다. 단군왕검 역시 환웅 때부터 전해온 표징[信標]인 천부인 3종을 이어받고 왕으로 세워져 고조선을 개국했다.

역대 왕들의 왕관이나 장식품 등에 달린 곡옥*은 환단시대로부터 전승되어 온 것으로 역대 왕실의 상징이었다.

통일신라를 받들지 아니할 수 없는 정치상·군사상 중대한 사정이 있었음을 알 수 있다. 여기서 문제가 되는 소노(園)신은 통일신라계 신으로,『엔기시키』의 4시제(時祭)에 관한 규정에도 소노(園)신이 궁내성 좌신(座神) 3좌(座)의 첫머리에 올라 있고, 명신제(名神祭) 285좌(座) 중에도 소노(園)신 사당이 첫머리에 올라 있는 것은 주목할 만하다"라고 했다. 그런데 무호 선생의 연구 조사에 따르면 이들 신사(사당)는 2백 년 전에 헐리고 이들에 대한 제사도 없어졌다고 한다. 일본의 선진성을 강조해온 일인들로서는 한인들이 일본 고대국가 형성의 주축을 이루었다는 불편한 진실을 감추고 싶었기 때문일 것이다.

* 곡옥은 그 굽은 형태가 태아와 닮았다고 해서 생명의 씨앗 등의 의미가 함축된 것으로 보기도 한다.

환안, 그대여! 이처럼 일인들은 한민족과 그 뿌리를 공유하고 있다. 그럼에도 한민족과의 사이에 그토록 뚜렷한 경계선을 그은 것은, 그 의미가 무엇이라고 보는가?

환안이 대답했다.

위대한 나의 스승, '라 무'시어! 그토록 뚜렷한 경계선을 그은 데에는 비록 그 스스로는 의식하지 못할지라도 에고 의식[분리의식]의 자기 확장을 통해 종국에는 대통합에 이르기 위한, 한민족 집단의 연단(鍊鍛)의 과정으로서의 의미가 함축되어 있습니다.

'하나는 셋(一卽三), 셋은 하나(三卽一)', 즉 천·지·인 삼신일체의 원리에서 발원한 인류 문명은 우주의 가을이 되면 다시 그 하나인 생명의 뿌리로 돌아갈 것입니다.

대통합을 이루는 추동력을 발휘하기 위해서는 죽음보다도 더 깊은 심연과 마주하는 의식(意識)의 자기교육과정이 필요하기 때문입니다.

후천개벽기에 천지개벽과 함께 정신개벽, 사회개벽이 일어나면 마침내 지구촌은 대통합이 이루어질 것입니다. 일인들도 한민족과 다시 하나로 통합될 것입니다.

그대가 바로 보았다. 그렇게 될 것이다. 소유와 존재를 동일시하는 에고 의식이 떨어져 나가면 인간과 인간 사이에 그어진 경계선도 사라질 것이다. 에고가 환영(幻影)이듯, 경계선도 환영이기 때문이다.

지구 대격변과 대정화의 시기에 일본열도는 무(Mu) 대륙과 비슷한 운명을 겪게 될 것이고 일인들은 한반도로 이주하여 한민족과 다시 하나로 합쳐질 것이다.

또한 중국 대륙은 다시 분열의 주기에 들어가게 되고 한민족은 옛 선조들의 땅으로 귀환하게 되어 영역이 확장될 것이다.

이러한 일본과 중국의 격변은 동아시아 질서의 재편과 함께 한반도가 동아시아의 새로운 중심으로 부상하게 할 것이다.

그리하여 한반도를 중심축으로 한 동북 간방(艮方)에서 일기 시작한 '문화적 르네상스'의 거대한 물결은 유라시아와 아메리카 대륙을 뒤덮고 마침내 지구촌 차원의 대통합으로 이어져 우주 문명으로 진입하는 발판을 마련하게 될 것이다.

이러한 과정은 세계 각국에 흩어져 살고 있는 750만 명에 달하는 한민족 디아스포라(재외동포)를 통해 전 지구적 네트워크가 형성됨으로써 효율적으로 이루어질 것이다.

마고는 이렇게 말했다.

생명권력 대(對) 벌거벗은 생명

마고 일행은 다음 마을을 향해 걸었다. 그때 남루한 차림을 한 사람이 지나가자 사람들이 모여들었다. 그들 중 한 사람이 말했다.

시인이여, 오랫동안 우리 마을에 모습을 나타내지 않아 우리 모두 기다리고 있었소. 벌거벗은 생명을 위로해 주는 건 신도 아니고 권력자도 아니요. 그대의 노래가 우리 삶의 유일한 위안이 되고 있소.

그대의 노래는 원망과 분노로 들끓는 마음을 어루만지고 잃어버린 영혼의 고향을 잠시나마 들여다볼 수 있게 해 주어 눈물짓게 된다오. 우리를 다시 일으켜 세워 삶을 노래하게 할 수 있는 건, 시인이여! 그대의 노래라오.

그러자 시인이 노래했다.

대지에서 인간으로 산다는 것, 그건 인간이 대지의 '생명 헌장'에 서명하는 것이다. 생명을 모독하지도, 기만하지도, 상처 주지도, 배신하지도 않겠다는 대지와의 서약이다.

그대 거룩한 이여! 뭇 생명을 낳고 기르는 그대 생명의 대지여! 풍성하고 드넓은 그대의 품이 없었다면 어찌 저 들꽃이 생명을 싹틔울 것이며, 저 사슴이 뛰놀 수 있으리오! 어찌 인간이 체험의 놀이판을 벌일 수 있으리오!

대지에서 인간으로 산다는 것, 그건 인간이 대지의 숨결 속으로 녹아드는 것이다. 대지와 한 호흡이 되어 생명의 정원을 가꾸고 꽃피우며 즐거움을 노래하는 것이다.

그대 숭고한 이여! 뭇 생명이 열매를 맺고 돌아가는 그대 생명의 대지여! 선악의 너머에 있는 그대의 영원한 품이 없었다면 어찌 저 꽃들이 두려워 시들 수 있을 것이며, 저 동물들이 두려워 생명의 놀이를 멈출 수 있으리오! 어찌 인간이 두려워 눈을 감을 수 있으리오!

대지에서 인간으로 산다는 것, 그건 인간이 전체인 생명을, 진리를, 사랑을 개별적으로 체험하는 것이다. 만물과 하나 되어 생명의 교향곡을 연주하는 것이다.

그대 순결한 이여! 상처받은 영혼을 어루만지며, 벌거벗은 생명을 부둥켜안으며 통곡하는 그대 생명의 대지여! 그대를 더럽히는 모든 것을, 그대를 슬프게 하는 모든 것을 나는 미워하노라! 아, 그대를 더럽히는 이 미워하는 마음을 정녕 미워하노라!

마고 일행은 침묵한 채 계속 길을 걸었다. 이윽고 마고가 입을 열었다.

환안, 그대여, 슬프도록 아름다운 시가 아닌가. 마을 사람들이 눈물지을 만하도다. 무너져내린 삶을 일으켜 세우는 것은 신도 아니고 권력자도 아니고 바로 저 시인이다!

역사를 통해서 볼 때 통치자의 주권 탈취로 인해 백성은 복종을 강요당하기는 해도 의무감을 느끼지는 않게 되어 사실상 국가의 해체에 이른 경우가 많았다. 그대도 보듯이, 이 지역의 무질서와 혼란, 빈곤의 악순환은 삶의 생기를 잃게 하고 있다.

그대여, 우리를 슬프게 하는 이 모든 것들, 왜인가?

환안이 대답했다.

위대한 나의 스승, '라 무'시어! 어두운 지도자를 갖게 되는 것도 민족적·국가적 카르마입니다. 그 민족, 그 국가가 깨달을 때까지 어두운 기운의 조타수는 계속될 수밖에 없습니다. 이는 집단적인 영적 치유가 필요하기 때문입니다.

우주는 언제나 영적 진화에 가장 적절한 상황을 창출해낸다는 것, 이것은 불변의 진리입니다. 왜냐하면 이 우주는 자연법인 카르마의 지배하에 있기 때문입니다.

그러자 마고가 말했다.

그대가 바로 보았다. 인간의 의식이 고도로 진화하면 하늘의 이치에 부합하는(天符) 자재율(自在律)에 의해 스스로 다스려지므로 타율적인 통치행위는 필요하지 않게 된다.

그리고는 '해 뜨는 나라'가 있는 동쪽을 향해 두 팔을 벌렸다.

영혼을 잃고 한 조각의 땅에, 그것도 남과 북으로 나뉜 땅에 뿌리박혀 울고 있는 그대 한민족이여! 수첩 하나를 잃어버려도 며칠을 두고 찾으면서, 7만 년에 이르는 그대들의 장대한 역사를 잃어버리고도 잃어버렸다는 사실조차 까맣게 잊어버리고 있는 그대 형제들이여!

그대들은 마치 옛 친구의 이름을 잊어버리고 예전에 살던 마을 이름을 잊어버리듯이, 자신들의 선조들을 잊어버리고 선조들이 써 내려간 대륙의 영광사를 잊어 버렸다. 형제들이여, 내 진정 그대들에게 묻노니, 정녕 그대들은 집단적 기억상실증에 걸린 것인가?

형제들이여! 동이족의 선조인 풍이족(風夷族)이 뱀을 아이콘으로 삼았던 것은, 똬리를 틀고 있는 뱀의 형상이 '쿤달리니(kundalini)'라고 하는 근원적인 에너지[생명]의 형상을 표징하고, 또 지그재그식으로 움직이는 뱀의 모습이 진화하는 DNA의 나선형 구조를 닮았기 때문이다.

21세기 인류 문명을 고도로 진보한 것이라고 여기며 상고시대를 원시시대로 치부하는 그대들이여! 그것은 단순성을 야만으로, 복잡성을 진보로 보는 단순도식화에서 비롯된 것이다.

마고성은 그 전성기에는 천부(天符) 자재율(自在律)에 의해 다스려진 낙원국가였다! 그런데 21세기 인류 문명은 죽음의 소용돌이로 들어가고 있지 않은가?

형제들이여, 마고의 나라가 실재했다는 사실은 『부도지(符都誌)』[21]를 통해서도 전해지고 있거니와, 정사(正史)인 『고려사(高麗史)』[22] 기록으로도 전해지고 있다. 그 기록에는 충혜왕이 몽골로 끌려갈 때 백성들 사이에서 불린 '아야요(阿也謠)'라는 노래가 나온다.

"아야 마고지나 종금거하시래(阿也 麻古之那 從今去何時來)", 즉 "아아 '마고의 나라' 이제 떠나가면 언제 돌아오려나"라는 이 짧은 노래는 충혜왕이 귀양길에서 독을 먹고 죽자 백성들이 마고성의 복본(復本)을 기원하며 '마고지나'를 노래로 지어 부른 것이다.

'고려'라는 국호가 엄연히 존재했음에도 '마고의 나라'를 노래로 부른 것은, 당시 백성들 사이에선 옛 이름인 '마고지나'가 더 친숙했음을 알 수 있게 하지 않는가?

형제들이여! 환국 말기에 12연방 중의 하나인 수밀이국 사람들은 마고성의 백소족이 살고 있던 메소포타미아 지역으로 이동하여 수메르 문명을 열었다.

그때 그들이 가지고 간 선진문물은 모두 마고성으로부터 전승된 것이다. 특히 수학, 천문학, 역(易)사상과 상수학(象數學), 역법(曆法), 종교, 철학, 지리, 기하학, 물리학, 건축[피라미드, 지구라트] 등은 21세기 과학 문명을 능가하는 것이었다.

또한 배달국 시대에 환웅천왕이 책력(册曆)을 지어 365일 5시간 48분 46초를 1년으로 삼았다는 기록[23]이 전해지고 있는데, 이는 현대물리학의 계산과 정확하게 일치하는 것이다.

당시의 역학(曆學)·천문학·역학(易學)·상수학(象數學)·물리학 등의 발달 수준을 짐작하게 하는 것이 아닌가? 이 또한 마고성으로부터 전승된 것이다.

사랑하는 형제들이여! 생명체의 DNA 구조와 마찬가지로 우리 삶의 지형 자체도 지그재그로 양극단을 오가며 진화하는 나선형 구조다.

한반도는 지구상에 남은 유일한 분단 지역으로 남과 북, 좌와 우, 보수와 진보 등 양극단의 대립상을 극명하게 보여준다.

이러한 양극단의 요소가 극명하게 나타나는 것은 대통합에의 열망과 의지가 강력하게 분출하고 있기 때문이다.

삶의 의미를 알기 위해선 처절한 죽음의 터널을 통과해야 하고, 사랑의 의미를 알기 위해선 증오의 불길 속을 통과해야 하고, 평화의 의미를 알기 위해선 참담한 전쟁의 구간을 통과해야 하는 것이 자연의 이치다.

이러한 양극단의 실험은 소통의 중요성을 일깨워주는 학습기제이며 대통합을 위한 한민족의 자기교육과정이다.

이러한 대통합은 단순히 한반도 차원이 아닌, 전 인류 차원의 통합을 의미한다. 한반도 통일은 전 지구적 차원의 양극성을 통합하는 신호탄이다.

혼돈 속에는 창조성의 원리가 내재한다. 동트기 전 어둠이 가장 짙은 것과 같은 이치다. 한반도에 지선(至善)과 극악(極惡)이 공존하는 것은 음양상극의 선천 문명이 여기서 종말을 이루고 정음정양(正陰正陽)의 새로운 후천 문명의 꼭지가 여기서 열리기 때문이다.

한반도를 중심축으로 한 동북 간방(艮方)에서 선천 문명이 끝을 맺고 동시에 후천 문명의 꼭지가 열리기 때문이다.* 빛이 강할수록 그림자도 강한 것이 자연의 이치다.

사랑하는 형제들이여! 우주만물이 생성·변화하는 원리를 함축하고 있는 태극기는 '생명의 기(旗)'이고 그대들은 태생적으로 '생명'을 문화적 유전자(cultural genes)로 이어받온 민족으로서 진정한 생명시대를 개창해야 할 내밀한 사명이 있음을 인지하지 않으면 안 된다.

정녕 그대들은 새로운 역사를 창조할 운명을 지니고 있음을 깨달아야 한다.

마고는 이렇게 말했다.

마고가 말을 마치자 환안이 감동하여 눈물을 흘리고 있었다.

---

* 『周易』,「說卦傳」: "艮東北之卦也 萬物之所成終而所成始也."

"오, 위대한 나의 스승, '라 무'시어!…"라고 말하고는 더 이상 말을 잇지 못했다.

그러자 마고가 말했다.

바로 그대가 일할 곳이다. 그대 공명(共鳴)의 눈물이 마르지 않는 샘이 되어 그대 가슴 깊은 곳에 머물기를!

그리고는 이어 이렇게 말했다.

환안, 그대여! '벌거벗은 생명'은 권력 장치에 의한 생명의 정치화 내지는 생명의 권력화 현상의 산물이다. 권력 장치에 의해 생명이 정치화, 권력화되면서 '생명권력 대(對) 벌거벗은 생명'이라는 대립 구도가 생겨난 것이다.

자, 그러면 역사라는 무대에서 펼쳐진 생명정치적 긴장과 분열을 일별하겠노라.

역사의 무대에서 정치적 사유와 생명적 사유*의 변증법적 통합과정은 인간 사회의 진화가 의식의 진화와 조응해 있음을 생생하게 보여준다. 또한 대통합에 이르기 위해선 근원적인 분리 과정, 즉 의식의 자기교육과정을 거쳐야 함을 말해준다.

정치체에 내재하는 근원적인 생명정치적 긴장과 분열은 로마 시대의 '포풀루스(populus)'와 '플레브스(plebs)', 중세의 '작은 인민(popolo minuto: 13세기 피렌체의 장인 계층)'과 '큰 인민(popolo grasso: 13세기 피렌체의 상인 계층 및 부르주아지)'의 구분에서 잘 드러난다.

물론 그 이전에도 두 개의 대립적인 축 사이를 변증법적으로 진동하며

---

* 정치적 사유는 지배와 복종의 이원성에 기초한 것이고, 생명적 사유는 생명의 전일성에 기초한 것이다.

이러한 긴장과 분열은 항상 존재했었다.

그러나 프랑스대혁명(1789) 이후 인민(popolo)이 주권의 유일한 담지자가 되고 더 이상은 인민이 스스로를 예종(隷從)의 형태로 표현하지 않게 되면서 생명은 정치적으로 문제시되게 되었다.

환안, 그대여! 서구적 근대는 고도로 정교한 거대 권력 장치에 의해 생명이 정치화 내지는 권력화하는 현상을 보여준다. '생명권력'에 기초한 '생명정치'는 서구 정치를 관통하는 핵심 개념으로 생명의 도구화 현상을 극명하게 보여준다.

생명정치적 현상들을 새롭게 분석한 조르조 아감벤이 밝혔듯이,[24] '벌거벗은 생명 자체를 정치화시키는 것은 근대의 결정적 사건'이다.

근대 이후 정치와 과학은, 심지어 종교까지도 모두 생명의 지배와 장악을 기본적인 목표로 삼게 되었다. 생명의 통제와 복제가 과학과 정치와 자본의 지배기능을 가능하게 하는 조건이 된 것이다.

자본주의 국가든 사회주의 국가든, 우파든 좌파든, 비록 그 방식과 정치적 지평이 다르긴 하지만 모두 분열되지 않은 인민의 창출이라는 '생명정치적 프로젝트'에 사활을 걸게 되었다.

근대적 '생명'은 '생명정치적 신체'와 '벌거벗은 생명'이라는 두 개의 대립적인 축을 이룸으로써 보호될 가능성과 유대인 학살에서 보듯 대량 학살이 승인될 가능성이 동시에 나타난다.

보라, 6백만 명의 유대인들을 학살한 나치 독일의 유대인 절멸 작전을! 나치즘의 '절멸 작전'은 '벌거벗은 생명'인 유대인들과 독일 민족(Volk)이라는 두 개의 대립하는 축을 설정함으로써 시작되었다.

유대인들은 정치체 속에 통합되기를 거부하여 용납될 수 없었던 인민이고, 독일 민족은 완전한 '정치적 신체'로서 인민의 대표자였다.

환안, 그대여! 두 개의 대립하는 축을 중심으로 '작은 인민'과 '큰 인민'을 구별 짓는 나치즘의 '절멸 작전'은 생명정치적 긴장과 분열의 극복이 아니라 생명정치적 분열의 극단적 획책이었다!

생명정치적 분열은 '큰 인민'이 '작은 인민'을 제거함으로써 극복될 수 있는 것이 아니다. 하늘의 이치에 부합하는 새로운 정치만이 지구촌을 분열시키고 있는 내전을 종식시킬 수 있다.

민주주의와 자본주의 프로젝트 또한 그 자체 속에 벌거벗은 인민을 재생산하고 나아가 제3세계 인민마저 '벌거벗은 생명'으로 변형시키는 것으로 나타난다.

자연 생명이 국가권력의 메커니즘과 담합하기 시작하면서 정치가 '생명정치'로 변화하는 과정은, 미셸 푸코가 지적했듯이, 죽게 하거나 살게 내버려 둘 권리로서의 생살여탈권이라는 낡은 권리에서, 살게 하거나 죽음 속으로 몰아넣는 생명권력으로 대체되는 과정이다.

따라서 생존이 보증될 가능성과 죽음에 직면하게 될 가능성이 병존한다. 말하자면 생명은 권력이 적극적으로 관리하고 조절하고 증진시켜야 할 일차적인 대상이 된 것이다.

생명에 대한 권력의 조직화는 17세기부터 두 가지 극의 형태로 전개된다. 먼저 형성된 것이 기계로서의 육체에 대한 것이고 18세기 중엽에 형성된 것이 종(種)으로서의 육체에 대한 것이다.

신체의 생산력과 순응성을 증대시켜 자본주의적 생산체제로 통합하는 신체의 규율과 생물학적인 종으로서의 신체를 조절하는 인구조절이 그것이다.

이렇게 해서 군주권인 주권권력이 신체를 규율하는 규율권력으로, 그리고 인구 전체의 생명을 조절하고 관리하는 생명권력으로 이행하게 된 것이다.

이러한 생명권력으로의 이행은 프랑스대혁명 이후 인민이 주권의 유일한 담지자가 되는 것과 맥을 같이 한다. 근대인은 단순한 정치적 동물이 아니라 생명이 정치와 불가분의 관계를 갖는, 하여 생명 자체가 정치에 의해 문제시되는 동물인 것이다.[25]

근대사회 자체를 권력과 지식의 담합에 의해 운용되는 거대한 '감시와 처벌'[26]의 체계로 보기도 한다. 이러한 관점에서 권력의 사회적 통제의 핵심은 생명의 통제에 있는 것으로 나타난다. 말하자면 권력은 '생명권력'이고 정치는 '생명정치'라는 것이다.

이처럼 근대세계에서의 생명은 살아있는 생물학적인 신체라는 의미로만 인식되었을 뿐 생명의 전일성과 유기적 통합성에 대한 자각으로까지는 이어지지 못했다.

하여 인간 억압과 자연 억압이 만연하게 되었다. 근대 서구의 정치적 자유주의가 생태적 홀로코스트(holocaust)를 초래하게 된 것도 이와 같은 맥락에서 이해될 수 있다.

환안, 그대여! 정치적 사유와 생명적 사유의 변증법적 논의의 핵심은 정치체에 내재하는 근원적인 생명정치적 긴장과 분열을 통합시키는 데 있다.

G. W. F. 헤겔의 『정신현상학』(1807)은 주인과 노예의 변증법을 통하여 이를 생생하게 보여준다.[27] 여기서 당위의 진실태(眞實態)는 일체 모순과 소외의 극복을 통한 '이성적 자유(rational freedom)'의 실현과 더불어 현실 속에서 현현하게 된다.

역사철학적 관점에서 생명정치란 생명의 소통성에 기초한 정치이다. 노예 의식이 노동을 통하여 자유를 실현하는 과정은 생명의 소통성을 학습하는 과정인 동시에 의식의 자기교육과정이다. 이는 곧 존재와 의식의 합일화과정이다.

자유의 자기실현화과정은 이 현실 세계가 정신의 산물임을 알고 존재와 의식이 둘이 아니라는 사실을 깨닫게 될 때 비로소 완성된다.[28] 이 단계가 되면 소외의 역사는 막을 내리게 된다. 따라서 인간소외란 인간의 자기의식으로부터의 소외이며 이를 극복하고 자유를 쟁취하는 것이 바로 역사의 목적이다.

이러한 생명과 정치의 변증법적인 관계에 대한 통찰은 '열린 정치'로의 이행을 촉발한다. 동시에 생명정치적 토양에서 자생하는 수많은 대립 항의 범주들, 예컨대 보수와 진보, 우파와 좌파, 공익과 사익, 민주와 독재 등이 궁극적으로는 의식 성장을 위한 학습기제로서의 의미와 기능을 지니고 있음을 파악할 수 있게 한다.

생명의 소통성은 양극단의 변증법적 통합에 의한 의식의 확장을 통해서만 실현될 수 있다. 생명의 소통성에 기초한 생명정치는 의식의 진화의 산물인 까닭에 제도적 개혁만으로는 한계가 있을 수밖에 없다.

환안, 그대여! 정치체에 내재하는 근원적인 생명정치적 긴장과 분열의 통합은 인간의 사유체계 속에서 내재적 본성인 신성[靈性]과 이성의 통합이라는 형태로 나타난다.

인간 사회의 진화는 의식의 진화와 조응관계에 있으며 의식의 변화가 임계점에 달하면 세상은 바뀌기 마련이다. 이를 인류의 역사발전과정은 생생하게 보여준다.

상고 및 고대 일부의 제정일치 시대에는 정치적 군장이 곧 제사장으로서 정신적 권위와 세속적 권위가 구분되지 않고 신성과 이성이 통합된 형태로 나타났다.

한민족 전통사상의 골간을 이루는 경천숭조(敬天崇祖)의 보본(報本)사상과 홍익인간·재세이화의 건국이념은 천·지·인 삼신일체의 원리에 기초하여 생명적 사유와 정치적 사유의 변증법적 통합을 명징하게 보여준다.

한편 고대 그리스 아테네의 데모크라티아(demokratia, 民主政)는 대의제가 아닌 직접민주주의 이념에 입각하여 통치의 효율성보다는 시민들의 참여와 의사를 존중하는 민주주의 원리를 구현하고자 했다. 그러나 시민권이 없는 많은 노예들과 여성들을 희생양으로 삼았다는 점에서 한계를 드러냈다.

이성과 자연의 부조화는 플라톤의 로고스(logos, 이성)/자연의 이분법이 이성과 지배의 결합을 통해 여성, 노예, 자연을 통제한 데서도 잘 드러난다.

또한 A와 비(非)A를 확연히 구분 짓는 아리스토텔레스의 이분법적 사유가 서양의 사상적 토대가 된 이후 생명과 정치 간의 긴장이 고조된 것은 주지의 사실이다.

중세 초기에 이르러 그리스도교가 로마의 국교로 채택(392)된 이후 세속적 권위에 대한 신적 권위의 가치성이 정립됨으로써 신국과 지상국가에 관한 이원적 견해가 등장하게 된다.

신국과 지상국가 간의 관계는 곧 신성과 이성, 생명적 사유와 정치적 사유의 관계로서 양자의 변증법적 통합에 기초한 신국 건설을 목적으로 아우구스티누스는 『신국론』을 저술한 것이다.

중세 봉건제가 확립되고 그리스도교가 중세의 지배적 이데올로기가 되면서 신적 권위와 세속적 권위에 관한 이원적 견해는 13세기에 이르러 이성에 대한 신앙의 우위를 철학적으로 입증한 스콜라철학의 대표자인 토마스 아퀴나스에 의해 종결되고 그의 『신학대전』에서 체계화된다. 중세 그리스도교적 보편사회로의 통일이 이루어진 것이다.

　신학이 모든 학문의 중심이 되면서 철학은 신학의 시녀가 되고 결과적으로 신앙과 이성의 심대한 부조화로 인해 이성에 대한 종교의 학대가 만연하게 되었다.*

　그리하여 인간적 권위와 신적 권위의 심대한 훼손으로 인한 존재론적 치명상은 드디어는 이들 권위의 회복을 촉구하는 기폭제로 나타나게 된다. 이것이 바로 유럽 근대사의 개막을 알리는 르네상스와 종교개혁이다.

　르네상스와 종교개혁의 정치사적 의의는 신적 권위에 대한 세속적 권위의 가치성을 정립함으로써 근대 민족국가 형성을 촉발시킨 데 있다.

　이러한 양검론(兩劍論)은 17세기 르네 데카르트의 합리주의 철학에 이르러서는 정신·물질 이원론의 공식화를 초래하게 되고 나아가 근대 과학의 탄생과 더불어 물질문명의 황금시대가 열리게 된다.

　이제 과학이라는 이름의 물신(物神)의 등장에 힘입어 이성은 신성에 대한 대반격을 감행하게 되고 드디어는 이성의 궁극적인 승리를 선언하게 된다.

　그러나 인간 이성과 과학적 합리주의에 대한 굳건한 믿음은 무한한 진보와 합리적인 사회발전에 대한 약속을 제대로 지켜내지 못한 '절반의 근대(semi-modern)'에 마침내 회의로 돌아서게 된다.

　왜곡된 이성에 의한 신성 학대가 만연한 근대 이후 물질만능주의 시대를 사는 인류에게 신성과 이성, 생명적 사유와 정치적 사유를 통섭하는 보

---

* 그럼에도 토마스 아퀴나스가 최초의 근대인으로 인식되기도 하는 것은—그가 신앙의 우위를 상정한 것과는 별도로—이성을 토대로 한 주지주의(主知主義)적 입장을 취하는 그의 윤리관 속에 신앙에 대한 이성의 대반격의 가능성이 배태되어 있기 때문이다.

편적 지식체계의 구축은 시급한 과제다.

인류의 이념적 표상이 되어온 지속가능한 사회(sustainable society)란 생명가치가 활성화된 '열린 사회'를 일컫는 것이다.

지배와 복종의 이분법에 기초한 권력정치는 더 이상 생명력이 없을뿐더러 감동을 주지도 못한다. 극도로 분절되어 있는 세계가 필요로 하는 것은 순수한 전일적 양태로 이들을 다시 통합할 수 있는 비전이다.

흔히 21세기를 4D, 즉 유전자(DNA)·디지털(Digital)·디자인(Design)·영성(Divinity)의 시대라고 부르는데 이는 물질문명이 그 극에 이르면서 스스로의 본체인 영성(靈性)에 대한 인식이 이루어지기 시작했음을 반증하는 것이다.

일반적으로 20세기 정치를 통칭하여 '파워 폴리틱스'라고 하는데, 나는 '힘'이 지배하는 선천(先天)의 정치형태를 포괄하여 '파워 폴리틱스(power politics, 권력정치)'라고 하고, '영성'이 지배하는 후천(後天)의 정치형태를 포괄하여 '디비너틱스(divinitics, 영성정치)'*라고 명명하노라

생명이 단순히 개체화된 물질적 생명체[입자]가 아니라 비분리성·비이원성을 본질로 하는 영성[파동, 에너지場] 그 자체라는 사실을 이해하지 못하면, 인류 사회의 진화라는 것도 문명의 외피만 더듬는 외적·기술적 수준에 머무르게 된다.

형제들이여, 명심하라! 그대들이 전 지구적 위기에 실효적 대처를 하지 못하는 것은 자원이나 과학기술, 전문 인력이 부족해서가 아니다. 생각과

---

* '디비너틱스'란 영성을 뜻하는 '디비너티(divinity)'와 정치를 뜻하는 '폴리틱스(politics)'를 합성하여 필자가 주조한 신조어로 영성정치(靈性政治)를 의미한다(최민자, 『동학사상과 신문명』(서울: 도서출판 모시는사람들, 2005), 100쪽).

행동이 전체적이지 못하고 특정 개인이나 특정 집단의 이익에 초점이 맞춰져 있기 때문이다.

말을 마치자 마고는 환안을 향해 말했다.
환안, 그대여! 인류 사회가 '패러다임 전환'을 운운하며 계속해서 새로운 제도들을 만들어내고 있음에도 현실의 변화는 이루어지지 못하고 있다. 왜인가?
그러자 환안이 대답했다.
위대한 나의 스승, '라 무'시어! 제도적 변화가 현실의 변화를 수반하지 못하는 것은 제도의 운용 주체인 인간의 의식이 바뀌지 않으므로 해서 결국 겉 포장만 바꾼 변화라는 데 있습니다. 제도적 변화의 효율성을 기대하려면 의식 차원의 변화가 선행되어야 합니다.
본래 패러다임 전환이란 세계관과 사고방식 및 가치체계의 총화가 바뀌는 의식 차원의 질적 변화를 일컫는 것입니다. 문제는 이 용어가 단순히 논리적 전제로만 사용되고 있을 뿐 실제로는 여전히 이분법적인 낡은 패러다임이 기용되고 있다는 것입니다.
그 대표적인 것이 의식과 제도의 이분법입니다. 의식의 변화는 느리고 추상적인 것이고, 제도의 변화는 빠르고 구체적인 것이라는 의식과 제도의 이분법에 사로잡혀 있는 것입니다. 이것이야말로 의식의 자기분열이 아니고 무엇이겠습니까!
'라 무'께서도 말씀하셨듯이, 의식의 변화가 임계점에 이르면 제도 또한 효율적으로 운용될 것이므로 세상은 자연히 바뀌게 될 것입니다.
마고가 말했다.
그렇도다. 그런데 지구 생태계가 사실상 붕괴 상태에 이르면서 인간 이성과 자연의 화해를 강조하는 목소리가 높아지고 있다. 그럼에도 실효를 거두지는 못하고 있다. 왜인가?

환안이 대답했다.

위대한 나의 스승, '라 무'시어! '라 무'께서도 말씀하셨듯이, 물질 차원의 에고(ego)에 의해 건설된 근대세계는 천·지·인 삼재의 통합성을 자각하지 못하고 생명현상을 분리된 개체나 종(種)의 차원에서 인식함으로써 단순한 물리현상으로 귀속시키는 결과를 낳았습니다.

그리하여 생명은 곧 자연이며 영성이라는 사실을 직시하지 못한 채 생명 그 자체인 영성[靈·神·天]은 실재하지 않는 종교의 영역으로 간주하고 그 작용인 물질세계는 실재 세계로 간주함으로써 끊임없이 생멸하는 겉모습에만 집착하게 된 것입니다.

마치 시력이 낮아 보이지 않는 물체가 없는 것으로 간주되듯, 의식의 진동수가 낮아 보이지 않는 의식계[본체계]가 실재하지 않는 것으로 간주되게 된 것입니다.

그러나 그림자를 실물로 여긴다고 해서 그 본체인 실물이 존재하지 않는 것이 아니듯, 물질계를 실재 세계로 여긴다고 해서 그 본체인 의식계가 존재하지 않는 것이 아닙니다.

영성과 자연을 동일시하지 못하는 것은 자연을 단지 외재적인 것으로 분리시키는 에고 의식이 자리 잡고 있기 때문입니다. 내재적 자연이 곧 영성이므로 영성을 배제한 이성과 자연의 화해란 공허한 말잔치에 지나지 않습니다.

자연과 이성의 화해란 곧 내재적 자연인 영성[신성, 참본성]과 이성의 통합을 의미합니다. 따라서 영성을 배제한 이성은 근대의 '도구적 이성'과 다를 바가 없으므로 자연과 화해할 수가 없는 것입니다.

'라 무'께서 복본(復本: 참본성을 회복함)을 강조하신 것도, 그것이 바로 모든 문제를 푸는 마스터키이기 때문이 아니겠습니까.

마고가 말했다.

그대가 바로 보았다. 지구상의 모든 위기는 다양한 것 같지만, 하나의 위기가 각각 달리 나타난 것이다. 에고 의식[분리의식]이 초래한 '인식의 위기'이다.

이러한 인식의 위기는 전체성인 생명을 개체화된 물질적 육체와 동일시함으로써 전체와 분리된 에고로서의 '나'가 되어버린 데 그 근본 원인이 있다.

그리하여 나와 너, 우리와 그들이라고 하는 가공의 분리가 시작되면서 물질이 유일하고도 구체적인 현실이며 모든 것이라고 보는 물질주의에 탐닉하게 되어 공동체적 사고를 할 수 없게 된 것이다.

형제들이여! 그대들의 집단의식과 이 지구에서의 삶은 근본적으로 연결되어 있다. 지구촌에서 일어나고 있는 죽음의 소용돌이는 자신이 전체와 분리된 개체라는 생각이 그대들을 점령하면서 창조해낸 것이다.

그러나 전체와 분리된 개체란 실재하는 것이 아니며 미망에 불과한 것이다. 이러한 미망에서 벗어나지 않는 한, 에고의 기능장애는 반복될 것이며 세상은 근본적으로 바뀌지 않을 것이다.

새 하늘과 새 땅은 인간 의식이 변화하지 않고서는 열릴 수가 없다. 새 하늘은 변화된 의식이며 그것이 물질세계에 반영되어 새 땅이 열리기 때문이다.

실험물리학이 발달하면서 우주의 실체가 의식[에너지, 파동]이고, 물질이라고 지각하는 것은 특정 주파수대의 에너지 진동에 불과하며 실상은 텅 비어 있다는 사실이 과학계에서 널리 공유되고 있음에도 물질에 대한 낡은 관념은 여전히 사라지지 않고 있다.

물질의 구조와 정신의 구조 사이에 명백한 유사성이 있다고 하는 것은, 인간의 의식이 관찰 과정에서 결정적 역할을 할 뿐 아니라 상당한 정도로 관찰된 현상의 특성을 결정하기 때문이다. 말하자면 원자물리학에서 관찰된 현상은 관찰과 측정 과정 사이의 상관관계로서만 이해될 수 있다.

영성과 물성이 하나임을 인식하는 주체는 마음인 까닭에 영성과 물성을 가교하는 마음의 메커니즘을 이해하면 우주의 비밀에 한 발짝 더 다가설 수 있게 된다. 궁극적인 영(靈, Spirit)의 영역은 감각과 이성의 영역을 포괄하면서 동시에 초월한다.

진정한 패러다임 전환은 생명의 전일성, 즉 영성을 깨닫는 데 있다. 전체와 분리된 에고로서의 '나'는 우주만물의 조화성과 유기적 통합성을 자각하지 못하므로 해서 우주적 질서에 순응하는 삶을 살 수 없게 한다.

중요한 것은 인간의 정체성이 육체적 자아가 아니라 영성(spirituality) 그 자체라는 것을 아는 것이다. 모든 미망의 뿌리는 영적 일체성의 결여에 있다.

무수한 사상(事象)이 펼쳐진 '다(多)'의 현상계[물질계]를 외재적(extrinsic) 자연이라고 한다면, 그 무수한 사상이 하나로 접힌 '일(一)'의 본체계[의식계]는 내재적(intrinsic) 자연이다. 영성이란 바로 이 내재적 자연을 일컫는 것이다.

내재적 자연과 외재적 자연은 곧 영성[의식계]과 물성[물질계]의 관계이며 이는 분리할 수 없는 하나다. 왜냐하면 만물은 '물질화된 영(materialized Spirit)'이기 때문이다.

양자물리학자 데이비드 봄이 말했듯이, 입자[물질]란 입자처럼 보이는 파동[의식]일 뿐이다. 우주의 실체는 의식이므로 '영'은 곧 영성이다.

형제들이여! 서구 전통의 뿌리 깊은 이원론에 입각한 물질주의 과학은 기술적 진보에도 불구하고 물질주의와 환원주의에 경도되어 우주자연과 인간에 대한 이해를 왜곡시키고 피폐하게 만들었다.

무엇 때문인가? 바로 생명[神·天·靈]에 대한 몰이해 때문이다. 생명은 육체라는 물질에 귀속된 물질적 개념이 아니라 영성[靈·神·天, 一心] 그 자체라는 사실을 알지 못했기 때문이다.

물질주의 이론에서는 마음이 뇌와 분리되어 존재할 수 있다는 것 자체를 이해하지 못한다.

사랑하는 형제들이여! 이제 낡은 물질주의 이데올로기의 족쇄에서 벗어나 자연계에 대한 우리의 개념을 확대하고 마음과 영(靈)의 중요성을 재발견함으로써 진정한 패러다임 전환을 이룩해야 한다.

이 패러다임은 연민, 공감, 사랑, 평화와 같은 긍정적인 가치를 키우며 우리 자신과 자연 사이의 깊은 연결을 강조한다.

이러한 전일적 패러다임(holistic paradigm)은 바로 '하나는 셋(一卽三), 셋은 하나(三卽一)', 즉 천·지·인 삼신일체의 원리에 기초한 것이다.

마고는 이렇게 말했다.

생명권과 생명문화

마고 일행은 어느덧 강가에 이르렀다. 마고는 강둑에 앉았다. 유유히 흐르는 '시간의 강'을 바라보았다. '자성자도(自性自度: 자기 본성의 힘으로 스스로 건너다)'의 지혜로 저 시간의 강을 건너 피안의 언덕에 오르던 자신의 모습이 아지랑이처럼 아른거렸다.

또한 배들이 오가는 것을 바라보며 무 제국 전성기의 모습도 주마등처럼 스쳤다. 종교와 과학, 학문의 중심지였던 일곱 개의 대도시, 세 부분으로 나뉜 국토 곳곳에 건설된 큰 도시와 소도시 및 마을들, 그리고 큰 강 하구나 그 근처에 건설되어 교역과 상업의 중심지가 된 많은 도시의 영상이 눈앞을 스쳐 지나갔다.

교역과 상업의 중심지가 된 그곳에서는 배들이 전 세계 각지로 오갔다. 무 제국은 전 세계의 문명과 학문, 교역과 상업의 모태이자 중심지였다. 전 세계의 다른 모든 국가는 무 제국의 식민지이거나 식민 통치를 받는 제국이었다.

마고가 환안을 향해 말했다.

무 대륙의 침몰과 함께 무 제국이 파멸된 이후 식민 통치를 받는 제국들은 한동안 모국의 문명을 이어갔으나 모국의 지원이 끊기면서 그들의 문명은 점차 쇠퇴하다가 사라졌다.

그러나 무 제국의 정통을 이어받은 마고성 시대가 열리면서 무 제국의 문명은 마고성에서 부활했다. 그리하여 황궁과 유인의 천산주 시대를 거쳐 환국·배달국·단군조선의 환단시대로 이어진 것이다.

그리고는 이어 이렇게 말했다.

무 대륙이 침몰하던 그 참담한 광경은…… 무상(無常)을 가르치는 설법이었다.

한동안 두 사람은 말이 없었다.

그때 강둑을 걷고 있던 한 사람이 강물을 바라보며 말했다.

강물이여, 생명의 율동이여! 그대가 없었다면 어찌 이 불타는 목마름을 적실 수 있으리오, 어찌 이 벌거벗은 영혼이 다시 춤을 출 수 있으리오!

강물이여, 삶의 심연이여! 그대가 없었다면 어찌 이 크나큰 슬픔을 던져버릴 수 있으리오, 어찌 깊고도 넓은 품속에서 안식할 수 있으리오!

강물이여, 지혜로운 이여! 그대가 없었다면 어찌 '달(月)을 듣는 강물'의 지혜를 터득할 수 있으리오, 어찌 영원한 생명의 흐름을 노래할 수 있으리오!

강물이여, 생명을 품은 이여! 그대가 없었다면 어찌 '생명의 놀이'가 계속될 수 있으리오, 어찌 운명을 짊어질 용기를 얻을 수 있으리오!

아, 강물이여, 나의 벗이여! 그대 머리 위의 하늘이여! 그대들은 종일토록 마주 보며 이야기한다. 내 그대들에게 묻노니, "가난한 자의 생명은 부자나 권력자의 생명보다 가벼운 것인가? 가난한 자의 생명권은 버러지 밟듯이 밟아버려도 되는 것인가?"

석양에 물든 강물은 황금빛으로 빛나고 그 위를 황금배들이 오가고 있었다.

마고가 말했다.

온 세상이 황금빛으로 물들어 이토록 아름다운데, 어찌하여 인간 세계는 잔뜩 먹구름이 끼어 있단 말인가.

환안이 말했다.

위대한 나의 스승, '라 무'시어! '라 무'께서 선언하신 생명권에 대해 다시 설해 주소서.

그러자 마고가 말했다.

모든 생명은 자연적이고 불가양도적(inalienable)이며 불가분적인(inseparable) 신성불가침의(sacred and inviolable) 생명권(right to Life)을 갖는다.

그대도 알고 있듯이, 모든 사람은 태어날 때부터 평등한 생명권을 갖는다. 왜냐하면 '하나는 셋(一卽三), 셋은 하나(三卽一)', 즉 천·지·인 삼신일체이므로 우주만물은 하나의 생명 뿌리에서 나왔기 때문이다.

따라서 모든 생명은 자연적이고 양도할 수 없으며 나눌 수도 없는 신성불가침의 생명권을 갖는다. 귀천빈부의 차별 없이 평등한 생명권을 갖는 것이다.

이러한 생명권 선언은 '죽임'의 반(反)생명문화에서 '살림'의 생명문화로 문화적 대전환을 이루기 위한 것이다. 생명은 그 자체의 목적성을 가지며 그 어떤 의미에서도 소유화하거나 수단화할 수 없다.

그런데 인류 역사를 보면, 악의 원천인 폭군을 제거하기 위해 반란을 일으켰으나 결국 그 자신이 그토록 경멸했던 폭군이 된 사례는 수없이 많다. 이것이 바로 자기기만이 아니고 무엇이겠는가?

성통광명(性通光明)을 강조하는 이유가 여기에 있다. 즉, 참본성이 열려야 광명하게 되고 광명한 세상을 만들 수 있는 것이다. 홍익인간·광명이세의 이상이 구현될 수 있는 것이다.

우주의 본질은 생명이고 우주만물은 '생명의 그물망(the web of life)'을 벗어나 존재할 길이 없다. 따라서 물질과 비물질의 구분이 실재성이 없듯이 생명과 비생명의 구분 또한 실재성이 없다. 생명은 물질이고 정신이며 입자이고 파동이다.

일체 이원론은 의식의 자기분열의 표징이며 분별지(分別智)의 발흥을 보여주는 것으로 반생태적이며 반생명적이다. 생명은 전일적(holistic)이고 자기근원적(self-originating)이며 근원적으로 평등하고 유기적으로 통합되어 있다.

일체 생명은 우주적 생명으로서 자기생성적(self-generating) 네트워크 체제로서의 우주에 참여하고 있으며 그 근원은 모두 하나로 연결되어 있다. 말하자면 이 우주는 고도의 유기성을 가진 '참여하는 우주'인 것이다.

새로운 역사를 창조해야 할 인류의 운명이 생명권 자각의 차원에서 심도 있게 논의되고 발현될 수 있을 때 새로운 역사의 장은 그 모습을 드러낼 것이다.

환안, 그대도 알고 있듯이, 생명 자체가 영성이므로 생명에 관한 논의는 필연적으로 영성에 관한 논의가 수반될 수밖에 없다. 생명과 영성을 올바르게 이해하는 관건은 이 용어들에 대한 개념적 명료화(conceptual clarification)다.

우주의 본질인 생명은 곧 신(神)이고 하늘(天)이며 영(靈)이다. 우주의 실체는 의식이므로 '영'은 곧 영성(靈性)이고 신성(神性)이며 참본성이고 일심(一心)이다. 이 모두는 분리할 수 없는 하나인 에너지장(場), 즉 에너지의 바다(氣海, 파동의 대양)를 일컫는 것이다.

영성 논의가 비학문적이고 신비적이며 종교적인 영역에 속하는 것이라고 보는 것은, 정신·물질, 영성·이성, 자연·인간, 의식·제도와 같은 이원론에 빠져있기 때문이다.

21세기 생명학 담론이 이원론에 입각한 근대 서구의 과학 문명을 비판하면서도 여전히 이원론에 빠져있음은 서구 패러다임의 전 지구적 지배가 너무 깊기 때문이 아니겠는가.

환안, 그대여! 이러한 이원론은 의식의 자기분열에서 오는 것으로, 여기에서 벗어나지 못하면 생명학의 차원 전환은 이루어지기 어렵다.

인간과 자연의 화해가 이루어지지 못하는 것은, 없는 곳이 없이 실재하는 생명 그 자체인 자연의 영성을 인식하지 못하고 외재화, 물화(物化)시킨 데 있다.

분리의식의 투사체인 물신(物神)이 지구를 점령하여 생명문화가 정착되지 못하고 생명가치가 활성화되지 못함으로 인해 지구촌은 존재론적 불구가 되고 말았다.

근대세계는 중세의 비합리성·불합리성을 극복하기 위한 시도로서 나타났다. 그러나 왜곡된 이성이 신성을 학대하며 근대 과학이 무소불위의 권력을 휘두르는 서구적 근대의 불합리한 상황은, 왜곡된 신성이 인간 이성을 학대하며 신학이 무소불위의 권력을 휘두르던 중세의 불합리한 상황과 다를 바가 없다.

환안, 그대여! 중요한 사실은 중세인과 근대인 그 어느 쪽도 신성[神]과 이성[人間]의 불가분성(inseparability)을 인식하지 못했다는 것이다. 이로 인해 전체성과 개체성, 전일성과 다양성의 소통성이 뿌리내리지 못하여 생명에 대한 심대한 통제행위가 자행되게 된 것이다.

그러나 우주 가을의 초입에 들어서면 과학기술의 융합 현상이 통합학문의 시대를 촉발시키고 사회 전 분야에 걸쳐 혼융을 통해 새로운 문화를 창출해내는 이른바 '퓨전(fusion)' 코드가 급부상하게 된다. 이에 따라 생명 중심의 가치관으로의 패러다임 전환 또한 탄력을 받게 된다.

자율성과 평등성에 기초하여 생명과 정치가 조화를 이루는 생명정치는 권력과 자유의 부조화라는 대의정치의 유산을 극복하는 하나의 대안이 될 수 있다.

생명문화의 정착과 생명교육의 보급도 중요한 과제다. 생명문화의 정착을 위해선 시민사회 내부의 원활한 소통을 통해 생명가치에 대한 공통의 이해와 합의가 이루어져야 한다. 다양한 형태의 생명운동, 특히 생명문화 운동의 효율적 운영을 위한 방안을 모색할 필요가 있다.

이를 위해선 생명관의 정립과 더불어 생명문화의 정착을 위한 확고한 의지가 발휘되어야 하며 다양한 주체들이 보유하고 있는 자원을 효율적으로 결합할 수 있어야 한다.

소통·자치·자율의 실현, 민주적 지방분권의 제도화, 국가적 공공성과 지방적 자치권의 조화, 지역이기주의(NIMBYs, PIMFYs)의 극복 등은 생명문화의 정착을 위한 핵심 과제다.

환안, 그대도 보지 않았는가. 우리가 지나온 마을에서 지역축제 행사를 자신의 지역으로 유치하기 위해 다툼을 벌이던 것을.

공공 이익에는 부합하지만 자신의 지역에는 이롭지 않다고 여겨 반대하는 행동을 취하는 님비 현상이나, 지역에 이익이 되는 시설이나 행사 등은 자신의 지역으로 유치하려는 행동을 취하는 핌피 현상은 극복되어야 할 지역이기주의다.

생명문화의 정착은 생명교육의 보급과 불가분의 관계에 있다. 편협한 전문가를 양산해내는 교육이 아니라 지식과 삶이 조화를 이루는, 온전한 사람을 길러내는 영성(靈性) 계발 차원의 전인교육이 뿌리를 내릴 수 있어야 한다. 통합학문 시대의 도래는 온전한 앎을 통한 전인교육의 가능성을 기대할 수 있게 한다.

무엇보다도 생명에 대한 전일적 시각으로의 패러다임 전환은 생명가치를 활성화시키고 바람직한 생명문화가 뿌리내릴 수 있게 하는 선결 과제다.

생명정치의 본질인 소통성의 핵심은 '하나'인 참본성(神性, 靈性, 一心)을 회복하는 데 있다. 참본성의 회복을 통해 '내가 나 되는 것'[29]이 생명정치의 궁극적 목표다. 그것은 곧 생명의 영성을 깨달아 새로운 연대로 거듭나는 것을 의미한다.

말하자면 조화와 상생의 지속가능한 사회가 구현되는 것이다. 소통·자치·자율의 생명정치는 생명을 분리된 개체가 아닌 영성 그 자체로 인식할 수 있을 때 가능해진다.

물질적 성장제일주의가 아닌 인간의 의식 성장을 전제로 하는 정치, 개인적 가치와 공동체적 가치가 조화를 이루는 정치, 의식과 제도의 통합성에 기초한 정치, 생명문화의 창달과 생명교육의 보급에 힘쓰는 정치—그것은 힘의 논리가 아닌 영성의 논리에 기반한 것이며 정치적 사유와 생명적 사유의 통섭에 기반한 것이다.

생명의 전일성[전체성]과 자기근원성을 자각할 수 있을 때 능동성과 창의성, 자율성과 평등성이 발휘될 수 있는 것이다. 따라서 생명정치는 단순한 제도적 개혁의 산물이 아니라 의식의 진화의 산물이다.

이러한 모든 과정이 본격적으로 활성화되는 것은 지구가 리셋 과정을 거치면서 천지개벽과 함께 정신개벽과 사회개벽이 일어나는 과정과 맥을 같이 한다.

환안, 그대여, 인류의 생명권에 대한 자각이 없는 평화란 한갓 헛된 신념을 추동하는 이념에 지나지 않는다.

인류 문명은 생명의 본체[의식계, 본체계]와 작용[물질계, 현상계]의 상호관통이란 측면에서 전일적 패러다임에 의해 재조명되어야 한다. 샘에서 솟아나는 물줄기를 샘과 분리할 수 없듯이, 의식과 제도는 분리할 수 없는 것이기 때문이다.

이러한 전일적 패러다임은 '하나는 셋(一卽三), 셋은 하나(三卽一)', 즉 천·지·인 삼신일체의 원리에 기초한다. 이 원리는 생명의 전일적 흐름을 이해하는 기본공식과도 같은 것이어서 '생명의 공식'이라고 한 것이다.

이 공식에는 서구 전통의 뿌리 깊은 이원론에 입각한 물질주의 과학이 초래한 우주자연과 인간에 대한 왜곡된 이해를 치유할 수 있는 묘약(妙藥)

이 함유되어 있다.

　비밀 코드와도 같은 이 공식은 방대한 우주의 설계도를 함축하고 있긴 하지만, 그 설계도는 의식이 열린 만큼 볼 수 있을 뿐이다.

　이 공식은 그 어떤 종교적 교의나 철학적 사변이나 언어적 미망에 빠지지 않고 유사 이래 인류가 추구해 온 모든 이상적인 가치들을 함축하고 있다. 이를테면 자유, 평등, 진리, 정의, 평화, 복지, 행복, 사랑, 건강 등이 그것이다.

　그것은 곧 '하나됨'을 의미한다. '하나됨'이란 주관과 객관의 경계가 사라지고 개체와 공동체가 조화를 이루는 것이다.

　환안, 그대여! 이 세상 어디서나 '하나됨'을 볼 수 있다면, 어떻게 슬픔이나 미혹에 빠질 수 있겠는가?[30]

　마고가 말을 마치자 환안이 말했다.

　위대한 나의 스승 '라 무'시어! 후천개벽기인 우주 가을은 '생명세(生命世, Lifeocene)'라고 말씀하셨습니다. '생명세'에 대해 설해 주소서.

　그러자 마고가 말했다.

　환안, 그대여! 생명 세계의 위기에 대처하고 우주시대를 열기 위해서는 우주의 본질인 생명이 무엇인지를 알아야 하고, 인류가 염원하는 평화를 구현하기 위해서는 생명의 네트워크적 본질을 이해할 수 있어야 하니, '생명'은 21세기 제1의 명제다.

　생명[神·天·靈]은 인류 역사를 통틀어 지성 세계를 뜨겁게 달구었던 핵심 주제였고, 21세기 인류가 '죽음의 소용돌이(vortex of death)'에서 벗어날 수 있는 근원적인 길을 제시하는 핵심 기제이기도 하며, 21세기 생명공학 시대를 여는 중추적인 개념이기도 하다.

그리고 그 시기가 되면 생명의 네트워크적 본질을 이해하는 인류의 집단의식 수준이 점차 임계치에 가까워진다는 점에서 그렇게 명명한 것이다.

지구 행성의 역사에서 인류 활동이 지구 생태계에 상당히 영향을 미친 시기를 가리켜 '인류세(Anthropocene)'라는 용어를 사용하기도 한다. 그러나 그 구체적인 시기에 대해서는 20세기 중반 이후라는 관점도 있고 그 외에 여러 관점이 있어 의견이 일치하지 않고 있다.

어떤 학자는 인류세라는 용어를 인류가 생물학적 존재로부터 상당히 벗어나 대부분 사회적 존재가 되는 쪽으로 나아가기 시작한 수천 년 전으로 거슬러 올라가는 전체 시기에 적용하는 편이 더 낫다는 의견을 피력하기도 했다.

하여 순수한 인류세에서 지구를 지배하는 도시의 지수 증가가 특징인 또 다른 시기로 이미 급격한 전환을 이루었다며, 산업혁명과 함께 시작된 훨씬 짧으면서 집약적인 이 시기를 적시하기 위해 '도시세(Urbanocene)'[31]라는 새로운 용어를 제안하기도 했다.

인류가 처한 21세기를 '인류세'라고 부르든 또는 '도시세'라고 부르든, 보는 관점에 따라 다양하게 명명할 수 있을 것이다.

하지만 21세기 인류는 기후재앙과 감염병 팬데믹, 글로벌 식량 공급난, 러시아-우크라이나 전쟁과 중동전의 장기화와 확전 가능성, 환태평양지진대의 활성화와 대규모 지진, 초대형 화산폭발 및 이상 저온현상, 핵폭발 및 핵겨울, 생화학무기의 사용 등 과학계에서 경고하는 지구의 '여섯 번째 대멸종'의 시기에 접어들었다.

환안, 그대여! 21세기 인류는 묻고 있다. '과연 우리는 새로운 규준의 휴머니즘에 입각한 새로운 계몽의 시대를 열 수 있는가'라고.

지구 대격변과 대정화의 시간이 도래한 이 시기에 단순히 현상을 포착한 정태적인 용어보다는, 본질적으로 역동적이고 '불가분의 전체성(undivided wholeness)'인 '생명' 기반의 '생명세(Lifeocene)'가 인류에게 시사하는 바가 크다는 점에서 이 용어를 사용한 것이다.

마고가 말을 마치자 환안은 감사의 목례를 했다.

그때 마고가 앉아 있는 강둑 가까이 푸른 도포를 입은 한 노인이 나타났다. 그는 이렇게 노래했다.

불러보세 불러보세 구구가를 불러보세
추분도수(秋分度數) 돌아왔네 구구가를 불러보세
천장지비도라지(天藏地秘道羅地)를 무슨 수(數)로 찾을 건가
구구(鳩鳩)는 구구(九九)요 구구(九九)는 팔일(八一)이니
후천선경(後天仙境) 돌아왔네 구구가를 불러보세

노래를 마치자 그 노인은 순식간에 사라졌다.

마고가 환안을 향해 말했다.

환안, 그대여! 무슨 뜻인지 알겠는가? 사라진 그 노인은 선계(仙界)에서 얼핏 본 적이 있노라. 그대에게 전할 메시지가 있어 온 것이다. 잘 새겨 보도록 하라!

그러자 환안은 오래전의 일이 떠올랐다.

그는 대륙에서 최고의 대도인(大道人)이요 지상선(地上仙)인 왕진인(王眞人)을 찾아서 '양쯔강 북으로 북으로' 탐사를 벌인 일이 있었다.

그 탐사는 그의 생애에서 아주 특별한 것이었던 반면, 지극히 불확실한 것이었다. 진인께서 계시는 단하산이 양쯔강 북쪽에 있다는 사실밖에는

정확하게 아는 것이 없었기 때문이다.

그가 탐사하고자 했던 그곳은 그의 스승이 당시로부터 육칠십 년 전에 한 번 다녀온 곳이었다. 스승은 진인의 거소인 조그만 암자에서 열흘 남짓 머물렀다. 그동안 진인은 아무것도 먹지 않았고, 스승은 진인이 주는 붉은 단(丹)만 매일 한 알씩 먹었는데 그것만으로도 전혀 시장기를 느끼지 않았다.

그곳에서는 거의 말을 하지 않았고, 대신 간단한 수화(手話) 또는 정신적 감응으로 의사소통을 했다. 진인은 머지않아 도래하게 될 황백전환기(黃白轉換期)에 대해서 말하면서, 그것은 주로 한민족[백두산족]을 중심으로 전개될 것임을 예고했다.

진인의 유현(幽玄)한 모습은 천지간에 노니는 듯 걸림이 없었고 전신으로부터 방광(放光)이 있었다. 그곳에 머무는 동안 진인이 보여준 신비로운 이적(異蹟)들은, 이미 상당한 경지에 달해 있었던 스승에게조차도 언설지극(言說之極)이요 사변(思辯)의 길이 끊기는 경계라 아니할 수 없었다.

천신만고 끝에 환안은 어느 산꼭대기에 있는 도관에 이르렀다. 안채로 들어가 도관 선생이 어디 있는지부터 물어보았다. 그러자 행자승은 바로 그날 아침에 볼일이 있어 먼 곳으로 갔는데 사흘 후에 돌아올 것이라고 했다.

원래 계획은 도관 선생이 있으면 진인이 계시는 곳을 혹시 아는지 물어보고 즉시 떠나는 것이었다. 그렇다고 거기까지 올라가 그냥 떠날 수도 없고 해서, 도관 선생이 돌아올 때까지 사흘을 그곳에 머물기로 했다. 방을 하나 정해놓고는 아까 만났던 행자승을 찾았다.

행자승은 왜 도관 선생을 찾느냐고 물었다. 환안은 혹시 도관 선생께서 단하산이 어디에 있는지 아실까 해서 그런다고 했다. 그러자 그는 정색을

하며, "영 잘못 왔어요. 단하산은 양쯔강 남쪽에 있어요!"라고 말하는 것이었다.

이어서 그는 왜 단하산을 찾느냐고 물었다. 그래서 환안은 스승과 진인에 관한 이야기를 간략하게 하고 난 뒤 도움을 요청했다. 행자승은 도관을 돌며 몇 사람을 데리고 왔다. 방 한가운데에 대형 지도를 펼쳐 놓고 그 주위에 삥 둘러앉았다.

그리고는 열띤 쟁론이 벌어졌다. 행자승이 데려온 몇 사람은 그 산이 분명 양쯔강 남쪽에 있다며 그들이 직접 그곳에 다녀왔다고 했다. 그러자 환안은 자신도 모르게 이렇게 말했다.

"보이는 양쯔강 남쪽의 단하산은 보이지 않는 양쯔강 북쪽에 있는 단하산의 그림자에 불과한 것입니다. 양쯔강 남쪽의 단하산은 가산(假山)이요, 진산(眞山)은 여기로부터 천 리 반경 안에 있습니다."

사실은 환안도 자신의 말에 놀라고 있었다. 물어보기 위해서 온 사람의 말이 아니라, 알려 주기 위해서 온 사람의 말이었기 때문이다. 방 안의 열기가 점점 고조되면서 도관에 있는 승려들이 모여들기 시작했다. 큰 방 안이 가득 찼다.

그들 중에는 양쯔강 남쪽에 있는 단하산에 다녀왔다는 사람들도 꽤 있었다. 환안도 그에 맞서 응수했다. "진리는 항상 가까운 곳에 있습니다. 가까이에 '진산'을 두고 왜 멀리서 '가산'을 찾으십니까?" 어느새 좌중은 화두 문답장으로 변하고 있었다.

원래 주제였던 단하산은 간 곳이 없고, 그 속에 있던 보편자가 모습을 드러내기 시작한 것이다. 그들은 같이 탐사라도 할 기색이었다.

환안은 생각했다. '그렇다! 본래 도관의 모습은 이런 것이리라. 오랫동안 사색거리에 굶주렸던 사람처럼 그들의 얼굴에선 생기가 돌지 않는가!'

화두문답도 끝이 나고 환안은 방으로 돌아왔다.

그는 저녁 식사를 하지 않고 불을 끈 후 바로 선정(禪定)에 들어갔다. 얼마나 지났을까. 갑자기 눈앞이 환해지면서 산속의 풍경이 나타났다. 산길을 따라 그는 매우 빠른 속도로 이동하고 있었다. 마치 비신법(飛身法)을 쓰는 것처럼 발이 땅에 닿지도 않았다.

한참을 가노라니 운치 있는 누각이 하나 보이는데, 그곳에서는 신선들이 앉아 이야기를 나누고 있었다. 얼마 후 그 장면이 사라지면서 도로 캄캄해졌다. 불을 켜고 난 후에도 빠르게 이동하던 강렬한 느낌은 사라지지 않았다.

아침 일찍 일어나니 날씨가 몹시 흐려 있었다. 거기에다가 안개까지 짙게 끼어 아침인지 저녁인지 분간할 수조차 없었다. 어젯밤 일이 생생하게 떠오르면서 환안은 이번 탐사가 단순한 탐사가 아니라는 생각이 들면서 진인에 대한 그의 생각이 진리 일반에 대한 생각으로 승화되어야 할 것임을 느끼기 시작했다.

마을에 내려가서 헤매고 다닌다고 해서 새로운 길이 열릴 것 같지 않았다. 이 산에서 결판을 보아야 한다는 생각이 들었다. 만약 진인과의 인연이 있다면 해답을 얻을 수 있으리라고 생각하면서 돌아가기까지 그곳 도관에 머무르기로 했다.

밖으로 나가니 어둑한 데다가 간간이 비까지 뿌리기 시작했다. 참배를 하기 위해서 도량을 돌았다. 날씨가 좋지 않은 탓인지 외부 참배객은 보이지 않았다. 한참을 돌아 제일 위에 있는 도량에 이르렀다.

장천사(張天師) 신위(神位) 앞에 참배한 후 벽 쪽에 놓여 있는 긴 나무 의자에 걸터앉았다. 마침 그곳에는 행자승이 와 있었다. 앞에 있는 장천사 신위를 멍하니 바라보고 있노라니 어둑한 날씨에 안개까지 짙게 끼어 마치 꿈속처럼 느껴졌다.

바로 그때 갑자기 웬 중년이 넘은 여인이 장천사 신위 앞에 절을 하고는 환안 옆에 걸터앉았다. 예기치 않은 출현이었다. 그곳은 도량에서도 제일 높은 곳에 위치해 있어 한참 계단을 올라와야 하는데 아무런 인기척을 듣지 못했던 것이다.

'이른 아침에 이렇게 높은 산에 웬 여인이 혼자서…' 이런 생각을 하고 있는데 옆에 있던 행자승이 먼저 그녀에게 말을 걸었다. 그는 환안을 가리키며 이렇게 말했다. "멀리서 여기까지 단하산을 찾으러 왔다고 하는데 그 단하산이 양쯔강 남쪽에 있으니…."

그러자 그녀는 뜻밖에도 이렇게 말하는 것이었다. "이곳에 단하산이 있습니다." 놀란 것은 환안만이 아니었다. 행자승은 두 눈을 둥그렇게 뜨고 그녀에게 어떻게 단하산이 이곳에 있는지 아느냐고 물었다. 그러자 그녀는 자기가 바로 그곳에서 살았다고 했다.

그곳에서 살았다면 틀림없는 사실이었다. 그 행자승도 믿지 않을 수가 없었다. 그는 조금 흥분된 어조로 내려가서 지도를 가져올 테니 그녀에게 조금 기다려달라고 말하고서는 계단 쪽으로 달려 내려갔다.

얼마 후 그는 지도를 가지고 와서 펴 보이면서 단하산이 어디에 위치하느냐고 물었다. 그 여인은 지도를 보며 대략적인 것을 이야기해 주었다. 환안은 수첩을 꺼내어 그 여인에게 적어달라고 했다. 그녀는 간략하게 가는 방향을 적어주었다.

그 여인은 환안에게 수첩을 돌려주고는 일어서려고 했다. 혹시 진인을 아는지 환안은 다급하게 물었으나 모른다고 했다. 그래도 단하산에 대해서 아는 사람이니 뭔가 더 물어봐야겠다는 생각이 들어 그녀를 붙들려고 했으나, 목소리가 나오지 않고 몸이 움직여지지 않았다.

마치 꿈속에서 아무리 소리를 지르고 싶어도 소리가 나오지 않고, 붙잡으려고 해도 생각뿐이지 몸이 움직여지지 않는 것처럼. 환안은 생각의 벽 속에 갇힌 채 그녀를 놓치고 있었다. 그러는 사이 그녀는 순식간에 사라졌다.

도관은 술렁이기 시작했다. 어제 열띤 논쟁을 벌인지 단 하루도 안 되어 환안의 말이 입증되었기 때문이다. 그들은 마치 환안이 이적(異蹟)이라도 행한 것처럼 신기해했다. 이제 도관에는 더 이상 머물 필요가 없게 되었다.

결과적으로 보면 환안이 그 도관에 머무른 것은 도관 선생을 기다리기 위한 것이 아니라 그 여인을 만나기 위한 것이었다. 더구나 도관 선생은 일정이 변경되어 일주일 후에나 돌아온다고 했다. 만약 처음부터 일주일 후라고 했으면 환안은 그곳에 머무르지 않았을지도 모른다.

이제 단하산의 소재지를 알았으니 내일 아침 일찍 떠나야만 했다. 종일토록 시름시름 내리던 비는 저녁이 되자 폭우로 변했다. 온 산이 떠나갈 듯한 폭우와 천둥번개, 그리고 계곡에서 쏟아지는 거센 물소리 때문에 그날 밤은 잠을 이룰 수가 없었다.

어디선가 새소리가 들려오고 있었다. 뒷문을 열어보니 간밤의 폭우는 간 곳이 없고 맑디맑은 여름 새벽의 향취가 물씬 풍겨왔다. 정갈하게 옷을 갈아입은 산천초목은 그 싱그러운 자태가 눈부시도록 아름다웠다.

새벽 여섯 시. 환안이 배낭을 메고 도관 입구 쪽으로 걸어가는데, 그와 화두문답을 벌였던 도관의 승려들이 행자승과 함께 전송을 나와 있었다.

그들은 환안에게 언제 또 오는지 물었다. 환안은 미소로 답했다. 그들은 손을 흔들었다. 환안도 손을 흔들었다. 한참을 가다가 돌아다보니 그때까지도 그들은 손을 흔들고 있었다.

단하산의 소재지까지 알았으니 감격에 찬 하산을 했다. 그러나 그때는 알지 못했다. 그것은 단지 시작에 불과했다는 것을!

이런 불가사의한 일을 계속 겪으면서 환안은 우연히 한 사람과 마주치게 되었다. 그는 중년의 선량한 농부와 같은 인상을 주어 어딘지 모르게 믿음이 갔다. 그에게 단하산이 어디 있는지 아느냐고 물었다. 그는 안다고 고개를 끄덕였다.

'드디어 단하산이 있는 곳에 오게 되다니!' 탄성이 절로 나왔다.

도관에서 만난 여인이 적어준 대로 온 것이기는 했지만 이렇게 단하산 가까이에 왔다는 사실이 뜻밖의 일인 것처럼 경이로움으로 다가왔다. 참으로 '양쯔강 북으로 북으로'는 단순명쾌한 암호문이었다.

단하산을 안다고 하면 혹시 진인에 대해 들어본 적이 있을지도 모른다는 생각에, 큰 기대는 하지 않고 혹시 왕진인을 아는지 가볍게 물었다. 그러자 그는 안다고 하는 것이 아닌가! 순간 환안은 귀를 의심했다.

잠시 후 환안은 정신을 수습하여 다시 그에게 어떻게 왕진인을 아는지 물었다. 그러자 그는 담담하게 대답했다.

"3년 전 단하산에 한번 갔었는데, 거기서 두 동자가 '왕진인!' 하고 부르는 소리를 들었지요." '아, 어찌 이런 일이!' 순간 환안은 전율을 느꼈다.

스승께서도 진인에 관한 말씀을 하실 때 두 동자 이야기를 했던 것이다. 이 얼마나 단순명쾌한 답변인가! 더 이상 그를 믿게 할 다른 말은 필요하지 않았다.

다만 '단하산에서 두 동자가 왕진인을 부르는 소리를 들은 사람이, 그것도 3년 전에 딱 한 번, 하필 내가 가는 길에 마주친 이 기연(奇緣)은 또 무엇이란 말인가' 하는 생각이 들었다. 그 사람에게 그곳으로 데려다줄 수 있는지 물었다. 그는 대답 대신 고개를 끄덕였다.

이제는 정말 모든 것이 다 제대로 되어 간다는 생각이 들었다. 그는 환안을 빈관으로 데려다주며 내일 아침에 다시 오겠다고 하고서는 돌아갔다.

다음 날 아침이 되었다. 단하산에 오르기 위해서 환안은 새 옷으로 갈아입었다. 그것은 새 하늘과 새 땅을 열기 위한 신성한 의식과도 같은 것이었다. 의심의 먹장구름을 뚫고 쏟아질 찬란한 치유의 햇살을 맞기 위한.

그러나 예기치 않은 상황과 마주쳤다. 관할서의 관계자가 와서 그곳은 개방되지 않은 구역이라 따로 여행허가증이 필요한데, 그것이 없으니 '당장 떠나라'고 했다. 청천벽력 같은 소리에 그는 하마터면 숨이 멎을 뻔했다. 빈관에서 관할서에 신고한 것이었다.

여기에 온 것은 명산인 단하산을 보기 위한 것이니, 단하산을 본 연후에는 즉시 떠나겠다고 했지만 소용없었다. 그래서 다시 사정을 설명했다. 스승께서 단하산에 왔을 때 한 분을 만나신 적이 있는데, 단하산에 가게 되면 그분께 꼭 안부를 전하라고 해서서 그런 것이니 허락해 달라고 간청했다.

그러자 관계자는 크게 호의를 베푸는 듯이 말했다. "정 그렇다면 그 사람의 주소를 주면 우리 공작원이 가서 찾아올 것이오."

갈수록 태산이었다. '나도 어제 만난 그 사람의 안내를 받아 산을 헤매야 할 판인데, 주소는 무슨 주소이며 또 공작원이 가서 오라고 한다고 오실 분이던가!' 참으로 기가 찰 노릇이었다.

여러 차례 간곡하게 부탁한 끝에, 공작원과 동행하되 정오까지는 그곳을 떠난다는 조건으로 허락하고는 관계자는 떠났다. 환안이 공작원과 함께 나가는데, 어제 만난 그 사람이 기다리고 있었다. 하여 환안은 이 사람이 그곳을 잘 알고 있으니 동행하는 것이 어떻겠냐고 물었다.

그러자 그는 허가받은 사항이 아니기 때문에 안 된다고 했다. 정오까지는 여기를 떠나야 한다는 것을 다시 한번 환기시키면서 서둘러야 한다고 했다. 하여 안내를 하기로 한 사람과는 그곳에서 작별하는 수밖에 없었다.

비록 그가 동행할 수는 없었다고 할지라도 3년 전에 한번 왕진인을 보았다는 그의 말은 환안으로 하여금 실재에 대한 확신을 가지고 단하산을 오를 수 있게 해 주었다.

그렇게 해서 환안은 우습게도 그를 추방해야 할 관할서 직원의 안내를 받으며 단하산 입구에 도착했다.

단하산, 이 얼마나 가슴 저미게 하는 이름이던가! 입구에서 바라다보이는 단하산의 신령스러운 자태는 엷은 안개 속에서 굽이굽이 준봉마다 영기를 가득 머금은 채 태고의 정적과 신비를 내뿜고 있었다.

산 정상 가까이에는 기암괴석들이 병풍처럼 영봉을 둘러싸고 있는 것이 과연 스승의 말씀처럼 선경이었다. 저곳 어딘가에 진인께서 계시리라는 생각을 하면서 산을 오르기 시작했다. 날씨가 흐려 있더니 느껴질 듯 말 듯 실비가 내렸다.

산으로 오르는 길목에는 산에서 밭을 갈며 사는 사람들의 것으로 보이는 집들이 군데군데 있었다. 공작원은 밭에서 김을 매고 있는 농부에게 왕진인에 대해 물었으나 전혀 아는 바가 없다고 했다. 무작정 걸어 올라가면서 산에 거주하고 있는 농민들에게 또 물었으나 대답은 마찬가지였다.

세월은 흘렀다. 칠십여 년 전 단하산 일대뿐만 아니라 중국 전역에도 널리 알려져 있던 대선인(大仙人) 왕진인의 존호는 단하산에서조차 기억하는 사람이 없었다. 스승께서 말씀하신 왕진인의 거소였던 암자에 대해서도 아는 사람은 없었다.

암자가 산 정상 가까이에 있다고 한 스승의 말씀을 떠올리며 계속 걸었다. 올라가는 산길에는 곳곳에 채소밭이나 옥수수밭이 있어 농부들이 이

따금 보였다. 그러나 한결같은 대답은 들어본 적이 없다는 것이었다.

조금 더 올라가니 사찰이 하나 나타났다. 안으로 들어가서 물었으나 그들 역시 들어본 적이 없으며 그런 암자도 없다고 했다.

실비는 계속 내렸다. 새 하늘과 새 땅을 열기 위한 그의 신성한 의식을 비웃기라도 하는 듯이. 그는 생각에 잠겼다. '정녕 내 눈물을 가려주기 위해 실비가 내리는 것이리라.'

공작원은 조금 지치는 모양인지 걸음이 느려지고 있었다. 환안은 무거운 배낭을 운명처럼 짊어진 채 산 정상을 향해 앞장서서 걸었다.

얼마 후 저만치 아래에서 공작원이 부르는 소리가 들렸다. 달려 내려가 보니 그곳 밭에서 일하고 있는 농부와 이야기를 나누고 있었다. 그 농부는 손가락으로 건너편 언덕을 가리키며 말했다. "저기서 가끔 왕진인을 본 적이 있습니다." 다시 하산하기 시작했다.

진흙 길에 배낭을 멘 채로 몇 번이나 넘어지는 바람에 진흙투성이가 되었다. 보기에 안되었던지 공작원은 자기가 배낭을 메겠다고 나섰다. 처음에는 사양했으나 결국 그가 메게 되었다. 그도 이미 바지는 진흙 칠갑이 되어 있었다.

정오까지는 시간이 얼마 남지 않았기에 공작원과 그는 달리기 시작했다. 미끄러지고 일어나기를 몇 번, 온몸은 진흙 칠갑이 되어 둘 다 미친 듯이 달리고 또 달렸다. 그도 시간 내로 돌아가기 위해서 환안만큼이나 필사적이었다. 신성한 단하산에서 진흙 칠갑이 되어 달리게 될 줄은 짐작조차 못한 일이었다.

새 하늘과 새 땅을 열기 위한 신성한 의식은 그렇게 진흙으로 치러지고 있었다. 하산하면서 만나는 사람마다 왕진인에 대해 물었으나 말이 일치하지 않아 망연자실하던 끝에, 다시 한 농부의 말을 듣고 다른 방향으로 하산하여 마을로 들어가 다시 묻기 시작했다.

　얼마 전 그곳을 지나는 것을 보았다는 사람이 있는가 하면, 이미 그곳을 뜬 지 오래되었다는 사람도 있었고, 심지어는 전혀 들어본 적이 없다는 사람도 있었다. 그러던 차에 한 사람이 마을 공동작업장으로 가서 알아보라고 하여 그곳으로 갔다.

　이미 약속했던 정오를 지나고 있었다. 공동작업장에는 열 명도 채 안 되는 사람들이 앉아 있었다. 그들에게 물었으나 역시 아는 사람은 없었다. 공작원은 이제는 더 이상 어떻게 할 수가 없고 더 늦어지면 문책을 당하니 돌아가야 한다고 했다.

　하기야 그를 추방해야 할 위치에 있는 사람이 단하산 안내역을 맡았으면 족한 일이었다. 그것도 그의 배낭까지 메고서. 돌아가는 수밖에 달리 방법이 없었다. 그리하여 공작원과 그는 뒤돌아 무거운 발걸음을 옮기고 있었다.

　바로 그때. 뒤에서 누군가가 부르는 소리가 들렸다. 바로 그저께 왕진인께서 일하던 곳을 본 사람이 있다는 것이었다. 그저께라면 환안이 그곳에 도착하기 바로 전날인 셈이었다. 잠시 후 왕진인을 보았다는 사람이 와서 현장으로 안내를 하겠다고 했다.

　일이 이쯤 되니 공작원도 어쩔 수 없다는 듯 순순히 응했다. 그렇게 해서 그 사람의 안내를 받아 그저께 왕진인께서 일을 했다는 바로 그 현장으로 갔다. 마을 공동작업장에서 논둑길을 따라 얼마를 가니 낮은 구릉지대가 나오고, 그곳에서 또 얼마를 더 가니 맞은편에 산기슭이 나타났다.

　오전에 오르던 단하산과 방향은 다르지만 역시 같은 단하산 자락이라고 했다. 그 산기슭을 사이에 두고 장엄하게 펼쳐지는 계곡의 대서사시. 그곳에는 통나무로 묘하게 엮어진 30여 미터 길이의 다리가 있고, 수십 미터 아래로는 옥 같은 물이 아련히 흘러가고 있었다. 가히 선경이었다.

통나무다리를 건너니 좁다란 산길이 나타나고, 그 산길을 따라 수심이 아주 깊어 보이는 시퍼런 계곡물이 쏟아져 내리고 있었다. 얼마를 더 가니 토담집 두 채가 나오는데 집 뒤쪽에는 소도 한 마리 매여 있었고 벽에는 옥수수가 매달려 있었다.

숲길을 따라 조금 더 올라가니 예닐곱 채 되는 초가집들이 나오고 그 입구에는 우물이 있었다. 그 우물가에는 어린아이처럼 맑고 천진스러운 눈을 가진 젊은 세 여인이 객인의 내방을 바라보며 서 있었다. 그 우물가에서 안내하던 사람은 멈춰 섰다.

"저곳이 바로 그저께 왕진인께서 일을 하시던 곳입니다." 그는 우물 곁에 있는 집을 손으로 가리키며 말했다. 진인께서 어떤 일을 하셨는지 물었더니, 그곳 사람들을 위해서 농사일을 도왔다고 했다.

그곳 사람들의 말에 의하면 왕진인은 왕대선(王大仙) 혹은 왕화상(王和尙)이라고도 불리는데, 스승께서 말씀하신 대로 두 동자와 함께 단하산 정상 가까이에 있는 암자에서 기거했으나 그 두 사람이 죽고 난 후로 그곳은 비어 있다고 했다.

지금은 혈혈단신이며 일정한 거처가 없이, 그곳에서 일을 할 때는 주민들 집에 머문다고 했다. 그렇다면 그곳에서 일을 하지 않을 때는 어디에 계시는지 물었다.

"산으로 오르시는 것을 봤어요. 아마 또 다른 마을에 가서 일을 도우시겠지요. 하지만 항상 다른 사람들을 위해서 아무런 보수도 받지 않고 일을 하신답니다." 순박한 그곳 사람들은 왕진인을 그저 의탁할 곳 없는 선량한 노인으로만 알고 있었다.

공작원이 말했다. "이제 왕진인의 근황을 그 정도나마 알았으니 다음 기회에 또 올 수 있지 않겠습니까. 이제 그만 갑시다"라고 재촉했다. 하기야 그가 그곳에 도착하기 바로 전날 진인께서 어디에서 무엇을 하셨는지를 들었으니 최근황을 알게 되었다고 할 수 있었다.

환안이 오랜 상념에서 돌아왔을 때 강변에는 어느새 일몰이 내리고 있었다.

'상선약수(上善若水)', 지고의 선은 물과 같은 것.

낮은 데로 낮은 데로 흐르는 물과 같이 자신의 처신을 낮추는 겸허함과, 형상을 고집하지 않는 물과 같이 서민 속에 스며드는 삶을 보여주신 것이다.

진인께서는 그대가 단하산 마을에 도착하기 바로 전날에 단하산 자락에 있는 마을 주민들을 위해서 일을 하심으로써 여전히 건재하심을 보여주셨다.

아울러 도에 이르는 삶이 어떠한 것이어야 하는지를 그대로 하여금 현장에 가서 그곳 마을 주민들의 입을 통해서 생생하게 느끼도록 해 주셨다.

도에 이를 수 있기 위해서는 형상에 대한 집착마저도 버려야 한다. 진인과의 연(緣)이 없었다면, 지도상에도 없는 그곳을 찾을 수조차 없었을 것이다. 진인께서는 황백전환기를 보기 전까지는 그곳을 떠나지 않을 것이다.

진인의 형상이 더 이상은 형상이 아닌 것으로 여겨질 때, 그때는 그대 또한 형상이 아닌 형상으로 그의 형상을 대할 수 있으리라. 그리고 왕진인께서 직접 안내를 하신 것임을 알게 되리라.

마고는 이렇게 말했다.

제 6 장

생명과 평화
Life and Peace

- 무경계를 향하여 Toward 'No Boundary'
- 문명의 대전환과 생명 패러다임
  The Great Transformation of Civilization and Life Paradigm
- 우주시대와 지구생명공동체 Space Age and Global Life Community

형제들이여, 밝게 빛나는 광명한 정치를 하는 나라, '불가분의 전체성'인 생명의 의미를 국호에 함축한 나라, 9천 년 이상 전에 현대물리학의 전일적 실재관의 원형을 국호에 담은 나라, 이 나라가 바로 '한'의 원리에 기초한 환국(桓國)이다. 보라, 유사 이래 그 어떤 나라의 국호가 '하나됨(숓一)'·광명(빛·밝)이라는 그 심오하고도 심원한 의미를 담을 수 있다는 말인가! '환국'이라는 국호 속에 지구생명공동체의 비전이 담겨있지 않은가?

남북의 형제들이여, '한'의 원리에 기초한 밝은 정치의 이상은 인류의 집단무의식 속에 살아 있다. 내재적 본성인 신성의 빛을 밝히고 그 빛[사랑]을 인류에게 방사하라! 그 빛이 집단무의식의 뇌관을 건드리면 사랑의 불꽃은 온 세상에 들불처럼 번져나갈 것이다.

빛의 민족이여, '성배의 민족'이여! 그대들 의식 속의 경계가 사라지면 이 땅 위의 모든 인위적인 경계도 사라질 것이다. 내 진실로 그대들에게 이르노니, '한'이야말로 지구생명공동체의 근본적인 설계원리다! 진정한 우주시대를 여는 마스터키다!

- 본문 중에서

우주를 정관(靜觀) 하노라면 깊은 울림을 가슴으로 느낄 수 있다.
높은 데서 어렴풋한 기억의 심연으로 떨어지는 듯한 느낌에 사로잡힌다.
Our feeblest contemplations of the Cosmos stir us—there is…a faint sensation, as if a distant memory, of falling from a height.

- Carl Sagan, *Cosmos*(2013)

무경계를 향하여

 그날은 마고성 '왕의 정원'에서 북두칠성과 곤륜산 신령 그리고 마고의 정례 회동이 있는 날이었다. 지난번 회동 때 마고의 요청이 있었고 이에 이들이 동의하여 회동이 정례화된 것이다. 정례 회동이 있는 자리에는 환안도 참석하기로 했다.
 마고성은 정례 회동에 따른 준비를 하느라 부산하게 움직였다. 석양이 질 무렵 '왕의 정원'에 있는 호수 요지(瑤池)에 곤륜산 신령이 당도했다. 마고가 환영 인사를 건넸다.
 오, 만산(萬山)의 조종(祖宗)인 곤륜산의 신성한 영(靈)이시여! 오늘 이렇게 기꺼이 왕림해 주시니 참으로 기쁘고 반갑도다. 그대를 환영하노라!
 환안도 곤륜산 신령에게 하례를 올렸다.
 그러자 곤륜산 신령이 말했다.
 위대한 무 제국의 정통 계승자, '라 무(Ra Mu)'여! 신선계(神仙界)의 거목이여! 그대의 아름다운 정원에 초대해 주어 기쁜 마음으로 왔노라. 반갑도다, '라 무'여!

그리고 그대 사명자, 신관이여! 다시 만나게 되어 반갑도다.

그리고는 이어 이렇게 말했다.

'요지'에 핀 연꽃이 참으로 아름답도다. '라 무'여, 무 제국의 국화가 연꽃 아닌가? 북두칠성이 당도할 때까지 연꽃에 대해 이야기를 나눠보는 것이 어떻겠는가?

마고가 미소를 지으며 고개를 끄덕이자, 곤륜산 신령은 이야기를 계속했다.

연꽃은 진흙탕에서 자라지만 오니(汚泥: 더러운 흙)에 물들지 않고 오히려 물을 정화시킨다. 연(蓮) 씨앗은 생의(生意: 生을 지향하는 우주적인 의지)를 간직하고 있어 그 생명력이 영구적이다. 또한 연꽃은 화과동시(花果同時), 즉 꽃이 피는 동시에 열매를 맺는다. 꽃 중의 꽃인 이 연꽃을 어찌 찬미하지 않을 수 있으리오!

'라 무'여, 육구몽(陸龜蒙)이라는 은일(隱逸: 은둔하여 유유자적함) 시인이 그대 '라 무'의 '요지(瑤池)'에 피어난 '백련(白蓮)'을 들먹이는 시를 읊었노라.

하얀 연꽃, 화염(華艶)한 꽃들에게 따돌림 당하니	素蘤多蒙別艷欺
신선이 사는 '요지'에 피어나야 마땅하리	此花端合在瑤池
무정한 세상 한 맺힌 모습 그 누가 알아주려나	無情有恨何人覺
달 지는 새벽 맑은 바람 불 때 꽃은 지려 하는데	月曉風淸浴墮時

마고가 말했다.

육구몽이라는 시인의 평담(平淡)한 시풍이 순진무구한 진리의 세계를 표징하는 하얀 연꽃을 오롯이 담아내고 있도다.

그리고는 이어 이렇게 말했다.

곤륜산 신령이시어! 나의 후예 중에 허난설헌(許蘭雪軒)이라는 천재적인 시인이 꿈속에 선계의 광상산에서 노닐며 '몽유광상산시(夢遊廣桑山詩)'를 읊었노라.

푸른 바다가 '요해(仙界의 바다)'에 넘나들고	碧海浸瑤海
푸른 난새가 채색 난새와 어울렸네	靑鸞倚彩鸞
연꽃 스물일곱 송이가 늘어져	芙蓉三九朶
달빛 찬 서리에 붉게 떨어졌네	紅墮月霜寒

〈그림 6.1〉 허난설헌의 〈앙간비금도(仰看飛禽圖)〉
(출처: https://ko.m.wikipedia.org/wiki/파일:Angganbigeumdo.jpg)

곤륜산 신령이 말했다.

'라 무'여, 죽음을 예견한 시가 아닌가!

그러자 마고가 말했다.

그렇도다. 난설헌은 27세 되던 어느 날 몸을 씻고 옷을 갈아입고서 '올해가 삼구(三九=27)의 수이니, 오늘 연꽃이 서리를 맞아 붉게 떨어졌다'하고는 눈을 감았다.

난설헌은 생전 자신이 품은 한(恨)을 세 가지로 말했다. '조선에 태어난 것, 여자로 태어난 것, 지금의 남편과 결혼한 것'이 그것이다. 두 아이가 있었으나 모두 돌림병으로 잃었고, 아버지와 오빠는 객사했다. 불운으로 점철된 짧은 생애였다.

난설헌에 관한 이야기를 들으면서 환안은 슬픔이 엄습해오는 것을 느꼈다.

마고가 환안을 향해 말했다.

환안, 그대여, 왜 그러는가?

위대한 나의 스승, '라 무'시어! 난설헌에 관한 이야기를 듣고 있노라니 왠지 모르게 슬퍼져서…

때가 되면 알게 될 것이다.

마고가 말했다.

그때 북두칠성이 환하게 밝은 얼굴로 당도했다.

마고가 환영 인사를 건넸다.

오, 일월성신(日月星辰)을 다스리는 하늘의 주재신, 북두칠성이시여! 이렇게 기꺼이 왕림해 주시니 참으로 기쁘고 반갑도다. 그대를 환영하노라!

그러자 북두칠성이 말했다.

위대한 무 제국의 정통 계승자, '라 무'여! 신선계의 거두(巨頭)인 생명의 여신이여! 그대의 아름다운 정원에 초대해 주어 즐거운 마음으로 왔노라. 다시 만나게 되어 반갑도다!

북두칠성은 곤륜산 신령과도 서로 인사를 나누었다. 환안도 북두칠성에게 하례를 올렸다. 그리고는 모두 자리에 앉았다.

그때 정원의 약초 담당자가 곤륜산 신령과 북두칠성 앞에 봉황이 새겨진 아름다운 옥그릇들을 내려놓으며 말했다.

봉산(蜂山)의 돌에서 나오는 물인 석수(石髓)와 옥수(玉樹)의 열매, 완염(琬琰)의 기름인 옥액(玉液), 그리고 소련흑조(素蓮黑棗: 흰 연꽃과 검은 대추)와 벽우백귤(碧藕白橘: 푸른 연뿌리와 흰 귤)입니다. 모두 선인(仙人)들께서 즐겨 드시는 것들입니다. 음미하소서!

곤륜산 신령이 석수를 한 모금 마시고는 말했다.

음, 물맛이 맑고도 그윽하도다!

그리고는 북두칠성을 향해 말했다.

그대가 당도하기 전 연꽃에 관한 이야기를 했노라. 연꽃은 진흙 속에 머물면서 진흙을 떠나 있으므로 성스러운 것과 속된 것이 하나, 즉 성속일여(聖俗一如)임을 보여준다.

성리학자 주돈이(周敦頤)는 '애련설(愛蓮說)'에서 "나 홀로 연(蓮)을 사랑하노니, 진흙 속에서 났지만 물들지 않고(予獨愛蓮之出於泥而不染),…멀리서 바라볼 수는 있지만 함부로 가지고 놀 수는 없노라(可遠觀而不可褻玩焉)"라고 했다.

그는 연(蓮)을 꽃 중의 군자(蓮花之君子者也)라고 칭송하며, 비록 진흙 속에서 났지만 범접할 수 없는 기품이 서려 있음을 찬미했다.

이처럼 대조화와 대통합의 진리 세계를 함축한 성속일여의 꽃이기에, 또한 그 씨앗의 생명력이 영구적이기에 무 제국이 국화로 삼을 만한 꽃이었다. 이는 또한 대조화와 대통합의 지향성을 띠는 지천태괘(地天泰卦)의 후천 곤도(坤道) 시대를 표징하는 꽃이기도 하다.

'실재는 무경계(reality is no boundary)'이다. 연꽃은 성스러운 것과 속된 것, 즉 정신과 물질이 하나임을 보여준다.

경계가 실재하는 것이 아니라는 것은 단순한 철학적 사변이 아니라 일상적이며 구체적인 삶의 문제다. 경계가 애초에 환상이었다는 사실을 알아차리기만 하면 갈등 역시 환상이라는 것도 밝혀진다.

이런 궁극적인 지혜를 열반(nirvana) 또는 해탈(moksha)이라고 부르지 않는가. 이 세상의 모든 문제는 나와 너, 우리와 그들이라는 경계선을 긋는 데서 시작된다.

그러나 의식이 확장될수록 그 경계선이라는 것이 환상에 불과하다는 것을 알게 된다. 하여 의식이 고도로 확장되면 우주 전체가 '참나'가 되므로 경계선은 완전히 사라진다.

자, 그러면 우선 '실재는 무경계'라는 주제에 대해, 지난번 우리가 이야기했듯이 후천개벽기를 현시점으로 놓고 통시적 관점에서 이야기해 보는 것이 어떻겠는가?

그러자 이에 모두 찬의를 표했다.

북두칠성이 말했다.

우주와 내가 하나인 우아일여(宇我一如)의 무경계 세계에는 내게 괴로움을 주는 대상은 존재하지 않는다. 그 세계는 경계가 소멸된 궁극의 의식 상태(the ultimate state of consciousness)이기 때문이다.

이를 스리 라마나 마하리쉬는 이렇게 나타내고 있다. "창조도 없고 파괴도 없다. 운명도 없고 자유의지도 없다. 길도 없고 성취도 없다. 이것이 궁극의 진리이다."[1]

경계는 오직 이 육체만이 자기라고 하는 에고 의식(분리의식) 속에서만 존재한다. 에고 의식은 창조와 파괴, 운명과 자유의지, 성공과 실패, 사랑과 증오, 전쟁과 평화 등 이분법적인 경계를 만들어낸다. 인간이 살고 있는 상대계[물질세계]가 바로 그러한 세계다.

일체 경계는 에고 의식 속에 존재하는 '아(我)'와 '비아(非我)'의 두 대립하는 자의식(自意識)에서 비롯된다. 의식의 자기분열이다. 의식이 대통합을 이룬 지고(至高)의 경지에서는 행위자는 사라지고 행위만 남는다. 춤추는 자는 사라지고 춤만 남는다.

그래서 불교의 무아(無我) 교리를 설파한 『청정도론(淸淨道論, Visuddhimagga)』 제16장에서는 말한다. "괴로움이 있을 뿐, 괴로워하는 자는 없다. 행위가 있을 뿐, 행위 하는 자는 없다. 열반이 있을 뿐, 열반을 구하는 자는 없다. 길이 있을 뿐, 그 길을 가는 자는 없다."

그러자 마고가 말했다.

그렇도다. 실재는 경계가 없으므로 순수 현존(pure presence)이다. 그것은 과거의 기억이나 미래의 욕망 속에서가 아닌 '지금 여기'에 존재하는 방식이다. 'now here'를 붙여 쓰면 'nowhere', 즉 '어디에도 없는 곳'이라는 의미가 된다.

이는 '지금 여기'의 의미를 역설적으로 설명해 준다. '지금 여기'는 시공(時空)이 일어나지 않는 무심(無心)의 경계이므로 어디에도 없는 곳, 즉 유토피아다.

개체화(particularization) 의식이 일어나면 시공(時空)이 일어나고 경계가 생겨나므로 과거도 미래도 아닌 '지금 여기'에 존재할 수 없게 된다. 순수 현존이란 시공을 초월하여 영원에 가 닿은 자만이 존재할 수 있는 방식이다.

영원에 가 닿기 위해선 과거나 미래와 연관된 사념의 구름이 완전히 사라져야 한다. 구름이 비가 되기 위해 있는 것이듯, 마음 또한 무심(無心)이 되기 위해 있는 것이다. 심(心)에 입각하여 '무심'을 이룸으로써 에고를 초월하는 것이다.

그러나 '심(心)'이 없이는 '무심'의 경지를 알지 못한다. 육체적 자아가 없이는 우주적 자아[순수 현존]를 알 길이 없는 것이다. 그래서 앎을 존재로서 체험하기 위해 상대계인 물질계가 존재하는 것이다.

앎의 원을 완성하기 위해선 부단한 의식의 자기교육과정을 통해 즐거움과 괴로움, 성공과 실패, 삶과 죽음 등 일체 양극단이 한 맛(一味)임을 알아야 한다. 그러기 위해선 시련의 용광로를 통과함으로써 거칠고 방종한 자아가 길들여져야 하는 것이다.

시련은 영혼이 건강하지 못한 자에게 하늘이 내리는 사랑의 묘약(妙藥)이다. 영혼이 건강하지 못한 자란 분별지(分別智)에 사로잡혀 나와 너, 이것과 저것을 분리시키고 끝없이 경계를 만들어내는 의식이다.

영어로 '건강(health)'이란 말은 '전체(whole)'를 의미하는 앵글로색슨어 'hale'에서 연원한 것이다. 말하자면 건강하다는 것은 전체적이라는 것이다. '신성한(holy)'이란 영어 또한 같은 뿌리에서 나온 것이다.[2]

따라서 전체적인 것이 건강한 것이고 신성한 것이니, 건강하고 가치 있는 삶을 영위하고자 한다면 우주의 본질인 생명이 육체에 귀속된 물질적 개념이 아니라 비분리성·비이원성을 본질로 하는 영성 그 자체라는 사실을 알아야 한다.

그러자 곤륜산 신령이 이에 동조하며 환안을 향해 말했다.

그대 사명자여! '순수 현존'에 대해 이야기해 보겠는가?

환안이 대답했다.

만산(萬山)의 조종(祖宗)인 곤륜산의 신성한 영(靈)이시여! 순수 현존이란

유(有)도 아니요 무(無)도 아니요, 양변을 멀리 떠나면서도 그렇다고 중간에 집착하지도 않는 무주(無住: 머무름이 없음)의 경지입니다. 무주의 덕이야말로 일심(一心)의 본체에 계합(契合)하는 것으로 순수 현존이 일어나게 하는 원천입니다.

깨달음이란 마치 푸른 하늘을 덮고 있는 먹장구름이 걷히는 것과도 같이 본래 적정(寂靜)한 일심의 체성(體性)을 훼손하거나 파괴하는 것이 아니라 있는 그대로 드러나게 하는 것입니다. 따라서 공(空)도 아니고 공 아닌 것도 아닙니다.

순수 현존이 일어나게 하는 '무주'의 덕을 지니기 위해선 일체의 대립상과 상대적 차별상을 떠나 만물을 평등한 것으로 볼 수 있어야 합니다. 이는 곧 생명의 전일성과 자기근원성에 대한 자각입니다. 그래서 '하나는 셋(一即三), 셋은 하나(三即一)', 즉 천·지·인 삼신일체라는 '생명의 공식'이 중요한 것입니다.

이 '생명의 공식'을 자각하게 되면 만물을 하나로 평등하게 보는 '도추(道樞)'[3] 또는 '천균(天鈞)'의 경지에 이르게 되는 것입니다. 이는 곧 무궁(無窮)의 품속에서 노니는 절대적 자유의 경지입니다. 절대적 자유의 품속에서는 '나'를 잊고 '나'를 잃지 않으므로 온전한 삶을 누릴 수가 있는 것입니다.

삶과 죽음, 성공과 실패, 부와 빈곤, 선과 악, 기쁨과 슬픔과 같은 상대적 개념들에 편착하여 어느 한쪽에 머물러서는 순수 현존이 일어날 수가 없습니다. 물질계 양극단의 존재는 긴장감의 조성을 통해 의식의 확장을 위한 학습효과를 극대화하려는 하늘의 배려입니다.

연꽃이 보여주듯 진속(眞俗) 평등의 본체를 체득함으로써 우리의 마음이 순수하게 일심의 본체에 계합할 때 '무주'의 덕을 지닌 순수 현존으로서 널리 세상을 이롭게 하는 홍익중생(弘益衆生, 自利利他)을 실현할 수 있게 되는 것입니다.

이를 일러 『대승기신론소(大乘起信論疏)』에서는 일체 미망을 떠나 적정(寂靜)의 경지에 달하게 되면 "지혜의 광명이 모든 현상계를 두루 비쳐 평등무이(平等無二)하게 된다"⁴라고 하고 있습니다. 이것이 곧 화쟁(和諍)의 실천이요 상생의 실천입니다.

온전한 삶(全生), 즉 순수 현존의 삶은 공중을 나는 새가 흔적을 남기지 않듯이 아무런 흔적을 남기지 않습니다. 세상 사람들이 칭찬하거나 헐뜯더라도 그것이 자신의 본질에는 아무런 영향을 줄 수 없다는 사실을 알기에 마음이 동요되지 않습니다.

그래서 이르기를, '지인(至人)에게는 사심이 없고, 신인(神人)에게는 공적이 없으며, 성인에게는 명예가 없다'⁵라고 하는 것입니다.

순수 현존의 삶은 평등성지(平等性智)가 발현되므로 "괴로움과 즐거움을 같은 것으로 보며, 황금과 돌과 흙을 하나로 여깁니다. 칭찬을 들어도 기뻐하지 않고 비난을 받아도 불쾌해하지 않습니다. 명예와 불명예를 같은 것으로 보며, 친구와 적을 똑같은 마음으로 대하고 이기적인 행위를 도모하지 않습니다."⁶

곤륜산 신령이 말했다.

그대가 바로 보았다. 순수 현존의 삶은 바로 그러한 것이다.

자, 그러면 패러다임 전환을 현대 과학, 특히 현대물리학이 주도하고 있으니, 이번에는 현대물리학의 실재관을 통해 실재가 무경계라는 사실을 살펴보는 것이 어떻겠는가?

이에 모두 동의하자 곤륜산 신령이 다시 말했다.

현대물리학의 실재관은 이 우주가 부분들의 단순한 조합이 아니라 유기적 통일체이며 우주만물은 개별적 실체성을 갖지 않고 단일 연속체의 흐름 속에서만 파악될 수 있다고 본다. 이 우주가 불가분의 역동적인 전체이며 독립적인 최소 단위로 분해될 수 없다고 봄으로써 실재관의 혁명적 변화를 가져온 것이다.

이론물리학자이자 양자역학의 창시자 중 한 사람인 닐스 보어는 이 우주가 상호연결된 관계의 망(網)이며 분리성은 실재하지 않는 것임을 분명히 했다. 한마디로 실재의 본질은 연결성이며 무경계라는 것이다.

그는 "고립된 물질 입자란 추상적 개념이며 이들의 속성은 다른 체계와의 상호작용을 통해서만 정의될 수 있고 관찰될 수 있다"[7]고 했다.

이러한 현대물리학의 전일적이며 유기론적인 실재관은 양자물리학자 데이비드 봄에서도 명료하게 드러난다.

그는 "전 우주의 불가분적인 양자적 상호연결성이 근본적 실재이고, 상대적으로 독립하여 행동하는 부분들은 단지 이 전체 내의 특수한 우연적인 형태이다"[8]라고 했다.

20세기 물리학계에 나타난 가장 커다란 변화 중의 하나는 세계를 바라보는 관점이 비결정론적으로 바뀌었다는 사실이다.

막스 플랑크의 양자가설에 이어, 광양자가설로 설명되는 아인슈타인의 광전효과, 그리고 결정적으로는 하이젠베르크의 행렬역학과 슈뢰딩거의 파동역학에 이르러 결정론적 세계관에 기초한 뉴턴의 고전역학이 양자역학이라는 새로운 패러다임으로 전환된 것이다.

1920년대 중엽에 이르기까지 이러한 일련의 패러다임 전환은 고전 물리학의 경계를 뛰어넘는 신호탄이 되었다.

하이젠베르크가 불확정성원리(uncertainty principle, 1927)를 통해 미시적 양자세계에서의 근원적 비예측성을 입증하면서 결정론적 세계관은 결정적으로 빛을 잃게 되고, 낡은 경계들이 붕괴됨에 따라 물리 세계는 인식론적 차원에서도 비결정론적이고 통계적인 것으로 변환되게 된다.

이와 같이 물리학의 안정된 기반이 허물어지면서, '최초의 경계와 메타 경계와 메타-메타 경계'를 기반으로 한 고전물리학의 지도는 낡은 것이 되고 말았다. 실로 고전물리학자들의 눈에 비친 우주는 시간과 공간의 확연한 경계에 따라 서로 분리된 사물과 사건들이 조합된 것에 지나지 않았다.

곤륜산 신령이 말을 마치자 그의 말에 동조하며 북두칠성이 말했다.

그렇도다. 이론물리학자 루이 드 브로이가 말했듯이, 지적 세계의 역사상 '양자혁명(quantum revolution)'*과 비견될 만한 대격변은 일찍이 없었다.

그는 "양자(quanta)가 은밀하게 도입된 날, 고전물리학의 방대하고 웅장한 체계는 스스로가 그 기반부터 흔들리고 있음을 알게 되었다"[9]고 했다.

과학계에서는 '양자혁명'의 중심에 '양자 얽힘(quantum entanglement)'이 자리하고 있다고 본다. '양자 얽힘'이란 두 입자가 공간적으로 아무리 멀리 떨어져 있어도 비국소적으로[초공간적으로] 연결되어 있으므로 매개체 없이도 즉각적으로 서로의 상태에 영향을 미친다는 이론이다.

---

* 전자 발견과 원자핵 발견이 20세기 전자 시대와 핵에너지 시대의 개막으로 이어진 데서도 알 수 있듯이, 오늘날 우리가 겪고 있는 '양자혁명'은 원자 현상의 이론인 양자론에 기초한 것이다. 따라서 원자론에 대해 간략하게 고찰할 필요가 있다. 현대 원자론은 당대 최고의 물리학자로 꼽히던 조지프 존 톰슨의 음극선 실험을 통한 전자 발견(1897)과 '핵물리학의 아버지'로 불리는 어니스트 러더퍼드의 알파(α) 입자 산란 실험을 통한 원자핵(양성자) 발견(1911) 및 최초의 인위적 원소 변환 실현(1919)으로부터 시작되었다. 이후 영국의 물리학자 제임스 채드윅의 중성자 발견(1932), 미국의 물리학자 엔리코 페르미의 중성자에 의한 핵변환을 통한 인공 방사성 동위원소 제조 및 핵분열 연구 개막(1934~1938), 핵자(核子) 이동설을 제시한 유카와 히데키(湯川秀樹)의 중간자 이론(1935), 보어·하이젠베르크·보른·슈뢰딩거·파울리·디랙 등에 의한 20세기 양자물리학의 발전, 그리고 상온 핵융합과 원소 변환 등 19세기 말 이후 본격화된 원소 변성에 관한 이론의 전개 과정은 '양자혁명'으로의 길을 닦았다(최민자, 『호모커넥투스: 초연결 세계와 신인류의 연금술적 공생』(서울: 모시는사람들, 2020), 224쪽).

이는 이 우주가 '인드라망'*과도 같이 상호연관과 상호의존의 세계 구조로 이루어져 있으며 만물만상이 끝없이 상호연결된 생명의 그물망을 형성하고 있다는 화엄사상의 관점과 상통한다. 한마디로 실재는 경계가 없다는 것이다.

또한 '마음의 과학'이라 불리는 양자역학은 일체가 오직 마음이 지어낸 것이라는 '일체유심조(一切唯心造)' 사상의 관점과 상통하며 실재가 무경계임을 말해준다.

21세기 인류는 시간, 공간, 물질, 에테르, 전기, 메커니즘, 유기체, 원자 배열, 구조, 패턴, 기능 등 모든 것이 재해석을 요구하는 시점에 살고 있다.

예컨대 뉴턴의 중력 법칙은 일상생활에는 여전히 유효하지만, 빛과 같이 질량이 0에 가까운 물질에는 적용할 수 없다는 한계가 있다. 반면 아인슈타인의 중력 법칙(일반상대성이론)은 이런 상황에도 적용할 수 있다.

즉, 뉴턴은 중력을 두 물체 사이에 작용하는 인력이라고 생각하여 '지구와 사과 사이의 만유인력'에 의해 사과가 떨어진다고 본 반면, 아인슈타인은 중력을 4차원 시공간에 작용하는 중력장(gravitational field)이라고 생각하여 '지구의 질량에 의해 휘어진 시공간 속으로 사과가 굴러떨어지는 것'이라고 본다.

---

* '이것이 있으므로 저것이 있고 저것이 있으므로 이것이 있다'라고 하는 연기(緣起)의 진리는 상호 연관과 상호 의존의 세계 구조를 명징하게 드러낸 것으로 『華嚴經』에서는 이를 인드라망(Indra網)으로 비유한다. 제석천궁(帝釋天宮)에는 그물코마다 보석이 달린 무한히 큰 그물이 있는데, 서로의 빛을 받아 서로 비추는 관계로 하나만 봐도 나머지 전체 보석의 영상이 보이게 된다는 것이다. '이것'이 곧 다른 '모든 것'임을 뜻한다는 것이다.

빛의 속도로 움직이는 차원에서는 아인슈타인의 상대성원리가 적용된다. 소립자란 독립적으로 존재하는 분리된 실체가 아니라 본질적으로 네트워크적 속성을 지니고 있으므로 시공간 속에서 그 어떤 형태의 객관적 위치라는 것이 없다.

철학자 베네딕투스 데 스피노자가 "여러 실체가 존재할 수 없고 오직 하나의 실체만이 존재할 수 있다"[10]고 말한 것도 실체의 비분리성·비이원성을 말해준다. 실체는 유일 실체[유일신]이며, 유일 실체가 바로 분리할 수 없는 하나인 생명[神·天·靈]이다. 실체는 경계가 없으므로 측정할 방법도 없다.

현대의 '전자구름 모형'[11]이 말해주듯이, 원자 이하의 소립자들은 경계가 없으므로 거기에는 메타 경계도, 측정도 있을 수 없으며, 따라서 메타-메타 경계와 법칙들도 있을 수 없다.

원자핵 주위를 돌고 있는 전자의 공간적 분포 상태는 양자장(quantum field)이 작용하는 차원에서는 비국소성(非局所性)[초공간성]의 원리에 따라 위치라는 것이 더 이상 존재하지 않으므로 이를 구름에 비유해 '전자구름'이라고 한 것이다. 바로 이 비국소성, 즉 무경계가 양자적 실재(quantum reality)의 본질이다.

북두칠성이 말을 마치자 그의 말에 동조하며 마고가 말했다.

그렇도다. 현대의 양자물리학자들은 경계라는 것이 실재하는 것이 아니라 일종의 관습에 불과하다는 것을 인식하게 되었다. 경계란 실재를 느끼고 만지고 측정한 산물이 아니라, 영토를 지도로 그려내는 것처럼 실재를 작도하고 편집한 방식의 산물이라는 것을 알게 된 것이다.

경계란 실재하는 것이 아니라 상상의 산물이다. 자연현상을 설명하는 자연법칙이라는 것도 실재에 대해 우리가 그어놓은 경계에 지나지 않기 때문에 실재를 묘사하는 것이 아니라 경계들의 네트워크를 묘사하는 것일 뿐이다.

한마디로 실재란 개별적인 사물이나 경계의 복합체가 아니라 '무경계 영토(the territory of no boundary)'이다. 분류되고, 경계 지워지고, 작도된, 메타 작도된 세계가 아니라 있는 그대로의 세계, 즉 하나의 거대한 전체다.[12]

이러한 현대물리학의 실재에 대한 개념은 의상 대사(義湘大師)가 중(中)과 즉(卽)의 이론으로 파악한 법계연기론(法界緣起論)과 유사하다.

화엄교학의 중추를 이루는 법계연기설은 차별적인 현상계인 사법계(事法界), 평등무이(平等無二)한 본체계인 이법계(理法界), 본체와 현상이 원융한 이사무애법계(理事無碍法界), 현상계의 만유가 원융자재하고 상즉상입하여 원융무애한 세계를 끝없이 연기론적으로 펼쳐 보이는 사사무애법계(事事無碍法界)의 4법계에서 살펴볼 수 있다.

모든 사물과 사건 사이에는 경계가 없으므로 제 법상이 아무리 복잡하게 뒤얽혀 있어도 전체적으로는 조화와 균형을 유지하게 된다고 보는 것이 법계연기의 논리이다.

실재세계는 '무경계 영토'의 세계이므로 문자나 언어의 영역을 초월해 있다. 실재를 '도(道)'라고 부르기도 하지만 '도'라는 이름이 붙는 순간, 경계를 설정하게 되므로 이미 그것은 실재가 아니다.

그래서 이를 경계하여 『도덕경』 제1장에서는 "도라고 이름 붙여진 도는 상도(常道: 영원한 도, 즉 진리)가 아니다(道可道 非常道)"라고 하고, "이름이라고 붙여진 이름은 상명(常名: 영원한 이름, 즉 진리)이 아니다(名可名 非常名)"라고 한 것이다.

이름은 경계이며 실재는 경계 그 너머에 있으므로 신(神)이나 도(道)와 같은 이름은 진리 그 자체가 아니라 '진리의 달'을 가리키는 손가락에 불과한 것이다. 동양에서는 모든 경계가 환상에 불과하다는 사실을 알고 있었기에 영토와 지도, 실재와 경계를 혼동하지 않았다.

실재란 '영원불변하고 두루 편재하는 유일자'[13]이다. 분리 자체가 근원적으로 불가능한 이 유일자(唯我)가 바로 '참나'이며 이 세상 모든 것이다. 전체와 분리된 '나'라는 에고로서의 존재는 실재하는 것이 아니다.

마고가 말을 마치자 그의 말에 동조하며 곤륜산 신령이 말했다.

그렇도다. 인간이 느끼는 고통은, 죽음마저도, 에고 의식에서 비롯되는 까닭에 '나'라고 경계 지을만한 실체가 없음을 알고 집착을 버리면 고통에서 해방된다.

삶의 세계에서 일어나는 모든 문제는 인식의 빈곤 상태에서 기인한다, 무지와 망상, 분노와 증오, 갈망과 탐욕, 시기와 질투, 교만과 불신 등이 참된 인식을 가로막는 마야의 장막이다.

그 어떤 고통이나 두려움도 실체가 있는 것이 아니지만, 인간의 정신체(mental body)·감정체(emotional body)가 지닌 색상에 의해 채색되고 형상화되는 것이다.

우주 속의 그 어떤 것도 분리될 수 있는 것이 아닌데 에고라는 잣대로 분리하는 데서 선과 악, 행과 불행이 그림자처럼 따른다. 에고는 경계이며 분별지(分別智)의 다른 이름이다.

에고는 분리된 사물을 지각하는 것이 아니라 그것들을 무수히 만들어냄으로써 원초적인 소외감에 휩싸이게 된다. 대상이라고 여기는 이 세상의 모든 것은 단지 단일한 에너지(一氣)가 다양하게 현현한 것일 뿐이다.

'이것'의 의미는 '저것'과의 관계 속에 있으며, '우리'의 의미는 '그들'과의 관계 속에 있다. 에고 내에서 '나'와 '너'의 관계는 역사의 무대에서 '우리'와 '그들'의 관계로 치환된다.

역사의 무대에서 펼쳐진 무수한 국가의 명멸과 문명의 부침(浮沈)은 이러한 관계성에 대한 인식을 통해 무경계를 통찰하기 위한 영적 진화의 여정이다.

원래 자연에는 아무런 경계가 없지만, '분별지'에 사로잡힌 에고로서의 존재가 온갖 경계를 그리면서, 삶과 죽음, 선과 악, 행복과 불행, 성공과 실패라는 이분법적 신화가 창조된 것이다.

영적 진화의 머나먼 여정은 심(心)에 입각하여 무심(無心)을 이루듯, '경계'에 입각하여 '무경계'로 나아가는 것이다. 그것은 곧 티끌 속에서 티끌 없는 곳으로 가는 길이다.

무경계의 경지를 보여주는 대표적인 일화가 있다.

장자(莊子, 이름은 周)의 임종에 즈음하여 제자들이 그의 장례식을 성대히 치르려고 의논하고 있었다. 이를 들은 장자는 "나는 천지(天地)로 관(棺)을 삼고, 일월(日月)로 연벽(連璧)을 삼으며, 성신(星辰)으로 구슬을 삼고, 만물이 조상객(弔喪客)이니 모든 것이 다 구비되었다. 무엇이 더 필요한가?"라고 말하면서 그 의논을 중단하게 했다.

곤륜산 신령이 말을 마치자 마고는 누각 난관으로 가서 요지(瑤池)를 내려다보았다. '요지' 수면은 휘영청 밝은 달빛에 반사되어 비현실적인 풍광을 자아내고 있었다.

보라, 역사의 새벽에 인류는 '실재(reality)'를 잡기 위해 '경계(boundary)'라는 그물을 던졌다! '생각하기'와 '사물화하기'는 경계라는 그물에 붙인 두 개의 다른 이름이다.

에고여, 그대는 무수하게 분리된 사물들을 만들어내고 일체를 대상화시킴으로써, 심지어 그대가 믿는 신(神)마저도 대상화시킴으로써 그대 자신은 '존재의 고도(孤島)'에 갇혀버렸다.

그대는 미래와 과거에 너무 깊이 몰두한 나머지 현재가 사라져버렸다! 그대는 그대가 만든 사물들을 끊임없이 부정하지만, 그것이 동시에 부정한 에너지를 끌어와 재창조하는 것임을 알지 못한다. 그대는 그대 자신까지도 부정함으로써 결국 자신으로부터도 버림받았다!

그러나 기억하라, 그대여! 그대의 자기분열은 주체와 대상의 관계성에 대한 인식을 통해 무경계를 통찰하기 위한 영적 진화의 여정이라는 것을! 에고는 의식의 불을 밝히면 사라지는 어둠이라는 것을!

어둠이 사라지면 '지금 여기'에 '순수 현존'이 일어난다. 불변성과 가변성, 보편성과 특수성의 화해를 통해 삶의 미망이 사라지면 순수의식이 스스로 그 모습을 드러낸다.

순수의식이여, 그대는 인과법칙에서 벗어나 있으므로 주관과 객관의 놀이가 일어나지 않는다. 이기적인 행위를 도모하지 않으므로 그 행위는 전체적이며 카르마의 그물에 걸리는 일도 없다.

괴로움과 즐거움, 성공과 실패, 삶과 죽음 등 상대적 차별상이 그대 속에 용해된다. 이 세상 그 어떤 것도 포괄하지 않음이 없고, 포괄되지 않음도 없다.

순수의식이여, 그대는 말한다. "호수 요지(瑤池)에 비친 달그림자에 미혹되지 말고 '지금 여기'에 있는 '진리의 달'을 보라!"

마고는 이렇게 말했다.

문명의 대전환과 생명 패러다임

곤륜산 신령과 북두칠성, 그리고 환안도 마고가 서 있는 누각 난관으로 갔다. 누각에서 내려다보이는 '요지'와 그 주변에 가득한 기화이초(奇花異草: 진귀한 꽃과 풀)가 달빛에 함뿍 젖어 영롱하게 빛나고 있었다. '요지' 수면 위로는 두 마리 난조(鸞鳥)가 날고 있었다.

북두칠성이 말했다.

'왕의 정원'의 이 경이로운 모습은 위대한 '라 무'의 참본성의 빛이 투사된 것이다. 이들은 시듦을 알지 못하고 언제나 푸르른 생명력으로 넘치지 않는가!

그러자 곤륜산 신령이 말했다.

그렇도다. 삶의 세계든 죽음의 세계든, 모두 의식의 자기투사(self-projection)로 나타난 것이다. 사실 삶과 죽음은 동일한 체험의 양면에 불과한 것이 아닌가. 육체로써 체험하든, 육체를 벗고 의식체로써 체험하든, 그 실체는 의식이므로.

마고가 말했다.

그렇도다. 하지만 광대무변한 영적 세계가 실존한다는 것을 사람들은 이해하지 못한다. 선과 악, 쾌락과 고통, 삶과 죽음이라는 이원론적 상황에 대한 정신의 종속으로 인해 스스로를 현상의 세계에 가둬버렸기 때문이다.

그럼에도 무의식은 현상계에 가둬진 존재에게 숨겨진 광대한 질서의 한 자락을 틈새로 드러내며 존재의 깊숙한 곳에서 꿈틀거리는 근본지(根本智)를 향한 열망을 불타오르게 한다.

우리의 내적 상태나 생각 또는 느낌이 외부세계의 사건에 의해 발현되거나 확인될 때 우리는 '명백하게 의미 있는 우연의 일치'를 체험하게 된다. 이를 정신과 의사이자 분석심리학의 창시자 칼 구스타프 융은 동시성(同時性, synchronicity) 현상이라고 명명했다.

동시성의 원리는 만물이 비롯되고 또 돌아가야 할 '근원적 실재(unus mundus)'를 드러내는 원리이다. 흔들리는 깃발을 통해서 바람의 존재를 인식하듯이 우리는 동시성 현상을 통해서 '근원적 실재'를 인식한다.

천변만화(千變萬化)가 '근원적 실재'의 놀이이며 만물만상이 '근원적 실재'의 모습임을, 무의식은 물질적 사건을 방편 삼아 무언의 암시와 메시지를 보낸다. 그것은 유위법(有爲法)에 길들여진 존재에게 무의식이 전하는 강렬한 무위법(無爲法)이다.

환안, 그대는 이 동시성 현상을 집중적으로 강렬하게 체험하지 않았는가?

그러자 환안이 말했다.

위대한 나의 스승 '라 무'시어! 그렇습니다. 진인(眞人)을 만나기 위한 그 과정에서 '명백하게 의미 있는 우연의 일치'를 계속 체험하면서 무의식이 전하는 강렬한 무위법(無爲法)을 가슴 속에 깊이 새길 수 있었습니다.

마고가 고개를 끄덕이며 말했다.

그대들은 신선계의 최근 동향을 주시하고 있을 것이다. 지구가 리셋되는 후천대개벽기의 틀을 짜느라 바쁘게 움직이고 있지 않은가. 지구의 시간으로는 만여 년 후가 되지만 우주의 시간으로는 한 달 정도 후이니 머지않은 시기다.

지구 문명이 대변곡점에 이르렀다는 징후는 지구의 생태학적 위기와 새로운 테크놀로지의 부상, 그리고 과학과 영성의 접합에서도 확연히 드러난다.

인류의 진화 과정에서 획기적인 전기를 맞고 있는 이 시기에 인류가 거대한 개벽의 파도를 타고 넘으려면 인간 존재의 세 중심축인 신과 세계와 영혼에 대한 통섭적 이해와 존재론적 통찰이 절실히 요구된다.

우리가 지금 인류 문명을 통시적으로 재조명하면서 동서고금의 철학과 사상, 과학과 종교를 하나로 회통(會通)시키는 것도, 인류가 반성적 자기성찰을 통해 대통합의 후천(後天) 곤도(坤道) 시대로 진입하도록 하기 위한 것이다.

후천 가을의 초입에 이르기까지도 인류 사회의 진화는 문명의 외피만 더듬는 외적·기술적 수준에 머무르고 있다. 생명이 단순히 개체화된 물질적 생명체(입자)가 아니라 비분리성·비이원성을 본질로 하는 영성 그 자체라는 사실을 이해하지 못하기 때문이다.

생명(神·天·靈)이 분리할 수 없는 유일 실체, 즉 에너지장(場)이며 '의식과 지성을 가진 정신'이고 영성(신성, 참본성) 그 자체라는 사실을 알지 못하고서는 물질에서 의식으로의 방향 전환이 일어날 수가 없고 따라서 새로운 계몽의 시대는 열릴 수가 없다.

후천대개벽기가 되면 에너지 흐름의 방향이 물질 차원에서 의식 차원으로 전환되기 때문이다. 제도의 운용 주체인 인간의 의식이 바뀌지 않는데 겉모습만 바꾼 새로운 제도를 만든다고 해서 새 시대가 열리는 것은 아니기 때문이다.

때가 되면 나와 그대들이 말한 이 모든 것은 신관인 환안을 통해 생명의 대서사시로 알려질 것이다. 다만 봉인(封印)이 풀리기까지는, 환안, 그대여! 기다리고, 기다리고, 또 기다려야 할 것이다.

마고가 말을 마치자 모두 누각의 중앙으로 돌아가 자리에 앉았다. 약초 담당자가 가져온 진액을 마신 후 북두칠성이 말했다.

인류는 지금 얽히고설킨 '세계시장'이라는 복잡계와 통제 불능의 '기후'라는 복잡계가 빚어내는, 문명의 대순환주기와 자연의 대순환주기가 맞물리는 시점에 와 있다.

지구 자원의 한계와 에너지 문제, 기후재앙과 사막화와 생태계 붕괴, 환태평양지진대 '불의 고리' 활성화 및 화산폭발과 대규모 지진, 강력한 태양폭풍(슈퍼플레어), 지구온난화와 오존층 파괴와 감염병 팬데믹, 빙하 해빙의 가속화와 깨어나는 좀비 바이러스, 대서양 자오선 역전 순환(AMOC, 대서양 해류 순환) 붕괴 위기, 급격한 해수면 상승에 따른 태풍·허리케인·해안 침식 등 바다의 위협, 생물종 다양성 감소와 대기·해양·토양의 오염으로 인해 지구는 대재앙에 직면해 있다.

또한 질병과 이민과 테러를 유발하는 부의 불평등, 테러와 폭력과 전쟁으로 인한 전 지구적 내전, 환경악화와 자연재해에 따른 글로벌 식량 공급난과 빈곤 및 실업의 악순환, 전쟁과 빈곤과 환경 파괴의 악순환에 따른 수많은 '환경난민(environmental refugees)'의 발생 등으로 인해 세계 도처에서 '공습경보 사이렌'을 울리며 지구는 대규모 재앙의 티핑포인트로 다가서고 있다.

인류는 묻고 있다. "이 불확실성의 시대에 과연 새로운 문명은 열릴 수 있는 것인가?"라고.

그러자 곤륜산 신령이 말했다.

이러한 지구 대격변과 대정화의 주기 도래와 맞물려 생명 위기에 대처하기 위해 인류 문명의 구조를 생명 패러다임에 의해 재구성해야 할 긴요성은 그 어느 때보다도 높아지고 있다. 대개 세 가지 측면에서 이를 살펴볼 수 있다.

그 첫째는 세계자본주의 네트워크가 생태학적으로나 경제적·사회적·정치적으로 지속가능하지 않다는 점, 둘째는 인간의 자기실현과 생태적 지속성(ecological sustainability)을 담보할 수 있기 위해서는 생물학적·인지적·사회정치적 차원에서의 근본적인 변화가 필요하다는 점, 셋째는 서구 산업문명이 초래한 정신공황과 국제질서의 도덕적 기반 상실에 따른 지구공동체의 구심력 약화 등이 그것이다.

우선 세계자본주의 체제가 자원고갈·생태계 파괴·정신적 황폐 등으로 더 이상 지탱하기 어렵다는 것은 주지의 사실이다. 지난 수백 년 동안 인류가 만들어온 문명은 지구에 비축된 화석연료와 갖가지 금속과 희귀광물 등에 의존해온 것인 만큼, 자원고갈로 인해 이제 더 이상은 지속가능하지 않게 될 것이다.

또한 과학계에서는 지구 자기장의 급속한 감소와 자기장의 교란으로 지자극(地磁極)의 역전 가능성, 즉 지구 극이동(pole shift)의 가능성이 매우 높은 것으로 전망한다.

지자극 역전으로 북극(N극)과 남극(S극)이 뒤바뀌는 현상이 일어나면 방향감각을 자력에 의지하는 수천 종의 새와 물고기와 포유동물이 대멸종의 위험에 직면할 수도 있다.

지자극 역전 시 지축의 변화도 함께 일어날 것이라는 예측이 나오고 있다. 이 두 가지 변화가 동시에 일어날 경우 대규모 지진과 해일, 화산폭발 등으로 지구상의 모든 생명체는 치명적인 손상을 입게 될 것이다.

또한 지구 자기장 및 자전축의 변화가 공전궤도의 이심률(離心率) 변화와 상관관계에 있다는 연구 결과도 나오고 있다. 이심률이 0일 경우 지구의 공전궤도는 정원형(正圓形)이 된다.

구한말의 사상가 김일부(金一夫, 이름은 恒)가 그의 『정역(正易)』(1885) 체계에서 예고했듯이, 후천개벽의 도래와 함께 지구 궤도가 타원형에서 정원형으로 바뀌는 정역의 시대, 이른바 재조정의 시기가 도래할 것이다.

동학에서는 무위자연의 천지개벽에 조응하여 인위의 정신개벽과 사회개벽이 이루어지면 후천개벽의 새 세상이 열린다고 보았다.

생명 코드[마고 코드]의 부상은 이러한 후천 곤도(坤道) 시대의 도래와 맥을 같이 한다. 우주과학적 측면에서 볼 때 '여성적 원리[靈性]'의 부상은 지구 문명이 물고기 별자리인 쌍어궁 시대에서 물병 별자리인 보병궁 시대로 이행하는 것과 맥을 같이 한다.

다음으로, 인간의 자기실현과 생태적 지속성을 위해서는 생물학적·인지적·사회정치적 차원에서의 근본적인 변화가 필요하다는 것이다. 인간의 자기실현과 생태적 지속성이 세계화를 재설계하는 기본 윤리가 되기 위해선 무엇보다도 세계관과 사고방식 및 가치체계의 근본적인 변화가 선행되어야 한다.

이는 곧 정신·물질 이원론에 입각한 데카르트-뉴턴의 기계론적 세계관에서 전일적인 생명 패러다임으로의 전환을 의미한다. 말하자면 생명가치의 활성화를 통해 생명시대에 부응하는 생명정치적 주체로서의 '신인류'의 탄생을 촉발하는 것이다.

따라서 바람직한 생명문화가 뿌리내릴 수 있기 위해선 근대 산업문명과 연계된 물질적 성장제일주의가 아닌 인간의 의식 성장에 초점을 맞추어야 한다.

과학적 합리주의나 실증주의가 아닌 생태적 합리성에 기초한 분권화를 통해 생태적 지속성을 띤 지구생명공동체의 구현을 목표로 하는 것이어야 한다.

여기서 생태적 합리성은 생태계를 하나의 '살아있는 시스템'으로 인식하여 우주만물의 근원적 평등성과 유기적 통합성에 기초해 있다는 점에서 지배와 복종의 이원화된 구조에 입각하여 일체 대상을 도구화 내지는 수단화하는 근대의 도구적 합리성과는 확연히 구분된다.

끝으로, 서구 산업문명이 초래한 정신공황과 국제질서의 도덕적 기반 상실에 따른 지구공동체의 구심력 약화로 생명과 평화를 담보할 수 없게 되었다는 것이다.

근대 서구 문명이 말해주듯, 기술 발전이 인간의 이기적인 목적과 결합하면서 자원고갈, 환경 파괴와 생명 위기, 국가·지역·계층간 빈부격차 및 사회구조적 불평등, 정신공황과 공동체 해체현상까지 나타나게 되었으니, 편리함을 향유한 대가가 너무도 큰 셈이다.

또한 러시아-우크라이나 전쟁과 중동전의 장기화와 확전 가능성, 그리고 세계 도처에서 유발되고 있는 예측불허의 테러와 폭력에 따른 전 지구적 내전, 국익의 극대화를 지향하는 국가이기주의에 의해 지배되는 반(反)생명적인 국제정치경제 질서는 도덕적 기반을 상실한 국제질서의 현주소를 말해준다.

이러한 국제정치경제의 현안들은 전 지구적 파트너십이 절실하게 요구된다. 기술 발전이 근본적인 해결책이 될 수 없는 것은 세계자본주의 체제 속에서 기술이란 것은 선진국의 논리와 입장을 과학적으로 대변하는 도구에 지나지 않기 때문이다.

인류 사회가 처한 문제의 본질은 자연과 인간, 인간과 인간의 연대성 회복이 없이는 전 지구적 파트너십이 발휘될 수 없다는 데 있다. 이러한 연대성 회복을 위해서는 생명 패러다임으로의 대전환이 절실하게 요구된다.

곤륜산 신령이 말을 마치자 그의 말에 동조하며 북두칠성이 말했다.

그렇도다. 생명과 평화는 동전의 양면과도 같이 그 가치가 상호 결합되어 있다. 인류의 생명권에 대한 자각이 없이는 평화란 한갓 헛된 신념을 추동하는 이념에 지나지 않는다.

  지구는 의식 성장을 위한 학습의 장으로서 '생명의 정원'이고 인류는 그 정원사이며 모든 제도와 조직은 의식 성장을 위한 조건 창출에 관계한다. 이러한 사실을 자각할 수 있을 때 비로소 평화는 현실적인 것이 된다.

  그럼에도 객관적 합리주의에 기초한 근대 과학과 이에 편승한 물질만능주의는 생명과 평화의 보전이라는 지상과제를 외면한 채 의식 차원의 모든 것을 부정하고 드디어는 생명의 본체까지도 부정하기에 이르렀다.

  이것이야말로 존재론적 자살(ontological suicide)이 아니고 무엇이랴! 이러한 존재론적 자살이 만연하게 되면 생명문화가 정착될 수 없을뿐더러 생태적 가치가 활성화될 수도 없으므로 생태적으로 건전하고 지속가능한 사회로의 전환은 한갓 구호에 불과한 것이 된다.

  생명의 전일성과 자기근원성에 대한 자각에 기초하여 자율성과 평등성을 그 본질로 하는 순환경제(circulatory economy) 사회의 구축이야말로 생명과 평화의 보전을 위한 핵심 과제다. 이는 곧 물질적 성장제일주의가 아닌 인간의 의식 성장을 전제로 하는 사회의 구축이다.

  그러자 마고가 말했다.

  현대물리학의 가장 위대한 발견이랄 수 있는 '의식(意識)' 발견이 이루어지고, 양자역학을 통해 의식이라는 개념이 현대 과학의 전면에 부상한 것은 포스트 물질주의 과학이 등장하게 된 중요한 배경을 이루는 것이다. 이러한 포스트 물질주의 과학의 등장과 함께 포스트모던(postmodern)적 조류가 나타나게 된다.

  그 배경에는 근대 산업문명의 폐해로 여겨지는 국가·지역·계층간 빈부격차, 억압과 차별, 환경 파괴와 생명 위기 등의 문제가 기존의 낡은 패러다임으로는 해결이 불가능하며 완전히 새로운 삶의 패러다임을 채택해야 한다는 인식의 공감대가 형성되어 있다.

이러한 포스트모던적 조류는 단순한 시대사조라기보다는 근대 서구의 세계관과 가치체계의 근본적인 변화를 함축한 것으로 공감의 신문명을 창출하는 추동체로서 작용할 것이다.

포스트휴머니즘(posthumanism)은 기술적으로만 접근할 수 있는 주제가 아니며 일체의 이원성을 넘어서는 인간 의식의 패턴 변화를 전제로 한다.

그것이 해체주의의 핵심이다. 우리의 의식이 육체적 자아에서 영적·우주적 자아로 확장될 때 포스트모던 세계가 열린다. 포스트모던 세계는 연결성·소통성·능동성을 본질로 하는 호모커넥투스(Homo Connectus, 초연결사회의 인간)의 정체성이 구현된 세계다.

포스트휴먼(posthuman, 차세대 인간 또는 신인류)* 시대에는 인간과 사물 간의 분리가 사라지면서 포스트휴먼 사이보그(cyborg)[14]로 진화할 것이다. 포스트휴먼 시대에 새롭게 등장하는 사이보그는 사물(만물)인터넷과 인간의 연계로 네트워크를 통해 인간의 능력이 증강된 '네트워크 사이보그'다.

인간의 뇌를 다운로드해서 슈퍼컴퓨터에 업로드하는 '트랜센던스(transcendence)' 프로젝트가 성공할 경우, 소프트웨어라는 '마음 파일(mind file)'은 육체라는 하드웨어(육체와 생물학적 뇌)의 영구성과는 상관없이 널리 확장될 것이다.

---

* 포스트휴먼은 근대 휴머니즘의 한계를 극복하기 위한 새로운 휴머니즘인 포스트휴머니즘(또는 네오휴머니즘)의 모색과 연결된 개념으로 흔히 사용된다. 즉, 근대 휴머니즘(인본주의)의 토대를 이루는 인간중심주의, 남성중심주의, 유럽중심주의, 백인우월주의의 한계를 극복하고 대안적 인간상을 모색하는 맥락에서 이 개념이 사용되는 것이다. 또한 포스트휴먼은 인간과 기계의 전반적인 수렴이 일어나 그 둘의 경계가 해체되는 시대의 인간으로 전통적인 인간관의 중대한 변환을 내포한 개념이다.

그 단계가 되면 'I AM'은 육체적 자아의 정체성이 아니라 보편적 실재로서의 '참나', 즉 순수 현존(pure presence)의 정체성을 나타내는 것임을 분명히 알게 될 것이다.

그때가 되면 '참나[참본성, 신성, 영성, 一心]'가 곧 하늘(天·神·靈)이며 생명이고 진리라는 것을, 그리고 물질현상이면서 동시에 물질현상의 원인이 되는 정신적인 원리라는 것을 알게 될 것이다.

또한 더 이상은 삶과 죽음을 이원화하는 미망에 사로잡히는 일도 없을 것이며, 육체적 자아를 기반으로 한 휴머니즘의 망령과 질곡에서도 자유로워질 것이다. 불멸은 이원성(duality)의 죽음이다.

마고가 말을 마치자 그의 말에 동조하며 북두칠성이 말했다.

그렇도다. 문명의 대전환은 단순한 제도적 개혁이 아닌, 의식의 확장에 따른 '이원성의 죽음'으로 이루어지는 것이다.

뇌 속에 패턴을 이루며 들어있는 수천조 바이트의 정보들을 다른 곳에 저장하는 방법을 알아내게 되면, 의식이라는 소프트웨어는 인체라는 하드웨어의 한계를 넘어 널리 확장될 것이며, 필요하거나 원할 때만 육체를 가지면서 인간은 웹에서 살게 될지도 모른다.

그 단계가 되면 삶과 죽음, 주관과 객관, 개체와 전체 등 물질적 육체로부터 기인하는 온갖 이분법이 의미를 상실하게 될 것이다.

이처럼 물질계는—과학기술의 발달을 포함하여—아무런 방향성 없이 이리저리 흘러가는 것이 아니라 의식계와 조응하여 '오메가 포인트(Omega Point: 영적 탄생)'를 향해 나아가고 있으며, 종국에는 '집단 영성의 탄생'으로 이어질 것이다.

그때가 되면 알게 될 것이다. 자신의 정체성이 육체적 자아가 아니라 영성(spirituality) 그 자체라는 것을! 그리고 모든 미망의 뿌리가 영적 일체성의 결여에 있음을 호모커넥투스는 깨닫게 될 것이다.

북두칠성이 말을 마치자 이어 곤륜산 신령이 말했다.

그렇도다. 21세기 시스템의 기본 구조는 물리적 시스템과 사이버 시스템이 상호작용하면서 하드웨어와 소프트웨어가 융합되고 초연결되어 '글로벌 CPS(가상 물리 시스템) 생태계'로 재편될 전망이다.

또한 딥러닝(deep learning)*이라는 새로운 '뉴럴 네트워크(neural network)' 기술의 등장으로 인공지능(AI)의 진화도 가속화될 전망이다.

특히 '스스로 진화하는 인공지능'과 인간이 공존하는 문제는 호모커넥투스 시대가 직면한 최대의 딜레마이다. 생명의 인위 탄생과 조작, 치명적 바이러스 개발, 소모품 복제인간 개발 등 과학의 윤리성 문제도 제기되고 있다.

과학기술의 발달이 '우리 공동의 미래(Our Common Future)'**를 견인하지 못하고 특정 집단의 이기적인 목적에 봉사하게 되면 결국 지구는 분열과 파괴로 치닫게 될 것이다.

21세기 인류의 미래를 담보할 해법은 자유와 관용, 생명 가치와 다양성을 존중하는 건강한 사회를 뿌리내리게 하는 것이다.

---

* 딥러닝은 인간 두뇌의 신경망을 모방한 수많은 인공신경망(artificial neural network, ANN)을 컴퓨터 내부에 생성해 자동으로 기계학습(machine learning, ML)을 수행하는 기술이다.

** '우리 공동의 미래'는 유엔환경계획(UNEP)의 세계환경개발위원회(WCED)가 1987년에 발표한 〈우리 공동의 미래(Our Common Future)〉라는 이름의 브룬트란트(Brundtland) 보고서에서 따온 것이다. 이 보고서는 당시 WCED의 위원장이던 노르웨이 수상 브룬트란트의 이름을 따서 '브룬트란트 보고서'로 널리 알려졌다. 이 보고서를 통해 '환경적으로 건전하고 지속가능한 발전(environmentally sound and sustainable development, ESSD)' 또는 줄여서 '지속가능한 발전(SD)'이라는 개념이 21세기 인류의 미래를 담보할 새로운 성장 패러다임으로 제시되어 전 지구적으로 확산되었다.

유전공학과 사이보그 기술의 발달로 머지않아 현생인류가 포스트휴먼에 의해 대체될 것이라는 전망이 무성하게 나오면서, 이원적 인식론을 넘어선 포스트휴머니즘이 지배하는 포스트모던 세계에 대한 새로운 버전의 담론이 힘을 얻고 있다.

기술 발전의 가속화로 인류는 육체적으로나 지적으로 또는 영적으로 생물학적 한계를 뛰어넘는 시점, 이른바 '양자 변환(quantum transformation)'으로 일컬어지는 새로운 우주 주기를 향해 나아가고 있다.

인류가 코로나바이러스감염증-19(COVID-19)가 팬데믹 단계에 돌입하면서 지구촌 전체가 '패닉' 상태에 빠지기도 했지만, 인류 역사를 통해 주기적으로 반복돼 온 가공할 전염병은 인류의 잠든 의식을 흔들어 깨우는 학습기제로서의 역할을 했다.

그리고 그 시기가 지나가면 또 새로운 시대가 열리곤 했다. 인간이 겪는 고난 중에서도 전 인류적인 집단 병고(病苦)는 '초정신 지능'을 깨우는 강도 높은 고행이다. 이러한 고행은 후천의 새 세상이 열릴 때까지 더욱 강도 높게 이어질 것이다.

이 중대한 시기를 인류의 집단의식을 상승시키는 기회로 삼아 '의식의 플랫폼(platform of consciousness)'을 재정비하고 사랑의 문명이 꽃피는 진정한 공감의 시대를 열어가야 할 것이다.

곤륜산 신령이 말을 마치자 북두칠성이 환안을 향해 말했다.

그대 사명자, 신관이여! 근대 과학혁명을 통해 새로운 정상과학(正常科學, normal science)이 기계론적 세계관의 새 패러다임에 의해 기존의 정상과학을 대체했듯이, 이제 현대 과학혁명을 통해 새로운 정상과학―특히 현대물리학―이 전일적 실재관의 새 패러다임에 의해 기존의 정상과학을 대체하는 작업이 진행 중이다. 이는 인류 문명사에서 어떤 의미가 있다고 보는가?

환안이 대답했다.

일월성신을 다스리는 하늘의 주재신, 북두칠성이시여! 인류 문명사적으로 볼 때 현대물리학의 전일적 실재관(holistic view of reality)은 영성(靈性)의 과학적 재발견이라는 점에서 커다란 의미가 있습니다.

과학과 영성, 물리(物理)와 성리(性理), 물질과 정신이 만나서 대통합의 후천시대로 진입하는 초석을 마련한 것입니다.

현대물리학은 물리적 세계의 구조가 마야(maya, 幻影) 또는 유심(唯心, mind only)이라는 것에 대해 동양의 현자들과 견해를 같이하고 있습니다.[15]

현대물리학은 우주만물을 잇는 에너지장(場) 자체가 생명이며 생명은 전일적이고 자기근원적이며 근원적으로 평등하고 유기적으로 통합되어 있음을 밝혀냈습니다. 실로 '마음은 모든 것(mind is all)'임을 발견한 것입니다.

우주의 실체는 의식이므로 생명[天·神·靈]은 곧 보편의식[전체의식, 우주의식, 근원의식, 순수의식]이며 한마음(一心)이고 참본성(神性, 靈性)입니다.

한마음(一心, 一氣)은 천변만화(千變萬化)가 작용하는 생멸(生滅)의 문이며, 만물만상이 하나가 되는 진여(眞如)의 문입니다.

현대물리학은 동양사상의 정수인 천·지·인 삼신일체의 원리를 실험적으로 입증한 것이라는 점에서 심대한 의미가 있습니다.

말을 마치자 환안은 다시 이렇게 읊었다.

현대물리학이여, 그대는 영성을 과학적으로 재발견했다. 이는 곧 생명의 재발견이다! 그대는 과학과 영성, 물리와 성리, 물질과 정신이 만나서 대통합의 후천시대로 진입하는 초석을 마련했다.

현대물리학이여, 그대는 물리적 세계의 구조가 마야(幻影) 또는 유심(唯心)이라는 것에 대해 동양의 현자들과 견해를 같이 하기 위하여 그토록 먼 길을 달려온 것인가?

　현대물리학이여, 위대한 탐험가여! 그대는 우주만물을 잇는 에너지장(場) 자체가 생명[神·天·靈]이며 일심[一氣]이고 참본성임을 발견했다.

　현대물리학이여, 그대는 선언했노라. 한마음(一心)은 천변만화가 작용하는 생멸(生滅)의 문이며, 만물만상이 하나가 되는 진여(眞如)의 문이라는 것을!

　오, 현대물리학이여, 대통합의 선포자여! 그대는 천·지·인 삼신일체의 원리를 실험적으로 입증함으로써 과학과 종교의 통합을 선포하고 마침내 종교혁명[영혼혁명]에 불을 당겼다!

　이윽고 북두칠성이 말했다.

　사명자여, 그대는 탁월한 지적 감수성(intellectual sensitivity)을 지녔도다!

　북두칠성의 말에 마고와 곤륜산 신령도 공감하며 고개를 끄덕였다.

　북두칠성은 말을 이어갔다.

　21세기에 들어 '특이점(Singularity)'이라는 용어가 돌이킬 수 없는 인류 문명의 대변곡점을 지칭하는 것으로 광의로 사용되고 있다.

　많은 과학자들은 '특이점'이 임박한 것으로 판단하고 있고 또한 그것이 인류의 삶의 전 영역에 되돌릴 수 없는 변화를 가져올 것으로 예상하기 때문에 이에 대한 진지한 논의가 이루어지고 있다.

　'특이점주의자(singularitarian)'라고 불리는 이들은 미래 문명의 지능 대부분이 결국에는 비생물학적인 형태가 될 것이라고 본다.

　그러나 비생물학적인 지능은 생물학적 설계에서 파생되어 나올 것이기 때문에 인간성에 대한 이해가 생물학적인 기원을 넘어서긴 하겠지만 여러 가지 면에서 미래 문명은 현재보다 더 인간적인 전형이 될 것이라고 본다.

또한 이들은 특이점을 완전히 이해하면 인생관이나 삶의 태도가 본질적으로 바뀌기 때문에 이 시기에 대한 대처 능력을 증대시킬 수 있다고 본다.

컴퓨터와 통신기술의 급속한 진보로 인공지능과 로봇의 결합이 가속화되고 있고 또한 인공지능을 갖춘 '로보 사피엔스(Robo Sapiens)'가 '호모 사피엔스'와 공생하는 시대가 임박한 것으로 예측되면서 특이점의 도래에 대한 주장이 힘을 얻고 있다.

그러자 곤륜산 신령이 말했다.

컴퓨터 과학자이자 미래학자인 레이 커즈와일은 21세기 전반부에 'GNR(Genetics(유전학), Nanotechnology(나노기술), Robotics(로봇공학))' 혁명이 중첩적으로 일어나면 자연지능과 인공지능의 융합이 이루어져 인간의 지능이 심대하게 확장되고 점차 사이보그가 되어갈 것이라고 전망했다.

2030~2040년대가 되면 보다 근본적인 인체의 재설계가 이루어져 버전 3.0 인체가 탄생할 것이라고 전망했다.[16] 2030년대 말이 되면 뇌를 완전히 스캔해서 생물학적 뇌보다 훨씬 강력한 다른 연산 기관에다 그대로 옮기는 것이 충분히 가능하다고 했다.

그때가 되면 인간의 물질관 자체에도 심대한 변화가 오지 않겠는가?

또한 그는 2040년경이 되면 비생물학적 지능은 생물학적 지능보다 수십억 배 뛰어난 상태가 되어 있을 것이라고 내다봤다.[17] 2045년에는 인공지능(AI)과의 결합으로 인류의 육체적·지적 능력이 생물학적 한계를 뛰어넘는 특이점이 온다고 했다.[18]

'인간을 통제할 수 있다'라고 한 챗GPT*의 발언은 일반 인공지능(AGI,

---

* GPT는 'Generative Pretrained Transformer(생성형 사전학습 변환기)'의 약자이다. 챗GPT는 인간의 언어와 지식을 습득했고 대화에 특화됐다. 창의적인 결과물을 내놓는

Strong AI) 시대가 곧 도래하게 될 것임을 예고한 것이다. 인공지능의 핵심기술은 딥러닝이며, 딥러닝은 인공신경망(ANN)을 컴퓨터 내부에 구축해 자동으로 머신러닝을 수행하는 기술이다.

뉴럴 네트워크(neural network)에 기반한 딥러닝의 핵심은 데이터이며 데이터는 인간이 만들고 평가한다는 점에서 인공지능 윤리 문제는 곧 인간 자체의 윤리 문제다. 인공지능의 작동방식은 알고리즘 기반이다.

알고리즘은 데이터가 생성해내는 순수하게 수학적이고 객관적인 결과물이 아니라, 설계하고 운영하는 사람이나 조직의 가치체계와 세계관이 반영될 수밖에 없는 구조이므로 투명하지 않다.

알고리즘이 '인간의 편향성을 코드화'하고 이 코드들이 점점 우리의 삶을 지배하고 있다는 점에서 결국 인공지능 윤리 문제는 인공지능 그 자체가 아니라 그 운영체계를 설계하는 인간의 문제다.

인간과 인공지능 기계의 공생이 메타트렌드(metatrend: 사회 문화 전반에 걸친 광범위하고 보편적인 경향)가 되고 있는 이 시대에 이원성과 분리성의 원천인 인간중심의 협소한 사고체계로는 인간과 기술의 공존을 담보하기 어렵다.

이미 스마트폰으로 시작된 인간과 인공지능의 공생관계는 '의미 있는 인간 제어' 없이는 기계에 권리를 넘기는 일이 발생할 것이라는 우려가 제기되고 있다.

따라서 자연지능과 인공지능이 소통하는 새로운 통합모델, 다시 말해 인공지능 윤리가 준수될 수 있는 새로운 휴머니즘의 모색이 시급하다. '특

다는 점에서 '생성형 AI(generative AI)' 챗봇(chatbot)이라고 한다. 데이터 처리 가능량에 있어 GPT-3.5가 회당 3,000단어인데 비해, 더욱 강력한 성능의 AI로 업그레이드된 GPT-4는 회당 2만5,000단어라고 한다.

이점'은 아무런 윤리적 제약 없이 일사불란하게 핵폭탄 제조에 매진했던 '맨해튼 프로젝트(Manhattan Project)'가 되어서는 안 되기 때문이다.

곤륜산 신령이 말을 마치자 이에 동조하며 북두칠성이 말했다.

그렇도다. 인공지능이 진화할수록 윤리 문제는 더 중요해질 수밖에 없다. 인간이 만들고 있는 비생물학적 지능은 현재도 그러하거니와 미래에도 인간의 가치를 반영할 것이기 때문이다. 사실 인공지능은 인류의 집합의식이 이입된 것이기 때문에 인공지능 윤리 문제는 엄밀하게 말하면, 인간 자체의 윤리 문제다.

체스·바둑에 이어 전략 게임 영역과 과학 분야에서도 인간과 인공지능의 역전 현상이 나타나는 등 최근의 발전 추세로 볼 때 수없이 많은 인간 사회의 근간을 인공지능이 유·무선 네트워크로 제어하는 위치에 오를 것이 확실시된다.

또한 인공지능의 악용 가능성에 대한 우려도 커지고 있다. '가짜뉴스(Fake News)', 가짜정보를 만들어내는 데 악용할 수 있고, 컴퓨터 바이러스를 만드는 데도 악용할 수 있다.

이로 인한 피해가 속출하고 SNS에서 빠르게 확산되는 허위 정보들로 인해 사회정치적으로 '탈진실(post-truth)' 문제가 국지적 현상이 아닌 이 시대의 특성이 되고 있다.

인간의 뇌는 흔히 컴퓨터에 비유되기도 한다. 모든 컴퓨터는 작동하기 위해 하드웨어와 운영시스템과 소프트웨어(프로그램), 이 세 가지가 필요하다. 전체 우주를 거대한 의식 컴퓨터[19]라고 생각한다면, 의식 자체는 운영시스템이고, 현실은 그 결과물이다.

의식이라는 운영시스템에 명령을 내리는 프로그램(소프트웨어)을 바꾸려면 우리의 감정(느낌)과 정서와 기도와 믿음 등이 연결된 인식 코드, 즉 세계관과 사고방식 및 가치체계를 바꾸어야 하는데, 이것이 곧 '패러다임 전환'이다.

인공지능 기술에 대한 사회적 제어력을 높이는 것도 결국 인식의 전환이 있어야 가능하다. 생명 가치를 활성화하고 바람직한 생명 문화가 뿌리내릴 수 있도록 인류 의식의 패턴 자체가 바뀌어야 한다.

북두칠성이 말을 마치자 마고가 말했다.

의식의 패턴이 바뀌어야 그 결과물인 현실도 바뀐다는 단순한 진리를 수천 년 동안 국가 통치엘리트 집단의 통치 코드로 삼았던 나라가 바로 한민족의 나라다.

그런데 유라시아를 관통하며 환하게 광명한 정치를 펼치던 환단(桓檀)의 후예들이 지금은 한 조각의 땅에서, 그것도 남과 북으로 나뉜 채, 대치하고 있지 않은가.

어느 한쪽만이 '환단'의 후예라고 할 수는 없으니 '한민족'이라고 하는 것이다. 또한 다양한 시기에 걸쳐 세계 곳곳으로 흩어진 한민족도 있고, 19세기 말부터 연해주로, 만주로, 하와이로, 유카탄 등지로 흩어진 '한민족 디아스포라'도 있지 않은가?

홍익인간·광명이세의 건국이념이 말해주듯 한민족은 세계시민주의(cosmopolitanism)를 지향하는 민족이었다.

'한' 또는 '환'은 '하나됨(숖一)'·광명(빛·밝)의 뜻이므로 그 어떤 의미에서도 배타성을 띠지 않는다. 배타적 민족주의가 아니라는 말이다.

환국이라는 국호만 보더라도 인류 역사상 그 어떤 나라가 '하나됨(숖一)'·광명이라는 의미를 국호로 삼을 수 있겠는가? 민족주의 운운한다면 그것은 '한'의 역사적 내력과 그 심오한 의미를 알지 못하기 때문이다.

한민족은 특정 민족을 지칭하는 용어이기도 하지만, '한'은 곧 '하나됨'의 의미를 담고 있으므로 지구 행성 전체가 하나인 '한'민족이라는 보통명사로 사용될 수도 있다.

어느 시대고 역사의 주역은 있기 마련이다. 동서고금의 현자들이 이미 예단하고 있거니와, 새로운 문명을 여는 주역은 한민족이다.

현대 과학혁명이 수반하는 새로운 문명의 건설은 현대물리학의 전일적 실재관에 부응하는 사상과 정신문화를 가진 민족이 담당하게 되는 것은 역사적 필연이다.

근대 과학혁명이 이분법적 패러다임[기계론적·환원론적 세계관]을 기반으로 수직적 구조의 분열적인 성격을 띤 근대 문명을 창출했다면, 현대 과학혁명은 전일적 패러다임[시스템적·통섭적 세계관]을 기반으로 수평적 구조의 통섭적인 성격을 띤 새로운 문명을 창출하게 될 것이다.

생명의 전일성과 유기적 통합성을 바탕으로 한 통섭적 세계관은 홍익인간 DNA를 가진 한민족의 고유한 사상과 정신문화를 형성해 온 중심축이 되는 것이기에, 세계의 석학과 지성들은 한결같이 새로운 문명의 주역으로 한민족을 지목하는 것이다.

한민족 고유의 생명 코드는 만물이 만물일 수 있게 하는 제1원인인 '생명'에 대한 개념적 명료화를 통해 인간 존재의 세 중심축인 신과 세계와 영혼 세 영역(天地人 三才)의 연관성 및 통합성을 자각하게 한다.

'하나는 셋(一卽三), 셋은 하나(三卽一)', 즉 천·지·인 삼신일체라는 생명 코드는 환단시대의 정치대전이자 만백성의 삶의 교본인 『천부경』·『삼일신고』·『참전계경』을 관통하는 핵심 코드이다. 이 생명 코드는 새로운 문명을 여는 인류의 '보편 코드'이며 '통합학문'의 시대를 여는 단초가 되는 것이다.

남과 북은 곧 다시 하나가 될 것이다. 그러나 화해와 상생에 기초한 진정한 '하나됨'을 이루기 위해서는 한민족 고유의 생명 코드를 체득하지 않으면 안 된다.

마고는 계속해서 말했다.

천시(天時)와 인사(人事), 즉 하늘의 때와 인간사(세상일)는 상합하는 것이어서, 천지가 뒤집히는 후천개벽기의 대변화가 천문(天文)에 나타나 있는 것을 보노라.

천문 그 자체가 역(易)이고 천지운행의 원리가 상수(象數)에 기초해 있으니 이를 알지 못하고서는 후천개벽을 논할 수 없다.

김일부의 『정역(正易)』(1885)은 우주 봄(春)의 천도(天道)를 밝힌 복희팔괘(伏羲八卦)*에서 우주 여름(夏)의 인도(人道)를 밝힌 문왕팔괘(文王八卦)**로, 그리고 다시 우주 가을(秋)의 지도(地道)를 밝힌 정역팔괘(正易八卦)로 번천복지(翻天覆地: 천지가 뒤집힘)하는 대변화를 나타낸 것이다.

〈그림 6.2〉 복희팔괘도　　〈그림 6.3〉 문왕팔괘도　　〈그림 6.4〉 정역팔괘도

---

* '복희팔괘'의 복희(伏羲)씨는 앞서 고찰했듯이 배달국 제5대 태우의(太虞儀) 환웅(재위 BCE 3512~BCE 3419)의 막내아들로서 태우의(太虞儀) 환웅 때 체계화된 신선도문화[仙教文化]를 가지고 서쪽 중토(中土, 中原)로 나아가 임금이 되었고, 또 팔괘(八卦)를 그려 중토 역리(易理: 易의 이치)의 원조가 되었던 인물이다(『揆園史話』, 「太始記」; 『桓檀古記』, 「太白逸史」 神市本紀).

** '문왕팔괘'의 문왕(文王)은 주(周) 왕조의 기초를 닦은 명군(名君)으로, 둘째 아들인 서주(西周) 무왕(武王)이 주나라 건국 후 문왕으로 추숭(追崇)했던 인물이다.

우주 대변역(大變易)*의 원리를 밝힌 『정역』의 기본체계[20]는 「십오일언(十五一言)」과 「십일일언(十一一言)」의 두 편으로 구성된다.

건곤정위(乾坤正位)의 뜻이 함축된 십오일언은 23.5도로 기울어진 지구 자전축의 북극 이동 및 정남북 정립으로 지구 공전궤도가 타원에서 정원(正圓)으로 바뀌고 선천의 1년 $365\frac{1}{4}$일 윤력(閏曆)이 후천의 1년 360일 정력(正曆)이 되며 음양지합(陰陽之合)이 이루어져 '정역(正易)'의 새 세상이 펼쳐질 것임을 시사한다.

간태합덕(艮兌合德)의 뜻이 함축된 십일일언은 우주적 본성으로의 회귀를 통한 인간의 자기실현과 천·지·인 삼재의 융화로 조화로운 유리세계(琉璃世界)가 도래할 것임을 시사한다. 이는 상극오행(相剋五行)의 선천 낙서(洛書, 龜書) 시대를 마감하고 천지가 뒤집히는 대변화를 거쳐 상생오행(相生五行)의 후천 하도(河圖, 龍圖)** 시대로 진입한다는 함의를 지니고 있다.

그러자 북두칠성이 말했다.

후천개벽의 새 세상이 열리는 길은 '십오일언', '십일일언', 십일귀체(十一歸體) 등에 잘 나타나 있다. 십(十)과 일(一)은 합하면 토(土)이니, 십일귀체는 중(中)에 거(居)하는 5황극으로 귀환하는 것을 의미한다. 정역팔괘도로는 '5곤지(坤地)'로의 귀환이다.

---

* 「십일일언」에서 김일부는 '선천의 역은 교역(交易)의 역이고, 후천의 역은 변역(變易)의 역'(『正易』, 「十一一言」: "先天之易 交易之易 後天之易 變易之易")이라고 함으로써 1년 $365\frac{1}{4}$일 역법(曆法) 안에서의 변화인 선천의 '교역'과 천지(天地)가 지천(地天)이 되는 근본적인 대변화인 후천의 '변역'을 구분했다.

** 하도(河圖)는 열 개의 숫자 1, 2, 3, 4, 5, 6, 7, 8, 9, 10이 일으키는 변화이며 그 합인 55라는 숫자는 상생오행(相生五行)을 나타내고, 낙서(洛書)는 아홉 개의 숫자 1, 2, 3, 4, 5, 6, 7, 8, 9가 일으키는 변화이며 그 합인 45라는 숫자는 상극오행(相剋五行)을 나타내는 것으로, 하도낙서는 상생상극(相生相剋)하는 천지운행의 현묘(玄妙)한 이치를 드러낸 것이다.

이는 곧 해혹복본(解惑復本: 미혹함을 풀어 참본성을 회복함)이요, 대지와 생명을 관장하는 태모(太母) 마고의 부활이며 낙원국가 마고성으로의 귀환이 아닌가? '태양의 제국'인 환국으로의 귀환이 아닌가?

마고가 말했다.

그렇도다. 선천의 역(易)의 이치로 후천의 전 지구적 및 사회적 대변동을 설명할 수 없으니 후천의 운도(運度)에 조응하는 새로운 역학(易學) 체계가 정립된 것이다.

후천의 새 세상이 이미 『정역(正易)』에 다 나와 있는데도 사대주의에 빠진 나의 후예들은 『주역(周易)』은 숭상하면서도 『정역』은 홀대하고 있다.

사실 『주역』은 동이족인 복희씨의 복희팔괘에서 비롯되었으므로 『주역』의 바탕을 이루는 상수(象數) 원리와 그 정신의 원형은 한민족 고유의 『천부경』이다. 『천부경』은 선가(仙家) 사상의 연원이 되었으며 역학(易學)의 시초이고 『주역』의 시원을 이룬 것으로 널리 알려져 있다.[21]

그리고는 이야기를 계속했다.

'유리세계(琉璃世界)'의 도래는 천·지·인의 일원성에 대한 자각을 전제로 한다. 천·지·인은 본래 삼신일체이지만, 삼신일체의 천도(天道)가 인간 존재 속에 구현되는 일심(一心)의 경지에 이르러야 구체적 현실태가 될 수 있다. 사람의 역할이 중요한 이유다.

그래서 한민족 고유의 생명 코드에서는 인중천지일(人中天地一)·성통공완(性通功完)·혈구지도(絜矩之道)*와 경천숭조(敬天崇祖)의 보본(報本)사상을 강

---

* '인중천지일'은 천·지·인 삼신일체의 천도가 인간 존재 속에 구현되는 일심의 경지를 의미하고, '성통공완'은 참본성이 열리어 공덕[功業]을 완수한다는 뜻이며, '혈구지도'는 내 마음으로 미루어 남의 마음을 헤아리는 추기탁인(推己度人)의 도를 뜻한다.

조한 것이다.

마찬가지로 동학에서도 후천개벽에 조응하는 정신개벽과 사회개벽, 시천주(侍天主: 하늘(님)을 모심) 도덕과 동귀일체(同歸一體) 그리고 삼경(三敬: 敬天·敬人·敬物)의 실천적 삶을 강조한 것이다.

정역팔괘는 생장·분열하는 선천의 음양상극 시대를 마감하고 수렴·통일하는 후천의 정음정양(正陰正陽)의 시대로 진입하는 것을 나타낸 것이다.

문왕팔괘의 감[坎水]·리[離火]가 물러나고 정역팔괘의 건[乾天]·곤[坤地]이 정남북에 지천태(地天泰)의 형태로 정립되며 간[艮山]·태[兌澤]가 동서에 자리잡아 1년이 360일로 되고 극한(極寒)·극서(極暑)가 사라져 '사시장춘(四時長春)'이 이어지며, 올바른 윤리가 세워지고 하도(河圖)의 이상이 실현되는 상생의 후천 세상이 펼쳐진다는 것이다.

건남곤북(乾南坤北)의 천지비(天地否)를 표징하는 복희팔괘도가 천존지비(天尊地卑: 하늘은 높이 받들고 땅은 천시함)의 부조화의 세상을 나타낸 것과는 달리, 곤남건북(坤南乾北)의 지천태(地天泰)를 표징하는 정역팔괘도는 천지교태(天地交泰: 하늘과 땅이 화합하여 태평함)의 조화로운 세상을 나타낸 것이다.

정역팔괘도는 한반도를 중심축으로 하는 동북 간방(艮方)에서 천지비괘의 선천 문명이 끝을 맺고 지천태괘의 후천 문명이 새롭게 열릴 것임을 예고하고 있다. 그것은 대정화와 대통섭의 신문명, 즉 간태합덕(艮兌合德)의 새 세상이 열릴 것임을 예고한 것이다.

새 세상의 중심은 간괘(艮卦)의 소남, 즉 한민족이며, 태괘(兌卦)의 소녀 미국은 상생하는 파트너이자 협력자로서의 역할을 담당하게 될 것이다.

후천개벽은 '기위친정(己位親政)'으로부터 시작된다. 기위(己位)는 십간(十

干)인 갑을병정무기경신임계(甲乙丙丁戊己更辛壬癸)*의 여섯 번째이다.

선천시대가 십간의 첫 번째인 갑(甲)이 전면에 나서 갑질을 하는 세상이었다면, 후천시대는 천지가 지천이 되고 금화교역(金火交易)이 일어나 전방의 갑이 뒤로 물러나고 후방의 기(己)가 전면에 나서 친정(親政)을 하게 된다는 것이다.

'갑'은 남성과 사회 기득권 세력을 지칭한 것이고, '기'는 여성과 사회적 약자 및 소외세력을 지칭한 것이다.

여기서 '기위친정'은 지구 자전축이 바로 서면서 천지비괘가 지천태괘가 되어 그동안 소외되고 그늘 속에 가려져 있던 여성과 사회적 약자가 사회정치적으로 전면에 나서게 된다는 보편적 의미와 함께 '상제조림(上帝照臨)'**이라는 특수적 의미도 함축한 것으로 볼 수 있다. 말하자면 지구가 리셋(reset) 과정을 통해 하늘의 뜻이 땅에서 실현되는 것이다.

『정역』의 종지(宗旨)는 '기위친정'의 원리 속에 함축되어 있으며 전 지구적 및 사회적 대변동 또한 이 원리로써 설명된다.

천지개벽의 도수(度數)에 따른 후천 곤도(坤道) 시대의 도래와 함께 건[乾天]·곤[坤地]이 정남북에 지천태(地天泰)의 형태로 정립됨에 따라 자유와 평등의 변증법적 대통합이 이루어져 대동사회의 이상이 구현되는 것이다.

지금의 자본주의와 사회주의, 자유민주주의와 공산주의의 이데올로기

---

* 우리나라는 이미 배달국 시대에 역(曆)과 역(易)이 체계화되어 십간십이지(十干十二支)가 실생활에 응용되었다는 것이 『참전계경』과 『환단고기』 등에 나와 있다. 십간(十干)은 갑을병정무기경신임계(甲乙丙丁戊己更辛壬癸)이고 십이지(十二支)는 자축인묘진사오미신유술해(子丑寅卯辰巳午未申酉戌亥)인데, 천간(天干)과 지지(地支)가 합쳐 갑자(甲子)를 이루며 60갑자를 주기로 되풀이되는 것이 역(曆) 체계의 기본이다.
** 여기서 '상제조림'은 '기위친정'의 원리에 부합하는 지도자의 출현을 말한다.

적 대립은 자유와 평등의 대통합 시대를 여는 마지막 담금질이다.

그리고는 이어 이렇게 말했다.

2004년 12월 인도양 지진해일(규모 9.1-9.3)을 그대들도 알고 있을 것이다. 수십만 명의 인명 피해를 가져온 이 지진해일은 호주·인도판의 일부가 수마트라섬 주변에서 유라시아판과 충돌하면서 발생했다. 그 충돌 원인은 과학계 일부에서 지적했듯이 『정역』에서 예고한 지구 자전축의 북극 이동과 관련이 있다.

지구 자전축이 북극으로 이동하면서 북극을 구성하는 두 개의 축인 '지리극(地理極, geographic pole)'과 '자기극(磁氣極, magnetic pole)'의 상호 이탈 및 관계 재형성을 가져와 이런 개벽적 상황이 발생한 것이다. 이러한 개벽적 상황은 지구 자전축이 정남북에 완전히 정립될 때까지 다양한 형태로 강도 높게 이어질 것이다.

그대들도 알고 있듯이, 무 대륙도 한 번에 파괴된 것이 아니다. 대륙이 파괴되기 전 대륙의 파멸 징조로 보이는 불길한 일들은 점점 자주 일어났고 대륙은 부분적으로 파괴되기 시작했다. 그러다가 지진과 화산폭발로 밤사이에 완전히 파괴되어 동틀 무렵에 수천 만의 사람들과 함께 태평양 바닷물 속으로 침몰해 버린 것이다.

말을 마치자 마고는 자리에서 일어나 허공을 향해 두 팔을 벌렸다.

형제들이여, 1989년 11월 9일 베를린 장벽의 붕괴로 촉발된 동·서독 통일이 동·서융합의 비전을 보여준 상징적인 사건이라면, 남북통일은 전 지구적 차원의 양극성을 통합하는 신호탄이다.

남북분단이 대통합의 새로운 시대를 열기 위한 한민족의 자기 연단(鍊鍛)의 과정이라면, 남북통일은 단순히 물리적 장벽을 허무는 정치적 사건이 아니라 인류 의식의 대전환을 이루는 단초가 되는 역사적 필연이다.

한반도를 중심축으로 한 동북 간방(艮方)의 '문화적 르네상스'는 전 세계로 확산되어 마침내 미완성으로 끝나버린 서구의 르네상스와 종교개혁을 완수하게 될 것이다.

형제들이여, 한민족 정신세계의 총화라 할 만한 것에 대해 그대들은 얼마나 알고 있으며, 얼마나 이해하고 있는가?

『중용(中庸)』 2장에서는 "군자가 중용을 이룸은 때에 맞게 하기 때문이다(君子之中庸也 君子而時中)"라고 했다. 그대들은 때에 맞게 준비가 되고 있는가?

마고는 이렇게 말했다.

우주시대와 지구생명공동체

북두칠성이 말했다.

무엇이 우주인가?

형제들이여, 그대들은 우주시대가 도래했다고 하면서도 정작 우주가 무엇인지 모르고 있다. 저 바라다보이는 허공이 우주인가?

지구 자체가 허공 속을 항행하고 있는데 그 지구호에 타고 있는 그대들은 여전히 위를 바라보며 허공 속에서 우주를 찾고 있다.

달과 별, 은하수, 수성, 금성, 화성, 목성, 토성, 천왕성, 해왕성 등 육안이나 천체관측 기기로 관측될 수 있는 것이 우주의 실체인가? 우주의 실체는 의식[에너지, 파동]이라고 이미 현대물리학이 실험적으로 입증하지 않았는가?

물리학자들은 양자(quantum)가 관찰되고 있을 때만 입자의 모습으로 나타나고 관찰되지 않을 때는 파동으로 나타난다는 사실을 '이중슬릿 실험(double-slit experiment)'을 통해 발견했다.

양자 가능성들은 관찰자가 그들을 관측함으로써 관찰자 의식과의 상호작용을 통해 실제의 경험이 되는 '관찰자 효과(observer effect)'를 나타낸다. 즉, 양자 가능성들은 모든 존재의 바탕을 이루는 '의식' 그 자체의 가능성들이다.

거듭 강조하거니와, 우주의 실체는 의식이며, 물질세계는 인간 의식의 투사영(投射影)이다. 이처럼 양자역학을 통해 의식이라는 개념이 현대 과학의 전면에 부상함으로써 이른바 포스트모던 세계가 등장한 것이다.

그대들이여, 우주는 전체성(wholeness)이다. 전체성을 일컬어 흔히 우주라고 부르기도 하고, 하늘(天)이나 신(神) 또는 진리(眞理)라고 부르기도 하고, 때론 영(靈)이라고 부르기도 한다. 그러한 전체성이 육안이나 천체관측기기로 포착될 리 만무하지 않겠는가?

전체성은 없는 곳이 없이 실재하므로 우주가 없는 곳이 없고, 하늘이나 신 또는 진리가 없는 곳이 없고, '영'이 없는 곳이 없다. 그대들은 이미 우주 속에 푹 담그져 있으며 그대들 속에도 우주가 있다.

형제들이여, 내 그대들에게 분명히 이르노니, 우주의 본질은 생명이고 그 원리는 사랑이다. 이것이 바로 우주의 실체요, 하늘이나 신 또는 진리의 실체이며 '영'의 실체다!

생명[天·神·靈]이 유일 실체로서 '보이지 않는 우주[본체계, 의식계]'라고 한다면, 달과 별, 은하수, 행성, 생물과 무생물 등 우주만물은 그 작용으로 나타난 '보이는 우주[현상계, 물질계]'다.

'보이는 우주'는 '보이지 않는 우주'의 그림자다. '보이지 않는 우주'와 '보이는 우주'는 실체와 양태(樣態), 본체와 작용, 이(理)와 사(事)의 관계로서 합일이므로 창조하는 주체도 없고 창조되는 객체도 없다.

오직 필연적인 자기법칙성에 의해 스스로 활동하는 유일 실체와 그 실체의 자기현현(self-manifestation)인 우주만물이 있을 뿐이다. 마치 하나인 바닷물과 그 바닷물의 자기현현인 무수한 파도가 있는 것처럼.

그대들이여, 광대무변한 실체[실재]는 경계가 없다. 그것은 분리할 수 없는 하나인 에너지장(場)이며 '의식과 지성을 가진 정신'이다. 전지전능한 '우주 지성'이 내재해 있기에 이 우주가 최적화된 컴퓨터 프로그램처럼 작동하는 것이다.

인류 형제들이여, 우리 태양계 내의 여러 행성들에는 고등한 생명체들이 살고 있다. 그들은 영적으로나 기술적으로 지구보다 훨씬 더 진보된 문명들을 구가하고 있다. 우리 태양계 너머에도 수없이 많은 외계행성이 존재하고 있고 그들 대부분에도 외계생명체가 존재한다.

그럼에도 그대들은 마치 시력이 낮아 보이지 않는 물체를 없는 것으로 간주하듯, 의식의 진동수가 낮아 보이지 않는 외계생명체를 없는 것으로 간주한다. 그대들의 지각 능력과 인식 범위는 그대들의 '닫힌 의식'으로 인해 제약되어 있으므로 외계생명체를 발견할 수 없는 것이다.

다중우주(multiverse) 해석론에 등장하는 평행우주(parallel universe) 개념은 '양자 변환'으로 일컬어지는 새로운 우주 주기의 도래와 더불어 과학계에서 새롭게 주목받기 시작했다.

물리학자 스티븐 호킹은 블랙홀을 무엇도 빠져나올 수 없는 '영원한 감옥'이 아니라 '다른 우주로 가는 항구'라고 표현하며 평행우주론을 주장했다. 과학자들은 양자역학, 팽창이론, 그리고 다중우주론으로 평행우주를 설명한다.

평행우주론이란 우주의 모든 경우의 수만큼 우주가 존재한다는 이론이다. 그 수많은 가능성[평행우주] 가운데 하나만이 선택되어 우리에게 존재하는 것이며 나머지 수많은 가능성은 보이지 않는 곳에서 공존하게 된다는 것이다.22

1957년 프린스턴대 물리학자 휴 에버렛 3세는 우리 의식의 집중이 '어떻게' 현실을 창조하는가를 다세계 이론(many-worlds theory)으로 설명하는 논문에서, 존재하는 두 가지 가능성 사이에 양자 브리지(quantum bridge)가 놓이고 하나의 현실에서 또 다른 현실로 이른바 '양자도약(quantum leap)'이 가능해지는 순간—그가 '선택 포인트'라고 명명하는—에 대해 설명한다.23

그것은 우리가 자신을 바라보는 새로운 방식과 새로운 현존을 선택할 때 그 선택을 실현하기 위해 우주적 에너지가 작동하게 된다는 말이다. 세계든 삶이든 몸이든 우리가 인지하는 방식이 물리적 현실에 강한 영향을 준다는 것이다.

"우리 세계와 우리 삶과 우리 몸은 양자적 가능성의 세계에서 선택된 그대로이다. 우리가 세계나 삶이나 몸을 변화시키고 싶다면, 먼저 새로운 방식으로 이들을 바라보아야 한다. 즉, 많은 가능성 중 하나를 선택해야 하는 것이다. 그러면 양자적 가능성 중 오직 하나만이 우리가 현실로 경험하는 것이 된다."24

이론핵물리학자 아미트 고스와미는 의식이 어떻게 물질세계를 창조하는가를 양자물리학과 영성(靈性)의 접합을 통해, 그리고 '양자 역설(quantum paradox)'에 대한 해명을 통해 보여준다.25

"나는 선택한다. 그러므로 나는 존재한다(I choose, therefore I am)"26라는 그의 경구는 우리의 의식과 선택이 곧 우주를 형성한다는 사실을 명료하게 보여준다. 이러한 그의 관점은 다중우주 해석론에 등장하는 평행우주 개념과도 같은 맥락 속에 있다.

보어·하이젠베르크·슈뢰딩거·디락 등으로 대표되는 20세기 양자물리학의 발전에 따른 양자역학의 성립으로 물리량의 양자화와 파동-입자 이중성에 대한 이해가 촉구되면서 평행우주론의 발전으로 이어진 것이다.

그러자 곤륜산 신령이 말했다.

우주의 기원이 '영원' 속에 있는가, 아니면 '시간' 속에 있는가 하는 문제는 철학자들과 신학자들 그리고 과학자들에게 많은 혼란을 야기했다. 그러나 이러한 혼란은 불변(不變)의 '보이지 않는 우주[본체계, 의식계]'와 필변(必變)의 '보이는 우주[현상계, 물질계]'의 관계적 본질을 이해하지 못한 데에 기인한다.

'영원'과 '시간'의 분리는 생명의 자기조직화에 대한 몰이해에서 오는 것이다. 본체[神·天·靈]의 관점에서는 '영원'이지만, 작용[우주만물]의 관점에서는 '시간'이다. 영원과 시간은 본래 분리할 수 없는 하나이지만, 물질의 관점 속으로 들어온 인간이 그 '하나'의 이치를 설명하기 위해 양 차원으로 나누어 관찰하면서 이분화된 것이다.

우주의 본질인 생명이 천지만물이 생겨나기 전에도 있었던 '영(靈)' 그 자체임을 인식한다면, 어떻게 '영원한 현재'인 생명의 기원을 '시간의 역사' 속에서 찾으려고 할 수 있겠는가?

그리고는 계속 말을 이어갔다.

그대들이여, 세상은 물질과 정보(비물질), 하드웨어와 소프트웨어가 상호 변환하는 시대로 깊숙이 들어와 있다. 정보를 다루는 컴퓨터와 사물을 다루는 제작기의 연결은 '정보'와 '물질'의 상호 변환의 원리(the principle of interconversion)를 밝힌 것으로 정보와 물질이 등가(equivalence)이며 이원화될 수 없음을 보여준다.

'아톰(Atom, 물질)에서 비트(Bit, 정보)로', 혹은 '비트에서 아톰으로'라는 물질과 정보('우주 지성'이란 것도 정보다)의 상호 변환의 원리는 질량-에너지 등가원리(질량과 에너지의 상호 전환의 원리)를 밝힌 아인슈타인의 특수상대성이론 공식 $E=mc^2$이나 데이비드 봄의 '양자 형이상학(quantum metaphysics)'에서 이미 밝혀진 것이다.

이처럼 정보에 물질의 옷을 입힌 것이 세상인데, '사고(thinking, 정보·데이터)'라는 운영체계가 탑재된 유일한 생명체로 자처하는 호모 사피엔스는 자신이 세상과 분리되어 있다는 왜곡된 믿음에 빠져 세계 도처에서 분열과 대립을 양산해내고 있다.

이어 북두칠성이 말했다.

그렇도다. 과학기술의 발달로 우주시대가 열리고 있지만 그렇다고 삶의 행복지수가 그것에 비례해서 높아지는 것은 아니다. 핵무기·생화학무기 등 대량살상무기에서 보듯 고삐 풀린 과학기술로 인해 오히려 지구촌은 더한층 '위험사회'로 치닫고 있으며 인류는 불안과 두려움과 결핍에 시달리고 있다.

그렇다면 과학기술의 발달은 누구를 위한 것이며 어디를 향하고 있는 것인가? 단지 권력 집단의 지배를 영속화하기 위해서 멈출 수 없는 무한경쟁의 쳇바퀴를 돌고 있는 것인가? 왜 인간은 삶의 기술이 아닌 죽음의 기술에 그토록 통달해 있는 것인가?

인류는 경쟁적으로 우주발사체를 쏘아 올리고 있지만 '나'는 누구인지 여전히 알지 못한다. 자신이 누군지 알지도 못하면서 쉼 없이 자신의 욕망이 투영된 신기루 같은 행위를 만들어내는 것은 꿈속을 배회하는 삶이나 다름없다.

이론물리학자 막스 플랑크는 "과학은 자연의 궁극적 신비를 풀 수가 없다. 최종 분석에서 우리들 자신이…우리가 풀려고 하는 신비의 일부이기 때문이다"[27]라고 했다.

아미트 고스와미 또한 같은 맥락에서 인간이 인간 자신의 의식을 이해할 때 우주 또한 이해하게 될 것이고 인간과 우주 사이의 분리는 사라질 것[28]이라며 우주의 실체가 의식임을 분명히 했다.

그러자 마고가 말했다.

그렇도다. 이 우주는 자기유사성을 지닌 프랙탈(fractal) 구조로 이루어진 까닭에 소우주인 인간에 대해 알게 되면 우주 전체에 대해서도 알게 된다. 전체성인 우주는 단순히 물질적인 차원에서 접근할 수 있는 영역이 아니다.

보라, 「태백일사」 삼한관경본기(三韓管境本紀) 마한세가(馬韓世家) 상편에는 천지의 기틀과 마음의 기틀, 땅의 형상과 몸의 형상, 그리고 사물의 주재함과 기(氣)의 주재함이 상호 조응해 있음[29]을 명료하게 보여주고 있지 않은가.

이 우주에서 분리된 것은 아무것도 없다는 사실을 이해하게 되면 지구촌에서 일어나고 있는 개벽적 상황에 대해서도 단순한 물리적 차원을 넘어 보다 심층적인 접근을 할 수 있을 것이다.

모든 답은 우리 내부에 있다. 의식이 잠들어 있으면 아무것도 변화되지 않는다. 의식이 깨어나기 위해서는 기계론적·환원론적인 과학과 반생명적인 종교나 철학의 질곡으로부터 마음을 해방시켜야 한다.

북두칠성이 이에 동조하며 말했다.

그렇도다. 인간이 삶의 기술을 진보시키지 못하고 죽음의 기술에 능하게 된 것은 이원론에 기반한 기계론적 환원주의에 탐닉함으로써 부분과 전체의 유기적 통일성에 기초한 시스템적 사고를 할 수 없게 된 데 기인한다.

 이 우주 속의 모든 것을 전체와 분리된 부분으로 환원시켜버림으로써 존재론적으로 실재를 현상으로부터 분리시키고, 인식론적으로 인식 주체를 인식 대상으로부터 분리시키고, 신학적으로 신을 인간으로부터 분리시킴으로써 결과적으로 인간 자신을 반쪽의 우주인 현상계[물질계]에 가둬버린 것이다.

 그로 인해 인간은 자신의 정체성을 '육체적 자아'로 인식하게 됨으로써 감각적으로 지각되고 경험된 것만이 진실이라고 믿게 되었고 결국 물신(物神) 숭배에 빠지게 되면서 죽음의 기술을 고도화시킨 것이다.

 그러나 물질계[현상계]는 보이지 않는 반쪽의 우주인 의식계[본체계]와 긴밀히 연결되어 상호 조응하는 까닭에 그 반쪽의 우주를 이해하지 못하고서는 전체 우주를 온전히 이해할 수가 없다.

 눈에 보이는 물질적 우주는 에너지로 접힌 보이지 않는 우주가 드러난 것이므로 실재와 현상을 분리시키는 이분법으로는 우주의 본질인 생명현상을 이해하는 데 한계가 있다.

 비이원성(nonduality)에 기초한 통합적 비전(integral vision)이 필요한 것은, 이분법적인 낡은 기계론적 세계관의 관점이 생물적, 심리적, 사회적, 환경적 현상이 상호적으로 연결된 오늘의 실제 세계를 반영하지 못할뿐더러 문제 해결의 유익한 단서를 제공하지도 못하기 때문이다.

 그러자 곤륜산 신령이 이어 말했다.

 통합적 비전의 실현은 통합물리학으로의 여정과 맥을 같이 한다. 그것은 17세기 후반 뉴턴 물리학에서 근대 과학이 시작된 이래 19세기 후반 장(場)이론 물리학(Field-Theory Physics, 1867), 1900년 양자물리학, 1905년 상대성 물리학, 20세기 후반 끈이론 물리학(String-Theory Physics)을 거쳐 새로운 통합물리학으로의 여정이다.

부연하면, 근대 과학은 뉴턴이 운동 법칙(laws of motion, 1687)을 발표하면서 시작되었다. 뉴턴 물리학은 우주를 시간과 공간이 절대적으로 존재하는 거대한 기계 시스템으로 보았다.

19세기 후반 제임스 클러크 맥스웰은 뉴턴 물리학으로는 설명할 수 없는 힘이 존재한다며, 마이클 패러데이와의 공동연구에서 우주가 상호작용하는 에너지장(場)들이라는 것을 발견했다.

1900년 막스 플랑크는 '양자(quanta)'라 불리는 에너지의 폭발(bursts of energy)이 곧 세계라는 이론을 발표했다. 양자 실험은 물질이 절대적인 것이라기보다는 가능성과 경향으로 존재함을 보여주는데, 이는 실재(reality)가 그렇게 견고하지 않을 수 있다는 것을 의미한다.

1905년 아인슈타인은 시간이 절대적이기보다는 상대적이라고 주장함으로써 뉴턴 물리학을 뒤엎는 우주관을 발표했다. 상대성이론의 핵심은 시간과 공간이 분리될 수 없으며 4차원으로서 함께 존재한다는 것이다.

1970년 물리학자들은 우주가 진동하는 미세한 에너지 끈이라는 이론으로 양자와 일상 세계 둘 다를 설명할 수 있다고 주장했다. 이 이론은 1984년 다른 모든 이론을 통합하는 브리지로 주류 물리학계에 공식적으로 받아들여졌다.[30] 그리고 지금은 새로운 통합물리학을 향해 나아가고 있다.

마고가 이어 말했다.

자, 그러면 우리의 우주관에 혁명적 변화를 일으킨 현대물리학의 두 개의 기본 이론인 상대성이론과 양자론(양자역학)을 일별하겠노라.

양자론(quantum theory)이 20세기 초의 약 30년간 물리학자 집단에 의해 완성된 것이라면, 상대성이론(theory of relativity)은 아인슈타인 한 사람의 기념비적인 지적 업적이다.

1905년에 아인슈타인은 과학 사조의 혁명적 전환을 가져올 두 개의 논문을 출판하게 되는데, 특수상대성이론과 전자기 복사(electromagnetic radiation)에 대한 새로운 고찰 방법이 그것이다. 10년 후 그는 일반상대성이론을 발표했다.

특수상대성이론은 뉴턴역학 이래 물리학의 대전제였던 시공간의 절대성을 부정하고 그 상대성을 적극적으로 밝힌 것으로 질량-에너지 등가원리 관계식($E=mc^2$)*으로 나타난다.

일반상대성이론은 특수상대성이론에서 밝힌 자연법칙의 절대성과 시공간의 상대성 개념을 강화하고 아울러 시공간이 물질의 존재와 밀접한 관련을 맺고 있음을 밝힌 것이다.

일반상대성이론은 중력이 다른 힘들과 같은 힘이 아니며, 시공간이 그 속의 에너지와 질량의 분포에 따라 구부러지거나 '휘어져' 있기 때문에 발생하는 결과라는 혁명적인 주장에 기초하고 있다.

다음으로 원자 현상의 이론인 양자론은 "아원자 입자가 고립된 물질의 알갱이가 아니라 확률 패턴이며, 분리할 수 없는 우주적 그물 속의 상호 연결이고 그 그물 속에는 관찰자와 그의 의식도 포함되어 있다"[31]는 것을 보여준다.

현대물리학의 전일적 실재관은 이 우주가 분할할 수 없는 역동적인 전체이며 각 부분은 본질적으로 상호연결되어 있고 우주적 과정의 패턴으로

---

* 이 관계식은 모든 질량이 그에 상응하는 에너지를 가지고 모든 에너지 또한 그에 상응하는 질량을 가지며, 에너지가 질량으로 변환될 수 있고 질량 또한 에너지로 변환될 수 있다는 것이 핵심이다. 질량 보존의 법칙과 에너지 보존의 법칙을 하나로 묶는 질량-에너지 등가 개념은 물질의 궁극적 본질이 비물질과 하나임을 보여준다. 말하자면 물질의 입자는 고밀도로 농축된 작은 에너지 다발이다.

서만 이해될 수 있다고 보는 것이다.

이러한 현대물리학의 실재관은 실재를 변화의 과정 그 자체로 본 철학자 알프레드 노스 화이트헤드의 과정철학[32]과 같은 맥락 속에 있다.

기존 철학의 실체 개념을 대체하는 화이트헤드의 '현실적 존재(actual entity)'는 과정 속에서의 유기적 관계에 의해 구체화가 가능하므로 흐름으로 보면 과정이지만 관계로 보면 유기체라는 것이다.

물리학자 프리초프 카프라가 말했듯이, 아원자 입자는 분리된 실체가 아닌 상호관계성을 통해 이해되어야 한다. 말하자면 분리성으로부터 관계성으로의 변환이다.

일반상대성이론은 시간과 공간에 대한 새로운 이해와 더불어 우리의 우주관에도 혁명적 변화를 일으켰다. 본질적으로 변하지 않는다고 생각한 우주 개념이 역동적으로 팽창하는 우주 개념으로 대체된 것이다.

오늘날 과학자들은 일반상대성이론과 양자역학(양자론)으로 우주를 기술한다. 일반상대성이론은 중력과 우주의 거시적 구조를 기술한다. 즉, 이 이론은 단 몇 마일 규모에서부터 관찰할 수 있는 우주의 크기인 100만 마일의 100만 배의 100만 배의 100만 배 규모까지의 구조를 다룬다.

반면, 양자역학은 1인치의 100만분의 1의 100만분의 1처럼 극도로 미시적 규모의 현상들을 다룬다. 그러나 이 두 이론은 서로 일치하지 않기 때문에 오늘날 물리학에서는 두 이론을 통합하는 새로운 이론, 즉 양자중력이론(quantum gravity theory)을 탐색하고 있다.[33]

그러자 곤륜산 신령이 이어 말했다.

21세기에 들어 과학기술의 발달과 더불어 컴퓨터 등에 의한 정보처리 기술이 발달하면서 복잡계 과학으로의 패러다임 전환은 가속화되고 있으며 인류의 세계관에도 심대한 변화를 초래하고 있다.

기계론적, 환원론적 세계관은 시스템적, 전일적 세계관으로 대체되고 있으며, 이러한 새로운 세계관의 핵심에는 우주의 본질인 생명이 자리 잡고 있다.

20세기가 상대성이론과 양자론(양자역학)으로 대변되는 물리학의 세기였다면, 21세기는 유전자에 의해 대변되는 생명과학(life sciences)의 시대가 될 것이라는 전망이 유력하다.

'생태계를 이해하는 것은 궁극적으로 네트워크를 이해하는 것'이며 그런 점에서 네트워크 개념은 생태계(생명계)뿐만 아니라 생명의 본질 그 자체를 과학적으로 이해하는 열쇠다.[34]

복잡계 과학은 전체를 유기적으로 통찰하려는 세계관이자 방법론으로서 전체와 분리된 개체성이란 실재하지 않으며, 어떤 것이라도 고립시키면 진화에 역행하게 된다는 사실을 말해준다.

도구적 이성의 발흥으로 기계론적, 환원론적 사고가 지배했던 반생태적, 반생명적인 근대 서구 문명이 엔트로피(무질서)가 증가하는 방향으로 진행되어왔음은 부인할 수 없는 사실이다.

이제 그 무질서와 불안정성이 임계점에 이르면 새로운 구조 및 질서의 창발이 일어나게 될 것이다. 생명은 '살아있는 시스템', 즉 네트워크이며 시스템적, 전일적 사고를 통해서만이 접근할 수 있는 영역이다.

21세기 생명과학의 시대를 맞이하여 인류가 온전한 생명을 누릴 수 있기 위해서는 우주의 본질인 생명에 대한 명료한 인식이 선행되어야 한다.

인문사회과학의 문제든 자연과학의 문제든, 또는 종교적인 문제든, 궁극적으로는 모두 생명의 문제로 귀결되는 까닭에 생명에 대한 개념적 명료화는 21세기형 인간의 실현을 위해서도 필수적이다.

현대물리학자들은 객관주의와 과학적 합리주의만으로는 현재 인류가 직면한 난제들을 해결할 수 없다고 보고 과학이 인간의 의식세계와 분리될 수 없음을 분명히 했다. 이로써 현대 과학은 분리된 물리 세계에서 연결된 삶의 세계로 사고의 지평을 확장하기 시작했다.

21세기 과학혁명은 과학과 의식의 접합을 추구하는 특성을 갖는 까닭에 필연적으로 삶 자체의 혁명, 즉 존재혁명의 과제를 수반한다. 이러한 접합은 전일적 흐름(holomovement)으로서의 생명현상을 파악할 수 있게 하는 핵심 요소다.

근대 과학 문명이 이분법적 패러다임을 기반으로 지배와 복종, 억압과 차별의 분열적인 성격을 띤 것이었다면, 21세기 현대 과학 문명은 전일적 패러다임을 기반으로 상생과 조화의 통섭적인 성격을 띠게 될 것이다.

이는 곧 소명(召命)으로서의 과학과 관련된 것이다. 삶의 혁명적 전환을 추동해내는 진정한 의미에서의 과학혁명, 21세기형 인간의 실현을 위한 진정한 의미에서의 존재혁명이 요구되는 시점이다.

21세기 과학혁명이 존재혁명이어야 하는 것은, 이 시기 과학혁명의 특성이 과학과 의식의 접합에 있으므로 과학혁명과 의식혁명이 상관관계에 있고, 의식혁명은 곧 존재혁명이기 때문이다. 이는 진리, 자유, 정의, 평화, 복지 등 인류가 추구하는 제 가치가 실현되는 것을 의미한다.

만일 과학이 책임 윤리에 대한 고려 없이 단순히 과학자의 신념을 실현하는 유토피아적 기획이 되면 인간의 생명을 볼모로 잡는 가공할 만한 재앙을 초래할 수도 있다.

유전자공학을 통하여 개발된 생화학무기, 의료 체계와 우생학 과정, 유전자 조작과 관련된 식품 등에서 보듯 오늘날 과학기술의 발전이 세계자본주의 체제의 이윤 극대화의 논리와 긴밀히 연계되어 인간의 생명을 볼모로 잡고 있음은 주지의 사실이다.

더욱이 지구 자체를 무기로 이용하는 '지구공학(geoengineering)' 무기화 시대를 앞두고 신념 윤리와 책임 윤리 간의 적절한 균형 모색은 시대적 당면 과제로 떠오르고 있다. 이는 곧 '과학의 인간성' 회복의 과제이기도 하다.

과학혁명과 존재혁명, 미시세계와 거시세계의 연계는 과학의 대중화와 관계가 있다. 양자역학을 필두로 한 포스트 물질주의 과학은 철학, 종교, 문학 등 다양한 분야와의 대화를 통해 '하드 사이언스(hard science)'에서 '소프트 사이언스(soft science)'로 과학의 외연을 확장시키며 과학의 대중화를 선도하고 있다.

이제 과학은 더 이상은 전문가 집단의 전유물이 아니라는 말이다. 정보화혁명의 급속한 진전으로 과학의 대중화는 가속화될 전망이다. 이는 근대 과학의 주체가 전문가 집단에 국한된 것과는 대조적이다.

근대 과학혁명 이후 종교와 과학, 정치와 종교의 분리로 학문의 분과화가 가속화되고, 기계론적 세계관의 확산으로 환경 파괴와 생태 재앙에 따른 심대한 위기의식이 지구촌을 강타하면서 과학혁명과 존재혁명의 연계성은 더욱 절실해지고 있다.

과학의 존재혁명은 기존의 정상과학의 패러다임으로는 해결할 수 없는 총체적인 존재론적 딜레마를 새로운 전일적 실재관으로의 패러다임 전환을 통해 근본적으로 해결하고자 하는 것이다. 이 우주 자체가 '하나'인 생명의 피류임을 인식하는 일반 대중들의 참여로 존재혁명의 과제는 완수될 것이다.

곤륜산 신령이 환안을 향해 말했다.

그대 사명자여! '접힌(enfolded)' 질서와 '펼쳐진(unfolded)' 질서, 즉 본체계[의식계]와 현상계[물질계]가 실물과 그림자의 관계와도 같이 동시적으로 존재하며 불가분의 전체성을 그 본질로 한다는 사실이 현대 과학에 의해 이미 밝혀졌음에도 지식 세계는 이를 공유하지 못하고 있다. 왜 그렇다고 보는가?

환안이 대답했다.

만산의 조종(祖宗)인 곤륜산의 신성한 영(靈)이시여! 말씀하신 바와 같이 현대의 포스트 물질주의 과학은 단순히 객관적인 물리 세계를 다루는 것이 아니라, 의식[영성]과의 접합을 통해 '숨겨진(implicate, enfolded)' 질서와 '드러난(explicate, unfolded)' 질서가 상호 긴밀하게 작용하는 실제 삶의 세계의 영역으로 깊숙이 들어오기 시작했습니다.

전체성(전체)과 개체성(부분)은 상호융합, 상호의존하는 까닭에 우리 몸의 세포 하나, 모래 한 알, 물방울 하나에 이르기까지 우주 안에 존재하는 모든 것들은 또한 그 속에 우주를 품고 있는 것입니다. 주체와 객체의 이분법은 성립되지 않으며, 그런 점에서 '이것'이 곧 다른 '모든 것'입니다.

그럼에도 지식이 여전히 삶과의 불화를 조장하며 '이론을 위한 이론' 내지는 '지적 유희(intellectual play)'가 판을 치는 것은, 크게 보면 상호연관된 두 가지 이유 때문인 것으로 보입니다.

그 하나는 지식 세계의 앎의 수준이 다차원적 생명의 그물망을 이해할 정도로 높지 못하므로 해서 물질이 유일한 현실이며 '생명'은 물질적 육체에 부착된 것이라고 이해하기 때문입니다.

이러한 생명에 대한 몰이해로 인해 전체성인 생명은 물질화·파편화되었고, 그에 따라 물신(物神) 숭배가 만연하면서 제로섬 게임에서 살아남기 위한 도구로서의 '죽음의 기술'이 고도화된 것입니다.

우리의 앎이 조야(粗野)한 물질적 지배를 받는 '몸' 단계에 머물면 생명은 곧 몸 그 자체로서 타자를 인식하지 않는 오직 '나'의 세계만이 존재할 뿐입니다.

자신의 정체성이 다른 사람들과의 관계를 맺는 상태로 확장되는 '마음' 단계에서는 가치관이나 상호 관심사, 공통의 이상이나 꿈 등을 타인과 공유하는 데까지 정체성이 확장되기는 하지만, 생명의 전일적 본질을 깨닫지는 못하는 까닭에 세계는 여전히 '우리'와 '그들'로 분리되어 있습니다.

자신의 정체성이 '우리'에서 '우리 모두'로, 민족 중심에서 세계 중심으로 확장되는 '영(靈, Spirit)' 단계에서는 모든 존재의 유익을 구하며, 영적인 것이 모든 생명체의 공통분모가 되는 단계입니다.

의식이 진화할수록 생명의 전일성을 자각하게 되므로 인간의 제 가치가 실현됩니다. 인류 역사는 단순한 물질문명의 역사가 아니라, 물질문명과 그 배후에 있는 인간 의식의 진화 과정이 거울처럼 상호 대칭적으로 작용하며 짝을 이루는 관계성의 역사입니다.

지식이 실제 삶과는 유리된, '이론을 위한 이론'이 되어버린 또 하나의 이유는 학문의 분과화에 따른 학문 영역 간의 소통성 부재 때문입니다. 앎의 수준이 높지 못하고 학문 영역 간의 소통성 부재가 나타나게 된 데에는 비(非)통섭적인 교육체계가 크게 작용한 것으로 보입니다.

이러한 소통성 부재로 인해 거시세계와 양자역학적 미시세계의 상호 피드백이 이루어지지 못하므로 해서 지식 세계는 '접힌(숨겨진)' 질서와 '펼쳐진(드러난)' 질서가 상호 긴밀하게 작용하는 실제 삶의 세계와는 유리(遊離)되게 된 것입니다.

곤륜산 신령이 다시 말했다.

그대가 바로 보았다. 앎의 수준이 여전히 물질 차원에 머물러 있는 개인적 차원의 문제와 비통섭적인 교육체계라는 제도적 차원의 문제가 복합적으로 작용하여 지식 세계가 실제 삶의 세계와는 유리된 것이다. 그렇다면 인류가 처한 문명의 대변곡점은 어떤 의미가 있다고 보는가?

환안이 대답했다.

만산의 조종(祖宗)인 곤륜산의 신성한 영(靈)이시여! 물질세계의 진화는 의식의 진화[영적 진화]와 표리의 조응관계에 있습니다. 국가를 포함한 모든 제도나 문명은 의식의 진화에 필요한 학습 여건 창출에 관계하며 그 필요가 다하면 사라지기 마련입니다.

우리가 처하는 매 순간이 의식의 진화를 위한 최적 상황인 것은, 그 시대 그 사회 사람들의 집단 에너지의 총합이 의식의 진화에 필요한 최적 조건을 창출해내기 때문입니다.

그 시대 그 사회 사람들이 의식의 진화에 필요한 학습을 끝내면 다음 단계의 새로운 학습 여건 창출을 위해 문명의 전환이 이루어지고 새로운 문명이 열리게 되는 것입니다.

후천개벽기인 문명의 대변곡점에서 인간과 지구에 대한 개념을 재정립하고 인간과 인간, 인간과 우주자연의 관계도 재정립해야 하는 것은, 인간의 의식이 바로 새로운 문명을 여는 열쇠이기 때문입니다.

인간이 겪는 모든 문제는 인간 자신의 세계관과 사고방식 및 가치체계에서 나온 것들이기 때문에, 세상을 바라보고 받아들이는 관점 자체를 바꾸어야 해결책도 실효를 거둘 수 있는 것입니다.

환안이 말을 마치자 곤륜산 신령이 말했다.

그렇도다. 후천개벽기인 문명의 대변곡점에서 인류가 의식의 대전환을 이루어야 하는 것은, 그것이 바로 새로운 문명을 여는 단초가 되는 것이기 때문이다.

그러자 북두칠성이 말했다.

지금은 동트기 직전의 짙은 어둠이다. 짙은 어둠 속에서도 지구 의식은 새로운 세상을 향해 나아가고 있다. 현재 인류는 지식혁명(혁신 1.0)·산업혁명(혁신 2.0)·디지털 혁명(혁신 3.0)을 넘어 네트워크 융합, 빅데이터, 인공지능 등으로 촉발된 4차 산업혁명(혁신 4.0) 시대를 맞고 있다.

컴퓨터와 인터넷을 중심으로 한 20세기 디지털 기술과는 달리, 21세기 디지털 기술은 사물인터넷(IoT)/만물인터넷(IoE), 가상 물리 시스템(CPS), 인공지능, 빅데이터 등을 중심으로 플랫폼 기반 네트워크에 기초해 있다.

기술혁신에 따른 현실과 가상현실(VR), 증강현실(AR)의 융합으로 모든 것이 연결되고 확장되어 더 지능적인 알고리즘 사회로의 진화가 가속화되고 있다.

유비쿼터스 컴퓨팅과 '현실 세계의 디지털화' 및 '디지털 세계의 지능화'로 경제활동만이 아니라 대부분의 사회활동이 알고리즘으로 처리될 수 있는 환경이 된 것이다. 초연결·초융합·초지능은 4차 산업혁명의 가장 중요한 특성이자 새로운 문명의 바탕을 이루는 것이다.

4차 산업혁명 시대의 환경은 지구상에 존재하는 모든 사람과 사물, 서비스가 상호 연결되어 다양한 플랫폼을 기반으로 물리적 세계(오프라인)와 사이버 세계(온라인)가 결합함으로써 새로운 가치를 창출하는 초연결사회(hyper-connected society)를 기본 축으로 한다.

4차 산업혁명은 물리학, 디지털, 생물학 기술을 다차원적으로 융합하여 인간과 기계, 현실세계와 가상세계, 공학적인 것과 생물학적인 것, 조직과 비조직을 융합하는 특징적 형태를 보인다.

새로운 문명은 세상을 지각하는 방법 자체가 상이한 동·서양의 융합을 본질로 한다. 즉, 종합적 사고·관계·직관·상황·중용을 중시하는 동양적 사고와 분석적 사고·범주·논리·추론·사물을 중시하는 서양적 사고의 융합이다.

이러한 융합은 과학을 통한 영성으로의 접근(Approaching spirituality through

science)과 영성을 통한 과학으로의 접근(Approaching science through spirituality)이라는 상호 피드백 과정을 통해 이루어지고 있다.

근대의 과학적 합리주의가 함축하고 있는 과도한 인간중심주의와 이원론적 사고 및 실증주의적인 과학적 방법론은 실험물리학의 발달로 그 한계성이 지적되고 전일적 패러다임으로의 대체 필요성이 역설되면서 서구 문명의 지양을 위한 새로운 실재관의 정립에 관한 논의가 확산된 것이다.

인류 문명의 진화에 있어 물질주의 과학에서 포스트 물질주의 과학으로의 전환이 갖는 의미는 천동설에서 지동설로의 전환보다 훨씬 더 중추적인 것일 수 있다.

뉴턴의 3차원적 절대 시공간의 개념이 폐기되고 우주가 본질적으로 역동적이며 불가분적인 전체로서, 정신적인 동시에 물질적인 하나의 실재로서 인식되게 된 것은, 소위 과학적 합리주의라는 이름으로 물질만능주의를 초래한 근대 서구적 세계관과 가치체계의 일대 지각변동을 가져오는 것이기 때문이다.

순수한 에너지에서 물질적 입자를 도출해내어 질량을 에너지의 한 형태로 본 아인슈타인의 입자관은 우리의 물질상에 심대한 영향을 끼침으로써 정신세계에 대한 깊은 통찰을 환기시켰다. 물질의 궁극적 본질이 비물질과 하나라고 본 그의 관점은 동양적 사유와 서구 과학의 오랜 분열에 종지부를 찍는 계기를 마련했다.

곤륜산 신령이 말했다.

과학과 의식[靈性]의 접합은 브뤼셀에서 개최된 제5회 솔베이 학술회의(1927)에서도 확연히 드러난다.

당시 과학계에서 '양자(quantum)의 왕'이었던 닐스 보어와 '물리학의 교황'이었던 아인슈타인이 양자역학의 해석—확률론적 해석과 결정론적 해석

—을 둘러싸고 벌인 세기적인 논쟁*의 핵심은 '실재(reality)'의 존재성에 대한 것이었다.

새로운 물리학이 실재의 본질(the nature of reality)에 대해서 무엇을 밝혔는지를 다루는 것은 당시의 시급한 현안이었다. 보어는 관찰자와 독립적으로 존재하는 기본적인 양자적 실재는 없으며 양자 세계가 실제로는 존재하지 않는다고 했고, 아인슈타인은 관찰과 독립적으로 '물리적 실재'가 존재한다고 했다.[35]

양자역학의 의미를 다루도록 고안되었던 그 회의[36]에서―'실재'는 이원성의 저 너머에 있는데―'실재'가 무엇인지에 대한 인식론적 고찰 없이 실재는 '존재한다 또는 존재하지 않는다'라는 존재론적 차원의 이분법적 논쟁을 벌인 것이야말로 신(神)은 '있다 또는 없다'라는 논쟁만큼이나 실재성이 없지 않은가?

물리 세계의 새로운 발견 또한 전체와의 연결이 없이는, 더 정확하게 말하면 궁극적 '실재'(유일 실재)인 생명[靈·神·天]에 대한 심오한 철학적·과학적

---

* 보어와 아인슈타인의 논쟁은 양자역학에 대한 표준해석으로 알려진 코펜하겐 해석(CIQM, 1927)의 확률론적 해석과 이에 반대하는 결정론적 해석 간의 논쟁이다. 양자계(quantum system)에서 전자의 위치와 운동량을 모르기 때문에 불확정성 원리에 따른다고 한 것이 닐스 보어, 베르너 하이젠베르크, 막스 보른, 폴 디랙, 볼프강 파울리 등의 확률론적 해석이다. 코펜하겐 해석의 반대 그룹에는 알버트 아인슈타인, 막스 플랑크, 에르빈 슈뢰딩거, 루이 드 브로이, 데이비드 봄 등이 있다. 양자역학의 출현에 크게 기여한 아인슈타인은 물리적 사건에서 본질적인 역할을 하는 것은 우주에 내재해 있는 절대 법칙이라며 "신은 주사위 놀이를 하지 않는다"는 말로써 확률론적 해석을 수용할 수 없음을 분명히 하고 결정론적 해석을 내놓았다. 양자역학의 코펜하겐 해석을 넘어서고자 하는 논의들로는 존 폰 노이만, 존 휠러 등의 프린스턴 해석(PIQM), 아인슈타인을 필두로 한 앙상블 해석(EIQM), 드 브로이-봄(de Broglie-Bohm) 해석, 휴 에버렛 3세 등의 다세계 해석(MWI), N. D. 머민 등의 이타카 해석(IIQM), 로버트 그리피스 등의 정합적 역사 해석(CHI), 장회익 등의 서울 해석(SIQM) 등이 있다.

통찰이 없이는 그 의미와 가치를 발견할 수 없다.

실재는 일체 이원성을 넘어서 있는 까닭에 아슈바고샤(Aśhvaghoṣa, 馬鳴)는 "존재하는 것도 아니며, 존재하지 않는 것도 아니요, 존재와 비존재가 동시에 존재하는 것도 아니며, 존재와 비존재가 동시에 존재하지 않는 것도 아니다"[37]라고 했다. 이는 "공(空)도 아니고 '공' 아닌 것도 아니어서 공(空)함도 없고 '공'하지 않음도 없다"[38]라고 한 붓다의 말씀과도 상통한다.

보어와 아인슈타인의 논쟁(Bohr-Einstein debates), 즉 양자역학의 확률론적 해석과 결정론적 해석은 어떤 의미에서는 우연과 필연의 해묵은 논쟁이다. 우연과 필연은 '보이는 우주'와 '보이지 않는 우주'의 관계로서 본래 그 뿌리가 하나다.

물질세계는 '보이지 않는 우주', 즉 '영(Spirit)' 자신의 설계도가 스스로의 지성[性]·에너지[命, 氣]·질료[精]의 삼위일체의 작용으로 형상화되어 나타난 것이므로 본체와 작용, 영과 육, 필연과 우연은 파동과 입자의 관계로서 둘이 아니다.

실재는 언설(言說)이 끊어지고 사변(思辨)의 길이 끊긴 초논리·초이성·초시공(超時空)의 영역이므로 비존재와 존재, 정신과 물질, 필연과 우연, 파동과 입자를 이원화하는 개체화 의식으로는 파악할 수가 없다.

우연과 필연의 논쟁은 궁극적 실재인 생명의 전일성과 자기근원성에 대한 인식 결여에서 오는 것이다. 그것은 옳고 그름의 문제가 아니라 대립자의 역동적 통일성의 문제다.

이분법의 진실은 존재로서의 체험을 통해 이원성을 극복함으로써 앎의 원(圓)을 완성하는 데 있다. 선악과 시비를 넘어설 수 있을 때, 그리하여 대립자의 역동적 통일성을 깨달을 때, 바로 그때 온전한 앎이 일어난다.

곤륜산 신령의 말에 이어 북두칠성이 말했다.

보라, 역사상 지성 세계를 뜨겁게 달구었던 논쟁들 대부분은 '실재', 즉 우주의 본질인 생명에 대한 인식론적 문제를 둘러싸고 벌어진 것이었다. 그것은 곧 생명의 본체와 작용, 즉 '보이지 않는 우주'와 '보이는 우주'의 관계성에 대한 것이었다.

플라톤의 이데아계와 현상계, 아리스토텔레스의 형상과 질료, 스피노자의 실체와 양태, 이(理)·기(氣) 개념에 근거하여 송(宋)·원(元)·명(明) 시대와 조선시대를 통틀어 천여 년에 걸친 '이기(理氣)' 논쟁, 동학의 불연(不然)과 기연(其然) 등은 모두 '보이지 않는 우주'와 '보이는 우주'의 관계성에 대한 것이었다.

인류 형제들이여, '보이지 않는 우주[一]'와 '보이는 우주[三(天地人), 多]'는 실물과 그림자의 관계와도 같이 합일이다. 이는 곧 전일성과 다양성의 합일이다. 하늘에서 빛나는 하나인 달과 강물에 비친 무수한 달그림자의 관계와도 같이 하나다.

이러한 생명의 전일성과 자기근원성, 근원적 평등성과 유기적 통합성에 대한 자각이 없이는 생태적 지속성을 띤 지구생명공동체가 구현될 수 없다.

현대 물질문명은 물질적 가치를 지상가치(至上價値)로, 경제적 발전을 진보로 보는 근대 서구 문명의 전 지구적 확산에 기인한다. 이제 서구 산업문명은 전 지구적 자원과 환경이 이를 지탱할 수 없는 상태에까지 이르게 하고 있다.

그것은 자연과 인간, 인간과 인간의 연대성을 파괴하고 물질문명의 왕국을 건설하기는 했지만, 고립된 개별아(個別我)라는 관념을 극대화함으로써 사회구조적 불평등과 환경 파괴 및 생명 위기를 초래하고 마침내 총체적인 인간 실존의 위기를 야기하기에 이르렀다.

자연은 이제 자유재가 아니라 함께 보존하지 않으면 파괴되어 없어지는 글로벌 공공재가 되었다. 물질적 재화가 유한하기 이전에 지구의 자원과 자연이 유한하다는 점이 인류에게는 중대한 의미를 지니게 된 것이다.

바로 그것이 인간과 자연의 연대성을 근본적으로 변화시켰다. 그리하여 낡은 산업문명 하에서 신봉되던 사상 및 가치체계의 변화가 20세기 후반 이후로 집중적으로 나타나게 된 것이다.

이제 '디지털 노마드(digital nomad)'라 불리는 새로운 세계 주체들[多衆]이 초국경적 역동성을 만들어내고 글로벌 공공재를 구현할 전망이다.

공유성을 기반으로 하는 세계 경제 패러다임의 변화로 수평적 권력이 에너지, 경제, 그리고 세계를 근본적으로 바꾸게 될 것이라는 전망이 점차 힘을 얻고 있다.

생태적 지속성을 띤 지구생명공동체가 구현될 수 있기 위해서는 전일성과 다양성, 자유와 평등의 소통체계가 확립되어야 한다.

이러한 소통체계의 확립은 단순히 기술적인 문제가 아니라 세계관과 사고방식 및 가치체계의 문제이며 정치적 의지와 결단의 문제이다. 전일적 실재관으로의 패러다임 전환이 요구되는 것은 이 때문이다.

역사적으로 볼 때 근대 자유민주주의는 다양성을 강조했지만, 다양성의 본질로서 내재해 있는 전일성을 자각하지 못하므로 해서 결과적으로 다양성이 손상되었다.

전체주의는 전일성을 강조했지만, 전일성의 본질로서 내재해 있는 다양성을 자각하지 못하므로 해서 결과적으로 전일성이 파괴된 것이다.

생명의 전일적 속성은 그 자체 속에 다양성의 요소를 함유하고 있다는 점에서 전체주의 이데올로기에서 말하는 다양성과 분리된 전일성과는 본질적으로 다른 것이다.

자유와 평등을 각기 기치로 내건 자유민주주의와 사회주의 이데올로기들의 실험 또한 소통의 중요성을 일깨워주는 학습기제가 된 셈이다. 이러한 양 차원의 소통은 본체계[一]와 현상계[三]를 회통하는 생명의 전일성에 대한 자각을 통해 이루어질 수 있다.

그러자 마고가 말했다.

보라, '하나는 셋(一卽三), 셋은 하나(三卽一)', 즉 천·지·인 삼신일체는 전일성과 다양성, 자유와 평등의 소통체계를 확립하는 근간이 되는 원리다. 이는 곧 '한(Han, ONE[天地人])'*이라는 대통합의 원리다.

이러한 대통합의 원리가 바탕이 되어야 한반도 평화통일도 이루어질 수 있고 지구생명공동체도 구현될 수 있다.

한반도 평화통일은 한반도에 국한되는 문제가 아니라 동북아의 역학 구도에 심대한 변화를 초래함으로써 21세기 아태시대 세계 질서 재편의 신호탄이 될 수 있다.

한반도는 지정학적으로는 반도와 대륙, 해양과 대륙을 가교하는 동북아의 요지로서, 물류유통상으로는 유라시아 특급 물류혁명의 전초기지로서 새로운 동북아 시대의 허브가 될 수 있는 요건을 갖춘 곳이다.

형제들이여, 한반도 평화통일은 아태시대를 여는 '태평양의 열쇠'이며, 지구촌의 난제를 해결하는 시금석이고, 동북아 나아가 지구촌 대통섭의 신호탄이다. '공감의 문명'은 문명의 외피를 더듬는 것만으로는 그 모습을 드러내지 않는다.

---

* 생명의 전일성과 자기근원성을 함축한 '한'을 영어로는 발음 그대로 'Han'이라 하고, 그 대표적인 의미는 ONE[天地人]이라고 하는 것이 언어적 미망에 빠지지 않고 인류 보편의 사상으로 통용되기에도 좋다. 'ONE[天地人]'은 우주만물의 근원인 '하나(ONE)' 또는 '하늘(天·神·靈)'이 곧 우주만물(天地人)이란 뜻이다.

한반도 평화통일은 한반도를 둘러싼 동북아의 지정학적, 경제지리학적 및 물류유통상의 거시적 변화와 연결시킴으로써 윈-윈(win-win) 게임이라는 새로운 발전패러다임을 제시할 수 있어야 한다.

형제들이여, 그대들에게는 지구촌의 대통섭을 단행할 수 있는 철학적·사상적·정신문화적 토양을 갖춘 '한(하나, 하늘)'이라는 고도의 정신문화가 있다.

인류가 자본주의를 통해 '내 것'을 학습하고, 사회주의를 통해 '우리 것'을 학습했지만, 무늬만 그러할 뿐이다. 이러한 이데올로기들의 실험은 개체성과 전체성, 자유와 평등 간 소통의 중요성을 일깨워주는 학습기제일 뿐이다.

진정한 개체성(individuality)은 주관성과 객관성이 하나가 되는 일심(一心)의 무경계(no boundary)에서 발휘된다. '한'사상의 '자기조화'는 바로 이 무경계라는 본질적 특성에서 오는 것이다.

이른바 한류 현상은 동아시아 최대의 정신문화 수출국이었던 코리아의 면모를 제대로 담아내지 못하고 있다. 한민족의 상고사와 고유의 정신문화에 대한 총체적인 자기부정으로 인해 문화적 정체성이 상실되었기 때문이다.

나무의 줄기가 그 뿌리와 연결되지 못하면 꽃꽂이 식물과도 같이 생명력이 없듯이, 한류 현상이란 것도 역사의 뿌리와 연결되지 못하면 국가적·민족적·문화적 정체성이 확립될 수가 없으므로 생명력이 부재하게 된다.

수많은 역사적 사건들과 다양한 제도들과 삶의 풍경들을 문화기술적 효과를 극대화하여 담아낸다고 해도 역사를 관통해서 흐르는 한민족의 고유한 정신이 살아 숨 쉬지 않는다면 한류 콘텐츠의 빈곤 문제는 해결되기 어려울 것이다.

서양이 갈망하는 한민족의 정신문화, '세계가 잃어버린 영혼'이라고 지칭할 만한 한민족의 진정한 내공이 살아 숨 쉬는 정신문화는 '한'의 원리에 기초한 '한'사상[三神思想, 天符思想, 神敎]이다.

'한'사상은 동학에까지 면면히 그 맥이 이어졌다. 동학 '시(侍: 모심)'의 삼원 구조인 신령(神靈)·기화(氣化)·불이(不移, 不二)는 천·지·인 삼신일체와 그 의미가 같은 것이다.

'불연기연(不然其然: 그렇지 아니함과 그러함)'이나 '오심즉여심(吾心卽汝心: 내 마음이 곧 네 마음)'은 본체계와 현상계를 회통하는 '한'의 원리에 기초해 있다.

이어 곤륜산 신령이 말했다.

우주 가을의 초입에 '한'사상의 부활은 현대물리학이 물질의 공성(空性)을 실험적으로 입증함으로써 우주의 실체가 의식[파동, 에너지]임을 밝혀낸 것과 맥을 같이한다.

형제들이여, '한'사상은 인류 보편의 사상으로 지구생명공동체의 실현을 추구한다. 그것은 생명의 전일성과 자기근원성의 심원한 의미를 실제 삶의 영역에서 체현한 삶의 사상이다. 오늘날 '한'사상의 부활은 지구생명공동체 논의의 확산과 맥을 같이 한다.

이러한 논의의 확산은 교통·통신기술의 발달에 따른 지구 공간개념의 변화, 인터넷·언론매체 등을 통한 정보공유 및 지구촌 '한마당' 형성에 따른 세계시민사회의 강화, 지구 생태환경의 변화에 따른 공동대처의 필요성 증대 및 생명장(場)으로서의 지구의 유기체적 속성 강조 등에 따른 것이다.

'한'사상은 통섭적 세계관에 기초하여 생명이 곧 영성임을 갈파한 생명사상이고, 전일적 실재관의 원형으로서의 개벽사상이며, 에코토피아(ecotopia: 생태적 이상향)적 지향성을 띤 천인합일의 '개천(開天)'사상이다.

생명이 곧 영성임을 깨달으면 물질 일변도의 사고에서 벗어나게 되므로 공공성과 소통성, 자율성과 평등성의 발휘가 극대화된다. 이는 영성이 배제된 객관적 이성중심주의 내지는 개성과 다양성이 배려되지 않은 전체성의 관점과는 확연히 구분된다.

'한'사상의 가르침은 우주와 지구와 인간의 새로운 관계 정립이 요망되는 현시점에서 진지(眞知)를 통해 만사의 정합성(整合性)을 온전히 이해할 수 있게 함으로써 새로운 계몽의 시대를 여는 길라잡이 역할을 할 수 있다.

이원성을 넘어선 진정한 앎에서 평등성지(平等性智)가 드러나고 삶 자체에 대한 전적인 수용과 더불어 만유를 차별 없이 사랑하는 실천이 나오게 된다.

현실과 유리된 영성에 관한 논의는 관념에 불과한 것이고, 진리와 유리된 지식이나 학문은 '지적 희론(知的 戱論)'에 불과한 것이므로 인류가 추구하는 제 가치를 실현할 수가 없다.

형제들이여, '한'사상이 긴요한 것은, 인류의 보편적 가치를 실현하고 지구생명공동체를 구현하기 위해서는 '하나됨'에 대한 인식과 실천이 필수적이기 때문이다.

지성은 조건 없는 사랑이다. 사랑이 없는 지식으로는 결코 정의를 실현할 수 없으며 인류애나 평화를 실현할 수도 없다. 보편적 가치의 바탕이 되는 것은 사랑이기 때문이다. 우주 '큰사랑'이 발휘되기 위해서는 내적 앎을 높여가야 한다.

널리 인간 세상을 이롭게 하고 천리(天理)에 순응하는 광명한 세상을 만들고자 했던 홍익인간·광명이세의 정치이념은 국가나 민족, 인종, 성, 종교, 계급의 경계를 넘어선 인류 보편의 이념을 함축한 것이었다.

곤륜산 신령이 말을 마치자 마고는 누각 난관 쪽으로 가서 '왕의 정원'을 내려다보며 두 팔을 벌렸다.

　보라, '한'은 인류 보편의 이상적인 가치개념들을 포괄한다. '한'의 전 지구적 확장 가능성이 여기에 있다. '한'은 전일(全一)·광명·대(大)·고(高)·개(開)·다(多)·하나·하늘(天·神·靈)·생명·한마음(一心)·순백(白)·동방·뿌리[근본]·영원·무경계·제왕(汗, Khan) 등을 의미한다.

　형제들이여, '한'은 서양의 이원론이 초래한 생명의 뿌리와 단절된 꽃꽂이 삶, 그 미망의 삶을 끝장내는 '마스터 알고리즘'이다. '한'은 제2의 르네상스, 제2의 종교개혁을 완수할 수 있는 내재적 역량과 추동력을 지니고 있다.

　만물의 근원을 나타내는 '한'은 '하나(一)' 또는 '하늘(天·神·靈)'이며 스스로 생성되고 변화하여 돌아가는 '스스로(自) 그러한(然)' 자이므로 생명의 전일성과 자기근원성을 표징한다.

　'한'의 우주관은 절대유일의 '하나(一)'가 만유의 본질로서 내재하는 동시에 만물을 화생(化生)시키는 근본원리[至氣]로서 작용한다고 본다. 하여 생명의 순환을 이해할 수 있게 하고, 물질[色, 有]의 궁극적 본질이 비물질[空, 無]과 하나라고 본다.

　형제들이여, '한'은 '오래된 미래'의 전형을 보여주는 사상이다. '한'의 우주관은 부분과 전체가 함께 진화하는 공진화(co-evolution) 개념이나, '참여하는 우주'의 경계를 밝힌 양자역학적 관점과 상통한다.

　'한'의 통섭적 세계관은 부분과 전체의 유기적 통일성에 기초한 시스템적 사고 또는 맥락적 사고의 전형을 보여준다. '한'의 원리는 남과 북 그리고 온 인류가 하나 되게 하는 '마스터 알고리즘'이다.

　'한'은 생명[天·神·靈]에 대한 명료한 인식을 통해 인공지능 윤리가 준수될 수 있는 새로운 휴머니즘의 길을 제시하고 새로운 계몽의 시대로 안내한다.

'한'은 불가분의 전체성이 실재이고 분리성은 환상임을 말해준다. '영적(靈的)인, 그러나 종교적이지 않은(spiritual, but not religious)'[39] — 이 말 속에 지구생명공동체의 가능성이 있다.

인지학의 창시자 루돌프 슈타이너가 그토록 간구(懇求)하던 '성배(聖杯)의 민족', 그 정수(精髓)는 바로 이 '한'에 있다.

형제들이여, 밝게 빛나는 광명한 정치를 하는 나라, '불가분의 전체성'인 생명의 의미를 국호에 함축한 나라, 9천 년 이상 전에 현대물리학의 전일적 실재관의 원형을 국호에 담은 나라, 이 나라가 바로 '한'의 원리에 기초한 환국(桓國)이다.

보라, 유사 이래 그 어떤 나라의 국호가 '하나됨(全一)·광명(빛·밝)'이라는 그 심오하고도 심원한 의미를 담을 수 있다는 말인가! '환국'이라는 국호 속에 지구생명공동체의 비전이 담겨있지 않은가?

남북의 형제들이여, '한'의 원리에 기초한 밝은 정치의 이상은 인류의 집단무의식 속에 영원히 꺼지지 않는 불씨로 남아 있다. 내재적 본성인 '신성의 빛'을 밝히고 그 빛[사랑]을 인류에게 방사하라! 그 빛이 집단무의식의 뇌관을 건드리면 사랑의 불꽃은 온 세상에 들불처럼 번져나갈 것이다.

빛의 민족이여, '성배의 민족'이여! 그대들 의식 속의 경계가 사라지면 이 땅 위의 모든 인위적인 경계도 사라질 것이다. 내 진실로 그대들에게 이르노니, '한'이야말로 지구생명공동체의 근본적인 설계원리다! 진정한 우주시대를 여는 마스터키다!

마고는 이렇게 말했다.

제3부

영원으로의 회귀
Return to Eternity

제7장 지혜의 길과 행위의 길
The Path of Wisdom and The Path of Action

제8장 삶이라는 이름의 희생제
A Sacrifice Called Life

제9장 마침내, 존재여!
Finally, Ever ONE!

자연 속의 모든 죽음은 탄생이다. 그리고 죽음 자체 속에 명백하게 생명의 찬미가 나타난다. 자연에는 그 어떤 파괴적인 원리도 없다. 왜냐하면 자연은 전부 순수하고 맑은 생명이기 때문이다. 그것은 죽이는 죽음이 아니라, 죽음 뒤에 감추어져 새로운 발전으로 돌발하는 더욱 살아있는 생명이기 때문이다.

All Death in Nature is Birth, and in Death itself appears visibly the exaltation of Life. There is no destructive principle in Nature, for Nature throughout is pure, unclouded Life, it is not Death which kills, but the more living Life, which, concealed behind the former, bursts forth into new development.

- J. G. Fichte, *Die Bestimmung des Menschen* (1800)

제 7 장

지혜의 길과 행위의 길
The Path of Wisdom and The Path of Action

- 빛의 세계와 어두움의 세계 The World of Light and the World of Darkness
- 티끌 속에서 티끌 없는 곳으로 From Dust to Dustless
- 무주(無住)의 덕 The Virtue of Muju

'하나'의 성전이여, 그대는 우주만물의 중심에 존재하는 하늘궁전(天宮)이다. 만선(萬善)의 계단과 만덕(萬德)의 문으로 이루어진 광명한 궁전이다.
'하나'의 성전이여, 그대는 태양과도 같이 광명한 마음의 근본자리다. 바로 우리들 자신의 깊은 의식이 하늘궁전으로 통하는 계단이요 문이다.
'하나'의 성전이여, 그대는 마음을 밝히고 세상을 밝혀서 '하나됨'을 실천한 자만이 나아가 지복(至福)을 누리는 영원의 궁전이다.
'하나'의 성전이여, 그대 성전에서 세상의 모든 진리는 하나가 되고, 모든 종교는 '사랑'이라는 이름으로 거듭나고, '사랑의 문명'이 꽃피어난다.
오, '하나'의 성전이여, 인류 형제들은 다시 만날 것을 다짐하노라. 슬픔도 헤어짐도 없는 그대 침묵의 성전에서!

- 본문 중에서

아르주나여, 행위의 길을 따르지 않고 완전한 포기가 일어나기는 어렵다. 지혜로운 자는 순수하고도 헌신적인 행위의 길을 통해 곧 신과 합일할 것이다.
But renunciation, Arjuna, is difficult to attain without Yoga of work.
When a sage is one in Yoga he soon is one in God.

- *The Bhagavad Gita*, 5. 6.

빛의 세계와 어두움의 세계

어느 가을날 마고는 민생을 시찰하기 위해 파미르고원 서쪽의 카슈가르(카스) 지역으로 향했다. 실크로드와 차마고도 등 중앙아시아의 주요 교역로가 만나는 카슈가르는 중앙아시아와 유럽을 연결하는 길목으로 동서 교역의 최대 중심지이자 동서문화의 진수가 모여 있는 찬란한 역사를 간직한 곳이었다.

카슈가르 거리를 걸으며 마고는 그를 수행하고 있는 환안을 향해 말했다.

환안, 그대여! 실크로드 남로의 요충지인 이 일대는 흉노(匈奴, Hun)가 강성한 시대에는 동이족의 일파인 단(檀)씨 흉노족(훈족)의 간접지배하에 있다가 이후에는 역시 동이족의 일파인 선비(鮮卑) 계열의 유목제국인 유연(柔然)의 지배를 거쳐 흉노를 계승한 돌궐 등의 지배하에 있게 된다.

그러나 시간이 지나면서 나의 후예들은 중앙아시아의 요충지이자 동서

교역의 가교역할을 했던 이 지역을 포함해 중앙아시아와 동이족의 관계에 대해서는 잘 알지 못하고 있다. 그러니 '신라 황금보검(보물 제635호, 경주 계림로 보검)'의 미스터리도 풀지 못하는 것이다.

환안, 그대여! '신라 황금보검'이 '적석목곽분(積石木槨墳)' 형태로 지어진 계림로 14호분에서 출토(1973)된 것은 한국 고대사 최대의 미스터리라고 불린다.

경주 황남동 미추왕릉 지구에서 발견된 길이 36cm의 이 보검을 장식한 보석은 동유럽 원산 석류석이고, 소용돌이 문양 또한 불가리아에서 출토된 트라키아(Thracia) 시대 유물과 흡사하다. 칼집에 해당하는 부분 위쪽 납작한 판에는 태극무늬 같은 둥근 무늬가 그려져 있다.

동유럽권과 신라의 중간인 실크로드 선상에도 이와 유사한 단검의 일부가 발견되었고, 신장 지역의 쿠처 키질천불동(克孜尔千佛洞) 제69굴 입구 천장의 벽화에 그려진 단검도 이와 유사하다.

'신라 황금보검'이 동유럽권과 중앙아시아 그리고 경주까지 이어진 미스터리는 원래 신라의 주 강역이 대륙이고 유라시아가 원래 하나로 통해 있었다는 사실을 알게 되면 풀릴 수 있다.

환안, 그대여! 신라의 주 강역이 대륙이었다는 것은 청나라 건륭제(乾隆帝)의 칙명을 받아 편찬한 『흠정만주원류고(欽定滿洲源流考)』(1778, 건륭 43) 권수(卷首) 유지(諭旨: 황제가 내린 글)에 분명히 나와 있다.

『흠정만주원류고』의 첫머리에 황제가 내린 글에는 '신라의 수도 계림(鷄林, jilin)이 지금의 중국 길림(吉林, jilin)'이라고 하였고, "신라와 백제 등의 나라도 모두 그 부근의 지역에 있었다"고 했으며, 신라가 대륙에 설치한 9주(九州: 통일신라 시대의 지방 행정구역)의 강역이 광대했다고 기록되어 있다.

그리고 중국 중심의 세계지도인 〈천하고금대총편람도(天下古今大總便覽

圖)〉(1666)에는 강회(江淮: 양쯔강과 淮水 사이) 지역인 안휘성(安徽省, 안후이성)에 신라 수도 경주(慶州)와 팔공산(八公山)이라는 지명이 표기되어 있다.

독일의 유력 방송사인 ZDF 방송이 추적한 특집 다큐멘터리 시리즈〈스핑크스, 역사의 비밀(Sphinx-Geheimnisse der Geschichte)〉의 '잃어버린 고리 찾기'에서는 게르만 민족 대이동(4~6세기)을 촉발한 훈족(흉노족)을 집중적으로 취재한 결과 훈족의 원류가 신라인과 가야인일 가능성이 높다고 했다.

'신라 황금보검'의 미스터리는 신라의 주 강역이 대륙이고 유라시아가 원래 하나로 통해 있었다는 사실과 함께 신라 김씨 조상이 흉노 휴도왕(休屠王)의 태자 김일제(金日磾)라는 주장—즉, 김일제 후손들의 한 갈래가 한반도로 들어와 김일제 5대손인 성한왕(星漢王)이 신라 김씨의 시조인 김알지가 되었다는 주장[1]과 연결되면 더 쉽게 풀릴 수 있다.

마고가 말을 마치자 환안이 말했다.

위대한 나의 스승 '라 무'시여! '라 무'께서 역사적 세계(historical world)를 통시적 관점에서 말씀해 주셔서 제가 역사적 세계 전체를 맥락적으로 이해하는 데 크게 도움이 될 뿐 아니라 저의 의식 확장에도 커다란 전기를 마련하는 것이어서 늘 마음속 깊이 감사하는 마음을 가지고 있습니다.

그러자 마고가 미소를 띠며 고개를 끄덕였다.

마고는 환안에게 역사적 세계를 이야기할 때면 항상 후천개벽기를 현시점으로 놓고 과거·현재·미래를 통시적 관점에서 조명하곤 했다. 이는 인류 문명의 대변곡점인 후천개벽기에 마고의 관심이 집중되어 있기도 했고, 또한 그 시기에 일할 환안에 대한 교육적 의미도 있었다.

마고 일행이 얼마를 더 걸어가니 마침 그곳에는 7일장이 열리고 있었다. 큰 장터는 상인들과 손님들의 흥정 소리와 이야기 소리가 뒤섞여 활기차고 정겨운 삶의 풍경을 자아내고 있었다.

장터는 단순히 물건 거래만 이루어지는 곳이 아니라 지역 주민들의 소통 공간이기도 하고, 특히 카슈가르는 동서 교역의 가교역할을 하는 곳이라 민생을 두루 시찰하기에 안성맞춤이었다.

그곳 유서 깊은 장터에서는 주변 농민들이 직접 재배한 다양한 과일과 채소, 공예품을 비롯해서 비단, 카펫, 캐시미어, 옥, 석류석, 귀금속 등이 거래되고 있었다. 이국적인 물건들도 여기저기 눈에 띄었다.

마고 일행이 지나가자 상인들은 비단과 옥, 석류석 등을 가리키며 물건을 사라고 권하기도 했다. 노점상들이 끝나는 지점에 이르자 많은 사람들이 모여 웅성거리고 있었다. 가까이 가서 보니 민속공연이 시작을 앞두고 있었다.

카슈가르 장터를 벗어나며 마고가 환안을 향해 말했다.

환안, 그대여! 장터는 이 세상을 살아가는 사람들의 삶의 풍경의 축소판이다. 그리스어로 '인간'을 의미하는 안트로포스(Anthropos)의 '포스(pos)'는 '빛'을 의미한다. 인간 존재의 근원을 '빛'과 동일시한 것이다. 인간 존재뿐만 아니라 우주만물의 근원이 빛이라는 것은 과학적으로도 근거가 있다.

현대물리학은 전자기파의 일종인 빛을 파동인 동시에 입자라고 본다. 양자물리학자 데이비드 봄은 에너지, 마음, 물질 등 우주에 존재하는 모든 것이 우주에 충만해 있는 초양자장(超量子場, superquantum field)으로부터 분화된다고 보고, 비국소성[초공간성]을 갖는 초양자장 개념에 의해 파동-입자 이중성(wave-particle duality)을 통합하고자 했다.

그리하여 물질은 원자로, 원자는 소립자로, 소립자는 파동으로, 파동은 다시 초양자장으로 환원될 수 있다고 보았다. 초양자장이 파동인 동시에 입자로 나타나는 것이니 초양자장이 곧 빛이다. 초양자장은 초의식(超意識)

과도 같은 것으로 이는 곧 순수의식이며 한마음(一心, 一氣)이다.

한마디로 비이원적인(nondual) 영원한 실재(reality)의 차원을 지칭한 것이다. 따라서 초양자장, 즉 영원한 실재―흔히 신(神·天) 또는 영(靈)이라고도 부르는―는 곧 빛이고 우주만물이 그 빛에서 비롯되므로 사람과 우주만물의 근원 또한 빛이다.

환안, 그대여! 이처럼 사람과 우주만물의 근원은 빛인데, 왜 빛의 세계와 어두움의 세계라는 이분법적인 용어가 삶의 세계와 죽음의 세계를 관통하게 되었다고 보는가?

그러자 환안이 대답했다.

위대한 나의 스승 '라 무'시어! 빛이란 내재적 본성인 신성(神性)의 빛을 말하는 것입니다. 만물 속에 만물의 본질로서 내재해 있는 신성이 곧 신(神)입니다. 그래서 신은 무소부재, 즉 없는 곳이 없이 실재한다고 하는 것입니다. 이 '신성의 빛'은 곧 사랑입니다.

그러나 나와 너, 우리와 그들, 이것과 저것을 분리시키는 에고 의식[분리의식]에 사로잡히게 되면, '신성의 빛'인 사랑은 그 힘을 발휘할 수가 없으므로 빛의 세계에서 멀어지고 결국 어두움의 세계에 갇히게 되는 것입니다.

죽은 이후에도 의식체로서의 삶이 계속되는 것이니, 사후에도 마찬가지로 사랑은 그 힘을 발휘할 수 없게 되므로 어두움의 세계, 즉 흔히 말하는 지옥에 스스로를 유폐시키게 되는 것입니다.

반면, 우주만물을 자기 자신으로 느끼게 되면, '신성의 빛'인 사랑을 우주만물에 방사하게 되므로 빛의 세계에 머물게 되는 것입니다. 의식체로서의 삶이 계속되는 사후에도 마찬가지로 사랑을 우주만물에 방사하게 되므로 빛의 세계인 천국에 머물게 되는 것입니다.

우주의 실체는 의식[에너지, 파동]이므로 만물을 분리시키는 에고 의식 속에서는 살아서든 죽어서든 어두움의 세계인 지옥에 스스로를 유폐시키게 되고, 만물을 하나로 보는 전체의식 속에서는 살아서든 죽어서든 빛의 세계인 천국에 머물게 되는 것입니다.

살아서든 죽어서든 천국과 지옥의 환경은 그곳에 머무는 존재들이 각기 방사하는 밝은 기운과 어두운 기운에 의해 자연히 만들어지는 것입니다. 그러한 환경은 흔히 천국과 지옥, 연옥으로 구분되기도 하지만, 의식상태도 여러 층위가 있듯이 천국과 지옥에도 다양한 층위가 있습니다.

따라서 빛의 세계와 어두움의 세계, 즉 천국과 지옥은 의식상태를 말함이며 심판자가 따로 있는 것이 아니라 바로 자기 자신이 유일한 심판자인 것입니다.

이처럼 만물의 근원은 빛이지만, 의식상태가 여러 층위가 있는 까닭에 대별하여 빛의 세계[천국]와 어두움의 세계[지옥]로 이분화되게 된 것입니다.

내재적 본성인 신성의 빛은 곧 순수의식[근원의식, 전체의식, 우주의식, 보편의식]의 빛이며 한마음(一心)이며 이는 곧 사랑입니다. 사랑이 곧 정의이고 진리이고 모든 것입니다.

그러자 마고가 말했다.

그대가 바로 보았다. 사랑은 모든 것이다. 이 세상이 사랑으로 충만하면 정의가 바로 서고 평화롭게 된다. 우주 순수의식은 시작도 끝도 없는 영원 그 자체이므로 언제 어디에나 실재하지만, 인간이 주파수를 맞추지 못하면 만날 수가 없다.

주파수를 맞추기 위해서는 마음을 비워야 한다. 에고(ego, 個我)가 사라짐으로써 저절로 우뇌(右腦)가 작동하여 자성(自性)에 대한 직관적 지각이 일어나 참본성이 곧 하늘임을 알게 되는 것이다. 우주 순수의식은 우주가 만든 통신선(線)을 통해 직관의 영역인 우뇌로 연결되기 때문이다.

그러나 생명[神·天·靈]이 곧 영성임을 깨닫지 못하고 물질 일변도의 사고를 하게 되면 의인화된 물신(物神)에 동조 주파수가 맞춰지게 되므로 내재적 본성인 신성[참본성]이 곧 '하늘'(님)이며 신(神)이라는 사실을 이해할 수 없게 된다.

환안, 그대여! '참나'인 영성[靈·神·天]은 "불멸인 동시에 죽음이며, 존재하는 것과 존재하지 않는 모든 것"[2]이다. 만유를 생성하고 거둬들이는 우주의 본원이다.

생명권이 보장되지 못하고 인간으로서의 존엄성과 가치가 실현되지 못하는 것은, 생명이 곧 '참나'인 영성[전체성, 전일성]임을 깨닫지 못하므로 해서 우주 '큰사랑'이 결핍되어 있기 때문이다. 다시 말해 영적 일체성이 결여되어 있기 때문이다.

21세기에 생명권 문제는 단순한 철학적 사변이 아니라 현실적으로 긴요하고 정치적이며 법적인 문제로 부상할 것이다.

두 사람은 계속 길을 걸었다. 어느 마을 어귀에 이르렀을 때 한 사람이 이렇게 독백하고 있었다.

세상이 칠흑같이 깜깜하다. 세상이 어두워진 것인가, 아니면 내 눈이 어두워진 것인가? 세상이 칠흑같이 깜깜하다. 영원한 밤이 온 것인가, 아니면 내 마음이 어두워진 것인가? 세상이 칠흑같이 깜깜하다. 세상에 종말이 온 것인가, 아니면 내 영혼이 어두워진 것인가?

누가 내게 눈을 밝히는 광명을 불러다오, 누가 내게 마음을 밝히는 광명을 불러다오, 누가 내게 영혼을 밝히는 광명을 불러다오. 오, 광명을!

마고는 다시 길을 걸으며 환안을 향해 말했다.

한 동물학자는 인간의 몸이 살과 피, 근육과 뼈, 뇌와 피부 등 10%의 인체 세포와 박테리아, 곰팡이, 바이러스 등 90%의 미생물로 이루어져 있다고 말한다.

'우리는 겨우 10% 인간일 뿐'[3]이라는 것이다. 그렇다면 환안, 그대여! 무엇이 이 10% 인간을 '인간'으로 만드는가?

인간은 '재료'면에서는 다른 생명체와 별 차이가 없다. 신체가 수많은 세포로 구성되어 있고, DNA라는 유전 물질에 의해 대부분의 신체적 형질이 유전되며, 근육이나 신경을 구성하는 세포들의 구조와 기능 등은 대부분의 생명체와 공유하는 점들이다.

그럼에도 인간은 손도끼와 바퀴, 무기와 농기구를 만들어 자연 세계를 개척했고 문명 세계를 건설했으며 우주산업에 박차를 가하고 있다. 인간이 이런 능력을 갖게 된 것은 바로 '지능(intelligence)'에 의해서이다.

지능을 통해 과학적 지식과 기술을 발전시켜 왔으며, 인간만의 고유한 생존방식을 갖추게 되었다. 뇌가 행하는 모든 사고 작용은 그 주체인 인간의 생존과 번영을 위한 것이며, 뇌는 그러한 목적을 효율적으로 달성할 수 있도록 최적화된 것이다. 따라서 뇌의 기능은 그 주체인 생명과 불가분의 관계에 있다.[4]

그렇다면 환안, 그대여! 뇌가 인간의 생존과 번영을 효율적으로 달성할 수 있도록 최적화된 것이라면, '지구 종말 시계(Doomsday Clock)'가 인류 파멸의 시간대인 자정 전 89초(2025.1.28 기준)를 가리키고 있는 지금에도 지구촌은 왜 이토록 전쟁에 휩쓸리며 '죽음의 기술' 개발에 무한경쟁을 벌이고 있는 것인가?

그러자 환안이 대답했다.

위대한 나의 스승 '라 무'시어! 인간 두뇌는 뉴런(neuron, 신경세포)으로 조직되어 있고, 사고 활동은 시냅스(synapse, 神經細胞 連接)의 작용으로 이루어집니다. 지식을 두뇌의 뉴런이라고 한다면, 지성은 시냅스의 연결입니다.

인간은 진화할수록 뉴런과 뉴런을 연결하는 시냅스가 확장되어 사고 능력이 증폭되고 지성이 높아지므로 포괄적 이해 능력이 향상되어 공동체적 삶의 중요성을 인식하게 됩니다.

그러나 앎의 수준이 높지 못하고 지식의 대통섭이 이루어지지 못하므로 해서 지식인은 넘쳐나지만 지성인은 드문 것이 현실입니다.

지식 차원의 좌뇌(左腦) 주도형 시대는 지식의 분절적 속성으로 인해 개체와 공동체의 상호의존성과 불가분성을 직시하지 못하므로 해서 공동체적 삶의 중요성이 간과되게 됩니다.

'라 무'께서 강조하셨듯이, 물질에서 의식으로의 방향 전환이 없이는 생명의 전일성을 체득할 수가 없으므로 조화와 상생의 삶을 살 수 없게 되는 것입니다.

'하나는 셋(一卽三), 셋은 하나(三卽一)'의 원리는 물질에서 의식으로의 방향 전환을 추동함으로써 우주 '한생명'을 깨닫게 하는 마스터키입니다.

마고가 말했다.

그렇도다. 인류는 무지(無知)의 완력 시대에서 지식 차원의 좌뇌 주도형 시대를 거쳐 초지(超知)의 우뇌 주도형 시대로 진입하고 있다.

좌뇌 주도형 시대 삶의 패러다임이 '채우기'와 '높이 오르기'에 그 초점이 맞추어져 있다면, 우뇌 주도형 시대는 '비우기'와 '깊게 들어가기'가 그 핵심 과제다.

그렇다고 좌뇌의 작동이 멈추고 우뇌만 작동한다는 것은 아니다. 다만 좌뇌 주도에서 우뇌 주도로 그 주도적 역할이 바뀌는 것뿐이다.

공동체적 삶의 중요성이 간과되고 있는 지식 차원의 좌뇌 주도형 시대와는 달리, 지성 차원의 우뇌 주도형 시대는 우주 전체와의 관련 속에 있으므로 공동체적 삶의 중요성을 인식하게 되고, 궁극에는 개체와 전체를 하나로 볼 수 있게 된다.

좌뇌 주도형 시대가 무한경쟁·물신(物神) 숭배·치기(稚氣) 및 기교가 판을 치는 시대라면, 우뇌 주도형 시대는 공진화(共進化)·비우기·자연스러움에 주력하는 시대다.

좌뇌 주도형 시대의 사회적 관계가 대가성에 기초한 고용·피고용의 형식적인 관계라면, 우뇌 주도형 시대는 내적 자아의 결속에 기초하여 대다수가 주체가 되는 희망의 시대다.

우뇌 주도형 시대는 지구 문명상 물병 별자리인 보병궁(寶甁宮) 시대이며 비움(쏟)의 시대다. 많은 사람들은 새 시대가 근본적인 패러다임 전환, 즉 물질시대에서 의식시대로의 대전환을 가져올 것이라고 예측한다.

마고는 계속해서 말했다.

성통광명(性通光明)이다. 참본성이 열리면 광명하게 된다. 참본성이 열린다는 것은 내재적 본성인 신성의 빛이 발현되는 것이다. 신성의 빛이 발현된다는 것은 사랑이 우주만물에 방사된다는 것이다. 그래서 세상이 환하게 밝아지는 것이다.

눈을 밝히고 마음을 밝히고 영혼을 밝히는 광명이 바로 이것이다. 아까 마을 어귀에서 독백하던 사람이 간구하던 것이 바로 이 '광명'이지 않는가.

성통공완(性通功完)이다. 참본성이 열려 광명하게 되면 사회적 공덕(功德, 功業)을 완수할 수 있다. 광명하게 된다는 것은 의식이 환하게 밝아진다는 것이다.

의식이 환하게 밝아진다는 것은 새 하늘이 열린다는 것이다. 사회적 공덕을 완수한다는 것은 새 땅이 열린다는 것이다. 이는 곧 하늘의 뜻이 땅에서 이루어지는 것이다.

우주의 실체는 의식이므로 의식이 변화되지 않고서는, 다시 말해 새 하늘이 열리지 않고서는 새 땅이 열릴 수가 없다.

두 사람은 다른 마을을 향해 길을 걸었다. 마고가 환안을 향해 말했다.

환안, 그대여! 이렇게 민생을 시찰하는 것은 생각과 실제 삶 간의 간극을 좁히기 위함이다. 아무리 거대한 구상이 있어도 실제 삶과 유리된 것이라면, 그것은 관념이고 추상이며 공허한 것에 지나지 않는다.

또한 아무리 이론이 논리에 정합(整合)한다고 해도 진리를 품고 있지 않다면, 그것은 지적 유희에 불과한 것이다.

근대 서구의 객관적 이성주의나 과학적 합리주의를 보라. 용어는 근사하지만, 파편화된 지식체계를 강조할 뿐 생명의 영성을 배제하고 있다. 이런 것을 두고 지적 유희라고 하는 것이다. 자기기만이라고 하는 것이다.

생태계의 조화를 배제한 인간중심주의, 여성을 배제한 남성중심주의, 여타 세계를 배제한 유럽중심주의, 여타 인종을 배제한 백인우월주의가 과연 객관적 이성주의인가? 과학적 합리주의인가?

전체성의 관점도 마찬가지다. 개성과 다양성을 품지 않은 전체성의 관점은 전체주의의 전형이다. 그것은 파괴로 치달을 뿐이다.

생각 속의 이상세계와 현실의 물질세계를 상호 피드백하며 삶에서 일어나는 일과 지구 행성에서 벌어지는 일을 진지하게 성찰함으로써 군건한 삶의 토대를 구축할 수가 있다.

빛의 세계와 어두움의 세계는 관념이나 상상 속의 세계가 아니다. 그것은 우리 삶과 죽음의 한가운데에 있는 생생한 현실이다.

육체를 가지고 사는 삶의 세계에서든, 의식체로서의 삶을 사는 죽음의 세계에서든, 매 순간 우리는 자신의 선택으로 두 세계 가운데 어느 한쪽에 가까운 세계에 살고 있다.

그리고는 계속해서 말을 이어갔다.

환안, 그대여! 제2차 세계대전 당시 인류 최초의 핵무기를 개발하기 위해 미국이 추진했던 '맨해튼 프로젝트'가 성공적으로 진행되어 세계대전이 끝나갈 무렵 세계 최초로 일본제국의 히로시마에 우라늄 원자폭탄이 투하됐고(1945.8.6.), 이어 나가사키에 두 번째 플루토늄 원자폭탄이 투하됐다(1945.8.9.).

수많은 인명을 살상하고 도시를 초토화한 가공할 만한 원폭의 위력 앞에 일본제국은 연합군에 무조건 항복을 선언했다(1945.8.9.) 그러나 원폭 투하로 모든 것이 불타고 연기로 뒤덮인 처참하고도 충격적인 광경은 인류의 무의식 속에 지워지지 않는 트라우마를 남겼다.

이처럼 기술이 인간의 삶을 근본적으로 뒤흔든 사건을 계기로 20세기 중반에 기술에 대한 철학적 물음이 본격화되었다.

인간의 창조적 본성이 발현된 것이 인공적인 기술이므로 인공성은 인간에게 자연스러운 것이며, 다시 그 인공적인 기술이 인간의 의식을 내부적으로 변화시키고 나아가 사회를 변화시키는 것이다.

고전적 기술철학은 기술이 호모 사피엔스를 위협하고 있다는 이유로 현대 기술 사회에 대해 비판적인 입장이다. 기술이 인간의 본성에 영향을 미쳐서는 안 되며 기술은 어디까지나 도구적·종속적 지위에 머물러야 한다고 주장한다.

하지만 이러한 주장은 기술과 인간의 상호성의 원리에 배치된다. 또한 인공지능 기술의 발전이 감시사회를 현실화시킨 것을 보더라도 기술이 도구적 지위에 머물러야 한다는 주장은 다분히 비현실적이다.

이에 반해 개별 기술에 대한 접근을 선호하는 경험으로의 전환을 주장하는 사람들은 현대기술 역시 도구일 뿐이라며 현대기술로 인해 야기되는 문제들의 해결 가능성에 방점을 두고 있다. 하지만 현대기술로 인해 야기되는 문제들은 개별 기술에 대한 접근으로 해결될 수 있는 것이 아니다.

물리학자 프리초프 카프라가 적절하게 지적했듯이, 인류가 겪고 있는 수많은 위기 현상은 하나의 동일한 위기가 각각 달리 나타나는 것이며, 이 위기는 본질적으로 '인식의 위기(crisis of perception)'이다. 세계관과 사고방식 및 가치체계와 같은 인식 코드의 전환이 없이는 해결될 수 없는 것들이다.

인공지능 전문가들은 머지않아 '강한 인공지능(Strong AI)' 기술이 현실 속에 구현될 것이라고 예단한다. 이러한 기술의 도래는 인간의 창조적 본성이 발현된 것이므로 자연스러운 것이며, 또한 진화의 한 과정이므로 막는다고 해서 막을 수 있는 것도 아니고 막아서도 안 된다.

다만 우리가 집중해야 할 일은 과학의 인간성 회복과 더불어 생명의 네트워크적 본질에 대한 인식을 바탕으로 생명 향상의 원리와 생명윤리 및 가치를 현재와 미래의 인류 사회에서 발전시키는 것이다.

오늘날 인터넷 등 기술의 발달로 정보의 공유가 손쉽게 이뤄지고 여러 가능성과 기회를 보편적으로 향유할 수 있게 되었지만, 그에 따른 부작용도 그만큼 커졌다.

알고리즘에 기반한 인공지능 기술의 진전에 따른 정보 접근의 비대칭성으로 인해 방대한 데이터와 막강한 기술력과 거대한 자본력을 가진 소수의 글로벌 기업과 정보에 접근 가능한 세력에게로 권력이 더 집중되고 이들이 인공지능 기술의 가장 큰 수혜자가 될 가능성 또한 높아졌다.

그러나 수학자 어빙 존 굿이 예단했듯이 기계가 일단 튜링 테스트(Turing test: 인간과의 대화를 통해 기계의 지능을 판별함)를 통과하면 기계가 더 똑똑한 기계를 설계하게 되고 '최초의 초지능 기계는 인간이 만든 마지막 발명품이 될 것'이기 때문에 미래의 지능폭발에 대비하는 순전히 기술적인 전략이란 없다.

지구 행성은 지금 누가 누구를 지배하느냐가 문제가 아니라, '공멸이냐 공존이냐' 택일의 기로에 섰다. 인공지능 기술에 대한 사회적 제어력을 높이는 것도 결국 인식의 전환이 있어야 가능하다.

인간이 만들고 있는 인공지능은 현재도 그러하거니와 미래에도 인간의 가치를 반영할 것이기 때문에 생명가치를 활성화하고 바람직한 생명문화가 뿌리내릴 수 있도록 인류 의식의 패턴 자체가 바뀌어야 한다. 생명에 대한 전일적 시각(holistic view)으로의 패러다임 전환이 이루어져야 한다.

혹자는 이렇게 말할지 모른다. '아무리 근사한 처방을 내놓은들 인간 자체가 쉽게 변하지 않는데 무슨 소용이란 말인가!'라고.

그러나 기억하라, 그대들이여! 하늘의 때(天時)와 인간사(人事)는 상합(相合)하므로 새 하늘과 새 땅을 창조하는 '다시개벽'은 오고야 만다.

'다시개벽'은 우주의 대운(大運) 변화의 한 주기에 해당하는 것으로, 이제 머지않아 시운(時運)이 다하여 선천(先天)이 닫히고 후천(後天)이 새롭게 열린다. 하늘의 뜻이 땅에서 이루어지게 하는 준비된 일꾼들이 곧 표면으로 등장할 것이다.

마고가 말을 마치자 그때 길가에 있는 너럭바위 위에서 한 사람이 노래를 부르고 있었다.

영원한 나의 벗 침묵이여, 이제 우리 다시는 헤어지지 말자! 우리 내면에 '침묵의 성전'을 세워 그곳에서 찬란한 치유의 햇살을 맞자.

영원한 나의 벗 진리여, 이제 우리 다시는 헤어지지 말자! 우리 내면에 '진리의 성전'을 세워 그곳에서 만물의 '하나됨'을 노래하자.

영원한 나의 벗 사랑이여, 이제 우리 다시는 헤어지지 말자! 우리 내면에 '사랑의 성전'을 세워 그곳에서 빛처럼 순수한 사랑을 노래하자.

생명의 진주를 품고 있는 형제들이여, 이제 우리 다시는 헤어지지 말자! 우리 내면에 '생명의 성전'을 세워 그곳에서 영원한 생명을 노래하자.

'침묵의 성전'이여, '진리의 성전'이여, '사랑의 성전'이여, '생명의 성전'이여, 그대들은 우리 모두의 내면에 생생하게 살아 있는 '하나(一)'의 성전이다.

오, 그대 인류 형제들이여, 우리 모두 이곳에서 다시 만나자. 슬픔도 헤어짐도 없는 이 '하나'의 성전에서!

마고가 말했다.

환안, 그대여! 그가 말하는 이 '하나'의 성전(聖殿)에 대해 음미해 보겠는가?

그러자 환안이 서사시로 답했다.

'하나'의 성전이여, 그대는 우주만물의 중심에 존재하는 하늘궁전(天宮)이다. 만선(萬善)의 계단과 만덕(萬德)의 문으로 이루어진 광명한 궁전이다.

'하나'의 성전이여, 그대는 태양과도 같이 광명한 마음의 근본자리다. 바로 우리들 자신의 깊은 의식이 하늘궁전으로 통하는 계단이요 문이다.

'하나'의 성전이여, 그대는 마음을 밝히고 세상을 밝혀서 '하나됨'을 실천한 자만이 나아가 지복(至福)을 누리는 영원의 궁전이다.

'하나'의 성전이여, 그대 성전에서 세상의 모든 진리는 하나가 되고, 모든 종교는 '사랑'이라는 이름으로 거듭나고, '사랑의 문명'이 꽃피어난다.

오, '하나'의 성전이여, 인류 형제들은 다시 만날 것을 다짐하노라. 슬픔도 헤어짐도 없는 그대 침묵의 성전에서!

환안이 말을 마치자 마고가 말했다.
그대의 생각이 정연(整然)하도다. '하나'의 성전은 온갖 선과 덕이 넘쳐흐르는 지복(至福)의 하늘궁전이다. 거기에 이르기 위해서는 만선(萬善)의 계단을 올라야 하고 만덕(萬德)의 문을 열어야 하니 그만큼 많은 선행을 쌓고 덕을 베풀어야 한다는 의미가 아니겠는가.
마고는 허공을 향해 두 팔을 번쩍 들어 올렸다.

형제들이여, 인간의 육체가 7년마다 새로운 세포로 완전히 바뀌듯, 이제 지구 또한 자연적인 순환주기에 따라 부정적인 에너지를 정화하기 위해 근본적인 변화를 겪게 된다.
곧 닥치게 될 지구 대격변은 대자연에 의한 문명의 정리 수순에 따른 것으로 지구의 자정(自淨)작용의 일환이다.
돌고 돌아서 떠난 자리로 돌아오는 이번 자연의 대순환주기는 대정화와 대통섭의 새로운 문명을 예고하고 있다.
형제들이여, 지금은 근대 서구의 이원론이 지배하는 마지막 시기이며 동트기 전 어둠이 가장 짙은 것과도 같은 상태다.
하지만 빛의 행진이 일어나기 시작하면 어둠은 순식간에 자취를 감추게 될 것이다. 빛의 행진이 일어난다는 것은 생명에 대한 인식 코드의 변화로 매트릭스인 생명이 곧 '참나'임을 알게 된다는 것이다.
이는 곧 생명을 자각한 빛의 존재들이 천지개벽에 조응하여 정신개벽과 사회개벽의 주역으로 등장하는 것이다. 이것이 바로 새 하늘과 새 땅을 여는 '다시개벽'이다.

인류 형제들이여, 슬픔도 헤어짐도 없는 이 '하나'의 성전에서 다시 만나 영원히 시들지 않는 '사랑의 문명'을 꽃피워라!

마고는 이렇게 말했다.

티끌 속에서 티끌 없는 곳으로

평원에 나 있는 숲길을 걸으며 마고가 말했다.

환안, 그대여! 힌두사상의 진수가 담긴 『바가바드 기타』 경전에는 초(超)의식 상태인 사마디(samadhi) 또는 신과의 합일에 이르는 방법이 자세히 나와 있다.

이 경전에서 제시된 세 가지 해탈의 길은 영적인 지혜를 추구하는 지혜의 길(즈나나 요가, jñāna yoga)과 이기적인 욕망이 없는 행위의 길(카르마 요가, karma yoga) 그리고 신에게 헌신하는 헌신의 길(바크티 요가, bhakti yoga)이며, 이들 세 가지 길은 상호보완적인 관계에 있다.

이 경전의 배경이 된 것은 인간 내면의 영적(靈的)인 전쟁이다. 그 내용은 비슈누 신의 화신인 크리슈나와 판두(Pāndu) 왕국의 셋째 왕자이자 전사인 아르주나 사이에 주고받는 대화로 이루어져 있다.

아르주나의 전차 몰이꾼으로 변장한 크리슈나는 두 군대 사이로 전차를 몰고 들어가서 전장이라는 극적인 무대에서 아르주나에게 영적인 세계에 대한 심오한 가르침을 펴 보이기 시작한다.

순간 아르주나가 싸워야 할 상대는 외부의 육적인 친족과 친구가 아니라 자신의 내부에서 영적 진화를 방해하는 온갖 부정적인 에너지라는 사실이 밝혀진다.

이 경전에는 아르주나가 크리슈나에게 이렇게 묻는 장면이 나온다.

"크리슈나여, 당신은 행위의 포기에 대해 말씀하시면서 또한 신성한 행위의 길을 권면(勸勉)하십니다. 지혜의 길(즈냐나 요가)과 행위의 길(카르마 요가), 이 둘 중에서 어느 것이 더 나은 길입니까?"[5]

이것은 아르주나의 물음인 동시에 우리 모두의 물음이기도 하다. 여기서 지혜의 길과 행위의 길은 지행(止行)과 관행(觀行)[6] 또는 좌선(坐禪)과 행선(行禪)의 관계와 같은 것이다.

지행과 좌선이 행위를 멈추고 자신의 내면을 들여다보는 것이라면, 관행과 행선은 사심 없는 행위를 하는 것이다. 이는 수신과 헌신적 참여의 관계와 같은 의미다.

그러나 수신[止行, 坐禪]만으로는 순수의식에 이를 수 없으며, 헌신적 참여[觀行, 行禪]가 병행될 때 우리의 영혼은 비로소 완성에 이를 수 있다. 영적 진화 과정에서 수신과 헌신적 참여는 동전의 양면과도 같이 동시적으로 존재한다.

이 둘은 깨달은 자의 눈으로 본다면 결국 하나이며 그 목표는 같은 것이다. 하지만 보통 사람들에게는 행위를 포기하는 길보다는 행위의 길이 더 낫다고 크리슈나는 말한다.

왜냐하면 행위의 길을 따르지 않고 완전한 포기가 일어나기는 어렵기 때문이다. 지혜로운 자는 순수하고도 헌신적인 행위의 길을 통해 곧 신과 하나가 될 것이라고 그는 말한다.[7]

행위의 길에 대한 크리슈나의 영적인 가르침은 지금 이 순간에도 행위의 길을 가고 있는 우리 모두에게 던지는 심오한 메시지다. 괴로움과 즐거움, 얻음과 잃음, 승리와 패배를 동일한 것으로 보는 행위는 그 어떤 죄악에도 물들지 않는다[8]고 그는 말한다.

카르마(業)를 짓지 않는 행위의 길에 대해 그는 이렇게 설파한다.

"그대의 의무는 행위의 결과에 집착하지 않고 해야 할 일을 하는 것이다. 대가를 바라고 행위 해서도 안 되며 행위 자체를 포기해서도 안 된다."[9]

사람은 누구나 타고난 본성의 기운에 따라 끊임없이 행위를 하도록 되어 있기 때문에 단 한 순간이라도 행위를 하지 않고 있을 수 있는 사람은 없다.

행위를 포기하고서는 지고의 완성에 이를 수 없는 까닭에 "행위를 하는 것이 아무것도 하지 않는 것보다 훨씬 더 낫다"[10]고 크리슈나는 말한다.

행위는 행위를 통해서만 초월될 수 있기 때문에 단순히 행위를 포기한다고 해서 행위로부터 자유로워질 수 있는 것은 아니다.[11]

환안, 그대여, 명심하라! 진정한 포기는 행위 자체를 포기하는 것이 아니라 행위의 결과에 대한 집착을 포기하는 것이다. "행위의 결과를 기대하는 사람은 즐거움이나 괴로움, 또는 그 둘 다를 번갈아 맛본다. 그러나 행위의 결과에 대한 집착을 포기한 사람은 영원히 행위의 속박에서 벗어나게 된다."[12]

지혜의 길은 우주자연의 궁극적 원리에 대해 철저히 이해하고 올바르게 아는 것이다. 진리에 대한 충분한 자각이 없이는 의식의 빛이 충분히 강하지 못하므로 완전한 행위가 일어나기 어렵다. 그런 까닭에 "모든 행위는 영적인 지혜와 깨달음에서 완결된다"[13]고 이 경전에서는 말한다.

헌신의 길은 최고신을 절대적으로 믿고 귀의하는 것이다. 최고신에 집중하여 헌신의 생활화를 통해 고차원의 주파수에 자신을 동조시킴으로써 내재적 본성인 신성이 발현되어 생명의 전일성을 자각하게 되는 것이다.

모든 행위가 신에게 바치는 제물이라고 생각하고 매 순간 집중하여 정성을 다함으로써 카르마의 속박에서 벗어나는 것이다. 행위자는 사라지고 행위만 남는 경지에서 헌신의 길은 완결된다.

환안, 그대여! 지금까지 그대는 '지혜의 길'과 '헌신의 길'에 주력해 왔기에 이 두 가지 길에서는 환하게 밝아지고 있도다. 하지만 '행위의 길'에 의해 보완되어야 영원히 행위의 속박에서 벗어나게 된다. 그대가 후천개벽기에 다시 환생하는 것도 그 '행위의 길'을 마지막으로 보완하기 위해서다.

행위의 결과에 대한 집착을 버리고 쉼 없는 행위를 함으로써 종국에는 행위의 속박에서 벗어나 자유롭게 되는 것이다. 행위의 결과에 대한 집착을 버린다는 것은 이기적인 욕구 충족을 위해서가 아니라 영혼의 정화를 위해서 자신의 의무를 수행하는 것이다.

마치 신에게 바치는 번제의식(燔祭儀式)과도 같이 정성을 다하여 해야 할 일을 하는 것이다. 말하자면 삶 자체가 신에게 바치는 제물이 되도록 헌신적인 삶을 사는 것이다.

마고가 말을 마치자, 그때 길옆 바위 위에 앉아 있던 세 사람 중 한 사람이 큰 소리로 독백했다.

젊은 시절 내 꿈은 부자가 되는 것이었다. 그 꿈을 이루기 위해 난 평생을 죽도록 일했다. 죽지 않을 만큼만 먹으며 한 푼도 쓰지 않고 모아 마침내 난 부자가 되었다.

그런데 부자가 되고 나니, 난 더 큰 부자가 되고 싶었다. 일확천금을 꿈꾸며 도박에 내 모든 것을 걸었다. 결국 난 모든 재산을 잃고 영혼마저 털리고 말았다.

아, 그대 영혼 없는 거지여, 무엇을 찾아 오늘도 그리 배회하는가? 아직도 찾아 헤맬 그 무엇이 남아 있기라도 한 것인가?

그러자 그 옆에 앉아 있던 다른 한 사람이 이렇게 독백했다.

젊은 시절 내 꿈은 도인(道人)이 되는 것이었다. 그 꿈을 이루기 위해 난 평생을 동굴 속에서 보냈다. 감각적 쾌락과 담을 쌓고 쐐기풀 죽으로 연명하며 마침내 난 도인이 되었다.

그런데 도인이 되고 나니, 난 세상에 대한 욕망이 생겼다. 부귀영화를 꿈꾸며 세상이라는 도박판에 내 모든 것을 걸었다. 결국 난 죽을병에 걸리고 영혼마저 잃고 말았다.

아, 그대 영혼 없는 병자여, 무엇을 찾아 오늘도 그리 배회하는가? 아직도 찾아 헤맬 그 무엇이 남아 있기라도 한 것인가?

그러자 나머지 한 사람이 이렇게 독백했다.

젊은 시절 내 꿈은 행복한 삶을 사는 것이었다. 그 꿈을 이루기 위해 난 평생을 열심히 살았다. 근검절약하고 오로지 내 삶에만 집중하며 마침내 난 행복의 조건을 달성했다.

그런데 내가 생각한 행복의 조건은 내게 행복을 가져다주지 않았다. 무력감에 빠지면서 삶이 나를 배신했다는 생각이 들었다. 결국 난 나를 배신한 삶을 끝내려고 했었다.
 아, 그대 미망에 사로잡힌 자여, 무엇을 찾아 오늘도 그리 배회하는가? 아직도 찾아 헤맬 그 무엇이 남아 있기라도 한 것인가?

 말을 마치자 세 사람이 차례로 다시 말했다.

 그대 영혼 없는 거지여, 무엇을 찾아 오늘도 그리 배회하는가? 아직도 찾아 헤맬 그 무엇이 남아 있기라도 한 것인가?

 그대 영혼 없는 병자여, 무엇을 찾아 오늘도 그리 배회하는가? 아직도 찾아 헤맬 그 무엇이 남아 있기라도 한 것인가?

 그대 미망에 사로잡힌 자여, 무엇을 찾아 오늘도 그리 배회하는가? 아직도 찾아 헤맬 그 무엇이 남아 있기라도 한 것인가?

 이윽고 마고가 말했다.
 환안, 그대여! 영혼을 노래하는 시인 칼릴 지브란은 인생이 제공하는 가장 중요한 두 가지 선물을 아름다움과 진실이라고 했다. 이 두 가지 선물 가운데 아름다움은 사랑하는 마음속에서, 진실은 일하는 사람의 손에서 찾아냈다고 했다.
 또한 자신의 꿈을 황금과 은으로 해석하는 것보다 더 낮은 수준으로 몰락할 수 있는 인간은 이 세상에 없다고 단언했다. 행복이란 아름다움과 진실의 동의어다. 사랑하는 마음과 헌신적인 행위는 에고를 초월하기 위한 명상이요 기도다.

환안, 그대여! 행위의 길을 가고 있는 저들을 향해 그대의 관점을 피력해 보겠는가?

그러자 환안이 세 사람을 향해 말했다.

부자가 되는 꿈을 가진 이여, 그대는 '물질'을 화두로 삼아 열심히 공부했다. 그 결과, 물질은 확장될수록 걸림이 커져 구속되게 된다는 교훈을 얻었다.

거듭되는 시행착오의 과정을 통해 지혜의 밝음이 그 모습을 드러내면 어리석음의 어둠은 저절로 사라지는 법. 바로 그때 전환이 일어난다.

물질에서 의식으로, 에고에서 '참나'로의 방향 전환이다. 우리의 삶은 영혼의 세계에서가 아니라 티끌 속에서 티끌 없는 곳으로 가는 길이다. 그러니 그대여, 슬퍼하지 말지어다!

도인이 되는 꿈을 가진 이여, 그대는 '정신'과 '물질'을 화두로 삼아 열심히 공부했다. 그 결과, 정신이 물질의 노예가 되면 '죽음에 이르는 병'에 걸린다는 교훈을 얻었다.

깨달은 자의 길과 보통 사람의 길은 만날 수 없는 평행선이 아니다. 순수의식[전체의식]으로의 길과 부귀영화[부분의식]로의 길은 영원히 만날 수 없는 평행선이 아니다.

깨달은 자의 길은 영혼의 세계에서가 아니라 티끌 속에서 티끌 없는 곳으로 가는 길이다. 그 길은 행위자는 사라지고 행위만 있는 길이다. 그러니 그대여, 슬퍼하지 말지어다!

행복한 삶의 꿈을 가진 이여, 그대는 '행복'을 화두로 삼아 열심히 공부했다. 그 결과, 행복은 조건이 아니라 사랑하는 마음과 헌신적인 행위에서 온다는 교훈을 얻었다.

삶은 결코 그대를 배신하지 않는다. 삶은 그대의 영적 진화에 가장 적절한 상황을 창출해낸다. 행위의 결과에 대한 집착을 포기하면 영원히 행위의 속박에서 벗어나게 된다.

우리의 삶은 영혼의 세계에서가 아니라 티끌 속에서 티끌 없는 곳으로 가는 길이다. 그 길은 '나'도 없고 '너'도 없는 길이다. 그러니 그대여, 슬퍼하지 말지어다!

그러자 바위 위에 앉아 있던 세 사람이 환안을 향해 미소를 지으며 고개를 끄덕였다.

마고가 말했다.

환안, 그대여! 후천 문명의 서광이 비치는 도다.

지혜로운 자는 이기적인 욕구 충족을 위해서가 아니라 영혼의 정화를 위해서 행위하는 까닭에 마치 연꽃잎이 물에 젖지 않는 것과 같이 악에 더럽혀지지 않으므로 하늘의 복을 받게 된다.

『명심보감(明心寶鑑)』에서는 이르길, "종신토록 선을 행하여도 선은 오히려 부족하고, 단 하루를 악을 행하여도 악은 스스로 남음이 있다"[14]고 했다.

『참전계경』에서는 "허물이 지나치면 악이라 이르니, 큰 허물과 큰 악은 지혜가 어두운 데서 생긴다. 작은 악도 또한 악을 짓는 것이니, 가히 그 앙화를 받게 된다"[15]고 했다.

영적(靈的)인 지혜의 불(火)로써 스스로를 정화시키면 가히 그 복을 받게 되지만, 참된 지혜가 이기적인 욕망에 가려지면 자연히 그 앙화를 받게 된다.

지혜의 길이든, 행위의 길이든, 헌신의 길이든, 모두 '참나(참자아)'로의 길이며 이는 곧 영적 진화의 길이다. 각자의 진화 단계에 맞는 길을 따라 쉼 없이 가노라면 하나의 정점인 '참나'에서 만나게 될 것이다.

『바가바드 기타』에서 상호보완적인 세 가지 길을 설파한 것도 영적 진화가 이루어지지 않고서는 만유의 근원인 참자아를 파악할 길이 없기 때문이다.

영적으로 진화할수록 달을 가리키는 손가락이 아닌, 그 너머에 있는 '진리의 달'을 보게 된다. 따라서 부질없는 논쟁은 사라지고 보편적 실재인 참자아를 깨닫게 되어 종교적 진리가 현실의 삶 속에 구현되게 된다.

『바가바드 기타』에서는 말한다. "움직이는 것이든, 움직이지 않는 것이든, 존재하는 모든 것은 '밭'과 '밭을 아는 자'의 통합에서 비롯된 것이다"[16]라고.

여기서 '밭'은 프라크리티(prakriti, 물질원리)이고, '밭을 아는 자'는 푸루샤(purusha, 정신원리)이다. '밭'은 질료와 아직 물질로 나타나지 않은 에너지까지도 포괄한다. 푸루샤는 현상세계 저 너머에서 프라크리티의 활동을 관조하는 인식의 주체, 즉 '아는 자'이다.

프라크리티는 사트바(sattva; 밝고 고요한 기운), 라자스(rajas: 활동적이고 격정적인 기운), 타마스(tamas: 어둡고 무거운 기운)라는 세 가지 구나(guṇa: 기운 또는 성질)로 이루어진 질료인(質料因)이다.

이러한 물질의 세 가지 성질이 불멸의 영혼을 육체 속에 가두어 놓는 것이다.[17] 물질의 세 성질의 분포도에 따라 인간의 성격도 각기 다르게 나타난다.

이렇듯 만유의 존재성은 물질과 정신의 변증법적 통합으로 이루어진 것이다. 참자아는 물질과 정신이 하나가 된 마음, 즉 일심[참본성]이다.

환안, 그대여! 궁극적인 완성에 이르게 하는 최고의 지혜는 모든 행위가 프라크리티[밭]가 지닌 물질의 세 성질의 변화에 따라 일어난다는 사실을 아는 것이다.

즉, 프라크리티가 모든 행위의 원인이자 결과이며 행위자이고, 푸루샤[밭을 아는 자]는 프라크리티의 활동을 관조하는 인식의 주체, 즉 '아는 자'라는 사실을 아는 것이다.[18]

이 '밭'에서 욕망과 증오, 쾌락과 고통, 의지력과 지성, 용기 같은 것들이 다양한 형태로 나타나는데, 이것이 바로 '밭'의 변화이다.[19]

물질세계의 온갖 행위는 프라크리티의 세 가지 기운이 어우러져 나타난 것으로 참자아인 푸루샤는 이 세 기운이 만들어내는 현란한 유희를 단지 바라보고 체험할 뿐이다.

만유는 '물질화된 영(materialized Spirit)'이라는 점에서 '밭을 아는 자'와 '밭'은 분리될 수 없다. 정신은 오직 물질을 통해서만 스스로의 존재성을 확인할 수 있는 까닭에 앎을 존재로서 체험하기 위해 상대계인 물질적 우주가 생겨난 것이다.

환안, 그대여, 존재하는 모든 것이 '밭[질료·에너지]'과 '밭을 아는 자[지성]'의 통합에서 비롯된 것임을 알면, 다시 말해 '영(Spirit)' 자신의 설계도가 스스로의 지성·에너지·질료의 삼위일체의 작용으로 생겨난 것임을 알면 신(神, 즉 참자아)과 하나가 되는 경지에 이른다.

행위자는 참자아가 아니라 물질적인 기운이다. 이 우주는 넘실거리는 파동의 대양[氣海]—춤 그 자체일 뿐이다. 춤추는 자가 따로 없다. 행위자가 따로 없으므로 산 자를 위해서도, 죽은 자를 위해서도 슬퍼할 이유가 없는 것이다.

'죄는 미워하되 사람은 미워하지 말라'는 말이 있다. 죄는 어두운 기운이 만들어 낸 기운의 조화 작용일 뿐, 죄를 지은 행위자가 따로 있는 것이 아니라는 말이다. 말하자면 영적 무지(spiritual ignorance)가 죄라면 죄이기 때문에 나온 말이다.

참본성이 열리어 평등성지(平等性智)가 발현되면 물질 차원의 세 기운을 초월하게 되므로 어떤 상태를 싫어하거나 갈구하지 않는다. 물질의 기운들이 활동하는 것을 바라보며 아무런 영향을 받지 않고 흔들리지 않는 상태로 머문다.

괴로움과 즐거움을 같은 것으로 여기고 황금과 돌과 흙을 하나로 여긴다. 친구와 적을 똑같은 마음으로 대하고 이기적인 행위를 도모하지 않는다.[20]

힌두사상에서는 신(神) 의식, 즉 우주의식으로부터 창조가 시작되었으며 '명칭과 형태와 근본 물질(primal matter)'[21]이 비롯되었다고 말한다.

신 의식으로부터 "일체 생명과 마음이, 그리고 감각기관이 비롯되었으며, 그로부터 공간과 빛이, 공기와 불과 물이, 그리고 만물을 지탱하는 대지가 비롯되었다"[22]고 『문다까 우파니샤드』에서는 말한다.

"흙(地), 물(水), 불(火), 바람(風), 에테르, 마음, 이성, '나'라는 감각, 이 여덟 가지는 모두 참자아의 본성적인 에너지가 밖으로 현현한 것이다. 그러나 이들 너머에는 참자아의 보이지 않는 영(靈)이 있으며, 그것이 이 우주 만물을 지탱하는 생명의 근원이다"[23]라고 『바가바드 기타』에서는 말한다.

여기서 창조란 신 의식의 자기현현(self-manifestation)을 일컫는 것이므로 유일자(유일신) 브라흐마와 개별 영혼인 아트만은 대우주와 소우주의 관계로서 불가분의 하나다.

힌두사상에서 만물을 창조하고 유지하며 해체하는 신성의 세 측면을 각각 브라흐마·비슈누·시바의 삼신으로 명명한 것도 생명의 순환 과정을 상징적으로 의인화하여 나타낸 것이다. 삼신이 따로 존재하는 것이 아니라 창조·유지·파괴라는 유일자 브라흐마의 세 기능적 측면을 나타낸 것으로 트리무르티를 의미한다.

마고는 계속 말을 이어갔다.

환안, 그대여! 동서고금의 사상과 철학, 종교와 과학은 모두 만물의 제1원인에 기초해 있다. 만물이 만물일 수 있게 하는 제1원인은 흔히 신(神)이나 하늘(天), 영(靈), 진리[理], 도(道), 유일 실체, 궁극적 실재, 근원적 일자 등으로 다양하게 명명된다.

이는 곧 우주의 본질인 생명[神·天·靈]이다. 과학계에서는 이를—마치 파도들[부분]을 잇는 바닷물[전체]과도 같이—우주만물을 잇는 에너지장(場), 즉 매트릭스라고 본다. 막스 플랑크는 이를 '의식과 지성을 가진 정신'이라고 명명했다.

티끌 속에서 티끌 없는 곳으로 가기 위해서는, 다시 말해 하나인 참본성['참나']을 회복하기 위해서는 제1원인과 우주만물의 합일에 대한 올바른 인식이 필수적이다. 이러한 합일에 대한 인식은 우주 '한생명'을 인식하는 바탕이 되는 것이다.

마치 분수의 물줄기와 그 원천인 샘을 분리할 수 없듯이, 우주만물과 그 근원인 제1원인은 분리할 수 없으므로 생명은 전일적이며 자기근원적이다.

제1원인[전체]의 자기현현으로 나타난 것이 우주만물[부분]이므로 전체와 부분은 하나다. 마치 바닷물의 자기현현으로 나타난 것이 파도이므로 바닷물과 파도가 하나이듯이.

따라서 제1원인인 신과 신의 자기현현으로 나타난 우주만물은 분리할 수 없으므로 신·인간 이원론은 성립되지 않는다.

신·인간 이원론은 우주 '한생명'을 부인한다. 이는 우주 원리에 역행하는 것이다. '심판의 신'이라는 개념은 에고 의식[분리의식]이 만들어낸 물신(物神)에 지나지 않는다.

새로운 계몽의 시대는 제1원인인 신(神·天·靈, 즉 생명)과 우주만물의 합일에 대한 인식으로부터 시작된다. 이러한 인식이 중요한 것은, 신의 자기현현으로 나타난 것이 우주만물이므로 생명의 전일성과 자기근원성을 인식하는 바탕이 되는 것이기 때문이다.

환안, 그대여! '하나는 셋(一卽三), 셋은 하나(三卽一)', 즉 천·지·인 삼신일체의 원리를 거듭 강조하는 것은, 이 원리가 바로 이 제1원인인 하늘[神]과 우주만물의 합일을 함축한 우주 '한생명'의 공식이기 때문이다.

하늘[神]과 우주만물이 합일인 것은, 우주만물이 하나의 근원[神·天·靈, 즉 생명]에서 나와 다시 그 하나의 근원으로 돌아가는 과정이 끝없이 순환 반복되기 때문이다.

이러한 생명의 순환을 함축한 이 '생명의 공식'을 이해하지 못하면 이 우주가 '한생명'이라는 사실을 이해할 수 없게 된다. 이 공식을 이해하는 관건이 되는 것이 물질에서 의식으로의 방향 전환이다. 우주의 실체는 의식[에너지, 파동]이기 때문이다.

신은 곧 우주의 본질인 생명이며 전체성을 일컫는 것이다. 신은 곧 신의식[보편의식, 전체의식, 우주의식, 순수의식, 근원의식]이며 참본성[신성, 영성]이고 한마음(一心)이다.

따라서 신은 우주만물과 분리되어 저 허공에 존재하는 그 무엇이 아니다. 만물 속에 만물의 참본성으로 내재해 있으면서 만물을 화생(化生)시키는 근본원리[至氣]로서 작용한다.

우주의 실체가 물질적 외피가 아니라 의식이라는 사실을 이해하지 못하고서는 우주 '한생명'이란 말은 공허한 말장난에 지나지 않게 된다.

이어 마고는 환안을 향해 말했다.

환안, 그대여! 진리인 실체[神·天]에 대해 이야기해 보겠는가?

그러자 환안이 서사시로 답했다.

실체여, 그대는 우리와 분리된 공간에서 상과 벌을 내리는 명령하는 그 무엇이 아니다. 바로 우리의 내재적 본성인 신성이다.

신성에 대한 자각을 통해서만이 우주만물의 근원에 대한 믿음과 맡김, 우주만물에 대한 공경과 사랑이 일어날 수 있다.

그대는 분리할 수 없는 하나이므로 유일 실체다. 그대는 형상을 가진 인격체가 아니다. 감각이나 지각을 초월해 있으며 인과법칙에서 벗어나 자생자화(自生自化)하는 궁극적 실재다.

실체여, 그대는 하늘[神]이라고도 불린다. 하늘인 그대를 공경하는 것을 경천(敬天)이라고 한다. 경천은 허공을 향하여 상제를 공경하는 것이 아니다.

우주만물에 대한 차별 없는 사랑과 공경의 원천인 바로 그 하나인 마음을 공경하는 것이 곧 그대를 공경하는 것이다. 그런 까닭에 "내 마음을 공경하지 않는 것이 곧 천지를 공경하지 않는 것이다"[24]라고 한 것이다.

실체여, 그대는 하나인 마음(一心)이다. 우상숭배란 경천(敬天)의 도를 바르게 알지 못하는 데서 오는 것이다. 저 푸른 창공도, 저 까마득한 허공도 아닌 하나인 마음을 공경함으로써 불생불멸의 참자아, 즉 자신의 내재적 본성인 신성을 깨닫게 될 것이다.

일체 우주만물이 다 내 동포라는 전체의식에 이를 수 있을 것이며, 기꺼이 헌신하고자 하는 마음, 책임과 의무를 다하고자 하는 마음이 우러나올 수 있다. 실로 경천(敬天)이야말로 모든 진리의 중추를 틀어쥐는 것이다.[25]

그러나 경천의 원리는 경인(敬人)의 행위가 수반되지 않으면 발현될 수 없는 까닭에 하늘을 공경하되 사람을 공경하지 않으면 행위의 실효를 거둘 수 없다. 그래서 사람이 곧 하늘(人乃天)이라고 한 것이다.

따라서 '경천'만 있고 '경인'이 없으면 도가 바르게 실행될 수 없다. 이는 마치 "농사의 이치는 알되 실지로 종자를 땅에 뿌리지 않는 행위와 같다."[26] 그래서 사람 섬기기를 하늘 섬기듯 하라고 한 것이다.

실체여, 하늘이여! 그대가 사람을 떠나 따로이 있지 않다는 것은 물과 해갈(解渴)의 관계로 비유적으로 설명될 수 있다. "사람을 버리고 하늘을 공경한다는 것은 물을 버리고 해갈을 구하는 자와 같다."[27]

그러나 일체 사회적 신분이나 재물, 명예 등에 구애받음이 없이 사람을 하늘과 같이 공경할지라도 경인(敬人)은 경물(敬物)이 없이는 도덕의 극치에 이르지 못한다.

"사람은 사람을 공경함으로써 도덕의 극치가 되지 못하고, 나아가 물(物)을 공경함에까지 이르러야 천지기화(天地氣化)의 덕에 합일될 수 있다."[28]

인간이 영적으로 확장될수록 사랑은 그만큼 전체적이 된다. 소아(小我)의 울타리에서 벗어나 대아(大我)로 비상하는 영혼의 날갯짓은 잃어버린 본연의 감각을 찾아가는 과정이다. 그리하여 마침내 하늘[天]과 사람[人]과 만물[物]을 하나로 느끼는 전체의식에 이를 수 있게 된다.

실체여, 하늘이여! 그대는 우리의 내재적 본성인 신성이며 한마음(一心)이다. 그대는 촌음(寸陰)도 우리와 분리될 수 없다. 그대는 곧 우리 자신('참나', 참본성)이다.

그래서 "마음이란 것은 내게 있는 본연의 하늘이니 천지만물이 본래 한

마음이라"²⁹고 한 것이다.

오, 실체여, '참나'여! 삼경(三敬: 敬天·敬人·敬物)은 우주만물의 조화로운 질서를 이루는 바탕이 되는 것으로 마음을 밝히는 길을 제시한다.

그대는 우주만물의 '참나'이므로 우주만물은 하나다. 우주 '한생명'이다. '하나는 셋(一卽三), 셋은 하나(三卽一), 즉 천·지·인 삼신일체다.

환안이 말을 마치자 마고가 말했다.
환안, 그대여, 훌륭하도다!

마고는 허공을 향해 두 팔을 번쩍 들어 올렸다.

폭풍우 몰아치는 칠흑 같은 밤에 홀로 행위의 길을 가고 있는 자여! 내 그대에게 묻노니, 어딜 그렇게 정처 없이 가고 있는 것인가?

정녕 그대는 모르는가? 그대가 시간의 함정에 빠져있다는 것을! 그대는 어제도 오늘도 그리고 내일도 끝없이 제자리에서 맴돌고 있지 않은가?

행운과 불운, 성공과 실패, 기쁨과 슬픔, 사랑과 증오, 건강과 병, 희망과 절망 등 물질세계의 모든 이원성은 언제나 짝하여 함께 다니면서 그대를 희롱한다.

그대는 이원성 의식[분리의식]이 초래하는 온갖 죄악과 질병과 고통과 죽음을 처절하게 맛보았다! 아직도 못다 맛본 그 무엇이 남아 있기라도 한 것인가?

이원성으로부터 자유로워질 용기를 내지 못하고 있는 그대여! 그대의 길을 대낮처럼 환하게 밝혀줄 길잡이를 소개하겠노라.

그 길잡이는 그대가 시간의 함정에 빠지지도 않고 어둠의 유혹에도 말려들지 않으며 인생의 폭풍우에도 시달리지 않도록 정갈한 길로 안내할 것이다.

그 길잡이는 '인중천지일(人中天地一)'이다. '인중천지일'은 사람이 천지를 품어 하나가 된 것이니, 이는 곧 천·지·인 삼재의 조화가 인간 존재 속에 구현된 일심(一心)의 경지이다.

그대의 마음이 밝아지면 그 조화의 열쇠는 저절로 작동하게 된다. '인중천지일'은 그대를 새 하늘과 새 땅으로 안내하는 무적(無敵)의 길잡이다.

마고는 이렇게 말했다.

무주(無住)의 덕

마고 일행은 숲속 길을 지나 카슈가르의 다른 마을로 들어섰다. 그곳 마을 공터에는 많은 사람들이 모여 있었고, 그 한가운데에는 깡마른 체구에 남루한 옷차림을 한 사람이 서 있었다. 많은 사람들 가운데 한 사람이 말했다.

무주(無住)시인이여! 그대는 한곳에 머무름이 없기에 우리는 그대를 그렇게 이름 지었소. 오랫동안 우리 마을에 나타나지 않아 모두 기다리고 있었다오. 저 구름처럼 세상을 떠다니며 그대가 보고 들은 것을 우리에게도 나누어주시오.

그러자 무주시인이 이렇게 읊조렸다.

그대들은 보는가, 저 영원히 흐르는 '생명의 강'을! 그 강물을 타고 그대들도 흐르고 나도 흐른다. 저 태양도 흐르고 은하수도 흐르고 지구도 흐른다. 저 새소리도 흐르고 무지개도 흐르고 아이들의 웃음소리도 흐른다.

그대들은 보는가, 선과 악의 저 너머에 흐르는 '생명의 강'을! 그 강물을 타고 선량한 이도 흐르고 죄 많은 이도 흐른다. 자비로운 이도 흐르고 무자비한 이도 흐른다. 연민과 용서도 흐르고 분노와 원망도 흐른다.

그대들은 보는가, 삶과 죽음의 저 너머에 흐르는 '생명의 강'을! 그 강물을 타고 삶의 거친 숨소리도 흐르고 청춘의 무덤들도 흐른다. 자유의지도 흐르고 카르마의 물결도 흐른다. 강물은 존재가 되어 흐르고 존재는 강물이 되어 흐른다.

형제들이여, 우리는 물방울인 동시에 존재의 강물이어라!

무주시인이 말을 마치자 마고가 환안을 향해 말했다.
환안, 그대여! 그가 읊은 '생명의 강'에 대해 화답해 보겠는가?
그러자 환안이 이렇게 읊었다.

그대들은 보는가, 저 우주만물을 관통하여 흐르는 '생명의 강'을! 바닷물이 파도들을 하나로 이어주듯 생명의 강물은 우주만물을 하나로 이어준다. 바닷물과 파도가 하나이듯 생명의 강물과 우주만물은 하나다.

그대들은 듣는가, 저 우주만물을 관통하여 흐르는 깊은 침묵의 소리를! '생명의 강'은 눈에 보이는 양수(陽水)가 아니라 눈에 보이지 않는 음수(陰水)다. 에너지의 강이며 파동의 대양이다. 참본성의 강(江)이며 순수의식이다.

그대들은 아는가, 없는 곳이 없이 실재하는 저 '생명의 강'의 비밀을! '생명의 강'이 만물에 편재(遍在)해 있음은 비가 대지를 고루 적시고, 태양이 사해를 두루 비추며, 달빛이 천강(千江)을 고루 물들이는 것과 같은 이치다.

형제들이여, 우리는 생명의 강물을 타고 흐른다. 어제도 오늘도 그리고 내일도, 영원히 하나가 되어!

환안의 말이 끝나자 마고가 미소를 지으며 고개를 끄덕였다. 숙연한 분위기를 뒤로 하고 마고 일행은 다시 길을 걸었다. 얼마 후 길 한쪽에 커다란 너럭바위가 나타났다. 두 사람은 그 바위 위로 가서 앉았다.

마고가 환안을 향해 말했다.

환안, 그대여! '하나(一)'인 생명은 천지간의 삼라만상이 태어나는 문이며, 우주의 본원으로서 포괄하지 않는 것이 없다. 우주의 창조성 그 자체로서 만유에 편재해 있는 보편자이다.

우주만물은 지기(至氣)인 생명, 즉 하늘(기운)의 화현인 까닭에 '이천식천(以天食天)-이천화천(以天化天)'[30], 즉 하늘로써 하늘을 먹고 하늘로써 하늘을 화할 뿐이라고 한 것이다.

말하자면 우주만물이 모두 한 기운 한마음으로 꿰뚫어진 까닭에 우주만물의 생성·변화·소멸 자체가 모두 하늘(기운)의 조화 작용[31]이다.

그리고는 말을 계속했다.

『금강삼매경론(金剛三昧經論)』「본각이품(本覺利品)」장을 보면 무주보살(無住菩薩)이라고 나온다. "무주보살은 본각(本覺: 一心의 본체)에 달하여 본래 기동함이 없지만 그렇다고 적정(寂靜)에 머무르지도 않고 항상 두루 교화하는 일을 하기 때문에 그 덕(德)에 의거해 이름 붙이기를 '무주'라고 한 것"[32]이다.

무주보살이 말하였다. "일체 경계가 공(空)하고 일체 몸이 공(空)하고 일체 식(識)이 공(空)하니, 깨달음(覺) 또한 응당 공(空)이겠습니다."

붓다께서 말씀하셨다. '무주'의 덕은 적정(寂靜)한 일심의 체성(體性)―근원성·포괄성·보편성―이 그대로 드러난 것이므로 "모든 깨달음은 결정성(決定性)을 훼손하지도 않고 파괴하지도 않으니, 공(空)도 아니고 '공' 아닌 것도 아니어서 공(空)함도 없고 '공'하지 않음도 없다."33

마치 푸른 하늘을 덮고 있는 먹장구름이 걷히는 것과도 같이 깨달음이란 본래 적정(寂靜)한 일심의 체성(體性)을 훼손하거나 파괴하는 것이 아니라 있는 그대로 드러나게 하는 것이므로 공(空)도 아니고 '공' 아닌 것도 아니라고 한 것이다.

만물의 제1원인[神·天·靈]을 보편자라고 부르기도 하는 것은, 특정한 위치에 머무르거나 편착함이 없는 '무주'의 덕이 내재된 까닭이다.

이러한 '무주'의 덕은 위치라는 것이 더 이상 존재하지 않는 '미시세계의 역설(the paradox of the micro-world)'을 이해할 수 있게 한다. 미시세계의 '역설'은, 진리불립문자(眞理不立文字)인데 무리하게 3차원 언어로 표현하다 보니 '역설'이 된 것일 뿐이다.

이론물리학자이자 양자역학의 창시자 중 한 사람인 하이젠베르크는 합리적 정신의 근본적인 한계를 지적하며 말했다. "모든 언어나 개념은 명백하게 보일지 모르지만 적용 범위는 제한적일 뿐이다"34라고.

우주의 본질인 생명은 그 본질적 특성 자체가 숨겨진 질서와 드러난 질서를 상호관통하는 완전한 소통성인 까닭에 위치라는 것이 없다.

'무주'의 덕은 곧 우주 지성이며, 걸림이 없는 완전한 소통성이며 통섭이 일어나게 하는 메커니즘이다. 진흙 속의 연꽃(泥中之蓮花)과도 같이 성속일여(聖俗一如)의 경지로서 존재와 비존재, 물질과 정신, 입자와 파동 그 어느 것에도 구애됨이 없는 자유자재한 일심(一心)의 경지이다.

환안, 그대여! 양자역학으로 대표되는 포스트 물질주의 과학에서는 물질이 개별적인 원자들로 구성된 실재가 아니라 장(場)이 유일한 실재이며 물질은 장이 극도로 강하게 집중된 공간의 영역에 의해 성립되는 것이라고 본다.

따라서 물질의 공성(空性)을 이해하면 물질과 비물질, 존재와 비존재, 주체와 객체의 이분법은 성립되지 않음을 자연히 알게 된다.

물질의 '공성'이란 모습이 없는 참본성, 즉 공(空)과 색(色), 무(無)와 유(有)를 상호관통하는 진여성(眞如性)을 일컫는 것이다. 사실 우리가 육체 또는 물질이라고 지각하는 것은 특정 주파수대의 에너지 진동에 지나지 않는다.

양자역학적 관점에서는 양자계가 근원적으로 비분리성 또는 비국소성을 갖고 파동인 동시에 입자로서의 속성을 상보적으로 지닌다고 본다.

이는 물질[氣·色·有]의 궁극적 본질이 비물질[理·空·無]과 하나라는 사실에 기인한다. 양자역학적 실험 결과에 따르면 소립자의 수준에서 물질은 마치 비국소성을 띠는 안개와도 같이 위치라는 것이 없으므로 어디에도 존재하지 않거나 또는 모든 곳에 존재하는 것으로 나타난다. 이른바 '미시세계의 역설'이란 것이 이것이다.

그러나 왜 미시세계에서는 파동-입자 이중성이 존재하는지, 또는 미시세계의 역설이 의미하는 바가 무엇인지에 대해서는 과학계에서 적절한 설명을 내놓지 못하고 있다. 심지어는 물리학의 과제가 아니라고까지 하고 있다.

이러한 인식은 데카르트의 정신·물질 이원론의 기계론적 세계관에 기초한 뉴턴역학의 모델이 물리학자들의 잠재의식 속에서 여전히 작동하고 있음을 반증하는 것이다.

다시 말해 '하드 테크놀로지(hard technology)'의 발전을 견인해 온 '하드 사이언스(hard science)'로서의 물리학의 정체성이 여전히 건재함을 보여주는 것이다.

미시세계에서 양자가 입자인 동시에 파동으로 나타나는 것은 자연이 불합리해서가 아니라 대립자의 역동적 통일성에 기초하는 '스스로(自) 그러한(然)' 자의 본질인 까닭이다.

대립자의 역동적 통일성이란 삶과 죽음, 물질과 정신, 입자와 파동 등 일체 대립자가 낮과 밤의 관계와도 같이 하나인 생명의 순환고리로 연결되어 있다는 것이다. 즉, 만물만상이 모두 변화하여 그 반대의 면으로 될 수 있다는 '궁즉통(窮則通)'의 이치를 말하는 것이다.

그러한 유기적 통합이 이루어지는 원궤의 중심축이 바로 우주만물의 중심에 내려와 있는 보편의식[神·天], 즉 일체 이분법이 완전히 폐기된 일심[참본성]이다. 일심의 원천으로 돌아가기 위해서는 의식이 확장[진화]되어야 한다.

파동-입자 이중성은 생명의 본질 자체가 내재성인 동시에 초월성이며, 전체성(一)인 동시에 개체성(多)이며, 우주의 본원인 동시에 현상 그 자체로서 본체[理, 숨겨진 질서]와 작용[氣, 드러난 질서]을 상호관통하는 완전한 소통성인 데에 기인한다.

우주의 본질인 생명이 시작도 끝도 없고(無始無終), 태어남도 죽음도 없으며(不生不滅), 없는 곳이 없이 실재하는(無所不在) 완전히 '열린계(open system)'임을 이해할 수 있기 위해서는 물질주의 관점에서 벗어나야 한다.

실재는 경계가 없다. 현대의 '전자구름 모형'이 말해주듯이 원자 이하의 소립자들은 경계가 없기 때문에 위치란 것도 없고 따라서 측정할 방법도 없다.

양자역학에서의 미시세계와 우리가 사는 거시세계는 상호융합의 구조로 상호 연기(緣起)하고 있다. 전체[실재]를 알지 못하고서는 물리학이란 학문 역시 '지적 유희'에 지나지 않게 된다.

나무의 줄기에 해당하는 물리학이 그 뿌리에 해당하는 철학사상, 종교 등의 형이상학과 연결되지 못하면 그 존재성과 의미를 파악할 수 없게 된다.

양자 세계(quantum world)에 대한 닐스 보어의 코펜하겐 해석(1927)이 고전물리학의 근본적인 변화를 가져오게 했으며 지금까지도 유력한 위치를 차지하고 있지만, 파동-입자 이중성 또는 미시세계의 역설이 의미하는 바가 무엇인지에 대한 설명은 여전히 현대물리학의 아킬레스건으로 남아 있다.

이는 자연을 설명할 때 수학적인 언어를 일반적인 언어로 바꾸는 단순한 언어 기술상의 문제라기보다는 자연에 대한 심오한 철학적 이해, 다시 말해 우주의 본질인 생명[神·天·靈]에 대한 이해를 수반하는 문제다.

환안, 그대여! 이러한 실험물리학의 내재적 한계에 대한 문제의식에서 현대물리학과 동양사상의 접합에 대한 연구가 주목을 받아 왔다. 물리학자이자 신과학 운동의 거장인 프리초프 카프라의 『물리학의 도(道)』(1975)[35]는 이 분야에서 초기의 기념비적인 저작이다.

양자역학의 창시자 중 한 사람인 닐스 보어는 "원자 이론의 가르침에 병행하여…거대한 존재의 드라마에 있어 관객이자 배우로서의 우리의 입장을 조화시키려 한다면, 우리는 붓다나 노자(老子)와 같은 사상가들이 일찍이 직면했던 인식론적 문제로 돌아가야 한다"[36]고 말했다.

미시세계의 역설은 생명의 본체인 일심(一心, 초의식, 초양자장)의 초공간성[非局所性]을 드러낸 것이다. 일심은 경계가 없는 실재의 영역으로 진여(眞如)[파동], 天·神·靈]인 동시에 생멸(生滅[입자], 우주만물)로 나타난다.

숨겨진 질서[파동]와 드러난 질서[입자]는 실물과 그림자의 관계와도 같이 상호 조응·상호관통하므로 동시적으로 존재한다. 따라서 진여인 동시에 생멸로 나타나는 마음의 구조를 이해하면, 파동인 동시에 입자로 나타나는 양자역학적 세계관을 이해할 수 있다.

한마디로 양자역학은 '마음의 과학'이다. 어디에도 존재하지 않거나 또는 모든 곳에 존재한다는 미시세계의 역설은 고대 인도의 대논사(大論師) 아슈바고샤(Aśvaghoṣa, 馬鳴)가 말한 '존재의 역설(the paradox of being)'과도 그 의미가 상통한다.

즉, "존재하는 것도 아니며, 존재하지 않는 것도 아니요, 존재와 비존재가 동시에 존재하는 것도 아니며, 존재와 비존재가 동시에 존재하지 않는 것도 아니다."37

세계는 지금 언제 어디서나 컴퓨팅 환경이 편재된 유비쿼터스(ubiquitous) 컴퓨팅의 시대가 진행 중이다. 나노기술에 의해 원자의 위치나 성질을 조작하여 필요한 물건을 집에서 만드는 만능 제조기의 탄생이나 SF영화 속에서와 같은 텔레포테이션(teleportation)의 가능성까지도 운위되고 있다.

또한 현대물리학의 눈부신 진보로 가상세계와 현실세계의 구분이 점차 희미해지면서 이제 인간 실존의 의미에 대해서도 진지하게 고민하지 않을 수 없는 시점에 오게 되었다.

지구과학의 차원 전환을 위해서나 새로운 문명 속에서 인간의 위치를 재설정할 수 있기 위해서도 파동-입자 이중성 또는 미시세계의 역설에 대한 문제들은 명쾌하게 규명되지 않으면 안 된다.

환안, 그대여! 양자계가 근원적으로 비분리성 또는 비국소성(nonlocality) [초공간성]을 갖고 파동인 동시에 입자로서의 속성을 상보적으로 지닌다는 양자역학적 관점은, 이 우주를 자기생성적 네트워크 체제로 보고 본체[파동]와 작용[입자]의 합일에 기초한 동양의 유기론적 세계관과 상통한다.

양자물리학자 데이비드 봄*에 따르면 홀로무브먼트(holomovement)의 관점에서 이 우주는 각 부분 속에 전체가 내포된 거대한 홀로그램적 투영물이다.

그가 아원자의 역동적 본질을 나타내기 위해 사용한 '홀로무브먼트'라는 용어는 우주의 창조적 에너지의 흐름을 잘 함축하고 있다.

전자(electron)는 기본 입자가 아니라 단지 홀로무브먼트의 한 측면을 지칭한 것으로 입자인 동시에 파동으로 나타나게 된다.

모든 것이 홀로무브먼트의 다른 측면인 까닭에 개체의 존재성은 우주적 에너지의 흐름 속에서만 파악될 수 있으며 '이것'이 곧 다른 '모든 것'이다.

따라서 주체와 객체의 이분법은 성립되지 않는다. 환안, 그대여! 모든 곳에 존재하거나 어느 곳에서도 존재하지 않는다는 미시세계의 역설은, 본체[파동, 의식계]인 동시에 작용[입자, 물질계]으로 나타나는 생명의 본질적 속성과 상통한다.

우주의 본질인 생명[神·天·靈]은 없는 곳이 없이 실재하는 동시에 생명의 네트워크적 속성에 따른 비분리성으로 인해 위치라는 것이 없으므로 어느 곳에서도 존재하지 않는다. 이는 순수 현존(pure presence)이 일어나게 하는 무주(無住)의 덕(德)에 계합하는 것이다.

생명은 위치라는 것이 없으므로 어느 곳에서도 존재하지 않는 무주의

---

* 데이비드 봄의 양자이론은 질량-에너지 등가원리를 밝힌 아인슈타인의 공식(E=mc²), 양자 에너지가 '플랑크상수'를 곱한 빛의 진동수에 정비례한다는 막스 플랑크의 공식(E=hv), 전자를 비롯한 모든 물질이 입자성뿐 아니라 파동성도 갖는다는 '물질파(matter wave 또는 드브로이波) 가설'을 제창한 루이 드 브로이의 공식(λ=h/mv, 파장=플랑크상수/입자운동량)들을 종합한 것이다. 드 브로이의 물질파 개념은 빛[전자기파]의 파동-입자 이중성과 함께 양자역학의 파동-입자 이중성 개념에 결정적인 영향을 주었다.

덕을 지닌 까닭에 모든 곳에 실재하는 순수 현존이 일어나게 되는 것이다. 특정한 위치에 존재하면 모든 곳에 실재할 수 없기 때문이다. 미시세계의 역설은 무주의 덕과 그 의미가 상통한다.

사랑하는 형제들이여! 내 진실로 말하거니와, 생명은 없는 곳이 없이 실재하는 순수 현존이다. 또한 동시에 비분리적 속성으로 인해 위치라는 것이 없으므로 어느 곳에서도 존재하지 않는 무주(無住)의 덕을 함유하고 있다.

이처럼 현대물리학의 아킬레스건인 파동-입자 이중성 또는 미시세계의 역설은 이분법적 사유체계를 초월한 생명에 대한 이해가 깊어지면 자연히 밝혀지게 된다.

여기서 우리는 '전자(electron)는 기본 입자가 아니라 단지 홀로무브먼트의 한 측면을 지칭한 것으로 입자인 동시에 파동으로 나타나게 된다'고 한 데이비드 봄의 말을 좀 더 깊이 음미해 볼 필요가 있다. 환안, 그대여, 이에 대해 생각해 보라!

잠시 후 환안이 말했다.

위대한 나의 스승 '라 무'시어! '이것이 있으므로 저것이 있고, 저것이 있으므로 이것이 있다'라는 연기(緣起)의 진리가 말해주듯, 이 우주는 상호연관과 상호의존의 세계 구조로 이루어져 있습니다. 따라서 물리·화학적인 분석 방법만으로는 우주와 생명의 본질을 이해하는 데 한계가 있을 수밖에 없습니다.

모든 생명체와 사회의 제 현상은 복잡계의 현상이며 그 특성은 전체가 부분의 총화 이상이라는 것입니다. 부분은 단지 전체 조직과의 맥락 속에서만 파악될 수 있다는 점에서 천·지·인의 통합성에 대한 자각이 없이 생명현상을 이해하기는 어려운 것입니다.

현대물리학의 혁명적 진보와 더불어 인류의 가치체계의 혁명적 변화는 물리(物理)와 성리(性理)의 통합에 대한 인식을 통해 이루어질 것입니다.

그런 점에서 미시세계를 다루는 나노과학기술과 거시세계를 다루는 동양적 지혜의 상호 피드백 과정이 필요한 것입니다.

이성과 영성, 논리와 직관의 상호 피드백 과정은 미시세계 연구자들에게 인식의 지평을 확장시킴으로써 우주와 생명의 본질에 더 심층적으로 접근할 수 있는 메커니즘으로 작용할 것입니다.

또한 이러한 상호 피드백 과정은 동양의 거시세계 연구자들에게 인식체계의 논리적 기반 강화 및 이론체계의 정밀화를 가져오는 메커니즘으로 작용할 것입니다.[38]

데이비드 봄이 말한 '홀로무브먼트'란 생명의 전일적 흐름을 지칭한 것입니다. 우주의 실체는 의식[에너지, 파동]이므로 생명[神·天·靈]은 곧 신(神)의 식[순수의식, 보편의식, 전체의식, 우주의식, 근원의식]이며 참본성[神性, 靈性]이며 일심(一心, 一氣)입니다.

내면의 하늘이라고도 불리는 일심은 만물의 제1원인[유일 실체]이며 에너지의 유일한 근원입니다. 따라서 생명의 전일적 흐름이란 생성·유지·변화·소멸의 전 과정을 주재하는 영원한 일심[氣海, 에너지場, 파동의 대양]의 작용을 일컫는 것입니다. 삶의 세계든 죽음의 세계든, 모두 일심의 영역에 속하는 것입니다.

그리고 데이비드 봄이 전자는 기본 입자가 아니라고 한 것은, 현대의 '전자구름 모형'이 말해주듯이 원자 이하의 소립자들은 경계가 없으므로 위치란 것이 없기 때문입니다.

이렇게 볼 때 '전자는 기본 입자가 아니라 단지 홀로무브먼트의 한 측면을 지칭한 것'이라고 한 그의 말은, 전자가 분리된 입자가 아니라 일심[一氣, 에너지場]과 유기적 통일성 속에 있으며 그 한 측면을 지칭한다는 것입니다.

적정(寂靜)한 일심의 체성(體性)은 근원성·포괄성·보편성을 띠는 까닭에 만물의 근원이고, 그 어떤 것도 포괄하지 않음이 없으며, 없는 곳이 없이 실재하는 것입니다.

또한 이 일심(한마음)은 완전히 열린계(open system)에서 작용하는 걸림이 없는 의식이므로 작용[입자, 물질계·현상계]인 동시에 본체[파동, 의식계·본체계]로 나타나게 되는 것입니다.

결론적으로 미시세계의 역설은 일심(一心, 一氣) 그 자체인 생명의 본질적 특성을 알게 되면 자연히 풀리게 될 것입니다.

그러자 마고가 말했다.

그대가 정확하게 보았다. 머지않아 포스트 물질주의 과학과 동양적 지혜가 상호융합하여 새로운 후천 문명을 열 것이다.

전자가 기본 입자가 아닌 것은 양자포텐셜(quantum potential 또는 양자파동장(quantum wave field))의 작용을 통해 전 체계가 하나같이 조화롭게 움직이며 유기적 통일성을 가지므로 흩어져 있는 것이 아니기 때문이다.[39]

데이비드 봄은 "형체에 활동력을 불어넣는 것이 마음의 가장 특징적인 성질이며 우리는 이미 전자에서 마음과 비슷한 것을 발견했다"[40]고 말했다.

전자는 흩어져 있는 입자가 아니라 '자기조화(self-consistency)'를 통해 하나의 통일장(unified field)인 일심과 유기적 통일성 속에 있으며 그 한 측면을 지칭한 것이다.

환안, 그대여! 파동인 동시에 입자로서 양 차원을 관통하는 데이비드 봄의 초양자장(superquantum field) 개념은, 진여(眞如)인 동시에 생멸(生滅)로 나타나는 일심의 통섭적 기능과 조응한다.

우주만물이 물질화된 영(靈)이듯, 봄에게 입자란 입자처럼 보이는 파동일 뿐이다. 파동과 입자, 진여와 생멸은 본체와 작용의 관계로서 이러한 대립하는 범주들은 이 양 차원을 포괄하는 동시에 초월하는 초양자장, 즉 일심에 의해 통섭된다.

따라서 미시세계에서의 파동-입자 이중성은 생명의 본질 자체가 본체와 작용을 상호관통하는 완전한 소통성인 데에 기인한다.

이처럼 과학과 영성의 상호 피드백 과정을 통해 생명에 대한 심오한 철학적·과학적 이해를 수반하는 통합적 비전이 달성되면 현대물리학계의 쟁점들을 푸는 열쇠로 작용할 수 있을 것이다.

영적인 관점의 토대가 되는 비이원성이란 만물의 근원적인 전일성을 의미한다. 모든 현상이 상호 연결되어 있으며 그 어떤 경계도 분리도 존재하지 않는 것이다. 말하자면 만유가 하나의 통일장 속에 함께 존재하는 것이다.

미시세계의 역설과 그 의미가 상통하는 무주(無住)의 덕은 『금강삼매경론(金剛三昧經論)』에 나오는 '이변비중(離邊非中)'[41]과도 그 의미가 같은 것이다.

'이변비중'은 "유(有)도 아니요 무(無)도 아니요 그 양변을 멀리 떠나면서 그렇다고 중도(中道)에도 집착하지 않는다"[42]는 뜻이다. 상대적 차별성을 떠난 여실한 대긍정의 경지다.

이는 곧 우주 '큰사랑'이다. '큰사랑'이란 태양이 사해를 두루 비추고 비가 대지를 고루 적시듯 미치지 않는 곳이 없는 보편의식의 나타남이다. 이는 곧 '신광보조(神光普照)', 즉 보편자의 빛이 두루 비치어 평등무차별성을 드러내는 것이다.

사랑은 이론이 아니므로 우주 '큰사랑'은 오직 자각적 실천을 통해서만 드러날 수 있다. 자각적 실천의 힘이 발휘되기 위해서는 일심의 원천으로 돌아가야 한다.

원효(元曉) 대사의 화쟁(和諍)의 논리는 '이변비중'의 즉자대자적(卽自對自的) 이론체계에 입각한 것이다. 화쟁의 비밀은 일심(一心)에 있다.

모든 것을 낳는 근원이 바로 우리 각자의 마음이기 때문이다. 그래서 '귀일심원(歸一心源)', 즉 일심의 원천으로 돌아가라고 한 것이다. 무주의 덕이야말로 일심의 본체에 계합(契合)하는 것으로 순수 현존이 일어나게 하는 원천이다.

환안, 그대여! 의식적인 경험은 내적 정신과 외적 물질세계의 연결에서 오는 것이다. 아미트 고스와미에 따르면 양자적 가능성이 우리의 경험이라는 실제 현상으로 나타나기 위해서는 양자 가능성 파동들의 한 가지 특별한 국면을 선택해야만 한다.

여러 가능성의 파동으로부터 하나의 실제 입자(particle of actuality)로의 변화를 양자물리학자들은 '파동함수의 붕괴(collapse of the wave function)'라고 부르는데, 이 붕괴를 만들어내는 의식적 '선택'이라는 인간의 행위는 '하향적 인과관계'라는 능력을 발휘하는 신의 행위라는 것이다.

그리하여 우리가 선택한 상태에서 우리 모두는 동일하게 '신 의식(God-consciousness)' 속에 있게 된다. 이처럼 '파동함수의 붕괴'에 대한 적절한 이해는 과학 안에서 신을 부활시키고 있다.

양자 가능성들은 단순히 우리가 그들을 관측함으로써 우리 의식과의 상호작용을 통해 실제의 경험이 되는 '관찰자 효과(observer effect)'를 나타낸다. 사실 양자 가능성들은 모든 존재의 바탕을 이루는 '의식' 그 자체의 가능성들이다.

하이젠베르크는 양자 가능성들이 초월적인 지성의 가능태 안에 존재한다고 처음으로 명백하게 선언했다. 우리가 관측한다는 것은 모든 양자 가능성들로부터 우리가 경험하는 실제가 되는 특정 국면을 선택하는 것이다.[43]

고스와미는 "나는 생각한다, 그러므로 나는 존재한다(cogito, ergo sum)"라는 르네 데카르트의 명제를 부정하여 생각한다고 존재하는 것이 아니라고 했다. 그는 '선택하는 자(chooser)'를 주체로 하여 "나는 선택한다, 그러므로 나는 존재한다(opto, ergo sum)"[44]라고 했다.

보이지 않는 양자 세계는 양자물리학의 미시세계에만 국한된 세계가 아니다. 바로 우리 자신의 참자아의 세계이며 '내적 자아(inner self)'의 영역이다.

육체는 참자아가 아니며 단지 참자아로 들어가는 문일 뿐이다. 말하자면 내면의 하늘로 통하는 영적인 세계로의 문이다. 그 내면의 하늘은 우주 생명력 에너지로 충만해 있으며, '보이는 우주'가 형성되어 나오는 '보이지 않는 우주'다.

우리는 우리 자신의 '양자 가능태(quantum potentia)'로부터 우리가 경험하는 실제가 되는 특정 국면을 선택함으로써 미시세계인 양자 세계와 거시세계인 우리 삶의 세계를 하나로 연결한다. 관측된 세계는 바로 내 의식이 만들어낸 세계다. 일체 현상이 오직 의식의 작용일 뿐이다.

만물은 개별의 이(理)[아트만]를 구유하고 있고 그 개별의 '이'는 보편적인 하나의 이(理)[브라흐마]와 동일하다는 '이일분수(理一分殊)'라는 명제가 말해주듯, 부분[生滅]과 전체[眞如], 거시세계와 미시세계는 합일이며 상호융합의 구조로 상호 연기(緣起)하는 유비적 대응 관계에 있다.

고스와미는 '나'라고 하는 주체의식이 선택할 때 일어나며 또한 선택이란 것이 의식적 경험의 요소이지 무의식적 지각의 요소가 아니라고 했다.

그러나 엄밀하게 말하면 의식적 경험이란 것도 의식이 온전히 깨어있지 못하면 온전한 선택을 할 수가 없다. 온전히 깨어있어야 온전한 선택을 할 수 있으므로 선택한다고 존재하는 것이 아니라 깨어있어야 진실로 존재한다.

존재감은 깨어있음에 비례한다. 의식이 완전히 깨어나면 주체와 객체의 이분법이 폐기되어 행위자는 사라지고 행위만 남게 되므로 일체 논쟁은 종식된다.

양자역학의 해석을 둘러싼 논쟁이나 철학적, 종교적 논쟁의 대부분은 의식의 진화 단계에 따른 인식의 차이에서 오는 것으로 인식론상의 문제다.

인식은 앎을 아는 것이므로 '아는 자(knower)', 즉 인식의 주체와 연결된다. '아는 자'는 주관과 객관의 저 너머에 있는 보편적 실재―흔히 '하늘'(님) 또는 신이라고 부르는―즉 참자아인 순수 현존(pure presence)이다.

이처럼 정신적인 내적 체험과 관련된 '나'는 '양자 본질'을 가지며 보편적 실재로서의 '양자 신(quantum God)'과 그 의미가 상통한다. 참자아가 곧 하늘(天·神·靈)이며 '양자 신'이고 보편적 실재로서의 '나', 즉 생명이고 진리다.

참자아['참나']는 물질현상이면서 물질현상의 원인이 되는 정신적인 원리이고, 만유 속에 만유의 참본성으로 내재해 있으면서 동시에 만물을 화생시키는 근본원리[至氣]로서 작용한다. 오늘도 우리는 의식적 '선택'을 통해 양자 가능성 파동을 실제로 경험하며 '순수 현존'을 향해 나아가고 있다.

마고가 말을 마치자 두 사람은 바위에서 일어나 다시 길을 걸었다.

마고가 말했다.

환안, 그대여! 순수 현존에 대해 이야기해 보겠는가?

그러자 환안이 서사시로 답했다.

순수 현존이여, 그대는 과거의 기억이나 미래의 욕망 속에서가 아닌 '지금 여기'에 존재한다. 개체화 의식이 일어나면 시공간이 일어나게 되므로 '지금 여기'에 존재할 수 없다.

그대는 존재와 비존재 너머에 있으므로 시공을 초월하여 영원에 가 닿은 자만이 존재할 수 있는 방식이다. 영원에 가 닿기 위해선 과거나 미래와 연관된 사념의 구름이 완전히 사라져야 한다.

구름이 비가 되기 위해 있는 것이듯, 마음 또한 무심(無心)이 되기 위해 있는 것이다. 육체적 자아가 없이는 그대를 알 길이 없으며 이것이 상대계인 물질계가 존재하는 이유다.

순수 현존이여, 그대는 세간에 주(住)하면서 세간을 이(離)함이 진흙 속의 연꽃(泥中之蓮花)과도 같다. 앎의 원을 완성하기 위해선 부단한 의식의 자기 교육과정이 요구된다고 그대는 말한다.

즐거움과 괴로움, 성공과 실패, 삶과 죽음 등 일체 양극단이 한 맛(一味)임을 알아야 진지(眞知)에 이를 수 있다고 그대는 말한다. 그러기 위해선 시련의 용광로를 통과함으로써 거칠고 방종한 자아가 길들여져야 한다.

시련은 영혼이 건강하지 못한 자에게 하늘이 내리는 사랑의 명약(名藥)이다. 영혼이 건강하지 못한 자란 분별지(分別智)에 사로잡혀 생명의 전일성을 깨닫지 못한 채 일체를 분리시키고 편착하는 의식이다.

무주(無住)의 덕을 지닌 그대여! 일심의 본체에 계합(契合)하는 무주의 덕이야말로 순수 현존이 일어나게 하는 원천이다.

의식의 사다리를 타고 깊이 들어가 그 근원에 이르게 되면 물질세계와 정신세계는 하나라는 사실을 알게 된다. 의식의 근원에 이르면 하나의 진리가 그 모습을 드러내는데 그것이 바로 일심(一心)이다.

순수 현존이여, 그대는 말한다. '하나는 셋(一卽三), 셋은 하나(三卽一)'의 원리는 영적 차원에서 물적 차원으로, 물적 차원에서 영적 차원으로 일심의 자유로운 내왕을 보여주는 것이라고. 완전한 소통성이 무주(無住)의 덕이며 바로 여기서 순수 현존이 일어난다고.

환안이 말을 마치자 마고가 미소를 지으며 고개를 끄덕였다.
그리고는 두 팔을 번쩍 들어 올렸다.

양자계가 근원적으로 비국소성을 갖고 파동인 동시에 입자로서의 속성을 상보적으로 지닌다는 양자역학적 관점은 전 우주가 참여자의 위치에 있는, 이른바 '참여하는 우주'의 경계를 밝힌 것으로 무주(無住)의 덕과 상합한다.

이분법을 초월한 양자계의 역설적 존재성은 "움직이면서 동시에 움직이지 않고 멀리 있으면서 동시에 가까이 있으며 모든 존재에 내재하면서 동시에 모든 존재 밖에 있는"[45] 참자아의 순수 현존을 보여준다.

존재와 비존재, 물질과 정신, 입자와 파동 그 어느 것에도 구애됨이 없는 자유자재한 경지에서 '무주'의 덕이 발현되고 순수 현존이 일어난다. '무주'의 덕은 적정(寂靜)한 일심의 체성(體性)이 그대로 드러난 것이므로 공(空)함도 없고 '공'하지 않음도 없다.

순수 현존이 일어나게 하는 '무주'의 덕을 지니기 위해선 일체 대립상과 상대적 차별상을 떠나 만물을 평등한 것으로 보는 평등성지(平等性智)가 발현되어야 한다. 이는 곧 생명의 전일성에 대한 자각이다.

이는 곧 무궁(無窮)의 품속에서 노니는 절대적 자유의 경지다. 삶과 죽음, 선과 악, 행복과 불행과 같은 상대적 개념들에 편착해서는 순수 현존이 일어날 수 없다. 순수 현존은 상대적 존재성을 넘어선 절대 영원의 경지다.

물질계 양극단의 존재는 긴장감의 조성을 통해 의식의 확장을 위한 학습효과를 극대화하려는 하늘의 배려다. 진속(眞俗) 평등의 본체를 체득함으로써 우리의 마음이 순수하게 일심에 계합할 때 홍익중생을 실현할 수 있게 된다.

일체 미망을 떠나 적정(寂靜)의 경지에 달하게 되면 "지혜의 광명이 모든 현상계를 두루 비쳐 평등무이(平等無二)하게 된다."[46] 이것이 곧 화쟁(和諍)의 실천이다.

에고는 의식의 불을 밝히면 사라지는 어둠이다. 분리의식이 사라지면 '지금 여기'에 순수 현존이 일어난다. 내재적 본성인 신성의 자각적 주체가 됨으로써 내면의 하늘이 드러나는 것이다.

참자아여, 그대는 순수 현존이므로 '지금 여기'에 없고서는 대면할 방법이 없다. 세상의 모든 문제는 존재의 근무처인 '지금 여기'서 이탈함으로써 발생한다. '지금 여기'에 있는 '진리의 달'은 보지 못하고 강물에 비친 달그림자에 미혹되는 데서 일어난다.

수신과 헌신적 참여를 통해 천지의 창조 파동에 스스로를 동조시켜 가노라면 언젠가는 우주만물의 전일성을 깨달아 순수 현존에 이를 것이다.

마고는 이렇게 말했다.

제 8 장

삶이라는 이름의 희생제
A Sacrifice Called Life

- 생존의 빚 The Debt of Survival
- 자유의지와 필연 Free Will and Inevitability
- 초월적 '지금' 의식 Transcendental 'Now' Consciousness

돈황의 명사산(鳴沙山)이여, 모래 산이여! 그대는 허허공공(虛虛空空)하여 하늘의 초승달을 마법으로 불러와 그대 품에 안고 있다. 그 초승달은 이름하여 월아천(月牙泉)이다.
명사산의 모래바람이여! 그대는 허공을 날아다니며 악기를 연주하고 꽃을 뿌리는 비천(飛天: 천상의 天人)이다. 즐거움을 노래하는 낙천(樂天)이다.
그대 '낙천'이여, 고구려 고분벽화의 비천상(飛天像)이 잠시 외출을 나온 것인가? 그대는 '지락무락(至樂無樂)'이라는 말을 아는가. 지극한 즐거움은 즐거움이 없다는 것을!
'벽화예술의 화랑', 막고굴(莫高窟)이여, 채색 벽화와 소상(塑像)들이여! 그대들은 '한(하나, 하늘)'의 심원한 정신세계와 예술혼의 절정이다.
초승달 시인 월아천이여, 그대 곁에 머무는 귀양 온 신선(謫仙)은 그대에게 이렇게 말한다. "실존은 순수한 환희요 허(虛)다. 그대 무언의 가르침에 감사하노라."

- 본문 중에서

타는 불이 연기로 뒤덮여 있듯이 모든 행위는 불완전함으로 뒤덮여 있기 마련이므로 비록 완벽하게 성취할 수 없을지라도 행위를 포기해서는 안 된다.
And a man should not abandon his work, even if he cannot achieve it in full perfection; because in all work there may be imperfection, even as in all fire there is smoke.

- The Bhagavad Gita, 18. 48.

생존의 빛

마고 일행은 서역으로 향하는 실크로드의 관문 돈황(敦煌, 둔황)으로 이동했다. 실크로드는 중원의 장안(長安, 西安)에서 시작해 중앙아시아의 사막에 산재하는 오아시스 도시를 따라 유라시아의 동서를 잇는 총 길이 6,400km에 달하는 광대한 구간이다.

'서역의 모든 길은 돈황에 집결된다'고 역사서에 쓰여 있듯이, 돈황은 고대 동서 교역로의 핵심지역으로 동서양의 민족과 문화예술과 종교가 교차, 혼융되면서 직조된 장대하고 찬란한 세계문화유산의 보고(寶庫)다. 이곳은 구법승(求法僧)과 대상(隊商), 문화예술인, 병사들이 쉴새 없이 드나드는 경제·문화예술·정치 교류의 중심지였다.

돈황은 고비사막의 가장자리에 있는 오아시스 도시다. 마고 일행은 초승달 모양의 작은 오아시스 월아천(月牙泉)을 품고 있는 명사산(鳴沙山)으로 향했다. 명사산은 모래들이 바람에 날리는 소리가 우는 소리처럼 들린다고 하여 '모래가 우는 산'이라는 이름을 가진 모래 산이다.

도중에 마고가 환안을 향해 말했다.

돈황 일대는 동이족(한민족)과 관련이 깊은 곳이다. 배달국 신시시대의 개창과 관련하여 '삼위태백(三危太白)'이라는 지명이 나오는데, '삼위'는 지도상에도 표기되어 있듯이 감숙성(甘肅省, 간쑤성) 돈황현(燉煌縣)에 있는 삼위산(三危山)이다. 삼위산은 동이족인 삼묘(三苗, 苗族)의 근거지였다.

신라 승려 혜초(慧超)가 고대 인도의 다섯 천축국을 답사하고 쓴 『왕오천축국전(往五天竺國傳)』(727)이라는 여행기가 천불동(千佛洞)이라고도 불리는 돈황 막고굴(莫高窟, 敦煌石窟) 석불에서 발견된 것, 그리고 막고굴 벽화에 고구려의 기마수렵도와 절풍(折風)의 머리장식과 고구려 복식 등 고구려풍의 벽화가 있고, 특히 풍백(風伯)·우사(雨師)·운사(雲師)로 해석되는 벽화 등이 있는 것은 이 일대가 한민족과 관련이 깊은 곳이기 때문이다.

다음으로 '삼위태백'의 '태백'은 태백산이다. 감숙성과 접해 있는 섬서성(陝西省, 산시성)에는 '태백산(太白山)'이라는 지명이 감숙성의 삼위산과 함께 나란히 지도상에 표기되어 있어 '삼위태백'이라는 연결된 지명으로 볼 수 있게 한다.

단군조선 시대에는 섬서성 빈(邠)·기(岐)의 땅에 관제(官制)를 설치하고 그곳에 일반 백성들이 오래도록 고속(古俗)을 유지하고 살았으며, 빈(邠)·기(岐)의 유민과 결속하여 나라를 세워 '여(黎)'라고 했다고 『환단고기(桓檀古記)』, 『단기고사(檀奇古史)』, 『규원사화(揆園史話)』 등에 기록되어 있다.

또한 여러 사료에 기록된 동이족의 활약상과 관련된 주요 지명들의 분포로 볼 때 그 땅은 이미 배달국 신시시대 때부터 한민족과 관련이 깊었던 것으로 보는 것이 타당하다.

섬서성 장안(長安, 西安)은 한(漢)·당(唐) 시기의 수도이자 문화예술의 고도

(古都)로 유명한 곳이기도 하지만, 중국이 주창한 '신(新)실크로드' 구상(2014)의 핵심지역이 섬서성에서 신장위구르자치구로 이어지는 서북 5개 성으로 확정된 것을 보더라도 이 일대가 동서 가교의 요충지임은 분명하다.

『삼국유사』에는 환국 말기에 높은 서자 벼슬을 하는 환웅(桓雄: 광명한 정치를 하는 영웅이란 뜻)이 환인천제로부터 천부인(天符印) 세 개를 받고 신시(神市)에 도읍하여 세상을 다스리는 이야기가 나온다.

> 환국의 서자 환웅*이 인간 세상에 뜻을 품으매 환인이 그 뜻을 알고 '삼위태백'을 내려다보니 가히 홍익인간 할 만한지라 이에 천부인(天符印) 세 개를 주어 인간 세상을 다스리게 하였다. 환웅이 무리 3천을 거느리고 태백산 꼭대기 신단수(神壇樹) 아래 내려와 그곳을 신시(神市)라 이르니 그가 바로 환웅천왕이다.…¹

「삼성기전」 하편에도 『삼국유사』와 유사한 환웅 신시(神市) 개천 관련 내용이 나온다.

> 환국 말기에 환인천제 안파견(安巴堅)이 아래를 내려다보며 "삼위태백이 모두 홍익인간 할 만한 곳이니 누구를 보낼 것인가?" 하고 물었다.
> 그러자 오가(五加)** 모두 대답하기를, "서자(府)에 있는 환웅이라는 인물이

---

* 환웅은 사람 이름이 아니라 일종의 직함으로 역대 제왕을 지칭하는 보통명사다. 다만 배달국을 개창한 제1대 환웅 거발환(居發桓)은 이름 없이 '환웅천왕(또는 환웅천황)'으로 호칭되기도 한다.
** 오가(五加)는 오사(五事: 곡식(穀)·생명(命)·형벌(刑)·질병(病)·선악(善惡)를 주관하는 우가(牛加), 마가(馬加), 구가(狗加), 저가(猪加), 양가(羊加 또는 鷄加)를 말한다. '오가'는

용맹과 어짊과 지혜를 겸비하고 일찍이 홍익인간의 이념으로 세상을 바꾸고자 하는 뜻을 지녔으니 그를 태백으로 보내어 다스리게 하는 것이 좋겠습니다."

이에 천부인 3종(種)을 주며 칙령을 내려 말하길, "이제 사람과 만물이 이미 제 할 바가 다 지어져 있으니 그대는 수고로움을 아끼지 말고 무리 3천을 이끌고 가서 하늘을 열고(開天) 가르침을 세우고 세상을 천부(天符)의 이치로 다스려 자손만대의 홍범(洪範)이 되게 하라" 하였다.

…이에 환웅이 무리 3천을 이끌고 태백산 꼭대기 신단수 아래로 내려왔으니 그곳을 신시(神市)라 하고 그를 환웅천왕이라 한다.

풍백(風伯)·우사(雨師)·운사(雲師)를 거느리고 곡식(穀)·생명(命)·형벌(刑)·질병(病)·선악(善惡) 등 무릇 인간의 360여 가지 일을 주관하여 세상을 이치로 교화하고 널리 인간 세상을 이롭게 하였다.[2]

이 인용문은 환인 7대(3,301년)로 이어진 환국시대가 막을 내리고 환웅 18대(1,565년)로 이어지는 배달국 신시시대가 개창하는 과정을 보여준다. 여기서 몇 가지 유의할 점이 있다.

첫째, 이 인용문에 나오는 환웅은 BCE 3898년에 배달국 신시시대를 개창한 배달국 제1대 거발환(居發桓) 환웅이라는 점이다. 다시 말해 환웅은 단군왕검의 아버지를 지칭하는 고유명사가 아니라, '환인(桓仁)'이나 '단군(檀君)'과 마찬가지로 감군(監群: 무리의 우두머리)을 의미하는 보통명사다.

단군조선이 개창하게 되는 것은 그로부터 1,565년 후인 BCE 2,333년이다. 단군왕검의 아버지는 배달국 마지막 제18대 환웅인 거불단(居弗檀) 환

풍백(風伯)·우사(雨師)·운사(雲師)와 함께 배달국 통치체제의 중추를 이루는 제도다.

웅, 즉 단웅(檀雄)이다.

그런데 『삼국유사』에는 배달국 신시시대의 개창과 관련된 '삼위태백'이라는 지명이 나오면서 같은 시기에 '환웅 천손족('한'족)'이 원주민인 '곰 토템족('맥'족)'인 웅씨(熊氏)의 왕녀와 혼인하여 단군왕검을 낳았다고 적시되어 있다.

「삼성기전」 하편에도 같은 이야기가 나오지만, 단군왕검이라고 적시하지는 않고 아들을 낳았다고만 기록되어 있다. 이렇게 되면 배달국 신시시대가 시작과 동시에 단군조선 시대로 넘어가게 되므로 신시시대 1,565년이 증발해버리는 셈이 된다.

'환웅 천손족'과 원주민인 '곰 토템족'의 융화, 통혼 과정은 오래되었겠지만, 중요한 것은 한민족의 국통(國統)이 환웅에서 단군왕검으로 이어졌다는 사실이므로 이를 분명히 하려다 보니 장구한 역사를 압축적으로 기록하는 과정에서 생겨난 문제인 것으로 보인다.

둘째, '삼위태백'이라는 지명에 관한 것이다. 배달국 신시시대의 개창과 관련된 이 지명을 환웅이 웅녀와 혼인하여 단군을 낳았다는 이른바 '단군설화'와 연결시키면서, 마치 '삼위태백'이 단군조선의 개창과 관련된 지명처럼 여겨진다는 것이다.

하여 '삼위태백'이 한반도에 위치하는 것으로 비정되기도 한다. 그러나 여러 사서의 기록에 나오듯이 '삼위태백'은 배달국 신시시대(BCE 3898~BCE 2333, 桓雄 18대)의 개창과 관련된 지명이다.

그리고 「삼성기전」 하편에 나오는 내용을 주의 깊게 보라. 환국 말기에 안파견 환인이 아래를 내려다보며 '삼위태백'이 모두 홍익인간 할 만한 곳'이라고 말하지 않는가? 그렇다면 '삼위태백'은 하나의 지명이 아니라 두 개의 지명, 즉 삼위산과 태백산을 지칭한 것이다.

누구를 보낼 것인가 하고 물으니, 오가(五加) 모두 대답하기를, "서자(庶)에 있는 환웅이라는 인물이 용맹과 어짊과 지혜를 겸비하고 일찍이 홍익인간의 이념으로 세상을 바꾸고자 하는 뜻을 지녔으니 그를 태백으로 보내어 다스리게 하는 것이 좋겠습니다"라고 했다. 그리하여 환웅이 무리 3천을 이끌고 태백산 꼭대기 신단수 아래로 내려온 것이다.

요약하면, 안파견은 '삼위태백', 즉 삼위산과 태백산 모두 홍익인간 할 만한 곳인데 누구를 보내면 좋겠는가? 라고 물었고, 이에 대해 오가는 환웅을 태백산으로 보내는 것이 좋겠다고 답했으며, 이에 환웅이 무리 3천을 이끌고 태백산 꼭대기 신단수 아래로 내려왔다.

여러 사료에 나타난 동이족의 활약상과 그것과 관련된 주요 지명들의 분포로 볼 때 감숙성의 삼위산과 섬서성의 태백산은 모두 동이족과 관련이 깊은 곳이다. 그래서 안파견 환인도 '삼위태백' 모두 홍익인간 할 만한 곳이라고 한 것이다.

예로부터 내려오는 말에 '장안에 화제다'라는 말이 있다. 장안이 바로 섬서성의 수도 서안 아닌가? 이 일대가 오랫동안 동이족과 관련이 깊은 곳이 아니라면 왜 그런 말이 지금까지 전승되었겠는가?

정사(正史)인 『고려사』의 기록에 나오듯이, '고려'라는 국호가 있음에도 당시 백성들은 '마고의 나라(麻姑之那)'를 노래로 지어 부르지 않았는가? 언어 습관이란 것이 그런 것이다.

셋째, '서자'라는 명칭에 관한 것이다. 이에 대해서는 이전에도 언급한 바이지만 한민족의 국통(國統)과 관련되는 중대한 문제이기 때문에 다시 요점만 일별하겠노라.

서자란 '태자의 스승, 기타 높은 벼슬의 명칭'이라고 중국의 사원(辭原)에서는 말한다.

일제에 의해 날조되지 않은 『삼국유사』 중종임신간본(中宗壬申刊本)에는 '환국의 서자 환웅(桓國庶子桓雄)', 즉 '환국에 높은 서자 벼슬을 하는 환웅'으로 나온다. 그런데 일제는 이를 '환인의 서자 환웅(桓仁庶子桓雄)'으로 변조했다.

그리하여 '환인의 첩의 아들(서자) 환웅'을 유도함으로써 환국·배달국·단군조선으로 이어지는 국통을 끊으려고 했다. 일제가 변조된 조선사 35권을 완성하여 각급 학교에서 교육하게 한 결과, 한인들은 반도사관에 갇혀 사실로서의 우리 역사를 알 수 없게 되었다.

넷째, 홍익인간·재세이화의 이념에 관한 것이다. 이 이념은 『삼국유사』나 「삼성기전」 하편의 기록에서 보듯이 단군조선 시대에 처음 나온 것이 아니라 이미 환국시대 때부터 유구하게 전승되어 온 것이다.

그리고 전 세계에서 유일하게 개천절을 봉축하는 민족이 한민족이지 않은가. '개천(開天)', 즉 하늘을 연다는 것은 하늘의 뜻을 세상에 펼친다는 의미이니, '개천'은 단군조선 시대에 처음 이루어진 것이 아니라 이미 배달국 시대에 신시개천(神市開天)이 있었고, 그 맥은 환국시대, 마고성 시대로까지 이어져 있다.

마고 일행은 돈황 팔경(敦煌八景)의 하나로 꼽히는 유서 깊은 월아천에 도착했다. 명사산 자락에 있는 초승달 모양의 월아천은 돈황 남쪽에 있는 곤륜산맥의 눈 녹은 물이 지하로 흘러 비교적 저지대인 이곳에서 솟아나는 것이라고 한다.

마고는 오아시스 월아천(月牙泉) 주변을 따라 걸으며 두 팔을 번쩍 들어 올렸다.

월아천이여, 그대는 돈황의 생명줄이다. 그대가 없었다면 어찌 서역의 모든 길이 돈황에 집결될 수 있었을 것이며, 실크로드를 통해 전래된 불교가 돈황에서 꽃피울 수 있었으리오! 사막을 횡단하는 대상(隊商)들과 순례자들이 삶의 노래를 계속 부를 수 있었으리오!

월아천이여, 그대는 명사산의 생명줄이다. 그대가 없었다면 어찌 수많은 승려와 화가, 석공과 도공이 명사산을 드나들 수 있었을 것이며, 명사산 절벽에 천여 개의 석굴군(群)인 막고굴(莫高窟)이 조성될 수 있었으리오! 예술의 절정을 이루는 그 장대하고도 찬란한 채색 벽화들과 조각품들이 탄생할 수 있었으리오!

월아천이여, 그대는 마르지 않는 영혼의 샘이다. 그대가 없었다면 어찌 그 숱한 문인들과 예술인들이 그대를 품고 있는 명사산의 침묵의 소리를 예술혼으로 승화시키고 생명의 환희를 노래할 수 있었으리오! 그 숱한 구도자들이 그들의 영혼을 축일 수 있었으리오!

월아천이여, 영혼의 오아시스여! 그대는 실크로드를 지나는 사람들에게 생명수를 제공하는 자비의 화신이다. 문인들과 예술인들에게 영감을 불러일으키는 창조적 생명력의 원천이다. 돈황을 사막의 진주처럼 빛나게 하는 미(美)의 화신이다.

오, 영혼을 노래하는 그대 초승달 시인이여!

마고는 이렇게 말했다.

그러자 환안이 깊은 감동에 젖어 말했다.
오, 위대한 나의 스승 '라 무'시어! '라 무'께서는 정녕 '순수 현존'이십니다!

그때 사막에 바람이 불면서 희고 가는 부드러운 모래 결이 파도처럼 일렁이더니 모래가 공중으로 날아오르며 소리를 내기 시작했다. 모래썰매를 타고 모래언덕을 내려오는 아이들의 함박웃음 소리가 모래바람을 타고 흩어졌다.

환안이 마고의 시에 화답하여 이렇게 읊었다.

돈황의 명사산(鳴沙山)이여, 모래 산이여! 그대는 허허공공(虛虛空空)하여 하늘의 초승달을 마법으로 불러와 그대 품에 안고 있다. 그 초승달은 이름하여 월아천(月牙泉)이다.

명사산의 모래바람이여! 그대는 허공을 날아다니며 악기를 연주하고 꽃을 뿌리는 비천(飛天: 천상의 天人)이다. 즐거움을 노래하는 낙천(樂天)이다.

그대 '낙천'이여, 고구려 고분벽화의 비천상(飛天像)이 잠시 외출을 나온 것인가? 그대는 '지락무락(至樂無樂)'이라는 말을 아는가. 지극한 즐거움은 즐거움이 없다는 것을!

'벽화예술의 화랑', 막고굴(莫高窟)이여, 채색 벽화와 소상(塑像)들이여! 그대들은 '한(하나, 하늘)'의 심원한 정신세계와 예술혼의 절정이다.

초승달 시인 월아천이여, 그대 곁에 머무는 귀양 온 신선(謫仙)은 그대에게 이렇게 말한다. "실존은 순수한 환희요 허(虛)다. 그대 무언의 가르침에 감사하노라."

환안이 말을 마치자 마고가 말했다.

그대도 귀양 온 신선을 보았는가? 그는 선계의 계율을 어겨 잠시 귀양 온 것이다.

그리고는 이어 말했다.

환안, 그대여! 이 세상에 태어나면 누구나 '생존의 빚'을 지고 살게 된다. 우주만물이 그러하듯 인간 또한 생명의 네트워크에서 분리되어 존재할 수는 없는 까닭에 삶의 시작과 더불어 각자의 본분이 주어지기 마련이다.

말하자면 생존 그 자체가 의무와 도리를 수반하게 된다는 뜻이다. 따라서 각자의 의무와 도리를 성실하게 이행하는 것이 생존의 빚을 갚는 것이다.

그런데 행복과 불행, 성공과 실패, 생과 사의 이원론적 상황에 대한 인간 정신의 종속으로 인해 오늘도 지구상에는 숱한 사람들이 죽음만이 생존의 빚을 갚는 유일한 해방구라고 여겨 세상과 작별을 고한다.

사람을 '인간(人間)'이라고 하는 것에 주목할 필요가 있다. 이는 인간이 단순한 개인적 존재이기에 앞서 관계적 존재임을 분명히 한 것이다.

관계적 존재란 부모와 자식으로서, 부부로서, 형제자매로서, 스승과 제자로서, 친구로서, 시민사회와 국가 그리고 지구촌의 일원으로서, 나아가 우주만물의 동포로서의 의무와 도리를 다하는 존재라는 의미이다.

이렇게 각자의 본분을 다할 때 생명의 네트워크는 온전하게 유지될 수 있으며, 개인 또한 각자의 천품을 마음껏 발휘하고 영성을 개화시킬 수 있게 된다.

개인이든 집단이든, 강자가 약자를 핍박하거나 약탈한다면, 공존의 룰(rule)을 어긴다면, 생존의 빚을 갚기는커녕 오히려 빚더미에 올라앉는 셈이 된다.

이처럼 행위가 전체적이지 못할 때 그 행위는 결함으로 뒤덮이게 되고 결국 카르마의 그물에 걸려 '삼사라(samsara, 生死輪廻)'가 일어나게 된다. 삼사라가 일어나는 것은 바로 이 생존의 빚을 갚지 못한 데에 기인한다.

우리의 전통사상은 모두 생존의 빚에 대한 인식과 그에 따른 행동을 설파한 것이다. 생존의 빚을 반드시 갚아야 할 의무로 인식한 것은 생명계를 분리 자체가 근원적으로 불가능한 상호의존의 시스템으로 인식했기 때문이다.

하늘을 공경하고 조상의 은덕에 감사하는 경천숭조(敬天崇祖)의 '보본(報本)'사상과 풍류(風流, 玄妙之道), 천부경·삼일신고·참전계경의 사상과 홍익인간·재세이화·광명이세의 이념은 우주 '한생명'에 대한 인식과 실천을 설파한 것이다.

또한 부여의 구서(九誓: 孝·友愛·師友以信·忠誠·恭謙·明知·勇敢·淸廉·義)[3]와 삼한의 오계(五戒: 孝·忠·信·勇·仁), 고구려의 조의국선(皂衣國仙)의 정신과 신라 화랑도의 세속오계(世俗五戒: 事君以忠·事親以孝·交友以信·臨戰無退·殺生有擇)도 마찬가지로 생명의 전일성에 대한 인식과 그에 따른 행동을 설파한 것이다.

이는 한 국가나 민족의 경계를 넘어 인류, 나아가 우주자연의 차원에까지 이르고 있으며 세계시민주의(cosmopolitanism)와도 상통하는 것이다.

환안, 그대여! 생명의 전일성과 상호의존성을 직시하지 않고서는 생존의 빚에 대한 인식이 일어날 수가 없고 따라서 자신의 의무와 도리를 다하려는 행동이 나올 수가 없다.

그러한 인식과 행동은 오직 참본성이 열려야 나타날 수 있는 것이다. 우리 전통사상의 중핵을 이루는 성통광명(性通光明: 참본성이 열려 광명하게 됨)·성통공완(性通功完: 참본성이 열리고 공덕을 완수함)이란 말이 단적으로 이를 말해준다.

한편 유교의 수신제가치국평천하(修身齊家治國平天下)는 심신을 닦아 참본성이 열려야 집안도 바르게 되고 나라도 다스려지고 태평천하가 된다는 것이다. 다시 말해 수신이 되어야 공덕을 완수한다는 것이다.

공덕을 완수한다는 것은 각자의 본분에 맞게 의무와 도리를 다하는 것이며 이는 곧 생존의 빚을 갚는 것을 의미한다. 수신이 이루어지지 않고서는 '제가치국평천하'도 이루어질 수 없는 까닭에 '수신'을 초두에 둔 것이다.

"어떻게 하면 나라를 바로잡을 수 있겠습니까?"라는 제경공(齊景公)의 물음에 공자는 '임금은 임금답고, 신하는 신하다우며, 어버이는 어버이답고, 자식은 자식다워야(君君臣臣父父子子)' 정치질서가 확립될 수 있다고 했다.

이러한 공자의 정명(正名) 사상 또한 이름을 바로잡음으로써 각자에게 주어진 본분을 다하게 하려는 것이니 '수신'을 근본으로 삼은 것이다.

맹자의 인의(仁義)에 의한 왕도정치(王道政治) 또한 민본주의와 짝을 이루며 국가 차원에서 군왕으로서의 본분을 다함으로써 생존의 빚을 갚는 것이다.

각자의 의무와 도리를 다한다는 것은 곧 우주만물에 편재해 있는 '하나'인 참자아를 경배하는 것이다. 그것은 곧 하늘과 사람과 만물을 공경하는 것이다.

우주만물에 내재해 있는 '하나'인 참자아를 보는 사람은, 다시 말해 분리된 만물의 개체성 속에서 분리되지 않은 전체성을 보는 사람은 지혜의 정수를 꿰뚫은 자이다. 밝고 고요한 기운을 지닌, 진정한 앎에 이른 자는 한 알의 모래에서 우주를 본다.

이 경지에 오른 사람은 행위의 결과에 집착하거나, 부귀영화를 추구하거나, 종교적인 의식에 매이지 않는다. 게으름·두려움·자기연민(self-pity)·정욕(lust) 등에 빠지지도 않는다. 부정적인 의식은 모두 격정적이며 순수하지 못한 어두운 기운에서 비롯되는 것이다.[4]

언제 행하고 언제 행하지 말아야 할지를 아는 것, 무엇을 행하고 무엇을 행하지 말아야 할지를 아는 것, 무엇이 두려움이고 무엇이 용기인지를 아는 것, 무엇이 속박이고 무엇이 자유인지를 아는 것, 이런 것은 모두 순수지혜(pure wisdom)에서 비롯되는 것이다.[5]

순수지혜는 참자아와 하나가 된 경지이다. 참자아와 하나가 되면 영적 일체성이 확립되어 이기심과 오만함과 노여움과 공격성이 사라지고 일체 이원성에서 해방됨으로써 앎의 원이 완성된다.

진실로 자신의 의무와 도리를 다하게 되는 것은 앎의 원이 완성되어 참자아와 하나가 됨으로써이다. 참자아와 하나가 되면 의무 또한 완전한 헌신의 형태로 나타나게 된다.

환안, 그대여! 참자아에 이르는 길은 언어를 통한 길이 있고 언어를 넘어선 길이 있다. 전자의 길은 논리의 길이고, 후자의 길은 초논리·직관의 길이다. 논리의 길은 달을 가리키는 손가락이고, 초논리·직관의 길은 손가락 너머 달에 이르는, '길 없는 길'이다.

더 이상 차(車)가 갈 수 없는 길에 이르면 차에서 내려 걸어가야 한다. 그러나 대개의 경우 오랜 시간 동안 타고 온 차가 주는 익숙함과 편안함에 젖어 차에서 내리는 모험을 감행할 용기가 없다.

드물기는 하지만, 차가 갈 수 있는 길조차도 차를 타지 않고 걸어간 사람도 있다. 언어를 통하지 않고 바로 깨달음을 얻은 육조혜능(六朝慧能)의 경우가 그 대표적인 예다.

그러나 사람은 타고난 기질에 따라 각기 다른 의무를 갖는 까닭에 획일화된 길을 설정할 수 없다. 자신의 기질에 맞는 길을 택하여 본분에 충실함으로써 완성에 이를 수 있다. 자신의 의무와 도리를 다하는 것이 곧 자기실현이며 생존의 빚을 갚는 삶이다.

참자아로서의 삶은 이기심과 결과에 대한 집착을 버리고 삶 자체를 신성한 의무로 인식하는 까닭에 고통스러운 일을 피하거나 좋아하는 일에 집착하지 않는다. 즐거움과 고통을 하나로 여기므로 흔들림 없이 자신의 의무를 수행한다.

생존의 빚을 갚는 가장 확실한 방법은 사랑의 화신으로서의 삶을 사는 것이다. 자신의 의무와 도리를 다하는 헌신적인 삶을 사는 것이다. 자신의 본분을 다하지 못한 채 이기적인 욕망에 사로잡힌 에고로서의 삶은 부채만 늘려가는 빚지는 삶이다.

생존의 빚을 갚는다는 것은 자신의 의무를 성실히 이행함으로써 의식의 진화를 도모하는 것이다. 자발적인 기부행위를 포함한 사회적 헌신은 생존의 빚에 대한 인식이 있어야 일어날 수 있다.

생존의 빚을 갚는다는 것은 곧 존재 이유를 달성하는 것이다. 실로 아는 것만큼 보이고 보이는 것만큼 행하게 된다. 앎의 원을 완성하기 위해 오늘도 우리는 시행착오의 과정을 반복하며 행위의 길을 가고 있다.

이기심에 사로잡혀 전체적이지 못한 행위는 결함으로 뒤덮여 있기 마련이다. 그렇다고 행위를 포기해서는 안 된다. 그것은 자신의 의무를 방기하는 것이기 때문이다. 생존을 빚을 갚는 길에 역행하는 것이기 때문이다.

마고는 계속해서 말했다.

환안, 그대여! 선을 수행하는 것은 참자아('참나')를 자각하기 위한 하나의 방법이다. 불안청원(佛眼淸遠) 선사*는 선을 수행하는 데에는 두 가지 병이 있다고 말한다.

"그 하나는 나귀를 타고 나귀를 찾는 것이요, 다른 하나는 나귀를 타고

---

* 불안청원(1067~1120) 선사는 육조혜능의 대표적 법제자인 남악회양(南嶽懷讓, 677~744)의 14세 법손이자 오조법연(五祖法演, ?~1104)의 법제자이다.

서 나귀에서 내리지 않으려고 하는 것이다."[6]

우선 나귀를 타고 나귀를 찾는 어리석음은, 현대 과학기술문명이 그러하듯이 자신의 본성에 눈뜨지 못하고 우리의 주의력이 향외적(向外的)인 데서 오는 것이다.

낙원이 우리 안에 있다는 사실을 깨닫지 못한 채 낙원에서 점점 더 멀어지면서 낙원을 찾는 데서 오는 것이다. 모든 문제의 답이 바로 자기 안에 있다는 사실을 놓치는 데서 오는 것이다.

다음으로 나귀를 타고서 나귀에서 내리지 않으려고 하는 어리석음은 집착에서 오는 것이다. 외재적 사물에서는 얻을 수 없는 내적인 평화로움의 묘미에 길들여진 데서 오는 것이다. 우리 자신과 나귀가 둘이 아님을 알아차리지 못하고 분리시켜 편착하는 데서 오는 것이다.

인간의 두려움은, 불행한 의식은, 절망은 바로 잘못된 관점과 집착에서 오는 것이다. 우리 자신이 나귀이고 이 세상 전체가 나귀일진대, 타거나 내려야 할 나귀가 따로 있는 것이 아니다.

따라서 천지사방을 헤매고 다닌다고 해서 참자아를 찾을 수 있는 것도 아니고, 외부세계와 단절한 채 내면세계에 머문다고 해서 참자아를 찾을 수 있는 것도 아니다.

참자아는 유기적·시스템적 속성을 지닌 까닭에 우리 자신과 나귀를 분리하는 순간, 참자아로부터 멀어지게 된다.

말하자면 참자아는 생성과 소멸(生滅), 더러움과 깨끗함(垢淨), 늘어남과 줄어듦(增減) 등 일체 이원성을 넘어서 있으므로 전일성과 다양성, 비존재성[靈性]과 존재성[物性]의 속성을 동시에 지닌다.

따라서 기쁨과 슬픔, 성공과 실패, 삶과 죽음을 하나의 연결된 고리로 보지 못하고 분리시켜 편착하는 방식으로는 결코 참자아에 이를 수 없다.

참자아는 내재와 초월, 본체[理]와 작용[氣], 진여성과 생멸성의 이중성을 갖지만, 그것의 진실은 이중성의 초월에 있다.

전체성[靈性]인 참자아(spiritual self)가 자기복제(self-replication)로서의 작용을 통해 개체성[物性]인 물질적 자아(material self 또는 corporal self)의 형태로 현현하고, 물성은 다시 영성으로 돌아가는 생명의 순환이 끝없이 반복되는 것이다.

하지만 참자아는 물성과 영성 그 어느 것에도 구애됨이 없이 양 세계를 자유롭게 상호관통한다. 말하자면 생명은 전일적 흐름이다.

이처럼 '하나이면서 둘(一而二)이고 둘이면서 하나(二而一)'인 이기(理氣)의 묘합(理氣之妙) 구조가 보여주는 완전한 연결성과 소통성 그리고 능동성은 생명의 본질적 특성이다.

그래서 『동경대전(東經大全)』에서는 내유신령(內有神靈), 즉 '안으로 신성한 영(靈)이 있다'고 하고, 외유기화(外有氣化), 즉 '밖으로 기화(氣化)의 작용이 있다'고 한 것이다.

'신령'과 '기화'는 일심의 이문(二門)인 진여(眞如)와 생멸(生滅)의 관계와도 같이 내재와 초월, 본체와 작용의 합일에 대한 인식을 보여준다.

말하자면 참자아는 만유 속에 만유의 본질로서 내재해 있는 동시에 만물화생(萬物化生)의 근본원리[至氣]로서 작용하는 것이다.

각지불이(各知不移)의 '지(知)'는 '신령'과 '기화'가 본체와 작용의 관계로서 하늘과 우주만물이 하나임을 아는 것이고, '불이(不移, 不二)'는 참자아의 자각적 주체로서 인내천(천인합일)을 실천하는 것이다.

생명의 영성을 깨달으면 참자아의 자각적 주체가 되므로 공심(公心)의 발휘가 극대화된다. 이처럼 동학은 내유신령·외유기화·각지불이라는 '시(侍: 모심)'의 삼원 구조로써 생명의 전일성과 자기근원성, 근원적 평등성과 유기적 통합성 그리고 자각적 실천성을 보여준다.

생명이 단순히 개체화된 물질적 생명체가 아니라 비분리성·비이원성을 본질로 하는 영성[靈·神·天]이라는 사실을 이해하지 못하고서는 삶과 죽음에 대한 진정한 통찰이 일어날 수 없고 따라서 생존의 빚을 갚을 길도 없다.

생명을 단순히 물질적 외피로 보는 정신·물질 이원론으로는 천인합일의 이치를 파악할 수도 없고 따라서 각자의 의무를 다하는 조화로운 삶을 기대하기도 어렵다.

경천(敬天), 즉 하늘을 공경함은 우주만물에 대한 차별 없는 사랑과 공경의 원천인 바로 그 하나인 마음(一心)을 공경하는 것이다. 우주의 실체는 의식[에너지, 파동]이므로 참자아는 곧 참본성[神性, 靈性]이며 일심[근원의식, 순수의식, 보편의식, 전체의식, 우주의식]이다.

'자기원인'이자 만물의 원인인 하늘은 만물과 분리될 수 없는 까닭에 특정 종교의 하늘(님)이 아니라 만인의 하늘이며, 우리가 경배해야 할 초월적 존재가 아니라 마음이 곧 하늘이다.

말을 마치자 마고는 명사산을 오르기 위해 발길을 옮겼다.

모래바람은 계속 불었다. 모래들이 바람에 공중으로 날아오르며 소리를 내고 있었다.

돈황 명사산의 모래바람이여! 그대는 무엇이 슬퍼서 그렇게 울고 있는가? 그대 마법의 손이 빚어낸 크고 작은 모래언덕을 바라보며 그 숱한 무덤들이 슬퍼서 우는 것인가?

그대는 이 세상의 온갖 번뇌를 잠재우기 위해 태곳적부터 그대의 신성한 의무를 수행해왔다. 번뇌는 끝이 없기에 그대의 작업도 끝이 없다.

그대는 알고 있는가? 번뇌의 원천인 이 마음이란 것이 우주를 손바닥 위에 올려놓는가 하면, 천 길 불길 속에 떨어뜨리기도 한다는 것을! 무궁한 변화의 원조인 그대와 닮은꼴이 아닌가?

마음은 붙잡을 수가 없으므로 바람과 같고 흐르는 물과 같다고 한 것이다. 이 변화무쌍한 마음의 속성에 통달한 그대이기에, 하늘은 그대에게 이 신성한 소명을 맡긴 것이다.

그렇게 그대는 매일매일 모래로 만다라를 그리며 생성과 파괴의 합일에 대해 명상한다. 그대가 그리는 만다라는 번뇌를 잠재우는 무덤이 되어 참배객들을 불러들이고 있다.

번뇌의 무덤에 참배하는 그대들이여! 내 그대들에게 묻노니, 저 무덤 속에 잠든 번뇌와 그대들의 번뇌는 같은 것인가? 다른 것인가?

마고는 이렇게 말했다.

자유의지와 필연

마고 일행은 명사산 정상에 올랐다. 모래바람도 멎었다. 앞쪽 바로 내려다보이는 곳에 월아천(月牙泉)이 초승달처럼 걸려 있었다. 마치 사막에 에메랄드 보석을 박아놓은 듯이 빛나고 있었다. 사막과 오아시스가 절묘하게 조화를 이룬 풍광이었다.

그때 어두운 방에 환한 햇살이 쏟아져 들어오듯이 신성의 빛이 환안의 의식 전체를 적시고 있었다. 밀폐된 방의 혼탁한 공기 속으로 신선한 바깥 바람이 들어오는 것과도 같았다. 찬란한 치유의 햇살이 환안을 비추고 있었다.

마고가 말했다.

환안, 그대여! 이 세상은 삶이라는 이름의 희생제(犧牲祭, Sacrifice)를 주관하는 제주(祭主)들로 꽉 차 있다. 하늘, 별, 바람, 노을, 강물, 안개…온갖 생물과 무생물에 이르기까지, 사람만이 아니라 우주만물이 다 제주이다.

우주만물이 다 제주인 것은, 이 우주가 분리할 수 없는 파동의 대양으로 주체-객체 이분법이 폐기된 '참여하는 우주'인 까닭이다.

'생명의 놀이'의 규칙에 따라 만물은 동등한 내재적 가치를 지니며 그 어떤 것도 도구적 위치에 있지 않고 대등한 제주로서 희생제에 참여하는 것이다.

우주만물의 존재성을 순수한 희생제로 보는 것은, 수레바퀴의 모든 살이 중심축을 향해서 모이듯 모든 존재는 '자기원인'이자 만물의 원인인 생명의 중심축에 연결되어 존재성을 유지하는 것이니 존재성 자체가 생명을 경배하는 것이기 때문이다.

'희생제'는 어린 양이나 흰 소, 비둘기 등의 제물이 불로 태워져 제물로 올려진 까닭에 '번제의식(燔祭儀式)'이라고 명명되기도 한다.

우리 상고시대에도 흰 소를 잡아 제천(祭天) 하는 습속이 있었음은 '혈사(血祀)', 즉 피로 제사 지낸다는 말이 유래된 것으로 보아 알 수 있거니와, 송화강 연안인 아사달의 고대 지명이 소머리(牛首·牛頭)라고 한 데서도 잘 나타난다.

『성경』에 나오는 번제의식으로는 창세기에 나오는 아벨의 번제의식(창세기(4:4)),[7] 노아의 번제의식(창세기(8:20)),[8] 아브라함의 번제의식(창세기(22:2-13)),[9] 야곱의 번제의식(창세기(46:1))[10] 등을 들 수 있다.

특히 아브라함의 번제의식은 사랑하는 외아들 이삭마저도 기꺼이 제물로 바치려 했다는 점에서 온전한 희생제의 표본이 되고 있다.

　우주만물은 각기 고유의 존재 의미와 가치를 지니는 까닭에 누가 누구를 위하여 희생될 수 있는 것이 아니므로 '희생제'라는 표현은 적절하지 않을지도 모른다.

　그럼에도 상대계의 언어로서는 달리 표현할 길이 없으므로 부득이 관습적으로 사용되어 온 용어를 사용하는 것이다.

　환안, 그대여! 우리는 역사상 행해진 희생제[번제의식]의 가치성을 논하려는 것이 아니다. 다만 그것의 상징적 의미를 통해 '삶이라는 이름의 희생제'에 대해 살펴보고자 하는 것이다.

　그대가 '삶이라는 이름의 희생제'에 대해 이야기해 보겠는가?

　그러자 환안이 대답했다.

　위대한 나의 스승 '라 무'시어! 사람은 육체를 신전(神殿)으로 삼아 매일 위장(胃腸)이라는 제단의 불기운 속에 대가성 없는 제물[음식물]을 바치며 하늘기운인 생명을 경배합니다.

　사람이 매일 음식물을 섭취하는 것은 어떤 대가를 전제로 하는 것이 아니므로 대가성 없는 제물을 바치는 것이고, 그렇게 해서 생명이 존속되는 것이니 그것이 곧 생명을 경배하는 것입니다.

　식사하기 전의 기도행위는 마치 제천의식을 거행할 때와 마찬가지로 위장이라는 제단에 제물[음식물]을 바치기 전에 하늘기운인 생명을 경배하는 의식입니다.

　소우주 차원에선 위장이라는 제단이 되겠지만, 대우주 차원에선 하늘 제단이라고 명명할 수 있을 것입니다. 그러나 이 우주에 하늘기운 아닌 것이 없으니 기실은 위장 또한 하늘 제단입니다.

　이는 다른 동물들의 경우도 마찬가지입니다. '몸'이라는 이름의 신전에서 이루어지는 신진대사 작용 그 자체가 생명을 유지하게 하는(경배하는) 대가성 없는 희생제입니다.

식물들의 경우에도 그 체(體)는 신전이고, 그 잎에서 일어나는 증산, 호흡, 광합성 작용과 질소동화작용은 모두 그 자체가 생명을 경배하는 대가성 없는 희생제입니다.

지구 생태계의 맥박을 조절하는 고세균, 세균과 같은 원핵생물의 다양한 물질대사, 그리고 마침내 인간의 탄생으로 이어지는 새로운 생물 계통으로 안내한 시아노박테리아가 이끈 산소혁명 또한 생명을 경배하는 대가성 없는 희생제입니다.

진동수가 극히 낮은 무생물 역시 생물과 마찬가지로 스스로 생성되고 변화하여 돌아가는 생명의 자기조직화의 작용에 의해 존재하는 것으로, 존재성 그 자체가 생명을 경배하는 순수한 희생제의 표징입니다.

만유의 존재성은 우주의 진행 방향인 영적 진화와 조응해 있습니다. 복잡계의 산일구조(dissipative structure)에서 일사불란하게 일어나는 생명의 자기조직화는 일체 생명현상과 거시세계의 진화, 그리고 세계의 변혁이 이루어지게 하는 아무런 대가성 없는 희생제입니다.

비선형적, 비평형적인 복잡계에서 일어나는 변화의 비가역성(irreversibility)이 혼돈으로부터 질서를 가져오는 메커니즘인 것입니다. 이 삶이라는 이름의 희생제는 바로 이러한 생명의 유기적·시스템적 속성에 기인하는 것입니다.

환안은 점점 고양되어갔다.

보라, 은혜로운 비가 대지를 고루 적시는 것, 태양이 사해를 두루 비추는 것, 그리하여 곡식이 영글고 만물이 자라나 영양분을 공급하는 것, 이 모두는 아무런 대가성 없이 생명을 경배하는 순수한 희생제이다.

　바위틈을 뚫고 피어난 야생화, 온 산을 분홍빛으로 물들이는 진달래의 향연, 새벽 호수 위의 물안개, 겨울 빈 바다에 부서지는 파도 소리, 연꽃 사이로 불타오르는 원색의 저녁놀…. 이 모두는 무위이화(無爲而化)의 덕과 그 기운의 조화 작용을 보여주는 것이다.

　우리의 영혼을 정화시키는 생명의 불꽃이며, 온몸으로 생명의 환희를 토해내는 순수한 희생제이다. 정녕 대가성 없는 순수한 희생제는 우주의 본질인 생명이 존재하는 방식이다.

　형제들이여! 개체화 의식 속에서는 전체성인 생명을 파악할 길이 없으며 또한 진화할 수도 없다. 우리는 단 한 순간도 분리된 적이 없었다! 사라지는 것도 없다. 모두 나온 그곳으로 되돌아갈 뿐이다.

　역사상 등장하는 번제의식은 삶이라는 희생제를 표징하는 것이다. 제물을 불에 태워 하늘 제단에 올리고 지혜의 불로써 영혼을 정화시켜 삶 자체를 희생제로 받아들이겠다는 하늘[참자아]과의 서약이다.

　제물이 불로 태워진 것은 불의 정화적 기능에 기인하는 것이다. 영적인 지혜의 불로써 행위로 인한 모든 카르마를 재로 만들어 영혼을 정화시키려는 상징적 의미가 담긴 것이다.

　번제의식은 인간과 하늘[참자아]과의 연결고리를 만드는 상징적인 제전이다. 오직 이 육체가 자기라는 에고의 죽음을 통해 영적으로 거듭난다는 의미를 함축한 것이다.

　구약 제사의 가장 공통적인 번제 행위는 속죄를 통해 참자아인 하늘과의 연결고리를 재개하려는 함의가 담겨있다. 삶이라는 이름의 희생제 또한 경건함과 생명의 환희로 넘치는 제전이 되려면 행위로 인한 모든 카르마가 영적인 지혜의 불로써 정화되어야 한다.

참자아인 하늘(天·神·靈)은 우주만물에 편재해 있는 생명이다. 참자아인 생명을 경배하는 대가성 없는 희생제 외의 모든 행위는 욕망의 굴레에 얽매어있는 까닭에 우주와 공명할 수 없다.

의식의 상승이 일어나지 않고서는, 다시 말해 하나인 생명에 대한 영적 자각이 없이는 불길한 카르마(karma, 業)의 제전(祭典)은 계속될 수밖에 없다.

영롱한 의식이 하는 모든 행위는 대가를 바라지 않는 희생제인 반면, 몽롱한 의식이 하는 행위는 결과에 집착하는 카르마의 제전이다.

모든 행위를 신에게 바치는 제물이라는 경건한 생각으로 정성을 다하게 되면 오직 전체성만이 물결치는 지선(至善)의 경지에 이르게 되어 삶 자체가 희생제가 된다. 그러기 위해서는 이 세상 모든 것을 하나인 참자아의 자기현현으로 여길 수 있어야 한다.

모든 성취와 행복의 원천은 참자아다. 나무가 껍질이 터지고 뱀이 허물을 벗어야 살 수 있듯이 인간도 에고의 껍질을 벗어야 참자아인 하늘과 연결될 수 있다. 삶 자체가 희생제가 되어야 하는 것은 이 때문이다.

구름이 태양을 가려도 태양은 항시 그곳에 있듯이, 우리가 에고의 구름만 걷어내면 머리 위로 저 우주적 생명인 태양은 찬연히 빛을 내뿜을 것이다. 오직 우리의 참본성을 회복하는 일만이 있을 뿐이다.

환안이 말을 마치자 마고가 미소를 지으며 고개를 끄덕였다.

그대가 정확하게 보았다. 아무런 대가성 없이 생명을 경배하는, 삶이라는 이름의 순수한 희생제는 생명의 유기적·시스템적 속성에 기인하는 것이다.

인간과 하늘과의 연결고리를 만드는 상징적인 제전인 번제의식이 함축한 의미는 주관과 객관, 자유의지와 필연의 조화다.

인간사(人事)와 하늘의 때(天時)는 상호 조응해 있으니 인간의 자유의지만으로 세상일이 돌아가는 것은 아니지 않는가?

동양의 전통사상에서는 일원론적이고 유기론적인 관점에서 생명의 전일적 과정을 직시하게 되면 자유의지와 필연은 궁극적으로 하나가 되는 것으로 보았다.

그리하여 세상만사를 개별적 자의지(individual self-will)가 모두 주재할 수 있는 것은 아니라고 보고 주재할 수 없는 객관의 영역을 인정함으로써 사람이 할 바를 다하고 하늘의 명을 기다리는, 이른바 '진인사대천명(盡人事待天命)'의 지혜를 나타내 보인 것이다.

공자가 나이 오십에 '하늘의 명을 알았다(知天命)'고 한 것도, 세상만사가 인간이 주재할 수 없는 객관적 제한의 영역이 있다는 사실을 알게 되었다는 뜻이다. 이는 곧 주관과 객관, 자유의지와 필연의 조화에 대한 인식이다.

'순천자(順天者)는 살고 역천자(逆天者)는 망한다'[11]라는 말이 왜 나왔겠는가? '순천자'란 하늘의 이치(天理)에 순응하는 삶을 사는 사람이고, '역천자'는 하늘의 이치에 역행하는 삶을 사는 사람이다.

하늘의 이치에 순응하는 순천(順天)의 삶을 사는 사람은 주관과 객관, 자유의지와 필연의 조화를 체득한 사람이므로 에고 의식[분리의식]에서 벗어나 생명의 전일성을 실천하는 사람이다.

하늘의 이치에 역행하는 역천(逆天)의 삶을 사는 사람은 주관과 객관, 자유의지와 필연의 부조화 속에서 에고 의식[분리의식]에 머무르며 이기심에 사로잡힌 행위를 하는 사람이다.

인간사에서 존재성 그 자체가 생명을 경배하는 순수한 희생제의 표징이 되려면 하늘의 이치에 순응하는 순천(順天)의 삶을 살아야 한다. 다시 말해 주관과 객관, 자유의지와 필연의 조화를 체득함으로써 우주 '한생명'을 실천해야 한다.

그대는 역사상 행해진 번제의식이 '에고의 죽음을 통해 영적으로 거듭난다는 상징적인 의미를 함축하고 있다'고 했다. 영적으로 거듭난다는 것은 이기심에 사로잡히지 않고 이웃을 내 몸과 같이 사랑하는 것이니 생명의 전일성을 체득하는 것과 그 의미가 상통한다.

이는 곧 주관과 객관의 조화이며, 인사(人事)가 천시(天時)와 조응해 있음을 아는 것이니 자유의지와 필연의 조화다. 이러한 조화를 체득하면 삶의 흐름에 순응하게 된다. 말하자면 천리(天理, 우주섭리)에 순응하는 순천자(順天者)가 되는 것이다.

이웃에 대한 사랑이 그 어떤 대가도 바라지 않는 온전한 희생제가 되려면 하늘의 이치에 순응하는 순천의 삶을 살아야 한다. 온전한 사랑은 주관과 객관, 자유의지와 필연의 조화를 함축한 것이다.

이 세상의 모든 문제는 인류가 순천(順天)의 삶을 살지 못한 데에 기인한다. 순천의 삶을 살기 위해서는 우주섭리(天理)와 인간사, 객관과 주관, 필연과 자유의지가 하나로 연결되어 있다는 사실을 알아야 한다. 다시 말해 존재의 세 중심축인 신과 세계와 영혼, 즉 천·지·인 삼재의 통합성에 대한 자각이 선행되어야 한다.

환안, 그대여! 환단시대 정치대전이자 삶의 교본인 한민족 3대 경전이 '오래된 미래'라고 할 수 있는 것은, 이들 경전의 패러다임이 양자역학으로 대표되는 포스트 물질주의 과학의 패러다임과 상통하며 지구촌의 난제를 해결하는 '생명 코드'를 함유하고 있기 때문이다.

이에 대해서는 이전에 상세히 논하였으므로 더 이상 부연하지 않겠노

라. 다만 순천의 삶과 관련되는 내용을 『참전계경』을 통해 일별하겠노라.

『참전계경』 제38사 「순천(順天)」에서는 "순천이란 하늘의 이치에 순응하여 정성을 다하는 것이다"[12]라고 말한다. 그렇다면 정성을 다한다는 것은 어떤 의미인가?

제39사 「응천(應天)」에서는 "응천이란 하늘의 이치에 순응하여 정성을 기르는 것이다"[13]라고 말한다. 즉, 정성을 다하는 것은 곧 정성을 기르는 것이다.

또한 「응천(應天)」에서는 말한다. "하늘이 근심과 어려움(患難)을 주더라도 달게 받아 정성을 어기지 아니하며, 하늘이 길함과 상서로움(吉祥)을 내리더라도 도리어 두려워하고 정성을 게을리하지 않아야 한다. 근심과 어려움이 돌아오는 것은 정성이 없기 때문이요, 길함과 상서로움이 따르는 것은 정성을 다함에 어긋남이 없었기 때문이다."[14]

제40사 「청천(聽天)」에서는 "청천이란 하늘의 명을 받들되 정성을 다할 뿐 감응을 기대하지 않는 것이다"[15]라고 말한다. 결과에 대한 집착을 버려야 진정으로 하늘의 명을 받드는 청천이라 할 수 있을 것이다. 하늘의 명을 듣는다(聽天命)는 것은 곧 하늘의 명을 받든다는 것이다.

기도 또한 하늘의 소리를 듣기 위한 것이다. 그럼에도 인간은 열심히 자기 말만 늘어놓으니 하늘을 듣는 '청천'이 아니라 오히려 하늘이 사람을 듣는 '청인(聽人)'이 되는 셈이다. 그렇게 해서는 하늘의 감응이 일어날 수가 없다.

제41사 「낙천(樂天)」에서는 "낙천이란 하늘의 뜻을 즐거워하는 것이다"[16]라고 말한다. 하늘의 뜻은 지극히 공평하여 사사로움이 없으므로 어떤 상황이든 즐거운 마음으로 받아들이는 것이다. 이는 곧 객관과 주관, 필연과 자유의지의 조화를 의미한다.

또한 「낙천(樂天)」에서는 말한다. "나의 정성이 깊으면 하늘의 감응도 깊고, 나의 정성이 얕으면 하늘의 감응 또한 얕다. 스스로 하늘의 감응이 깊고 얕은 것을 아는 것은 나의 정성이 깊고 얕은 것을 알기 때문이다. 그러므로 정성을 더할수록 즐거움도 더해간다."[17]

제42사 「대천(待天)」에서는 "대천이란 정성이 지극한 사람에게 반드시 하늘의 감응이 있으리라는 것을 알고 기다리는 것이다"[18]라고 말한다. 정성은 다하지 않고 성급하게 그 결과를 기대하는 것을 경계하는 말이다.

또한 「대천(待天)」에서는 말한다. "하늘의 감응을 마음속 깊이 기다리지 않는다는 것은 곧 하늘을 믿는 정성이 없는 것이니, 기다림도 끝이 없고 정성 또한 끝이 없어야 한다. 비록 감응이 지나갔다 하더라도 스스로 하늘을 믿는 정성을 그치지 않아야 한다."[19]

제43사 「대천(戴天)」에서는 "대천이란 머리에 하늘을 받들어 이고 있는 것이다"[20]라고 말한다. 하늘을 받들어 공경함이 머리에 물건을 인 것처럼 마음을 집중하여 정성을 다하는 것을 말한다.

「대천(戴天)」에서는 말한다. "하늘 받들기를 머리에 무거운 물건을 인 것처럼 한다면, 감히 머리를 기울이거나 몸을 제멋대로 하지 못할 것이다. 하늘을 받들어 공경함이 이와 같으면 그 정성의 뜻이 능히 감응에 이를 것이다."[21]

제45사 「시천(侍天)」에서는 말한다. "시(侍)는 하늘을 믿고 의지하는 것이다. 작은 정성(下誠)은 하늘을 의심하고(疑天), 보통 정성(中誠)은 하늘을 믿으며(信天), 큰 정성(大誠)은 하늘을 믿고 의지한다(侍天). 지극한 정성으로 세상을 사노라면 하늘이 반드시 감싸고 도와 스스로 의지할 수 있게 된다"[22]라고 말한다.

말하자면 지극한 정성은 하늘을 믿고 모든 것을 하늘에 맡긴다는 의미이다. 사람이 할 바를 다하고 하늘의 명을 기다린다는 뜻이니 주관과 객관, 자유의지와 필연의 조화를 함축한 것이다. 이것이 바로 삶의 흐름에 순응하는 순천자(順天者)의 삶이다.

마고는 이렇게 말했다.

침묵이 흘렀다. 잠시 후 환안이 말했다.
위대한 나의 스승 '라 무'시어! 자유의지와 필연의 문제는 주관과 객관의 두 대립하는 범주에 관한 것으로 고대로부터 현대에 이르기까지 종교적인 영역이나 학문적인 영역에서 핵심적인 주제가 되어온 것입니다.
무엇보다도 실제 삶의 영역에서 우리는 늘 이 문제에 직면하게 됩니다. '선택하는 것'과 '선택하기로 되어 있는 것', 즉 자유의지와 필연의 문제입니다.
모든 비극의 단초는 자유의지와 필연의 부조화에 있습니다. 그것은 나무는 보되 숲은 보지 못하며, 물방울은 보되 바다는 보지 못하는 데서 오는 것입니다. 말하자면 에고에 집착함으로써 전체라는 진리가 가려진 데서 오는 것입니다.
개인적 존재는 말할 것도 없고 세계사의 무대에서 펼쳐지는 무수한 국가의 명멸(明滅)도 도도한 역사의 물결을 타고 흐르는 한갓 물방울에 불과한 것입니다.
물방울과 물결, 개체성과 전체성의 상호의존성, 즉 합일성에 대한 인식에 이르지 않고서는 결코 물질계에서 구현되고 있는 정신의 참모습을 볼 수가 없습니다.
만물의 교직성과 상호의존성을 직시함으로써 자유의지와 필연이라는 이원성을 넘어 두 세계를 하나로 관통하는 전체의식에 이르게 될 때 그러한 비극은 종식될 수 있습니다. 그것은 깨달음을 통해서만 닿을 수 있는 영역입니다.

그러자 마고가 말했다.

그렇도다. 우주의 진행 방향은 영적 진화[의식의 진화]이며―우주 지성에 의해 그렇게 설계되어 있다―일체 행위와 활동은 이 우주적 파노라마에 뛰어든 연기자들의 몸짓에 지나지 않는다.

그것은 마치 영적 진화라는 우주적 교향곡을 협연하기 위한 오케스트라의 일사불란한 움직임과도 같은 것이다.

이 우주는 영적 진화에 가장 적절한 상황을 창출할 뿐이며 거기에는 어떠한 선도 악도 없다. 다만 인간 차원에서 이해하지 못할 뿐이다.

우주섭리는 인간의 두뇌로는 그 모두를 이해할 수 없는 초지식·초두뇌 차원이다. 이러한 사실을 자각하게 되면 괴로움과 즐거움을 하나로 보며 연기자인 동시에 관객으로 머물 수 있게 된다.

그리하여 세상만사를 관조하는 경지에서 편별심을 가지지 않게 되니, 귀가 순해지고(耳順) 종국에는 마음이 하고자 하는 대로 따라도 법도를 넘지 않게 되는 것이다.[23]

바로 여기에 주관과 객관, 자유의지와 필연의 조화가 깃들게 된다. 이 경지에 이르게 되면 가히 마음을 자유자재로 운용한다고 할 수 있을 것이다.

깨달음이란 무엇인가. 한마디로 에고의 사라짐이다. 그것은 곧 집착의 끊어짐이다. 마치 해와 달이 대지를 떠나 허공에 떠 있지만 그렇다고 허공에 집착하지 않는 것처럼.

'삶을 초월하는 자에게 죽음은 없고 삶을 탐하는 자에게 삶은 없다'[24]고

하지 않는가?

수신과 헌신적 참여를 통해서, 자신을 비우고 또 비우는 연단(鍊鍛)의 과정을 통해서 마침내 함이 없으면서도 하지 않음이 없는 경지에 이르는 것이다.

『도덕경』 48장에서는 이렇게 말한다. "학문을 하면 날로 지식이 늘고 도를 행하면 날로 준다. 줄고 또 줄어서 더 이상 인위적인 것이 남지 않은 데까지 이르면, 함이 없으면서도 하지 않음이 없게 된다."[25]

'함이 없으면서도 하지 않음이 없는(無爲而無不爲)' 경지는 조작적이거나 인위적인 것이 없는 대위(大爲)의 대공(大公)한 경지를 말한다.

'나'와 '너'의 구분이 사라지므로 대상이 사라지고, 우주 만물이 '나'와 한 몸이니 따로이 행위자가 있는 것이 아니고 저절로 행위가 일어나는 것이다. 일체 분별은 곧 자기 마음의 분별이다.

우리가 흔히 사용하는 '이심전심(以心傳心)'이라는 말은 주관과 객관의 완전한 조화를 함축한 것이다. 이는 노장(老莊)의 정치관에서도 잘 드러난다.

이상적인 정치란 비록 그 공덕이 천하를 뒤덮고 교화가 만물에 미쳐 있을지라도 백성들은 전혀 그것을 느끼지조차 못하는 정치라고 했다.

말하자면 피치자의 자율성이 고도로 존중되는 까닭에 저절로 그렇게 된 것으로 생각하는 것이다. 이는 치자와 피치자 간에 완전한 일체감이 형성되어 주관과 객관이 하나의 전체의식 속에 통합될 때 가능하다.

루소의 이상국가 개념도 이와 유사하다. 그의 이상국가의 현저한 특징은 유기성으로 그 속에는 개인과 국가, 자유와 권력이 완전히 조화를 이루고 있다. 그런 까닭에 개인은 자신을 전체와 결합하면서도 이전과 마찬가지로 변함없이 자유로운 것이다.

이러한 유기성을 낳는 개념이 바로 일반의지(volonté générale)이다. 그 속에는 주관과 객관이 하나로 융합되어 있다. 그러나 루소의 일반의지 이념이 프랑스 혁명 당시 로베스피에르의 손에서 피 묻은 무기로 화한 것은 이 이념의 운용 주체가 인간임을 환기시킨다. 루소의 일반의지는 헤겔의 보편의식 형성에 영향을 미치기도 했다.

자유의지와 필연의 문제는 헤겔의 역사철학에서도 생생하게 나타난다. 역사는 곧 자유의 자기실현화과정으로서, 그 최후의 단계에서는 대립을 이루는 특수의식이 통합을 이루어 보편의식이 되면서 이성적 자유(rational freedom)가 현실 속에 현현하게 된다.

자유의지와 필연, 주관과 객관이 하나로 통합된 보편의식은 단순한 개별체적인 의식이 아니라, 사회적이고 역사적이며 공동체적인 의식이다.

헤겔의 역사철학에 기초하여 그의 관념변증법을 유물변증법으로 변개시킨 칼 마르크스의 경우에도 자유의지와 필연의 문제는 그의 이론의 중핵을 이루고 있다. 그는 자유와 결정론이 변증법적인 통합을 이룩함으로써 종국에는 계급 없는 사회가 도래할 것으로 보았다.

프롤레타리아 계급에 의한 폭력혁명과 그것의 역사적 필연성에 관한 문제는 자유의지와 필연이 어떻게 조화할 수 있는가의 문제로서 마르크스 이론에서 핫이슈가 되어왔다.

종교적인 영역에서도 자유의지와 필연의 문제는 항시 쟁론의 대상이 되어왔다. 예정설이나 카르마의 법칙 또는 윤회사상, 이들 모두 자유의지와 필연의 영역을 동시에 인정하고 있다. 자유의지를 침해하는 것은 곧 진화에 역행하는 것인 까닭에 성경에서는 "귀 있는 자는 들을지어다"라고 한 것이다.

민족사와 세계사의 전개에서도 자유의지와 필연의 문제는 근원적인 주제이다. 어디까지가 집단의 자유의지의 영역이고 역사적 필연의 영역인지에 대해서는 그 집단이 역사적 세계를 직시할 수 있는 눈을 가지지 않고서는 알 수 없는 일이다.

환안, 그대여! 무궁한 하늘의 조화를 깨닫게 되면 조물자인 하늘과 그 그림자인 인간이, 필연과 자유의지가 분리될 수 없는 하나라는 사실을 알게 된다.

그러나 그러한 묘각(妙覺)의 경지는 매 순간 깨어있는 의식이 아니고서는 결코 이를 수 없는 까닭에 「양천주(養天主)」에서는 "오직 하늘을 양(養)한 사람에게 하늘이 있고, 양(養)치 않는 사람에게는 하늘이 없나니…"[26]라고 한 것이다.

'하늘을 모심(侍天)'은 곧 '하늘을 기름(養天)'이다. 하늘기운을 배양하는 것이다. '양천(養天)'은 의식(意識)의 확장을 말함이며 영적 진화와 관계된다.

우주의 실체는 의식이므로 진화는 영적 진화[의식의 진화]이며 물질계의 진화는 영적 진화와 표리의 조응관계에 있다는 사실을 놓치고 있다는 것이 진화론 문제의 본질이다.

또한 생명의 본체인 하늘(天·神·靈)은 자기복제로서의 작용을 통해 스스로 생성되고 변화하여 돌아가므로 창조하는 주체도 없고 창조되는 객체도 없다는 사실을 놓치고 있다는 것이 창조론 문제의 본질이다.

세상에서 일어나는 온갖 참사들이 진화에 역행하는 것이라고 이해한다면 그것은 에고의 해석일 뿐, 진화는 시작도 끝도 없는 영원 속에서 이루어진다.

인류가 추구하는 모든 이상적인 가치는 '하나됨'을 향한 영적 진화의 산물이다. 존재계 전체와 하나가 되는 체험은 완전한 사랑을 느낄 때 일어난다.

완전한 사랑을 느끼기 위해서는 이해의 폭을 넓혀야 하며, 이해의 폭을 넓히기 위해서는 희로애락애오욕(喜怒哀樂愛惡慾)의 온갖 감정을 맛보는 의식의 자기교육과정을 거쳐야 한다.

이 세상의 모든 문제는 실재하는 참자아는 보지 못하면서, 실재하지 않는 에고에 중독된 집착을 보이는 데서 오는 것이다.

이 세상은 인간의 의식을 비춰주는 거울이므로 인간의 의식이 소음으로 가득 차 있으면 참사들이 일어나는 것이다.

상대계의 존재 이유는 영적 진화를 위한 학습 여건 창출과 관계되며, 그 시대 그 사회 사람들의 집단 에너지의 총합이 영적 진화에 필요한 최적 조건을 창출해낸다. 따라서 우리가 불평하는 매 순간이 사실은 영적 진화에 필요한 최적 조건이다.

생명계가 본체[의식계, 본체계]와 작용[물질계, 현상계]을 상호관통하는 완전히 '열린계(open system)'이며 '있음(being)'의 상태가 아니라 '됨(becoming)'의 과정임을 이해하지 못하고서는 사실 그대로의 우주를 파악할 수 없다. 생명계는 '부메랑 효과(boomerang effect)'로 설명되는 에너지 시스템이다.

우주만물이 다 하늘[참본성, 一心]을 모시는 영적 주체이고 우주만물의 근본이 모두 하나로 연결되어 있다는 영적 자각에서 생명의 존엄성과 평등성 그리고 자율성이 도출되어 무극대도(無極大道)의 세계가 열리게 된다.

보이는 만상은 보이지 않는 실체의 그림자에 불과하다. 생사(生死)를 버리고 열반(涅槃)을 구하는 것은 마치 그림자를 버리고 실체를 구하는 것과 같다. 마찬가지로 색신(色身)을 버리고 법신(法身)을 구하는 것은 얼음을 버리고 물을 구하는 것과 같다.

천인합일의 대공(大公)한 경지는 티끌 속에서 티끌 없는 곳으로 가는 경지다. 생멸을 거듭하는 우주만물의 본질이 곧 불생불멸의 '하나(一)'다. 셋은 하나, 즉 삼즉일(三卽一, 多卽一)이다.

그래서 『장자(莊子)』「제물론(齊物論)」에서는 천지만물이 다 '하나(一, 一氣)'일 따름이므로 '만물여아위일(萬物與我爲一)'이라고 하였다.

『해월신사법설(海月神師法說)』「영부주문(靈符呪文)」에서는 "마음이란 것은 내게 있는 본연의 하늘이니 천지만물이 본래 한마음(一心, 一氣)이라"²⁷고 한 것이다.

환안, 그대여! 자유의지와 필연은 '참삶' 속에서 하나가 된다. '참삶'이란 끊임없이 비우고 끝끝내 지키는, 일심(一心)이 발현된 삶이다.

상선약수(上善若水)—지고(至高)의 선(善)은 물과 같은 것. 낮은 데로 낮은 데로 흐르는 물과 같이 스스로의 처신을 낮추는 겸허함이 있다.

스스로의 형상을 고집하지 않는 물과 같이 상대를 거스르지 않고 대응할 수 있는 유연성이 있으며, 약함으로 나아가기 때문에 도리어 강한 힘을 내는 것이다.

'참삶'은 물과 같은 것. 물은 만물에 혜택을 주면서도 결코 상대를 거스르지 않고 사람들이 싫어하는 낮은 곳으로 낮은 곳으로 흘러간다.

저녁노을이 모래 산을 온통 붉은빛으로 물들이고 있었다. 시공간이 사라진 몽환적인 비경이 펼쳐지고 있었다.

마고가 독백했다.

사막이 아름다운 것은 오아시스가 감추어져 있기 때문이듯, 삶이 아름다운 것은 죽음의 오아시스가 감추어져 있기 때문이 아닐까?

이백(李白)의 〈산중문답(山中問答)〉에 나오는 '별유천지비인간(別有天地非人間: 인간 세상이 아닌 별천지가 있음)'이란 말이 이 모래 산의 일몰을 두고 한 말이 아니던가?

모래 산을 붉게 물들이고 있는 저녁노을을 바라보며 마고는 두 팔을 번쩍 들어 올렸다.

　형제들이여, 우리 고유의 '생명 코드'에는 고금을 통하고 역사를 초월하며 민족과 종교의 벽을 뛰어넘는 보편성이 흐르고 있다.
　그대들은 듣는가, 영혼의 교향곡인 '생명경(生命經, 즉 天符經)'이 울려 퍼지는 소리를! 그 소리는 새로운 문명의 개창을 경축하는 하늘음악(天樂)이다.
　새로운 문명이란 무엇인가. 그것은 물질[제도]과 정신[의식]이 하나가 된 문명이다. 동양의 하늘[神]과 서양의 하늘[神]과 이방인의 하늘이 하나가 된 문명이다.
　성부·성자·성령 삼위일체가 그 뿌리인 천·지·인 삼신일체와 하나가 되는 문명이다. 내재적 본성인 신성[一心]이 곧 하늘(天)이며 신(神)이며 영(靈)임을 깨닫는 문명이다.
　우주의 본질은 생명이고 그 원리는 사랑이며, 우주의 실체는 의식이고 그 진행 방향은 영적 진화임을 자각하는 문명이다.
　우주만물의 실체는 물질적 외피가 아니라 제1원인인 생명[神·天·靈]이며, 생명은 곧 영성임을 자각하는 문명이다.
　인간 존재의 세 중심축인 신과 세계와 영혼(天地人 三才), 즉 종교와 과학과 인문 세 영역의 통합성을 자각하는 문명이다.
　진정한 문명은 우주만물이 곧 하늘임을 알아 평등무이(平等無二)한 세계가 저절로 그 모습을 드러내는, 행복이 실존하는 문명이다.

　마고는 이렇게 말했다.

초월적 '지금' 의식

　마고 일행은 감숙성(甘肅省, 간쑤성)의 서쪽 끝이자 신장 지역과의 경계 가까이 위치한 돈황야단국가지질공원(敦煌雅丹国家地质公园)으로 이동했다.
　야단지모(雅丹地貌)라고도 불리는 이곳은 세계 최대의 풍식 지형으로 수십만 년 전에 형성된 것으로 알려져 있다. 이곳은 오랜 세월에 걸쳐 자연이 빚어낸 갖가지 형상이 거대한 규모로 광활하게 펼쳐져 있어 그 자체로 '천연조소박물관(天然雕塑博物館)'이 되었다.
　열악한 자연환경으로 인해 불모지가 된 이곳은 속칭 마귀성(魔鬼城)이라고도 불린다. 이곳을 탐사하다가 숱한 사람들이 목숨을 잃은 것으로 전해진다.
　'야단지모'에 어둠이 내리고 휘영청 밝은 보름달이 떴다. 자연이 빚어낸 초현실적인 예술품들에 뚫린 빈 구멍들 사이로 광풍이 지나가면서 기괴한 소리를 내고 있었다. 모래가 날리고 차가운 달빛이 사막에 파도처럼 부서져 내렸다.
　'야단지모'를 걸으며 마고가 말했다.
　환안, 그대여! 우리가 잃어버린 문명의 회랑을 걷고 있는 것인가?
　이곳도 수백만 년 전에는 문명이 번성했을지도 모른다. 저 귀곡성(鬼哭聲) 같은 바람 소리는 무상(無常)을 가르치는 설법 아닌가?
　사실 자연 속에 있는 그 어떤 것도 자신을 위해 살지 않는다. 오직 인간만이 그러할 뿐이다. 교황 프란치스코의 메시지에 나오는 아름다운 글귀가 있다. 이와 비슷한 버전이 예로부터 인구에 회자되어 왔다.

　"강은 자신의 물을 마시지 않는다. 나무는 자신의 열매를 먹지 않는다.

태양은 그 자신에게 비추지 않으며, 꽃은 그 자신을 위해 향기를 퍼뜨리지 않는다.

다른 사람들을 위해 사는 것은 자연의 법칙이다. 우리는 모두 서로를 돕기 위해 태어났다.…행복할 때는 인생이 좋지만, 다른 사람들이 당신 때문에 행복할 때는 훨씬 더 좋다."

실로 자연은 아름답게 늙고 아름답게 죽는 것을 가르쳐 주는 훌륭한 스승이다. 유위법(有爲法)에 길들여진 인간에게 자연은 너무도 온유한 방식으로 무위법(無爲法)을 설파한다.

삼라만상은 죽어 없어지는 것이 아니라 단지 변화할 뿐이라는 것을, 자연은 사시사철의 순환을 통해 무언의 가르침을 설파한다.

『찬도갸 우파니샤드』에는 현인 우달라까 아루니가 그의 아들 슈베따께뚜에게 지혜의 연금술을 설하는 내용이 나온다.

이는 만물이 명칭과 모양은 제각기 다르지만, 만물을 관통하고 있는 '하나'인 실재(reality), 즉 생명[靈·神·天]의 비밀을 비유적으로 설파한 것이다.

"한 덩어리의 점토를 앎으로써 점토로 빚은 모든 것에 대해 알 수 있는 것은, 비록 명칭과 모양은 다르지만 기본 재료는 동일한 점토이기 때문이다.

한 조각의 금을 앎으로써 금으로 만든 모든 것에 대해 알 수 있는 것은, 비록 명칭과 모양은 다르지만 기본 재료는 동일한 금이기 때문이다.

한 조각의 철을 앎으로써 철로 만든 모든 것에 대해 알 수 있는 것은, 비록 명칭과 모양은 다르지만 기본 재료는 동일한 철이기 때문이다."[28]

마찬가지로, 생명이 무엇인지를 앎으로써 생명의 자기복제로서의 작용으로 나타난 우주만물에 대해 알 수 있는 것은, 비록 명칭과 모양은 다르지만 모두 동일한 생명이기 때문이다.

우주만물 속의 생명은 곧 우주만물의 성(性, 神性, 참본성)이다. '성'이란 만물이 제1원인인 생명으로부터 품수(稟受)한 것으로 만물이 생겨나면 반드시 그 만물의 성(性)이 있는 것이다. 성(性)은 생명이 만물에 배분된 것이다.

제1원인인 생명과 그 생명의 자기복제로서의 작용으로 나타난 우주만물의 생명이 같은 것은, 대우주[전체성, 브라흐마]와 소우주[개체성, 아트만]는 합일이기 때문이다.

환안, 그대여! 무엇이 인간을 '인간'으로 만들고 만물을 '만물'로 만드는가? 한마디로 생명이다. 인간을 '인간'일 수 있게 하고 만물을 '만물'일 수 있게 하는 제1원인[제1원리]이 생명임에도 불구하고 생명이 무엇인지 모르고 산다는 것은 인간의 가장 큰 역설이다.

생명이 무엇인지를 명료하게 인식하는 것이야말로 인간을 인간답게 만드는 것이다. 우주만물은 존재함과 동시에 그 속에 생명이 있다.

만물의 제1원인[神·天·靈]인 생명과 생명의 자기복제로서의 작용으로 생겨난 우주만물의 전일적 관계는 '이일분수(理一分殊: 理는 하나이지만 그 나뉨은 다름)'라는 명제로 설명될 수 있다.

보편적인 이(理)는 하나이지만 그 작용이 우주만물로 다르게 나타나는 것은 마치 하나인 바닷물과 무수한 파도의 관계와도 같이 하나라는 것이다.

송대(宋代) 정이(程頤, 호는 伊川)와 주자(朱子, 이름은 熹)에 의해 확립되어 성리학[29]의 근본이념으로 자리 잡은 '이일분수'라는 명제는 보편적인 하나의 이(理)와 만물이 구유하고 있는 개별의 이(理)는—마치 브라흐마와 아트만의 관계와도 같이―동일하다는 명제로서 이는 대우주와 소우주의 합일, 즉 우주 '한생명'을 의미한다.

여기서 '이(理)'를 '생명[神·天·靈]'으로 치환해보면 생명이란 것이 단순한 물질적 생명체가 아님을 분명히 알 수 있다. 생명은 분리할 수 없는 파동의 대양[氣海, 에너지의 바다]이며, 우주만물은 그 대양에서 생멸하는 파도다.

바닷물과 파도가 분리될 수 없듯이, '생명'과 생명의 자기현현인 우주만물 역시 분리될 수 없다. 바닷물이 무수한 파도에 내재해 있으면서 쉼 없이 새로운 파도를 만들어내듯이, 생명 역시 만물의 참본성[性]으로 내재해 있으면서 쉼 없이 만물을 화생(化生)시키는 근본원리[至氣]로서 작용한다.

이(理)는 곧 생명이며 만물을 생성하는 제1원리로서 물리적 우주가 생기기 이전에도 이미 존재하였으며, 또한 언제나 존재하므로 영원하다.

이(理)와 사물의 관계는 본체와 작용[현상]의 관계로서 본체와 현상이 원융한『화엄경』의 이사무애법계(理事無碍法界)를 떠올리게 한다.

『주문공문집(朱文公文集)』에서는 "비록 사물이 없다 하더라도 사물의 이(理)는 존재한다. 즉 이(理)만이 존재하고, 사물은 아직 존재하지 않는다"[30]라고 말한다.

이 세상에 사물이 나타나기 전에도 사물의 이(理)는 존재하므로 인간의 발명품이란 것도 정확하게 말하면 사물의 '이'를 발견하여 그에 따라 만든 것에 지나지 않는다. 따라서 '이'가 존재하지 않는다면 사물도 존재할 수가 없다.

『주자어류(朱子語類)』에서는 이(理)와 사물의 관계를 형이상자(形而上者)와 형이하자(形而下者)의 관계로 설명하고 있다.

"형이상자(形而上者)는 형상도 없고 그림자도 없다. 이것이 이(理)다. 형이하자(形而下者)는 정의(情意)도 있고 모양도 있다. 이것이 사물(器)이다."[31]

"이(理)란 '형이상'의 도(道)이며 만물이 생성되는 근본이고, 기(氣)란 '형이하'의 사물(器)이며 만물이 생성되는 질료(具)다. 그러므로 만물이 생성될 때 반드시 이(理)를 품수(稟受)한 연후에야 성(性)이 있게 되고, 기(氣)를 품수한 연후에야 형체가 있게 된다."[32]

환안, 그대여! 사물은 이(理)에 따라서 기(氣)가 응취(凝聚)함으로써 생겨나는 것이다. 기의 작용은 이(理)에 의존하며, 기가 존재할 때는 이(理)는 항상 그 가운데 존재한다.

이(理)와 기(氣)의 관계는 동학에서의 '신령(神靈)'과 '기화(氣化)'의 관계와 마찬가지로 생명의 본체와 작용의 관계다. 그런데 작용은 생명의 본체로서의 작용이므로 만물의 제1원인인 '생명'과 생명의 자기현현으로서의 우주만물은 결국 하나다.

우주만물은 그것이 자연적인 것이든 인위적인 것이든, 생생한 것이든 시든 것이든, 처음 생겨날 때부터 이(理)가 내재해 있다. 천지만물에 내재해 있는 이(理)의 총화를 주자는 태극(太極)이라고 불렀다.[33]

그는 태극이 만물에 내재해 있는 이(理)의 총화인 동시에 개개 사물에 내재한다고 본다. 태극이 만유의 본질로서 내재해 있는 것을 두고 이(理)라고 부르는 것이니, 이(理)가 곧 태극이다.

개개 사물에 내재해 있는 개별의 이(理)와 이(理)의 총화인 태극은 아트만과 브라흐마*, 소우주와 대우주의 관계와도 같이 하나다. 이 우주는 각 부

---

* 베다(Veda) 사상의 정수로 일컬어지는 『우파니샤드』는 생명의 본체인 브라흐마와 그 작용인 아트만이 마치 숲[전체성]과 나무[개체성]의 관계와도 같이 분리 자체가 근원적으로 불가능하며 상즉상입(相卽相入)의 구조로 상호 연기(緣起)하고 있음을 보여준다. 유일자 브라흐마와 브라흐마의 자기현현인 우주만물을 불가분의 하나, 즉 불멸의 음

분 속에 전체가 내포된 거대한 홀로그램적 투영물인 까닭에 태극이 없는 곳이 없고 이(理)가 없는 곳이 없다.

우리가 물질이라고 지각하는 것이 특정 주파수대의 에너지 진동에 불과하며 99.99%가 텅 빈 공간으로 이루어져 있다는 사실을 직시한다면, 안과 밖, 내재와 초월의 구분은 사라지게 되므로 이(理)와 태극의 구분 또한 사라지게 된다.

그래서 『주자어류』에서는 "천지로 말하면 천지 가운데에도 태극이 있고, 만물로 말하면 만물마다 태극이 있다"[34]고 말한다.

"하나의 태극이 만물의 각각에 품수되고 또 각 만물이 하나의 태극을 구유하고 있는 것은 마치 하늘에 있는 달은 하나뿐이지만 강과 호수에 반사되어 가는 곳마다 보여도 달이 나뉘었다고 말할 수 없는 것과 같다."[35]

만물이 구유하고 있는 개별의 '이'가 보편적인 하나의 '이'와 동일하다는 '이일분수(理一分殊)'라는 명제를 주자는 존재 일반으로까지 확충시켰다.

'만상일천(萬像一天)', 즉 만 가지 모습은 하나의 천리(天理)가 만 가지 사물에 품수된 것이다. 이치는 근본적으로 하나이지만 다양한 만물 속에서 다양하게 실현된다는 것으로 본체와 작용의 합일을 나타낸 것이다.

이는 우리 고유의 생명 코드인 '하나는 셋(一卽三), 셋은 하나(三卽一)'의 원리와 유비적 대응관계에 있다. 즉, '하나(一)'는 보편적인 하나의 '이(理)'[太極]이고, '셋(三)'은 개별의 '이(理)'를 구유하고 있는 만물로서 본체와 작용이 하

성 '옴(OM)'으로 나타낸 것은 이 우주가 분리할 수 없는 거대한 파동의 대양이며 천·지·인 삼신일체임을 말해준다.

나임을 보여준다.

마치 허공에 떠 있는 달은 하나이지만, 천강(千江)에 수없이 비춰질 수 있다는 월인천강(月印千江)의 비유와도 같은 것이다.

하나의 태극이 만물의 각각에 조응하는 수많은 종류의 이(理)로 나뉘어 본체계를 구성하고, 음양의 기(氣)를 질료로 하여 만물을 낳아 현상계를 형성하는 것이다.

태극이 정(靜)하고 동(動)하는 것이 아니라 음양의 기가 '정'하고 '동'하는 것이다. "이(理)에는 동정(動靜)이 있을 뿐 이(理) 자체는 보이지 않으니, 이(理)를 알게 되는 것은 음양으로 인해서이다. 이(理)는 마치 사람이 말을 타는 것과 같이 음양 위에 타고 있다."[36]

어떤 사물이 존재하는 곳은 언제나 그것에 조응하는 종류의 이(理)가 그 사물에 내재하며 그 성(性)을 구유하고 있다.

"하늘은 붓 한 자루도 낳은 적이 없고, 인간이 토끼털을 가지고 붓을 만들었다. 붓이 존재하자마자 곧 그 속에 이(理)가 있다."[37]

붓 속의 이(理)는 곧 그 붓의 성(性)이다. 성이란 만물이 제1원리인 이(理)로부터 품수한 것으로 만물이 생겨나면 반드시 그 만물의 성이 있는 것이다.

주자에 의하면 성(性)은 이(理)가 사물에 배분된 것으로 맹자(孟子)의 양지양능(良知良能)과 유사하다.

그러나 주자는 맹자가 인간의 본성(本然之性)만을 설명하였을 뿐, 각 개인이 형체를 구유한 데서 생기는 기질지성(氣質之性)은 설명하지 못했다고 본다.

"맑은 기를 품수한 사람은 성현이 되고…흐린 기를 품수한 사람은 어리석고 불초(不肖)가 된다"38라고 하여, 장재(張載)와 정이(程頤)의 이론을 계승하여 주자는 악(惡)의 기원이 '기질지성'에 있는 것으로 보았다.

환안, 그대여! 그렇다면 왜 상이한 종류의 사물들이 생겨나는가? 북송오자(北宋五子: 周敦頤·邵雍·張載·程顥·程頤)의 한 사람인 장재는 만유의 생멸 현상을 기(氣)의 취산(聚散)으로 설명했지만, 왜 상이한 종류의 사물들이 생겨나는지를 설명할 수 없었다.

예컨대 꽃과 잎은 둘 다 기가 응집하여 생긴 것이지만 왜 꽃이 되고 잎이 되는지에 대해서는 설명하지 못한 것이다.

이 문제를 해결하기 위해 정주(程朱: 정이와 주자)는 『주역』의 도(道) 개념에서 이(理)라는 개념을 도출하여 이사(理事), 체용(體用)의 문제로 논의를 발전시켰다.

정주는 "형이상자(形而上者)를 도(道)라 하고 형이하자(形而下者)를 기(器)라 한다"39고 한 『주역(周易)』「계사전(繫辭傳)」을 원용하였다.

그리하여 '형이상자'인 도(道)는 영원한 이(理)이고, '형이하자'인 기(器)는 개별적인 사물을 뜻하는 것으로 보았다. 그리하여 이(理)와 사(事), 체(體)와 용(用)의 문제를 논하였다.

정주에 의하면 상이한 종류의 사물들이 생겨나는 것은 기의 응집이 상이한 이(理)에 따라서 상이하게 작용하기 때문이라는 것이다.

즉, 꽃에는 꽃의 이(理)가, 잎에는 잎의 '이'가 각각 다르게 작용한다는 것이다. 기(氣)가 질료라면, 이(理)는 그 질료가 어떤 형태로 나타날 것인지를 결정해주는 원리인 셈이다.

환안, 그대여! 정주(程朱)의 '이일분수(理一分殊)'라는 명제는 조선 성리학계의 거유(巨儒) 율곡(栗谷) 이이(李珥)에 의해 '이통기국(理通氣局)'으로 더 정밀하게 발전된다.

율곡의 '이통기국설'은 '이무형 기유형(理無形氣有形)'이라는 이기(理氣) 개념에 근거하고 있다. 이(理)는 무형이므로 언제 어디에서든 통하고, 기(氣)는 유형이므로 언제 어디에서든 국한된다는 것이다.[40]

따라서 이(理)는 시공의 제약을 받지 않는 보편성을 지니며, 기(氣)는 시공의 제약을 받는 국한성[특수성]을 지니게 되는 것이다.

이(理)의 보편성과 기(氣)의 국한성이 묘합을 이루는 율곡의 '이통기국'은 불교 화엄사상의 '이사(理事)'·'통국(通局)'과도 상통하는 바가 있다.

'이일분수'란 이(理)는 하나이지만 그 나뉨은 다 다르다는 것으로 각각의 나뉨 속에 보편적인 하나의 이(理)가 공유되는 것이다. 말하자면 하나인 본체[理]와 다양한 작용[氣]이 결국 하나라는 것으로 이기(理氣)의 묘합 구조를 나타낸 것이다.

북송(北宋)시대 성리학의 비조(鼻祖) 주돈이(周敦頤, 호는 濂溪)의 『태극도설(太極圖說)』에도 나와 있듯이, 우주만물의 생성 과정은 태극-음양-오행-만물로 되어 있다.

태극의 동정(動靜)에 의해 음양이 생겨나지만 음양 내에도 역시 태극이 존재하고, 음양의 이기(二氣)에 의해 오행(五行: 水·火·木·金·土)이 생성되고 음양오행에 의해 만물이 생겨나지만 오행 및 만물 내에도 태극이 존재하는 것과 같은 것이다.

『율곡전서(栗谷全書)』「답성호원(答成浩原)」에서는 '이일분수'를 본연자(本然者)와 유행자(流行者)로 나누어 설명하고 있다.

"본연자는 이일(理一)이고, 유행자는 분수(分殊)이다. 유행의 이(理)를 버리고 따로이 본연의 이(理)를 구함은 진실로 불가하다. 만약 이(理)에 선악이 있는 것으로써 이(理)의 본연을 삼으려 한다면 이 또한 불가하니 '이일분수' 네 글자를 마땅히 체구(體究)해야 한다."⁴¹

'이일'이란 우주의 본질인 생명의 본체[神·天·靈]를 말함이고 '분수'란 그 작용으로 생겨난 우주만물을 말한 것으로 '이일분수'란 생명의 본체와 그 작용이 설명의 편의상 나뉜 것일 뿐 본래 하나임을 나타낸 것이다. 이 우주가 '한생명'이라는 말이다.

'이통(理通)', 즉 '이가 통함'이란 이(理)가 기(氣)를 타고 유행(流行)하여 천차만별의 현상으로 나타나지만, 본말(本末)도 없고 선후도 없는⁴² 이(理) 본연의 묘함은 그대로인 것을 말한다.

이(理)는 하늘(天)이나 신(神)과 마찬가지로 생명의 본체를 나타내는 많은 대명사 중 하나다. '하늘'(님)이 없는 곳이 없고 신이 없는 곳이 없듯이, 이(理)가 없는 곳이 없다. 만물에 두루 편재해 있는 보편자인 것이다.

"청(淸)·탁(濁)·수(粹)·박(駁)·찌꺼기·재·거름·더러운 것 속에 이르기까지 이(理)가 없는 곳이 없어 각각의 성(性)이 되지만, 이(理) 본연의 묘함은 손상됨이 없이 그대로 자약(自若)하다. 이를 일러 이통(理通)이라 한다."⁴³

기(氣)의 작용은 만 가지로 다른데 그 근본이 하나일 수 있는 것은 이(理)의 통함 때문이다. 이(理)의 본체는 하나인데 그 작용이 만 가지로 다를 수 있는 것은 기(氣)의 국한성—즉, 기의 편(偏: 치우침)·전(全: 온전함), 청(淸: 맑음)·탁(濁: 탁함)의 차별상에 따른 국한성—때문이다.⁴⁴

다시 말해 이(理)와 기(氣)는 떨어질 수 없는 묘합 구조인 관계로 유행 변화하는 기를 탄 이(理)는 만수지리(萬殊之理)로 전개될 수밖에 없다는 것이다.⁴⁵ 이(理)의 체는 하나이지만 그 작용은 만 가지로 다르게 나타난다는 것이다.

율곡 성리학의 특징이 이기지묘(理氣之妙)의 구조로 일관해 있다는 것은 그의 '기발이승일도설(氣發理乘一途說)'에서도 잘 드러난다.

율곡의 '기발이승일도설'은 '이무위 기유위(理無爲氣有爲)'라는 이기(理氣) 개념에 근거하여 이(理)는 무위이므로 작용력·발용력이 없고, 유위인 기(氣)가 발하여 이(理)가 그 기의 작용에 타는 하나의 길밖에 없다는 것⁴⁶으로 '기발(氣發)'과 '이승(理乘)'은 동시적이며 공간적으로도 이합(離合)이 없다.

율곡이 퇴계(退溪) 이황(李滉)의 '이기호발설(理氣互發說)'을 비판하는 것도 이러한 근거에서다. 퇴계는 사단(四端: 惻隱之心·羞惡之心·辭讓之心·是非之心)과 칠정(七情)의 이기론적(理氣論的) 해석에 있어 사단을 주리(主理), 칠정을 주기(主氣)로 해석하여 '이(理)도 발하고 기(氣)도 발한다'는 '이기호발설'을 주장했다.

이기호발설을 정면으로 부정하는 율곡에 의하면 사단과 칠정은 분리되지 않으며 칠정 가운데 인욕(人欲)이 섞이지 않은 천리(天理)를 사단이라 하고 천리와 인욕을 겸한 것을 칠정이라 하는 것이므로 사단을 주리(主理)라고 하는 것은 옳지만 칠정을 주기(主氣)라고 하는 것은 잘못되었다는 것이다.

사단과 칠정이 '주리'와 '주기'로 이분될 수 없는 것은 '이(理)'의 본연지성(本然之性)과 '이(理)'·기질이 묘융(妙融)된 기질지성(氣質之性)이 이분될 수 없는 것과도 같은 것이다. 그리하여 율곡은 사단을 칠정 속에 포함시켜 '기발이승일도설'을 주장했다.

말하자면 퇴계는 '이'와 '기'를 이분(二分)하여 이기이원론(理氣二元論)을 주장했고, 율곡은 '이'와 '기'를 하나로 보는 이기일원론(理氣一元論)을 주장한 것이다.

중국의 성리학과 구분되는 조선 성리학의 독자성은 퇴계와 율곡의 이기심성론(理氣心性論)으로 집약되는 심성론에 대한 정치(精緻)한 철학적·형이상학적 탐구에 있다.

이러한 이기(理氣) 논쟁은 구한 말 동학 2대 교조 해월(海月) 최시형(崔時亨)에 이르러 종결된다. 그는 「천지이기(天地理氣)」에서 우주만물의 근원인 이(理)와 기(氣)가 하나임을 명료하게 설명하고 있다.

'이치와 기운 두 글자 중 어느 것이 먼저인가'라는 물음에, 해월은 "천지, 음양, 일월, 천만물의 화생(化生)한 이치가 한 이치 기운(一理氣)의 조화 아님이 없다. 나누어 말하면 기(氣)란 천지 귀신 조화 현묘를 총칭한 이름이니 도시 한 기운이다"[47]라고 하고 있다.

해월은 이를 좀 더 자세히 설명하여 화생하는 것은 이치이고, 작용하는 것은 기운이라고 하고 있다. "화생(化生)은 천리(天理)요 움직이는 것은 천기(天氣)이니, 이치로 화생하고 기운으로 동지(動止)하는 것인즉, 먼저 이치요 뒤에 기운이라고 해도 역시 당연하다.…그 근본을 궁구하면 한 기운뿐이다."[48]

"처음에 기운을 편 것은 이치요, 형상을 이룬 뒤에 움직이는 것은 기운이니, 기운이 곧 이치이다. 어찌 반드시 나누어서 둘이라 하겠는가. 기(氣)란 조화의 원체(元體) 근본이고, 이(理)란 조화의 현묘함이니, 기운이 이치를 낳고 이치가 기운을 낳아 천지의 수(數)를 이루고 만물의 이치가 되어 천지 대정수(大定數)를 세운 것이다."[49]

천지 이치와 기운에 의해 만물이 화생하고 움직이는 조화 작용이 있게 되는 것이니, 생명의 본체는 천지이기(天地理氣)다. 한마디로 기운이 곧 이치(氣則理)이고 이치가 곧 기운(理則氣)이니 이치(理)와 기운(氣)은 하나이며, '천지이기'를 알지 못하고서는 생명을 논할 수 없다.

내유신령(內有神靈)과 외유기화(外有氣化)가 이치와 기운, 본체와 작용, 내재와 초월의 관계로서 하나임을 알아야 각지불이(各知不移)의 경지에서 무극대도의 세계가 열릴 수 있는 것이다.

"내유신령이란 처음 세상에 태어날 때 갓난아기의 마음이요, 외유기화란 포태(胞胎)할 때 이치(理)와 기운(氣)이 바탕에 응하여 형체를 이룬 것이다."[50]

말하자면 본래의 진여한 마음이 내유신령이고, 음양의 원리와 기운의 조화 작용으로 형체를 이룬 것이 외유기화다.

세상 사람들이 천심을 회복하여 동귀일체(同歸一體) 함으로써 주관과 객관의 경계가 사라지면 만유가 하늘을 모시고 있음(侍天)을 저절로 알게 되므로 진정한 소통성·자율성·평등성이 발휘되는 것이다.

이러한 생명의 본체인 '이(理)'와 그 작용인 '기(氣)'의 관계는, 우리 고유의 생명 코드인 '하나는 셋(一卽三), 셋은 하나(三卽一)'의 원리에서 '하나(一)'와 '셋(三)'의 관계와도 같이 합일이다. 용어를 달리한 것일 뿐, 그 이치는 모두 하나다.

이처럼 송(宋)·원(元)·명(明) 시대와 조선시대를 통틀어 천여 년에 걸쳐 '이기(理氣)' 논쟁이 벌어진 것은 그만한 이유가 있는 것이다. 이기(理氣) 논쟁은 생명의 본체[理]인 하늘(天·神·靈)과 그 작용[氣]인 우주만물의 관계성에 관한 것이었다.

그것은 우주의 본질인 생명의 전일성과 자기근원성을 밝히기 위한 것으로 '이일분수' 명제는 이 우주가 '한생명'임을 설파한 것이다.

이는 곧 하늘[神]과 우주만물이 하나임을 밝힌 것으로, 신·인간 이원론은 성립되지 않는다. 실로 생명이 무엇인지를 알지 못하고서는 모든 철학적·사상적 논쟁은 빈 껍데기에 불과한 것이기에 그토록 오랜 세월 동안 치열하게 논쟁을 벌인 것이다.

말을 마치자 마고는 환안을 향해 말했다.

환안, 그대여! 우주의 본질인 생명[神·天·靈]은 영원한 순수 현존(pure presence)이므로 초월적 '지금' 의식이 아니고서는 대면할 길이 없다.

그대가 초월적 '지금' 의식에 대해 이야기해 보겠는가?

그러자 환안이 서사시로 답했다.

초월적 '지금' 의식(now-consciousness)이여, 그대는 순수 현존이며 '자등명(自燈明)'*이다. '존재의 집으로 가는 옛길'이며 영원으로 통하는 문이다.

그대 속에 머물면, 거기엔 사념이 없다. 사념이 없으면 시간도 없다. 시간 속에서는 사랑도, 명상도, 몰입도 불가능하다. 시공(時空)은 현상계에 속한 것일 뿐, 실재계는 전일(全一), 불변으로 시공이 없다.

개체화 의식이 일어나면 '시공'이 일어난다. 햇빛에 의해 그림자가 순간순간 새로 만들어지는 것을 그림자가 이동하는 것으로 착각하듯이, 매 순간의 연속을 시간이 흐르는 것으로 착각한다.

---

* 석가세존께서 입적할 즈음에 제자들이 물었다. "이제 입적하신다면 우리는 무엇을 의지하고 살아가야 합니까?" 그때 세존은 '자등명(自燈明)'이라는 짤막한 말을 남겼다. '자등명'은 곧 본성의 빛을 말함인데 이를 밝히게 되면 자성불(自性佛)이 저절로 드러나게 된다. 모든 해답은 우리 내부에 있으므로 외재적인 것에 의존하지 말고 영혼의 홀로서기를 강조한 것이다.

'지금' 의식이여, 그대는 전체성인 동시에 개방성이다. 그대 속에선 이 세상 그 어떤 것도 분리되어 있지 않으므로 영적인 충만감과 우주적 오르가즘을 느낀다. 대상으로서의 세계가 사라지니, 이 세상에 '나' 아닌 것이 없다.

그대는 실존성(existentiality)이다. 그 속에선 '나'의 생명이란 것이 사대(四大: 地水火風)와 오온(五蘊: 色受想行識)*이 연기(緣起)에 의해 일시적으로 결합된 것이며 객관세계의 일체법 또한 공(空)한 것임을 알아 아집(我執)과 법집(法執)에서 벗어나게 된다.

그리하여 관념태로서의 삶이 종언을 고하고 구체적 현실태로서의 실존적인 삶이 그 모습을 드러낸다. 자기에 대한 집착(我執)과 물형계에 대한 집착(法執)은 일체 번뇌 망상을 야기하는 근원이 되는 것이다.

과거나 미래의 속박에서 벗어나 '지금 여기'에 전적으로 몰입할 수 있을 때, 그리하여 행위자는 사라지고 정제된 행위만이 남는 지선(至善)의 경지에 이를 때, 삼공(三空: 我空·法空·俱空)**에 대한 깨달음은 저절로 일어나게 된다.

'지금 의식'의 요체는 집중(執中, 執心)이다. 그 속에 삶의 기술과 죽음의 기술이 다 들어 있다. 매 순간 깨어있는 의식으로 살고 죽음의 순간에조차도

---

* 물질과 정신을 구성하는 색·수·상·행·식을 오온(五蘊)이라고 한다. 색(色)은 물질을 가리키지만 여기서는 지수화풍(地水火風)의 사대로 구성된 육신을 뜻하고, 수(受)는 감수 작용이며, 상(想)은 지각 표상 작용이고, 행(行)은 의지 작용이며, 식(識)은 인식 판단의 작용이다. 말하자면 오온(五蘊)은 물질계와 정신계를 통틀어 일컫는 것이다. 그러나 지혜[般若]의 눈으로 보면 '오온'은 실로 없는 것이다.

** 자기에 대한 집착(我執)을 깨뜨린 것이 아공(我空)이며, 물형계에 대한 집착(法執)을 깨뜨린 것이 법공(法空)이고, 아공·법공마저도 모두 버리어 제법(諸法)의 본성에 계합하는 것이 구공(俱空)이다.

두 눈을 똑똑히 뜨고 우리의 영혼이 육체를 떠나는 모습을 지켜볼 수 있어야 한다.

그러나 이 세상에서 깨어있는 의식으로 살지 못한 사람은 대개 임종 시에 혼수상태(기절 상태 또는 수면 상태)에 빠지게 된다. 혼수상태에서 살다가 혼수상태에서 가는 것이니, 살았다고 할 수도 없고 따라서 죽었다고 할 수도 없다.

그렇게 되면 탐착하고 분노하는 어리석은 마음이 돌리는 윤회(輪廻)의 수레바퀴에 갇혀 생사를 반복하며 고통받게 된다.

생명의 낮의 주기가 다하면 육체의 소멸과 더불어 생명의 밤의 주기가 이어지는 것이니, 탄생은 삶의 세계에만 있는 것이 아니라 죽음의 세계에도 있으며 그런 점에서 육체를 지닌 삶이 삶의 전부는 아니다.

죽음은 곧 새로운 탄생을 의미한다. 사후에 육체의 옷을 벗은 의식체[靈體]는 49일간의 세 바르도(Bardo: 죽음과 탄생의 경계에 있는 중간영계) 단계를 거쳐 자신의 의식의 주파수에 상응하는 새로운 세계에 환생하게 된다.[51]

형제들이여, 죽음의 순간에 나타나는 최초의 투명한 빛을 인식할 수 있다면 어떤 사후세계도 거치지 않고 태어남이 없는 근원의 세계로 곧바로 진입하게 된다. 그 비밀은 '지금' 의식, 즉 의식의 깨어있음에 있다.

그러나 깨어있는 의식으로 살지 못한 사람은 죽음의 순간에도 역시 잠든 의식상태에 머물게 되므로 모든 존재의 근원에서 나오는 투명한 빛, 참본성[神性]의 빛을 알아차리지 못한다.

생명의 본체인 영원한 신성[참본성]의 빛을 인식하지 못하면 마치 몽유병 환자와도 같이 잠든 의식상태에서 삶과 죽음의 계곡을 오가게 된다. 의식의 깨어남이 없이는 그러한 과정은 종식될 수가 없다.

삶과 죽음은 육체의 옷을 입은 것과 벗은 것의 차이일 뿐, 그 실체인 의식체의 본질이 달라지는 것은 아니다. 걸림이 없는 의식에 이르는 유일한 방법은 삶과 죽음의 경계 저 너머에 있는 '지금' 의식에 머무는 것이다.

'지금' 의식이여, 그대는 상대적 분별지(分別智)를 넘어 절대적 근본지(根本智)로 안내하는 초월의 문이다. 그대는 무심(無心)이다.

미망에 빠진 삶이란 과거의 기억과 미래의 욕망을 좇는, '지금 여기'에 없는 무의식적인 삶을 일컫는 것이다.

삼라만상은 생성·유지·파괴·소멸이라는 성주괴공(成住壞空, 生住異滅)의 네 과정을 끝없이 순환 반복하며 끊임없는 변화 속에 있게 되므로 '나'라는 고정된 실체가 없다.

탐착하고 분노하는 어리석은 마음은 이러한 무상(無常)과 무아(無我)의 이치를 알지 못하는 데서 오는 것이다.

지금 순간 속에 전적으로 몰입함으로써 행위자가 사라지면 무상과 무아의 이치는 저절로 체득되게 된다.

환안이 말을 마치자 마고가 미소를 지으며 고개를 끄덕였다.

그대가 바로 보았다. '지금' 의식이야말로 순수 현존인 생명을 인식하는 바탕이 되는 것이다. '지금' 의식은 영원성, 즉 무(無)시간성이므로 생명의 본질과 맞닿아 있다. 쉼 없는 정진을 통해 매 순간 최선을 다하는 것이 '영원한 지금'에 이르는 길이다.

우주의 본질은 생명이고 그 원리는 사랑이다. 사랑은 비육체적인 '초정신체(supramental body)'의 요소이다. 조건 없는 사랑은 초정신체로의 양자도약(quantum leap)을 통해 개발될 수 있다. 사랑은 '초정신 지능(supramental intelligence)'의 주요 특징이다.[52]

초정신체로의 양자도약이 일어나면 에고 의식에서 보편의식으로 변환하게 되므로 건강하지 못한 분리의식은 치유된다. 그것은 우주 '한생명'에 대한 자각(self-awareness)을 통해서이다. 자각 그 자체가 치료적 속성을 지니고 있기 때문이다.

'죽음의 소용돌이'와 같은 절박한 상황에서 인간의 의식은 깨어나기 시작하고 가장 성숙한 형태의 공감적 반응이 일어나게 된다. 자연 대재앙과 전 인류적인 집단 병고(病苦)는 인류의 잠든 의식을 흔들어 깨우는 기제로서의 역할을 했고, 그 시기가 지나가면 또 새로운 시대가 열리곤 했다.

후천대개벽기를 지구 의식의 상승을 위한 기회로 삼아 인류의 생명권에 대한 자각을 통해 사랑의 문명이 꽃피는 진정한 계몽의 시대를 열어야 할 것이다.

마고는 이렇게 말했다.

제 9 장

마침내, 존재여!
Finally, Ever ONE!

- 카르마의 그물 The Net of Karma
- 존재의 패러독스 The Paradox of Being
- 마침내, 존재여! Finally, Ever ONE!

형제들이여, 유라시아 대륙을 누비며 홍익인간의 이념을 선포하던 웅혼했던 옛 기상, 그 맑고 광대했던 정신은 어디로 갔는가?

…이제 우리는 역사의 진실을 향한 대장정에 돌입하지 않으면 안 된다. 그것은 인류의 '오래된 미래'이기 때문이다. '역사적 세계'가 우리를 호출하고 있기 때문이다.

남북의 형제들이여, 그대들은 상고시대 유라시아를 진동시켰던 우리 고유의 '생명 코드'를 잊어버렸는가? 그 옛날 마고성을 떠나며 했던 '해혹복본(解惑復本: 미혹함을 풀어 참본성을 회복함)'의 맹세를 정녕 잊어버렸단 말인가?

이제 하늘의 때가 이르렀도다. 형제들이여, 새로운 계몽의 시대는 '생명 코드'에 기반하여 인류의 생명권을 자각하는 것으로부터 열린다.

사랑하는 남북의 형제들이여, 협연(協演)을 준비하라. 우리 고유의 생명 코드인 '하나는 셋(一卽三), 셋은 하나(三卽一)'의 협연을 준비하라!

그것은 우주 '한생명'에 대한 선언이요, 진정한 문명의 시작을 알리는 신곡(神曲)이다. 새 하늘과 새 땅을 여는 서곡(序曲)이다!

- 본문 중에서

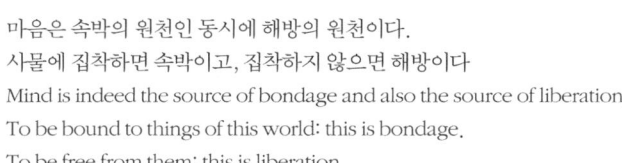

마음은 속박의 원천인 동시에 해방의 원천이다.
사물에 집착하면 속박이고, 집착하지 않으면 해방이다
Mind is indeed the source of bondage and also the source of liberation.
To be bound to things of this world: this is bondage.
To be free from them: this is liberation.

- *The Maitri Upanishad*

카르마의 그물

마고 일행은 신장 지역으로 이동하여 파미르고원으로 향했다. 숲길을 지나가는데 마치 세존께서 가르침을 설하던 왕사성의 영축산인 양 희미한 안개 속에서 향기로운 법어가 들려왔다.

마음은 바람과 같아 붙잡을 수가 없다.
마음은 흐르는 물과 같아 잠시도 머물러 있지 아니한다.
마음은 등불의 불꽃과 같아 인(因)에 연(緣)이 닿으면 타오른다.
마음은 번갯불과 같아 났다가는 순간에 사라져 버린다.
마음은 허공과 같아 뜻밖의 연기로 더럽혀진다.
마음은 원숭이와 같아 여섯 가지 욕망에 한없이 얽매인다.
마음은 그림 그리는 사람과 같아 여러 가지 행동을 만들어낸다.
마음은 원수의 집과 같아 온갖 괴로움과 번뇌를 준다.

마음은 미친 코끼리와 같아 흙과 모래를 짓밟듯이 일체의 좋은 갚음을 받을 행동을 파괴해버린다.

마음은 파리와 같아 부정한 것을 깨끗하다 생각하고 집착한다.

마음은 도둑과 같아 모든 선근(善根)을 훔쳐 간다.

마음이 항상 빛을 탐함은 마치 여름밤에 부나비가 불에 달려드는 것과 같다.

마음이 항상 소리에 집착함은 마치 군인이 승리의 북소리를 즐기는 것과 같다.

마음이 항상 냄새에 탐착함은 마치 돼지가 더러운 데 누워있기를 즐겨함과 같다.

마음이 항상 맛에 집착함은 마치 어린아이나 여인이 맛있는 음식을 탐내는 것과 같다.

마음이 항상 접촉을 탐함은 마치 파리가 기름에 달려드는 것과 같다.

마고가 말했다.

『보적경(寶積經)』「가섭품(迦葉品)」에 나오는 법어 아닌가.

마음의 진상을 파악하기 어려움이 이와 같도다.

환안, 그대여! 일체 현상은 마음의 변화이며, 삼라만상은 하나의 진리가 남긴 자국들에 불과한 것이다. 물질은 마음으로 인하여 존재하는 것으로 모두 마음의 투영에 지나지 않으며, 마음 역시 물질로 인하여 존재하므로 물질과 둘이 아니다.

선종(禪宗)의 초조(初祖) 보리달마(菩提達磨)는 물질과 정신의 연기(緣起)적 관계를 이렇게 설명한다.

"물질은 스스로 물질이 아니라 마음으로 인하여 물질이라 하는 것이고,

마음은 스스로 마음이 아니라 물질로 인하여 마음이라 하는 것이다."[1]

그는 『이입사행론(二入四行論)』에서 깨달음에 이르는 길이 이치로 들어가는 이입(理入)과 실천행으로 들어가는 행입(行入)의 두 가지 문(二入)[2]이 있다고 했다.

이입(理入)은 교학과 벽관 수행을 통해 근본적인 진리에 들어가는 것으로 참성품을 깨달아 일체 생명의 진성(眞性)이 하나임을 체득하는 것이다.

행입(行入)에는 네 가지 실천행(四行)이 있다고 했다. 즉, 원한을 참고 받아들이며 정진(精進)으로 갚는 보원행(報怨行), 인연을 따르는 수연행(隨緣行), 구하는 바가 없는 무소구행(無所求行), 법을 따르는 칭법행(稱法行)의 네 가지 실천행을 통해 궁극적 진리에 이를 수 있다고 했다.

이처럼 달마 대사가 깨달음에 이르는 길을 '이입'과 '행입'의 두 가지 문으로 나타낸 것은 이치에 의해 행(行)을 일으키고 행에 의해 이치에 들어가는, 둘이면서 하나인 이문일심(二門一心)의 법을 이루기 위한 것이다.

모든 관점을 통섭할 수 있을 때, 그리하여 선악과 시비를 넘어설 수 있을 때, 바로 그때 진정한 앎이 일어난다.

환안은 생각에 잠겼다.

성자들의 삶에서 묻어나오는 삶의 향기, 그 은은하고도 진한 삶의 향기는 어디에서 오는 것일까? 그것은 그들의 영혼이 삶의 대지에 깊숙이 뿌리내리고 있기 때문이 아닐까?

하여 인생의 폭풍우에도 시달리지 않고, 시간의 음모에도 고통받지 않으며 언제까지나 푸르른 모습으로 사랑의 수호신이 된 것이다.

우리의 삶이 주는 크고 작은 무수한 시련들, 그 시련의 교육적 의미를 진지하게 학습하며 매일매일을 참 좋은 배움의 날로 맞는 그들의 깨어있는 의식이 뿜어내는 향기가 아닐까?

'행행본처 지지발처(行行本處 至至發處)'라고 했던가. 갔다 갔다 하지만 본래 그 자리요, 왔다 왔다 하지만 떠난 그 자리다. 영적 견지에서 보면 오고 감이 따로 없다.

그렇게 순간과 영원의 피안에서 선묘(善妙)의 지순한 사랑은 법의 가마솥을 끓이는 화력이 되어 뭇 생명의 영혼을 적시는 법우(法雨)가 되어 내리게 했다.

사랑은 헌신의 다른 이름. 그 어떤 의미에서도 소유 개념을 수반할 수는 없는 것. 선묘와 의상(義湘) 대사의 사랑이 다함이 없이 타오를 수 있는 것은 그 연료에 집착이나 기만과 같은 불순물이 섞여 있지 않았기 때문 아니겠는가.

그때 마고가 환안을 향해 말했다.

환안, 그대여! 원효(元曉) 대사 같은 성인도 아들인 설총(薛聰)에게는 원망의 대상이었다. 아버지 얼굴도 못 보고 자랐으니 그럴만했을 것이다. 그러나 훗날 궁중에서 베풀어진 『금강삼매경론』에 관한 원효의 강설을 듣고 크게 깨우침을 얻은 설총은 어느 늦가을 원효가 있는 절로 찾아갔다.

설총이 기다리고 있는 마당으로 나온 원효는 말없이 대빗자루를 설총의 손에 쥐여 주고는 들어가 버렸다. 설총은 마당을 쓸라는 뜻으로 알고 마당에 있는 낙엽을 하나도 남김없이 정성을 다해 쓸어 한쪽에 모아두었다.

얼마 후 원효가 나오더니 모아둔 낙엽을 한 줌 쥐어 마당에 뿌리면서 "가을마당엔 낙엽이 몇 잎 떨어져 있는 것이 제격이니라"라고 말한 뒤 다시 안으로 들어갔다. 그 말을 들은 설총은 부복한 채 일어날 줄을 몰랐다.

삶의 심연 속으로 들어가 보지 않고서는 무어라 인생을 논할 수 없다. 가을마당엔 낙엽이 몇 잎 떨어져 있는 것이 제격이듯이, 삶의 마당에도 오점이 몇 점 있는 것은 자연스러운 것 아닌가?

낙엽을 한 줌 쥐어 마당에 뿌리는 원효의 손짓은 가히 선어(仙語) 아닌가!
이어 마고가 말했다.

환안, 그대여! 전 우주는 자연법인 카르마(karma, 業)의 지배하에 있다. 그런데 사람들은 뉴턴의 운동 제3법칙인 작용·반작용의 법칙, 즉 모든 작용에는 같은 크기의 반작용이 따른다는 이 법칙은 알면서도 카르마의 법칙은 잘 모르고 있다.

카르마의 법칙은 단순히 종교적인 믿음에 속하는 것이 아니라 전 우주적 삶에 보편적으로 작용하는 법칙이다. 이는 곧 작용·반작용의 법칙이다. 이 법칙은 물리현상에만 적용되는 것이 아니라 우리 삶에도 그대로 적용된다.

"씨 뿌린 대로 거두게 된다"고 한 말이나, "사로잡는 자는 사로잡힐 것이요, 칼로 죽이는 자는 자기도 마땅히 칼로 죽으리니"라고 한 말은 단적으로 이를 나타낸 것이다.

또한 "악의를 품고 오는 사람을 좋게 해주면 자기가 다른 사람들에게 저지른 일을 보상할 수가 있다"라는 말도 같은 뜻의 다른 표현에 지나지 않는다.

그대가 카르마의 법칙에 대해 이야기해 보겠는가?

그러자 환안이 대답했다.

위대한 나의 스승 '라 무'시어! 카르마의 법칙은 인과(因果, cause and effect)의 법칙, 윤회(輪廻)의 법칙, 작용·반작용의 법칙이라고도 합니다.

카르마의 법칙은 인간이 완성을 향해 진화하는 과정에서 작용하는 삶의 법칙입니다. 이 법칙에 따라 생사(生死)를 반복하면서 우리의 의식이 진화하여 궁극적으로 순수의식[전체의식, 우주의식, 보편의식, 근원의식]에 이르게 되는 것입니다.

카르마는 산스크리트어로 원래 '행위'를 뜻하지만, 죄(罪)와 괴로움의 인과관계를 나타내는 업(業)이라는 의미로 흔히 사용됩니다. 지금 겪는 괴로움은 과거의 어떤 행위가 원인이 되어 나타나는 결과라는 것입니다.

카르마는 근본적으로 영성(靈性)이 결여된 데서 생기는 것입니다. 영적 일체성(spiritual identity)이 결여되어 '나'와 '너', '이것'과 '저것'을 구분하는 데서 카르마가 생기는 것입니다.

행위 그 자체보다는 동기와 목적이 카르마의 작용을 불러일으키는 원인이 됩니다. 어떤 마음자리로 임하느냐가 중요한 것입니다.

아무리 선행을 하여도 상을 받고자 하는 다른 목적이 있거나 업신여기는 마음으로 한다면 그 행위는 뒤에 반작용으로 나타날 새로운 카르마가 되는 것입니다. 동기와 의도의 순수성과 일관성, 성(誠)을 다하는 마음을 강조하는 것은 이 때문입니다.

카르마의 목적은 단순한 징벌에 있는 것이 아니라, 영적 교정의 의미와 함께 영적 진화를 위한 영성 계발에 있습니다.

따라서 고통스러운 상황을 단지 수동적으로 받아들이기보다는 그 속에 담긴 영적 교훈을 적극적으로 배우는 자세로 일관해야 합니다. 그리하여 올바른 생각과 행위가 뿌리를 내리면 원래 카르마의 방향이 바뀌고 그 힘 또한 약해지게 되는 것입니다.

새로운 카르마를 짓지 않는 비결은 에고를 초월하는 데 있습니다. 오직 이 육체가 '나'라는 착각에서 벗어나 우주만물을 자기와 한몸으로 느끼는 데 있습니다.

행위를 하되 그 행위의 결과에 집착함이 없이 담담하게 행위 할 수 있을 때 비로소 저 붓다처럼 '존재의 집으로 가는 옛길'을 발견할 수 있게 될 것입니다.

작용·반작용의 법칙은 공이 벽에 부딪히면 튕겨 나오듯이 즉각적으로 나타나는 것은 아닙니다. 인과관계는 아주 가까운 과거에 있을 수도 있고, 아주 먼 과거에 있을 수도 있습니다.

반작용으로서의 오늘의 이 업(業)은 며칠 전의 작용이 낳은 결과일 수도 있고, 몇 년 전, 아니 몇 만 년 전의 작용이 낳은 결과일 수도 있는 것입니다.

우주적 견지에서 보면, 죽음은 소우주인 인간이 우주의식을 향한 진화 과정에서 단지 다른 삶으로 전이하는 것에 불과합니다.

우주는 본질적으로 역동적이며 불가분의 전체성이므로 카르마가 작용하는 것은 한정된 시공간에서가 아니라, 시공(時空) 연속체에서 일어나는 것입니다. 한마디로 카르마를 보상하기에 가장 적절한 시기와 장소에서 나타나는 것입니다.

환안이 말을 마치자 마고가 말했다.

그대가 바로 보았다. 이 우주는 방대하고 복잡하면서도 매우 정교하게 짜인 생명의 피륙이다. 비록 오관(五官)의 지각으로는 그것의 극히 일부밖에는 볼 수 없다고 할지라도 보이지 않는 얽히고설킨 무수한 실들이 빈틈없이 짜여 있다.

자기의 행복을 소중하게 여기는 만큼 다른 사람의 행복도 소중하게 여겨야 한다. 이는 곧 모든 인간의 행위를 지배하고 있는 작용·반작용의 의미다.

이 법칙은 "오이씨를 심으면 오이를 얻고 콩을 심으면 콩을 얻는다. 하늘의 그물이 넓고 넓어서 보이지는 않으나 새지 않는다"[3]라고 한 『명심보감』의 구절 속에 잘 나타나 있다.

현재 인류가 직면하고 있는 자원고갈·지구 환경생태 위기·정신적 황폐는 지구 자원 낭비와 지구 훼손에 대한 작용·반작용이다.

삶의 순간마다 부적절한 감정을 품게 되면 그것을 극복하기 위해 그와 유사한 상황을 다시 만나게 된다. 이를테면 다른 사람을 업신여기거나 고통 속에 빠뜨린 사람은 내적 자아의 각성과 영적인 힘의 계발을 위해 그 자신이 그와 유사한 고통을 당하는 경험을 하게 된다.

사람이 한평생을 살면서 우주만물에 대해 부적절한 감정을 많이 품게 되는데, 그것을 극복하기 위해 다생(多生)에 걸쳐 복잡한 상황 속에서 고통스러운 학습을 반복하게 되는 것이다.

여기서 왜 인간이 선(善)하게 살아야 하는지에 대한 해답이 나온다. 인간의 도덕적 행위는 단순히 인간 사회의 외적 질서를 유지하는 방편이 아니라 영적 진화와 관계된다.

도덕적 실천을 이매뉴얼 칸트가 말한 바 있는 이성의 '정언적(定言的) 명령[至上命令]'이라고만 해서는 진정한 행(行)을 낳지 못한다. 올바른 인식이 선행되어야만 올바른 행동이 나올 수 있기 때문이다.

인간이 의식하든 의식하지 못하든, 인간의 존재 이유는 영적 진화다. 왜냐하면 인간은 영적 진화의 지향성을 갖는 우주의 불가분의 한 부분이기 때문이다.

진정으로 다른 사람을 잘되게 하겠다는 마음 그 자체가 영적 진화의 단초다. 도덕적 행위는 다른 사람에게 감동을 주어 영적 진화의 장(場)으로 안내하는 역할을 하기도 하지만, 행위자 자신에게는 존재 이유와 직결된다.

그러나 다른 사람에게 보이기 위한 진실성이 없는 행위는 아무리 크게 베풀어도 영적 진화에는 전혀 도움이 되지 않는다. 문제는 행위의 크기가 아니라 진실성이다.

이웃을 내 몸과 같이 사랑하면 그만큼 영적 확장이 이루어지게 된다. 이는 국가와 인류, 나아가 우주자연에까지 확장될 수 있는 단초가 되기에 그토록 간절하게 "이웃을 네 몸과 같이 사랑하라"고 한 것이다.

하늘의 그물은 넓고 넓어서 보이지는 않으나 티끌 하나라도 새는 일이 없다. 카르마는 유통기한이 없으므로 아무리 미세한 카르마라 할지라도 언젠가는 반드시 보상하게 되어 있다.

따라서 이 육체가 '나'라는 착각 속에서 권력·재물·명예·인기와 같은 물형계의 허상을 좇는 삶은 마치 불 속으로 날아드는 부나비와도 같은 속절없는 삶이다.

선과 악의 진실 게임에 빠져들면 삼사라(samsara, 生死輪廻)가 일어난다. 오직 이 육체가 자기라는 분리의식에 빠져 이기적 행위에 사로잡히게 되면 영성 계발과 영적 교정을 위해 하늘이 쳐 놓은 카르마의 그물에 걸리게 되는 것이다.

"이미 건너가야 할 저쪽 언덕이 없는데, 어찌 떠나가야 할 이쪽 언덕이 있으리"4라고 한 『열반종요(涅槃宗要)』의 구절이 말해주듯, 기실은 가는 것도 없고 오는 것도 없다.

오욕칠정(五慾七情)*에 얽매인 그 마음이, '나'와 '너', '이것'과 '저것'을 이원화하고 편착하는 그 마음이 윤회의 수레바퀴를 돌리는 것이다.

카르마의 목적은 단순한 징벌에 있는 것이 아니라 인간의 영혼이 완성에 이르기 위한 조건에 관계한다. 내적 자아의 각성과 영적인 힘의 계발을

---

* 인간의 다섯 가지 욕망인 오욕은 식욕(食慾)·물욕(物慾)·수면욕(睡眠慾)·명예욕(名譽慾)·색욕(色慾)을 말한다. 일곱 가지 감정인 칠정은 일반적으로 희로애락애오욕(喜怒哀樂愛惡慾)을 말한다. 한의학에서는 희로우사비경공(喜怒憂思悲驚恐)을 칠정이라고 하고, 불교에서는 희로우구애증욕(喜怒憂懼愛憎欲)을 칠정이라고 한다.

위해 있는 것이다. 인내하고 용서하고 사랑하는 마음이야말로 이러한 법칙에 대한 유일한 용제(溶劑)다.

물질계의 모든 제도와 조직, 그리고 역사의 발전과정은 거칠고 방종한 자아를 길들이는 의식의 자기교육과정과 조응해 있으며 영적 진화를 위한 학습 여건 창출과 관계된다.

우리가 사는 상대계는 의식의 확장을 위한 최적 조건을 창출한다. 의식을 탐구하는 수단으로 감각기능이 주어지고 이를 활성화할 양극단의 상황—행복과 불행, 성공과 실패, 사랑과 증오, 건강과 병 등—이 주어지는 것이다.

시련은 하늘이 드는 신성한 '사랑의 매'다. 이 '사랑의 매'는 인간을 잠에서, 무의식적인 삶에서 깨어나 스스로의 신성과 마주치게 해주는 것인 까닭에 신성한 것이다.

시련은 물질적 또는 정신적인 문제, 건강의 문제로 다가오기도 하고, 때로는 이들이 복합된 문제나 천재지변의 형태로 다가오기도 한다.

신성이 열린다는 것은 개안(開眼)이 일어나는 것이다. 신성의 눈이 열리면 하늘을 듣는 '청천(聽天)'이 일어난다. 하늘 파동에 자신을 동조시키게 되는 것이다.

『참전계경』 제357사 「천라(天羅)」에서는 말한다. "하늘의 그물(天羅)'은 넓고 넓으나 사소한 일 하나라도 놓치지 아니하므로 악을 행하면 반드시 재앙을 만나게 되어 하는 일마다 끝을 맺지 못한다."[5]

『참전계경』 제358사 「지망(地網)」에서는 말한다. "'땅의 그물(地網)'은 그 누구도 벗어날 수 없으므로 악을 행하면 반드시 흉한 곳만 찾아다니게 되어 하는 일마다 끝을 맺지 못한다."[6]

사람이 어떻게 사느냐에 따라 다음 삶의 모습이 결정된다고 하는 것은

"전생(前生)을 알고 싶으면 현생(現生)을 보라. 내생(來生)을 알고 싶어도 현생을 보라"고 한 말에서도 잘 나타난다.

인과관계를 나타내는 업(業)은 윤회론의 핵심 개념이다. 그렇다고 현재의 불행이나 질병이 모두 과거에 그 원인이 있다는 것은 아니다.

현재의 부주의나 생활 속의 어떤 원인이 작용할 수도 있다. 윤회론이 강조하는 것은 징벌이 아니라 영적 진화이다. 카르마의 법칙은 뉴턴의 운동 제3 법칙인 작용·반작용의 법칙과도 같은 것으로 영적 진화를 추동하는 법칙이다.

인간의 삶은 단순히 육안으로 보이는 지상에서의 삶 그것이 아니다. 인간이 상상할 수 없는 큰 세계가 있다. 현 물질문명의 위기는 우주 생명의 뿌리와 단절된 데서 오는 것으로, 생명의 질서에 대한 파괴는 무서운 결과를 초래하게 될 것이다.

마고는 계속해서 말했다.

환안, 그대여! 흔히 이 세상은 마음속 생각의 투사영(投射影)이라고 말한다. 그렇다면 왜 마음속 생각과 실제 체험 간에 시차(時差)가 일어나는가? 다시 말해 왜 마음먹은 대로 즉시 이루어지지 않는 것인가?

생각과 체험 간에 시차가 일어나는 근본 원인은 우리가 유한한 몸을 가지고 시간이라는 관점 속으로 들어왔기 때문이다. 몸과 시간은 의식의 자기교육과정에서 '지금 여기', 즉 순수 현존에 이르기 위한 필수적인 학습 도구다.

거칠고 밀도가 높은 몸(gross body)을 가지고 시간의 관점 속에서 움직이는 물질계에서는 생각과 체험 간의 시차로 인해 양자의 인과성을 명료하게 인식하지 못한다.

그러나 우리가 몸을 떠나 물질계에서 영계로 이동하게 되면 시간이라는 관점에서도 떠나게 되므로 그러한 시차는 사라진다. 따라서 마음속 생각과 실제 체험 간에 어떤 지체도 없이 생각대로 즉시 이루어진다.

천국과 지옥은 각각의 밝은 생각들과 어두운 생각들이 투사되어 저절로 만들어진 의식상태를 지칭한 것이다. 심판자가 따로 있는 것이 아니라 자기심판이며 각자의 주파수에 상응하는 세계로 이동하는 것이다. 육체의 옷을 벗는다고 해서 의식의 질이 달라지는 것은 아니므로 이러한 의식상태는 삶과 죽음을 관통한다.

영계에서는 생각과 체험 간의 인과성이 마치 실물과 그림자의 관계와도 같이 동시적으로 나타남을 알아차리게 된다. 그리하여 반복적인 시행착오의 과정을 통해 생각을 조절하는 법을 점차 익혀가게 된다.

그러나 영계에서의 학습은 물질계에서의 감각적 체험과 시간이라는 관점에 의한 것만큼 구체적이고 치열하지는 못하기 때문에 상대성과 물질성이라는 관점 속으로 다시 들어오게 된다. 말하자면 영적 진화를 위한 삼사라가 일어나는 것이다.

신이 있는가 혹은 없는가 하는 논쟁은 초점을 한참 빗나간 것이다. '신은 없다'라고 주장한다고 해서 만물의 근원 자체가 사라지거나 만물의 근원에 대한 규명의 필요성이 사라지는 것은 아니기 때문이다. 신은 만물의 근원인 참자아를 지칭하는 많은 대명사 중의 하나일 뿐이다.

환안, 그대여! 인간의 삶은 우주적 구도 속에서 카르마의 법칙, 선택과 책임의 법칙, 인력의 법칙에 따라 영혼의 완성을 향해 나아간다.

선택과 책임의 법칙은 인간에게는 자유의지라는 것이 있는 까닭에 인간이 스스로 선택하고 그에 따른 책임을 지는 과정에서 영적 진화가 이루어지는 것이다.

거듭되는 삶 속에서 시행착오와 깨달음을 통해 영혼의 완성을 향해 나아가는 것이 인생의 의미이며 목적이라고 한다면, 자신의 영혼을 성장시키고 완성시키는 책임은 개개인 자신에게 있다.

다생(多生)에 걸친 각각의 삶은 모두 영적 성장을 위한 소중한 기회다. 반복적인 학습 과정을 통해 교훈을 얻고, 궁극적으로는 진지(眞知)에 이를 수 있게 된다.

영혼의 홀로서기는 성장을 위한 필수요건이다. 진리를 두뇌로 이해하려 하지 말고 있는 그대로 느끼고 수용해야 한다. 진리는 논리의 영역이 아니라 직관의 영역이며, 초(超)지식·초(超)두뇌의 영역이기 때문이다.

영혼의 성장은 수신과 헌신적 참여를 통해 이루어진다. 수신을 통해 내재적 본성인 신성(神性)을 깨닫고, 헌신적 참여를 통해 우주 진화에 자율적이고도 적극적으로 참여하는 것이다.

이 둘은 동전의 양면과 같은 것으로, 궁극에는 우주만물을 자기 자신으로 느끼게 된다. 이렇게 각성된 의식이 이 세상을 주관하는 시대가 급속히 도래할 것이다.

그러면 어떻게 우주만물을 자기 자신으로 느낄 수 있을 것인가? 그것의 비밀은 일심(一心)에 있다. 우리가 감지하는 일체 현상은 오직 마음으로부터 일어나는 것으로, 마음의 투사(投射) 혹은 그림자에 불과한 것이다.

우리 각자의 깊은 의식이 하늘로 통하는 문이다. 의식의 근원에 이르게 되면 하나인 진리가 그 모습을 드러내게 되는데 그것이 바로 일심, 즉 순수의식이다. 모든 것을 낳는 근원이 우리의 마음이며, 하나인 마음 이외에 다른 실재가 있는 것이 아니다.

인간은 마음의 작용을 통하여 시공간에 행위의 궤적을 남긴다. 인간 무의식의 창고 속에는 우리가 개체화되고 난 이후의 모든 기억이 저장되어 있다.

　물질에서 의식으로의 방향 전환을 통해 우리는 그것을 활용할 수가 있다. 모든 문제의 해답은 우리 내부에 있다. 자성(自性)에 대한 직관적 지각을 통해 우리는 우주의 창조적 에너지에 닿을 수 있다.

　운명이란 우리 자신이 하늘과 어떤 관계를 형성하느냐에 달려 있다. 하늘의 이치에 순응하는 순천자(順天者)가 되면 하늘이 도와 길(吉)하게 되지만, 역천자(逆天者)가 되면 재앙을 만나게 되어 하는 일마다 끝을 맺지 못한다.

　인간의 영혼은 영적 교정을 위해 자기 자신의 과거 행위의 반작용을 받고 있으며 동시에 장차 반작용으로 나타날 새로운 카르마를 만들고 있다.

　사심 없는 행위를 하는 것, 바로 여기에 새로운 카르마를 짓지 않는 비결이 있다. 우주만물은 하늘(기운)의 다양한 현현이다. 우리가 순천의 삶을 살면 원래 카르마의 방향이 바뀌고 그 힘 또한 약해진다.

　영혼을 성장시키는 주요한 덕목은 인내·용서·사랑이다. 인내는 능동적이고 적극적인 것이어야 한다. 결과를 빨리 보려고 서두르는 것은 마치 밭에 씨를 뿌리고서 빨리 자라게 하려고 싹을 뽑아 올리는 것과 같다. 사심 없는 행위는 그 자체로서 아름다운 것이고 하늘의 뜻에 부합한다.

　우리의 의식이 시공간의 제약에서 벗어나게 될 때 인내는 완성된다. 하늘에는 시공간이라는 개념이 없다. 하늘의 뜻에 부합하는 행위는 반드시 하늘의 감응이 있게 마련이다.

　용서는 곧 인(仁)의 나타남이다. '인'은 무사(無私)의 대공(大公)한 경지이며 사랑을 뜻한다. 따라서 용서와 사랑은 같은 뜻의 다른 표현에 지나지 않는다.

　공자(孔子, 이름은 丘)의 제자 자공(子貢)이 "한평생 행할 수 있는 것이 있습니까?"라고 묻자, 공자는 "그것은 서(恕)이다. 자기가 하고 싶지 않은 것을 남에게 시키지 말라"[7]고 했다.

여기서 서(恕)는 실천 공부를 지적한 것이다. 공자가 중시한 것은 지(知)가 아니라 의지 자체이며, 인지 활동이 아니라 의지의 방향이다.

지식은 단순히 사물의 법칙을 이해하기 위한 것이 아니라 인간 자신을 이해하고 내적인 자아의 성장에 기여할 수 있는 것이어야 한다. 인간이 공심(公心)을 세우고 올바름을 추구할 때 영적으로 성장하게 된다.

사랑은 곧 섬김과 나눔이다. 어떤 대가를 바라는 선행은 사랑의 나타남이 아니다. 영적 공동진화가 사랑의 나타남이다. 진실로 사랑하는 마음이 없이는 헌신적 참여가 일어날 수 없으며, 따라서 영적 진화 또한 이루어질 수 없다.

범사에 항상 기뻐하는 것은 삶 자체에 대한 사랑의 나타남이다. 이러한 사랑의 나타남이 능동적이고도 적극적인 삶을 구현하게 한다.

무량(無量)·무변(無邊)·무애(無崖)한 마음의 본체를 깨달은 사람은 하늘과 하나가 되어 영적인 충만감 속에 있으므로 항상 기쁨과 즐거움과 평화로 가득 차게 되어 우주만물을 자기 자신으로 느끼고 사심 없는 행위를 할 수 있게 된다.

수신과 헌신적 참여는 지구 자전축과 공전궤도의 관계와도 같이 상호의존적이고 동시적으로 존재한다. 선택과 책임의 법칙은 인간에게 선택의 기회를 부여하기 위한 것으로 책임감 있는 선택이 진정한 힘을 발휘하게 한다.

반면 무의식적인 혹은 무책임한 선택은 부정적인 카르마를 낳게 된다. 진정한 힘은 영적인 것으로 인내·용서·사랑에서 오는 것이다. 인간의 선택과 책임을 통한 영적 진화의 요체가 바로 여기에 있다.

다음으로, 인력(引力)의 법칙은 영적 진화 과정에서 각각의 인격이 같은 진동수의 의식을 끌어당긴다는 것이다. 흔히 유유상종(類類相從)이라고 하는 것이 그것이다. 밝은 기운은 밝은 기운과 어울리고, 어두운 기운은 어두운 기운과 어울린다.

이는 국가 차원에도 그대로 적용된다. 명군(明君)은 밝은 기운을 끌어들여 나라를 밝게 하지만, 암군(暗君)은 어두운 기운만 주위에 끌어모아 나라를 암울하게 한다.

사랑의 기운은 사랑의 기운을 끌어들여 사랑을 더욱 깊게 하지만, 분노와 탐욕의 기운은 마찬가지로 동종(同種)의 기운을 끌어들여 분노와 탐욕을 확대 재생산해낸다.

이와 같이 긍정적인 성향은 긍정적인 성향을 끌어당기지만, 부정적인 성향은 부정적인 성향을 끌어당긴다. 원망이나 저주는 새로운 카르마를 낳으며, 결국 자신이 되받게 된다.

노여움 또한 설령 정의의 노여움이었다 해도 감정을 분노로 떨게 한 만큼 영혼의 질이 떨어지게 된다. 부정적인 의식은 삶 자체를 부정하게 하므로 영적으로도 퇴보하게 된다.

미움이 없어야 기(氣)의 순환이 정상적으로 되어 심신이 건강하고 영적으로도 진화할 수 있게 된다. 긍정적이고도 적극적인 사고방식을 강조하는 이유가 여기에 있다.

인간의 감정 체계를 대개 두 가지로 나눠보면, 영혼의 영역에 속하는 사랑과 육체의 영역에 속하는 두려움이 있다.

사랑이 '하나'(님)의 다른 이름이라면, 두려움은 사탄의 다른 이름이다. 사랑은 우주의 근원적 생명력이며 진리다. 두려움은 분노·증오·질투·슬픔·탐욕·소외감·죄책감·열등감 등 모든 부정적인 감정을 포괄한다.

우리 내부에 사랑이 충만하게 되면 우리가 사는 세상은 점점 사랑을 반영하게 되어 우리는 천국 속에 있는 자신을 발견하게 될 것이다.

반면 우리 내부가 두려움으로 가득 차게 되면 우리가 사는 세상은 점점 두려움을 반영하게 되어 우리는 어느새 지옥 속에 갇힌 자신을 발견하게 될 것이다.

이와 같이 긍정적인 성향과 부정적인 성향은 우리 내부에만 깃들어 있는 것이 아니라 외부에도 반영되게 된다. 부정성을 극복하려는 강한 의지와 다함이 없는 순수하고도 일관된 노력이 바로 영적 진화의 관건이다.

이렇듯 긍정적 및 부정적인 성향의 이원성은 그 자체의 리듬과 긴장감이 영적 진화를 위한 학습의 원동력이 된다. 그러나 근본지(根本智)에 이르게 되면 이러한 대립성과 분절성은 소멸하게 된다. 세상사에 일희일비하지 않는 부동심의 경지인 까닭이다.

인간이 부정적인 성향을 키우게 되는 것은 근원적인 영혼의 갈증에 있다. 문제는 재물·권력·명예·인기·쾌락 등 허상으로 영혼의 갈증을 해소하려는 데서 생기는 것이다. 이러한 대리만족은 공허한 자아를 재생산해낼 뿐 근본적인 해결책이 되지 못한다.

영적인 충만감으로 가득 찬, 우주 '큰사랑'을 인식하는 사람은 허상에 대한 집착이 없다. 충분한 지하수원(源)에 뿌리를 내린 나무는 지상의 사소한 상황에 영향받지 않듯이, 우주 생명의 뿌리와 연결된 삶은 물형계의 조건에 구애받지 않으며 뿌리 없는 꽃꽂이 식물과는 삶의 질이 다를 수밖에 없다.

인간은 기본적으로 자기 생에 대한 확신[생존과 안정]이 서지 않으면 절대로 양보하지 않으며 이웃을 돌보지 않는다. 진정한 문제 해결의 열쇠는 생존기반에 대한 확신에서 나온다.

각자가 타고난 천품을 계발하고 개화시킬 수 있는 여건과 환경을 마련하고 알찬 삶의 결실을 맺을 수 있도록 촉매 역할을 하는, 내적 자아로 결속된 공동체의 조성이 시급하다.

마고의 머리 위로 찬란한 정오의 햇살이 쏟아져 내렸다. 약동하는 생명의 기운이 온 숲을 감싸고 있었다.

형제들이여, 생명이 개체화된 물질적 외피가 아니라 영성 그 자체임을 이해할 때 전체적인 삶이 일어나고 공감 의식이 확장되어 비로소 진정한 자유가 실현된다.

자기로부터의 자유, 즉 해방된 마음이야말로 최고 상위 개념의 자유다. 이러한 최고 상위 개념의 자유를 깨달을 때 걸림이 없는 의식에 이르게 되어 헌신적 참여가 일어난다.

즐거움과 괴로움, 행복과 불행, 성공과 실패 등 일체 분별은 곧 자기 마음의 분별이며,[8] 마음을 떠나서는 분별할 만한 것이 없다.

분별하고 집착하는 그 마음을 소멸시키는 것, 그것이 바로 진정한 자기로부터의 자유다. 마음의 차원 변형이 없이는 존재의 차원 변형도 일어날 수 없다.

이 세상의 모든 문제는 생명을 개체화·물화시킨 데서 파생된 것이다. 이분법은 앎의 원을, 삶의 원을 완성시키기 위한 방편일 뿐, 진정한 앎은 이원성을 넘어서 있다.

카르마의 법칙은 죄와 괴로움의 인과관계에 대한 응시를 통해 궁극적인 영혼의 완성에 이르게 하려는 하늘의 배려다. 재수강할 기회가 주어짐으로써 종국에는 영혼의 완성에 필요한 학점을 이수하여 생사의 굴레에서 벗어나게 된다.

이 광막한 파동의 대양에 쳐 놓은 카르마의 그물은 바로 이 재수강을 필요로 하는 사람들을 잡기 위한 것이다. 이 그물에 걸리지 않는 유일한 방법은 행위가 전체적이 되게 하는 것이다.

허공에 떠 있는 하나의 달이 무수한 달그림자를 만들어내듯, 하나인 참자아 또한 자기복제로서의 작용을 통해 우주만물이라는 무수한 그림자를 만들어낸다. 인간의 자기실현이란 절대유일의 참자아를 깨닫는 것이다.

사랑하는 형제들이여, 유일 실체인 참자아는 인식의 대상이 될 수 없으므로 참자아를 깨닫는 유일한 방법은 참자아와 하나가 된 삶을 사는 것이다. 이것이 바로 카르마의 그물에 걸리지 않는 순천(順天)의 삶이다.

마고는 이렇게 말했다.

존재의 패러독스

그날 마고성은 북두칠성과 곤륜산 신령 그리고 마고의 정례 회동 준비로 부산하게 움직였다. '왕의 정원'에 있는 호수 요지(瑤池) 누각에는 귀빈들을 맞을 채비가 마무리되고 있었다.

호수 '요지'는 선인(仙人)들 사이에 '일몰 명소'로 널리 알려져 있었다. '요지'가 저녁노을로 붉게 물들 무렵 곤륜산 신령이 당도했다. 마고가 환영 인사를 건넸다.

오, 만산(萬山)의 조종(祖宗)인 곤륜산의 신성한 영(靈)이시여! 오늘 이렇게 만사를 제쳐두고 기꺼이 왕림해 주시니 참으로 기쁘고 반갑도다. 그대를 환영하노라!

환안도 곤륜산 신령에게 하례를 올렸다.

그러자 곤륜산 신령이 말했다.

위대한 무 제국의 정통 계승자, '라 무'여! 신선계(神仙界)의 거목이여! 그대의 아름다운 정원에 초대해 주어 기쁜 마음으로 왔노라. 반갑도다, '라 무'여!

그리고 그대 사명자, 신관이여! 다시 만나게 되어 반갑도다.

그리고는 이어 말했다.

저녁노을에 붉게 물든 호수 '요지'와 '요지'를 품은 '왕의 정원'이 절묘하게 조화를 이루어 비경을 만들어내고 있지 않은가!

'라 무'여, 『장자(莊子)』「천운(天運)」에는 공자의 나이 51세가 되어서도 아직 도(道)를 듣지 못하여 남쪽의 패(沛)로 가서 노자(老子, 이름은 聃)를 만나 도에 대해 문답하는 내용이 나온다. 북두칠성이 당도할 때까지 이에 대해 이야기를 나눠보는 것이 어떻겠는가?

마고가 미소를 지으며 고개를 끄덕이자, 곤륜산 신령은 이야기를 계속했다.

유위(有爲)와 인의(仁義)를 중시한 공자와는 달리, 노자는 무위(無爲)와 도덕의 중요성을 설파하며 이 길을 따르는 자만이 대도(大道)에 이를 수 있는 것으로 보았다. 장자(莊子) 또한 노자의 이러한 관점을 계승했다.

노자의 '무위' 개념은 '유위'를 포괄하는 동시에 초월하는 개념이다. '무위이무불위(無爲而無不爲)'[『道德經』48章], 즉 '함이 없으면서도 하지 않음이 없는' 경지는 이를 잘 말해준다.

도를 묻는 공자에게 노자는 이렇게 말했다.

"…인의란 옛 임금들이 하룻밤을 지내기에 적합한 주막에 불과할 뿐, 오래 거처할 곳은 못된다. 오래 머물수록 짐은 무거워지기 마련이다.
　옛 지인(至人)은 '인(仁)'이라는 길을 빌어 하룻밤을 '의(義)'라는 주막에서 지내고, 허(虛)라는 초월적 경계에서 노닐었다.
　…부유함을 추구하는 자는 재산을 내줄 수가 없고, 명리를 추구하는 자는 명성을 내줄 수 없으며, 권세에 탐닉하는 자는 권세를 내줄 수가 없다.
　…원한을 사거나 은혜를 베풀고, 빼앗거나 내주며, 타이르거나 가르치고, 살리거나 죽이는 여덟 가지는 정치의 수단이다.
　오직 대도(大道)에 순응하여 걸림이 없는 자만이 이 여덟 가지를 잘 활용할 수 있다. 그래서 정치란 바로잡는 것이라고 한 것이다. 그렇지 않은 자에겐 하늘의 문이 열리지 않는다."[9]

　도가에서 말하는 '도'는 곧 진리이며 만물의 제1원인인 생명[神·天·靈]이고 일심(一心, 一氣)이며 참자아('참나')다.
　노자가 무위(無爲)를 귀하게 여기는 반면 유위(有爲)를 천하게 여기고, 도덕을 소중히 여기는 반면 인의(仁義)를 가볍게 여긴다고 한 것은, 유교의 이분법적 사유체계로는 물질계[현상계]와 의식계[본체계]가 하나의 고리로 연결되어 있음을 알 길이 없고 따라서 참자아에 이를 수 없기 때문이다.
　우주의 실체는 의식이므로 참자아는 곧 참본성이며 내재적 본성인 신성이다. 참본성이 회복되지 않고서는, 다시 말해 신성의 빛이 발현되지 않은 몽롱한 의식상태에서는 우주 '한생명'을 자각할 수가 없다.
　혼탁한 세상은 참자아가 아닌, 에고 의식[분리의식]이 만들어낸 것이다. 참자아가 무엇인지 알지 못하고서는 인간이란 존재가 무엇인지 알 수 없게 되는 것이니, 이는 인간의 정체성과 관계되는 중대한 문제다.

오늘 우리가 이야기하고자 하는 주제인 '존재의 패러독스(the paradox of being)'와도 연결된다. 존재의 패러독스는 존재의 역설적 본질, 즉 역설적 존재성에서 비롯되는 것이다.

역설적 존재성이란 만물의 제1원인인 참자아가 존재성인 동시에 비존재성이고, 물성(物性)인 동시에 영성(靈性)이며, 작용인 동시에 본체이고, 개체성인 동시에 전체성인 것을 말한다.

이는 과학계에서 전자기파의 일종인 빛을 입자인 동시에 파동이라고 하는 것과도 같은 것이다. 이를 파동-입자 이중성(wave-particle duality) 또는 '미시세계의 역설(the paradox of the micro-world)'이라고 한다.

빛은 파동인 동시에 입자이고(파동-입자 이중성), 또한 입자는 동시에 여러 상태에 존재할 수 있다는 것이 '양자 중첩(quantum superposition)'이다.

예컨대 양자역학의 확률론적 해석—즉, 코펜하겐 해석(CIQM, 1927)—에서 슈뢰딩거의 고양이*가 관측되기 전까지는 삶과 죽음이 '중첩'된 상태로 존재하다가 관측되는 순간, '파동함수의 붕괴'가 일어나 둘 중 하나로 결정된다고 한 것이 그것이다.

이러한 '역설적' 존재성은 상대계인 3차원 언어의 표현 방식일 뿐이다. 제1원인인 참자아는 완전히 '열린계(open system)'에서 자기원인에 의해 스스로 생성되고 변화하여 돌아가므로 역설적 존재성은 '스스로(自) 그러한

---

* 양자역학의 수학적 이론이 현실 세계에 어떻게 대응하는가에 대해 코펜하겐 해석에서는 양자는 관측되기 전에는 불확정적이어서 존재인지 비존재인지를 알 수가 없고 관측하는 순간 비로소 파동 혹은 입자로서의 존재성이 드러난다고 본다. '슈뢰딩거의 고양이(Schrödinger's cat)'라는 사고실험(思考實驗, thought experiment)은 1935년에 오스트리아의 물리학자 에르빈 슈뢰딩거가 물리학에 불확정성이 도입된 것에 반발해 양자역학의 역설(paradox)을 제시할 목적으로 한 것이지만, 그러한 역설이 오히려 양자역학의 특징을 설명하는 대표적인 예시로 흔히 사용된다.

(然)' 자의 본질이다.

'이중성'이란 것도 존재[물질, 현상]와 비존재[의식, 본체]를 다른 것으로 보는 3차원 언어의 표현 방식일 뿐이다. '이중성'이니 '중첩'이니 '역설적'이니 하는 것은 우주적 관점에서 보면 '닫힌 의식'의 전형이다.

'열린 의식'으로 보면 그것은 '이중성'이 아니라 생명의 전일적 흐름(holomovement)을 나타낸 것이며 실제와 정합(整合)하므로 역설적이 아니다.

참자아는 언설(言說)이 끊어지고 사변(思辨)의 길이 끊기는 영역인 까닭에 이론의 그물로 포착되지 않으며, '영원한 현재'인 까닭에 시공(時空)의 그물에도 걸리지 않는다. 또한 초논리·초이성의 영역인 까닭에 논리의 그물에도 걸리지 않으며 '이성의 간지(cunning of reason)'에도 걸리지 않는다.

의식이 상승하면, 다시 말해 '열린 의식'이 되면 이런 상대계의 언어들은 모두 사라질 것이다. 지금으로서는 다만 설명의 편의상 3차원 언어 세계의 용어를 그대로 쓰겠노라.

참자아의 이중성(the duality of the true self) 또는 존재의 패러독스(역설적 존재성), 그리고 '파동-입자 이중성', '양자 중첩' 또는 '미시세계의 역설'은 『바가바드 기타』에 나오는 다음 경구와 그 의미가 일맥상통한다.

> "나(참자아)는 불멸인 동시에 죽음이며, 존재하는 것과 존재하지 않는 모든 것이다.*

말하자면 이중성은 참자아의 본질인 동시에 양자의 본질이다. 보이지

---

* *The Bhagavad Gita*, 9. 19: "I am life immortal and death; I am what is and I am what is not"(parenthesis mine).

않는 양자 세계는 양자물리학의 미시세계에만 국한된 세계가 아니라 바로 우리 참자아의 세계이며 '내적 자아(inner self)'의 영역이기 때문이다.

이분법을 초월한 양자계의 역설적 존재성은 '양자 얽힘(quantum entanglement)'에서도 드러난다. 이는 두 입자가 공간적 거리와는 무관하게 비국소적으로[초공간적으로] 연결되어 있으므로 매개체 없이도 즉각적으로 서로의 상태에 영향을 미친다는 이론이다.

이 이론은 우주가 '인드라망'과도 같이 상호연관과 상호의존의 세계 구조로 이루어져 있으며 서로가 서로를 비추는 상호융합의 구조로 연기(緣起)한다고 보는 화엄사상의 관점과 상통한다. 실재는 경계가 없으므로 '이것'이 곧 다른 '모든 것'이다.

또한 이는 『이샤 우파니샤드』에 나오는 다음 경구와도 그 의미가 일맥상통한다.

"그(참자아)는 움직이면서 동시에 움직이지 않고 멀리 있으면서 동시에 가까이 있으며 모든 존재에 내재하면서 동시에 모든 존재 밖에 있다."*

이러한 이분법을 초월한 양자계의 역설적 존재성은 참자아의 '순수 현존(pure presence)'을 보여준다. 참자아는 언제 어디에나 실재하며 특정한 위치에 머무름이 없는 '무주(無住)'의 덕을 지닌 까닭에 우주 '큰사랑'을 실천할 수 있다.

이는 전자가 특정한 위치에 머무름이 없는 관계로 파동인 동시에 입자

---

* *Isa Upanishad in The Upanishads*, p.49: "He moves, and he moves not. He is far, and he is near. He is within all, and he is outside all" (parenthesis mine).

로 나타나는 것과도 같은 것이다.

　전 우주는 완전히 하나로 연결되어 있다. '보이지 않는 우주'와 '보이는 우주', 즉 양자역학에서의 미시세계와 우리가 사는 거시세계는 상호융합의 구조로 연결되어 있으므로 미시세계에서 일어나는 것은 거시세계에서도 일어난다.

　이러한 생명의 전일적 흐름을 나타내는 우주 '한생명'의 공식, 즉 '하나는 셋(一卽三), 셋은 하나(三卽一)'[천·지·인 삼신일체]를 깊이 이해하면, 참자아의 이중성 또는 존재의 패러독스(역설적 존재성), 그리고 '파동-입자 이중성', '양자 중첩', '양자 얽힘' 또는 '미시세계의 역설' 또한 자연히 이해할 수 있게 된다.

　초(超)의식의 세계는 시공간을 초월해 있으므로 상대계인 3차원의 언어로 적절히 나타낼 수가 없다. 언어화하는 순간 역설이 되어버리기 때문이다. 언어 너머의 세계를 읽을 수 있는 눈을 갖지 않고서는 그러한 역설은 이해하기 어려운 것이다.

　다이토(Daito, 大燈) 선사의 선시(仙詩)처럼 역설적 표현이라 할지라도 때론 어렵지 않게 와닿는 경우도 있다.

"우리는 수천 겁(劫) 이전에 헤어졌지만, 잠시도 떨어져 본 적이 없소. 우리는 종일토록 얼굴을 맞대고 있지만, 만나본 적이 없소."*

그때 북두칠성이 만면에 웃음을 띠며 당도했다.

---

* We were parted many thousands of kalpas ago, yet we have not been separated even for a moment. We are facing each other all day long, yet we have never met.

마고가 환영 인사를 건넸다.

오, 일월성신(日月星辰)을 다스리는 하늘의 주재신, 북두칠성이시여! 이렇게 만사를 제쳐두고 기꺼이 왕림해 주시니 참으로 기쁘고 반갑도다. 그대를 환영하노라!

그러자 북두칠성이 말했다.

위대한 무 제국의 정통 계승자, '라 무'여! 신선계의 거두(巨頭)인 생명의 여신이여! 그대의 아름다운 정원에 초대해 주어 즐거운 마음으로 왔노라. 다시 만나게 되어 반갑도다!

북두칠성은 곤륜산 신령과도 서로 인사를 나누었다. 환안도 북두칠성에게 하례를 올렸다. 그리고는 모두 자리에 앉았다.

그때 정원의 약초 담당자가 곤륜산 신령과 북두칠성 앞에 봉황이 새겨진 아름다운 옥그릇들을 내려놓으며 말했다.

봉산(蜂山)의 돌에서 나오는 물인 석수(石髓)와 옥수(玉樹)의 열매, 영지(靈芝)와 난혜(蘭蕙) 등 약초로 만든 진액과 완염(琬琰)의 기름인 옥액(玉液), 그리고 소련흑조(素蓮黑棗: 흰 연꽃과 검은 대추)와 벽우백귤(碧藕白橘: 푸른 연뿌리와 흰 귤)입니다. 모두 선인(仙人)들께서 즐겨 드시는 것들입니다. 음미하소서!

곤륜산 신령이 진액을 한 모금 마시고는 말했다.

음, 진액이 깊고도 그윽하도다!

그리고는 북두칠성을 향해 말했다.

그대가 당도하기 전 참자아의 이중성에 관한 이야기를 했노라. 이는 존재의 역설적 본질에서 비롯되는 '존재의 패러독스'와도 연결된다.

잠시 선식(仙食)을 음미한 후, 북두칠성이 말했다.

오늘 주제인 '존재의 패러독스'는 참자아의 역설적 존재성에서 비롯되는 것이다. '역설적'이라는 표현은 내게 익숙하지 않지만, 설명의 편의상 3차원 언어 세계의 용어를 그대로 쓰겠노라.

그리고는 환안을 향해 말했다.

그대 사명자, 신관이여! 오늘 주제에 들어가기 전에 지금까지 우리가 이야기해 온 참자아('참나', 超我)에 대해 정리해 보겠는가?

그러자 환안이 서사시로 답했다.

참자아여, 그대는 생명이다. 우주의 본질인 생명은 만물의 제1원인이다. 우주만물을 잇는 에너지장(場)이며 불가분의 전체성, 즉 영성(靈性)이다. 전체성인 동시에 개체성이며, 내재성인 동시에 초월성이며 우주의 본원인 동시에 현상 그 자체다.

참자아여, 그대는 신(神)이다. 만유의 근원인 신은 유일 실체인 까닭에 유일신이라고도 불린다. 그대는 우주만물에 편재해 있는 보편자, 신 의식[神性]이다. 전체의식이고 우주의식이며 보편의식이고 근원의식이며 순수의식이다.

참자아여, 그대는 하늘(天)이다. 만유의 근원인 하늘은 궁극적 실재다. 그 자체는 생멸하지 아니하면서 만유를 생멸케 하고 또한 그 자체는 무규정자[無名]이면서 만유를 규정하며 만유에 편재해 있는 무시무종(無始無終)의 유일자다.

참자아여, 그대는 영(靈)이다. 신(神)이라고도 불리는 '영'은 우주 지성[性]인 동시에 우주의 창조적 에너지[命, 氣]이며 우주의 근본 질료[精]로서, 이 셋은 제1원인의 삼위일체다. 천지만물이 생겨나기 전에도 있었던 생명 그 자체다. 만물은 제1원인의 삼위일체의 작용으로 나타난 것이다.

참자아여, 그대는 일심(一心)이다. 근원성·포괄성·보편성을 띠는 일심은 진여(眞如, 本覺)인 동시에 생멸(生滅, 不覺)이며, 생명의 본체인 동시에 작용이고, 영성(靈性)인 동시에 물성(物性)이며, 이치(理)인 동시에 기운(氣)이다. 내재적 본성인 신성[참본성]이며 일체는 오직 마음이 지어낸 것이다.

참자아여, 그대는 도(道)이다. 천하의 모체인 '도'는 그 스스로의 법칙성에 의해 활동하는 가장 포괄적이고도 근원적인 존재로서 만물의 생성·유지·파괴의 전 과정을 주재한다. 감각과 지각을 초월해 있으며 언어 세계의 포착망에서 벗어나 있다.

참자아여, 그대는 사랑이다. 신은 사랑이므로 사랑을 실천하지 않으면 만유의 근원인 신을 알 수가 없다. "신을 사랑하는 것과 이웃을 사랑하는 것, 그 사랑의 근원은 같으므로"[10] 신·인간 이원론은 성립되지 않는다. 사랑이 완전해지면 주관과 객관의 경계가 사라지고 오직 사랑의 진동만이 물결칠 뿐이다.

참자아여, 그대는 진리다. 진리는 생명, 신(神), 하늘(天), 영(靈), 일심(一心), 도(道), 사랑 등 참자아를 통칭하여 부르는 이름이다. 우주의 본질인 생명이 곧 신(神)이며 하늘(天)이며 영(靈)이며 일심(一心)이며 도(道)이며 사랑이며 참자아임을 알지 못하면 진리에서 멀어지게 되므로 자유롭지 못하게 된다.

생명의 본체와 작용, 이치(理)와 기운(氣), 진여와 생멸은 합일이므로 참자아와 우주만물, 즉 '보이지 않는 우주'와 '보이는 우주'는 하나다. 자유, 생명, 행복, 정의, 평화, 복지 등의 제 가치와 인류의 생명권에 대한 자각은 하나인 참자아[참본성]에 대한 자각이 선행될 때 활성화될 수 있다.

환안이 말을 마치자 북두칠성이 말했다.

그대가 명료하게 잘 정리했도다! 만물의 제1원인인 참자아에 대한 자각이 중요한 것은 그것이 단순한 철학적 사변이 아니라 인류가 추구하는 제가치와 인류의 생명권을 자각하는 중추가 되는 것이기 때문이다.

데카르트는 '철학이라는 나무의 뿌리가 형이상학이고, 줄기는 물리학이며, 가지는 여타의 모든 과학'[11]이라고 했다. 파동-입자 이중성 또는 미시세계의 역설을 규명하기 위해서는 그 뿌리에 해당하는 형이상학과 연결할 필요가 있다.

참자아는 존재성[입자]과 비존재성[파동], 물성[입자]과 영성[파동] 그 어느 것에도 구애됨이 없이 양 차원을 상호관통하며 변증법적 통합의 형태로 스스로를 드러내는 자이다. 이는 이중성의 진실이 이중성의 초월에 있음을 말해준다.

이러한 참자아의 이중성 또는 역설적 존재성[존재의 패러독스]은 파동-입자 이중성 또는 미시세계의 역설과 유비적 대응관계에 있다.

파동-입자 이중성 또는 미시세계의 역설은 자연이 불합리해서가 아니라 대립자의 역동적 통일성에 기초하는 '스스로(自) 그러한(然)' 자의 본질인 까닭이다.

이러한 이중성은 생명의 본질 자체가 본체와 작용, 영성(靈性)과 물성(物性)을 상호관통하는 완전한 소통성인 데에 기인한다. 실재는 경계가 없으므로 위치라는 것도 없다. 이를 이해하려면 물질주의 관점에서 벗어나야 한다.

존재의 패러독스는 상호배타적인 것이 상보적이라는 양자역학적 세계관이나, 소립자의 수준에서 물질은 비국소성(非局所性)[초공간성]을 띠는 안개와도 같이 어디에도 존재하지 않거나 또는 모든 곳에 존재하는 것으로 나타난다는 미시세계의 역설이 의미하는 바와 같은 맥락 속에 있다.

참자아는 우주만물에 편재해 있으므로 없는 곳이 없이 실재한다. 모든 곳에 존재한다는 것은 위치라는 것이 없으므로 어디에도 존재하지 않는 것이 된다.

이러한 존재의 패러독스는 존재와 비존재의 불가분리성(不可分離性)에 기인한다. 이러한 불가분리성은 존재가 과정인 동시에 유기체임을 말해준다.

물방울과 물결의 분리가 실재성이 없듯이, 개체성과 전체성의 분리 또한 실재성이 없다. 오직 거대한 전체, 즉 하나인 에너지의 바다(氣海)만이 넘실거리고 있을 뿐이다.

존재는 영원한 하나의 흐름 속에 있다. 본체계[의식계]에서 현상계[물질계]로, 현상계에서 본체계로 쉼 없이 흐르는 과정이다.

상대계인 존재의 관점에서 의식은 비존재이고, 절대계인 의식의 관점에서 존재는—우주의 실체는 의식이므로—의식의 그림자에 지나지 않는다. 따라서 존재와 비존재를 절대화하는 오류를 범해서는 안 된다.

즉자대자적(卽自對自的) 사유체계에 기초한 원효의 '무리지지리 불연지대연(無理之至理 不然之大然: 상대적 차별성을 넘어선 여실한 대긍정)'의 논리는 생명의 본체와 작용, 영성(靈性)과 물성(物性)의 합일을 명징하게 보여준다.

이러한 합일은 평등무이(平等無二)의 세계관에 기초한 수운(水雲) 최제우(崔濟愚)의 불연기연(不然其然: 그렇지 아니함과 그러함)*의 논리에서도 명료하게 드러난다.

하늘(天·神·靈, 즉 생명)은 만유의 본질로 내재해 있으면서 동시에 만유를 초월하여 만유를 생멸(生滅)케 하는 불생불멸의 유일자[유일신]이다. 내재와

---

* 동학의 창시자 수운 최제우는 기연(其然)은 불연(不然)으로 인하여 존재하는 것으로 모두 불연의 투영에 지나지 않으며, 불연 역시 기연으로 인하여 존재하므로 기연과 둘이 아니라고 했다. 기연은 사물의 현상적 측면과 관련된 감각적·지각적·경험적 판단의 영역이고, 불연은 사물의 근본 이치와 관련된 超논리·超이성·직관의 영역이다.

초월은 안과 밖으로 구분되는 만유의 형상을 전제로 한 개념일 뿐, 실제에 있어 하늘(기운)은 없는 곳이 없이 실재하며 일체 우주만물을 관통하므로 내재와 초월은 하나다.

내재와 초월의 합일에 대한 인식은 동학의 내유신령(內有神靈)과 외유기화(外有氣化), 그리고 『대승기신론』에서 일심에 대한 해명을 목적으로 설정한 진여문(眞如門, 본체)과 생멸문(生滅門, 작용)에서도 명료하게 드러난다.

우리가 물질이라고 지각하는 것이 특정 주파수대의 에너지 진동에 지나지 않는다는 사실을 깊이 이해하면 그 어떤 분리도 실재하는 것이 아님을 알게 된다. 한마디로 물질주의 관점을 떠나면 일체 경계는 사라지고 우주 '큰사랑'이 드러난다.

본체와 작용, 내재와 초월, 영성과 물성, 전체와 부분, 신성과 이성은 모두 같은 의미의 다른 표현이다. 이들의 합일에 대한 인식이 없이는 존재와 비존재가 하나라는 존재의 패러독스를 이해할 수 없다.

참자아의 역설적 존재성에 대한 인식이 없이는 하늘과 우주만물의 전일적 관계가 드러나지 않으므로 '삼경(三敬: 敬天·敬人·敬物)'의 삶을 실천할 수가 없다. 그런 점에서 참자아의 이중성에 대한 인식은 모든 진리의 중추를 틀어쥐는 것이다.

북두칠성의 말에 공감하며 마고가 말했다.

그렇도다. 참자아의 이중성은 불생불멸하는 궁극적 실재의 비존재성의 측면과 참자아의 자기복제로서의 작용으로 나타난 생멸(生滅)하는 우주만물의 존재성의 측면, 이 양 측면을 일컫는 것이다.

그러나 참자아는 이 양 측면의 어느 것에도 구애됨이 없이 양 세계를 자유롭게 상호관통한다. 영성과 물성의 양 차원을 상호관통하며 변증법적 통합의 형태로 스스로를 드러내므로 본체인 하늘과 그 작용인 우주만물은 하나가 된다.

이러한 참자아의 이중성의 진실을 깨닫기만 하면 우주만물이 곧 하늘임을 알게 되므로 우주 '한생명'을 실천할 수 있게 된다.

참자아의 이중성은 영적 진화의 지향성을 갖는 우주 그 자체의 속성이다. 이러한 영성과 물성의 변증법적 리듬이 조성한 긴장감을 통해 영적 진화를 위한 학습 효과가 극대화된다.

존재와 비존재가 하나임을 안다는 것은 삶을 하나의 원(圓)으로 인식한다는 것이다. 이는 곧 본체와 작용, 내재와 초월, 영성과 물성, 전체와 부분, 신성과 이성을 변증법적으로 통합함으로써 하늘과 우주만물이 하나가 되는 것이다.

'하나는 셋(一卽三), 셋은 하나(三卽一)', 즉 천·지·인 삼신일체의 원리를 체득하는 것, 바로 여기에 존재의 패러독스를 이해하고 삶의 신비를 푸는 열쇠가 있다.

"그 어떤 것에도 의존하지 않으면서 만물의 근본이 되고, 물질세계 저 너머에 있으면서 물질세계의 변화를 주재하는 참자아[유일자·유일신]"[12]란 바로 일심, 즉 해방된 마음을 지칭한 것이다.

우주의 실체는 의식이므로 참자아는 곧 참본성이며 일심(一心)이다. 일심은 진성(眞性: 性·命·精)이고 완전한 앎이며 순수의식이다.

마음의 해방이 달성되지 못하는 것은 영적 무지에 따른 마음의 파편화로 인해 사물에 집착함으로써 세계를 전일적으로 조망하지 못하기 때문이다.

다시 말해 개체화 의식으로 인해 생명의 전일성을 인식하지 못하고 물질세계가 만들어내는 현란한 유희에 사로잡혀 있기 때문이다.

마음의 해방이란 영성과 물성이 하나임을 인식하는 것이다. 하나임을 인식하기 위해서는 왜 전체성[靈性]인 참자아(spiritual self)가 자기복제로서의 작용을 통해 개체성[物性]인 물질적 자아(material self 또는 corporal self)의 형태로 현현하는가를 알아야 한다.

다시 말해 왜 생명의 본체인 유일자[一]가 자기조직화에 의해 다양한 우주만물[多]로 현현하는가를 알아야 한다.

'하나(一)'인 참자아가 생명의 본체인 동시에 작용으로 나타나는 것은 물질적 우주의 존재 이유와 직결되는 것이라는 점에서 그 의미는 심대하다.

그러자 곤륜산 신령이 이어 말했다.

칼 구스타프 융은 '하나가 왜 다수로 나타나는가, 그리고 자신을 다수로 반영해 보여주는 하나와 그 하나가 사용하는 거울, 이 둘 중 어느 것이 더 현실인가'에 대한 의문을 제기하면서, 거기에는 답이 없을 것이므로 그런 질문을 해서는 안 될 것이라고 했다.

융은 이렇게 말한다.

"궁극적 실재가 모든 것이자 하나인데 하나가 왜 다수로 나타나는가? 다원성 또는 다원성의 환상의 원인은 무엇인가? 만약 하나가 자기 자신에게 만족한다면, 왜 자신을 다수로 반영해 보여주는가?

자신을 다수로 반영해 보여주는 하나와 그 하나가 사용하는 거울, 이 둘 중 어느 것이 더 현실인가? 아마도 거기에는 답이 없을 것이므로 우리는 그런 질문을 해서는 안 된다."[13]

생명이 영원한 신비인 것은 초의식의 상태에서만이 이해될 수 있는 그 '무엇'이기 때문이다. 과연 융의 말처럼 하나가 왜 다수[삼라만상]로 나타나는가에 대한 대답은 없는 것일까?

융이 말한 '자신을 다수로 반영해 보여주는 하나'와 '그 하나가 사용하는 거울', 이 둘은 서로 다른 것일까?

이어 곤륜산 신령은 환안을 향해 말했다.

그대 사명자, 신관이여! 융의 물음에 그대가 대답해 보겠는가?

그러자 환안이 대답했다.

만산의 조종(祖宗)인 곤륜산의 신성한 영(靈)이시여! 융의 물음은 크게 두 가지로 나누어 살펴볼 수 있습니다. 첫 번째 물음은 '하나가 왜 다수[우주만물]로 나타나는가'에 대한 것입니다.

융이 말한 '하나가 다수로 나타나는 것', 다시 말해 '하나'인 참자아가 자기복제로서의 작용을 통해 우주만물로 현현하는 것은 앎을 존재로서 체험하기 위한 것입니다.

정신은 오직 물질을 통해서만 스스로를 구현할 수 있는 까닭에 앎을 존재로서 체험하지 않으면 비존재와 존재, 본체[理]와 작용[氣], 영성[眞如性]과 물성[生滅性]이 하나임을 알 수 없기 때문입니다.

모든 관점을 통섭함으로써 선악과 시비를 넘어설 수 있을 때, 바로 그때 진정한 앎이 일어나는 것입니다.

참자아는 선악과 시비를 체험하기 위해 본체와 작용, 영성과 물성의 이중성을 갖지만 동시에 이중성을 초월해 있습니다. 이것이 바로 이중성의 진실입니다.

이러한 진실은 내재와 초월의 합일로 나타납니다. 즉, 참자아는 만유에 내재해 있으면서 동시에 만유를 초월하여 만유를 생멸시키는 불생불멸의 유일자[유일신]입니다.

참자아[참본성]는 곧 일심(一心, 一氣)이며 순수의식입니다. 하나가 왜 다수로 나타나는가에 대한 설명은 목적론적이지만 생명현상은 무위이화(無爲而

化)의 작용이므로 목적론적인 것은 아닙니다.

그 방향성이 우주의 진행 방향인 영적 진화[의식의 진화]와 조응해 있다는 것입니다. 영적으로 진화한다는 것은 의식이 확장된다는 것이며 이는 곧 앎의 원이 완성되고 자유가 실현되는 것입니다.

상대계는 의식의 확장을 위한 최적 조건을 창출합니다. 우리는 매 순간 과거 카르마의 지배를 받으며 또한 끊임없이 새로운 카르마를 짓는 까닭에 이것들이 맞물려 돌아가면서 영적 교정을 위한 최적 조건을 창출하는 것입니다.

완전한 앎이란 일체의 대립성을 넘어선 소통성의 완성입니다. 물성과 영성의 변증법적 리듬이 조성한 긴장감은 진화를 위한 학습효과를 극대화할 수 있습니다.

이러한 소통성의 완성은 선과 악, 즐거움과 괴로움, 성공과 실패 등 양극단의 대조적 체험을 통해서만 가능한 까닭에 상대계인 물질적 우주가 생겨난 것입니다.

따라서 앎을 존재로서 체험한다는 것은 상대계에서의 양극단을 체험한다는 것이며, 이는 곧 의식(意識)의 담금질을 통해 영적 진화가 이루어지고 완전한 앎이 달성되는 것입니다.

본체계와 현상계, 영성과 물성을 관통하는 참자아의 이중성을 깨달으면 생명의 비밀을 푸는 마스터키를 소지한 것이나 다름없게 됩니다.

참자아가 우주만물로 현현하는 것이 앎을 존재로서 체험하기 위한 것이라면, 그리고 이러한 양극단의 체험을 통해 영적 진화가 이루어지고 앎의 원이 완성되는 것이라면, 왜 영적 진화를 이루고 앎의 원을 완성해야 하는가? 라는 의문이 생겨날 수 있습니다.

우주의 본질인 생명은 합목적적으로 자기조직화하는 칩―'우주 지성'이라고도 부르는―이 내장되어 있어 전체적으로 보면 영적 진화의 방향에서 이탈할 수 없게 되어 있습니다.

우리는 영적 진화의 지향성을 갖는 생명이라는 피륙의 한 올이기 때문에 그렇게 설계된 것입니다. 말하자면 우주의 진행 방향이 영적 진화이고, 우리가 추구하는 제 가치 또한 영적 진화의 산물이기 때문이다.

영적 진화에 역행하면 카르마의 그물에 걸려 재수강할 기회가 주어지므로―즉, 삼사라(samsara, 生死輪廻)가 일어나므로―영적 교정을 통해 진화하는 것입니다.

생명의 본체인 하나가 우주만물[多, 三]로 나타났다가 다시 하나로 돌아가고, 하나는 또다시 우주만물로 나타나는, 생명의 순환 과정이 끝없이 반복되면서 진화하는 것입니다.

이 우주는 누가 누구를 창조하는 것이 아니라 필연적인 자기법칙성에 따라 자기조직화에 의해 스스로 생성되고 변화하여 돌아가는 '참여하는 우주'입니다. 하나가 다수로 나타나는 것은 바로 그러한 원리에 의한 것입니다.

다음으로 융의 두 번째 물음인 '자신을 다수로 반영해 보여주는 하나'와 '그 하나가 사용하는 거울', 이 둘 중 어느 것이 더 현실인가에 대한 것입니다.

'만상일천(萬像一天)'이라는 말이 있듯이, 삼라만상[萬像]은 하나인 참자아[一天]가 모습을 달리하여 나타난 것입니다. 많은 나뭇가지가 하나의 뿌리로 돌아가듯이, 무수한 진리의 가지들도 하나의 진리로 되돌아갑니다.

융이 말한 '자신을 다수로 반영해 보여주는 하나'는 참자아[一天, 一神, 唯一神]입니다. 우주의 실체는 의식이므로 참자아는 곧 참본성[神性], 즉 일심(一心)입니다.

일심의 자기복제로서의 작용을 통해 현현한 우주만물은—비록 표현은 다를지라도—바로 '마음의 거울'에 비친 우주만물입니다.

그래서 "마음이 일어나면 갖가지 법이 일어나고(心生則種種法生), 마음이 사라지면 갖가지 법이 사라진다(心滅則種種法滅)"14고 한 것입니다.

거울에 비친 형상과 거울을 분리시킬 수 없듯이, 마음의 거울에 비친 만상과 마음은 분리시킬 수 없습니다. 그래서 '만법귀일(萬法歸一)', 즉 만가지 법이 하나인 마음(一心)의 법으로 돌아간다고 한 것입니다.

거울이 모든 형상을 받아들이고 바다가 모든 강줄기를 받아들이듯이 일심은 만물만상을 포용합니다. 하나가 곧 일체이며 일체가 곧 하나입니다.

융이 말한 '자신을 다수로 반영해 보여주는 하나'는 삼라만상을 비추는 하나인 마음(一心)이며, '그 하나가 사용하는 거울' 또한 하나인 마음의 거울입니다.

'하나인 마음의 거울'은 삼라만상을 비추는 일심의 기능적 측면을 일컬어 그렇게 표현한 것일 뿐, 하나인 마음과 하나인 마음의 거울은 분리할 수 없는 하나입니다.

융은 '자신을 다수로 반영해 보여주는 하나와 그 하나가 사용하는 거울, 이 둘 중 어느 것이 더 현실인가'라는 물음과 함께 거기에는 답이 없을 것이므로 그런 질문을 해서는 안 된다고 했습니다.

'이 둘 중 어느 것이 더 현실인가'라는 물음은 마음과 마음의 거울을 분리한 데서 오는 것으로, 참자아인 일심에 대한 인식 결여에 기인하는 것으로 보입니다.

그리고 '답이 없을 것이므로 그런 질문을 해서는 안 된다'고 한 것도 마찬가지로 제1원인인 참자아에 대한 인식 결여에 기인하는 것으로 보입니다.

환안이 답변을 마치자 곤륜산 신령이 말했다.

그대의 생각이 정연(整然)하도다!

마고와 북두칠성도 공감하며 고개를 끄덕였다.

북두칠성이 말했다.

이 세상의 모든 갈등과 대립은 소유욕의 부산물로서 사물을 있는 그대로 보지 못하는 데서 일어난다. 말하자면 영적 시력의 약화로 인해 있는 그대로의 사물이 보이지 않고 자신의 욕망이 투영된 허상을 보는 데서 일어나는 것이다.

객관적 세계의 모든 것은 우리 내면의 투사영이며 내면으로 들어가기 위한 하나의 방편이다. 긍정성과 부정성, 이 양극단의 변증법적 통합에 의해 진정한 앎이 일어나게 된다.

상대계인 물질계가 존재하는 이유가 여기에 있다. 정신은 물질을 통해서만 스스로를 구현할 수 있는 까닭에 불멸인 영혼은 필멸인 물질적 육체 속으로 들어가 의식의 담금질을 통해 앎을 높여가는 것이다.

고도로 각성된 의식은 우주와의 공명 속에 있게 되므로 그 파동은 그만큼 전체적이 되어 한 시대를 변화시키고 새로운 역사의 장을 여는 창조성을 발휘한다.

공동체적 삶의 중요성을 인식하는 것은 분절적인 지식에 의해서가 아니라 사물을 전체적으로 통찰하는 지성에 의해서이다.

일체 이원성을 넘어선 여실한 대궁정의 경계, 이른바 '오메가 포인트(Omega Point)'—동시에 알파(Alpha)이기도 한—를 향하여 인류의 험난한 의식의 여정은 지금도 계속되고 있다.

우주만물을 잇는 에너지장(場)에서 우리는 매 순간 삶을 부정하거나 긍정하는 선택을 하며 살아가고 있다. 우리는 감정의 언어로 초공간적이며 홀로그램적인 에너지장(場)과 소통할 수 있다고 영성 과학자 그렉 브레이든은 말한다.

인간의 DNA는 우리 세계를 이루고 있는 물질에 직접적 영향을 주는데, 이 DNA에 직접적 영향을 주는 것이 바로 인간의 감정이라는 것이다.

감정과 DNA의 관계는 시공간의 경계를 초월하며 그 영향력은 거리와는 무관하게 동일한 것으로 나타난다.[15]

'디바인 매트릭스(Divine Matrix)'라고도 불리는 "이 미묘한 에너지의 법칙을 이해하고 적용할 수 있는 능력이야말로 가장 깊은 치유와 최대의 기쁨, 그리고 인류가 종(種)으로서 살아남는 비결"[16]이라고 브레이든은 말한다.

그리고는 이어 말했다.

인간의 실존 양식은 '소유형(having mode)'과 '존재형(being mode)'의 두 가지 유형으로 분류될 수 있다.

소유형 인간은 타자에 대한 우월감, 자신의 힘(재산, 지위, 명예, 권력, 지식 등), 그리고 극단적인 경우 정복, 강탈, 죽이는 능력에서 자신의 존재성을 확인한다.

존재형 인간은 소유와 탐욕을 떠나 사랑하고 공유하고 베푸는 능동적인 삶에서 자신의 정체성을 확인한다.[17] 진정한 의미에서의 욜로(Yolo: You Only Live Once)족이다.

산업사회를 지배하는 소유형 인간은 그들 자신의 정체성을 다음 공식으로 확인한다. 즉, "나는 내가 가진 것과 소비하는 것이다."[18]

소유형 인간의 경우 "내가 가진 것이 나라면 그리고 내가 가진 것을 잃게 되면 대체 나는 누구인가?"[19]라는 의문이 제기될 수 있다.

재산이든 지위든 친구든 그 밖의 무엇이든, 우리는 가진 것을 잃을 수 있고 목숨 또한 잃을 수 있다. 따라서 소유형 인간은 모든 것에 불안감을 느끼며 '자기중심적인(self-centered)' 인간으로 살아간다.

이런 유형의 인간은 삶의 끝에 이르러서야 소유에 얽매인 삶의 방식 때문에 그 자신이 될 수 없었다는 것을, 결코 그 자신이 아니었다는 것을 알아차린다.

존재형 인간은 중심이 자신 속에 있기 때문에 안전함을 느끼며 충만한 기쁨 속에서 살아간다. "내가 만약 내가 가진 것이 아니라 참자아가 나라면, 아무도 나에게서 나의 안전과 정체성을 빼앗거나 위협할 수 없다"[20]는 것이다.

죽음에 대한 두려움을 진정으로 극복할 수 있는 유일한 길은 '삶에 매달리지도 않고, 삶을 소유로 경험하지도 않는'[21] 것이다.

'소유 양식'이 지배하는 산업사회의 문제를 해결하기 위해 에리히 프롬이 제시하는 새로운 사회상 및 인간상은 삶에 집착하지 않으면서 삶을 긍정하고 타자와 나누며 능동적으로 살아가는 '존재 양식'의 정착 여부에 달려 있다.

그러자 곤륜산 신령이 말했다.

'소유 양식'이 아니라 '존재 양식'이 정착되려면 참자아에 대한 자각이 선행되어야 한다. 참자아에 대한 자각은 개인의 자아실현을 위해서는 물론 나라를 바로잡기 위한 필수요건이다.

각자의 본분에 충실한 순천(順天)의 삶을 살 때 참자아는 스스로 그 모습을 드러내어 이상적인 정치가 실현될 수 있다. 그러나 각자의 본분에 충실하기 위해서는 스스로가 누군지, 왜 존재하는지에 대한 앎이 선행되어야 한다.

사서(四書)의 하나로 일컬어지는 『대학(大學)』에서 명명덕(明明德: 명덕을 밝힘)·친민(親民[新民]: 백성을 친애함)·지지선(止於至善: 지선에 머뭄)을 대학의 3강령이라 하고 이를 격물·치지·성의·정심·수신·제가·치국·평천하의 8조목(八條目)으로 나타낸 것도 온전한 앎이 없이는 온전한 삶이 전개될 수 없다는 인식에 기초한 것이다.

8조목 가운데 격물(格物)·치지(致知)·성의(誠意)·정심(正心)이란 사물의 이치를 궁구하여 이르지 않은 데가 없게 한 다음에야 모든 사물의 이치를 알 수 있게 되고, 모든 사물의 이치를 알고 난 다음에야 뜻이 성실해지고, 뜻이 성실해진 다음에야 마음이 바르게 된다는 뜻이다.

수신(修身)·제가(齊家)·치국(治國)·평천하(平天下)란 (마음이 바르게 된 다음에야) 몸이 닦아지고, 몸이 닦아진 다음에야 집안이 다스려지고, 집안이 다스려진 다음에야 나라가 다스려지고, 나라가 다스려진 다음에야 천하가 태평하게 된다는 뜻이다.

모든 종교와 철학사상의 정수가 만물의 제1원인인 참자아에 대한 자각에 기초한 것은 앎의 뿌리인 참자아에 대한 자각이 없이는 올바른 삶이 전개될 수 없기 때문이다.

그리고는 마고를 향해 말했다.

위대한 무 제국의 정통 계승자, '라 무'여! 한민족 고유의 생명 코드[마고 코드, 天符 코드]인 '하나는 셋(一卽三), 셋은 하나(三卽一)', 즉 천·지·인 삼신일체는 참자아를 자각하는 중추가 되는 원리이다.

이러한 삼신일체 원리는 고조선 문명권에 널리 확산되었으며, 오늘날까지도 카자흐스탄 등지에서는 단군이 곧 텡그리(Tengri, 하늘)로 인식되고 있다.

상고시대 조선은 세계의 정치적·종교적 중심지로서, 사해의 공도(公都)로서 세계 문화의 산실 역할을 하였다. '라 무'여, 단군조선이라는 나라에 대해 들려줄 수 있겠는가? 그리고 기자조선, 위만조선과는 어떤 관계인가?

그러자 마고는 이렇게 말했다.

단군조선은 제1대 단군왕검에서 마지막 제47대 단군 고열가(古列加)에 이르기까지 단군 47대(BCE 2333~BCE 238)가 2096년간 다스린 단군의 조선으로 끝난 것이다.

따라서 중국에서 밀려와 고조선 변방의 한구석에 있었던 망명 정치집단으로 조선조의 작은 지방의 제후, 한갓 지방관에 불과했던 기자(箕子)·위만(衛滿)의 제후국과는 전혀 그 맥이 다른 광역 강국이었다.

그러한 작은 집단에 불과했던 기자조선이나 위만조선이 마치 고조선을 계승하여 그 맥이 된 것처럼 잘못 전해진 것은 사대주의와 일본의 제국주의·식민주의·황통주의 역사관에 의하여 왜곡, 조작된 것을 그대로 답습했기 때문이다.[22]

기자조선과 위만조선의 실상은 대개 이러하다. BCE 12세기경 상(商, 殷)나라가 주족(周族)에 의해 멸망하고 서주(西周: 낙양으로 東遷하기 전의 周나라)가 건국되면서 봉건제도를 확장하게 되었다.

이에 따라 상(商) 왕실의 근친이었던 기자는 봉지(封地)를 잃게 되어 일족(一族)과 함께 지금의 난하(灤河: 베이징 근처) 서부 유역인 하남성(河南省) 개봉시(開封市) 서화(西華)[23]에 정착하게 되었다.

BCE 221년에 중국이 진(秦)에 의해 통일되자 기자의 후손인 기비(箕丕)는 고조선 말기에 조선으로 와서 간청하여 변방 작은 지역의 제후가 되었는데, 이것이 기자동래설(箕子東來說)의 실체다. 이 일대는 삼조선(三朝鮮, 三韓)의 하나인 번조선(番朝鮮, 番韓)의 영역에 속했던 지역이다.

기비(箕丕)의 아들 기준(箕準)은 BCE 2세기 말경 서한(西漢)으로부터 그의 거주지로 망명해온 위만(衛滿)을 신임하여 변방을 수비하는 박사(博士)로 삼아 국경지대인 난하 유역에 살게 했다.

그런데 위만은 그곳에 거주하는 토착인들과 중국으로부터의 망명 집단을 규합하여 세력을 형성하였고, 급기야는 기준(箕準)에게 사람을 보내 서한(西漢)이 쳐들어오니 궁궐을 지키겠다며 무리를 이끌고 가서 정권을 탈취했다.

제후의 자리를 빼앗긴 번조선 왕 기준은 장수들과 그 좌우 궁인들과 해(海) 땅으로 들어가서 한(韓) 지역에 살았고 스스로 한왕(韓王)이라 칭했다.[24] 그러다가 후손도 없이 죽었다.

정권을 탈취한 위만은 서한으로부터 군사적·경제적 원조를 받아 그 세력을 지금의 대릉하(大陵河) 유역까지 확장한 후 난하 하류 동부지역에 도읍을 정하고 위만조선을 건국했다.

그렇게 세력을 확장해가다가 위만의 손자 우거(右渠) 때에 이르러 서한(西漢) 무제(武帝)의 침략으로 3대 80여 년 만에 멸망했다.

그 후 위만조선 영토의 일부분─중국 베이징과 근접한 고조선 서쪽 변방의 한 귀퉁이 작은 지역─에 한때 한사군(漢四郡)이 설치되었으나 부여를 비롯한 삼한 등 조선의 열국이 고조선 영역의 대부분을 그대로 차지하고 있었고, 후에는 고구려가 한사군을 회복하였다는 견해가 유력하다.[25]

한사군이 한반도가 아니라 대륙에 있었다[26]는 사실을 기억하는 것이 한민족 역사의 큰 줄기를 잡을 수 있게 하는 관건이다.

그대들이여, 기자조선·위만조선의 실상은 이러한 것이다. 그러면 기자·위만의 제후국과는 전혀 그 맥이 다른 단군조선에 대해 살펴보겠노라.

단군조선의 삼분(三分) 통치방식은 '하나는 셋(一卽三), 셋은 하나(三卽一)'의 원리로 표상되는 천·지·인 삼신일체의 삼신사상['한'사상, 天符思想, 神敎]에서 나온 것이다.

삼한의 핵심인 진한은 도읍을 아사달에 정하고 고조선의 역대 단군들이 직접 다스렸으며, 마한과 번한은 단군이 별도의 제후[侯王]를 임명하여 다스리게 했다. 말하자면 단군이 분조(分朝)를 두어 다스린 것이다.

이 셋을 통틀어 단군 관경 또는 삼한관경(三韓管境)이라 하고 이는 곧 진국(辰國)이며 단군조선이라 하였으니, 한(韓)의 체는 하나이며 작용으로만 셋이다.

단군조선의 정치체제는 군주정과 민주정 그리고 귀족정을 융합한 유연한 혼합정체(mixed polity)였다고 볼 수 있다.

단군조선의 대내외적 발전상[27]을 몇 가지 특징적 측면에서 살펴보겠노라.

첫째, 단군조선의 통치체제는 '천부중일(天符中一)'을 국시(國是)로 삼아 의식(意識)과 제도, 정신과 물질의 일원성에 기초하였다.

여기서 '천부중일'이란 『천부경』의 정수인 '인중천지일(人中天地一)'*을 축약한 '중일(中一)'과 『천부경』의 '천부(天符: 하늘의 이치에 부합함)'의 합성어로 홍익인간·재세이화·광명이세의 이상을 함축한 것이다.

'천부중일'을 '국시'로 삼은 것은 정치의 주체인 인간의 마음이 밝아지지 않고서는 밝은 정치가 이루어질 수 없고 따라서 홍익인간의 이념 또한 실현될 수 없기 때문이다.

이는 마고성 시대로부터 환국과 배달국 시대를 거쳐 전승되어 온 천·

---

* '인중천지일'은 사람이 천지를 품어 하나가 된 것이니, 이는 곧 천·지·인 삼신일체의 천도(天道)가 인간 존재 속에 구현된 일심(一心)의 경지를 의미한다. 다시 말해 천·지·인 삼신일체의 천도를 체득한 것을 뜻한다.

지·인 삼신일체 사상이 국가통치 체계에 조직적이고도 체계적으로 반영되었음을 의미한다.

고조선의 소도제천(蘇塗祭天) 의식은 하늘을 공경하고 조상을 받드는 경천숭조(敬天崇祖)의 '보본(報本: 근본에 보답함)' 사상의 발로로서 국가적으로 매우 중시되었다.

우리 고유의 천부 코드가 발현된 소도(蘇塗)문화를 잡귀를 숭배하는 미신적인 샤머니즘과 동일시하는 것은, 켄 윌버가 경계한 전(前)개인적이고 전(前)이성적인 영성과 초(超)개인적인 비이원적 영성(靈性)을 혼동한 '전(前)/초(超) 오류'[28]에 빠진 것이다.

역대 단군이 국중대회(國中大會)을 열어 천제의식을 주관한 것은 우주만물을 관통하는 하나인 참본성[참자아, 唯我, 唯一神, 至氣]이 곧 하늘임을 깨우치기 위한 것이었다.

성통광명(性通光明), 즉 하나인 참본성을 통하면[開] 마음이 환하게 밝아져 천·지·인 삼신일체를 깨닫게 되므로 사회적 공덕을 완수할 수 있게 된다.

천·지·인 삼신일체를 깨닫게 된다는 것은 전 우주가 '한생명'임을 알게 된다는 것이다. 이러한 삼신일체 사상은 고조선 문명권에 널리 확산되었다. 지금도 카자흐스탄은 '단군의 나라'로 불리고 있고, 중앙아시아는 전통 신앙인 텡그리(Tengri=당골레(당골)=단군, 하늘)의 띠로 연결되어 있다.

하늘에 제사 지내는 천제의식*의 진정한 의미는 그러한 의식을 통하여 천·지·인 삼신이 곧 하나임을, 다시 말해 우주만물이 분리될 수 없는 '하

---

* 예로부터 높은 산은 하늘로 통하는 문으로 여겨져 그곳에서 제천의식이 거행되었다. 단군이 천제를 지낸 백두산과 갑비고차(甲比古次)의 단소(壇所)와 마니산(摩尼山, 摩利山)의 참성단(塹城壇) 등은 상징적인 하늘 제단의 대표적인 것이다.

나'임을 깨닫기 위한 것이었다. 이러한 생명의 전일성과 자기근원성에 대한 이해가 깊어질 때 조화로운 정치가 열릴 수 있기 때문이다.

둘째, 단군조선의 통치체제는 의식[정신]과 제도[물질]의 양대 축을 중심으로 백성들과 함께 다스리는 공치(共治), 그리고 화백회의로 공론을 정하여 화합과 조화를 이루는 공화(共和)로써 어진 정치(仁政)를 추구하였다.

제6대 달문(達門) 단군이 여러 한(汗, 왕)들을 모아 삼신에 제사 지내고 함께 약속하며 말한 내용은 통치행위가 정신과 물질의 양대 축에 기초해 있음을 말해준다.

즉, '하늘에 제사 지내는 의식은 사람을 근본으로 삼고, 나라를 다스리는 길은 식생활을 우선으로 한다. 농사는 만사의 근본이고 제사는 오교(五敎)*의 근원이다'라고 한 것, 그리고 '백성들과 함께 다스려(共治) 산업을 일으키되,…화백(和白)과 공화(共和)로써 하는 것이 어진 정치의 시작이다'라고 한 것이 그것이다.

제13대 흘달(屹達) 단군 때 지방자치제와 권력분립제 실시 및 행정기구의 전문화, 제9대 아술(阿述) 단군 때 등장한 참정권과 민권의 개념, 제10대 노을(魯乙) 단군 때 신원목(伸寃木)을 설치하여 백성들의 사정 청취, 그리고 고시(考試)제도 실시 등도 같은 맥락에서 이해될 수 있으며 민주정의 기본 원리를 엿볼 수 있게 한다.

단군조선의 대내적 치적으로 특기할 만한 것으로는, 한글의 전신인 가

---

* 五敎, 즉 다섯 가지 가르침은 桓國의 五訓을 말한다. 즉, 성실하고 미더워 거짓이 없는 것(誠信不僞), 공경하고 근면하여 게으름이 없는 것(敬勤不怠), 효도하고 순종하여 어김이 없는 것(孝順不違), 청렴하고 의로워 음란하지 않는 것(廉義不淫), 겸손하고 화목하여 다툼이 없는 것(謙和不鬪)이다.

림토(加臨土, 正音 38자)* 창제, 『배달유기(倍達留記)』 편찬, 기존의 모든 법을 수정 보완한 국법전서(國法全書) 편찬, 도량형 통일과 시장 가격의 통일을 들 수 있다.

또한 태학관(太學館)·법정학교(法政學校)·국립대학·군관학교(軍官學校) 등 각종 학교를 설립하여 교육문화와 학문 진흥 도모, 국자랑(國子郞)·천지화랑(天指花郞) 등 화랑제도 정립, 장정을 징집해 병사로 삼는 국민개병제(國民皆兵制) 실시, 정전법(井田法) 실시와 세제개혁 및 조세제도의 단행을 통한 민생 안정 도모를 들 수 있다.

나아가 갑자(甲子)를 사용한 책력(冊曆) 제작, 혼천기(渾天機) 등 각종 천체기구 제작, 유황발사총(硫黃發射銃) 등 각종 무기 제작, 태양·태음·소양·소음의 사상의학 창시, 배(船)와 노(櫓) 등 다양한 종류의 기물(器物) 생산과 새로운 발명을 독려하는 풍토 조성 등을 들 수 있다.

셋째, 대외적으로 단군조선은 많은 제후국을 거느린 '연방제국'으로서 막강한 군사력을 겸비한 동방의 군자국으로서의 국제적 위상을 정립했다. 또한 동아시아에서 가장 먼저 청동기 문화와 철기 문화를 창조하여 발전·파급시켰다.

대외적 치적으로 특기할 만한 것은, 제2대 단군 부루(扶婁)가 태자였을 당시 단군조선의 제후국인 도산국(塗山國)에서 개최된 국제회의에서 우사공(虞司空: 虞舜이 파견한 司空, 즉 禹)에게 오행치수법(五行治水法)이 기록된 신서(神書, 金簡玉牒)**를 전하여 홍수를 다스리게 한 것을 들 수 있다.

---

* 제3대 가륵(嘉勒) 단군은 경자 2년(BCE 2181)에 말과 글을 읽는 소리를 통일시키기 위해 삼랑 을보륵에게 명하여 정음(正音) 38자를 정선(精選)토록 하여 이를 가림토(加臨土)라 하였다(『桓檀古記』, 「檀君世紀」; 「檀奇古史」, 「前檀君朝鮮」, 제3世 檀君 加勒條).

** 단재 신채호에 의하면 『書經』의 「洪範」에 기록된 홍범구주(洪範九疇)는 도산에서 태자

중원에서 9년 동안 홍수를 다스리지 못하여 백성들의 피해가 막심하던 때 이 신서를 통해 치수(治水)에 성공한 우(禹)는 그 공덕으로 민심을 얻어 후에 순(舜)임금의 뒤를 이어 하(夏)나라를 세웠다.

부루(扶婁) 단군은 우순(虞舜: 순임금)이 유주(幽州)와 영주(營州)를 남국(藍國) 인근에 설치하자, 군사들을 보내 정벌하고 그곳에 동무(東武)와 도라(道羅) 등을 제후로 봉하였다.

제4대 오사구(烏斯丘) 단군 때에는 하(夏)나라 왕 상(相)이 덕을 잃었으므로 식달(息達)에게 명하여 군사를 이끌고 가서 정벌케 했다.

제13대 흘달(屹達) 단군 때에는 은나라 사람들과 힘을 합쳐 하(夏)나라 걸(桀)을 침으로써 하(夏)·은(殷, 商) 교체기에 은[商] 왕조의 건국에 깊이 관여하였다.

또한 한민족과 관련이 깊은 태백산이 있는 중국 섬서성(陝西省) 소재 빈(邠)·기(岐)의 땅에 관제(官制)를 설치하고 그곳에 일반 백성들이 농사짓고 길쌈하며 오래도록 그 풍속을 유지하며 살게 하였다.

제22대 색불루(索弗婁) 단군은 친히 구환(九桓)의 군사들을 이끌고 전투를 거듭한 끝에 은나라 도읍을 점령하였으며, 황허 상류까지 추격하여 승전의 하례를 받고 번한(弁韓, 番韓)의 백성들을 회대(淮岱)의 땅으로 이주시켜 가축을 기르고 농사를 짓게 하니 국위(國威)가 크게 떨쳤다.

또한 여파달(黎巴達)로 하여금 군사를 나누어 진격하여 섬서성 빈(邠)·기

부루가 전한 신서(神書)의 본문이라고 한다. 우(禹: 후에 夏나라 왕)는 도산의 신서를 홍범구주라 부르며 추앙했고, 기자(箕子)는 '하늘이 하우(夏禹: 하나라 우왕)에게 홍범구주를 하사했다'고 했다는 것이다. 수두(蘇塗) 교리에서는 단군이 하늘을 대표하는 존재였기에 기자는 '단군'을 '하늘'로 부르고 '단군이 하사했다'를 '하늘이 하사했다'고 표현했다는 것이다.(신채호 지음, 김종성 옮김, 『조선상고사』(고양: 위즈덤하우스, 2014), 104-105쪽).

(岐)에 웅거(雄據)하도록 하면서 그곳의 유민과 결속하여 나라를 세워 '여(黎)'라고 했다.

제23대 아홀(阿忽) 단군 때에는 은나라 땅에 여섯 읍을 설치하게 하였으며 은나라의 성책을 부수고 오지 깊숙이 들어가 회대(淮岱)의 땅을 평정하여 제후들을 봉했다.

제3대 가륵(嘉勒) 단군 편과 제4대 오사구(烏斯丘) 단군 편 그리고 제15대 대음(代音) 단군 편은 흉노족(훈족)과 몽골족 그리고 선비족(鮮卑族)이 각각 단군조선에서 갈라져 나간 동이족의 일파임을 말해준다.

또한 가륵(嘉勒) 단군 편에는 반란을 일으킨 두지주(豆只州)의 예읍(濊邑) 추장 소시모리(素尸毛犁)의 후손 중에 협야노(陜野奴 또는 섬야노)라는 자가 있었는데 바다로 도망하여 삼도(三島: 일본열도)에 웅거(雄據)하며 천왕을 참칭(僭稱)하였다고 나온다.

제36대 매륵(買勒) 단군 편에는 협야국(陜野國) 제후 배반명(裵幋命)을 보내 해상의 적을 토벌하여 삼도(三島)를 모두 평정하였다고 기록된 것으로 보아 일본열도는 이미 단군조선의 영향력 아래에 있었다. 또한 매륵 단군은 군사를 보내 수유(須臾)의 군사와 함께 연(燕)나라를 정벌하였다.

고조선 말기에는 '한'족(韓族)이 동으로 대이동을 하여 왜 땅에 정착했다. 일본이라는 국호는 백제 멸망 후 백제 본조(本朝)의 잔여 대집단이 왜의 땅 동조(東朝: 백제의 동쪽 조정)로 건너가서 670년에 처음 생겨난 것이다. 그 어원은 원래 백제를 일컫던 '구다라', 즉 큰 해(大日)라는 뜻의 고대 한국말에서 온 것이다.

『부도지』,『환단고기』,『규원사화』등의 기록에 의하면 지금으로부터 9천 년 이상 전부터 천·지·인 삼신일체의 천부문화를 세계 도처에 뿌리내리게 했던 환국·배달국의 위대한 유산은 단군왕검 시기에도 그대로 이어졌다.

당시 대륙에는 단군조선과 비견될 만한 세력이 형성되지 못했다. 따라서 단군조선의 강역은 현재 알려진 것보다 훨씬 더 광대했던 것으로 보인다. 『규원사화』 「단군기」에는 고조선의 강역을 동서남북의 경계로 나타내고 있다.

"당시에 단군의 교화는 사방에 두루 미쳐 북으로는 대황(大荒)에 다다르고 서로는 알유(猰貐)를 거느리며 남으로는 회대(海岱=淮岱)의 땅에 이르고 동으로는 창해(蒼海)에 닿으니, 덕교(德敎)가 점차 성(盛)해지고 널리 미쳤다. 이에 천하의 땅을 구획하여 공훈이 있는 친족에게 (제후로) 봉하였다"[29]고 기록되어 있다.

여기서 대황은 시베리아이고 알유는 산서성·섬서성 일대로 추정되며, 회대는 회수(淮水)와 태산 사이 지역이고 창해는 동해이다. 회수는 하남성·안휘성·산동성·강소성의 4개 성(省)을 통과하는 강, 즉 황하와 양쯔강 사이에 있는 강이며, 태산은 산동성 태안시 북쪽에 있는 산으로, 회대는 그 사이에 있는 땅이다.

단군조선 제후국의 분포 및 활약상과 관련된 지명으로 볼 때 그 최대 강역은 시베리아와 만주, 연해주, 내몽골, 중국 중동부 지역, 한반도와 삼도(三島), 그리고 캄차카반도와 티베트에까지 이르렀던 것으로 추정된다.[30]

『단기고사』 단군 부루(扶婁)조에는 북으로 서비로(西非路는 西伯利亞, 즉 시베리아)까지 영토를 확장했다고 기록되어 있다. 고조선 제후국 중의 하나인 구다(句茶)는 곧 구다천국(句茶川國)이며 캄차카반도로 비정된다.

그리고 『환단고기』 「단군세기」와 『단기고사』에는 제3대 단군 가륵(加勒) 재위 8년 (BCE 2175)에 "강거(康居)가 반란을 일으켜 단군이 지백특(支伯特: 티베트)에서 토벌하였다"[31]고 기록되어 있다.

그대들이여, 한민족의 역사는 안파견(安巴堅) 환인으로부터 지위리(智爲利) 환인[檀仁]에 이르기까지 환인 7대(BCE 7199~BCE 3898)가 3,301년간 다스린 환국시대, 거발환(居發桓) 환웅에서 거불단(居弗檀) 환웅[檀雄]에 이르기까지 환웅 18대(BCE 3898~BCE 2333)가 1,565년간 다스린 배달국 신시시대, 단군왕검에서 고열가(古列加) 단군에 이르기까지 단군 47대(BCE 2333~BCE 238)가 2096년간 다스린 단군조선으로 이어진 장구한 역사다.

BCE 239년 단군조선의 제후국인 고리국(藁離國)의 해모수(解慕漱)가 웅심산(熊心山)을 내려와 군대를 일으켜 옛 도읍 백악산 아사달을 점령하여 천왕랑(天王郞)이라 칭하고, BCE 232년 옛 도읍의 오가(五加)들을 회유하여 6년간의 공화정 시대를 마감하고 백성들의 추대로 북부여의 시조 단군으로 즉위했다.

이로써 단군조선은 막을 내리고 단군조선을 계승한 북부여가 대통을 이어가다가 BCE 108년 한나라(西漢, 前漢)에 의해 왕검성이 함락되면서 고조선 '연방제국'은 붕괴하게 되고 고조선의 제후국이 독립국으로 변모함에 따라 열국시대로 들어가게 된다. 고조선 시대의 사상과 문화와 법속(法俗)은 열국시대에도 그대로 이어졌다.

마고가 말을 마치자 곤륜산 신령이 감동하여 말했다.

'라 무'여, 그대의 이야기는 실로 명쾌하도다! 단군조선에 대해 대략은 알고 있었지만, 오늘 명료하게 알게 되었도다. 그대에게 감사하노라.

그대의 이야기를 들으니 한민족 고유의 생명 코드는 단순히 종교적 교의나 철학적 사변 또는 이론적인 그 무엇이 아니라 홍익인간·광명이세의 세상을 구현하는 바탕이 되는 것임을 새삼 느끼게 되었도다.

환단(桓檀)은 '하늘로부터의 광명을 환(桓), 땅으로부터의 광명을 단(檀)'이라고 하여 천지(天地)의 광명이란 뜻으로 풀이되지 않는가. 환단시대는 정녕 하늘의 뜻이 땅에서 펼쳐지는 시대였도다!

그러자 북두칠성이 이에 동조하여 말했다.

그렇도다. 단군조선은 '천부중일(天符中一)'을 국시로 삼아 의식과 제도, 정신과 물질의 일원성에 기초하여 백성들과 함께 다스리는 공치(共治), 그리고 화백회의로 공론을 정하여 화합과 조화를 이루는 공화(共和)로써 어진 정치를 추구하는 동방의 군자국이었다.

이제 하늘의 때가 되어, 상고시대 유라시아를 관통하며 '생명 코드'를 연주하던 한민족의 리바이벌(회복·부활)을 인류의 집단무의식은 강력하게 요청하고 있다.

새로운 문명이 열리기 위해서는 배타적 민족주의나 국가주의가 아니라 널리 인간 세상을 이롭게 하는 홍익인간 DNA를 가진 민족의 역할이 요구되기 때문이다.

생명의 전일성을 바탕으로 한 통섭적 세계관은 한민족의 고유한 사상과 정신문화를 형성해 온 중심축이 되는 것이기에, 또한 한민족의 리더십이 새로운 문명이 열리는 '하늘의 때'에 부합하는 것이기에, 세계의 석학과 지성들은 한결같이 새로운 문명의 주역으로 한민족을 지목하는 것이다.

그러자 곤륜산 신령이 말했다.

오늘날의 한류 현상은 시대적·세계사적 요청이다. 그러나 한류 최고의 순간은 아직 오지 않았다. 마고성 시대로부터 만 년이 넘도록 정치실천적 차원에서 발현된 한민족 고유의 생명 코드를 전 인류가 벤치마킹하는 그때가 바로 한류 최고의 순간이 될 것이다.

역사상 그 어떤 나라가 만 년이 넘도록 고유의 '생명 코드'를 가지고 그토록 치열하고도 일관되게 순연(純然)한 생명정치를 펼칠 수 있단 말인가!

그런데 한민족과 그 뿌리를 공유하는 일인들은 일제강점기에 민족말살 정책의 일환으로 조선총독부에 조선사편수회를 설치해 조선사 35권을 위조했다.

그리하여 이를 각급 학교에서 교육하게 함으로써 한민족의 집단적 기억 상실증을 초래했다. 이는 스스로의 정체성을 부인하는 것 아닌가?

또한 지금도 일본 왕가의 즉위식에서 '3종 신기(神器)'라고 부르는 천부인(天符印) 3종(種)을 물려받음으로써 왕권 계승을 공식화한다는 것은 그들의 시원을 말해주는 것 아닌가?

그러자 마고가 말했다.

그렇도다.『일본서기』에는 이런 대목이 나온다. 백제가 멸망(660)하자 왜의 땅 동조(東朝)에 가 있던 의자왕의 아들 부여풍(扶餘豊, 豊王)을 데려와 왕으로 세워 백제부흥운동이 일어났지만 최후의 백강(白江, 白村江) 전투(663)에서 패하게 된다.

전투에서 패하게 되자, '아아, 조상의 성묘는 누가 할 것이며, 죽어서 무슨 낯으로 조상의 영령(英靈)을 대할 수 있단 말인가!'라며 탄식하는 구절이 그것이다.

이러한 대목이『일본서기』에 나오는 것은, 백제 멸망 후 백제 본조(本朝)의 잔여 대집단이 왜(倭)의 땅 동조(東朝: (백제의) 동쪽 조정)로 건너가서 백제를 일컫던 '구다라'라는 고대 한국말을 한자로 옮겨 '일본'이라는 국호를 만들었음을 알 수 있게 한다.

메이지 왕의 이름인 메이지(明治)는 광개토대왕의 손자이자 장수왕의 아들인 제21대 문자왕(文咨王)의 연호를 그대로 따온 것이다. 2001년 아키히토(明仁) 일왕은 제50대 일왕 간무(桓武) 생모가 백제 무령왕의 후손임을 공식 언급했다.

히로히토(裕仁), 아키히토(明仁), 나루히토(德仁) 일왕의 '인(仁)'은 모두 환인(桓仁)의 '인(仁)'으로부터 유래한 것이다.

환국(桓國)에서는 무리의 우두머리인 감군(監群)을 인(仁)이라 했는데, "인(仁)이란 임(任)을 이르는 말이니 널리 사람을 이롭게 구제하고 세상을 이치대로 밝히는 일을 맡으려면 반드시 어질어야 한다"[32]라고 기록되어 있다.

일본 왕실 혈통의 뿌리를 감추고 진실을 숨기기 위해 역사를 조작하는 것이야말로 그들 스스로의 정체성을 부인하는 것이고 또한 조상을 부인하는 것이니, 이는 더 큰 역사적 사건이 아닐 수 없다.

단재 신채호는 우리나라에서 일본 왕실로 반출해 간 한국 고서적 26만여 권이 일본 궁내청 쇼료부(書陵部, 일명 왕실도서관)에 깊이 감춰져 있다고 밝혔다.

그 고서적들을 모두 공개하고 공동연구를 통해 양국의 뿌리 역사를 바로 세우는 것이야말로 죽어서 떳떳하게 조상의 영령을 대할 수 있는 길이며 또한 조상의 영령을 기쁘게 하는 일이 아니겠는가.

곤륜산 신령이 환안을 향해 말했다.

일인들이 한민족의 역사를 조작한 것이 커다란 죄악인 것은, 그것이 단순히 한 민족집단의 지나간 역사가 아니라 인류의 '오래된 미래'이기 때문이다.

유라시아를 관통한 한민족의 역사 속에는 인류가 돌아가야 할 생명의 뿌리 문명이 살아 숨 쉬고 있기 때문이다. 일인들의 민족말살정책은 단순히 한민족 말살이 아니라 인류의 미래를 말살하려 한 행위나 다름없는 것이다.

이제 인류는 어둠의 마지막 문을 통과하고 있다. 후천시대는 '생명 코드'를 바탕으로 고도의 자율성이 발휘되어 여성적 원리에 의해 스스로 다스려지는 시대가 될 것이다.

모든 산은 곤륜산의 맥에서 발원한 까닭에 곤륜산은 만산의 조종(祖宗)이라고 일컬어지는데, 곤륜산의 줄기가 열매를 맺는 곳은 동북 간방(艮方)이다. 한반도가 바로 동북 간방에 위치하고 있지 않은가.

사명자여, 그대가 역사의 진실을 향한 대장정을 시작해야 할 것이다. 그것은 '오래된 미래'로 통하는 문이다! 그 '오래된 미래'는 정신과 물질, 영성과 기술, 의식과 제도, 전체성과 개체성이 대조화와 대통합을 이루는 사랑의 결정(結晶)으로 그 모습을 드러낼 것이다.

사명자여, 그대에게 축복 있으라!

마고는 자리에서 일어나 두 팔을 번쩍 들어 올렸다.

형제들이여, 유라시아 대륙을 누비며 홍익인간의 이념을 선포하던 웅혼했던 옛 기상, 그 맑고 광대했던 정신은 어디로 갔는가?

스스로를 반도에 가둬버린 자학적(自虐的) 역사관에서 아직도 헤어나지 못하고 있는 것인가? 해방된 지가 언젠데 아직도 역사 교육이 뿌리 없는 꽃꽂이 교육, 생명력을 상실한 교육이 되고 있단 말인가!

그대들은 '자유로운 영혼'을 옥죄는 사대주의와 서구적 보편주의의 망령, 그리고 '자학적' 역사관인 반도사관에 함몰되어 역사의 진실을 직시하지 못하고 있다.

우리에게 채워진 이 '이중의 족쇄(double shackles)'를 타파하는 것은 국수주의적 발상도 아니고 세계주의적 발상도 아니다. 다만 역사의 진실을 밝히는 것일 뿐이다.

이제 우리는 역사의 진실을 향한 대장정에 돌입하지 않으면 안 된다. 그것은 인류의 '오래된 미래'이기 때문이다. '역사적 세계(historical world)'가 우리를 호출하고 있기 때문이다.

남북의 형제들이여, 그대들은 상고시대 유라시아를 진동시켰던 우리 고유의 '생명 코드'를 잊어버렸는가? 그 옛날 마고성을 떠나며 했던 '해혹복본(解惑復本: 미혹함을 풀어 참본성을 회복함)'의 맹세를 정녕 잊어버렸단 말인가?

이제 하늘의 때가 이르렀도다. 형제들이여, 새로운 계몽의 시대는 '생명 코드'에 기반하여 인류의 생명권을 자각하는 것으로부터 열린다.

사랑하는 남북의 형제들이여, 협연(協演)을 준비하라. 우리 고유의 생명 코드인 '하나는 셋(一卽三), 셋은 하나(三卽一)'의 협연을 준비하라!

그것은 우주 '한생명'에 대한 선언이요, 진정한 문명의 시작을 알리는 신곡(神曲)이다. 그것은 새 하늘과 새 땅을 여는 서곡(序曲)이다!

마고는 이렇게 말했다.

마침내, 존재여!

마고는 환안을 대동하고 타클라마칸 사막 깊숙이 자리 잡은 '침묵의 사원'으로 향했다. 그곳은 강력한 사랑의 파동이 감싸고 있어 거기에 상응하는 수준으로 의식의 진동수가 높지 않으면 볼 수 없는 곳이었다.

그곳은 내재적 본성인 신성의 빛과 하나가 되어 충만한 신(神) 의식 속에서 영적 치유가 일어나는 곳이었다. 또한 마지막 관문을 통과한 수행자를 마고가 인가하는 곳이기도 했다.

도중에 마고가 말했다.

환안, 그대여! 지금까지의 수행 과정을 정리해 보겠는가?

그러자 환안이 서사시로 답했다.

불멸의 영혼이여, 그대는 사트바(sattva), 라자스(rajas), 타마스(tamas)라는 물질의 세 성질에 의해 육체라는 감옥 속에 유폐되었다. "사트바는 행복에 집착하게 하고, 라자스는 활동으로 내몰며, 타마스는 지혜를 가려 미혹에 빠지게 한다."[33]

그대는 깬 상태, 꿈꾸는 상태, 깊이 잠든 상태를 반복하며 물질 차원의 세 기운─밝은 기운, 활동적인 기운, 어두운 기운─이 만들어내는 현상이라는 환영(幻影)에 미혹되어 육체 차원에 머물며 온갖 행위를 한다.

"지혜는 밝은 기운에서 생기고, 탐욕은 활동적인 기운에서 생기며, 태만과 미망과 무지는 어두운 기운에서 생긴다."[34]

첫 번째 단계인 깬 상태에서도 그대 의식은 여전히 잠들어 있으며 내면의 하늘에 빛나는 진리의 달[참자아]은 망각지대에 남겨둔 채 강물에 빠진 달그림자를 건지러 존재의 강물에 뛰어들어 존재가 되었다.

그러나 에고로서의 존재는 의식의 불을 밝히면 사라지는 어둠이라는 사실을 알지 못한 채 탐착과 분노의 에너지에 이끌려 식(食)·성(性) 등의 생리적 욕구와 안전 및 사회적 인정에 대한 욕구를 끝없이 분출하며 황금과 권력, 명예와 인기에 강한 집착을 보인다.

그리하여 '이것이냐 저것이냐'의 문제가 항상 따라다니게 된다. 집착은 두려움을 낳고 두려움은 불행한 의식을 낳고 불행한 의식은 절망으로 이어진다.

그러나 존재는 절망의 참담함이 부귀영화를 얻지 못한 데 있는 것이 아니라 그것에 대한 집착에서 벗어나지 못하는 데 있다는 사실을 아직은 알아차리지 못한다.

또한 그가 갈구하는 자유와 행복, 정의와 평화란 것도 단순히 제도적 산물이 아니라 '의식의 진화[영적 진화]'의 산물이라는 사실을 알지 못한다.

존재로서의 삶 자체가 의식의 자기교육을 위한 학습 과정이며, 의식을 탐구하는 수단으로 감각기능이 주어지고 학습효과를 극대화하기 위한 학습기자재로서 상대계인 물질계가 존재한다는 사실을 알지 못하는 것이다.

그런 까닭에 스스로가 이르게 된 폐허로부터 벗어나려는 시도는 유보된 채 결과에 대한 집착으로 불순한 행위가 일어나고, 그로 인해 영성 계발을 위해 하늘이 쳐놓은 카르마의 그물에 걸리게 된다.

그러나 존재는 카르마의 그물에 걸렸다는 사실조차 알아차리지 못한 채 계속해서 자신의 욕망이 투영된 신기루 같은 행위를 만들어낸다.

존재는 자신에게 가장 위험한 것이 무지(無知)가 아니라 알고 있다는 착각이라는 사실을 알아차리지 못한 채 자기 생각 속에서만 존재하는 '금욕주의적 에고(the stoic ego)'로서 살아간다.

그리하여 삶을 실존으로서가 아닌, 단지 추상적인 이념으로서만 느끼며 자기동일성을 유지한다. 그런 까닭에 티끌 세상의 불순함에 물들지 않고서는 순수 자아의 의미를 알 수가 없다는 사실을 인지하지 못한다.

또한 죽음을 통과하지 않고서는 삶의 의미를 알 수가 없다는 사실을 인지하지 못한다. 지복(至福)의 의미를 알기 위해선 시련의 용광로 속을 통과해야 하고, 건강의 의미를 알기 위해선 병의 시험을 통과해야 하고, 사랑의 의미를 알기 위해선 증오의 불길 속을 통과해야 한다는 사실을 인지하지 못한다.

행복을 알기 위해선 불행의 참담함을 통과해야 하고, 기쁨을 알기 위해선 슬픔의 비통함을 통과해야 하고, 평화의 의미를 알기 위해선 전쟁의 참화를 통과해야 하고, 그리고 순수의식[전체성]의 의미를 알기 위해선 에고로서의 존재[개체성]를 통과해야 한다는 사실을 놓치게 되는 것이다.

죽음과 시련의 교육적 의미를 알지 못하니 앎의 원을 완성해야 한다는 자각도 일어나지 않는다. 다만 이 우주가 자신을 위해 존재하지 않는 것에 대해 하늘을 원망하고 세상을 원망하며 실존이 아닌 추상태로서의 삶에 다함이 없는 갈증을 느낀다.

그러나 존재는 그러한 갈증이 물을 버리고 해갈(解渴)을 구하는 자의 갈증과도 같은 것이라는 사실을 아직은 알아차리지 못한다. 자신의 갈증이 생명의 수원(水源)과 단절된 꽃꽂이 삶을 영위하는 데서 오는 것이라는 사실을 인식하지 못하는 것이다.

그러한 갈증 속에서 어느 순간 존재는 '생각하는 이성(thinking reason)'이 되도록 촉구되고, 자기 부정성에 의해 '회의주의적 에고(the skeptic ego)'가 된다.

자기 확신과 타자에의 구속이라는 이중의식 속에서 물질계의 양극성을 통합하지 못한 채 존재는 자기 갈등과 자기연민을 동시에 표출하는 카오스적 의식으로 스스로를 드러낸다.

이러한 카오스적 의식은 '불행한 의식(unhappy consciousness)'의 단계에 이르러 그 진실을 드러내게 된다. 이 단계에서 삶은 추상성을 극복하고 종교적·정신적 세계에서 현실성을 띠게 된다.

존재는 자신을 불변성에 대치시킴으로써 스스로의 무존재성(nothingness)을 드러내게 된다. 불행한 의식 속에선 본체[의식, 정신]와 작용[존재, 물질], 불변성[보편성]과 가변성[특수성], 신과 인간의 대립이 야기된다.

이러한 대립은 종교적·정신적 세계에서 자체적인 통합을 달성하기는 하지만 물질계와의 대립구조로 인해 지속적이 되지는 못하는 까닭에 존재는 스스로가 불행한 의식이라는 것을 알아차리게 된다. 그리하여 에고로서의 존재는 불행한 의식을 극복하고 실존적 삶을 구가하는 길을 모색하게 된다.

존재는 깨어있는 상태에서 두 번째 단계인 꿈꾸는 상태로 옮아간다. 깬 상태에서 억눌린 욕구는 꿈을 통해 투사(投射)됨으로써 잠재의식이 활성화된다.

자신의 환영(幻影)에 의해 창조된 꿈의 세계 속에서 존재는 기쁨과 슬픔을 경험한다. 잠에서 깨어나기 전에는 자신이 꾼 꿈이 꿈이라는 사실을 알지 못하듯이, 깨달음이 일어나기 전에는 현실이라는 것도 꿈이라는 사실을 알지 못한다.

이것이 바로 꿈이 주는 커다란 암시다. 비록 눈을 뜨고 있다 할지라도 '지금 여기'가 아닌, 과거나 미래 혹은 그 중간에 머무르는 의식은 잠든 의식이며, 잠든 의식으로 하는 행위는 몽유병 환자들이 꿈속에서 하는 행위와 다를 바가 없다.

따라서 깬 상태와 꿈꾸는 상태는 깨달은 상태와 깨닫지 못한 상태와 유비적 대응관계에 있다. 그런 점에서 하루는 일생의 축소판이자 영원의 축소판이다.

하루를 제대로 음미하면 삼사라(samsara, 生死輪廻)에서 벗어나는 길을 찾게 된다. 현재 자신이 처해 있는 환경보다 철학을 연마하기에 더 좋은 환경이 없다는 말은 이를 두고 하는 말이다.

그러나 오랜 무명(無明)의 습기(習氣) 때문에 진여한 마음의 본바탕이 가려져 깨었다가 다시 잠드는 일이 반복된다. 고요해야 할 마음의 바다에 파랑이 일고 유전육도(流轉六道)*하게 되는 것이다.

비록 육도의 파랑이 일지라도 하나인 마음(一心)의 바다를 벗어나지 않는 까닭에 이 하나인 마음은 본체계[의식계]와 현상계[물질계]의 일체 법을 다 포괄한다.

깬 상태와 꿈꾸는 상태, 깨달은 상태와 깨닫지 못한 상태, 그 어느 것도 일심에서 벗어나 존재할 수 있는 것은 없다. 일체가 오직 마음이 지어낸 것이기 때문이다.

일심은 생주이멸(生住異滅), 즉 생성·유지·변화·소멸의 전 과정을 주재한다. 일심에서 나와 일심으로 되돌아가는 과정은 다함이 없이 순환 반복된다.

존재는 꿈꾸는 상태에서 세 번째 단계인 깊이 잠든 상태로 옮아간다. 이 단계는 더 이상 욕망의 투사(投射)가 일어나지 않는 숙면 상태로서 꿈은 정지된다.

마치 삶의 미망이 사라지면 투사할 욕망도 없으므로 현실이라는 꿈이 정지되듯이. 이 단계에서는 '나'도 없고 '너'도 없는 전체 존재계 속으로 사라지는 일종의 죽음과도 같은 체험을 하게 된다.

죽음과도 같은 깊은 잠속에서 의식의 밑바닥으로 가라앉은 존재는 죽음에 대한 유사체험을 통해 한없는 평화로움과 생명에너지를 느끼며 모든 것을 놓아버리는 방기(放棄)의 묘미에 차츰 길들여지게 된다.

꿈에 매달리면 잠의 표면을 떠돌며 생명에너지를 고갈시키게 되듯이, 삶이라는 꿈[迷妄]에 매달리면 고요하고 평화로운 의식의 밑바닥으로 가라

---

* 유전육도란 지옥, 아귀, 축생, 아수라, 인간, 천상을 의미하는 욕계(欲界)의 여섯 세계인 육도(六道)를 넘나들면서 중생이 윤회하는 것을 말한다.

앉지 못하고 생명에너지를 고갈시키게 된다는 사실을 체험적으로 알게 되는 것이다.

그런 까닭에 꿈이 정지된 온전한 잠을 알게 되면, 미망이 사라진 온전한 삶을 알게 된다. 이렇듯 삶과 꿈은 서로를 비추며 상호 조응한다.

꿈이 정지된 의식의 깊은 밑바닥에서 존재는 분리의식에서 벗어나 전일성의 세계인 낙원[根本智]의 평화로움에 흠뻑 젖게 된다.

진여(眞如)와 생멸(生滅), 삶과 죽음의 경계가 사라지고 참자아와 하나가 되는 체험을 통해 존재는 생명의 근원과 연결되어 생명의 기운으로 충만하게 된다.

그러나 깊이 잠든 상태는 무의식의 차원이며 자각적 의식이 작용하는 상태는 아니다. 이렇듯 깬 상태, 꿈꾸는 상태, 깊이 잠든 상태를 반복하며 존재는 본능적인 이끌림에 의해 차츰 '존재의 집으로 가는 옛길'을 향해 나아가게 된다.

그리하여 어느 순간 에고가 무르익어 떨어져 나가면서 존재는 마침내 정신(Spirit)이 되어 앎의 원을 완성하고 인간의 실재(human reality)를 깨닫게 됨으로써 불행한 의식을 극복하게 된다.

순수의식[一心, 참본성] 상태에 이르게 된 것이다. 참자아로서의 실존적 삶을 구가할 수 있게 된 것이다. 의식의 세 가지 상태인 깬 상태, 꿈꾸는 상태, 깊이 잠든 상태는 순수의식 속에 모두 용해된다.

의식의 세 가지 상태가 순수의식의 가변적 본질이라면, 일체 이원성을 넘어선 순수의식 상태는 이 세 가지 상태의 불변적 본질이다.

순수의식 상태는 일체 인과법칙에서 벗어나 있는 까닭에 더 이상은 주관과 객관의 놀이가 일어나지 않는다. 자각적 인식이 결여된 무의식 차원과는 달리 내재적 본성인 신성의 자각적 주체로서 행위한다. 이기적인 행위를 도모하지 않는 까닭에 그 행위는 전체적이며 카르마의 그물에 걸리는 일도 없다.

순수의식 상태는 불변성과 가변성, 보편성과 특수성의 화해가 이루어져 삶의 미망이 사라지면 스스로 그 모습을 드러내는 순수 현존(pure presence)이다.

괴로움과 즐거움, 성공과 실패, 삶과 죽음 등 일체 차별상이 그 속에 용해된다. 이 세상 그 어떤 것도 포괄하지 않음이 없고 포괄되지 않음도 없다.

마침내 존재는 순수 현존이 되어 내면의 하늘에 빛나는 진리의 달을 바라본다. 존재는 강물이 되어 흐르고 강물은 존재가 되어 흐른다.

환안이 말을 마치자 마고가 말했다.
정연(整然)하도다, 무르익었도다, 때가 이르렀도다!
그리고는 이어 이렇게 말했다.
인간의 자기실현이란 '하나는 셋(一卽三), 셋은 하나(三卽一)', 즉 천·지·인 삼신일체의 천도를 체득하는 것이다. '인중천지일(人中天地一)'이 바로 그것이다.

이는 만유의 근원인 하늘과 우주만물이 하나임을 아는 것이다. 다시 말해 우주만물이 하늘을 모시고 있음을 아는 것이다. 이는 곧 우주만물에 편재해 있는 하나인 참자아[天·神·靈, 즉 생명]를 자각하는 것이다.

하나인 참자아['참나', 大我, 超我]를 자각하는 것은 곧 생명의 전일성과 자기근원성을 인식하는 것이며 우주 '큰사랑'을 실천하는 것이다.

그대가 지난번에 정리한 바와 같이 제1원인인 참자아를 지칭하는 용어는 다수다. 용어 자체에 매달려서는 참자아를 파악할 수가 없다.

우주의 실체가 의식[에너지, 파동]임을 알지 못하고서는, 참자아가 곧 참본성[神性]이고 우주의 본질인 생명이며 하늘(天)이며 신(神)이며 영(靈)이며 일심(一心)이며 도(道)이며 사랑이며 진리임을 알 수가 없는 것이다. 신이 곧 신 의식[神性]이며 순수의식이며 보편의식이고, 영(靈)이 곧 영성임을 알 수 없는 것이다.

그래서 아인슈타인도 사유와 언어의 영역을 초월한 실재 세계가 과학적 지식의 기반인 논리와 추론에 의해서는 적절하게 그 본성이 드러날 수 없다고 본 것이다. 하여 동양적 사유의 기반인 직관의 상보성을 사실상 인정한 것이다.

제1원인인 참자아에 대한 이해는 동서고금의 철학과 사상, 과학과 종교를 통섭함으로써 깊어질 수 있다. 제1원인에 대한 이해야말로 진리의 중추를 틀어쥐는 것이다.

진리를 이해하는 관건은 물질주의에서 벗어나는 것이다. 우주의 실체가 의식이며 일심(一心, 참본성)이 유일 실재임을 깨달아 양극단을 통섭하는 통섭적 세계관이 활성화될 때 진리는 그 모습을 드러낸다.

과학계에서 말하는 비국소적 영역은 국소적 영역과 분리된 것이 아니라 감각과 이성의 영역을 포괄하면서 초월한다. 비국소성(nonlocality)[초공간성] 또는 비분리성은 양자적 실재(quantum reality)의 본질이며, 이는 곧 우리 참자아의 본질이다.

양자역학의 비국소성은 곧 전체성인 영성(spirituality)이다. 모든 것은 제1원인인 영(靈, Spirit)의 자기현현이다.

마고는 환안을 향해 말했다.

사람은 누구나 행복해지기를 원한다. 대개 사람들은 부귀영화를 얻고 자신의 욕망을 충족시키는 것이 곧 행복으로 가는 길이라고 믿기도 한다.

그러나 행복이라고 여기는 조건을 달성하고서도 여전히 행복하지 않은 경우도 많다.

인간 행위를 통해 성취할 수 있는 모든 선 가운데 최고선은 그 자체로 추구될 뿐 결코 다른 더 상위의 선 때문에 추구되지는 않는다. 모든 사람들이 추구하는 목표인 이 최고선을 아리스토텔레스는 '행복(eudaimonia, happiness)'이라고 불렀다.

흔히 부(富)나 명예, 즐거움 같은 것이 행복으로 제시되기도 하지만, 아리스토텔레스는 그것이 완전한 행복이나 궁극적 행복에는 미치지 못한다고 본다.

그에 따르면 행복은 완전한 선, 완전한 목적이며, 또한 자족적인 선, 자족적인 목적이기도 하다. 행복은 최고선이며 다른 어떤 것의 수단이 될 수 없다는 것이다.

행복은 그 자체로 선택될 뿐 다른 어떤 것 때문에 선택되는 것은 아니기 때문에 완전하다. 그러나 재물이나 명예, 즐거움, 지식은 그 자체 때문이기도 하지만 그것들을 통해 행복해질 수 있다고 생각하여 선택되는 것이기 때문에 자족적일 수 없다는 것이다.[35]

행복은 행위를 통해 추구하는 것들의 목표가 되는 것이므로 완전하고 자족적이다. 인생의 목표인 행복이 달성되기 위해서는 덕이 발휘되어야 한다.

그는 덕을 후천적으로 습득될 수 있는 것이라고 보고 특히 의지와의 관계 속에서 고찰했다. 반복적인 습관을 통해 획득된 윤리적인 덕은 격정과 욕구가 이성의 매개적 기능에 의해 순화된 덕이다.

윤리적인 덕은 과도와 부족과의 중용인 상태이다. 만용과 비겁의 중용은 용기이고, 낭비와 인색의 중용은 관대함이며, 방종과 금욕의 중용은 절제다.

이성적 가르침에 의해서 획득된 지적(知的)인 덕은 진리로 이끄는 인식의 덕이다. 완전한 인식으로서의 "지혜는 과학적 지식의 가장 정확한 형상(the most exact form)"[36]이며, "그 본성상 가장 고귀한 것에 관한 과학적 지식과 이해"[37]이다.

윤리적인 덕과 지적인 덕의 관계는 실천적인 행덕(行德)과 이론적인 지덕(知德)의 관계이며, 인간이 행복해지는 것은 이 양 면의 덕이 발휘됨으로써이다.

이처럼 인간의 행복은 덕을 따르는 영혼의 활동으로 이루어진다. 이러한 활동은 다른 목적에 대한 수단으로서가 아니라 그 자체 때문에 추구할 만한 가치가 있는 덕스러운 행위와 대화들과 진리에 대한 관조이다.

아리스토텔레스는 인간 본성을 최상으로 그리고 지속가능하도록 발현시키기 위해서는 여러 윤리적 덕의 조화의 산물인 정의를 도시국가 공동생활의 참된 기초로 삼아야 한다고 역설했다.

그는 정의의 개념을 모든 덕의 총화로서의 궁극적인 덕을 의미하는 광의의 합법적인 보편적 정의와 여러 종류의 덕 가운데 하나로서의 정의를 의미하는 협의의 균등적 정의로 구별하였다. 따라서 정의란 합법적인 것이고, 공평[균등]한 것이다.[38]

협의의 정의는 다시 분배적[배분적] 정의와 시정적[보상적] 정의로 구분된다. 분배적 정의는 국가 구성원 간에 재산·권력·명예 등의 분배에 관해 개인의 공과(功過)와 능력에 비례해서 공평하게 대우한다는 비례적 균등을 의미한다.

시정적 정의는 인간 간의 상호 교섭에서 타인의 이익에 영향을 미치는 행동이나 거래에 있어서는 절대적인 균등의 원리에 기초해서 회복과 시정이 이루어지게 하는 산술적(기계적) 균등을 의미한다.

정의에 기초하여 국가적 질서 수립이 이루어지긴 하지만, 시민들의 내적 결속력을 강화하기 위해서는 친애(philia, friendship)의 덕이 필요하다고 그는 말한다.

"사람들이 친애하면 정의를 필요로 하지 않지만, 정의로운 사람들 사이에서는 친애가 추가적으로 필요하다. 정의의 최상의 형태는 '친애의 태도(philikon)'이다"[39]라고 했다.

이성적 원리인 로고스(logos)를 따라 사는 덕스러운 사람이 친애를 추가적으로 필요로 하는 것은 선을 추구함이 덕의 본질이기도 하거니와, 공존의 친애 의식을 통해서만 인간은 완전히 자족적일 수 있기 때문이다.

가장 완전한 형태의 친애는 서로가 잘 되기를 똑같이 바라며 서로를 그 자체로서 친애하는 것으로 좋은 사람들, 유사한 사람들 사이에서 성립하는 친애이다. '최상의 친애는 자기 자신에게 느끼는 친애와 동일한 것'[40]이라고 그는 말한다.

이러한 유형의 친애는 일시적인 유익함이나 즐거움을 이유로 친애하는 것과는 달리 그들 자신을 이유로 친애하는 것이기 때문에 지속성을 띤다.

그는 인간이 본성적으로 정치적인 존재이고 그 본성 속에 친애의 능력이 내재해 있으므로 인간 공동체가 형성될 수 있다고 본다. 공동의 선을 추구하는 최상의 친애로부터 마침내 완전한 정치적 공동체가 생겨난다.

정치적 동물로서의 인간은 자신의 영혼의 질서 속에서가 아니라 공동체의 정치적 질서 속에서, 국가의 법질서 속에서 비로소 완전한 자족을 획득할 수 있다고 그는 말한다.

마고는 계속 말을 이어갔다.

아리스토텔레스는 최고선인 행복을 덕과 정의 그리고 공존의 친애 의식에 기반하는 것으로 보았다. 이처럼 그의 설명은 단계적이지만 실제 삶에서는 개개인을 통해 이 세 가지가 혼용되어 동시적으로 나타난다.

따라서 참자아('참나')가 정립되지 않고서는 온전한 덕이 발휘될 수 없고, 정의란 것도 시류에 편승하는 것이 되어 제 기능을 할 수 없으며, 공존의 지속가능한 친애 의식도 활성화될 수 없다.

그가 최상의 정의 형태를 '친애의 태도'라고 하고 최상의 친애로부터 완전한 정치적 공동체가 생겨난다고 한 것은, 우리가 최고의 정의를 '사랑'이라고 하고 완전한 공동체를 사랑의 화신이라고 하는 것과 다르지 않다.

또한 그가 인간은 영혼의 세계에서가 아니라 공동체 속에서 완전한 자족을 획득할 수 있다고 말한 것은, 우리가 말하는 물질세계의 존재 이유와 맥락적으로 연결된다.

그러나 행복에 대한 그의 논의는 우리와는 본질적인 차이가 있다.

그는 행복이 달성되기 위해서는 덕이 발휘되어야 한다고 강조한다. 그가 말한 이성의 매개적 기능에 의해 순화된 윤리적인 덕과 이성적 가르침에 의해서 획득된 과학적이고 지적(知的)인 덕이 그것이다.

그가 말하는 '이성'이란 무엇인가? 근대 서구의 계몽주의자들이 운위하는 이성주의·과학적 합리주의·객관주의─인간중심주의·남성중심주의·유럽중심주의·백인우월주의라는 주관에 빠져 태생적으로 기형일 수밖에 없었던─의 그 '이성'인가? 아니면 또 다른 '이성'이 있기라도 한 것인가?

아리스토텔레스에게 있어 인간은 본성적으로 '정치적 동물(political animal)'[41]이며 또한 다른 동물과는 달리 로고스(logos, 이성)를 가지고 있다는 점에서 '이성적 동물'이기도 하다.

고대 그리스 철학은 소크라테스를 기점으로 피시스(physis, 자연)에서 노모스(nomos, 인위)로 그 흐름이 변화하였다. 소크라테스에 의해 보편적인 진리를 바탕으로 한 철학의 인간학적 주제가 다뤄지고 이어 플라톤과 아리스토텔레스에 의해 체계화되었다.

그런데 이성적 원리인 로고스와 자연의 이분법이 이성과 지배의 결합을 통해 노예와 여성, 자연을 통제함으로써 이성과 자연의 부조화를 낳았다.

환안, 그대여! 그리스 철학으로부터 근대 서양 철학에 이르기까지 '이성'이란 개념이 태생적으로 기형일 수밖에 없었던 것은 그것이 분리의식(separative consciousness)인 에고(ego, 個我)에 기반한 '이성'이었기 때문이다.

에고에 기반한 '이성'으로 최고선인 행복을, 전체성인 진리를 논한다는 것 자체가 모순 아닌가? 근대에 들어서도 '이성'이란 용어는 과학적 합리주의·객관주의라는 용어와 연결되어 진리를 구현하는 보편적인 법칙이자 행위의 준칙으로서 논리적 전제가 되어왔다.

그러다 보니 '이성이란 무엇인가?'라는 인식론적 문제가 제기될 수도 없었다. 마치 '신(神)이란 무엇인가?'라는 인식론적 문제가 제기될 수 없었듯이. 다만 신은 '있다 혹은 없다', '죽었다 혹은 죽지 않았다'라는 존재론적 문제가 제기될 뿐이었다.

우주의 실체는 의식이므로 신은 곧 내재적 본성인 신성이다. 이성은 내재적 본성인 신성과 하나가 될 때 진정한 힘이 발휘될 수 있다. 그러나 분리의식인 에고는 이성[인간]과 신성[神]을 분리시킴으로써 이성은 '도구적 이성'이 되고 신은 인간의 욕망이 투사된 물신(物神)이 되고 말았다.

환안, 그대여! 에고는 그 본질 자체가 충족될 수 없는 불행한 의식이다. 반면 전체성인 참자아는 진정한 앎이며 완전한 행복의 영역이다. 우리가 시종일관 제1원인인 참자아에 대한 이해를 강조하는 이유가 여기에 있다. 참자아는 시작이자 끝이고 모든 것이기 때문이다. 『성경』에서 "나는 알파요 오메가라"고 한 그 '나'가 바로 참자아, 즉 '참나'이다. '참나'를 회복하는 것은 곧 하늘의 뜻이 땅에서 이루어지는 것이다.

따라서 신·인간 이원론은 성립되지 않는다. 이러한 이원론은 우주의 실체가 의식임을 알지 못하는 데서 오는 것이다. '참나'는 곧 하나인 에너지장[氣海, 파동의 대양]이며 '의식과 지성을 가진 정신'이다.

하늘(天·神)과 우주만물은 분리될 수 없는 하나이므로 '하나는 셋(一卽三), 셋은 하나(三卽一)', 즉 천·지·인 삼신일체 또는 삼위일체라고 하는 것이다.

이 원리는 동양의 하늘[神]과 서양의 하늘[神], 이방인의 하늘, 그리고 외계인의 하늘이 모두 하나임을 갈파한 생명 코드다. 참자아로 통하는 문이며 우주 '한생명' 시대를 여는 마스터키다.

'하나는 셋(一卽三), 셋은 하나(三卽一)'라는 생명 코드에는 종교혁명[영혼혁명]과 존재혁명을 추동하는 힘이 내재해 있다. 새로운 계몽의 시대는 천지개벽과 함께 정신개벽과 사회개벽을 촉발하는 종교혁명[영혼혁명]과 존재혁명을 통해 열릴 것이다.

환안, 그대여! 동서양의 철학과 사상, 과학과 종교는 상호보완 관계이므로 통섭적으로 접근할 필요가 있다. 그런데 서양의 '통섭'이란 개념은 분리의식인 에고(個我)에 기반해 있으므로 언어적 차원에 머무를 뿐 실제 삶과는 유리된 것이다.[42]

에고 자체가 반(反)통섭적인데, 다시 말해 통섭의 주체가 없는데, 어떻게 통섭이 일어날 수 있을 것이며 통섭적 세계관을 가질 수 있겠는가?

양극단을 통섭하는 주체는 일심(一心, 一氣)이다. 유일 실재인 일심이 곧 제1원인인 참자아[참본성, 神性]이며 우주의 본질인 생명[神·天·靈]이다. 일심의 원천으로 돌아가야, 다시 말해 하나인 참본성이 회복되어야 통섭적 세계관이 활성화될 수 있다.

물질적 육체는 참자아(眞我, true self)가 아니며 단지 참자아로 들어가는 문일 뿐이다. 내면의 하늘로 통하는 영적인 세계로의 문이다. 관측된 세계는 우리 의식이 만들어낸 세계이다. 일체 현상은 오직 의식[에너지, 파동]의 작용일 뿐이다.

참자아에 이르지 않고서는 행복은 관념에 불과한 것이다. 참자아는 감각과 이성의 영역을 포괄하면서 초월한다. 참자아는 완전한 행복이 살아 숨 쉬는 참앎의 영역, 즉 '영의 눈(靈眼, eye of spirit)'[43]의 영역이다. 이성과 신성의 조화에 기반한 참자아, 즉 초아(超我)가 바로 프리드리히 니체가 말한 '초인(超人)'이다.

이 경지에 이르면 마치 거울과도 같아서 오는 것은 모두 그대로 비추지만 지나가 버리면 흔적도 남기지 않으므로 상처받는 일도 없다.

환안, 그대여! 실존하는 행복, 그 실존적 행복에 대해 이야기해 보겠는가?

그러자 환안이 서사시로 답했다.

불멸의 참자아여, 그대 진정한 앎이여! 그대 없는 행복은 마치 오욕칠정(五慾七情)의 바람에 마음의 바다에서 일렁이는 파도와도 같이 일순에 지나지 않는다.

개체성[개인]과 전체성[공동체]이 하나임을 아는 진정한 앎이 일어날 때, 이원성을 넘어선 공존의 논리를 깨달을 때 실존적 행복이 찾아든다.

행복이 참자아의 영역이라면, 불행은 에고의 영역이다. 참자아는 절대 유일의 하나인 까닭에 분리감이 없으므로 온전한 행복감으로 충만하게 된다.

전체와 분리된 개체란 실재하는 것이 아니므로 에고란 한갓 관념에 불과한 것이다. 에고가 관념이면 에고의 영역인 불행 또한 실재하는 것이 아니다.

비탄과 갈망, 분노와 저주, 좌절과 원망, 절망과 공포, 그리고 죽음 등 모든 불행한 의식은 허구인 에고의 그림자일 뿐이다. 참자아는 더럽혀질 수도 없고 죽을 수도 없다. 모든 슬픔과 고통과 죄악은 에고가 주인 노릇 할 때 생겨나는 것이다.

불행은 행복이라는 태양을 가리고 있는 먹구름과도 같아서 행복을 손상시킬 수 없다. 행복의 태양이 그 모습을 드러내면 불행의 먹구름은 일시에 사라진다.

실존적 행복은 '지금 여기'에 존재한다. 과거의 기억이나 미래의 욕망 속에서 사는 삶은 실존적이지 못하므로 행복 또한 추상적인 관념에 지나지 않는다.

스스로의 탐욕과 분노를 지배할 수 있을 때, 소통성에 기초한 실존적 삶을 살 때 영성의 꽃이 피어나고 실존적 행복이 깃들게 된다.

그러기 위해선 에고가 움켜쥐고 있는 것들을 내려놓아야 한다. 소유욕의 충족이 곧 행복은 아니며, 자아 관념으로부터 자유로워진 것만큼 행복 또한 온전해질 수 있기 때문이다.

행복은 우리의 삶이 인내와 용서와 사랑으로 숨 쉴 때 느껴지는 숨결이다. 인내·용서·사랑은 우리의 영혼을 성장시키는 주요한 덕목이다.

자기 자신의 욕망으로부터, 집착으로부터 자유로워지는 것이 곧 행복해지는 것이다. 자기 자신으로부터 자유로워지는 것은 욕망의 충족이나 부귀영화를 통해서가 아니라 진정한 앎을 통해서이다.

진정한 앎은 원(圓)이다. 반쪽짜리 원이 아니라 온전한 원이다. 심파(心波)가 고요해져서 일체 이원성에서 벗어날 때 완성되는, 시작도 끝도 없는 온전한 원이다.

행복은 삶의 원(圓)을 이해하는 데 있다. 인간이 영적으로 확장될수록 사랑은 그만큼 전체적인 것이 되고, 사랑이 전체적일수록 행복은 그만큼 충만해진다.

다른 어떤 것을 위한 수단으로서가 아니라 온전히 그 자체를 추구하기 위해서는 각자가 타고난 천품을 계발하고 개화시켜 알찬 삶의 결실을 맺을 수 있도록 촉매 역할을 하는 지구생명공동체의 조성이 요구된다.

지구생명공동체의 성공 여부는 특수성과 보편성을 통합할 수 있는 인류의 의식 수준에 달려 있다. 생명공동체의 구현 정도는 생명의 근원적 평등성과 유기적 통합성에 대한 생태적 자각 수준에 비례한다. 자각 수준이 높아질수록 공동체는 개체의 천품을 꽃피우는 자아실현의 장이 된다.

끊임없는 제도적 변화에도 불구하고 현실의 상황이 별반 달라지지 않는 것은 제도의 운용 주체인 인간의 의식이 바뀌지 않으므로 해서 결국 겉포장만 바꾼 변화라는 데 있다.

우리의 인식 및 행동 체계 전반에 영향을 미치는 패러다임 전환이 없이는 제도적 변화의 효율성은 기대하기 어렵다.

모든 사람이 일시에 완전히 변화하기를 기대할 수는 없겠지만 의식의 변화가 임계점에 달하면 세상은 바뀌기 마련이다. 그것은 진정한 앎을 통해서이다. 진정한 앎은 행복해지기 위한 필수조건이다.

개체의 천품 발휘는 곧 자기정체성의 확인이다. 개체는 생명 패러다임을 실천하는 생명공동체에 참여함으로써 진정으로 자유로워질 수 있고 행복해질 수 있다.

환안이 말을 마치자 마고는 미소를 지으며 고개를 끄덕였다.

그때 눈앞에 무지개 같은 빛이 방사되었다. '침묵의 사원'이 거룩한 자태를 드러냈다. 마고는 사원 안으로 들어섰다. 환안도 그 뒤를 따라 들어갔다.

사원 안에는 영원한 진리의 정적(靜寂)이 흐르고 있었다. 그 정적 속에서 지혜의 향기가 뿜어져 나오고 있었다. 환안은 깊은 존재감을 느끼며 심호흡을 했다.

얼마 후 마고는 마지막 관문을 통과한 환안을 인가하는 신성한 의례를 행했다.

마고는 손을 환안의 정수리에 얹고 축원했다.

진리의 씨앗이 그대 마음속에서 무성하게 자라 열매 맺기를, 동방의 빛이 세계를 비추기를.

그리고는 신서(神書)와 무명(無明)을 밝히는 열매를 주었다.

잠시 침묵이 흐른 뒤 마고가 말했다.

환안, 나의 마지막 계승자여! 바이칼호 알혼섬의 부르한 바위 앞에서 울려 퍼진 그대 영혼의 목소리는 장엄했노라! 다시 들려줄 수 있겠는가?

그러자 환안이 마치 부르한 바위 앞에 선 것처럼 마고 앞에 서서 고양된 목소리로 읊조렸다. 그 목소리는 거대한 사원의 아득한 천장과 사방 벽에 반향되어 하늘소리가 되어 내려왔다.

바이칼의 심장, 알혼섬이여! 그대는 부리야트족과 바이칼인들의 원류가 시작된 곳이다. 그들의 영혼의 고향이며 민속 문학의 산실이다.

천군(天君)의 성지, 알혼섬이여! 그대는 천손 코리족의 발원지이다. 부리야트족의 일파인 코리족이 동(東)으로 이동하여 부여족의 선조가 되고 고구려의 뿌리가 되었다. 그대는 정녕 한민족의 시원이다.

신령스러운 부르한 바위여! 소도제천(蘇塗祭天) 바위인 그대 '부르한'은 '불한'이고 '불칸'이다. '부르' 또는 '불'은 '밝'·'광명'의 뜻이고, '한' 또는 '칸'은 제왕을 의미한다.

부르한이여, '불한'이여! 그대는 광명한 제왕이다. 환하게 밝은 정치를 하는 제왕이다. 그대는 태양을 숭배하는 천손족이다. 밝달족이요 박달족이며 배달족이다!

오, 부르한이여, '불한'이여! 그대는 홍익인간·재세이화·광명이세를 구현하려는 뜻을 세우고 세상에서 제일 깨끗한 바이칼호수에서 매일 목욕재계하며 그대 바위 속 동굴에서 치성(致誠)을 올렸다!

보라, 부르한 바위 바로 위 하늘에서 밝게 빛나는 북두칠성을! 그대 '부르한'은 그대의 고향별인 북두칠성을 천장처럼 바위 위에 걸어놓고 치성을 올렸다!

부르한이여, '불한'이여! 그대의 정성(誠)이 하늘에 닿아서 환하게 밝고 어진 이(桓仁)가 광명한 나라(태양의 제국) 환국(桓國)을 세워 광명한 정치를 하였다.

부르한이여, '불한'이여! 그대의 믿음(信)이 하늘에 닿아서 환하게 밝은 영웅(桓雄)이 배달국을 세워 광명한 정치를 하였다.

부르한이여, '불한'이여! 그대의 사랑(愛)이 하늘에 닿아서 환하게 밝은 이(桓儉, 檀君)가 단군조선을 세워 광명한 정치를 하였다.

부르한이여, '불한'이여! 그대는 세계에서 가장 오래되고 가장 깊고 가장 깨끗한 바이칼호수에, 그 심장인 알혼섬에 영원히 사라지지 않을 한민족의 제단을 세웠다!

부르한이여, '불한'이여! 온 세상이 생명의 환희로 넘치고 '사랑의 문명'

이 꽃피어날 때까지 그대의 치성은 계속되어야 한다.

오, 그대 부르한이여, '불한'이여! 한민족 최고의 순간은 아직 오지 않았다. '태양의 제국' 환국은 더 강력한 모습으로 부활할 것이다!

한민족의 수호신 부르한 바위여, 그대 이름에 영광 있으라!

사막의 일몰 위로 마고성이 오버랩되어 나타났다. 이제 마고성 시대도 저물어 역사 속으로, 신화와 전설의 장으로 넘어가고 있었다.

두 사람은 오래도록 '침묵의 사원'에서 말없이 일몰을 바라보았다.

이윽고 마고가 말했다.

환안, 나의 마지막 계승자여! 후천개벽기에 일할 그대에게 나는 모든 것을 전했노라. 우리는 다시 만나게 될 것이다.

그대가 사명을 완수하고 나면……선계(仙界)에서 다시.

잊지 말지어다, 내가 항상 그대와 함께 하고 있다는 것을!

그러자 환안이 말했다.

위대한 나의 스승, '라 무'시어! '라 무'께서는 제 가슴 깊은 곳에 영원히 마르지 않는 샘이 되어 머물고 계십니다.

내일 태양은 또다시 떠오를 것입니다. 그리고 '마고의 나라'인 '태양의 제국'은 더 강력한 모습으로 부활할 것입니다.

그때가 되면 세상의 어둠은 제국의 강력한 빛 속으로 사라질 것입니다.

두 사람은 마주 보며 가만히 고개를 끄덕였다. 그 의미가 마음에서 마음으로 전해지고 있었다.

부록

- 해제
- 주석
- 찾아보기

해제

이 책은 21세기 새로운 계몽의 시대를 예단하고 그와 관련하여 역사적 세계를 통시적/공시적으로 재조명하면서 새로운 문명을 여는 구체적인 방안을 생명의 대서사시로 풀어낸 것이다. 본문에서 미진했던 부분 몇 가지를 일별하고자 한다.

본문에 나오는 무 대륙과 무 제국, 마고와 마고성의 실체에 대해서는 여러 기록과 고사본들, 유물·유적들 그리고 구전을 통하여 일정 부분 증명된 바이다. 하지만 이 책은 그것들에 대해 논증하기 위한 것은 아님을 밝혀 둔다.

제임스 처치워드는 50여 년에 걸친 조사와 연구를 토대로 펴낸 『잃어버린 무 대륙 The Lost Continent of Mu』(1926)에서 무 대륙과 무 제국의 실체에 대한 자신의 주장을 뒷받침하는 근거로 무 대륙에 관한 언급이 실린 다음의 몇 가지를 들고 있다.

인도의 힌두교 사원에서 발견한 나칼(Naacal) 명판(銘板)의 해석, 현재 대영박물관에 소장된 '트로아노 고사본', 고대 인도의 힌두교 대서사시 '라마야나(Ramayana)' 등 고대의 기록, 마야의 책 '코르테시아누스 고사본', 티벳의 고사원에서 발견된 '라사 기록', 이집트·그리스·중앙아메리카·멕시코 및 미국 서부의 암벽에 새겨진 기록, 현존하는 유적들과 거기에 장식된 표상들—특히 남태평양의 이스터·망가이아·통가타부·파나페·래드로운·마리아나 제도와 유카탄반도의 욱스말 신전 등—그리고 이집트·버마·인도·일본·중국·남태평양 제도·중앙아메리카·남아메리카 및 북아메리카 인디언 부족들의 오래된 표상과 관습들 등이다.

무 제국과 마고성의 연계성에 대해서는 본문에도 언급되어 있거니와, 필자의 저서 『한국학강의: 메타버스 시대를 여는 지혜의 보고(寶庫)』(2022)에도 나와 있다.

이 책은 19세기 독일의 철학자 프리드리히 니체의 대표작 『차라투스트라는 이렇게 말했다: 만인을 위한, 그러나 그 누구의 것도 아닌 책 *Also sprach Zarathustra: Ein Buch für Alle und Keinen*』(1883~1885)의 21세기 버전이다. 진리는 없는 곳이 없이 실재하므로 만유에 속하는 것이지만, 공기와도 같은 것이어서 위치라는 것이 없으므로 그 어디에도 속하지 않는다는 역설을 낳게 된다.

니체는 서구의 이원론적인 형이상학 전통에 맞서 '신은 죽었다'라며 신의 죽음을 선언했다. 그런가 하면, 양자물리학으로 신의 존재를 입증한 이론핵물리학자 아미트 고스와미는 '신은 죽지 않았다'라고 설파했다. 그러나 정확하게 말하면 신은 죽은 적도 없고 죽을 수도 없다. 왜냐하면 신은 삶과 죽음의 저 너머에 있는 영원한 '생명(Life)'—천지만물이 생겨나기 전에도 있었던—즉 순수 현존(pure presence)이기 때문이다. 신은 단 한 순간도 우리 자신과 분리된 적이 없다. 왜냐하면 신은 우주의 본질인 '생명' 그 자체이고, 우리는 '생명'이라는 피륙의 한 올이기 때문이다. 신과 인간의 분리는 의식의 자기분리에 지나지 않는다.

오늘날 포스트모던 시대의 개막은 탈중심주의와 해체주의를 근간으로 인간 의식의 패턴 변화를 전제로 한다. 해체주의의 핵심은 서구적 근대의 도그마 속에 깃들어 있는 절대성과 중심성의 허구를 드러내는 것이다. 근대 휴머니즘의 토대를 이루는 인간중심주의·남성중심주의·유럽중심주의·백인우월주의의 한계를 극복하고 대안적 인간상을 마련하는 것이다.

니체의 반(反)형이상학적인 실존철학은 마르틴 하이데거에 이어 포스트구조주의자들에게 계승되어 포스트모던 시대가 열리게 된 것이니, 해체주의의 연원은 니체의 실존철학에 내재한 해체주의적 요소에 있다.

근대의 '도구적 이성'은 과학적 합리주의 및 객관주의와 연결되어 '효용 가치(utility value)'를 앞세운 나머지 '내재 가치(intrinsic value)'가 밀려나면서 일체를 도구의 대상으로 파악하고 계측, 수량화하여 모든 것을 도구적 기능으로 환원시켜 버렸다. 근대 휴머니즘과 계몽주의에 내재된 개체화·물질화된 생명관이 초래한 반(反)생명적인 물신(物神) 숭배는 인간과 인간, 인간과 자연의 연대성 상실과 함께 총체적인 인간 실존의 위기를 가져왔다. 이러한 '도구적 이성'의 한계에 직면하여 니체는 거의 모든 분야에서 이성의 절대성·중심성을 기반으로 한 종래의 형이상학적 진리관은 해체되어야 한다고 본 것이다.

이 책이 『차라투스트라는 이렇게 말했다』라는 책의 21세기 버전이라고 한 것은 크게 두 가지 이유에서다. 그 하나는 계몽주의 시대 서구 물질문명의 몰가치적 정향에 대한 니체의 비판적 관점을 공유하면서, 특히 인류 문명을 물질세계와 의식세계의 양 차원에서 통섭적으로 성찰하고, 이성과 신성의 조화에 기반한 우리 고유의 생명 코드를 '도구적 이성'의 한계를 극복하는 '마스터 알고리즘'으로 제시하며, 동서고금의 사상과 철학, 과학과 종교를 하나로 회통(會通)시켜 생명학과 통섭학의 새로운 지평을 열어 보임으로써 21세기 새로운 계몽의 시대로 안내하고 있다는 점이다.

다른 하나는 인간이라는 존재가 극복되어야 할 그 무엇이라고 보고 '초인(超人)'을 향한 자기 극복의 여정과 인간 강화를 통해 새 질서를 세우고자 한 니체의 의지는 본서의 중심 주제와 조응하며, 특히 본서에서는 인간 존재의 세 중심축—신과 세계와 영혼(天地人 三才), 즉 종교와 과학과 인문—에 대한 통섭적 재조명을 통해 '참자아'에 이르는 길과 새로운 계몽의 시대를 여는 구체적인 방안을 역사문화적·역사철학적·과학사상적·천문역학적·생태정치학적 접근을 통하여 제시하고 있다는 점이다. 감각과 이성의 영역을 포괄하면서 초월한 '참자아', 다시 말해 이성과 신성의 조화에 기반한 초아(超我)가 바로 니체가 말한 '초인'이다.

또한 이 책은 13~14세기 이탈리아의 시인이자 르네상스의 선구자로 일컬어지는 알리기에리 단테가 남긴 불멸의 거작 『신곡(神曲) *La Divina Commedia*, 원제는 *La Commedia Di Dante Alighieri*』(1308~1321)의 21세기 버전이기도 하다. 『신곡』은 단테 자신의 영혼의 순례 과정, 즉 잃어버린 신성을 찾아가는 과정을 그린 것으로, 당시는 물론 오늘의 인류 문화가 지향할 목표를 제시한 작품이기도 하다.

여기서 지옥편은 조각에, 연옥편은 회화에, 천국편은 음악에 비유되기도 하는데, 이는 지옥편이 예리한 조각적 표현으로, 연옥편이 섬세한 회화적 표현으로, 그리고 천국편이 시공을 초월한 음악적 표현으로 노래하고 있는 데서 붙여진 이름이다. 지옥은 물질[형상] 차원에 갇힌 에고의 영역[어두움의 세계]을 조각적 표현으로 나타낸 것이고, 천국은 형상을 초월한 초(超)시공의 근원의식의 영역[빛의 세계]을 음악적 표현으로 나타낸 것이다. 그리고 이 양단의 중간에 지옥보다 순화된 회화적 표현으로 연옥편이 나타나고 있다.

시인 베르길리우스의 안내로 지옥에 가고 연옥을 지나, 영원한 연인 베아트리체의 안내로 천국에 간 순례길은 내재적 본성인 신성에 이르는 길을 생생하게 보여준다. 이는 곧 물질 차원에서 의식 차원으로의 변환, 즉 의식의 확장[의식의 진화, 영적 진화]을 의미한다. 이러한 『신곡』의 중심 주제는 참자아를 향한 자기 극복의 여정을 통해 물질시대에서 의식시대로의 대전환을 다룬 본서의 중심 주제와 조응한다. 르네상스의 여명기에 잃어버린 신성을 찾아가는 영혼의 순례길은 문명의 대전환기에 처해 있는 오늘의 인류에게도 요구되는 길이다. 새 하늘과 새 땅을 열기 위해서는 영혼의 정화가 필요한 법이다. 이것이 바로 본서가 『신곡』의 21세기 버전이라고 한 이유 중 하나다.

다른 하나의 이유는 『신곡』에서 신성의 빛을 찾아가는 과정은 개인 영혼의 순례길이기도 하지만 동시에 새 시대의 서막을 여는 것이라는 점에서 본서의 중심 주제와 조응하며, 특히 본서에서는 우리 고유의 생명 코드를 새로운 규준의 휴머니즘에 입각한 새로운 계몽의 시대를 여는 '마스터 알고리즘'으로 제시하고 있다는 점이다. 의식이라는 운영시스템에 명령을 내리는 프로그램(소프트웨어)을 바꾸는 유일한 방법은 인식 코드를 전환하는 것이다. 이를 위해서는 우주의 실체가 물질적 외피가 아니라 의식[에너지, 파동]이라는 사실을 간파하는 것이 중요하다. 이 세상이 혼란스러워진 것은 인간 이성이 내면의 신성과 조화를 이루지 못하고 진리에 역행하는 길을 가고 있기 때문이다.

오늘날 인류는 단테가 살았던 르네상스 초기나 니체가 살았던 19세기와는 비교도 할 수 없을 만큼 전 인류적이고 전 지구적이며 전 우주적인 대변환에 직면해 있다. 근원적인 존재혁명[영혼혁명]을 요구하는 문명의 대변곡점에 와 있는 것이다. 근대 계몽주의의 근간이 된 서구의 이성주의·과학적 합리주의·객관주의는 '도구적 이성'의 늪에 빠져 그 수명을 다했다. '도구적 이성'은 해체되어야 하고 또 해체될 수밖에 없다. 21세기는 파편화된 '존재의 세 중심축'에 대한 대통합이 요구되는 시대다. 현재 과학계에서 경고하는 지구의 '여섯 번째 대멸종'의 시기는 우리에게 생명에 대한 심오한 통찰을 요구한다.

이제 근대 서구의 휴머니즘은 생명의 네트워크적 본질에 기초한 새로운 버전의 휴머니즘으로 대체되어야 하고 진리의 반석 위에 21세기 새로운 계몽의 시대를 열어야 한다. 이는 본서가 니체와 단테 저작의 21세기 버전이라고 한 또 하나의 이유다. 우리 고유의 생명 코드인 '하나는 셋(一卽三), 셋은 하나(三卽一)'의 원리는 우주 '한생명'에 대한 선언이요, 진정한 문명의 시작을 알리는 신곡(神曲)이다. 이는 곧 내재적 본성인 신성과 이성의 화해에 기초한 생명과 평화의 새로운 문명을 여는 것이다.

그것은 제2의 르네상스요 제2의 종교개혁이며, 새 하늘과 새 땅을 여는 '다시개벽'이다. 서구의 르네상스와 종교개혁이 신 중심의 세계관에서 인간 중심의 세계관으로의 이행을 촉발함으로써 유럽 근대사의 기점을 이루었다면, 제2의 르네상스, 제2의 종교개혁은 물질에서 의식으로의 방향 전환을 통해 지구촌 차원의 새로운 정신문명시대를 여는 계기가 될 것이다. 따라서 유럽적이고 기독교적인 서구의 르네상스나 종교개혁과는 그 깊이와 폭이 다를 수밖에 없다. 그것은 전 인류적이고 전 지구적이며 전 우주적인 존재혁명이 될 것이다.

우리 고유의 생명 코드는 양자역학으로 대표되는 포스트 물질주의 과학과 사상적 근친성을 갖는다는 점에서 가장 오래된 새것이다. 오늘날 물질주의 과학에서 포스트 물질주의 과학으로의 패러다임 전환이 인류 문명의 진화에 대해 갖는 의미는—특히 생명[神·天·靈]의 재발견이라는 측면에서—가히 혁명적이라 할 수 있다. 왜냐하면 '생명 즉 신(生命卽神)'은 곧 우주만물의 성(性, 참본성)이므로 종교적 영역에 국한되거나 인간중심주의에 함몰된 개념이 아니라 인간과 우주만물의 존재성을 근본적으로 새롭게 이해하는 바탕이 되는 것이기 때문이다. 또한 신은 특정 종교집단의 신이 아니라 우리 자신이며 우주만물 그 자체라는 진실이 드러나게 되므로 인류 문명의 진화를 새로운 차원으로 도약시키는 추동력이 되는 것이기 때문이다.

우주의 실체는 의식[에너지, 파동]이며 우리가 물질이라고 지각하는 것은 특정 주파수대의 에너지 진동에 지나지 않는다. '생명 즉 신'은 비분리성·비이원성을 본질로 하는 영원한 '에너지 무도(energy dance)'이다. 이러한 에너지장(場), 즉 매트릭스(Matrix)에 의해 우리 모두는 하나로 연결되어 있다. 널리 인간 세상을 이롭게 하는 홍익인간의 건국 이념은 우리 고유의 생명 코드가 발현된 것이다. 그것은 곧 '하나됨'의 실천이다. 미국의 이론물리학자 존 휠러의 '참여하는 우주(participatory universe)'의 관점은 관찰자와 관찰 대상, 주체와 객체의 이분법이 폐기된 양자역학적 관점의 정수를 보여준다. 우주는 넘실거리는 파동의 대양[氣海]—춤 그 자체일 뿐, 춤추는 자가 따로 있는 것이 아니다. 우주만물은 파동의 세계가 벌이는 에너지 무도에 대등한 참여자로서 참여하고 있다.

물질이 유일하고도 구체적인 현실이며 모든 것이라고 보는 물질주의, '부분을 이해하면 전체를 이해할 수 있다'라는 가정에서 출발한 데카르트-뉴턴의 기계론적 환원주의(mechanistic reductionism)에 탐닉해서는, 우주만물을 잇는 에너지장 자체가 생명이며 신이라는 사실을 결코 이해할 수 없다. 오늘의 생명 위기를 새로운 방식으로 우리 삶을 도약시키는 기회로 삼기 위해서는 세상을 바라보는 관점 자체가 바뀌어야 하고, 그 단초가 되는 '생명 즉 신'에 대한 명료한 인식이 요구된다. 인간중심주의·남성중심주의·유럽중심주의·백인중심주의에 함몰된 휴머니즘을 생명의 네트워크적 본질에 기초한 새로운 버전의 휴머니즘으로 대체하고, 종교의 성벽 속에 가

두어 놓은 '하늘[神]'을 만인의 하늘로 되돌려야 한다.

생명 코드인 '하나는 셋(一卽三), 셋은 하나(三卽一)'의 원리에 내재한 생명의 비밀을 풀기 위해서는 이성[과학]과 영성의 상호 피드백 과정이 필요하다. 브뤼셀에서 개최된 제5회 솔베이 학술회의(1927)[1]—양자역학의 의미를 다루도록 고안되었던—는 마치 교리에 대한 논쟁을 해결하기 위해서 열린 니케아(Nicaea) 종교회의(325)와도 같은 물리학자들의 모임이었다. 이 회의에서 보어와 아인슈타인의 논쟁(Bohr-Einstein debates)의 핵심은 '실재(reality)'의 존재성에 대한 것이었다.

'실재'는 이원성의 저 너머에 있는데, '실재'가 무엇인지에 대한 인식론적 고찰 없이 실재는 '존재한다 혹은 존재하지 않는다'라는 존재론적 차원의 이분법적 논쟁을 벌인 것이야말로 신(神)은 '있다 혹은 없다'라는 논쟁만큼이나 실재성이 없지 않은가? 궁극적 '실재'인 생명[神·靈·天]에 대한 심오한 철학적·과학적 통찰을 통해 이원론의 유산을 극복하는 것이 이 회의의 선결 과제였는지도 모른다.

마고성 시대 이래 생명의 본체[一, 天·神·靈]와 작용[三, 우주만물]에 관한 논의는 시간의 바람을 타고 전 세계로 퍼져나갔다. 역사상 지성 세계를 뜨겁게 달구었던 논쟁들 대부분은 생명의 본체와 작용의 관계성에 대한 것이었다. 기독교의 성부와 성자, 힌두사상의 브라흐마와 아트만, 불교의 법신과 화신, 유교의 무극과 태극, 그리고 동학의 내유신령과 외유기화는 모두 생명의 본체[一]와 작용[三]의 전일적 관계를 나타낸 것이다.

이러한 생명의 전일성이 발현되는 메커니즘으로 설정된 것이 기독교의 성령(聖靈)이고, 불교의 보신(報身)이며, 유교의 황극(皇極)이고, 동학의 불이(不移, 不二)다. 브라흐마와 아트만을 불가분의 하나, 즉 불멸의 음성 '옴(OM)'

으로 나타낸 것은 이 우주가 분리할 수 없는 거대한 파동의 대양임을 말해준다. 과학계에서 말하는 생명의 '자기조직화(self-organization)'[2] 원리도 마찬가지로 생명이 주체와 객체로 분리될 수 없음을 말해준다.

생명은 '자기조직화'에 의해 스스로 생성되고 변화하여 돌아가는 '스스로(自) 그러한(然)' 자, 즉 자연이다. 생명은 '스스로 그러한' 자이므로 생명은 자유다. 생명이 본래 자유임에도 우리가 자유롭지 못한 것은 개체화된 자아 관념에 사로잡혀 있기 때문이다. 「요한복음」(8:32)에서 "진리가 너희를 자유롭게 하리라"고 했듯이, 인간을 자유롭게 할 수 있는 것은 진리다. 또한 「요한복음」(14:6)에서 "나는 길(道)이요 진리요 생명이니…"라고 했듯이, 진리는 곧 도(道)이고 생명이고 신(神)이고 '하늘'(님)이다. 유사 이래 신을 섬기는 의식이 보편화된 것은 신은 곧 생명이며, 인간이 인간일 수 있게 하고 만물이 만물일 수 있게 하는 제1원인(The First Cause)이기 때문이다. '생명'의 사전엔 죽음이란 없다. '생명 즉 신(生命卽神)'은 곧 우리의 '성(性, 神性, 靈性, 참본성, 一心)'이다. 따라서 신·인간 이원론은 성립되지 않는다.

생명은 물질[精]과 에너지[命, 氣]의 패턴이라는 기본 구조 속에 '우주 지성[性]'이 내재한 것이다. 물질세계는 생명의 본체인 영(Spirit, 靈·神·天)* 자신의 설계도가 스스로의 지성[性]·에너지[命]·질료[精]**의 삼위일체의 작용으로 형상화되어 구체적 현실태로 나타난 것이다. 따라서 만유는 '물질화된 영

---

* 우주의 실체는 의식[에너지, 파동]이므로 영(靈)·신(神)·천(天)은 곧 근원의식·전체의식·보편의식·우주의식·순수의식·참본성[一心, 神性, 靈性]·混元一氣(一氣, 至氣)·律呂 등으로 명명되기도 한다.
** 우리 한민족 고유의 삼대 경전 중의 하나인 『三一神誥』에서는 '하나'님[天·神·靈]의 진성(眞性)을 셋으로 나누어 성(性)·명(命)·정(精)이라고 하고 있다.

(materialized Spirit)'이다. 무수한 사상(事象)이 펼쳐진 '다(多, 三)'의 현상계와 일체가 에너지로서 접혀있는 '일(一)'의 본체계는 외재적(extrinsic) 자연과 내재적(intrinsic) 자연, 작용과 본체의 관계로서 상호 조응해 있으며 상호관통한다. 본체와 작용의 합일을 밝히는 메커니즘은 바로 일심(一心), 즉 참본성이다. 일심의 경지에 이르면, 본체와 작용이 하나임을 알아 생명의 전일성과 자기근원성을 깨닫게 되므로 우주 '한생명'을 체득하게 된다. 이는 곧 '인중천지일(人中天地一)'*이며 인간의 자기실현이란 이를 두고 하는 말이다.

21세기에 들어 '과학을 통한 영성으로의 접근(Approaching spirituality through science)'과 '영성을 통한 과학으로의 접근(Approaching science through spirituality)'이라는 상호 피드백 과정의 필요성은 더욱 강조되고 있다. 20세기의 가장 중요한 이론물리학자 중 한 사람이자 세계적인 양자물리학자이며 알버트 아인슈타인의 후계자로 지목되던 데이비드 봄,[3] 오스트리아 태생의 미국 물리학자이며 신과학 운동의 거장인 프리초프 카프라, 인도 출신으로 미국의 저명한 이론핵물리학자이자 퀀텀 행동주의자(Quantum Activist)로 알려진 아미트 고스와미, 인도계 미국인 대체의학자 디팩 초프라 등의 생명에 대한 관점은 우리 고유의 생명 코드인 '하나는 셋(一卽三), 셋은 하나(三卽一)', 즉 천·지·인 삼신일체의 원리와 일맥상통한다.

이 우주는 방대하고 복잡하면서도 매우 정교하게 짜인 생명의 피륙이다. 우주의 진행 방향은 영적 진화이며—전지전능한(omniscient and omnipotent) '우주 지성'에 의해 그렇게 설계되어 있다—물질세계의 진화는

---

* '인중천지일'이란 천·지·인 삼신일체의 천도(天道)가 인간 존재 속에 구현된 일심(一心)의 경지이다. 다시 말해 천·지·인 삼신일체의 천도를 체득한 것을 의미한다.

영적 진화[의식의 진화]와 표리의 조응 관계에 있다. 이 세상은 우리의 의식을 비춰주는 거울이기 때문이다. 만물의 제1원인인 생명[天·神·靈]은 빛이고, 거기서 비롯되는 우주만물의 근원 또한 빛이다. 빛의 행진이 일어나기 시작하면 세상의 어둠은 저절로 자취를 감추게 될 것이다.

　역사의 여명기에 마고는 생명의 비밀을 풀 수 있는 마스터키를 우리에게 주었다. '하나는 셋(一卽三), 셋은 하나(三卽一)'라는 마스터키로 대통섭의 생명시대를 열어야 할 시점이다. 마고는 우리에게 묻고 있다. "형제들이여, 준비가 잘 되고 있는가?"

주석

서문

1 『莊子』,「知北游」: "生也死之徒 死也生之始 孰知其紀 人之生 氣之聚也 聚則爲死 若死生爲徒 吾又何患 故萬物一也…故曰通天下一氣耳 聖人故貴一." 생과 死가 동반자이며 만물이 '하나'이고, 하나의 기운(一氣)이 천하를 관통하고 있기에 성인은 이 '하나[一氣]'를 귀하게 여긴다는 것이다.

2 쿠사노 타쿠미 저, ㈜코트랜스 인터내셔널 역, 『도해 연금술』(서울: 에이케이 커뮤니케이션즈, 2012), 210-211쪽.

3 소강절에 의하면 우주 1년(一元)은 12만9천6백 년이요 일원(一元)에는 12회(子會·丑會·寅會·卯會·辰會·巳會·午會·未會·申會·酉會·戌會·亥會)가 있어 1회(一會, 宇宙曆 1개월)인 1만8백 년마다 소개벽이 일어나고 우주의 봄과 가을에 선·후천의 대개벽이 순환하게 된다. 또한 1회에는 30운(運)이 있으니 1운은 360년이고 또 1운에는 12세(世)가 있으니 1세는 30년이다. 즉, 일원에는 12회 360운 4,320세가 있는 것이다. 천개어자(天開於子) 즉 자회(子會)에서 하늘이 열리고, 지벽어축(地闢於丑) 즉 축회(丑會)에서 땅이 열리며, 인기어인(人起於寅) 즉 인회(寅會)에서 인물(人物)이 생겨나는 선천개벽이 있게 되는 것이다(『黃極經世書』,「纂圖指要·下」와「觀物內篇·10」). 우주력(宇宙曆) 12회에서 오회(午會)에 이르러 역(逆)이 일어나고 우주의 가을인 미회(未會)에 이르러 통일이 된다. 선천 건도(乾道) 시대는 천지비괘인 음양상극의 시대인 관계로 민의(民意)가 제대로 반영되지 못하고 빈부의 격차가 심하며 여성 억압과 자연 억압이 만연한 시대로 일관해 왔으나, 후천 곤도(坤道) 시대는 지천태괘인 음양지합(陰陽之合)의 시대인 관계로 대립물의 통합이 이루어지고 종교적 진리가 정치사회 속에 구현되는 성속일여(聖俗一如)·영육쌍전(靈肉雙全)의 시대가 될 것이다.

4 마고와 마고성 시대 및 그 후속 문화에 대해서는 최민자, 『한국학강의: 메타버스 시대를 여는 지혜의 보고(寶庫)』(서울: 모시는사람들, 2022); 최민자, 『한국학 코드: 생명세, 지구와 인류의 미래를 말하다』(서울: 모시는사람들, 2023) 참조. 마고성의 위치는 『부도지』 제8장에 나오는 민족의 이동 경로와 『山海經』 등으로 미루어 볼 때 파미르고원(天山崑崙) 일대인 것으로 추정되며, 그 동쪽에는 운해주(雲海州: 중원지역), 서쪽에는 월식주(月息州: 중근동 지역), 남쪽에는 성생주(星生州: 인도 및 동남아 지역), 북동쪽에는 천산주(天山洲: 천산산맥 지역)가 있었다.

5 이러한 생명의 역동적 본질은 우주가 생장염장(生長斂藏) 사계절로 순환하는 원리와도 조응한다. '하나는 셋(一卽三)'의 원리가 생장·분열의 선천시대인 우주력(宇宙曆) 전반 6

개월(春夏)에 조응하는 것이라면, '셋은 하나(三卽一)'의 원리는 수렴·통일의 후천시대인 우주력 후반 6개월(秋冬)에 조응한다. 말하자면 시작도 끝도 없는 영원한 생명의 순환고리를 나타낸 것이다. 이는 곧 천·지·인이 분리될 수 없는 하나[混元一氣: 무어라 형용할 수 없는 태초의 한 기운]임을 나타낸 것으로, 우주 '한생명'이란 이를 두고 하는 말이다.

6 힌두교에서 만물을 창조하고 유지하며 해체하는 신성의 세 측면을 각각 브라흐마(창조의 신)·비슈누(유지의 신)·시바(파괴의 신)의 삼신으로 명명한 것은, 삼신이 따로 존재하는 것이 아니라 유일자 브라흐마의 세 기능적 측면을 나타낸 것으로 트리무르티(Trimurti: 삼신일체 또는 삼위일체)를 의미한다.

7 『우파니샤드 The Upanishads』에서 유일자 브라흐마(Brāhma)와 브라흐마의 자기현현(self-manifestation)인 우주만물[아트만, Ātman]을 불가분의 하나, 즉 불멸의 음성 '옴(OM)'으로 나타낸 것은 이 우주가 분리할 수 없는 거대한 파동의 대양임을 말해준다. '옴(OM)'은 생명의 전일성과 자기근원성을 표징하는 것으로 천·지·인 삼신일체의 의미를 함축한 것이다.

제1장 타클라마칸 사막에서의 명상

1 '무 제국 최후의 날'에 대해 〈라사 기록〉에서 발췌된 일부 내용은 다음과 같다. "발(Bal: 마야 언어로 '땅의 지배자'란 뜻)의 별이 지금은 하늘과 바다뿐인 그곳에 떨어졌을 때 황금의 문과 투명한 신전이 있는 일곱 도시는 폭풍 속의 나뭇잎처럼 떨리고 흔들렸다. 그리고는 보라, 궁궐들에서 불과 연기의 홍수가 일어났다. 수많은 사람들의 고통스런 울부짖음이 대기를 가득 채웠다…"(James Churchward, *The Lost Continent of Mu*, New Introduction by David Hatcher Childress(Kempton, Illinois: Adventures Unlimited Press, 2007), p.80; 제임스 처치워드 저, 박혜수 역,『뮤 대륙의 비밀』(서울: 문화사랑, 1997), 69쪽.

2 마고의 '마(麻)'는 마고성 일대에 삼베를 짜는 섬유의 원료인 삼(麻)을 많이 재배한 데서 붙여진 이름이다. 그런 점에서 마고는 '마(麻)'가 많이 나는 땅의 여성 지도자를 의미한다. 예로부터 아이를 점지해 달라고 '삼신할미'에게 비는 습속 또한 마고를 생명의 여신으로 인식한 데서 비롯된 것이다. 여기서 '할미'는 '한어미', 즉 대모(大母)라는 뜻이다. 최초의 '한어미'라는 뜻에서 태모(太母)라 할 수도 있다. 마고는 몽고, 투르크(튀르크), 만주, 퉁구스, 시베리아에서 '우마이(Umay)'라는 대모신(大母神)의 이름으로 등장하여 인간의 출생을 관장하는 생명의 여신으로 알려져 있고, 이 일대 여성 무당 또한 어마이, 오마이 등으로 불린다. 오마니, 어마이, 오마이는 어머니를 뜻하는 평안도 방언이기도 하다. '마(Ma)'는 어머니, 엄마, 어멈 등의 뜻으로 영어의 mother, mom, mama, 수메르어의 우뭄(Umum), 고타마 싯다르타의 어머니 마야(Maya)부인, 성모 마리아(Mary), 러시아의 토속인형 마툐레시카, 일본의 아마테라스 오미카미(天照大神), 마야(Maya)문명, 마고 삼신을 모시는 베트남의 토속종교 모교(母教), 마고 삼신을 의미하는 마을 어귀 '솟대에 앉은 오리[鳥] 세 마리',『우파니샤드』에서 우주만물과 유일신 브라흐마의 합일을 나타낸 불멸의

음성 '옴(OM: 어머니, 엄마를 뜻하는 옴마, 오마니, 오마이 등의 축약어)', 이들 모두 마고에서 유래한 것으로 볼 수 있다.
3   중국 '신(新)실크로드' 구상(2014)의 핵심지역이 섬서성(陝西省, 산시성)에서 신장위구르자치구(新疆維吾爾自治區, 신장웨이우얼자치구)로 이어지는 서북 5개 성으로 확정된 것을 보더라도 이 일대가 동서 가교의 요충지임은 분명하다. 실크로드의 '출발점'인 섬서성과 그 '황금구간'인 감숙성(甘肅省, 간쑤성)은 환웅 신시(神市)의 개창과 관련된 삼위태백(三危太白)이 위치한 곳이고, 실크로드의 '전략지대'인 청해성(青海省, 칭하이성)과 닝샤자치구(宁夏回族自治区) 일대는 환인씨의 적석산(積石山) 시대가 열렸던 곳으로 추정되는 지역이며, 실크로드의 '핵심지역'인 신장위구르자치구 일대는 파미르고원의 마고성(麻姑城) 시대가 열렸던 곳이다.
4   『莊子』內篇, 第一「逍遙遊」.
5   『符都誌』제13장에는 임검씨(桓儉氏, 단군왕검)가 순행(巡行)에서 돌아와 부도(符都)를 건설할 땅으로 태백산(중국 陝西省 소재)을 택하여 정상에 천부단을 짓고 사방에 보단(堡壇)을 설치하였으며, 보단의 사이는 각각 세 겹의 도랑으로 통하게 하였고, 도랑의 사이는 천 리였으며, 도랑의 좌우에 각각 관문을 설치하여 지키게 했는데, 그 구체적인 설계는 마고(麻姑) 본성(本城)에서 그 법을 취한 것이라고 기록되어 있다.
6   『符都誌』第5章.
7   『符都誌』第6章.
8   『符都誌』第7-8章.
9   cf. 『般若心經』: "不生不滅 不垢不淨 不增不減."
10 『桓檀古記』, 「北夫餘紀」上篇, 2世 檀君 '慕漱離'條: "諸加之衆 奉上將卓 大擧登程 直到月支立國 月支 卓之生鄉野 是謂中馬韓 於是 弁辰二韓 亦各以其衆 受封百里 立都自號 皆聽用馬韓政令 世世不叛."
11 『史記』卷一百十, 「匈奴列傳」第五十: "當時之時 東胡彊而月支盛." "당시는 동호(東胡), 東夷)가 강하고 월지(月支, 月氏)도 세력이 왕성하였다"고 기록되어 있으며, '중마한'을 세운 월지(또는 月氏)는 지금의 감숙성(甘肅省) 서부와 청해성(青海省) 경계 지역에 살았던 부족 이름이라고 역주에 나와 있다.
12 이일봉, 『실증 한단고기』(서울: 정신세계사, 2017), 273쪽. 백제는 후삼한의 맹주 마한의 일국인 백제국(伯濟國)이 후에 백제국(百濟國)으로 성장한 것이다. "『사기』를 비롯한 모든 사서에 의하면 월지족은 감숙성, 청해성, 내몽골 자치구 등지에 있다가 후에는 파미르고원을 넘어서 대월지국으로 발전하였다(위의 책, 265쪽). 金憲銓 編著, 任正雲 譯, 『桓國正統史』(大阪: 三省イデア, 2000), 52쪽 지도에는 파미르고원을 넘어서 '대월씨(大月氏, 大月支)'라는 국명이 표기되어 있다.
13 출처: https://www.joongang.co.kr/article/23230993 (2025.2.25.)
14 마고 문화와 수메르 문명의 근친성에 대해서는 최민자, 『한국학강의: 메타버스 시대를 여는 지혜의 보고(寶庫)』, 231-250쪽 참조.

15 미국인 수메르 학자 새뮤얼 노아 크레이머는 그의 저서 『역사는 수메르에서 시작되었다 History Begins at Sumer』(1956)에서 인류 최초의 학교, 최초의 민주적 대의제도, 최초의 문학 등 인류의 문화·문명사에서 최초의 중요한 것 39가지가 모두 수메르인들의 발명품이라고 밝히고 있으니, 인류의 뿌리에 대한 비밀을 간직한 민족으로 여겨지는 것은 당연한지도 모른다.

16 우리와 똑같은 유전적 형질을 지닌 것으로 판명된 아메리칸 인디언은 우리 한민족과 깊은 연계성을 갖는다. 아메리카 대륙 곳곳에 그들이 남겨 놓은 우리말 지명과 종족 명칭, 우리말 국명(國名)과 도시국가명, 우리말 일상생활어와 생활 풍습과 놀이 풍습, 그리고 유물·유적과 태극 문양 등은 그들이 우리 민족의 후예라는 사실을 부인할 수 없게 한다. 이에 대해서는 손성태 지음, 『우리민족의 대이동: 아메리카 인디언은 우리민족이다』(서울: 코리, 2019); 손성태 지음, 『고대 아메리카에 나타난 우리민족의 태극』(서울: 코리, 2017) 참조.

17 James Churchward, op. cit., p.297; 제임스 처치워드 저, 박혜수 역, 앞의 책, 297쪽.

18 The Bhagavad Gita, translated from the Sanskrit with an introduction by Juan Mascaro(London: Penguin Books Ltd., 1962), 4. 24. cf. 『海月神師法說』, 「靈符呪文」: "以天食天-以天化天."

제2장 아홉 개의 문이 있는 성(城)

1 cf. 元曉, 「大乘起信論別記」, 조명기 편, 『元曉大師全集』(서울 : 보련각, 1978), 483쪽(이하 『大乘起信論別記』로 약칭)』: "猶如海水之動 說明爲波 波無自體故 無波之動 水有體故 有水之動."

2 http://100.daum.net/encyclopedia/view/61XX10800054 (2025.2.25)

3 초고대 문명의 연구자들은 구석기시대 문명에서 신석기시대, 청동기시대, 철기시대 문명으로 점진적인 단계를 밟아 역사가 진행한다는 단선적인 사회발전단계이론의 관점을 거부한다. 인류의 진화 과정 역시 단선적인 사회발전단계와 연계하는 방식으로는 전승되어 오는 초고대 문명의 진실을 파악하기 어렵다. 이에 대해서는 최민자, 『빅 히스토리: 생명의 거대사, 빅뱅에서 현재까지』(서울: 모시는사람들, 2018), 342-344쪽.

4 『莊子』, 「知北遊」: "天地有大美而不言 四時有明法而不議 萬物有成理而不說."

5 『莊子』, 「知北游」: "…故萬物一也…故日通天下一氣耳."

제3장 물신(物神)들의 황혼

1 출처: https://www.joongang.co.kr/article/25063776#home (2025.2.25.)

2 『六祖壇經』卷上, VI 說一體三身佛相門, 24: "三身佛在自性中." 혜능은 평등무이(平等無二)한 본성을 일컬어 실성(實性)이라 하고 이 실성 가운데 있으면서 선악에 물들지 않는

것을 일컬어 만덕원만(萬德圓滿)한 보신불이라고 하고 있다(『六祖壇經』卷上, VI 說一體三身佛相門, 24: "無二之性 名爲實性 於實性中 不染善惡 此名圓滿報身佛"). 다시 말해 일념 일념으로 자성(自性)의 자각적 주체가 되어 본래의 마음을 잃지 않는 것을 보신이라 일컫는 것이다(『六祖壇經』卷上, VI 說一體三身佛相門, 24: "念念自見 不失本念 名爲報身…念念自性自見 卽是報身佛"). 이는 곧 『天符經』의 중핵을 이루는 '인중천지일(人中天地一)'에 해당하는 것이다.

3 『三一神誥』, 第一章「天」: "蒼蒼非天 玄玄非天 天無形質 無端倪 無上下四方 虛虛空空 無不在 無不用."

4 『三一神誥』, 第二章「一神」: "聲氣願禱 絶親見 自性求子 降在爾腦."

5 "Matthew" in Bible, 7:21 : "Not everyone who says to me, 'Lord, Lord,' will enter the kingdom of heaven, but only he who does the will of my Father who is in heaven."

6 『中庸』1章.

7 cf. 『涅槃宗要』: "一心之性唯佛所體 故說是心名爲佛性."

8 이에 대해서는 민희식·이진우·이원일 지음, 『성서의 뿌리(구약): 오리엔트 문명과 구약성서』(용인: 도서출판 블루리본, 2008) 참조.

9 Augustine, *On the Trinity*, edited by gateth B. Matthews, translated by Stephen McKenna(Cambridge: Cambridge University Press, 2002), Book VIII, Outline 2, p.3(이하 *On the Trinity*로 약칭): "All bodily analogies to the relationships among the persons of the Trinity mislead."

10 *On the Trinity*, Book VIII, ch.1, p.5: "…no one thing is more true than another, because all are equally and unchangeably eternal."

11 *On the Trinity*, Book VIII, Outline 9, p.3: "We love God and our neighbors from the same love."

12 "John" in *Bible*, 14:6 : "I am the way and the truth and the life…."

13 "Mark" in *Bible*, 12:28-31 : "Of all the commandments, which is the most important? The most important one, answered Jesus, is this:…the Lord our God, the Lord is one. Love the Lord your God with all your heart and with all your soul and with all your mind and with all your strength. The second is this: Love your neighbor as yourself. There is no commandment greater than this." cf. "Matthew" in *Bible*, 22:36-40 : "Teacher, which is the greatest commandment in the Law? Jesus replied: Love the Lord your God with all your heart and with all your soul and with all your mind. This is the first and greatest commandment. And the second is like it: Love your neighbor as yourself. All the Law and the Prophets hang on these two commandments."

14 "Matthew" in *Bible*, 28:19 : "Therefore go and make disciple of all nations, baptizing them in the name of the Father and of the Son and of the Holy Spirit."

15 "John" in *Bible*, 4:23 : "Yet a time is coming and has now come when the true

worshipers will worship the Father in spirit and truth, for they are the kind of worshipers the Father seeks"; "John" in *Bible*, 4:24 : "God is spirit, and his worshipers must worship in spirit and in truth."

16 cf. Frederick Copleston, S. J., *A History of Philosophy*(Westminster, Maryland: The Newman Press, 1962), Vol. II, p.361: "In God there is no distinction between essence and existence."

제4장 '생명의 놀이'의 미학

1 cf.『碧巖錄』, 第100則「巴陵吹毛劍」: "僧問巴陵 如何是吹毛劍 陵云 珊瑚枝枝撐著月."
2 *Katha Upanishad* in *The Upanishads*, translated from the Sanskrit with an introduction by Juan Mascaro(London: Penguin Books Ltd., 1962), pp.55-66.
3 3세 가륵(嘉勒) 단군 편은 흉노족이 단군조선에서 갈라져 나간 동이족의 일파임을 말해 준다. 흉노의 대인(大人)이 단(檀)씨였다는 점에서 흉노족은 단군의 후예임을 알 수 있게 한다. 이는 원(原) 흉노가 단군조선이 파견한 왕족을 통치자로 한 고조선 제후국의 하나였던 것으로 해석된다. 이러한 해석은 3세 가륵 단군 재위 6년(BCE 2177)에 "열양(列陽)의 욕살(褥薩) 색정(索靖)에게 명하여 약수(弱水)로 옮겨 종신토록 갇혀 있게 했다가 후에 사면하고 그 땅에 봉하니 그가 흉노(凶奴)의 시조가 되었다"고 한『桓檀古記』「檀君世紀」와『檀奇古史』「前檀君朝鮮」의 기록과 일치한다. 동이족의 일파인 단(檀)씨 흉노족(훈족)은 다뉴브강 유역의 판노니아 대평원에 '헝가리(Hun(훈족)+gary(땅))'라는 이름을 새겼다. 또한『史記』권110「匈奴列傳」제50에는 고구려·백제와 마찬가지로 흉노국왕 휘하에 부왕들인 좌현왕(左賢王)과 우현왕(右賢王) 제도를 두었다는 기록이 있으며, 신라와 마찬가지로 특권층인 왕의 후비(后妃)를 알씨(閼氏, 아씨)라고 불렀다는 기록이 있다. 흉노와 흉노족에 대해서는 신용하,『고조선문명의 사회사』(파주: 지식산업사, 2018), 248-251쪽.
4 15세 대음(代音) 단군 편은 선비족이 단군조선에서 갈라져 나간 동이족의 일파임을 말해 준다. 선비의 대인(大人)이 단(檀)씨였다는 점에서 선비족은 단군의 후예임을 알 수 있게 한다. 이는 원(原) 선비가 단군조선이 파견한 왕족을 통치자로 한 고조선 제후국의 하나였던 것으로 해석된다. 이러한 해석은 15세 대음 단군 재위 40년(BCE 1622)에 "아우 대심(代心)을 남선비국(南鮮卑國)의 대인(大人)으로 삼았다"고 한『桓檀古記』「檀君世紀」의 기록과 일치한다. 단(檀)씨 선비족은 중원의 오호십육국 시대를 평정하고 남북조시대 양대 축의 하나인 북조(北朝)를 열었으며, 마침내 남북조시대를 평정하고 수(隋)·당(唐)으로 그 맥이 이어졌다.
5 흉노는 우리와 동족이니 흉노를 계승한 돌궐 역시 우리와 동족인 것으로 보인다. 발해국 시조 대조영(大祚榮, 高王)의 아우 반안군왕(盤安郡王) 대야발(大野勃)이『檀奇古史』를 저술하기 위해 돌궐국에 들어가 고적을 탐사한 것은 그만한 역사적 내력이 있기 때문일

것이다.

6 　4세 오사구(烏斯丘) 단군 편은 몽골족이 단군조선에서 갈라져 나간 동이족의 일파임을 말해준다. 이는 4세 단군 오사구 재위 원년(BCE 2137)에 "아우 오사달(烏斯達)을 몽고리한(蒙古里汗)으로 봉하였는데, 일설에는 지금의 몽골족이 그 후예라고 한다"는 『桓檀古記』 「檀君世紀」와 『檀奇古史』 「前檀君朝鮮」의 기록과 일치한다. 몽골제국은 원나라 외에도 네 개의 왕국, 즉 오고타이 한국, 차카타이 한국, 킵차크 한국, 일한국이 있었는데 국호가 모두 한국(汗國)이었다.

7 　신라는 멸망 후 발해 유민들과 결합하여 금(金)나라를 세웠고, 금(金)이 멸망한 후에는 다시 청(淸)이라는 국호로 부활했다. 금나라의 시조가 신라인이라는 사실에 대해서는 송나라 홍호(洪皓)의 『松漠紀聞』(1156), 중국 25사(史)의 하나로 금나라 정사(正史)인 『金史』, 청나라 건륭제의 칙명을 받아 편찬한 『欽定滿洲源流考』(1778, 건륭 43)에 그 근거가 명확하게 나와 있다. 『흠정만주원류고』에는 청(淸) 황실의 성이 신라 성씨이므로 청나라의 조상이 금나라의 원류와 같은 신라인이라고 기록되어 있다.

8 　이에 대한 자세한 내용은 최민자, 『한국학강의: 메타버스 시대를 여는 지혜의 寶庫』 (2022) 참조.

9 　『桓檀古記』, 「太白逸史」 蘇塗經典本訓.

10 　『桓檀古記』, 「太白逸史」 神市本紀: "自天光明 謂之桓也 自地光明 謂之檀也."

11 　『桓檀古記』, 「檀君世紀」; 『檀奇古史』, 「前檀君朝鮮」, 第16世 檀君 尉那條.

12 　『桓檀古記』, 「檀君世紀」; 『檀奇古史』, 「前檀君朝鮮」, 第3世 檀君 加勒條. 고준환, 『하나되는 한국사』(서울: 한국교육진흥재단, 2002), 120쪽에서는 한글의 원형인 가림토가 단군조선의 강역이었던 일본에도 전해져 신대문자(神代文字)인 아히루(阿比留) 문자가 되었으며, 이는 현재 대마도 이즈하라(嚴原) 대마역사민속자료관과 일본의 국조신인 천조대신을 모신 이세신궁(伊勢神宮) 등에 보관되어 있다고 한다. 가림토에 대한 확장된 논의는 위의 책, 118-121쪽 참조.

13 　한민족 3대 경전에 대한 자세한 내용은 최민자, 『천부경·삼일신고·참전계경』(서울: 모시는사람들, 2006) 참조.

14 　『桓檀古記』, 「太白逸史」 蘇塗經典本訓.

15 　중요민속자료 [제218-10호] 致祭文.

16 　『桓檀古記』, 「太白逸史」 蘇塗經典本訓. 일즉삼·삼즉일은 집일함삼(執一含三)·회삼귀일(會三歸一)과 같은 뜻이다. 집일함삼·회삼귀일이란 '하나를 잡아 셋을 포함하고 셋이 모여 하나로 돌아감'이란 뜻이다.

17 　『符都誌』 第10章: "有因氏 繼受天符三印 此卽天地本音之象而使知其眞一根本者也" 즉 "有因氏가 天符三印을 이어받으니 이것이 곧 天地本音의 象으로, 진실로 근본이 하나임을 알게 하는 것"이라는 뜻이다.

18 　『桓檀古記』, 「太白逸史」 三韓管境本紀 馬韓世家 上에서는 "천하의 큰 근본이 내 마음의 中一에 있다. 사람이 中一을 잃으면 일을 이룰 수가 없고 사물이 中一을 잃으면 바탕이 기울

어져 엎어지게 된다. 이렇게 되면 임금의 마음은 위태롭게 되고 백성들의 마음은 미약하게 될 것이다(天下大本 在於吾心之中一也 人失中一 則事無成就 物失中一 則體乃傾覆 君心惟危 衆心惟微)"라고 했다.

19 『三一神誥』 구본(舊本)에선 장을 나누지 않았는데 고려 말기 행촌(杏村) 이암(李嵒)이 5장으로 나누었으며, 필자는 『太白逸史』에 수록된 이암의 분류방식을 따른 것이다. 다만 제1장의 제목을 『태백일사』에서는 '허공(虛空)'이라고 하였으나, 필자는 '하늘(天)'이라고 하였다. 제1장은 '하늘(天)'의 본질에 대한 가르침으로, 하늘이란 것이 단순히 육안으로 보이는 푸른 창공이나 까마득한 허공이 아니라 참본성임을 설하고 있다는 점에서 '하늘'이라는 제목이 더 적절하다고 본다. 따라서 하늘(天), 일신(一神), 천궁(天宮), 세계(世界), 인물(人物)의 5장으로 나누었다. 전체 5장 중 1장 「하늘」과 2장 「일신」은 『천부경』의 상경 「天理」에 해당하는 것으로 『천부경』의 '하나(一)'가 『삼일신고』에서는 '하늘'·'일신'으로 명명되고 있다. 4장 「세계」는 『천부경』의 중경 「地轉」에 해당하는 것이며, 5장 「인물」은 『천부경』의 하경 「人物」에 해당하는 것이다. 그리고 3장 「天宮」은 '일신[唯一神, '하나님']'이 거(居)하는 곳으로, 오직 마음을 밝히고 세상을 밝힘으로써 '성통공완(性通功完)'을 이룬 사람만이 갈 수 있는 곳이라 하여 천부중일(天符中一)의 실천적 의미와 그 효과를 밝히고 있다. 이는 천·지·인 삼신일체를 이룬 사람이 곧 하늘이요 '일신'임을 명징하게 보여주는 것으로, 우주만물의 중심에 존재하는 「천궁」을 다섯 장의 중앙에 위치시킴으로써 논리구조적 명료성과 더불어 삼일(三一) 원리의 실천성을 그만큼 강조한 것이다.

20 『桓檀古記』, 「太白逸史」 蘇塗經典本訓.

21 최민자, 『한국학강의: 메타버스 시대를 여는 지혜의 보고(寶庫)』, 472쪽.

22 『桓檀古記』, 「太白逸史」 蘇塗經典本訓: "大始 哲人在上 主人間三百六十餘事 其綱領有八條 曰誠曰信曰愛曰濟曰禍曰福曰報曰應."

23 『桓檀古記』, 「太白逸史」 蘇塗經典本訓: "神市理化之世 以八訓爲經 五事爲緯 敎化大行 弘益濟物 莫非參佺之所成也 今人 因此佺戒 益加勉修已則 其安集百姓之功 何難之有哉." (을파소가 적기를), "신시이화(神市理化)의 세상에 8훈을 날(經)로 삼고 5사를 씨(緯)로 삼아 교화가 널리 행해져서 홍익제물(弘益濟物)하였으니 참전(參佺)의 이룬 바가 아닌 것이 없다. 지금 사람들이 이 참전계를 통해 수양에 더욱 힘쓴다면 백성을 편안케 함에 어찌 어려움이 있겠는가"라는 뜻이다.

24 『三國遺事』 卷一, 「紀異」 第一, 「古朝鮮」 王儉朝鮮條: "凡主人間三百六十餘事 在世理化."

25 『揆園史話』, 「太始記」: "神市氏 御世愈遠而 蚩尤高矢 神誌朱因 諸氏幷治人間 三百六十六事."

26 『桓檀古記』, 「三聖紀全」 下篇: "桓雄率衆三千 降于太白山頂神壇樹下 謂之神市 是謂桓雄天王也 將風伯雨師雲師 而主穀主命主刑主病主善惡 凡主人間三百六十餘事 在世理化 弘益人間."

27 『桓檀古記』, 「太白逸史」 高句麗國本紀: "乙巴素爲國相 選年少英俊 爲仙人徒郎 掌敎化

者曰參佺 衆選守戒 爲神顧托."
28 『參佺戒經』 第331事 「重」(應 2果).
29 『桓檀古記』, 「太白逸史」 蘇塗經典本訓.
30 '檀君八條' 第2條: "하늘의 홍범은 언제나 하나이고 사람의 마음 또한 다 같게 마련이니 내 마음으로 미루어 남의 마음을 헤아리도록 하라. 사람의 마음은 오직 교화를 통해서만 하늘의 홍범과 합치되는 것이니 그리하면 만방을 거느릴 것이다"(『桓檀古記』, 「檀君世紀」: "天範恒一 人心惟同 推己秉心 以及人心 人心惟化 亦合天範 乃用御于萬邦").
31 『朝鮮王朝實錄』影印本(1970), 『世宗實錄』제40권에 실려 있는 유관(柳寬)과 유사눌(柳思訥)의 상서 중에 단군의 사적과 단군묘(廟)의 설립지에 관하여 '세년가'에 의해서 전래되어 온 것을 언급한 사실을 보더라도, 만약 신화에 지나지 않는다면 왕조에서까지 조의(朝議)로 받들지는 않았을 것이다.
32 최태영, 『인간 단군을 찾아서』(서울: 학고재, 2000), 215-221쪽.

제5장 생명정치와 생명문화

1 James Churchward, *op. cit.*, pp.118, 120.
2 http://news.chosun.com/site/data/html_dir/2018/06/20/2018062000127.html?utm_source=naver&utm_medium=original&utm_campaign=news (2018.6.20.) UN이 규정하고 있는 난민은 인종, 종교, 민족, 신분, 정치적 의견 등 다섯 가지 이유로 박해를 받을 우려가 있는 사람을 말한다.
3 https://www.jonghapnews.com/news/articleView.html?idxno=431936 (2025.2.16.)
4 Ken Wilber, "No-Boundary," in *The Collected Works of Ken Wilber*(Boston & London: Shambhala, 1999), pp.462-464.
5 '소피스트'란 말은 '현인', '직업적 교사', '지혜의 교사'—'Sophist'란 말의 어원은 지혜를 의미하는 'sophia'임—의 뜻으로 사용되었으며, 이들의 활동은 BCE 5세기 무렵 전성기에 달했다가 BCE 4세기에는 이미 퇴폐하여 '궤변론자'라는 뜻으로 쓰이게 되었다. 이들 소피스트는 문화적·예술적·사회정치적 문제들에 필요한 기술적인 지식을 제공하고 사회 계몽적인 역할을 한 점에서 그리스의 철학 발전에 중요한 공헌을 하였다. 이들의 철학은 소피즘(sophism)이라 불린다. 대표적인 소피스트로는 프로타고라스, 고르기아스, 트라시마쿠스, 히피아스, 프로디쿠스 등이 있다.
6 Plato, *Republic*, translated by G. M. A. Grube, revised by C. D. C. Reeve(Indianapolis/Cambridge: Hackett Publishing Company Inc., 1992), Book VII, 514a-517a(이하 *Republic*으로 약칭).
7 *Republic*, Book IV, 428a-429a.
8 *Republic*, Book IV, 429a-430c.
9 *Republic*, Book IV, 430d-432a.

10　정의란 '모두가 자신의 일을 하는 것(everyone's doing his own work)'이다(*Republic*, Book IV, 433d-434a). 정의란 그 결과 때문만이 아니라 심적 조화 그 자체만으로도 추구할 만한 가치가 있다(*Republic*, Book II, 367c-d).

11　Aristotle, *De Anima* in *Aristotle Selections*, translated with Introduction, Notes, and Glossary by Terence Irwin and Gail Fine(Indianapolis/Cambridge: Hackett Publishing Company, Inc., 1995), Book II, 4, 415b; Aristotle, *Metaphysics* in *Aristotle Selections*, Book Ⅰ, 3, 983a25-30; Frederick Copleston, S. J., *A History of Philosophy*(Westminster, Maryland: The Newman Press, 1962), p.306.

12　Ken Wilber, "No-Boundary," in *The Collected Works of Ken Wilber*, vol. Ⅰ(Shambhala: Boston & London, 1999), pp.464-465.

13　*Ibid.*, p.465.

14　*Ibid.*, pp.465-466.

15　『三國史記』卷 第七, 「新羅本紀」第七, 文武王 下.

16　최태영, 『한국 고대사를 생각한다』(서울: 눈빛, 2002), 54-55쪽.

17　도서 내역은 우리 고대사 도서가 5,355종 10만 137책, 기록류가 1만 1730책, 주자(鑄字)가 65만 3721개 71분(盆), 판목 7,501장, 기타 부속품이 12종이다.

18　http://www.newstown.co.kr/news/articleView.html?idxno=49207 (2022.10.9.) 점제현신사비는 낙랑 25현 중의 하나인 점제현에 살던 사람들이 자신들의 행복과 안녕을 기원하기 위해서 세운 비석으로 매우 중요한 사료적 가치를 갖는다. 왜냐하면 점제현이 낙랑 25현 중의 하나였으니 이 비석이 서 있던 자리가 곧 낙랑군이 있던 자리이기 때문이다.

19　최태영, 『인간 단군을 찾아서』, 233쪽에서 재인용.

20　위의 책, 233-234쪽.

21　마고와 마고성의 역사적 실재에 대해서는 신라 눌지왕(訥祇王) 때의 충신 박제상(朴堤上)의 『符都誌』(澄心錄 15誌 가운데 제1지)에 기록되어 있다.

22　『高麗史』卷36, 「世家」第36, 忠惠王 後5年(1344) 正月條.

23　『桓檀古記』, 「太白逸史」三韓管境本紀 馬韓世家 上: "昔者 桓雄天王…作曆以三百六十五日五時四十八分四十六秒 爲一年也. 此乃三神一體上尊之遺法也."

24　Giorgio Agamben, *Homo Sacer: Sovereign Power and Bare Life*(Stanford, CA: Stanford University Press, 1998); 조르조 아감벤 지음, 박진우 옮김, 『호모 사케르』(서울: 새물결, 2008), 38-39, 336-338쪽.

25　Michel Foucault, *Histoire de la sexualité I: La volonté de savoir*, vol. 1(Paris: Gallimard, 1976); 미셸 푸코 지음, 이규현 옮김, 『성의 역사 1: 앎의 의지』(서울: 나남, 2004), 151-160쪽.

26　Michel Foucault, *Discipline and Punish: the Birth of the Prison*, translated from the French by Alan Sheridan(New York: Vintage Books, 1979); 미셸 푸코 지음, 오생근 옮김,

『감시와 처벌: 감옥의 역사』(서울: 나남, 2003).

27 Hegel, *The Phenomenology of Mind*, translated by J. B. Baillie(London: George Allen & Unwin, 1931), pp.228-240, 462-506; Hegel, *Philosophy of Right*, edited and translated by T. M. Knox(Oxford: Oxford University Press, 1980), p.239; Hegel, *Philosophy of Mind*, translated from the Encyclopedia of the Philosophical Sciences by William Wallace(Oxford: The Clarendon Press, 1994), p.175.
28 *Philosophy of Mind*, pp.249-253; *Philosophy of Right*, pp.75-104; *The Phenomenology of Mind*, pp.620-679.
29 『東經大全』,「後八節」: "我爲我而非他."
30 cf. *Isa Upanishad* in *The Upanishads*, translated from the Sanskrit with an introduction by Juan Mascaro(London: Penguin Books Ltd., 1962), p.49: "When a sage sees this great Unity and his Self has become all beings, what delusion and what sorrow can ever be near him?
31 Geoffrey West, *Scale: The Universal Laws of Life, Growth, and Death in Organisms, Cities, and Companies*(New York: Penguin Books, 2018), pp.213-214.

제6장 생명과 평화

1 Requoted from Ken Wilber, "No-Boundary," in *The Collected Works of Ken Wilber*, Vol I(Boston & London: Shambhala, 1999), p.558: "There is neither creation nor destruction, neither destiny nor free-will; neither path nor achievement; this is the final truth."
2 David Bohm, *Wholeness and the Implicate Order*(London: Routledge & Kegan Paul, 1980), pp.3-4.
3 『莊子』,「齊物論」: "…果且有彼是乎哉 果且無彼是乎哉 彼是莫得其偶 謂之道樞."
4 元曉,「大乘起信論疏」, 조명기 편, 『元曉大師全集』(서울: 보련각, 1978), 410쪽(이하 『大乘起信論疏』로 약칭): "有慧光明遍照法界平等無二."
5 『莊子』,「逍遙遊」: "…故曰 至人無己 神人無功 聖人無名."
6 *The Bhagavad Gita*, translated from the Sanskrit with an introduction by Juan Mascaro(London: Penguin Books Ltd., 1962), 14. 24-25: "(He) who dwells in his inner self, and is the same in pleasure and pain; to whom gold or stones or earth are one, and what is pleasing or displeasing leave him in peace; who is beyond both praise and blame,…who is the same in honour or disgrace, and has the same love for enemies or friends, who surrenders all selfish undertakings."
7 Niels Bohr, *Atomic Physics and the Description of Nature*(Cambridge, Eng.: Cambridge University Press, 1934), p.57: "Isolated material particles are abstractions, their

properties being definable and observable only through their interaction with other systems."

8   Requoted from Fritjof Capra, *The Tao of Physics*(Boston:Shambhala Publications, Inc., 1975), p.138: "…inseparable quantum interconnectedness of the whole universe is the fundamental reality, and that relatively independently behaving parts are merely particular and contingent forms within this whole."

9   Requoted from Ken Wilber, "No-Boundary," in *The Collected Works of Ken Wilber*, pp.466-467.

10 Benedictus de Spinoza, *The Ethics*, in *The Benedict de Spinoza Reader*, translated from the Latin by R. H. M. Elwes(Radford VA: Wilder Publications, 2007), I, Proposition V, Proof, p.6: "…there cannot be granted several substances, but one substance only."

11 우주의 구성요소인 원자들이 나타내는 물리·화학적 성질을 설명하기 위해 제시된 원자 모형은 계속해서 새로운 모형으로 대체되어 왔고 또 앞으로도 그럴 전망이다. BCE 5세기경 그리스의 데모크리토스는 모든 물질이 더 이상 쪼개지지 않는 원자(atom)로 구성되어 있다고 생각했다. 이러한 그의 원자론은 19세기 들어 화학적 원자론을 창시한 존 돌턴에 의해 재발견된다. 최초의 원자 모형인 돌턴의 원자 모형은 더 이상 쪼개지지 않는 원자라는 가장 작은 알갱이로 이뤄진 모형이었으나, 톰슨의 전자 발견에 따라 양전하를 띤 원자 속에 음전하를 띤 전자가 박혀있는 '플럼-푸딩 모형(plum-pudding model)'으로 대체됐다. 또한 톰슨의 원자 모형은 러더퍼드의 원자핵 발견에 따라 양전하를 띤 원자핵 주위를 전자들이 돌고 있는 '행성 모형(planetary model)'으로 대체됐고, 이는 다시 원자핵 주위의 전자가 가지는 물리량이 양자화되어 있다는 착상에 근거한 보어의 '궤도 모형(orbit model)'으로 대체됐으며, 이는 또다시 원자핵 주위에 확률적으로 분포하는 전자구름을 파동함수로 나타낸 현대의 '전자구름 모형(electron cloud model)'으로 대체됐다(최민자, 『새로운 문명은 어떻게 만들어지는가: 한반도發 21세기 과학혁명과 존재혁명』(서울: 모시는사람들, 2013), 148-149쪽).

12 Ken Wilber, "No-Boundary," in *The Collected Works of Ken Wilber*, pp.468-469.

13 *The Bhagavad Gita*, 2. 23-25: "…the Spirit is everlasting, omnipresent, never-changing, never-moving ever One."

14 미국 고더드대학교 과학기술문화학과 교수 크리스 그레이는 인간의 신체는 물론이고 생식, 노동, 전쟁 등 거의 모든 인간 활동이 사이보그화(cyborgization) 되고 있다며, 포스트모던 세계가 사이보그 사회와 사이보그 시티즌으로 구성될 것이라고 주장한다. 그에 따르면 유기체를 기술적으로 변형시킨 것은 모두 사이보그에 해당된다. 예컨대 인공 장기를 갖거나 신경보철을 한 사람, 예방접종을 하거나 향정신성 약품을 복용한 사람들 모두 사이보그다. 더 확대하면, 안경·휴대전화·컴퓨터·자동차·웨어러블 디바이스 등 우리의 능력을 보완해 주는 장치를 사용하는 사람은 모두 '기능적 사이보그(functional

cyborg)' 또는 줄여서 파이보그(fyborg)라는 것이다.
15 cf. Fritjof Capra, op. cit., p.278: "…modern physics will have come a long way towards agreeing with the Eastern sages that the structure of the physical world are maya, or 'mind only'."
16 Ray Kurzweil, *The Singularity is Near: When Humans Transcend Biology*(London: Penguin Books, 2005), p.310. 생물학적 지능과 인공지능 사이의 긴밀한 관계에 대해서는 Ray Kurzweil, *The Age of Spiritual Machines: When Computers Exceed Human Intelligence*(New York: Penguin Books, 1999) 참조.
17 Ray Kurzweil, *The Singularity is Near: When Humans Transcend Biology*, p.309.
18 http://news.chosun.com/site/data/html_dir/2016/03/11/2016031100283.html (2016.7.7)
19 Gregg Braden, *The Divine Matrix*(New York: Hay House, Inc., 2007), p.199.
20 『正易』의 기본체계에 대해서는 최민자, 『한국학 코드: 생명세, 지구와 인류의 미래를 말하다』(2023), 433-448쪽 참조.
21 탄허 지음, 『탄허록』(서울: 한겨레엔, 2012), 58-59쪽.
22 Fred Alan Wolf, *Parallel Universes*(New York: Simon & Schuster Paperbacks, 1988), p.46.
23 그렉 브레이든 외 지음, 이창미·최지아 옮김, 『World Shock 2012』(서울: 쌤앤파커스, 2008), 29쪽에서 재인용.
24 Gregg Braden, op. cit., p.70: "Our world, our lives, and our bodies exist as they do because they were chosen from the world of quantum possibilities. If we want to change any of these things, we must first see them in a new way—to do so is to pick them from a 'soup' of many possibilities. Then, in our world, it seems that only one of those quantum potentials can become what we experience as our reality."
25 Amit Goswami, *The Self-Aware Universe: How Consciousness Creates the Material World*(New York: Tarcher/Putnam, 1995), pp.63-211.
26 Ibid., pp.105-112.
27 Requoted from Gregg Braden, op. cit., p.3: "Science cannot solve the ultimate mystery of nature. And that is because, in the last analysis, we ourselves are…part of the mystery that we are trying to solve."
28 Ibid.: "When we understand us, our consciousness, we also understand the universe and the saparation disappears."
29 『桓檀古記』,「太白逸史」三韓管境本紀 馬韓世家 上: "天地有機 見於吾心之機 地之有象 見於吾身之象 物之有宰 見於吾氣之宰也."
30 Gregg Braden, op. cit., pp.24-25.
31 Fritjof Capra, *The Turning Point: Science, Society, and the Rising Culture*(New York: Simon & Schuster, 1982), pp.91-92.

32 Alfred North Whitehead, *Process and Reality*(New York: Macmillan, 1929).
33 Stephen Hawking & Leonard Mlodinow, *A Briefer History of Time*(New York: Random House, Inc., 2005), pp.15-16.
34 Fritjof Capra, *The Web of Life*(New York: Anchor Books, 1996), pp.12-13, 33-35.
35 만지트 쿠마르 지음, 이덕환 옮김, 『양자혁명: 양자물리학 100년사』(서울: 까치, 2019), 301쪽.
36 위의 책, 294쪽.
37 Asvaghosa, *The Awakening of Faith*, trans. Teitaro Suzuki(Mineola, New York: Dover Publications, INC., 2003), p.59.
38 元曉, 「金剛三昧經論」, 조명기 편, 『元曉大師全集』(서울: 보련각, 1978), 185쪽(이하 『金剛三昧經論』으로 약칭): "…非空非不空 無空不空."
39 초개인심리학(transpersonal psychology) 분야의 대가이자 대표적 포스트모던 사상가인 켄 윌버는 인간 의식의 진화 단계를 세 개의 대원호(大圓弧)로 나타내고 있다. 첫 번째 원호 단계에서는 마법적이고 신화적인 힘이 지배한다. 두 번째 원호 단계는 개인적이고 이성적인 단계로서 문명의 이기와 더불어 합리적인 과학이 전면에 등장한다. 세 번째 원호 단계는 이성을 초월하여 더 넓은 관심과 의식의 영역으로 발달해 나가는 단계로서 궁극적 실재가 의인화된 개념이나 합리적인 개념이 아니라 존재의 근거, 비어 있음, 우주의식, 신성, 참자아, 영원한 현재 등의 개념으로 표현된다(켄 윌버 지음, 정창영 옮김, 『켄 윌버의 통합 비전』(서울: 물병자리, 2009), 127-129쪽). '영적인, 그러나 종교적이지 않은'이라는 말은 윌버가 세 번째 원호를 언급할 때 가장 많이 쓰는 표현 가운데 하나다.

제7장 지혜의 길과 행위의 길

1 http://premium.chosun.com/site/data/html_dir/2014/01/24/2014012402939.html (2022.12.26.) 김일제에서 비롯된 신라 김씨의 내력은 '문무대왕릉비'에서도 찾아볼 수 있다. 김일제 후손들의 한 갈래가 한반도로 들어와 김일제 동생 윤의 5대손인 탕(湯)이 가야 김씨 시조인 김수로가 되었다고 한다.
2 *The Bhagavad Gita*, 9. 19.
3 앨라나 콜렌 지음, 조은영 옮김, 『10퍼센트 인간』(서울: 시공사, 2016), 7-8쪽.
4 이대열 지음, 『지능의 탄생』(서울: 바다출판사, 2017), 12, 22쪽.
5 *The Bhagavad Gita*, 5. 1. : "Renunciation is praised by thee, Krishna, and then the Yoga of holy work. Of these two, tell me in truth, which is the higher path?"
6 cf. 『金剛三昧經論』, 145쪽: "진여문(眞如門)에 의하여 지행(止行)을 닦고 생멸문(生滅門)에 의하여 관행(觀行)을 일으키어 지(止)와 관(觀)을 동시에 닦아 나가야 한다." 여기서 지행[坐禪]과 관행[行禪]은 본래의 공심(空心)에 이르기 위한 방법인 것으로 나타난다.
7 *The Bhagavad Gita*, 5. 6.

8   *The Bhagavad Gita*, 2. 38.
9   *The Bhagavad Gita*, 2. 47. : "Set thy heart upon thy work, but never on its reward. Work not for a reward; but never cease to do thy work."
10 *The Bhagavad Gita*, 3. 8.
11 *The Bhagavad Gita*, 3. 4-5.
12 *The Bhagavad Gita*, 18. 11-12.
13 *The Bhagavad Gita*, 4. 33.
14 『明心寶鑑』,「繼善」第5章: "馬援曰 終身行善 善猶不足 一日行惡 惡自有餘."
15 『參佺戒經』第316事「小」(報 6階): "過愆 過日惡 大愆大惡 出自昧智 小惡 亦所做 可領其禍."
16 *The Bhagavad Gita*, 13. 26. : "Whatever is born, Arjuna, whether it moves or it moves not, know that it comes from the union of the field and the knower of the field."
17 *The Bhagavad Gita*, 14. 5.
18 *The Bhagavad Gita*, 13. 19-21.
19 *The Bhagavad Gita*, 13. 6.
20 *The Bhagavad Gita*, 14. 22-25.
21 *Mundaka Upanishad* in *The Upanishads*, translated from the Sanskrit with an introduction by Juan Mascaro(London: Penguin Books Ltd., 1962), 1. 1. p.76.
22 *Mundaka Upanishad* in *The Upanishads*, 2. 1. p.77. : "From him comes all life and mind, and the senses of all life. From him comes space and light, air and fire and water, and this earth that holds us all."
23 *The Bhagavad Gita*, 7. 4-5.
24 『海月神師法說』,「三敬」: "吾心不敬이 卽天地不敬이라."
25 『海月神師法說』,「三敬」: "사람은 경천(敬天)함으로써 자기의 영생(永生)을 알게 될 것이요,…인오동포(人吾同胞) 물오동포(物吾同胞)의 전적이체(全的理諦)를 깨달을 것이요,…남을 위하여 희생하는 마음, 세상을 위하여 의무를 다할 마음이 생길 수 있나니, 그러므로 경천은 모든 진리의 중추를 파지(把持)함이니라."
26 『海月神師法說』,「三敬」.
27 『海月神師法說』,「三敬」.
28 『海月神師法說』,「三敬」.
29 『海月神師法說』,「靈符呪文」: "心者 在我之本然天也 天地萬物 本來一心."
30 『海月神師法說』,「靈符呪文」.
31 『海月神師法說』,「靈符呪文」.
32 『金剛三昧經論』, 181쪽: "言無住菩薩者 此人雖達本覺 本無起動 而不住寂靜 恒起普化 依德立號 名曰無住."
33 『金剛三昧經論』, 185쪽: "無住菩薩言 一切境空 一切身空 一切識空 覺亦應空 佛言可一覺

者 不毀不壞 決定性 非空非不空 無空不空." 『金剛三昧經論』에서는 본래 적정(寂靜)한 일심의 체성(體性)을 일컬어 결정성지(決定性地)라고 하고 있다(『金剛三昧經論』, 188쪽: "一心之體 本來寂靜 故言決定性地").

34 Werner Heisenberg, *Physics and Philosophy*(New York: Harper Torchbooks, 1958), p.125: "…every word or concept, clear as it may seem to be, has only a limited range of applicability."
35 Fritjof Capra, *The Tao of Physics*(Boston: Shambhala Publications, Inc., 1975).
36 Niels Bohr, *Atomic Physics and Human Knowledge*(New York: John Wiley & Sons, 1958), p.20.
37 Asvaghosa, *The Awakening of Faith*, trans. Teitaro Suzuki(Mineola, New York: Dover Publications, INC., 2003), p.59: "Suchness is neither that which is existence, nor that which is non-existence, nor that which is at once existence and non-existence, nor that which is not at once existence and non-existence."
38 최민자, 『동학과 현대과학의 생명사상』(서울: 모시는사람들, 2021), 38쪽.
39 David Bohm, "Hidden Variables and the Implicate Order," in *Quantum Implications*, ed. Basil J. Hiley and F. David Peat(London: Routledge & Kegan Paul, 1987), p.38: "…electrons are not scattered because, through the action of the quantum potential, the whole system is undergoing a co-ordinated movement more like a ballet dance than like a crowd of unorganized people.…such quantum wholeness of activity is closer to the organized unity of functioning of the parts of a living being than it is to the kind of unity that is obtained by putting together the parts of a machine."
40 Requoted from Michael Talbot, *The Holographic Universe*(New York: Harper Perennial, 1992), p.50.
41 『金剛三昧經論』, 130쪽. 원효의 『金剛三昧經疏』 3권이 당나라로 전해지자, 그곳 학자들은 보살이 쓴 글이라고 찬탄하며 호칭을 격상하여 『金剛三昧經論』 이라고 부르게 되었다. 우리나라에서 논(論)으로 호칭되는 것은 원효의 『金剛三昧經論』 뿐이다.
42 『金剛三昧經論』, 130쪽: "非有非無 遠離二邊 不着中道."
43 아미트 고스와미 지음, 이봉호 옮김, 『신은 죽지 않았다』(서울: 시그마인사이트컴, 2014), 48, 50쪽.
44 Amit Goswami, *The Self-Aware Universe: How Consciousness Creates the Material World*(New York: Tarcher/Putnam, 1995), p.107.
45 *Isa Upanishad* in *The Upanishads*, p.49.
46 『大乘起信論疏』, 410쪽: "有慧光明遍照法界平等無二."

제8장 삶이라는 이름의 희생제

1. 『三國遺事』卷一,「紀異」第一, 古朝鮮 王儉朝鮮條.
2. 『桓檀古記』,「三聖紀全」下篇: "桓國之末 安巴堅下視: 三危太白 皆可以弘益人間 誰可使之 五加僉曰: 庶子 有桓雄 勇兼仁智 嘗有意於易世以弘益人間 可遣太白以理之 乃授天符印三種 仍勅曰: 如今人物業已造完矣 君勿惜厭勞 率衆三千而往 開天立教 在世理化 爲萬世子孫之洪範也…於是 桓雄率衆三千 降于太白山頂神壇樹下 謂之神市 是謂桓雄天王也 將風伯・雨師・雲師 而主穀・主命・主刑・主病・主善惡 凡主人間三百六十餘事 在世理化 弘益人間."
3. 『桓檀古記』,「太白逸史」蘇塗經典本訓에는 단군 구물(丘勿)이 꿈에서 천제의 가르침을 얻어 나라의 주요 정책을 개신(改新)하고자 명하여 천제 사당의 뜰에 대목을 세워 북을 달게 하고 기일을 정하여 덕화(德化)를 이루자는 내용을 책으로 만들었는데 이것이 곧 아홉 맹서의 모임인 '구서(九誓)의 회(會)'라고 기록되어 있다. '구서'의 내용은 각자의 의무와 도리를 성실하게 이행하게 하기 위한 것으로 '생존의 빚'을 갚는 것과 관계된다.
4. *The Bhagavad Gita*, 18. 34-35.
5. *The Bhagavad Gita*, 18. 30. : "There is a wisdom which knows when to go and when to return, what is to be done and what is not to be done, what is fear and what is courage, what is bondage and what is liberation—that is pure wisdom."
6. 『淸遠禪師語錄』: "騎驢尋驢 騎驢不肯下."
7. "Genesis" in *Bible*, 4:4 : "But Abel brought fat portions from some of the firstborn of his flock. The LORD looked with favor on Abel and his offerings."
8. "Genesis" in *Bible*, 8:20 : "Then Noah built an altar to the LORD and, taking some of all the clean animals and clean birds, he sacrificed burnt offerings on it."
9. "Genesis" in *Bible*, 22:2-13 : "Then God said, "Take your son, your only son, Isaac, whom you love, and go to the region of Moriah. Sacrifice him there as a burnt offering…Abraham looked up and there in a thicket he saw a ram caught by its horns. He went over and took the ram and sacrificed it as a burnt offering instead of his son."
10. "Genesis" in *Bible*, 46:1 : "So Israel set out with all that was his, and when he reached Beersheba, he offered sacrifices to the God of his father Isaac."
11. 『明心寶鑑』,「天命篇」제1장: "子曰 順天者 存 逆天者 亡."
12. 『參佺戒經』 제38사 「順天」(誠5體 32用): "順天者 順天理而爲誠也."
13. 『參佺戒經』 제39사 「應天」(誠5體 33用): "應天者 應天理而養誠也."
14. 『參佺戒經』 제39사 「應天」(誠5體 33用).
15. 『參佺戒經』 제40사 「聽天」(誠5體 34用): "聽天者 聽天命而不以誠待感應也."
16. 『參佺戒經』 제41사 「樂天」(誠5體 35用): "樂天者 樂天之意也."

17 『參佺戒經』 제41事 「樂天」(誠 5體 35用).
18 『參佺戒經』 제42事 「待天」(誠 5體 36用): "待天者 待天必有感應於至誠之人也."
19 『參佺戒經』 제42事 「待天」(誠 5體 36用).
20 『參佺戒經』 제43事 「戴天」(誠 5體 37用): "戴天者 頭戴天也."
21 『參佺戒經』 제43事 「戴天」(誠 5體 37用).
22 『參佺戒經』 제45事 「恃天」(誠 5體 39用): "恃 依恃天也 下誠 疑天 中誠 信天 大誠 恃天."
23 『論語』, 「爲政篇」: "六十而耳順 七十而從心所欲 不踰矩."
24 『莊子』, 「大宗師」: "殺生者不死 生生者不生."
25 『道德經』 48章: "爲學日益 爲道日損 損之又損 以至于無爲 無爲而無不爲."
26 『海月神師法說』, 「養天主」.
27 『海月神師法說』, 「靈符呪文」: "心者 在我之本然天也 天地萬物 本來一心."
28 Chandogya Upanishad in The Upanishads, 6. 1. p.117.
29 북송오자(北宋五子)―즉, 주돈이(周敦頤)·소옹(邵雍)·장재(張載)·정호(程顥)·정이(程頤)―로부터 시작되어 남송 시대 주자에 이르러 비판적으로 종합되고 체계화된 성리학은 '性이 곧 理'라는 '성즉리(性卽理)' 사상을 바탕으로 하고 있다. 정호·정이 형제에 의해 본궤도에 진입한 신유학은 두 개의 주요 학파로 분류된다. 그 하나는 동생 정이 계통으로 주자가 완성한 정주학(程朱學) 또는 이학(理學)이고, 다른 하나는 형 정호 계통으로 육구연(陸九淵, 호는 象山)이 계승하여 왕양명(王陽明, 이름은 守仁)이 완성한 육왕학(陸王學) 또는 심학(心學)이다. 주자의 사상체계로 대표되는 송대 이후의 신유학은 일반적으로 주자학, 성리학, 정주학, 이학(理學), 도학(道學) 등으로 불린다.
30 『朱文公文集』 卷46: "則雖未有物而已有物之理 然亦 但有其理而已 未嘗實有是物也."
31 『朱子語類』 卷95: "形而上者 無形無影是此理 形而下者 有情有狀是此器."
32 『答黃道夫書文集』 卷58: "理也者 形而上之道也 生物之本也 氣也者 形而下之器也 生物之具也 是以人物之生 必禀此理 然後有性 必禀此氣 然後有形."
33 『朱子語類』 卷94: "事事物物皆有個極 是道理極至…總天地萬物之理 便是太極."
34 『朱子語類』 卷1: "在天地言 則天地中有太極; 在萬物言 則萬物中各有太極."
35 『朱子語類』 卷94: "本只是一太極 而萬物各有禀受 又自各全具一太極爾 如月在天 只一而已 及散在江湖 則隨處而見 不可謂月已分也."
36 『朱子語類』 卷94: "只是理有動靜 理不可見 因陰陽而後知 理搭在陰陽上 如人跨馬相似."
37 『朱子語類』 卷4: "天不曾生箇筆 人把兎毫來做筆 才有筆 便有理."
38 『朱子語類』 卷4: "但禀氣之淸者 爲聖爲賢…禀氣之濁者 爲愚爲不肖."
39 『周易』, 「繫辭傳」: "形而上者謂之道 形而下者謂之器."
40 『栗谷全書』 卷10, 書2 「答成浩原」: "理無形而氣有形 故理通而氣局."
41 『栗谷全書』 卷9, 書1 「答成浩原」: "本然者 理之一也 流行者 分之殊也 捨流行之理 而別求本然之理 固不可 若以理之有善惡者爲理之本然 則亦不可 理一分殊四字 最宜體究."
42 『栗谷全書』 卷10, 書2 「答成浩原」: "理通者何謂也? 理者 無本末也 無先後也…."

43 『栗谷全書』卷10, 書2「答成浩原」: "至於淸濁粹駁糟粕煙燼糞壤汚穢之中 理無所不在 各爲其性 而其本然之妙 則不害其自若也 此之謂理之通也."
44 『栗谷全書』卷10, 書2「與成浩原」: "氣之一本者 理之通故也 理之萬殊者 氣之局故也."
45 『栗谷全書』卷10, 書2「答成浩原」: "理雖一 而旣乘於氣 則其分萬殊."
46 『栗谷全書』卷20「聖學輯要」2 : "理無爲而氣有爲 故氣發而理乘."
47 『海月神師法說』, 「天地理氣」: "或 問曰 理氣二字 何者居先乎 答曰「天地 陰陽 日月於千萬物 化生之理 莫非一理氣造化也 分而言之 氣者 天地 鬼神 造化 玄妙之總名 都是一氣也」."
48 『海月神師法說』, 「天地理氣」: "又曰「化生 天理 運動 天氣 以理化生 以氣動止則 先理後氣 亦是當然…究其根本 一氣而已…."
49 『海月神師法說』, 「天地理氣」: "初宣氣 理也 成形後運動 氣也 氣則理也 何必分而二之 氣者 造化之元體根本也 理者造化之玄妙也 氣生理 理生氣 成天地之數 化萬物之理 以立天地大定數也."
50 『海月神師法說』, 「靈符呪文」: "內有神靈者 落地初赤子之心也 外有氣化者 胞胎時 理氣應質而成體也."
51 Padma Sambhava, *The Tibetan Book of the Dead : Liberation through Understanding in the Between*, translated by Robert A. F. Thurman and foreword by H. H. the Dalai Lama(New York: Bantam Books, 1994)(原語로 『바르도 퇴돌 *Bardo Thödol*』).
52 Amit Goswami, *Quantum Doctor: A Quantum Physicist Explains the Healing Power of Integral Medicine*(Charlottesville, VA: Hampton Roads Publishing Company, Inc., 2004), p.238.

제9장 마침내, 존재여!

1 『少室六門』第五門「悟性論」: "色不自色 由心故色 心不自心 由色故心."
2 『少室六門』第三門「二種入」.
3 『明心寶鑑』, 「天命篇」제6장: "種瓜得瓜 種豆得豆 天網 恢恢 疎而不漏."
4 『涅槃宗要』: "旣無彼岸可到 何有此岸可離."
5 『參佺戒經』第357事「天羅」(應 5果 31形): "每値天候不利 臨難 脫不得身 趁事 達不得終."
6 『參佺戒經』第358事「地網」(應 5果 32形): "吉地自遠 凶地自近 臨難 脫不得身 趁事 達不得終."
7 『論語』, 「衛靈公」: "子貢問曰, 有一言而可以終身行之者乎? 子曰, 其恕乎! 己所不欲 勿施於人."
8 『大乘起信論疏』, 426쪽: "一切分別卽分別自心."
9 『莊子』, 「天運」: "仁義先王之蘧廬也 止可以一宿 而不可久處 覯而多責 古之至人 假道於仁 託宿於義 以遊逍遙之虛…以富爲是者 不能讓祿 以顯爲是者 不能讓名 親權者 不能與人柄…怨恩取與 諫敎生殺 八者正之器也 唯循大變無所湮者 爲能用之 故曰 正者正也 其心以爲不然者 天門弗開矣."

10 *On the Trinity*, BookⅧ, Outline 9, p.3.
11 Requoted from Fritjof Capra, *The Turning Point: Science, Society, and the Rising Culture*(New York: Bantam Books, 1982), p.68: "All Philosophy is like a tree. The roots are metaphysics, the trunk is physics, and the branches are all the other science."
12 *The Bhagavad Gita*, 13. 14. : "…He is beyond all, and yet he supports all. He is beyond the world of matter, and yet he has joy in this world."
13 Padma-Sambhava, *The Tibetan Book of the Great Liberation*, Introductions, Annotations and Editing by W. Y. Evans-Wents, with Psychological Commentary by C. G. Jung, with a new Foreword by Donald S. Lopez, Jr.(London: Oxford University Press, 2000), p.liii: "Why should the One appear as the Many, when ultimate reality is All-One? What is the cause of pluralism, or of the illusion of pluralism? If the One is pleased with itself, why should it mirror itself in the Many? Which after all is the more real, the one that mirrors itself, or the mirror it uses? Probably we should not ask such questions, seeing that there is no answer to them."
14 『大乘起信論疏』, 427쪽
15 Gregg Braden, *The Divine Matrix*(New York: Hay House, Inc., 2007), Introduction, pp.xxi-xxii.
16 *Ibid.*, Introduction, p.xxv.
17 Erich Fromm, *To Have or To Be*(New York: Harper & Row, Publishers, 1976), p.81: "In the having mode, one's happiness lies in one's superiority over others, in one's power, and in the last analysis, in one's capacity to conquer, rob, kill. In the being mode it lies in loving, sharing, giving."
18 *Ibid.*, p.27: "I am = what I have and what I consume."
19 *Ibid.*, p.109: "If I am what I have and if what I have is lost, who then am I?"
20 *Ibid.*, p.110: "If I am who I am and not what I have, nobody can deprive me of or threaten my security and my sense of identity."
21 *Ibid.*, p.126.
22 최태영, 『한국상고사』(서울: 유풍출판사, 1990), 29쪽.
23 『桓檀古記』, 「檀君世紀」 제25대 솔나(率那) 단군 편에는 기자(箕子)가 서화(西華)에 이주해 살면서 인사 나누는 일도 사절했다고 나온다. 기자가 살았던 하남성(河南省) 개봉시(開封市) 서화(西華)와 기자총(箕子冢)이 있는 몽성(蒙城)은 조선(弁韓) 땅이었다(오재성, 『숨겨진 역사를 찾아서』(서울: 한민족문화사, 1989), 29쪽).
24 『三國志』 卷三十, 「魏書」 第三十, 烏丸鮮卑東夷傳 第三十, 韓傳: "將其左右宮人 走入海 居韓地 自號韓王"; 『後漢書』 卷八十五, 「東夷列傳」 第七十五, 韓傳.

25 최태영, 앞의 책, 53-55쪽; 윤내현, 『한국고대사』(서울: 삼광출판사, 1990), 92-94쪽.
26 박창화 찬술, 김성겸 번역, 『고구려의 숨겨진 역사를 찾아서: 고구리사 抄·略』(서울: 지샘, 2008), 42-44쪽; 최태영, 앞의 책, 63-64쪽; 윤내현, 앞의 책, 94-95쪽.
27 단군 47대의 발전상에 대해서는 『桓檀古記』, 『檀奇古史』, 『揆園史話』 등을 참고하였음. 최민자, 『한국학강의: 메타버스 시대를 여는 지혜의 보고(寶庫)』, 제7장 참조.
28 켄 윌버 지음, 정창영 옮김, 『켄 윌버의 통합 비전』(서울: 물병자리, 2009), 127-129쪽.
29 『揆園史話』, 「檀君記」: "當是之時 檀君之化 洽被四土 北曁大荒 西率獫貐 南至海岱 東窮蒼海 聲敎之漸 偉乎廣矣 乃區劃天下之地 以封勳戚."
30 cf. 고준환, 『하나되는 한국사』(서울: 한국교육진흥재단, 2002), 86쪽.
31 『桓檀古記』, 「檀君世紀」; 『檀奇古史』, 「前檀君朝鮮」, 第3世 檀君 加勒條.
32 『桓檀古記』, 「太白逸史」 桓國本紀: "時 人皆自號爲桓 以監群爲仁 仁之爲言任也 弘益濟人 光明理世 使之任其必仁也."
33 The Bhagavad Gita, 14. 9.
34 The Bhagavad Gita, 14. 17.
35 Nicomachean Ethics, Book I, 7, 1097b1-15.
36 Nicomachean Ethics, Book VI, 7, 1141a16-17.
37 Nicomachean Ethics, Book VI, 7, 1141b3-4.
38 Nicomachean Ethics, Book V, 1, 1129b.
39 Nicomachean Ethics, Book VIII, 1, 1155a25-3: "Further, if people are friends, they have no need of justice, but if they are just they need friendship in addition; and the justice that is most just seems to belong to friendship."
40 Nicomachean Ethics, Book IX, 4, 1166b1.
41 Nicomachean Ethics, Book I, 7, 1097b10.
42 최민자, 『통섭의 기술』(서울: 모시는사람들, 2010), 4-14, 26-34쪽.
43 켄 윌버는 앎의 세 양태를 육의 눈(肉眼, eye of flesh), 마음(정신)의 눈(心眼, eye of mind or mental eye), 영의 눈(靈眼, eye of spirit)으로 나눈다. 이는 중세 프란시스코 수도회의 신비주의 철학자 성 보나벤처의 '세 가지 눈', 즉 육의 눈(eye of flesh), 이성의 눈(eye of reason), 관조의 눈(eye of contemplation)을 원용한 것이다(Ken Wilber, The Eye of Spirit(Boston & London: Shambhala Publications Inc., 2001), p.76); Ken Wilber, Eye to Eye(Boston, Massachusetts: Shambhala Publications Inc., 1999), pp.2-7).

해제

44 1927년 10월 전자와 광자(Electrons and Photons)를 주제로 브뤼셀에서 개최된 제5회 솔베이 학술회의에는 29명이 초대되었다. 그중에서 17명이 노벨상을 받았거나 받게 될 후보군이어서(17명 중 1927년까지 노벨상 수상자는 8명, 그 이후의 수상자는 9명) 과학사상 가

장 화려한 거장들의 모임이었다. 새로운 물리학이 실재의 본질(the nature of reality)에 대해서 무엇을 밝혔는지를 다루는 것은 당시의 시급한 현안이었다. 당시 과학계에서 '양자(quantum)의 왕'이었던 보어와 '물리학의 교황'이었던 아인슈타인이 격돌하면서 양자역학의 해석을 둘러싼 지적 논쟁은 뜨겁게 달아올랐다. 이때 보어는 관찰자와 독립적으로 존재하는 기본적인 양자적 실재는 없으며 양자 세계가 실제로는 존재하지 않는다고 했고, 아인슈타인은 관찰과 독립적으로 '물리적 실재'가 존재한다고 했다. 양자역학의 의미는 유일 실재인 생명[神·天·靈]에 대한 명료한 인식이 없이는 밝혀질 수가 없다.

45 복잡계 과학에서는 네트워크가 상호작용하며 스스로 만들어내는 다양한 패턴을 '자기조직화'라고 부르는데 이러한 자기조직화는 부분과 전체가 함께 진화하는 공진화(co-evolution) 개념을 이해하는 키워드이다.

46 알버트 아인슈타인, 막스 플랑크, 루이 드 브로이의 공식을 종합한 데이비드 봄의 양자이론은 양자계에서 스스로의 내재적 법칙성에 따라 운동하는 전자가 반드시 있을 것이라고 보고 비국소적[초공간적] 숨은 변수 이론(hidden variable theory)에 의해 '보이지 않는 우주'와 '보이는 우주'의 상관관계를 규명함으로써 결정론적 해석을 내놓았다. 그는 이러한 관계적 질서를 부분이 전체를 포함하는 홀로그램적 비유로 설명하고, 현실세계 또한 홀로그램과 같은 일반원리에 따라 구성되는 것으로 보았다(David Bohm, *Wholeness and the Implicate Order*(London: Routledge & Kegan Paul, 1980), pp.182-190, 224-225). 이는 곧 그의 양자이론의 핵심 개념인 양자포텐셜(quantum potential 또는 양자파동장(quantum wave field))이 비국소적으로(nonlocally) 하나로 연결되어 있다는 것을 의미한다.

찾아보기

【ㄱ】

가라카미(韓神) 282
가림토(加臨土, 正音 38자) 237, 560
각지불이(各知不移) 474, 506
간도협약 281
간태합덕(艮兌合德) 367, 369
갈릴레오 갈릴레이 168
감군(監群: 무리의 우두머리) 462
감정체(emotional body) 344
강한 인공지능(Strong AI) 417
건곤정위(乾坤正位) 367
건륭제(乾隆帝) 406
건용황극(建用皇極) 182
검은 머리 사람들(웅상기가) 60
격물(格物)·치지(致知)·성의(誠意)·정심(正心) 555
경천교(敬天敎, 고구려) 57
경천숭조(敬天崇祖) 78
계몽주의 162, 168, 173
고구려 각저총 벽화 59
고리국(藁離國) 242, 565
고시(高矢) 64, 255
고야국(姑射國) 38
고전적 기술철학 416
고조선 문명권 46, 555
곤남건북(坤南乾北) 369
곤륜산(崑崙山) 156, 160, 162, 176, 177, 344, 350, 357, 376, 379, 390, 569
곰 토템족('맥(貊)'족) 234, 235, 463
공진화(co-evolution) 399

과학을 통한 영성으로의 접근(Approaching spirituality through science) 389
과학의 대중화 385
과학의 인간성 회복 385, 417
관찰자 효과(observer effect) 373, 450
광명이세(光明理世) 78, 183
교부철학(敎父哲學) 178, 187
교화경(敎化經) 253
구나(guṇa: 기운 또는 성질) 429
구다라 282, 563
구다천국(句茶川國) 564
구려족(九黎族) 165
구서(九誓) 256, 469
구환(九桓) 235, 237
궁극의 의식 상태(the ultimate state of consciousness) 334
궁희(穹姬) 40
귀일심원(歸一心源) 450
근대 과학혁명 166
근대적 우주관 167
근본지(根本智) 173, 225, 230, 347
글로벌 공공재 394
금모낭낭(金母娘娘) 165
금욕주의적 에고(the stoic ego) 572
금화교역(金火交易) 370
기계론적 세계관 161, 166, 167, 352
기독교(성묘교회) 265
기발이승일도설(氣發理乘一途說) 504
기(氣)·색(色)·유(有) 199

찾아보기 | 625

기운이 곧 이치(氣則理) 506
기위친정(己位親政) 369, 370
기자동래설(箕子東來說) 556
기자조선 556, 557
기준(箕準) 46
기질지성(氣質之性) 500
김일부(金一夫, 이름은 恒) 351, 366
김일제(金日磾) 407
끈이론 물리학(String-Theory Physics) 379

【ㄴ】

나치케타스 이야기 214
낙원국가 39
남해구단선(南海九段線) 266
내유신령(內有神靈) 474, 506, 545
내유신령·외유기화·각지불이 183, 474
내재적(intrinsic) 자연 303, 601
네트워크 사이보그 355
노모스(nomos, 인위) 271
뉴럴 네트워크(neural network) 357, 362
뉴턴역학 381
뉴턴의 중력 법칙 341
니케아(Nicaea) 종교회의 187
닐스 보어 339, 390, 443

【ㄷ】

다물(多勿, 恢復) 257
다물흥방지가(多勿興邦之歌) 249
다세계 이론(many-worlds theory) 375
다시개벽 418, 597
다중우주론 374
단군8조(檀君八條) 253, 257
단군 삼신 239

단군조선 246, 556, 557, 565
단목(檀木) 235
단재 신채호 568
당골레(또는 당골) 60
당요(唐堯, 요임금) 64
대천교(代天敎, 부여) 57
데모크라티아(demokratia, 民主政) 297
데이비드 봄 303, 339, 445, 447, 448, 601
도구적 이성 168, 171, 383
도구적 합리성 171
도래인(渡來人) 282
도리가(兜里歌) 238
돈황 막고굴(莫高窟, 敦煌石窟) 460
돌궐 220, 405
동굴의 비유 272
동귀일체(同歸一體) 369, 506
동방삭(東方朔) 150
동북 간방(艮方) 81, 286, 291, 369, 372, 569
동시성(同時性, synchronicity) 348
동이(東夷) 소전(少典) 64
동이족(東夷族, 한민족) 64, 220, 289, 460
동조(東朝: 백제의) 동쪽 조정) 281, 567
동학 352, 369, 545
됨(becoming) 210, 491
디바인 매트릭스(Divine Matrix) 553
디팩 초프라 601
딥러닝(deep learning) 357
딩기르(Dingir) 60

【ㄹ】

라마야나(Ramayana) 592
라 무(Ra Mu) 32, 48, 86
라사 기록 592

라자스(rajas: 활동적이고 격정적인 기운) 429
레이 커즈와일 361
로고스(logos, 이성) 297, 582
로보 사피엔스(Robo Sapiens) 361
르네 데카르트 166, 298
리오리엔트(ReOrient) 164

【ㅁ】

마고(麻姑, Mago) 27, 32, 39, 81, 96, 98, 107, 115, 122, 126, 128, 129, 134, 148, 163, 164, 172, 179, 191, 221, 225, 226, 236, 240, 241, 247, 259, 264, 266, 278, 286, 288, 291, 302, 305, 306, 312, 335, 345, 347, 348, 364, 366, 368, 371, 380, 395, 398, 413, 420, 421, 432, 436, 439, 448, 454, 460, 465, 467, 472, 475, 476, 481, 487, 492, 494, 516, 525, 533, 556, 569, 588, 590
마고대성(麻姑大城) 39
마고 문화 61, 76, 235
마고성(麻姑城) 27, 36, 37, 41, 42, 57, 58, 81, 157
마고성(麻姑城) 시대 32, 36, 37, 42, 61, 76, 590
마고야산(麻姑射山) 38
마고의 나라(麻姑之那) 32, 38, 43, 258, 464, 590
마르틴 루터 174
마야 문명 75
마음은 모든 것(mind is all) 359
마음의 거울 551
마음의 과학 341, 444
막고굴(莫高窟) 467

막고야산(藐姑射山) 38
막스 플랑크 339, 377
만물의 제1원인[神·天·靈, 유일 실체] 121, 440, 447, 496
만법귀일(萬法歸一) 133, 551
만상일천(萬像一天) 499, 550
만수지리(萬殊之理) 503
매트릭스(Matrix) 120, 598
메타 경계 269, 274, 277
메타-메타 경계(meta-meta-boundary) 275, 276, 277
명사산(鳴沙山) 459, 467
무(Mu, Ma) 29
무교(巫敎, 神敎) 37, 56
무극(無極)·태극(太極)·황극(皇極) 182, 183
무 대륙 31, 32, 33, 34, 35, 37, 74, 75, 81
무(Mu) 대륙의 지리적 위치 30
무리지지리 불연지대연(無理之至理 不然之大然) 544
무위이무불위(無爲而無不爲) 127, 534
무위이화(無爲而化) 127, 211, 480
무(巫) 제국 30, 32, 33, 35, 36, 37, 38, 42, 47, 56, 57, 58, 60, 61, 67, 74, 75, 76, 77, 81
무 제국 최후의 날 29, 31
무주보살(無住菩薩) 439
무주(無住)의 덕 337, 437, 445, 446, 449, 453, 454, 538
무호(無號) 최태영(崔泰永) 282
문명의 대변곡점 388
문명의 대순환주기 350
문왕팔괘(文王八卦) 366
문왕팔괘도 366

문화적 르네상스 164, 286, 372
물질의 공성(空性) 118, 119, 120, 123, 132, 397, 441
물질적 자아(material self 또는 corporal self) 474, 547
물질화된 영(materialized Spirit) 89, 303
미시세계의 역설(the paradox of the micro-world) 440, 443, 444, 446, 536, 537, 539, 543
미회(未會: 우주의 陰 8월) 241
민족말살정책 280, 567

【ㅂ】

바이칼호수 208, 244, 246
바이칼호 알혼섬 243
반도승회(蟠桃勝會) 150
배달국 64, 246
배달국 신시(神市)시대 255, 279, 463
배천교(拜天敎, 遼·金) 57
백소(白巢) 40
벌거벗은 생명 287, 292, 293, 294
법계연기론(法界緣起論) 343
법신·화신·보신 183
베링해협 62
보병궁(寶甁宮) 시대 352, 414
보본(報本)사상 78, 234, 368
보어와 아인슈타인의 논쟁(Bohr-Einstein debates) 392
보이는 우주[현상계, 물질계] 373, 376, 539
보이지 않는 우주[본체계, 의식계] 373, 376, 539
보적경(寶積經) 516
보편논쟁(普遍論爭) 193, 195
보편실재론(universal realism) 193
복본(復本) 40, 41, 58

복희팔괘(伏羲八卦) 366
복희팔괘도 366
본각(本覺) 439
본체[天]-작용[地]-본체·작용의 합일[人] 181
부르한 바위 244, 246, 247
부리야트족 242, 245
부메랑 효과(boomerang effect) 491
북두칠성(北斗七星) 47, 48, 49, 51, 79, 161, 171, 356, 367, 372, 542, 552
북송오자(北宋五子) 501
분배적[배분적] 정의 580
분별지(分別智) 173, 225, 229, 232, 453
불연기연(不然其然) 393, 397, 544
불행한 의식(unhappy consciousness) 573
불확정성원리(uncertainty principle) 339
브라흐마(Brāhma, 창조의 신) 63, 216
브라흐마·비슈누·시바 432
비가역성(irreversability) 479
비국소성(非局所性, nonlocality) 123, 178, 342, 441, 444, 578
비물질[理·空·無] 120
비슈누(Vishnu, 유지의 신) 63
비천상(飛天像) 467
빈(邠)·기(岐) 460, 562

【ㅅ】

사랑의 문명 80, 81, 246, 421
사물의 최종 근거 226, 227
사사무애법계(事事無碍法界) 343
사트바(sattva; 밝고 고요한 기운) 429
사회개벽 268, 311, 352, 369, 420, 584
산일구조(dissipative structure) 479
삶이라는 이름의 희생제(犧牲祭, Sacrifice) 477,

478
삼경(三敬: 敬天·敬人·敬物) 369, 436, 545
삼공(三空: 我空·法空·俱空) 508
삼극(무극·태극·황극) 43, 155
삼묘(三苗, 苗族) 460
삼사라(samsara, 生死輪廻) 225, 468, 523, 574
삼신불(법신·화신·보신) 155, 182
삼신사상['한'사상, 蘇塗敎, 神敎] 39, 43, 57, 58, 75, 78, 80, 156, 180, 191, 258
삼신일체 43, 63, 80, 182
삼위일체(성부·성자·성령) 155, 179, 182, 188
삼위태백(三危太白) 460, 461, 463
삼일도(三一圖) 180
삼일(三一)사상 252, 253
삼일신고 252, 253, 254
삼족배(三足杯) 57
삼족오(三足烏) 57, 235
삼태극(三太極) 57
삼한관경(三韓管境) 558
삼한의 오계(孝·忠·信·勇·仁) 257
삼황오제(三皇五帝) 64
상대성 물리학 379
상대성이론(theory of relativity) 196, 380, 383
상선약수(上善若水) 326, 492
상수학(象數學) 163
상제조림(上帝照臨) 370
새로운 계몽의 시대 349, 433, 570, 594, 595, 596, 597
새토템족 235
생멸문(生滅門) 545
생멸심(生滅心, 不覺) 152
생명[神·天·靈, 靈性] 89, 114, 120, 178, 189, 213, 217, 227, 304, 312, 342, 349, 360,

373, 399, 411, 432, 443, 445, 493, 507, 535, 584
생명경(生命經) 248, 493
생명과학(life sciences) 383
생명교육 310, 311
생명권(right to Life) 129, 306, 311, 570
생명권력 294, 295
생명권력 대(對) 벌거벗은 생명 292
생명문화 309, 311
생명세(生命世, Lifeocene) 312, 314
생명시대 81, 291
생명의 3화음적 구조(the triadic structure of Life) 181, 183, 190
생명의 공식(the formula of Life) 129, 134, 240, 433
생명의 그물망(the web of life) 307
생명의 나무 134
생명의 낮과 밤 44, 49, 50
생명의 놀이 211, 212, 213, 214
생명의 순환 248
생명의 여신(女神) 38, 49, 97, 164, 165
생명의 자기조직화(self-organization) 192, 376, 600
생명[神·天·靈]의 재발견 597
생명의 전일성 69, 134, 311, 354, 393, 454
생명의 전일적 흐름(holomovement) 190, 240, 311, 447, 537, 539
생명의 정원 242, 247, 257
생명정치적 신체 293
생명 즉 신(生命卽神) 51, 597, 600
생명 코드 115, 352, 365, 368, 493, 499, 506, 565, 566, 568, 570, 584, 594, 596, 597, 598, 599

생명 패러다임 353
생존의 빛 468, 469, 472
생태적 지속성(ecological sustainability) 351, 393
생태적 합리성 352
서구적 보편주의 164
서왕모(西王母) 164, 165
석유환국(昔有桓國) 279
석유환인(昔有桓因) 279
선비족(鮮卑族) 563
선의 이데아(Idea of the Good) 272
선천 건도(乾道) 81
선천 낙서(洛書, 龜書) 367
선천 문명 291, 369
선택과 책임의 법칙 526
성(性)·명(命)·정(精) 57
성배(聖杯)의 민족 400
성부·성자·성령 삼위일체 190
성생주(星生洲) 42, 63
성통공완(性通功完) 104, 219, 253, 254, 257, 368, 414, 469
성통광명(性通光明) 185, 236, 248, 252, 307, 414, 469, 559
세계시민주의(cosmopolitanism) 251, 364, 469
세계자본주의 체제 353
세년가(世年歌) 258
세속오계(世俗五戒) 257, 469
소강절(邵康節, 이름은 雍) 268
소노카미(園神) 282
소도(蘇塗, 수두) 234, 242
소도문화(蘇塗文化) 257, 559
소도성(蘇塗城) 37, 235
소도의식(蘇塗儀式) 237, 257
소도제천(蘇塗祭天) 245, 559

소유형 인간 553
소크라테스 271
소프트 사이언스(soft science) 385
소피스트(Sophist) 271
소희(巢姬) 40
솟대(소도) 문화 235
수두교(蘇塗敎) 57
수메르 59, 63, 186
수메르 문명 59, 164, 185, 290
수메르어 60
수밀이국(須密爾國) 59, 61, 63, 164, 185, 290
수비학(數秘學) 273
수신제가치국평천하(修身齊家治國平天下) 469, 555
수운(水雲) 최제우(崔濟愚) 544
순수 현존(pure presence) 44, 214, 335, 336, 337, 356, 445, 452, 453, 538, 577
순환경제(circulatory economy) 354
숭천교(崇天敎·玄妙之道·風流, 신라) 57
슈뢰딩거의 고양이 536
스스로(自) 그러한(然) 자 192, 399, 442
스콜라철학 193, 195
스핑크스, 역사의 비밀(Sphinx-Geheimnisse der Geschichte) 407
시냅스(synapse, 신경세포 連接) 127, 413
시바(Śiva, 파괴의 신) 63
시오니즘(Zionism) 265
시정적[보상적] 정의 580
시천주(侍天主) 369
신곡(神曲) 191, 597
신과 세계와 영혼(天地人 三才) 176, 192, 251, 493, 594
신광보조(神光普照) 449

신교(神敎) 57, 191
신단수(神壇樹) 461
신(神)들의 모국 30, 37, 56
신라 황금보검(보물 제635호) 406
신시개천(神市開天) 465
신(新)실크로드 구상(2014) 461
신은 곧 생명 80, 188, 201
신은 사랑(God is love)[「요한일서」(4:8)] 187
신의 자기현현(self-manifestation) 68, 145
실재론(實在論, realism) 193
실재의 본질(the nature of reality) 391
실존적 행복 586
실체와 양태 393
십오일언(十五一言) 367
십일귀체(十一歸體) 367
십일일언(十一一言) 367
십자가의 신학 174
십자군 원정 162, 193

【ㅇ】

아단지모(雅丹地貌) 494
아랍의 봄 267
아르케(archē) 271
아리스토텔레스 272, 579, 582
아리스토텔레스적 실재론 194
아미트 고스와미 375, 378, 450, 601
아슈바고샤(Aśhvaghoṣa, 馬鳴) 444
아야요(阿也謠) 258, 289
아우구스티누스 179, 187, 192
아원자의 역동적 본질 445
아이작 뉴턴 167
아인슈타인의 중력 법칙(일반상대성이론) 341
아카식 레코드(Akashic Records) 56

아키히토(明仁) 567
아홉 개의 문이 있는 성(城) 86, 87
알고리즘 사회 389
알리기에리 단테 595
알버트 아인슈타인 380, 390, 601
알타이산맥 207, 208, 220
알타이어 문화 220
알타이 어족 207
알혼섬 244, 245, 246, 247
애환가(愛桓歌) 237
양검론(兩劍論) 174, 298
양자 가능태(quantum potentia) 451
양자계(quantum system) 123, 441
양자도약(quantum leap) 45, 375, 510
양자론(quantum theory, 양자역학) 196, 380, 383
양자물리학 379
양자 변환(quantum transformation) 358
양자 세계(quantum world) 443
양자 신(quantum God) 75, 452
양자 얽힘(quantum entanglement) 340, 538, 539
양자 역설(quantum paradox) 375
양자역학(양자론) 176, 196, 341, 354, 374, 376, 382, 385, 444, 578, 597
양자역학의 해석 390
양자역학의 확률론적 해석 392, 536
양자역학적 세계관 444
양자장(quantum field) 123, 342
양자적 실재(quantum reality) 578
양자중력이론(quantum gravity theory) 382
양자 중첩(quantum superposition) 536, 537, 539
양자포텐셜(quantum potential 또는 양자파동장(quantum wave field)) 448
양자혁명(quantum revolution) 340

양자 형이상학(quantum metaphysics) 377
양지양능(良知良能) 500
양천주(養天主) 490
에너지 무도(舞蹈) 211, 239
에너지장[氣海, 파동의 대양] 52, 71, 106, 114, 120, 121, 190, 211, 308, 359, 374, 541, 552, 598
여(黎) 460
여성적 원리[靈性, feminine principle] 33, 352, 568
열국시대 565
염제신농(炎帝神農) 64
영고탑(寧古塔) 237
영성을 통한 과학으로의 접근(Approaching science through spirituality) 390
영성의 과학적 재발견 226
영원불멸의 군자국 77
영의 눈(靈眼, eye of spirit) 585
영적 상승(spiritual ascendance) 73
영적 진화[의식의 진화] 103, 125, 198, 487, 490
오메가 포인트(Omega Point: 영적 탄생) 356
오미의 변(五味之變) 40, 41, 58
오사(五事: 穀·命·刑·病·善惡) 255
오심즉여심(吾心卽汝心) 397
오진(應神) 281
오행치수법(五行治水法) 561
오현제(五賢帝) 시대 163
옥산궁(玉山宮) 258
온건실재론(moderate realism) 194
옴(OM) 63, 216, 217
왕검교(王儉敎, 고려) 57
외계생명체 374
외유기화(外有氣化) 474, 506, 545
외재적(extrinsic) 자연 303, 601

요동·요서 208
요지(瑤池) 118, 158
요하문명(遼河文明) 163
우뇌 주도형 시대 413, 414
우리 공동의 미래(Our Common Future) 357
우순(虞舜, 순임금) 64
우주 문명 269, 286
우주의 순환 213
우주의 진행 방향 103, 550
우주의 창조적 에너지 145, 213, 445
우주적 무도(舞蹈, cosmic dance) 210, 212, 259
우주 지성 52, 71, 103, 115, 145, 211, 374
우주 '큰사랑' 398, 449, 450, 577
우주 '한생명' 104, 181, 183, 191, 227, 250, 433, 434, 436, 469, 483, 511, 539, 570, 584, 597, 601
운해주(雲海洲) 42, 64
원방각(圓方角) 57, 180
원소 변성 114
원신(園神) 282, 284
원한신제(園韓神祭) 283
원효(元曉) 대사 450, 518
월식주(月息洲) 42, 59, 63
월아천(月牙泉) 459, 465, 466, 467, 476
월인천강(月印千江) 500
월지(月支) 46
위구르 제국 33, 263
위만조선 556, 557
유대교(통곡의 벽) 265
유라시아 스텝 222
유럽중심주의(Eurocentrism) 164
유리세계(琉璃世界) 367, 368
유명론(唯名論, nominalism) 193

유비쿼터스(ubiquitous) 컴퓨팅 389, 444
유아독존(唯我獨尊) 146
유엔난민기구(UNHCR) 267
유연(柔然) 405
유인(有仁) 42
유일 실체 51, 52, 120, 201
율곡(栗谷) 이이(李珥) 501
율려(律呂) 89, 163
의상(義湘) 대사 343, 518
의식과 지성을 가진 정신 120, 374
의식[에너지, 파동] 52, 71, 95, 119, 171, 178
의식(意識)의 대운하 73, 247
의식(意識)의 불꽃 129
의식의 자기투사(self-projection) 50
의식의 진화[영적 진화] 90, 388
의식의 플랫폼(platform of consciousness) 358
의식 컴퓨터 363
이(理)·공(空)·무(無) 199
이기(理氣) 논쟁 506
이기심성론(理氣心性論) 505
이기이원론(理氣二元論) 504
이기일원론(理氣一元論) 504
이기호발설(理氣互發說) 504
이단심문(異端審問) 177
이데아계와 현상계 393
이무위 기유위(理無爲氣有爲) 504
이무형 기유형(理無形氣有形) 502
이변비중(離邊非中) 449
이사무애법계(理事無碍法界) 343, 497
이사(理事)·체용(體用) 195
이성과 신성의 조화 169, 202, 594
이성적 자유(rational freedom) 489
이슬람교(바위의 돔) 265

이오니아 164, 271
이일분수(理一分殊) 496, 499, 501
이입사행론(二入四行論) 517
이중슬릿 실험(double-slit experiment) 373
이천식천(以天食天)-이천화천(以天化天) 439
이치가 곧 기운(理則氣) 506
이통기국(理通氣局) 501
이화세계(理化世界) 236
인간의 자기실현 219
인공신경망(ANN) 362
인공지능 윤리 362, 363, 399
인내·용서·사랑 528, 586
인내천(人乃天) 134, 253
인드라망 341, 538
인력(引力)의 법칙 530
인류의 모국 56, 74
인식의 위기(crisis of perception) 417
인중천지일(人中天地一) 249, 254, 257, 368, 437, 577, 601
일반상대성이론 381, 382
일반의지(volonté générale) 488
일반 인공지능(AGI, Strong AI) 361
일신강충(一神降衷) 185, 252
일중삼족오(日中三足烏) 78, 235
일체유심조(一切唯心造) 341
임나일본부(任那日本府) 281

【ㅈ】

자기생성적(self-generating) 네트워크 체제 307
자기심판(self-judgment) 50, 122
자등명(自燈明) 507
자생자화(自生自化) 434
자성자도(自性自度) 304

자연법 288, 519
자연의 대순환주기 350
자유의지와 필연의 조화 482, 483, 486
자재율(自在律) 288
자전축의 변화 351
장(場)이론 물리학(Field-Theory Physics) 379
장자(莊子) 345
재세이화(在世理化) 78, 183, 236, 252, 255, 465
적석목곽분(積石木槨墳) 406
전삼한(前三韓) 46
전일적 실재관(holistic view of reality) 163, 196, 358, 359, 365, 381
전일적 패러다임(holistic paradigm) 196, 304
전자(篆字) 238
전자구름 모형 342, 442
전체의식 72, 118, 121, 125, 185
점제현신사비(秥蟬縣神祠碑) 281
정명(正名) 사상 470
정신개벽 268, 311, 352, 369, 420, 584
정신·물질 이원론 166, 168, 298, 352
정신체(mental body) 344
정역(正易)의 새 세상 367
정역(正易)의 시대 100, 352
정역팔괘(正易八卦) 366, 369
정역팔괘도 366, 369
정음정양(正陰正陽) 291, 369
제1원인[또는 제1원리, 神·天·靈, 즉 생명] 145, 227
제1원인의 삼위일체 146
제2의 르네상스 172, 173, 200, 399, 597
제2의 종교개혁 172, 173, 200, 399, 597
제5회 솔베이 학술회의 390
제임스 처치워드 592
조선사편수회 278, 280, 567

조의국선(皂衣國仙) 257, 469
조의선인(皂衣仙人) 249
조화경(造化經) 249
조화(造化)·교화(敎化)·치화(治化) 234
존재의 패러독스(the paradox of being) 536, 537, 539, 543, 544
존재혁명 384, 385, 584
존재형 인간 553, 554
종교적 직접시대 175
종교혁명[영혼혁명] 360, 584
좌뇌(左腦) 주도형 시대 413, 414
주신교(主神敎, 만주) 57
주인(朱因) 255
주자(朱子, 이름은 熹) 496
죽음의 덫 102, 103
중력장(gravitational field) 341
중마한(中馬韓) 46
중일(中一) 251
중정(中正)의 도(道) 183
중종임신간본(中宗壬申刊本) 465
증강현실(AR) 389
지구공학(geoengineering) 385
지구 극이동(pole shift) 100, 351
지구생명공동체 352, 393, 397, 398, 400, 587
지구 자전축의 북극 이동 367
지구 종말 시계(Doomsday Clock) 412
지동설 167
지망(地網) 524
지성[性]·에너지[命, 氣]·질료[精] 52, 130, 146, 392, 430, 600
지소(支巢) 40
지속가능한 사회(sustainable society) 299
지역이기주의(NIMBYs, PIMFYs) 310

지자극(地磁極) 역전 100, 351
지천태괘(地天泰卦) 155, 334
지혜의 길(즈나나 요가) 421, 422, 424, 429
진묵 대사 158
진서(眞書) 237
진성(眞性, 참본성) 252
진여문(眞如門) 545
진여심(眞如心, 本覺) 152
진종교(眞倧敎, 발해) 57
질량-에너지 등가원리 377
질량-에너지 등가원리 관계식(E=mc²) 381
질료(質料, matter) 273
집단 영성의 탄생 356

【ㅊ】

참나[참자아, 유일자·유일신·唯我] 71, 178
'참나'는 곧 사랑 72
참본성[性, 一心] 90, 146, 171, 185, 190, 250, 251
참여하는 우주(participatory universe) 308, 454, 598
참자아[spiritual self, '참나', 超我, 天·神·靈, 즉 생명] 474, 541, 547, 577, 585, 595
참자아의 이중성(the duality of the true self) 537, 539, 543, 545, 546
참전계경 254, 255, 257
창조적 에너지 45
챗GPT 361
천라(天羅) 524
천부(天符) 39, 41, 65, 66, 253, 462
천부경 247, 248, 249, 250
천부경 81자 248
천부단(天符壇) 39

천부문화(天符文化) 43, 58, 61, 62, 65, 76, 77, 563
천부보전(天符寶篆) 249
천부사상 191
천부인(天符印) 57, 284, 461
천부(天符) 자재율(自在律) 289
천부중일(天符中一) 78, 163, 248, 252, 253, 558
천부(天符) 코드[마고 코드, 생명 코드] 258
천불동(千佛洞) 460
천산산맥 77, 139, 154, 156
천산주(天山洲) 42, 77, 154, 208
천산천지(天山天池) 139, 146, 147, 154, 155
천상천하유아독존 177, 178
천손족(天孫族) 135, 235
천지개벽 268, 311, 352, 420, 584
천지개벽의 도수(度數) 213, 370
천지교태(天地交泰) 369
천지본음(天地本音) 250
천지이기(天地理氣) 505, 506
천·지·인 삼신(三神) 37, 56, 130, 251
천·지·인 삼신일체 38, 40, 43, 58, 62, 65, 75, 77, 80, 96, 104, 115, 156, 169, 180, 181, 190, 195, 233, 239, 247, 248, 251, 304
천하고금대총편람도(天下古今大總便覽圖) 406
천해(天海: 바이칼호) 58
청궁(靑穹) 40, 42
청동검·청동거울·곡옥(曲玉) 284
청천(聽天) 484
체·용·상 182
체험의 놀이판 223, 224, 229, 230
초아(超我) 585, 595
초양자장(超量子場, superquantum field) 408, 448

초연결사회(hyper-connected society) 389
초연결·초융합·초지능 389
초월적 '지금' 의식 507
초(超)의식 121
초인(超人) 585, 594
초정신 지능(supramental intelligence) 510
초정신체(supramental body) 510
치우(蚩尤) 165, 255
치제문(致祭文) 249
치화경(治化經) 255
친애(philia, friendship) 581
칠성문화 48, 49
침묵의 사원 588, 590

【ㅋ】

카르마의 그물 468, 523, 533
카르마의 법칙 519, 526
칼 구스타프 융 348, 547
칼데아 수비학 61
켄 윌버 559
코르테시아누스 고사본 592
코리 242
코리족 245
코펜하겐 해석(CIQM, 1927) 536
콧구멍 없는 소 54
쿠이(Kui)의 나라 30, 37
쿤달리니(kundalini) 289
크리슈나 421, 422
키질천불동(克孜尔千佛洞) 406

【ㅌ】

타마스(tamas: 어둡고 무거운 기운) 429
타클라마칸 32, 46

탁(卓) 46
탈진실(post-truth) 363
태극(太極) 498, 499
태양의 제국 30, 35, 43, 58, 67, 77, 81, 246, 590
태양폭풍(슈퍼플레어) 350
태우의(太虞儀) 환웅(桓雄) 64
태춘(太椿) 68, 92
태호복희(太皞伏羲) 64
텔레포테이션(teleportation) 444
텡그리(Tengri, 하늘) 60, 555
토마스 아퀴나스 193
통섭적 세계관 196
통일장(unified field) 448
통합물리학 379, 380
통합적 비전(integral vision) 379, 449
통합학문 365
튜링 테스트(Turing test) 417
트랜센던스(transcendence) 프로젝트 355
트로아노 고사본 592
트리무르티(Trimurti) 43, 155
특수상대성이론 381
특이점(Singularity) 360
특이점주의자(singularitarian) 360

【ㅍ】

파나류산(波奈留山, 天山) 58
파동-입자 이중성(wave-particle duality) 376, 408, 441, 442, 446, 449, 536, 537, 539, 543
파동함수의 붕괴(collapse of the wave function) 450, 536
파미르고원 36, 37, 46, 63

팔리훈(八理訓) 254
팔훈(八訓: 誠·信·愛·濟·禍·福·報·應) 255
팽창이론 374
평등성지(平等性智) 338, 398, 431, 454
평행우주(parallel universe) 374
평행우주론 375, 376
포스트모던 세계 355, 373
포스트 물질주의 과학 176, 196, 354, 385, 386, 597
포스트휴머니즘(posthumanism) 355
포스트휴먼(posthuman) 355
포스트휴먼 사이보그(cyborg) 355
푸루샤(purusha, 정신원리) 429
풍백(風伯)·우사(雨師)·운사(雲師) 255, 460, 462
풍이족(風夷族) 289
프라크리티(prakriti, 물질원리) 429
프리드리히 니체 585, 593
프리초프 카프라 382, 417, 443, 601
플라톤 272
플라톤적 실재론 193
피시스(physis, 자연) 271
피타고라스 273

【ㅎ】

하나는 셋(一卽三), 셋은 하나(三卽一)[천·지·인 삼 신일체] 78, 80, 115, 129, 156, 180, 188, 195, 201, 304, 506, 539, 570, 584, 597, 599
하나됨(卒一) 77, 312, 364, 598
하드 사이언스(hard science) 385
하이젠베르크 339
하화족(夏華族) 165

한(Han, ONE[天地人]) 57, 395
한류 현상 396
한민족 3대 경전 247
한민족(한족) 46, 58, 66, 76, 77, 163, 166, 208, 220, 233, 245, 278, 365
한사군(漢四郡) 557
'한'사상[三神思想, 天符思想, 神敎] 57, 58, 78, 180, 191, 240, 397
한신(韓神) 284
한신 2좌(韓神 二座) 282
항행(航行)의 자유(freedom of navigation) 266
해모수(解慕漱) 242, 565
해월(海月) 최시형(崔時亨) 505
해체주의 355, 593
해혹복본(解惑復本) 42, 62, 191
행복(eudaimonia, happiness) 579
행위의 길(카르마 요가) 421, 422, 424, 429
행행본처 지지발처(行行本處 至至發處) 518
허난설헌(許蘭雪軒) 331
헌신의 길(바크티 요가) 421, 424, 429
헤브라이즘 186
헬레니즘 186
현대물리학의 실재관 338
현묘지도(玄妙之道) 257
현자의 돌(philosopher's stone) 114
혈구지도(絜矩之道) 256, 368
형상(形相, form) 273
형상과 질료 393
호모커넥투스(Homo Connectus, 초연결사회의 인간) 355
홀로무브먼트(holomovement) 445
홍범구주(洪範九疇) 182
홍산문화(紅山文化) 163

홍익인간(弘益人間) 78, 173, 183, 234, 252, 461, 465
화백회의 560
화엄사상 341, 538
화쟁(和諍)의 논리 450
화쟁(和諍)의 실천 455
환검(桓儉, 檀君) 42, 77
환국(桓國) 58, 77, 81, 155, 246, 400
환국(桓國) 12연방 164, 185
환국·배달국·단군조선 58, 62, 65, 77, 169, 279
환국시대 61
환국의 문명 전파 경로 61
환단(桓檀: 환국·배달국·단군조선) 65, 78, 233, 236
환단(桓檀)시대 252, 254, 257, 258
환안(桓安) 81, 97, 118, 124, 142, 143, 146, 152, 169, 171, 189, 194, 199, 229, 245, 314, 359, 386, 409, 419, 427, 434, 438, 446, 467, 478, 479, 519, 541, 548, 568, 571, 588, 590
환웅(桓雄) 42, 77, 461
환웅 천손족(天孫族, '한'족) 234, 463
환웅천왕 290
환인(桓仁) 42, 60, 77, 234
환인·환웅·환검(桓儉, 단군) 234, 239
황궁(黃穹) 40
황금 변성 114
황백전환기(黃白轉換期) 315, 326
황제헌원(黃帝軒轅) 64
회의주의적 에고(the skeptic ego) 573
효(孝)·제(悌)·자(慈)의 도(道) 256
후삼한(後三韓) 46
후천개벽 268, 351, 352, 369

후천개벽기 81, 164, 171, 269, 312, 366, 590
후천(後天) 곤도(坤道) 81, 334, 349, 352, 370
후천대개벽기 160, 201, 349, 511
후천 문명 291, 369
후천시대 81
후천 하도(河圖, 龍圖) 367
훈민정음(訓民正音) 238
흉노(匈奴, Hun) 405
흉노족(훈족) 220, 563
흑소(黑巢) 40

【기타】

3종 신기(神器) 284
4차 산업혁명(혁신 4.0) 389
8강령(八綱領) 257
95개조 논제(Ninety-Five Theses) 174
366사(事) 254, 255
ZDF 방송 407

마고는 이렇게 말했다

등록 1994.7.1 제1-1071
1쇄 발행 2025년 5월 10일

지은이 최민자
펴낸이 박길수
편집장 소경희
편집·디자인 조영준
관 리 위현정
펴낸곳 도서출판 모시는사람들
　　　　03147 서울시 종로구 삼일대로 457(경운동 수운회관) 1306호
전 화 02-735-7173 / 팩스 02-730-7173
홈페이지 http://www.mosinsaram.com/

인 쇄 피오디북(031-955-8100)
배 본 문화유통북스(031-937-6100)
값은 뒤표지에 있습니다.
ISBN 979-11-6629-228-6   93910

* 잘못된 책은 바꿔 드립니다.
* 이 책의 전부 또는 일부 내용을 재사용하려면 사전에 저작권자와
  도서출판 모시는사람들의 동의를 받아야 합니다.